最新法律政策全书系列

最新

税收

法律政策全书

ZUI XIN SHUISHOU
FALü ZHENGCE QUANSHU

·第六版·

中国法制出版社
CHINA LEGAL PUBLISHING HOUSE

导　读

税收是国家为满足社会公共需要，凭借公共权力，按照法律法规所规定的标准和程序，参与国民收入分配，强制地、无偿地取得财政收入的一种方式。税收不但是财政收入的主要来源、调控经济运行的重要手段，而且是调节收入分配的重要工具。目前，我国税收制度日趋完善，但对于广大的一般读者来说，要想全面、准确地适用繁多、复杂的法律法规，往往会感到无从下手，而对于专业人士来说，一本全面、明晰的税收法律工具书也是工作中不可多得的好帮手。我们出版本书的目的就在于对我国现行有效的税收法律、政策进行全面、系统的梳理，通过合理的分类方便读者检索与应用。

需要注意的是，2018 年 6 月 15 日，按照党中央、国务院统一部署，全国各省（自治区、直辖市）级以及计划单列市的国税局、地税局正式宣告合并。国家税务总局遂对相关规范性文件作出了调整，本书也进行了相应的更新。

本书共分为十二个部分。

一、一般规定

本部分收录了关于税收管理的常用规定。其中，以加强税收征收管理、规范税收征收和缴纳行为为目的的《中华人民共和国税收征收管理法》最为重要。该部分还收录了《中华人民共和国税收征收管理法实施细则》《中华人民共和国发票管理办法》等重要规定。

二、所得税

本部分包含了企业所得税和个人所得税两大部分。2018 年，《中华人民共和国个人所得税法》和《中华人民共和国企业所得税法》进行了较大规模的修改，需要重点关注国家税务总局发布的相关规定，如预扣预缴、专项附加扣除等。

三、增值税

经国务院批准，自 2016 年 5 月 1 日起，在全国范围内全面推开营业税改征增值税试点。随着增值税改革的不断深化，国家相关部门相继发布了许多关于增值税的新规定，本部分也收录了近年发布的相关规定，以资参考。

四、消费税

本部分收录了《中华人民共和国消费税暂行条例》《中华人民共和国消费税暂行条例实施细则》等消费税税收依据。

五、营业税

在营改增的整体背景下，与营业税相关的法律法规已基本失效或被废止。本部分仅收录尚未被明确废止的政策性文件。

六、土地方面相关税收

《中华人民共和国耕地占用税法》已于2019年9月1日起施行。本部分不仅收录了该法，而且收录了《国家税务总局关于耕地占用税征收管理有关事项的公告》等新出台的相关规范性文件。

七、房产税

本部分收录了《中华人民共和国房产税暂行条例》及其他关于房产税的部门规章、文件。

八、资源税、环境保护税、烟叶税

《中华人民共和国环境保护税法》于2018年10月26日修正。《中华人民共和国资源税法》已于2020年9月1日起施行。《中华人民共和国烟叶税法》已于2018年7月1日起施行。随着这些近年新出、新修的法律的施行，我国的生态文明建设将得到进一步的推进。

九、契税、印花税

《中华人民共和国契税法》已于2020年8月11日通过，于2021年9月1日起施行。在中华人民共和国境内转移土地、房屋权属，承受的单位和个人为契税的纳税人，应当依照本法规定缴纳契税。在中华人民共和国境内书立、领受《中华人民共和国印花税暂行条例》所列举凭证的单位和个人，都是印花税的纳税义务人。此两个税种与我们的生活联系比较紧密，相关规定应当认真学习。

十、城市维护建设税、教育费附加

《中华人民共和国城市维护建设税法》已于2020年8月11日通过，于2021年9月1日起施行。城市维护建设税的设置目的为加强城市的维护建设，扩大和稳定城市维护建设资金的来源。教育费附加的设置目的为加快发展地方教育事业，扩大地方教育经费的资金来源。除了《中华人民共和国城市维护建设税法》《征收教育费附加的暂行规定》等基本规范外，本书还收录了相关通知、批复。

十一、车船税、车辆购置税、船舶吨税

《中华人民共和国车船税法》于2019年4月23日修正。《中华人民共和国车辆购置税法》已于2019年7月1日起施行。《中华人民共和国船舶吨税法》已于2018年7月1日起施行，于同年10月26日修正。本部分除收录了以上三部法律外，还收录了诸如《国家税务总局、交通运输部关于城市公交企业购置公共汽电车辆免征车辆购置税有关事项的公告》等近年新颁布的相关规定。

十二、关税

中华人民共和国准许进出口的货物、进境物品，除法律、行政法规另有规定外，海关应当依照《中华人民共和国进出口关税条例》规定征收进出口关税。而与其相关的《中华人民共和国反倾销条例》《中华人民共和国反补贴条例》等规定同样十分重要，本部分予以收录，以便于读者查阅、使用。

目　　录

一、一般规定

（二）税款征收

（三）检查监督

（四）其他

二、所得税

(二) 个人所得税

三、增值税

行政法规及文件

四、消费税

五、营业税

六、土地方面相关税收

七、房产税

八、资源税、环境保护税、烟叶税

九、契税、印花税

（一）契税

（二）印花税

十、城市维护建设税、教育费附加

十一、车船税、车辆购置税、船舶吨税

十二、关税

法　律

中华人民共和国税收征收管理法

（1992年9月4日第七届全国人民代表大会常务委员会第二十七次会议通过　根据1995年2月28日第八届全国人民代表大会常务委员会第十二次会议《关于修改〈中华人民共和国税收征收管理法〉的决定》第一次修正　2001年4月28日第九届全国人民代表大会常务委员会第二十一次会议修订　根据2013年6月29日第十二届全国人民代表大会常务委员会第三次会议《关于修改〈中华人民共和国文物保护法〉等十二部法律的决定》第二次修正　根据2015年4月24日第十二届全国人民代表大会常务委员会第十四次会议《关于修改〈中华人民共和国港口法〉等七部法律的决定》第三次修正）

第一章　总　　则

第一条　为了加强税收征收管理，规范税收征收和缴纳行为，保障国家税收收入，保护纳税人的合法权益，促进经济和社会发展，制定本法。

第二条　凡依法由税务机关征收的各种税收的征收管理，均适用本法。

第三条　税收的开征、停征以及减税、免税、退税、补税，依照法律的规定执行；法律授权国务院规定的，依照国务院制定的行政法规的规定执行。

任何机关、单位和个人不得违反法律、行政法规的规定，擅自作出税收开征、停征以及减税、免税、退税、补税和其他同税收法律、行政法规相抵触的决定。

第四条　法律、行政法规规定负有纳税义务的单位和个人为纳税人。

法律、行政法规规定负有代扣代缴、代收代缴税款义务的单位和个人为扣缴义务人。

纳税人、扣缴义务人必须依照法律、行政法规的规定缴纳税款、代扣代缴、代收代缴税款。

第五条　国务院税务主管部门主管全国税收征收管理工作。各地国家税务局和地方税务局应当按照国务院规定的税收征收管理范围分别进行征收管理。

地方各级人民政府应当依法加强对本行政区域内税收征收管理工作的领导或者协调，支持税务机关依法执行职务，依照法定税率计算税额，依法征收税款。

各有关部门和单位应当支持、协助税务机关依法执行职务。

税务机关依法执行职务，任何单位和个人不得阻挠。

第六条　国家有计划地用现代信息技术装

备各级税务机关，加强税收征收管理信息系统的现代化建设，建立、健全税务机关与政府其他管理机关的信息共享制度。

纳税人、扣缴义务人和其他有关单位应当按照国家有关规定如实向税务机关提供与纳税和代扣代缴、代收代缴税款有关的信息。

第七条 税务机关应当广泛宣传税收法律、行政法规，普及纳税知识，无偿地为纳税人提供纳税咨询服务。

第八条 纳税人、扣缴义务人有权向税务机关了解国家税收法律、行政法规的规定以及与纳税程序有关的情况。

纳税人、扣缴义务人有权要求税务机关为纳税人、扣缴义务人的情况保密。税务机关应当依法为纳税人、扣缴义务人的情况保密。

纳税人依法享有申请减税、免税、退税的权利。

纳税人、扣缴义务人对税务机关所作出的决定，享有陈述权、申辩权；依法享有申请行政复议、提起行政诉讼、请求国家赔偿等权利。

纳税人、扣缴义务人有权控告和检举税务机关、税务人员的违法违纪行为。

第九条 税务机关应当加强队伍建设，提高税务人员的政治业务素质。

税务机关、税务人员必须秉公执法，忠于职守，清正廉洁，礼貌待人，文明服务，尊重和保护纳税人、扣缴义务人的权利，依法接受监督。

税务人员不得索贿受贿、徇私舞弊、玩忽职守、不征或者少征应征税款；不得滥用职权多征税款或者故意刁难纳税人和扣缴义务人。

第十条 各级税务机关应当建立、健全内部制约和监督管理制度。

上级税务机关应当对下级税务机关的执法活动依法进行监督。

各级税务机关应当对其工作人员执行法律、行政法规和廉洁自律准则的情况进行监督检查。

第十一条 税务机关负责征收、管理、稽查、行政复议的人员的职责应当明确，并相互分离、相互制约。

第十二条 税务人员征收税款和查处税收违法案件，与纳税人、扣缴义务人或者税收违法案件有利害关系的，应当回避。

第十三条 任何单位和个人都有权检举违反税收法律、行政法规的行为。收到检举的机关和负责查处的机关应当为检举人保密。税务机关应当按照规定对检举人给予奖励。

第十四条 本法所称税务机关是指各级税务局、税务分局、税务所和按照国务院规定设立的并向社会公告的税务机构。

第二章 税务管理

第一节 税务登记

第十五条 企业，企业在外地设立的分支机构和从事生产、经营的场所，个体工商户和从事生产、经营的事业单位（以下统称从事生产、经营的纳税人）自领取营业执照之日起三十日内，持有关证件，向税务机关申报办理税务登记。税务机关应当于收到申报的当日办理登记并发给税务登记证件。

工商行政管理机关应当将办理登记注册、核发营业执照的情况，定期向税务机关通报。

本条第一款规定以外的纳税人办理税务登记和扣缴义务人办理扣缴税款登记的范围和办法，由国务院规定。

第十六条 从事生产、经营的纳税人，税务登记内容发生变化的，自工商行政管理机关办理变更登记之日起三十日内或者在向工商行政管理机关申请办理注销登记之前，持有关证件向税务机关申报办理变更或者注销税务登记。

第十七条 从事生产、经营的纳税人应当按照国家有关规定，持税务登记证件，在银行或者其他金融机构开立基本存款账户和其他存款账户，并将其全部账号向税务机关报告。

银行和其他金融机构应当在从事生产、经营的纳税人的账户中登录税务登记证件号码，并在税务登记证件中登录从事生产、经营的纳税人的账户账号。

税务机关依法查询从事生产、经营的纳税人开立账户的情况时，有关银行和其他金融机构应当予以协助。

第十八条 纳税人按照国务院税务主管部门的规定使用税务登记证件。税务登记证件不得转借、涂改、损毁、买卖或者伪造。

第二节 账簿、凭证管理

第十九条 纳税人、扣缴义务人按照有关法律、行政法规和国务院财政、税务主管部门的规定设置账簿，根据合法、有效凭证记账，进行核算。

第二十条 从事生产、经营的纳税人的财务、会计制度或者财务、会计处理办法和会计核算软件，应当报送税务机关备案。

纳税人、扣缴义务人的财务、会计制度或者财务、会计处理办法与国务院或者国务院财政、税务主管部门有关税收的规定抵触的，依照国务院或者国务院财政、税务主管部门有关税收的规定计算应纳税款、代扣代缴和代收代缴税款。

第二十一条 税务机关是发票的主管机关，负责发票印制、领购、开具、取得、保管、缴销的管理和监督。

单位、个人在购销商品、提供或者接受经营服务以及从事其他经营活动中，应当按照规定开具、使用、取得发票。

发票的管理办法由国务院规定。

第二十二条 增值税专用发票由国务院税务主管部门指定的企业印制；其他发票，按照国务院税务主管部门的规定，分别由省、自治区、直辖市国家税务局、地方税务局指定企业印制。

未经前款规定的税务机关指定，不得印制发票。

第二十三条 国家根据税收征收管理的需要，积极推广使用税控装置。纳税人应当按照规定安装、使用税控装置，不得损毁或者擅自改动税控装置。

第二十四条 从事生产、经营的纳税人、扣缴义务人必须按照国务院财政、税务主管部门规定的保管期限保管账簿、记账凭证、完税凭证及其他有关资料。

账簿、记账凭证、完税凭证及其他有关资料不得伪造、变造或者擅自损毁。

第三节 纳税申报

第二十五条 纳税人必须依照法律、行政法规规定或者税务机关依照法律、行政法规的规定确定的申报期限、申报内容如实办理纳税申报，报送纳税申报表、财务会计报表以及税务机关根据实际需要要求纳税人报送的其他纳税资料。

扣缴义务人必须依照法律、行政法规规定或者税务机关依照法律、行政法规的规定确定的申报期限、申报内容如实报送代扣代缴、代收代缴税款报告表以及税务机关根据实际需要要求扣缴义务人报送的其他有关资料。

第二十六条 纳税人、扣缴义务人可以直接到税务机关办理纳税申报或者报送代扣代缴、代收代缴税款报告表，也可以按照规定采取邮寄、数据电文或者其他方式办理上述申报、报送事项。

第二十七条 纳税人、扣缴义务人不能按期办理纳税申报或者报送代扣代缴、代收代缴税款报告表的，经税务机关核准，可以延期申报。

经核准延期办理前款规定的申报、报送事项的，应当在纳税期内按照上期实际缴纳的税额或者税务机关核定的税额预缴税款，并在核准的延期内办理税款结算。

第三章 税款征收

第二十八条 税务机关依照法律、行政法规的规定征收税款，不得违反法律、行政法规的规定开征、停征、多征、少征、提前征收、延缓征收或者摊派税款。

农业税应纳税额按照法律、行政法规的规定核定。

第二十九条 除税务机关、税务人员以及经税务机关依照法律、行政法规委托的单位和人员外，任何单位和个人不得进行税款征收活动。

第三十条 扣缴义务人依照法律、行政法规的规定履行代扣、代收税款的义务。对法律、行政法规没有规定负有代扣、代收税款义务的单位和个人，税务机关不得要求其履行代扣、代收税款义务。

扣缴义务人依法履行代扣、代收税款义务时，纳税人不得拒绝。纳税人拒绝的，扣缴义务人应当及时报告税务机关处理。

税务机关按照规定付给扣缴义务人代扣、代收手续费。

第三十一条 纳税人、扣缴义务人按照法律、行政法规规定或者税务机关依照法律、行政法规的规定确定的期限，缴纳或者解缴税款。

纳税人因有特殊困难，不能按期缴纳税款的，经省、自治区、直辖市国家税务局、地方税务局批准，可以延期缴纳税款，但是最长不得超过三个月。

第三十二条 纳税人未按照规定期限缴纳税款的，扣缴义务人未按照规定期限解缴税款的，税务机关除责令限期缴纳外，从滞纳税款之日起，按日加收滞纳税款万分之五的滞纳金。

第三十三条 纳税人依照法律、行政法规的规定办理减税、免税。

地方各级人民政府、各级人民政府主管部门、单位和个人违反法律、行政法规规定，擅自作出的减税、免税决定无效，税务机关不得执行，并向上级税务机关报告。

第三十四条 税务机关征收税款时，必须给纳税人开具完税凭证。扣缴义务人代扣、代收税款时，纳税人要求扣缴义务人开具代扣、代收税款凭证的，扣缴义务人应当开具。

第三十五条 纳税人有下列情形之一的，税务机关有权核定其应纳税额：

（一）依照法律、行政法规的规定可以不设置账簿的；

（二）依照法律、行政法规的规定应当设置账簿但未设置的；

（三）擅自销毁账簿或者拒不提供纳税资料的；

（四）虽设置账簿，但账目混乱或者成本资料、收入凭证、费用凭证残缺不全，难以查账的；

（五）发生纳税义务，未按照规定的期限办理纳税申报，经税务机关责令限期申报，逾期仍不申报的；

（六）纳税人申报的计税依据明显偏低，又无正当理由的。

税务机关核定应纳税额的具体程序和方法由国务院税务主管部门规定。

第三十六条 企业或者外国企业在中国境内设立的从事生产、经营的机构、场所与其关联企业之间的业务往来，应当按照独立企业之间的业务往来收取或者支付价款、费用；不按照独立企业之间的业务往来收取或者支付价款、费用，而减少其应纳税的收入或者所得额的，税务机关有权进行合理调整。

第三十七条 对未按照规定办理税务登记的从事生产、经营的纳税人以及临时从事经营的纳税人，由税务机关核定其应纳税额，责令缴纳；不缴纳的，税务机关可以扣押其价值相当于应纳税款的商品、货物。扣押后缴纳应纳税款的，税务机关必须立即解除扣押，并归还所扣押的商品、货物；扣押后仍不缴纳应纳税款的，经县以上税务局（分局）局长批准，依法拍卖或者变卖所扣押的商品、货物，以拍卖或者变卖所得抵缴税款。

第三十八条 税务机关有根据认为从事生产、经营的纳税人有逃避纳税义务行为的，可以在规定的纳税期之前，责令限期缴纳应纳税款；在限期内发现纳税人有明显的转移、隐匿其应纳税的商品、货物以及其他财产或者应纳税的收入的迹象的，税务机关可以责成纳税人提供纳税担保。如果纳税人不能提供纳税担保，经县以上税务局（分局）局长批准，税务机关可以采取下列税收保全措施：

（一）书面通知纳税人开户银行或者其他金融机构冻结纳税人的金额相当于应纳税款的存款；

（二）扣押、查封纳税人的价值相当于应纳税款的商品、货物或者其他财产。

纳税人在前款规定的限期内缴纳税款的，税务机关必须立即解除税收保全措施；限期期满仍未缴纳税款的，经县以上税务局（分局）局长批准，税务机关可以书面通知纳税人开户银行或者其他金融机构从其冻结的存款中扣缴税款，或者依法拍卖或者变卖所扣押、查封的商品、货物或者其他财产，以拍卖或者变卖所得抵缴税款。

个人及其所扶养家属维持生活必需的住房和用品，不在税收保全措施的范围之内。

第三十九条 纳税人在限期内已缴纳税款，税务机关未立即解除税收保全措施，使纳税人的合法利益遭受损失的，税务机关应当承担赔偿责任。

第四十条 从事生产、经营的纳税人、扣缴义务人未按照规定的期限缴纳或者解缴税款，纳税担保人未按照规定的期限缴纳所担保的税款，由税务机关责令限期缴纳，逾期仍未缴纳的，经县以上税务局（分局）局长批准，税务机关可以采取下列强制执行措施：

（一）书面通知其开户银行或者其他金融机构从其存款中扣缴税款；

（二）扣押、查封、依法拍卖或者变卖其价值相当于应纳税款的商品、货物或者其他财产，以拍卖或者变卖所得抵缴税款。

税务机关采取强制执行措施时，对前款所列纳税人、扣缴义务人、纳税担保人未缴纳的滞纳金同时强制执行。

个人及其所扶养家属维持生活必需的住房和用品，不在强制执行措施的范围之内。

第四十一条 本法第三十七条、第三十八条、第四十条规定的采取税收保全措施、强制执行措施的权力，不得由法定的税务机关以外的单位和个人行使。

第四十二条 税务机关采取税收保全措施和强制执行措施必须依照法定权限和法定程序，不得查封、扣押纳税人个人及其所扶养家属维持生活必需的住房和用品。

第四十三条 税务机关滥用职权违法采取税收保全措施、强制执行措施，或者采取税收保全措施、强制执行措施不当，使纳税人、扣缴义务人或者纳税担保人的合法权益遭受损失的，应当依法承担赔偿责任。

第四十四条 欠缴税款的纳税人或者他的法定代表人需要出境的，应当在出境前向税务机关结清应纳税款、滞纳金或者提供担保。未结清税款、滞纳金，又不提供担保的，税务机关可以通知出境管理机关阻止其出境。

第四十五条 税务机关征收税款，税收优先于无担保债权，法律另有规定的除外；纳税人欠缴的税款发生在纳税人以其财产设定抵押、质押或者纳税人的财产被留置之前的，税收应当先于抵押权、质权、留置权执行。

纳税人欠缴税款，同时又被行政机关

决定处以罚款、没收违法所得的，税收优先于罚款、没收违法所得。

税务机关应当对纳税人欠缴税款的情况定期予以公告。

第四十六条 纳税人有欠税情形而以其财产设定抵押、质押的，应当向抵押权人、质权人说明其欠税情况。抵押权人、质权人可以请求税务机关提供有关的欠税情况。

第四十七条 税务机关扣押商品、货物或者其他财产时，必须开付收据；查封商品、货物或者其他财产时，必须开付清单。

第四十八条 纳税人有合并、分立情形的，应当向税务机关报告，并依法缴清税款。纳税人合并时未缴清税款的，应当由合并后的纳税人继续履行未履行的纳税义务；纳税人分立时未缴清税款的，分立后的纳税人对未履行的纳税义务应当承担连带责任。

第四十九条 欠缴税款数额较大的纳税人在处分其不动产或者大额资产之前，应当向税务机关报告。

第五十条 欠缴税款的纳税人因怠于行使到期债权，或者放弃到期债权，或者无偿转让财产，或者以明显不合理的低价转让财产而受让人知道该情形，对国家税收造成损害的，税务机关可以依照合同法第七十三条、第七十四条的规定行使代位权、撤销权。

税务机关依照前款规定行使代位权、撤销权的，不免除欠缴税款的纳税人尚未履行的纳税义务和应承担的法律责任。

第五十一条 纳税人超过应纳税额缴纳的税款，税务机关发现后应当立即退还；纳税人自结算缴纳税款之日起三年内发现的，可以向税务机关要求退还多缴的税款并加算银行同期存款利息，税务机关及时查实后应当立即退还；涉及从国库中退库的，依照法律、行政法规有关国库管理的规定退还。

第五十二条 因税务机关的责任，致使纳税人、扣缴义务人未缴或者少缴税款的，税务机关在三年内可以要求纳税人、扣缴义务人补缴税款，但是不得加收滞纳金。

因纳税人、扣缴义务人计算错误等失误，未缴或者少缴税款的，税务机关在三年内可以追征税款、滞纳金；有特殊情况的，追征期可以延长到五年。

对偷税、抗税、骗税的，税务机关追征其未缴或者少缴的税款、滞纳金或者所骗取的税款，不受前款规定期限的限制。

第五十三条 国家税务局和地方税务局应当按照国家规定的税收征收管理范围和税款入库预算级次，将征收的税款缴入国库。

对审计机关、财政机关依法查出的税收违法行为，税务机关应当根据有关机关的决定、意见书，依法将应收的税款、滞纳金按照税款入库预算级次缴入国库，并将结果及时回复有关机关。

第四章 税务检查

第五十四条 税务机关有权进行下列税务检查：

（一）检查纳税人的账簿、记账凭证、报表和有关资料，检查扣缴义务人代扣代缴、代收代缴税款账簿、记账凭证和有关资料；

（二）到纳税人的生产、经营场所和货物存放地检查纳税人应纳税的商品、货物或者其他财产，检查扣缴义务人与代扣代缴、代收代缴税款有关的经营情况；

（三）责成纳税人、扣缴义务人提供与纳税或者代扣代缴、代收代缴税款有关的文件、证明材料和有关资料；

（四）询问纳税人、扣缴义务人与纳税或者代扣代缴、代收代缴税款有关的问题和情况；

（五）到车站、码头、机场、邮政企业及其分支机构检查纳税人托运、邮寄应纳税商品、货物或者其他财产的有关单据、凭证和有关资料；

（六）经县以上税务局（分局）局长批准，凭全国统一格式的检查存款账户许可证明，查询从事生产、经营的纳税人、扣缴义务人在银行或者其他金融机构的存款账户。税务机关在调查税收违法案件时，经设区的市、自治州以上税务局（分局）局长批准，可以查询案件涉嫌人员的储蓄存款。税务机关查询所获得的资料，不得用于税收以外的用途。

第五十五条 税务机关对从事生产、经营的纳税人以前纳税期的纳税情况依法进行税务检查时，发现纳税人有逃避纳税义务行为，并有明显的转移、隐匿其应纳税的商品、货物以及其他财产或者应纳税的收入的迹象的，可以按照本法规定的批准权限采取税收保全措施或者强制执行措施。

第五十六条 纳税人、扣缴义务人必须接受税务机关依法进行的税务检查，如实反映情况，提供有关资料，不得拒绝、隐瞒。

第五十七条 税务机关依法进行税务检查时，有权向有关单位和个人调查纳税人、扣缴义务人和其他当事人与纳税或者代扣代缴、代收代缴税款有关的情况，有关单位和个人有义务向税务机关如实提供有关资料及证明材料。

第五十八条 税务机关调查税务违法案件时，对与案件有关的情况和资料，可以记录、录音、录像、照相和复制。

第五十九条 税务机关派出的人员进行税务检查时，应当出示税务检查证和税务检查通知书，并有责任为被检查人保守秘密；未出示税务检查证和税务检查通知书的，被检查人有权拒绝检查。

第五章　法律责任

第六十条 纳税人有下列行为之一的，由税务机关责令限期改正，可以处二千元以下的罚款；情节严重的，处二千元以上一万元以下的罚款：

（一）未按照规定的期限申报办理税务登记、变更或者注销登记的；

（二）未按照规定设置、保管账簿或者保管记账凭证和有关资料的；

（三）未按照规定将财务、会计制度或者财务、会计处理办法和会计核算软件报送税务机关备查的；

（四）未按照规定将其全部银行账号向税务机关报告的；

（五）未按照规定安装、使用税控装置，或者损毁或者擅自改动税控装置的。

纳税人不办理税务登记的，由税务机关责令限期改正；逾期不改正的，经税务机关提请，由工商行政管理机关吊销其营业执照。

纳税人未按照规定使用税务登记证件，或者转借、涂改、损毁、买卖、伪造税务登记证件的，处二千元以上一万元以下的罚款；情节严重的，处一万元以上五万元以下的罚款。

第六十一条 扣缴义务人未按照规定设置、保管代扣代缴、代收代缴税款账簿或者保管代扣代缴、代收代缴税款记账凭证及有关资料的，由税务机关责令限期改正，可以处二千元以下的罚款；情节严重的，处二千元以上五千元以下的罚款。

第六十二条 纳税人未按照规定的期限办理纳税申报和报送纳税资料的，或者扣缴义务人未按照规定的期限向税务机关报送代扣代缴、代收代缴税款报告表和有关资料的，由税务机关责令限期改正，可以处二千元以下的罚款；情节严重的，可以处二千元以上一万元以下的罚款。

第六十三条 纳税人伪造、变造、隐匿、擅自销毁账簿、记账凭证，或者在账簿上多列支出或者不列、少列收入，或者经税务机关通知申报而拒不申报或者进行虚假的纳税申报，不缴或者少缴应纳税款的，是偷税。对纳税人偷税的，由税务机关追缴其不缴或者少缴的税款、滞纳金，并处不缴或者少缴的税款百分之五十以上五倍以下的罚款；构成犯罪的，依法追究刑事责任。

扣缴义务人采取前款所列手段，不缴或者少缴已扣、已收税款，由税务机关追缴其不缴或者少缴的税款、滞纳金，并处不缴或者少缴的税款百分之五十以上五倍以下的罚款；构成犯罪的，依法追究刑事责任。

第六十四条 纳税人、扣缴义务人编造虚假计税依据的，由税务机关责令限期改正，并处五万元以下的罚款。

纳税人不进行纳税申报，不缴或者少缴应纳税款的，由税务机关追缴其不缴或者少缴的税款、滞纳金，并处不缴或者少缴的税款百分之五十以上五倍以下的罚款。

第六十五条 纳税人欠缴应纳税款，采取转移或者隐匿财产的手段，妨碍税务机关追缴欠缴的税款的，由税务机关追缴欠缴的税款、滞纳金，并处欠缴税款百分之五十以上五倍以下的罚款；构成犯罪的，依法追究刑事责任。

第六十六条 以假报出口或者其他欺骗手段，骗取国家出口退税款的，由税务机关追缴其骗取的退税款，并处骗取税款一倍以上五倍以下的罚款；构成犯罪的，依法追究刑事责任。

对骗取国家出口退税款的，税务机关可以在规定期间内停止为其办理出口退税。

第六十七条 以暴力、威胁方法拒不缴纳税款的，是抗税，除由税务机关追缴其拒缴的税款、滞纳金外，依法追究刑事责任。情节轻微，未构成犯罪的，由税务机关追缴其拒缴的税款、滞纳金，并处拒缴税款一倍以上五倍以下的罚款。

第六十八条 纳税人、扣缴义务人在规定期限内不缴或者少缴应纳或者应解缴的税款，经税务机关责令限期缴纳，逾期仍未缴纳的，税务机关除依照本法第四十条的规定采取强制执行措施追缴其不缴或者少缴的税款外，可以处不缴或者少缴的税款百分之五十以上五倍以下的罚款。

第六十九条 扣缴义务人应扣未扣、应收而不收税款的，由税务机关向纳税人追缴税款，对扣缴义务人处应扣未扣、应收未收税款百分之五十以上三倍以下的罚款。

第七十条 纳税人、扣缴义务人逃避、拒绝或者以其他方式阻挠税务机关检查的，由税务机关责令改正，可以处一万元以下的罚款；情节严重的，处一万元以上五万元以下的罚款。

第七十一条 违反本法第二十二条规定，非法印制发票的，由税务机关销毁非法印制的发票，没收违法所得和作案工具，并处一万元以上五万元以下的罚款；构成犯罪的，依法追究刑事责任。

第七十二条 从事生产、经营的纳税人、扣缴义务人有本法规定的税收违法行为，拒不接受税务机关处理的，税务机关可以收缴其发票或者停止向其发售发票。

第七十三条 纳税人、扣缴义务人的开户银行或者其他金融机构拒绝接受税务机关依法检查纳税人、扣缴义务人存款账户，或者拒绝执行税务机关作出的冻结存款或者扣缴税款的决定，或者在接到税务机关的书面通知后帮助纳税人、扣缴义务人转移存款，造成税款流失的，由税务机关处十万元以上五十万元以下的罚款，对直接负责的主管人员和其他直接责任人员处一千元以上一万元以下的罚款。

第七十四条 本法规定的行政处罚，罚款额在二千元以下的，可以由税务所决定。

第七十五条 税务机关和司法机关的涉税罚没收入，应当按照税款入库预算级次上缴国库。

第七十六条 税务机关违反规定擅自改变税收征收管理范围和税款入库预算级次的，责令限期改正，对直接负责的主管人员和其他直接责任人员依法给予降级或者撤职的行政处分。

第七十七条 纳税人、扣缴义务人有本法

第六十三条、第六十五条、第六十六条、第六十七条、第七十一条规定的行为涉嫌犯罪的，税务机关应当依法移交司法机关追究刑事责任。

税务人员徇私舞弊，对依法应当移交司法机关追究刑事责任的不移交，情节严重的，依法追究刑事责任。

第七十八条 未经税务机关依法委托征收税款的，责令退还收取的财物，依法给予行政处分或者行政处罚；致使他人合法权益受到损失的，依法承担赔偿责任；构成犯罪的，依法追究刑事责任。

第七十九条 税务机关、税务人员查封、扣押纳税人个人及其所扶养家属维持生活必需的住房和用品的，责令退还，依法给予行政处分；构成犯罪的，依法追究刑事责任。

第八十条 税务人员与纳税人、扣缴义务人勾结，唆使或者协助纳税人、扣缴义务人有本法第六十三条、第六十五条、第六十六条规定的行为，构成犯罪的，依法追究刑事责任；尚不构成犯罪的，依法给予行政处分。

第八十一条 税务人员利用职务上的便利，收受或者索取纳税人、扣缴义务人财物或者谋取其他不正当利益，构成犯罪的，依法追究刑事责任；尚不构成犯罪的，依法给予行政处分。

第八十二条 税务人员徇私舞弊或者玩忽职守，不征或者少征应征税款，致使国家税收遭受重大损失，构成犯罪的，依法追究刑事责任；尚不构成犯罪的，依法给予行政处分。

税务人员滥用职权，故意刁难纳税人、扣缴义务人的，调离税收工作岗位，并依法给予行政处分。

税务人员对控告、检举税收违法违纪行为的纳税人、扣缴义务人以及其他检举人进行打击报复的，依法给予行政处分；构成犯罪的，依法追究刑事责任。

税务人员违反法律、行政法规的规定，故意高估或者低估农业税计税产量，致使多征或者少征税款，侵犯农民合法权益或者损害国家利益，构成犯罪的，依法追究刑事责任；尚不构成犯罪的，依法给予行政处分。

第八十三条 违反法律、行政法规的规定提前征收、延缓征收或者摊派税款的，由其上级机关或者行政监察机关责令改正，对直接负责的主管人员和其他直接责任人员依法给予行政处分。

第八十四条 违反法律、行政法规的规定，擅自作出税收的开征、停征或者减税、免税、退税、补税以及其他同税收法律、行政法规相抵触的决定的，除依照本法规定撤销其擅自作出的决定外，补征应征未征税款，退还不应征收而征收的税款，并由上级机关追究直接负责的主管人员和其他直接责任人员的行政责任；构成犯罪的，依法追究刑事责任。

第八十五条 税务人员在征收税款或者查处税收违法案件时，未按照本法规定进行回避的，对直接负责的主管人员和其他直接责任人员，依法给予行政处分。

第八十六条 违反税收法律、行政法规应当给予行政处罚的行为，在五年内未被发现的，不再给予行政处罚。

第八十七条 未按照本法规定为纳税人、扣缴义务人、检举人保密的，对直接负责的主管人员和其他直接责任人员，由所在单位或者有关单位依法给予行政处分。

第八十八条 纳税人、扣缴义务人、纳税担保人同税务机关在纳税上发生争议时，必须先依照税务机关的纳税决定缴纳或者解缴税款及滞纳金或者提供相应的担保，然后可以依法申请行政复议；对行政复议决定不服的，可以依法向人民法院起诉。

当事人对税务机关的处罚决定、强制执行措施或者税收保全措施不服的，可以依法申请行政复议，也可以依法向人民法院起诉。

当事人对税务机关的处罚决定逾期不申请行政复议也不向人民法院起诉、又不履行的，作出处罚决定的税务机关可以采取本法第四十条规定的强制执行措施，或者申请人民法院强制执行。

第六章　附　　则

第八十九条　纳税人、扣缴义务人可以委托税务代理人代为办理税务事宜。

第九十条　耕地占用税、契税、农业税、牧业税征收管理的具体办法，由国务院另行制定。

关税及海关代征税收的征收管理，依照法律、行政法规的有关规定执行。

第九十一条　中华人民共和国同外国缔结的有关税收的条约、协定同本法有不同规定的，依照条约、协定的规定办理。

第九十二条　本法施行前颁布的税收法律与本法有不同规定的，适用本法规定。

第九十三条　国务院根据本法制定实施细则。

第九十四条　本法自 2001 年 5 月 1 日起施行。

全国人民代表大会常务委员会关于外商投资企业和外国企业适用增值税、消费税、营业税等税收暂行条例的决定

（1993 年 12 月 29 日第八届全国人民代表大会常务委员会第五次会议通过　1993 年 12 月 29 日中华人民共和国主席令第 18 号公布　自公布之日起施行）

第八届全国人民代表大会常务委员会第五次会议审议了国务院关于提请审议外商投资企业和外国企业适用增值税、消费税、营业税等税收暂行条例的议案，为了统一税制，公平税负，改善我国的投资环境，适应建立和发展社会主义市场经济的需要，特作如下决定：

一、在有关税收法律制定以前，外商投资企业和外国企业自 1994 年 1 月 1 日起适用国务院发布的增值税暂行条例、消费税暂行条例和营业税暂行条例。1958 年 9 月 11 日全国人民代表大会常务委员会第一百零一次会议原则通过、1958 年 9 月 13 日国务院公布试行的《中华人民共和国工商统一税条例（草案）》同时废止。

中外合作开采海洋石油、天然气，按实物征收增值税，其税率和征收办法由国务院另行规定。

二、1993 年 12 月 31 日前已批准设立的外商投资企业，由于依照本决定第一条的规定改征增值税、消费税、营业税而增加税负的，经企业申请，税务机关批准，在已批准的经营期限内，最长不超过 5 年，退还其因税负增加而多缴纳的税款；没有经营期限的，经企业申请，税务机关批准，在最长不超过 5 年的期限内，退还其因税负增加而多缴纳的税款。具体办法由国务院规定。

三、除增值税、消费税、营业税外，其他税种对外商投资企业和外国企业的适用，法律有规定的，依照法律的规定执行；法律未作规定的，依照国务院的规定执行。

本决定所称外商投资企业，是指在中国境内设立的中外合资经营企业、中外合作经营企业和外资企业。

本决定所称外国企业，是指在中国境内设立机构、场所，从事生产、经营和虽未设立机构、场所，而有来源于中国境内所得的外国公司、企业和其他经济组织。

本决定自公布之日起施行。

行政法规及文件

中华人民共和国税收征收管理法实施细则

（2002年9月7日中华人民共和国国务院令第362号公布　根据2012年11月9日《国务院关于修改和废止部分行政法规的决定》第一次修订　根据2013年7月18日《国务院关于废止和修改部分行政法规的决定》第二次修订　根据2016年2月6日《国务院关于修改部分行政法规的决定》第三次修订）

第一章　总　　则

第一条　根据《中华人民共和国税收征收管理法》（以下简称税收征管法）的规定，制定本细则。

第二条　凡依法由税务机关征收的各种税收的征收管理，均适用税收征管法及本细则；税收征管法及本细则没有规定的，依照其他有关税收法律、行政法规的规定执行。

第三条　任何部门、单位和个人作出的与税收法律、行政法规相抵触的决定一律无效，税务机关不得执行，并应当向上级税务机关报告。

纳税人应当依照税收法律、行政法规的规定履行纳税义务；其签订的合同、协议等与税收法律、行政法规相抵触的，一律无效。

第四条　国家税务总局负责制定全国税务系统信息化建设的总体规划、技术标准、技术方案与实施办法；各级税务机关应当按照国家税务总局的总体规划、技术标准、技术方案与实施办法，做好本地区税务系统信息化建设的具体工作。

地方各级人民政府应当积极支持税务系统信息化建设，并组织有关部门实现相关信息的共享。

第五条　税收征管法第八条所称为纳税人、扣缴义务人保密的情况，是指纳税人、扣缴义务人的商业秘密及个人隐私。纳税人、扣缴义务人的税收违法行为不属于保密范围。

第六条　国家税务总局应当制定税务人员行为准则和服务规范。

上级税务机关发现下级税务机关的税收违法行为，应当及时予以纠正；下级税务机关应当按照上级税务机关的决定及时改正。

下级税务机关发现上级税务机关的税收违法行为，应当向上级税务机关或者有关部门报告。

第七条　税务机关根据检举人的贡献大小给予相应的奖励，奖励所需资金列入税务部门年度预算，单项核定。奖励资金具体使用办法以及奖励标准，由国家税务总局会同财政部制定。

第八条　税务人员在核定应纳税额、调整税收定额、进行税务检查、实施税务行政处罚、办理税务行政复议时，与纳税人、扣缴义务人或者其法定代表人、直接责任人有下列关系之一的，应当回避：

（一）夫妻关系；

（二）直系血亲关系；

（三）三代以内旁系血亲关系；

（四）近姻亲关系；

（五）可能影响公正执法的其他利害关系。

第九条　税收征管法第十四条所称按照国务院规定设立的并向社会公告的税务机构，是指省以下税务局的稽查局。稽查局专司偷税、逃避追缴欠税、骗税、抗税案件的查处。

国家税务总局应当明确划分税务局和稽查局的职责，避免职责交叉。

第二章　税务登记

第十条　国家税务局、地方税务局对同一纳税人的税务登记应当采用同一代码，信息共享。

税务登记的具体办法由国家税务总局制定。

第十一条 各级工商行政管理机关应当向同级国家税务局和地方税务局定期通报办理开业、变更、注销登记以及吊销营业执照的情况。

通报的具体办法由国家税务总局和国家工商行政管理总局联合制定。

第十二条 从事生产、经营的纳税人应当自领取营业执照之日起30日内，向生产、经营地或者纳税义务发生地的主管税务机关申报办理税务登记，如实填写税务登记表，并按照税务机关的要求提供有关证件、资料。

前款规定以外的纳税人，除国家机关和个人外，应当自纳税义务发生之日起30日内，持有关证件向所在地的主管税务机关申报办理税务登记。

个人所得税的纳税人办理税务登记的办法由国务院另行规定。

税务登记证件的式样，由国家税务总局制定。

第十三条 扣缴义务人应当自扣缴义务发生之日起30日内，向所在地的主管税务机关申报办理扣缴税款登记，领取扣缴税款登记证件；税务机关对已办理税务登记的扣缴义务人，可以只在其税务登记证件上登记扣缴税款事项，不再发给扣缴税款登记证件。

第十四条 纳税人税务登记内容发生变化的，应当自工商行政管理机关或者其他机关办理变更登记之日起30日内，持有关证件向原税务登记机关申报办理变更税务登记。

纳税人税务登记内容发生变化，不需要到工商行政管理机关或者其他机关办理变更登记的，应当自发生变化之日起30日内，持有关证件向原税务登记机关申报办理变更税务登记。

第十五条 纳税人发生解散、破产、撤销以及其他情形，依法终止纳税义务的，应当在向工商行政管理机关或者其他机关办理注销登记前，持有关证件向原税务登记机关申报办理注销税务登记；按照规定不需要在工商行政管理机关或者其他机关办理注册登记的，应当自有关机关批准或者宣告终止之日起15日内，持有关证件向原税务登记机关申报办理注销税务登记。

纳税人因住所、经营地点变动，涉及改变税务登记机关的，应当在向工商行政管理机关或者其他机关申请办理变更或者注销登记前或者住所、经营地点变动前，向原税务登记机关申报办理注销税务登记，并在30日内向迁达地税务机关申报办理税务登记。

纳税人被工商行政管理机关吊销营业执照或者被其他机关予以撤销登记的，应当自营业执照被吊销或者被撤销登记之日起15日内，向原税务登记机关申报办理注销税务登记。

第十六条 纳税人在办理注销税务登记前，应当向税务机关结清应纳税款、滞纳金、罚款，缴销发票、税务登记证件和其他税务证件。

第十七条 从事生产、经营的纳税人应当自开立基本存款账户或者其他存款账户之日起15日内，向主管税务机关书面报告其全部账号；发生变化的，应当自变化之日起15日内，向主管税务机关书面报告。

第十八条 除按照规定不需要发给税务登记证件的外，纳税人办理下列事项时，必须持税务登记证件：

（一）开立银行账户；

（二）申请减税、免税、退税；

（三）申请办理延期申报、延期缴纳税款；

（四）领购发票；

（五）申请开具外出经营活动税收管

理证明；

（六）办理停业、歇业；

（七）其他有关税务事项。

第十九条 税务机关对税务登记证件实行定期验证和换证制度。纳税人应当在规定的期限内持有关证件到主管税务机关办理验证或者换证手续。

第二十条 纳税人应当将税务登记证件正本在其生产、经营场所或者办公场所公开悬挂，接受税务机关检查。

纳税人遗失税务登记证件的，应当在15日内书面报告主管税务机关，并登报声明作废。

第二十一条 从事生产、经营的纳税人到外县（市）临时从事生产、经营活动的，应当持税务登记证副本和所在地税务机关填开的外出经营活动税收管理证明，向营业地税务机关报验登记，接受税务管理。

从事生产、经营的纳税人外出经营，在同一地累计超过180天的，应当在营业地办理税务登记手续。

第三章 账簿、凭证管理

第二十二条 从事生产、经营的纳税人应当自领取营业执照或者发生纳税义务之日起15日内，按照国家有关规定设置账簿。

前款所称账簿，是指总账、明细账、日记账以及其他辅助性账簿。总账、日记账应当采用订本式。

第二十三条 生产、经营规模小又确无建账能力的纳税人，可以聘请经批准从事会计代理记账业务的专业机构或者财会人员代为建账和办理账务。

第二十四条 从事生产、经营的纳税人应当自领取税务登记证件之日起15日内，将其财务、会计制度或者财务、会计处理办法报送主管税务机关备案。

纳税人使用计算机记账的，应当在使用前将会计电算化系统的会计核算软件、使用说明书及有关资料报送主管税务机关备案。

纳税人建立的会计电算化系统应当符合国家有关规定，并能正确、完整核算其收入或者所得。

第二十五条 扣缴义务人应当自税收法律、行政法规规定的扣缴义务发生之日起10日内，按照所代扣、代收的税种，分别设置代扣代缴、代收代缴税款账簿。

第二十六条 纳税人、扣缴义务人会计制度健全，能够通过计算机正确、完整计算其收入和所得或者代扣代缴、代收代缴税款情况的，其计算机输出的完整的书面会计记录，可视同会计账簿。

纳税人、扣缴义务人会计制度不健全，不能通过计算机正确、完整计算其收入和所得或者代扣代缴、代收代缴税款情况的，应当建立总账及与纳税或者代扣代缴、代收代缴税款有关的其他账簿。

第二十七条 账簿、会计凭证和报表，应当使用中文。民族自治地方可以同时使用当地通用的一种民族文字。外商投资企业和外国企业可以同时使用一种外国文字。

第二十八条 纳税人应当按照税务机关的要求安装、使用税控装置，并按照税务机关的规定报送有关数据和资料。

税控装置推广应用的管理办法由国家税务总局另行制定，报国务院批准后实施。

第二十九条 账簿、记账凭证、报表、完税凭证、发票、出口凭证以及其他有关涉税资料应当合法、真实、完整。

账簿、记账凭证、报表、完税凭证、发票、出口凭证以及其他有关涉税资料应当保存10年；但是，法律、行政法规另有规定的除外。

第四章 纳 税 申 报

第三十条 税务机关应当建立、健全纳税人自行申报纳税制度。纳税人、扣缴义务人可以采取邮寄、数据电文方式办理纳税申报或者报送代扣代缴、代收代缴税款报告表。

数据电文方式，是指税务机关确定的电话语音、电子数据交换和网络传输等电子方式。

第三十一条 纳税人采取邮寄方式办理纳税申报的，应当使用统一的纳税申报专用信封，并以邮政部门收据作为申报凭据。邮寄申报以寄出的邮戳日期为实际申报日期。

纳税人采取电子方式办理纳税申报的，应当按照税务机关规定的期限和要求保存有关资料，并定期书面报送主管税务机关。

第三十二条 纳税人在纳税期内没有应纳税款的，也应当按照规定办理纳税申报。

纳税人享受减税、免税待遇的，在减税、免税期间应当按照规定办理纳税申报。

第三十三条 纳税人、扣缴义务人的纳税申报或者代扣代缴、代收代缴税款报告表的主要内容包括：税种、税目，应纳税项目或者应代扣代缴、代收代缴税款项目，计税依据，扣除项目及标准，适用税率或者单位税额，应退税项目及税额、应减免税项目及税额，应纳税额或者应代扣代缴、代收代缴税额，税款所属期限、延期缴纳税款、欠税、滞纳金等。

第三十四条 纳税人办理纳税申报时，应当如实填写纳税申报表，并根据不同的情况相应报送下列有关证件、资料：

（一）财务会计报表及其说明材料；

（二）与纳税有关的合同、协议书及凭证；

（三）税控装置的电子报税资料；

（四）外出经营活动税收管理证明和异地完税凭证；

（五）境内或者境外公证机构出具的有关证明文件；

（六）税务机关规定应当报送的其他有关证件、资料。

第三十五条 扣缴义务人办理代扣代缴、代收代缴税款报告时，应当如实填写代扣代缴、代收代缴税款报告表，并报送代扣代缴、代收代缴税款的合法凭证以及税务机关规定的其他有关证件、资料。

第三十六条 实行定期定额缴纳税款的纳税人，可以实行简易申报、简并征期等申报纳税方式。

第三十七条 纳税人、扣缴义务人按照规定的期限办理纳税申报或者报送代扣代缴、代收代缴税款报告表确有困难，需要延期的，应当在规定的期限内向税务机关提出书面延期申请，经税务机关核准，在核准的期限内办理。

纳税人、扣缴义务人因不可抗力，不能按期办理纳税申报或者报送代扣代缴、代收代缴税款报告表的，可以延期办理；但是，应当在不可抗力情形消除后立即向税务机关报告。税务机关应当查明事实，予以核准。

第五章 税款征收

第三十八条 税务机关应当加强对税款征收的管理，建立、健全责任制度。

税务机关根据保证国家税款及时足额入库、方便纳税人、降低税收成本的原则，确定税款征收的方式。

税务机关应当加强对纳税人出口退税的管理，具体管理办法由国家税务总局会同国务院有关部门制定。

第三十九条 税务机关应当将各种税收的税款、滞纳金、罚款，按照国家规定的预算科目和预算级次及时缴入国库，税务机关不得占压、挪用、截留，不得缴入国库以外或者国家规定的税款账户以外的任何账户。

已缴入国库的税款、滞纳金、罚款，任何单位和个人不得擅自变更预算科目和预算级次。

第四十条 税务机关应当根据方便、快捷、安全的原则，积极推广使用支票、银行卡、电子结算方式缴纳税款。

第四十一条 纳税人有下列情形之一的，属于税收征管法第三十一条所称特殊困难：

（一）因不可抗力，导致纳税人发生较大损失，正常生产经营活动受到较大影响的；

（二）当期货币资金在扣除应付职工工资、社会保险费后，不足以缴纳税款的。

计划单列市国家税务局、地方税务局可以参照税收征管法第三十一条第二款的批准权限，审批纳税人延期缴纳税款。

第四十二条 纳税人需要延期缴纳税款的，应当在缴纳税款期限届满前提出申请，并报送下列材料：申请延期缴纳税款报告，当期货币资金余额情况及所有银行存款账户的对账单，资产负债表，应付职工工资和社会保险费等税务机关要求提供的支出预算。

税务机关应当自收到申请延期缴纳税款报告之日起20日内作出批准或者不予批准的决定；不予批准的，从缴纳税款期限届满之日起加收滞纳金。

第四十三条 享受减税、免税优惠的纳税人，减税、免税期满，应当自期满次日起恢复纳税；减税、免税条件发生变化的，应当在纳税申报时向税务机关报告；不再符合减税、免税条件的，应当依法履行纳税义务；未依法纳税的，税务机关应当予以追缴。

第四十四条 税务机关根据有利于税收控管和方便纳税的原则，可以按照国家有关规定委托有关单位和人员代征零星分散和异地缴纳的税收，并发给委托代征证书。受托单位和人员按照代征证书的要求，以税务机关的名义依法征收税款，纳税人不得拒绝；纳税人拒绝的，受托代征单位和人员应当及时报告税务机关。

第四十五条 税收征管法第三十四条所称完税凭证，是指各种完税证、缴款书、印花税票、扣（收）税凭证以及其他完税证明。

未经税务机关指定，任何单位、个人不得印制完税凭证。完税凭证不得转借、倒卖、变造或者伪造。

完税凭证的式样及管理办法由国家税务总局制定。

第四十六条 税务机关收到税款后，应当向纳税人开具完税凭证。纳税人通过银行缴纳税款的，税务机关可以委托银行开具完税凭证。

第四十七条 纳税人有税收征管法第三十五条或者第三十七条所列情形之一的，税务机关有权采用下列任何一种方法核定其应纳税额：

（一）参照当地同类行业或者类似行业中经营规模和收入水平相近的纳税人的税负水平核定；

（二）按照营业收入或者成本加合理的费用和利润的方法核定；

（三）按照耗用的原材料、燃料、动力等推算或者测算核定；

（四）按照其他合理方法核定。

采用前款所列一种方法不足以正确核定应纳税额时，可以同时采用两种以上的方法核定。

纳税人对税务机关采取本条规定的方法核定的应纳税额有异议的，应当提供相关证据，经税务机关认定后，调整应纳税额。

第四十八条 税务机关负责纳税人纳税信誉等级评定工作。纳税人纳税信誉等级的评定办法由国家税务总局制定。

第四十九条 承包人或者承租人有独立的生产经营权，在财务上独立核算，并定期向发包人或者出租人上缴承包费或者租金的，承包人或者承租人应当就其生产、经营收入和所得纳税，并接受税务管理；但是，法律、行政法规另有规定的除外。

发包人或者出租人应当自发包或者出租之日起30日内将承包人或者承租人的有关情况向主管税务机关报告。发包人或者出租人不报告的，发包人或者出租人与承包人或者承租人承担纳税连带责任。

第五十条 纳税人有解散、撤销、破产情形的，在清算前应当向其主管税务机关报告；未结清税款的，由其主管税务机关参加清算。

第五十一条 税收征管法第三十六条所称关联企业，是指有下列关系之一的公司、企业和其他经济组织：

（一）在资金、经营、购销等方面，存在直接或者间接的拥有或者控制关系；

（二）直接或者间接地同为第三者所拥有或者控制；

（三）在利益上具有相关联的其他关系。

纳税人有义务就其与关联企业之间的业务往来，向当地税务机关提供有关的价格、费用标准等资料。具体办法由国家税务总局制定。

第五十二条 税收征管法第三十六条所称独立企业之间的业务往来，是指没有关联关系的企业之间按照公平成交价格和营业常规所进行的业务往来。

第五十三条 纳税人可以向主管税务机关提出与其关联企业之间业务往来的定价原则和计算方法，主管税务机关审核、批准后，与纳税人预先约定有关定价事项，监督纳税人执行。

第五十四条 纳税人与其关联企业之间的业务往来有下列情形之一的，税务机关可以调整其应纳税额：

（一）购销业务未按照独立企业之间的业务往来作价；

（二）融通资金所支付或者收取的利息超过或者低于没有关联关系的企业之间所能同意的数额，或者利率超过或者低于同类业务的正常利率；

（三）提供劳务，未按照独立企业之间业务往来收取或者支付劳务费用；

（四）转让财产、提供财产使用权等业务往来，未按照独立企业之间业务往来作价或者收取、支付费用；

（五）未按照独立企业之间业务往来作价的其他情形。

第五十五条 纳税人有本细则第五十四条所列情形之一的，税务机关可以按照下列方法调整计税收入额或者所得额：

（一）按照独立企业之间进行的相同或者类似业务活动的价格；

（二）按照再销售给无关联关系的第三者的价格所应取得的收入和利润水平；

（三）按照成本加合理的费用和利润；

（四）按照其他合理的方法。

第五十六条 纳税人与其关联企业未按照独立企业之间的业务往来支付价款、费用的，税务机关自该业务往来发生的纳税年度起 3 年内进行调整；有特殊情况的，可以自该业务往来发生的纳税年度起 10 年内进行调整。

第五十七条 税收征管法第三十七条所称未按照规定办理税务登记从事生产、经营的纳税人，包括到外县（市）从事生产、经营而未向营业地税务机关报验登记的纳税人。

第五十八条 税务机关依照税收征管法第三十七条的规定，扣押纳税人商品、货物的，纳税人应当自扣押之日起 15 日内缴纳税款。

对扣押的鲜活、易腐烂变质或者易失效的商品、货物，税务机关根据被扣押物品的保质期，可以缩短前款规定的扣押期限。

第五十九条 税收征管法第三十八条、第四十条所称其他财产，包括纳税人的房地产、现金、有价证券等不动产和动产。

机动车辆、金银饰品、古玩字画、豪华住宅或者一处以外的住房不属于税收征管法第三十八条、第四十条、第四十二条所称个人及其所扶养家属维持生活必需的住房和用品。

税务机关对单价5000元以下的其他生活用品，不采取税收保全措施和强制执行措施。

第六十条 税收征管法第三十八条、第四十条、第四十二条所称个人所扶养家属，是指与纳税人共同居住生活的配偶、直系亲属以及无生活来源并由纳税人扶养的其他亲属。

第六十一条 税收征管法第三十八条、第八十八条所称担保，包括经税务机关认可的纳税保证人为纳税人提供的纳税保证，以及纳税人或者第三人以其未设置或者未全部设置担保物权的财产提供的担保。

纳税保证人，是指在中国境内具有纳税担保能力的自然人、法人或者其他经济组织。

法律、行政法规规定的没有担保资格的单位和个人，不得作为纳税担保人。

第六十二条 纳税担保人同意为纳税人提供纳税担保的，应当填写纳税担保书，写明担保对象、担保范围、担保期限和担保责任以及其他有关事项。担保书须经纳税人、纳税担保人签字盖章并经税务机关同意，方为有效。

纳税人或者第三人以其财产提供纳税担保的，应当填写财产清单，并写明财产价值以及其他有关事项。纳税担保财产清单须经纳税人、第三人签字盖章并经税务机关确认，方为有效。

第六十三条 税务机关执行扣押、查封商品、货物或者其他财产时，应当由两名以上税务人员执行，并通知被执行人。被执行人是自然人的，应当通知被执行人本人或者其成年家属到场；被执行人是法人或者其他组织的，应当通知其法定代表人或者主要负责人到场；拒不到场的，不影响执行。

第六十四条 税务机关执行税收征管法第三十七条、第三十八条、第四十条的规定，扣押、查封价值相当于应纳税款的商品、货物或者其他财产时，参照同类商品的市场价、出厂价或者评估价估算。

税务机关按照前款方法确定应扣押、查封的商品、货物或者其他财产的价值时，还应当包括滞纳金和拍卖、变卖所发生的费用。

第六十五条 对价值超过应纳税额且不可分割的商品、货物或者其他财产，税务机关在纳税人、扣缴义务人或者纳税担保人无其他可供强制执行的财产的情况下，可以整体扣押、查封、拍卖。

第六十六条 税务机关执行税收征管法第三十七条、第三十八条、第四十条的规定，实施扣押、查封时，对有产权证件的动产或者不动产，税务机关可以责令当事人将产权证件交税务机关保管，同时可以向有关机关发出协助执行通知书，有关机关在扣押、查封期间不再办理该动产或者不动产的过户手续。

第六十七条 对查封的商品、货物或者其他财产，税务机关可以指令被执行人负责保管，保管责任由被执行人承担。

继续使用被查封的财产不会减少其价值的，税务机关可以允许被执行人继续使用；因被执行人保管或者使用的过错造成的损失，由被执行人承担。

第六十八条 纳税人在税务机关采取税收保全措施后，按照税务机关规定的期限缴纳税款的，税务机关应当自收到税款或者银行转回的完税凭证之日起1日内解除税收保全。

第六十九条 税务机关将扣押、查封的商品、货物或者其他财产变价抵缴税款时，应当交由依法成立的拍卖机构拍卖；无法委托拍卖或者不适于拍卖的，可以交由当地商业企业代为销售，也可以责令纳税人限期处理；无法委托商业企业销售，纳税人也无法处理的，可以由税务机关变价处理，具体办法由国家税务总局规定。国家禁止自由买卖的商品，应当交由有关单位按照国家规定的价格收购。

拍卖或者变卖所得抵缴税款、滞纳金、罚款以及拍卖、变卖等费用后，剩余部分应当在3日内退还被执行人。

第七十条 税收征管法第三十九条、第四十三条所称损失，是指因税务机关的责任，使纳税人、扣缴义务人或者纳税担保人的合法利益遭受的直接损失。

第七十一条 税收征管法所称其他金融机构，是指信托投资公司、信用合作社、邮政储蓄机构以及经中国人民银行、中国证券监督管理委员会等批准设立的其他金融机构。

第七十二条 税收征管法所称存款，包括独资企业投资人、合伙企业合伙人、个体工商户的储蓄存款以及股东资金账户中的资金等。

第七十三条 从事生产、经营的纳税人、扣缴义务人未按照规定的期限缴纳或者解缴税款的，纳税担保人未按照规定的期限缴纳所担保的税款的，由税务机关发出限期缴纳税款通知书，责令缴纳或者解缴税款的最长期限不得超过15日。

第七十四条 欠缴税款的纳税人或者其法定代表人在出境前未按照规定结清应纳税款、滞纳金或者提供纳税担保的，税务机关可以通知出入境管理机关阻止其出境。阻止出境的具体办法，由国家税务总局会同公安部制定。

第七十五条 税收征管法第三十二条规定的加收滞纳金的起止时间，为法律、行政法规规定或者税务机关依照法律、行政法规的规定确定的税款缴纳期限届满次日起至纳税人、扣缴义务人实际缴纳或者解缴税款之日止。

第七十六条 县级以上各级税务机关应当将纳税人的欠税情况，在办税场所或者广播、电视、报纸、期刊、网络等新闻媒体上定期公告。

对纳税人欠缴税款的情况实行定期公告的办法，由国家税务总局制定。

第七十七条 税收征管法第四十九条所称欠缴税款数额较大，是指欠缴税款5万元以上。

第七十八条 税务机关发现纳税人多缴税款的，应当自发现之日起10日内办理退还手续；纳税人发现多缴税款，要求退还的，税务机关应当自接到纳税人退还申请之日起30日内查实并办理退还手续。

税收征管法第五十一条规定的加算银行同期存款利息的多缴税款退税，不包括依法预缴税款形成的结算退税、出口退税和各种减免退税。

退税利息按照税务机关办理退税手续当天中国人民银行规定的活期存款利率计算。

第七十九条 当纳税人既有应退税款又有欠缴税款的，税务机关可以将应退税款和利息先抵扣欠缴税款；抵扣后有余额的，退还纳税人。

第八十条 税收征管法第五十二条所称税务机关的责任，是指税务机关适用税收法律、行政法规不当或者执法行为违法。

第八十一条 税收征管法第五十二条所称纳税人、扣缴义务人计算错误等失误，是指非主观故意的计算公式运用错误以及明显的笔误。

第八十二条 税收征管法第五十二条所称特殊情况，是指纳税人或者扣缴义务人因计算错误等失误，未缴或者少缴、未扣或者少扣、未收或者少收税款，累计数额在10万元以上的。

第八十三条 税收征管法第五十二条规定的补缴和追征税款、滞纳金的期限，自纳税人、扣缴义务人应缴未缴或者少缴税款之日起计算。

第八十四条 审计机关、财政机关依法进行审计、检查时，对税务机关的税收违法行为作出的决定，税务机关应当执行；发现被审计、检查单位有税收违法行为的，向被审计、检查单位下达决定、意见书，责成被审计、检查单位向税务机关缴纳应当缴纳的税款、滞纳金。税务机关应当根据有关机关的决定、意见书，依照税收法律、行政法规的规定，将应收的税款、滞纳金按照国家规定的税收征收管理范围和税款入库预算级次缴入国库。

税务机关应当自收到审计机关、财政机关的决定、意见书之日起30日内将执行情况书面回复审计机关、财政机关。

有关机关不得将其履行职责过程中发现的税款、滞纳金自行征收入库或者以其他款项的名义自行处理、占压。

第六章 税务检查

第八十五条 税务机关应当建立科学的检查制度，统筹安排检查工作，严格控制对纳税人、扣缴义务人的检查次数。

税务机关应当制定合理的税务稽查工作规程，负责选案、检查、审理、执行的人员的职责应当明确，并相互分离、相互制约，规范选案程序和检查行为。

税务检查工作的具体办法，由国家税务总局制定。

第八十六条 税务机关行使税收征管法第五十四条第（一）项职权时，可以在纳税人、扣缴义务人的业务场所进行；必要时，经县以上税务局（分局）局长批准，可以将纳税人、扣缴义务人以前会计年度的账簿、记账凭证、报表和其他有关资料调回税务机关检查，但是税务机关必须向纳税人、扣缴义务人开付清单，并在3个月内完整退还；有特殊情况的，经设区的市、自治州以上税务局局长批准，税务机关可以将纳税人、扣缴义务人当年的账簿、记账凭证、报表和其他有关资料调回检查，但是税务机关必须在30日内退还。

第八十七条 税务机关行使税收征管法第五十四条第（六）项职权时，应当指定专人负责，凭全国统一格式的检查存款账户许可证明进行，并有责任为被检查人保守秘密。

检查存款账户许可证明，由国家税务总局制定。

税务机关查询的内容，包括纳税人存款账户余额和资金往来情况。

第八十八条 依照税收征管法第五十五条规定，税务机关采取税收保全措施的期限一般不得超过6个月；重大案件需要延长的，应当报国家税务总局批准。

第八十九条 税务机关和税务人员应当依照税收征管法及本细则的规定行使税务检查职权。

税务人员进行税务检查时，应当出示税务检查证和税务检查通知书；无税务检查证和税务检查通知书的，纳税人、扣缴义务人及其他当事人有权拒绝检查。税务机关对集贸市场及集中经营业户进行检查时，可以使用统一的税务检查通知书。

税务检查证和税务检查通知书的式样、使用和管理的具体办法，由国家税务总局制定。

第七章 法律责任

第九十条 纳税人未按照规定办理税务登记证件验证或者换证手续的，由税务机关责令限期改正，可以处2000元以下的罚款；情节严重的，处2000元以上1万元以下的罚款。

第九十一条 非法印制、转借、倒卖、变造或者伪造完税凭证的，由税务机关责令改正，处2000元以上1万元以下的罚款；情节严重的，处1万元以上5万元以下的罚款；构成犯罪的，依法追究刑事责任。

第九十二条 银行和其他金融机构未依照税收征管法的规定在从事生产、经营的纳税人的账户中登录税务登记证件号码，或者未按规定在税务登记证件中登录从事生产、经营的纳税人的账户账号的，由税务机关责令其限期改正，处2000元以上2万元以下的罚款；情节严重的，处2万元以上5万元以下的罚款。

第九十三条 为纳税人、扣缴义务人非法提供银行账户、发票、证明或者其他方便，导致未缴、少缴税款或者骗取国家出口退税款的，税务机关除没收其违法所得外，可以处未缴、少缴或者骗取的税款1倍以下的罚款。

第九十四条 纳税人拒绝代扣、代收税款的，扣缴义务人应当向税务机关报告，由税务机关直接向纳税人追缴税款、滞纳金；纳税人拒不缴纳的，依照税收征管法第六十八条的规定执行。

第九十五条 税务机关依照税收征管法第五十四条第（五）项的规定，到车站、码头、机场、邮政企业及其分支机构检查纳税人有关情况时，有关单位拒绝的，由税务机关责令改正，可以处1万元以下的罚款；情节严重的，处1万元以上5万元以下的罚款。

第九十六条 纳税人、扣缴义务人有下列情形之一的，依照税收征管法第七十条的规定处罚：

（一）提供虚假资料，不如实反映情况，或者拒绝提供有关资料的；

（二）拒绝或者阻止税务机关记录、录音、录像、照相和复制与案件有关的情况和资料的；

（三）在检查期间，纳税人、扣缴义务人转移、隐匿、销毁有关资料的；

（四）有不依法接受税务检查的其他情形的。

第九十七条 税务人员私分扣押、查封的商品、货物或者其他财产，情节严重，构成犯罪的，依法追究刑事责任；尚不构成犯罪的，依法给予行政处分。

第九十八条 税务代理人违反税收法律、行政法规，造成纳税人未缴或者少缴税款的，除由纳税人缴纳或者补缴应纳税款、滞纳金外，对税务代理人处纳税人未缴或者少缴税款50%以上3倍以下的罚款。

第九十九条 税务机关对纳税人、扣缴义务人及其他当事人处以罚款或者没收违法所得时，应当开付罚没凭证；未开付罚没凭证的，纳税人、扣缴义务人以及其他当事人有权拒绝给付。

第一百条 税收征管法第八十八条规定的纳税争议，是指纳税人、扣缴义务人、纳税担保人对税务机关确定纳税主体、征税对象、征税范围、减税、免税及退税、适用税率、计税依据、纳税环节、纳税期限、纳税地点以及税款征收方式等具体行政行为有异议而发生的争议。

第八章　文书送达

第一百零一条 税务机关送达税务文书，应当直接送交受送达人。

受送达人是公民的，应当由本人直接签收；本人不在的，交其同住成年家属签收。

受送达人是法人或者其他组织的，应当由法人的法定代表人、其他组织的主要负责人或者该法人、组织的财务负责人、负责收件的人签收。受送达人有代理人的，可以送交其代理人签收。

第一百零二条 送达税务文书应当有送达回证，并由受送达人或者本细则规定的其他签收人在送达回证上记明收到日期，签名或者盖章，即为送达。

第一百零三条 受送达人或者本细则规定的其他签收人拒绝签收税务文书的，送达人应当在送达回证上记明拒收理由和日期，并由送达人和见证人签名或者盖章，将税务文书留在受送达人处，即视为送达。

第一百零四条 直接送达税务文书有困难的，可以委托其他有关机关或者其他单位代为送达，或者邮寄送达。

第一百零五条 直接或者委托送达税务文书的，以签收人或者见证人在送达回证上的签收或者注明的收件日期为送达日期；

邮寄送达的，以挂号函件回执上注明的收件日期为送达日期，并视为已送达。

第一百零六条 有下列情形之一的，税务机关可以公告送达税务文书，自公告之日起满30日，即视为送达：

（一）同一送达事项的受送达人众多；

（二）采用本章规定的其他送达方式无法送达。

第一百零七条 税务文书的格式由国家税务总局制定。本细则所称税务文书，包括：

（一）税务事项通知书；

（二）责令限期改正通知书；

（三）税收保全措施决定书；

（四）税收强制执行决定书；

（五）税务检查通知书；

（六）税务处理决定书；

（七）税务行政处罚决定书；

（八）行政复议决定书；

（九）其他税务文书。

第九章 附 则

第一百零八条 税收征管法及本细则所称"以上"、"以下"、"日内"、"届满"均含本数。

第一百零九条 税收征管法及本细则所规定期限的最后一日是法定休假日的，以休假日期满的次日为期限的最后一日；在期限内有连续3日以上法定休假日的，按休假日天数顺延。

第一百一十条 税收征管法第三十条第三款规定的代扣、代收手续费，纳入预算管理，由税务机关依照法律、行政法规的规定付给扣缴义务人。

第一百一十一条 纳税人、扣缴义务人委托税务代理人代为办理税务事宜的办法，由国家税务总局规定。

第一百一十二条 耕地占用税、契税、农业税、牧业税的征收管理，按照国务院的有关规定执行。

第一百一十三条 本细则自2002年10月15日起施行。1993年8月4日国务院发布的《中华人民共和国税收征收管理法实施细则》同时废止。

中华人民共和国发票管理办法

（1993年12月12日国务院批准 1993年12月23日财政部令第6号发布 根据2010年12月20日《国务院关于修改〈中华人民共和国发票管理办法〉的决定》第一次修订 根据2019年3月2日《国务院关于修改部分行政法规的决定》第二次修订）

第一章 总 则

第一条 为了加强发票管理和财务监督，保障国家税收收入，维护经济秩序，根据《中华人民共和国税收征收管理法》，制定本办法。

第二条 在中华人民共和国境内印制、领购、开具、取得、保管、缴销发票的单位和个人（以下称印制、使用发票的单位和个人），必须遵守本办法。

第三条 本办法所称发票，是指在购销商品、提供或者接受服务以及从事其他经营活动中，开具、收取的收付款凭证。

第四条 国务院税务主管部门统一负责全国的发票管理工作。省、自治区、直辖市税务机关依据职责做好本行政区域内的发票管理工作。

财政、审计、市场监督管理、公安等有关部门在各自的职责范围内，配合税务机关做好发票管理工作。

第五条 发票的种类、联次、内容以及使用范围由国务院税务主管部门规定。

第六条 对违反发票管理法规的行为，任何单位和个人可以举报。税务机关应当为检举人保密，并酌情给予奖励。

第二章 发票的印制

第七条 增值税专用发票由国务院税务主管部门确定的企业印制；其他发票，按照国务院税务主管部门的规定，由省、自治区、直辖市税务机关确定的企业印制。禁止私自印制、伪造、变造发票。

第八条 印制发票的企业应当具备下列条件：

（一）取得印刷经营许可证和营业执照；

（二）设备、技术水平能够满足印制发票的需要；

（三）有健全的财务制度和严格的质量监督、安全管理、保密制度。

税务机关应当以招标方式确定印制发票的企业，并发给发票准印证。

第九条 印制发票应当使用国务院税务主管部门确定的全国统一的发票防伪专用品。禁止非法制造发票防伪专用品。

第十条 发票应当套印全国统一发票监制章。全国统一发票监制章的式样和发票版面印刷的要求，由国务院税务主管部门规定。发票监制章由省、自治区、直辖市税务机关制作。禁止伪造发票监制章。

发票实行不定期换版制度。

第十一条 印制发票的企业按照税务机关的统一规定，建立发票印制管理制度和保管措施。

发票监制章和发票防伪专用品的使用和管理实行专人负责制度。

第十二条 印制发票的企业必须按照税务机关批准的式样和数量印制发票。

第十三条 发票应当使用中文印制。民族自治地方的发票，可以加印当地一种通用的民族文字。有实际需要的，也可以同时使用中外两种文字印制。

第十四条 各省、自治区、直辖市内的单位和个人使用的发票，除增值税专用发票外，应当在本省、自治区、直辖市内印制；确有必要到外省、自治区、直辖市印制的，应当由省、自治区、直辖市税务机关商印制地省、自治区、直辖市税务机关同意，由印制地省、自治区、直辖市税务机关确定的企业印制。

禁止在境外印制发票。

第三章 发票的领购

第十五条 需要领购发票的单位和个人，应当持税务登记证件、经办人身份证明、按照国务院税务主管部门规定式样制作的发票专用章的印模，向主管税务机关办理发票领购手续。主管税务机关根据领购单位和个人的经营范围和规模，确认领购发票的种类、数量以及领购方式，在 5 个工作日内发给发票领购簿。

单位和个人领购发票时，应当按照税务机关的规定报告发票使用情况，税务机关应当按照规定进行查验。

第十六条 需要临时使用发票的单位和个人，可以凭购销商品、提供或者接受服务以及从事其他经营活动的书面证明、经办人身份证明，直接向经营地税务机关申请代开发票。依照税收法律、行政法规规定应当缴纳税款的，税务机关应当先征收税款，再开具发票。税务机关根据发票管理的需要，可以按照国务院税务主管部门的规定委托其他单位代开发票。

禁止非法代开发票。

第十七条 临时到本省、自治区、直辖市以外从事经营活动的单位或者个人，应当凭所在地税务机关的证明，向经营地税务机关领购经营地的发票。

临时在本省、自治区、直辖市以内跨市、县从事经营活动领购发票的办法，由省、自治区、直辖市税务机关规定。

第十八条 税务机关对外省、自治区、直辖市来本辖区从事临时经营活动的单位和个人领购发票的，可以要求其提供保证人或者根据所领购发票的票面限额以及数量交纳不超过1万元的保证金，并限期缴销发票。

按期缴销发票的，解除保证人的担保义务或者退还保证金；未按期缴销发票的，由保证人或者以保证金承担法律责任。

税务机关收取保证金应当开具资金往来结算票据。

第四章　发票的开具和保管

第十九条　销售商品、提供服务以及从事其他经营活动的单位和个人，对外发生经营业务收取款项，收款方应当向付款方开具发票；特殊情况下，由付款方向收款方开具发票。

第二十条　所有单位和从事生产、经营活动的个人在购买商品、接受服务以及从事其他经营活动支付款项，应当向收款方取得发票。取得发票时，不得要求变更品名和金额。

第二十一条　不符合规定的发票，不得作为财务报销凭证，任何单位和个人有权拒收。

第二十二条　开具发票应当按照规定的时限、顺序、栏目，全部联次一次性如实开具，并加盖发票专用章。

任何单位和个人不得有下列虚开发票行为：

（一）为他人、为自己开具与实际经营业务情况不符的发票；

（二）让他人为自己开具与实际经营业务情况不符的发票；

（三）介绍他人开具与实际经营业务情况不符的发票。

第二十三条　安装税控装置的单位和个人，应当按照规定使用税控装置开具发票，并按期向主管税务机关报送开具发票的数据。

使用非税控电子器具开具发票的，应当将非税控电子器具使用的软件程序说明资料报主管税务机关备案，并按照规定保存、报送开具发票的数据。

国家推广使用网络发票管理系统开具发票，具体管理办法由国务院税务主管部门制定。

第二十四条　任何单位和个人应当按照发票管理规定使用发票，不得有下列行为：

（一）转借、转让、介绍他人转让发票、发票监制章和发票防伪专用品；

（二）知道或者应当知道是私自印制、伪造、变造、非法取得或者废止的发票而受让、开具、存放、携带、邮寄、运输；

（三）拆本使用发票；

（四）扩大发票使用范围；

（五）以其他凭证代替发票使用。

税务机关应当提供查询发票真伪的便捷渠道。

第二十五条　除国务院税务主管部门规定的特殊情形外，发票限于领购单位和个人在本省、自治区、直辖市内开具。

省、自治区、直辖市税务机关可以规定跨市、县开具发票的办法。

第二十六条　除国务院税务主管部门规定的特殊情形外，任何单位和个人不得跨规定的使用区域携带、邮寄、运输空白发票。

禁止携带、邮寄或者运输空白发票出入境。

第二十七条　开具发票的单位和个人应当建立发票使用登记制度，设置发票登记簿，并定期向主管税务机关报告发票使用情况。

第二十八条　开具发票的单位和个人应当在办理变更或者注销税务登记的同时，办理发票和发票领购簿的变更、缴销手续。

第二十九条　开具发票的单位和个人应当按照税务机关的规定存放和保管发票，不得擅自损毁。已经开具的发票存根联和发票登记簿，应当保存5年。保存期满，报经税务机关查验后销毁。

第五章　发票的检查

第三十条　税务机关在发票管理中有权进行下列检查：

（一）检查印制、领购、开具、取得、保管和缴销发票的情况；

（二）调出发票查验；

（三）查阅、复制与发票有关的凭证、资料；

（四）向当事各方询问与发票有关的问题和情况；

（五）在查处发票案件时，对与案件有关的情况和资料，可以记录、录音、录像、照像和复制。

第三十一条 印制、使用发票的单位和个人，必须接受税务机关依法检查，如实反映情况，提供有关资料，不得拒绝、隐瞒。

税务人员进行检查时，应当出示税务检查证。

第三十二条 税务机关需要将已开具的发票调出查验时，应当向被查验的单位和个人开具发票换票证。发票换票证与所调出查验的发票有同等的效力。被调出查验发票的单位和个人不得拒绝接受。

税务机关需要将空白发票调出查验时，应当开具收据；经查无问题的，应当及时返还。

第三十三条 单位和个人从中国境外取得的与纳税有关的发票或者凭证，税务机关在纳税审查时有疑义的，可以要求其提供境外公证机构或者注册会计师的确认证明，经税务机关审核认可后，方可作为记账核算的凭证。

第三十四条 税务机关在发票检查中需要核对发票存根联与发票联填写情况时，可以向持有发票或者发票存根联的单位发出发票填写情况核对卡，有关单位应当如实填写，按期报回。

第六章 罚 则

第三十五条 违反本办法的规定，有下列情形之一的，由税务机关责令改正，可以处1万元以下的罚款；有违法所得的予以没收：

（一）应当开具而未开具发票，或者未按照规定的时限、顺序、栏目，全部联次一次性开具发票，或者未加盖发票专用章的；

（二）使用税控装置开具发票，未按期向主管税务机关报送开具发票的数据的；

（三）使用非税控电子器具开具发票，未将非税控电子器具使用的软件程序说明资料报主管税务机关备案，或者未按照规定保存、报送开具发票的数据的；

（四）拆本使用发票的；

（五）扩大发票使用范围的；

（六）以其他凭证代替发票使用的；

（七）跨规定区域开具发票的；

（八）未按照规定缴销发票的；

（九）未按照规定存放和保管发票的。

第三十六条 跨规定的使用区域携带、邮寄、运输空白发票，以及携带、邮寄或者运输空白发票出入境的，由税务机关责令改正，可以处1万元以下的罚款；情节严重的，处1万元以上3万元以下的罚款；有违法所得的予以没收。

丢失发票或者擅自损毁发票的，依照前款规定处罚。

第三十七条 违反本办法第二十二条第二款的规定虚开发票的，由税务机关没收违法所得；虚开金额在1万元以下的，可以并处5万元以下的罚款；虚开金额超过1万元的，并处5万元以上50万元以下的罚款；构成犯罪的，依法追究刑事责任。

非法代开发票的，依照前款规定处罚。

第三十八条 私自印制、伪造、变造发票，非法制造发票防伪专用品，伪造发票监制章的，由税务机关没收违法所得，没收、销毁作案工具和非法物品，并处1万元以上5万元以下的罚款；情节严重的，并处5万元以上50万元以下的罚款；对印制发票的企业，可以并处吊销发票准印证；构成犯罪的，依法追究刑事责任。

前款规定的处罚，《中华人民共和国税

收征收管理法》有规定的，依照其规定执行。

第三十九条 有下列情形之一的，由税务机关处1万元以上5万元以下的罚款；情节严重的，处5万元以上50万元以下的罚款；有违法所得的予以没收：

（一）转借、转让、介绍他人转让发票、发票监制章和发票防伪专用品的；

（二）知道或者应当知道是私自印制、伪造、变造、非法取得或者废止的发票而受让、开具、存放、携带、邮寄、运输的。

第四十条 对违反发票管理规定2次以上或者情节严重的单位和个人，税务机关可以向社会公告。

第四十一条 违反发票管理法规，导致其他单位或者个人未缴、少缴或者骗取税款的，由税务机关没收违法所得，可以并处未缴、少缴或者骗取的税款1倍以下的罚款。

第四十二条 当事人对税务机关的处罚决定不服的，可以依法申请行政复议或者向人民法院提起行政诉讼。

第四十三条 税务人员利用职权之便，故意刁难印制、使用发票的单位和个人，或者有违反发票管理法规行为的，依照国家有关规定给予处分；构成犯罪的，依法追究刑事责任。

第七章 附 则

第四十四条 国务院税务主管部门可以根据有关行业特殊的经营方式和业务需求，会同国务院有关主管部门制定该行业的发票管理办法。

国务院税务主管部门可以根据增值税专用发票管理的特殊需要，制定增值税专用发票的具体管理办法。

第四十五条 本办法自发布之日起施行。财政部1986年发布的《全国发票管理暂行办法》和原国家税务局1991年发布的《关于对外商投资企业和外国企业发票管理的暂行规定》同时废止。

国务院关于清理规范税收等优惠政策的通知

（2014年11月27日 国发〔2014〕62号）

根据党的十八届三中全会精神和《国务院关于深化预算管理制度改革的决定》（国发〔2014〕45号）要求，为严肃财经纪律，加快建设统一开放、竞争有序的市场体系，现就清理规范税收等优惠政策有关问题通知如下：

一、充分认识清理规范税收等优惠政策的重大意义

近年来，为推动区域经济发展，一些地区和部门对特定企业及其投资者（或管理者）等，在税收、非税等收入和财政支出等方面实施了优惠政策（以下统称税收等优惠政策），一定程度上促进了投资增长和产业集聚。但是，一些税收等优惠政策扰乱了市场秩序，影响国家宏观调控政策效果，甚至可能违反我国对外承诺，引发国际贸易摩擦。

全面规范税收等优惠政策，有利于维护公平的市场竞争环境，促进形成全国统一的市场体系，发挥市场在资源配置中的决定性作用；有利于落实国家宏观经济政策，打破地方保护和行业垄断，推动经济转型升级；有利于严肃财经纪律，预防和惩治腐败，维护正常的收入分配秩序；有利于深化财税体制改革，推进依法行政，科学理财，建立全面规范、公开透明的预算制度。

二、总体要求

（一）指导思想。

以邓小平理论、“三个代表”重要思想、科学发展观为指导，全面贯彻党的十八大和十八届三中、四中全会精神，落实党中央、国务院决策部署，以加快建设统一开放、竞争有序的市场体系，促进社会主义市场经济健康发展为目标，通过清理规范税收等优惠政策，反对地方保护和不正当竞争，着力清除影响商品和要素自由流动的市场壁垒，推动完善社会主义市场经济体制，使市场在资源配置中起决定性作用，促进经济转型升级。

（二）主要原则。

1. 上下联动，全面规范。各有关部门要按照法律法规和国务院统一要求，清理规范本部门出台的税收等优惠政策，各地区要同步开展清理规范工作。凡违法违规或影响公平竞争的政策都要纳入清理规范的范围，既要规范税收、非税等收入优惠政策，又要规范与企业缴纳税收或非税收入挂钩的财政支出优惠政策。

2. 统筹规划，稳步推进。既要立足当前，分清主次，坚决取消违反法律法规的优惠政策，做到符合世界贸易组织规则和我国对外承诺，逐步规范其他优惠政策；又要着眼长远，以开展清理规范工作为契机，建立健全长效管理机制。

3. 公开信息，接受监督。要按照政府信息公开的要求，全面推进税收等优惠政策相关信息公开，增强透明度，提高公信力；建立举报制度，动员各方力量，加强监督制衡。

三、切实规范各类税收等优惠政策

（一）统一税收政策制定权限。坚持税收法定原则，除依据专门税收法律法规和《中华人民共和国民族区域自治法》规定的税政管理权限外，各地区一律不得自行制定税收优惠政策；未经国务院批准，各部门起草其他法律、法规、规章、发展规划和区域政策都不得规定具体税收优惠政策。

（二）规范非税等收入管理。严格执行现有行政事业性收费、政府性基金、社会保险管理制度。严禁对企业违规减免或缓征行政事业性收费和政府性基金、以优惠价格或零地价出让土地；严禁低价转让国有资产、国有企业股权以及矿产等国有资源；严禁违反法律法规和国务院规定减免或缓征企业应当承担的社会保险缴费，未经国务院批准不得允许企业低于统一规定费率缴费。

（三）严格财政支出管理。未经国务院批准，各地区、各部门不得对企业规定财政优惠政策。对违法违规制定与企业及其投资者（或管理者）缴纳税收或非税收入挂钩的财政支出优惠政策，包括先征后返、列收列支、财政奖励或补贴，以代缴或给予补贴等形式减免土地出让收入等，坚决予以取消。其他优惠政策，如代企业承担社会保险缴费等经营成本、给予电价水价优惠、通过财政奖励或补贴等形式吸引其他地区企业落户本地或在本地缴纳税费，对部分区域实施的地方级财政收入全留或增量返还等，要逐步加以规范。

四、全面清理已有的各类税收等优惠政策

各地区、各有关部门要开展一次专项清理，认真排查本地区、本部门制定出台的税收等优惠政策，特别要对与企业签订的合同、协议、备忘录、会议或会谈纪要以及“一事一议”形式的请示、报告和批复等进行全面梳理，摸清底数，确保没有遗漏。

通过专项清理，违反国家法律法规的优惠政策一律停止执行，并发布文件予以废止；没有法律法规障碍，确需保留的优惠政策，由省级人民政府或有关部门报财政部审核汇总后专题请示国务院。

各省级人民政府和有关部门应于2015年3月底前，向财政部报送本省（区、市）和本部门对税收等优惠政策的专项清理情况，由财政部汇总报国务院。

五、建立健全长效机制

（一）建立评估和退出机制。对法律

法规规定的税收优惠政策和经国务院批准实施的非税收入及财政支出优惠政策，财政部要牵头定期评估。没有法律法规障碍且具有推广价值的政策，要尽快在全国范围内实施；有明确执行时限的政策，原则上一律到期停止执行；未明确执行时限的政策，要设定政策实施时限。对不符合经济发展需要、效果不明显的政策，财政部要牵头会同有关部门提出调整或取消的意见，报国务院审定。

（二）健全考评监督机制。明确地方各级人民政府主要负责人为本地区税收等优惠政策管理的第一责任人，将税收等优惠政策管理情况作为领导班子和领导干部综合考核评价体系的重要内容，作为提拔任用、管理监督的重要依据。

（三）建立信息公开和举报制度。建立目录清单制度，除涉及国家秘密和安全的事项外，税收等优惠政策的制定、调整或取消等信息，要形成目录清单，并以适当形式及时、完整地向社会公开。建立举报制度，鼓励和引导各方力量对违法违规制定实施税收等优惠政策行为进行监督。

（四）强化责任追究机制。建立定期检查和问责制度，监察部、财政部、审计署、税务总局等部门要按照职责分工，及时查处并纠正各类违法违规制定税收等优惠政策行为。自本通知印发之日起，对违反规定出台或继续实施税收等优惠政策的地区和部门，要依法依规追究政府和部门主要负责人和政策制定部门、政策执行部门主要负责人的责任，并给予相应纪律处分；中央财政按照税收等优惠额度的一定比例扣减对该地区的税收返还或转移支付。

六、健全保障措施

（一）加强组织领导。建立由财政部牵头的清理税收等优惠政策部际联席会议制度，具体负责政策指导和统筹协调，加强监督检查和跟踪落实，研究解决重大问题，重大事项及时报告国务院。省、市、县级人民政府要建立由财政部门牵头、相关部门配合的清理税收等优惠政策工作机制，组织实施本地区的清理规范工作。

（二）完善相关政策。在扎实开展清理规范工作的同时，各地区、各部门要按照党中央、国务院的统一部署，认真落实国家统一制定的税收等优惠政策，大力培育新兴产业，积极支持小微企业加快发展，进一步完善社会保险、社会救助和社会福利制度，加大对城乡低收入群体的保障力度，努力促进就业和基本公共服务均等化。

（三）加强舆论引导。各地区、各部门和有关新闻单位要通过政府或部门网站、广播电视、平面媒体等渠道，加强政策宣传解读，及时发布信息，统一思想、凝聚共识，营造良好的舆论氛围。

规范税收等优惠政策工作事关全局，政策性强，涉及面广。各地区、各部门要高度重视，牢固树立大局意识，加强领导、周密部署、及时督查，切实将规范税收等优惠政策工作抓实、抓好、抓出成效。

国务院关于明确中央与地方所得税收入分享比例的通知

（2003 年 11 月 13 日　国发〔2003〕26 号）

各省、自治区、直辖市人民政府，国务院各部委、各直属机构：

所得税收入分享改革实施以来，中央与地方政府之间的分配关系得到了进一步规范，中央增加了对地方的一般性转移支付，地区间财力差距扩大的趋势有所减缓，改革初步达到了预期目标。为促进区域经济协调发展和深化改革，国务院决定，从 2004 年起，中央与地方所得税收入分享比例继续按中央分享 60%，地方分享 40% 执行。

各地区、各部门要进一步完善财政分

配体制，为促进经济社会全面、协调和可持续发展创造良好的环境。

国务院关于改革现行出口退税机制的决定

（2003年10月13日　国发〔2003〕24号）

为认真贯彻党的十六大精神，促进外贸体制改革，保持外贸和经济持续健康发展，国务院决定，对现行出口退税机制进行改革。

一、改革现行出口退税机制的必要性和紧迫性

对出口产品实行退税是国际通行做法，符合世贸组织规则。我国从1985年开始实行出口退税政策，1994年财税体制改革以后继续对出口产品实行退税。出口退税政策的实施，对增强我国出口产品的国际竞争力，扩大出口，增加就业，保证国际收支平衡，增加国家外汇储备，促进国民经济持续快速健康发展发挥了重要作用。

我国现行的出口退税机制存在一些亟待解决的矛盾和问题，主要是出口退税机制不利于深化外贸体制改革，出口退税结构不能适应优化产业结构的要求，出口退税的负担机制不尽合理，出口退税缺乏稳定的资金来源等。这些问题的存在使出口退税资金无法及时得到保证，导致欠退税问题十分严重，而且呈现逐年增长的势头，如不及时采取有效措施予以解决，势必影响企业正常经营和外贸发展，给财政金融运行带来隐患，损害政府的形象和信誉。从改革机制入手抓紧解决出口欠退税问题已迫在眉睫。

二、改革出口退税机制的指导思想和具体内容

（一）改革的指导思想。

按照“新账不欠，老账要还，完善机制，共同负担，推动改革，促进发展”的原则，对历史上欠退税款由中央财政负责偿还，确保改革后不再发生新欠，同时建立中央、地方共同负担的出口退税新机制，推动外贸体制深化改革，优化出口产品结构，提高出口效益，促进外贸和经济持续健康发展。

（二）改革的具体内容。

1. 适当降低出口退税率。本着“适度、稳妥、可行”的原则，区别不同产品调整退税率：对国家鼓励出口产品不降或少降，对一般性出口产品适当降低，对国家限制出口产品和一些资源性产品多降或取消退税。调整退税率的详细产品目录，由财政部会同发展改革委、商务部、税务总局制订，报国务院审批后发布。

2. 加大中央财政对出口退税的支持力度。从2003年起，中央进口环节增值税、消费税收入增量首先用于出口退税。

3. 建立中央和地方共同负担出口退税的新机制。从2004年起，以2003年出口退税实退指标为基数，对超基数部分的应退税额，由中央和地方按75∶25的比例共同负担。

4. 推进外贸体制改革，调整出口产品结构。通过完善法律保障机制等，加快推进生产企业自营出口，积极引导外贸出口代理制发展，降低出口成本，进一步提升我国商品的国际竞争力。同时，结合调整出口退税率，促进出口产品结构优化，提高出口整体效益。

5. 累计欠退税由中央财政负担。对截至2003年底累计欠企业的出口退税款和按增值税分享体制影响地方的财政收入，全部由中央财政负担。其中，对欠企业的出口退税款，中央财政从2004年起采取全额贴息等办法予以解决。

三、做好出口退税机制改革各项工作

出口退税机制改革是一项重大的体制改革和管理制度创新，关系外贸和国民经济发展全局，各地区、各部门要统一思想，提高认识。财政、商务（外经贸）、税务、海关、外汇等部门要从大局出发，认真履行职责，严格按职能分工，密切配合，共同做好出口退税机制改革各项工作。改革方案出台后，各地区、各部门要切实抓好贯彻落实，加强对改革工作的监督检查和业务指导，密切跟踪改革方案的实施情况，加强调查研究，根据出现的新情况、新问题，及时研究解决办法，确保改革的顺利进行。对违反出口退税机制改革统一规定的行为，要追究相关地区和部门的责任。

部门规章及文件

（一）税务管理

税务登记管理办法

（2003 年 12 月 17 日国家税务总局令第 7 号公布　根据 2014 年 12 月 27 日《国家税务总局关于修改〈税务登记管理办法〉的决定》和 2018 年 6 月 15 日《国家税务总局关于修改部分税务部门规章的决定》第一次修正　根据 2019 年 7 月 24 日《国家税务总局关于公布取消一批税务证明事项以及废止和修改部分规章规范性文件的决定》第二次修正）

第一章　总　　则

第一条　为了规范税务登记管理，加强税源监控，根据《中华人民共和国税收征收管理法》（以下简称《税收征管法》）以及《中华人民共和国税收征收管理法实施细则》（以下简称《实施细则》）的规定，制定本办法。

第二条　企业，企业在外地设立的分支机构和从事生产、经营的场所，个体工商户和从事生产、经营的事业单位，均应当按照《税收征管法》及《实施细则》和本办法的规定办理税务登记。

前款规定以外的纳税人，除国家机关、个人和无固定生产、经营场所的流动性农村小商贩外，也应当按照《税收征管法》及《实施细则》和本办法的规定办理税务登记。

根据税收法律、行政法规的规定负有扣缴税款义务的扣缴义务人（国家机关除外），应当按照《税收征管法》及《实施细则》和本办法的规定办理扣缴税款登记。

第三条　县以上（含本级，下同）税务局（分局）是税务登记的主管税务机关，负责税务登记的设立登记、变更登记、注销登记和税务登记证验证、换证以及非正常户处理、报验登记等有关事项。

第四条　税务登记证件包括税务登记证及其副本、临时税务登记证及其副本。

扣缴税款登记证件包括扣缴税款登记证及其副本。

第五条　县以上税务局（分局）按照国务院规定的税收征收管理范围，实施属地管理。有条件的城市，可以按照“各区分散受理、全市集中处理”的原则办理税务登记。

第六条　税务局（分局）执行统一纳税人识别号。纳税人识别号由省、自治区、直辖市和计划单列市税务局按照纳税人识别号代码行业标准联合编制，统一下发各地执行。

已领取组织机构代码的纳税人，其纳税人识别号共 15 位，由纳税人登记所在地 6 位行政区划码 +9 位组织机构代码组成。以业主身份证件为有效身份证明的组织，即未取得组织机构代码证书的个体工商户以及持回乡证、通行证、护照办理税务登记的纳税人，其纳税人识别号由身份证件号码 +2 位顺序码组成。

纳税人识别号具有唯一性。

第七条　纳税人办理下列事项时，必须提供税务登记证件：

（一）开立银行账户；

（二）领购发票。

纳税人办理其他税务事项时，应当出示税务登记证件，经税务机关核准相关信息后办理手续。

第二章 设立登记

第八条 企业，企业在外地设立的分支机构和从事生产、经营的场所，个体工商户和从事生产、经营的事业单位（以下统称从事生产、经营的纳税人），向生产、经营所在地税务机关申报办理税务登记：

（一）从事生产、经营的纳税人领取工商营业执照的，应当自领取工商营业执照之日起30日内申报办理税务登记，税务机关发放税务登记证及副本；

（二）从事生产、经营的纳税人未办理工商营业执照但经有关部门批准设立的，应当自有关部门批准设立之日起30日内申报办理税务登记，税务机关发放税务登记证及副本；

（三）从事生产、经营的纳税人未办理工商营业执照也未经有关部门批准设立的，应当自纳税义务发生之日起30日内申报办理税务登记，税务机关发放临时税务登记证及副本；

（四）有独立的生产经营权、在财务上独立核算并定期向发包人或者出租人上交承包费或租金的承包承租人，应当自承包承租合同签订之日起30日内，向其承包承租业务发生地税务机关申报办理税务登记，税务机关发放临时税务登记证及副本；

（五）境外企业在中国境内承包建筑、安装、装配、勘探工程和提供劳务的，应当自项目合同或协议签订之日起30日内，向项目所在地税务机关申报办理税务登记，税务机关发放临时税务登记证及副本。

第九条 本办法第八条规定以外的其他纳税人，除国家机关、个人和无固定生产、经营场所的流动性农村小商贩外，均应当自纳税义务发生之日起30日内，向纳税义务发生地税务机关申报办理税务登记，税务机关发放税务登记证及副本。

第十条 税务机关对纳税人税务登记地点发生争议的，由其共同的上级税务机关指定管辖。

第十一条 纳税人在申报办理税务登记时，应当根据不同情况向税务机关如实提供以下证件和资料：

（一）工商营业执照或其他核准执业证件；

（二）有关合同、章程、协议书；

（三）组织机构统一代码证书；

（四）法定代表人或负责人或业主的居民身份证、护照或者其他合法证件。

其他需要提供的有关证件、资料，由省、自治区、直辖市税务机关确定。

第十二条 纳税人在申报办理税务登记时，应当如实填写税务登记表。

税务登记表的主要内容包括：

（一）单位名称、法定代表人或者业主姓名及其居民身份证、护照或者其他合法证件的号码；

（二）住所、经营地点；

（三）登记类型；

（四）核算方式；

（五）生产经营方式；

（六）生产经营范围；

（七）注册资金（资本）、投资总额；

（八）生产经营期限；

（九）财务负责人、联系电话；

（十）国家税务总局确定的其他有关事项。

第十三条 纳税人提交的证件和资料齐全且税务登记表的填写内容符合规定的，税务机关应当日办理并发放税务登记证件。纳税人提交的证件和资料不齐全或税务登记表的填写内容不符合规定的，税务机关应当场通知其补正或重新填报。

第十四条 税务登记证件的主要内容包括：纳税人名称、税务登记代码、法定代表人或负责人、生产经营地址、登记类型、核算方式、生产经营范围（主营、兼营）、发证日期、证件有效期等。

第十五条 已办理税务登记的扣缴义务人应当自扣缴义务发生之日起30日内，向税务登记地税务机关申报办理扣缴税款登记。税务机关在其税务登记证件上登记扣缴税款事项，税务机关不再发放扣缴税款登记证件。

根据税收法律、行政法规的规定可不办理税务登记的扣缴义务人，应当自扣缴义务发生之日起30日内，向机构所在地税务机关申报办理扣缴税款登记。税务机关发放扣缴税款登记证件。

第三章 变更登记

第十六条 纳税人税务登记内容发生变化的，应当向原税务登记机关申报办理变更税务登记。

第十七条 纳税人已在工商行政管理机关办理变更登记的，应当自工商行政管理机关变更登记之日起30日内，向原税务登记机关如实提供下列证件、资料，申报办理变更税务登记：

（一）工商登记变更表；

（二）纳税人变更登记内容的有关证明文件；

（三）税务机关发放的原税务登记证件（登记证正、副本和登记表等）；

（四）其他有关资料。

第十八条 纳税人按照规定不需要在工商行政管理机关办理变更登记，或者其变更登记的内容与工商登记内容无关的，应当自税务登记内容实际发生变化之日起30日内，或者自有关机关批准或者宣布变更之日起30日内，持下列证件到原税务登记机关申报办理变更税务登记：

（一）纳税人变更登记内容的有关证明文件；

（二）税务机关发放的原税务登记证件（登记证正、副本和税务登记表等）；

（三）其他有关资料。

第十九条 纳税人提交的有关变更登记的证件、资料齐全的，应如实填写税务登记变更表，符合规定的，税务机关应当日办理；不符合规定的，税务机关应通知其补正。

第二十条 税务机关应当于受理当日办理变更税务登记。纳税人税务登记表和税务登记证中的内容都发生变更的，税务机关按变更后的内容重新发放税务登记证件；纳税人税务登记表的内容发生变更而税务登记证中的内容未发生变更的，税务机关不重新发放税务登记证件。

第四章 停业、复业登记

第二十一条 实行定期定额征收方式的个体工商户需要停业的，应当在停业前向税务机关申报办理停业登记。纳税人的停业期限不得超过一年。

第二十二条 纳税人在申报办理停业登记时，应如实填写停业复业报告书，说明停业理由、停业期限、停业前的纳税情况和发票的领、用、存情况，并结清应纳税款、滞纳金、罚款。税务机关应收存其税务登记证件及副本、发票领购簿、未使用完的发票和其他税务证件。

第二十三条 纳税人在停业期间发生纳税义务的，应当按照税收法律、行政法规的规定申报缴纳税款。

第二十四条 纳税人应当于恢复生产经营之前，向税务机关申报办理复业登记，如实填写《停业复业报告书》，领回并启用税务登记证件、发票领购簿及其停业前领购的发票。

第二十五条 纳税人停业期满不能及时恢复生产经营的，应当在停业期满前到税务机关办理延长停业登记，并如实填写《停业复业报告书》。

第五章 注销登记

第二十六条 纳税人发生解散、破产、撤销以及其他情形，依法终止纳税义务的，应当在向工商行政管理机关或者其他机关办理注销登记前，持有关证件和资料向原税务登记机关申报办理注销税务登记；按规定不需要在工商行政管理机关或者其他机关办理注册登记的，应当自有关机关批准或者宣告终止之日起15日内，持有关证件和资料向原税务登记机关申报办理注销税务登记。

纳税人被工商行政管理机关吊销营业执照或者被其他机关予以撤销登记的，应当自营业执照被吊销或者被撤销登记之日起15日内，向原税务登记机关申报办理注销税务登记。

第二十七条 纳税人因住所、经营地点变动，涉及改变税务登记机关的，应当在向工商行政管理机关或者其他机关申请办理变更、注销登记前，或者住所、经营地点变动前，持有关证件和资料，向原税务登记机关申报办理注销税务登记，并自注销税务登记之日起30日内向迁达地税务机关申报办理税务登记。

第二十八条 境外企业在中国境内承包建筑、安装、装配、勘探工程和提供劳务的，应当在项目完工、离开中国前15日内，持有关证件和资料，向原税务登记机关申报办理注销税务登记。

第二十九条 纳税人办理注销税务登记前，应当向税务机关提交相关证明文件和资料，结清应纳税款、多退（免）税款、滞纳金和罚款，缴销发票、税务登记证件和其他税务证件，经税务机关核准后，办理注销税务登记手续。

第六章 外出经营报验登记

第三十条 纳税人到外县（市）临时从事生产经营活动的，应当在外出生产经营以前，持税务登记证到主管税务机关开具《外出经营活动税收管理证明》（以下简称《外管证》）。

第三十一条 税务机关按照一地一证的原则，发放《外管证》，《外管证》的有效期限一般为30日，最长不得超过180天。

第三十二条 纳税人应当在《外管证》注明地进行生产经营前向当地税务机关报验登记，并提交下列证件、资料：

（一）税务登记证件副本；

（二）《外管证》。

纳税人在《外管证》注明地销售货物的，除提交以上证件、资料外，应如实填写《外出经营货物报验单》，申报查验货物。

第三十三条 纳税人外出经营活动结束，应当向经营地税务机关填报《外出经营活动情况申报表》，并结清税款、缴销发票。

第三十四条 纳税人应当在《外管证》有效期届满后10日内，持《外管证》回原税务登记地税务机关办理《外管证》缴销手续。

第七章 证照管理

第三十五条 税务机关应当加强税务登记证件的管理，采取实地调查、上门验证等方法进行税务登记证件的管理。

第三十六条 税务登记证式样改变，需统一换发税务登记证的，由国家税务总局确定。

第三十七条 纳税人、扣缴义务人遗失税务登记证件的，应当自遗失税务登记证件之日起15日内，书面报告主管税务机关，如实填写《税务登记证件遗失报告表》，并将纳税人的名称、税务登记证件名称、税务登记证件号码、税务登记证件有效期、发证机关名称在税务机关认可的报刊上作遗失声明，凭报刊上刊登的遗失声明到主管税务机关补办税务登记证件。

第八章 非正常户处理

第三十八条 已办理税务登记的纳税人未按照规定的期限申报纳税，在税务机关责令其限期改正后，逾期不改正的，税务机关应当派员实地检查，查无下落并且无法强制其履行纳税义务的，由检查人员制作非正常户认定书，存入纳税人档案，税务机关暂停其税务登记证件、发票领购簿和发票的使用。

第三十九条 纳税人被列入非正常户超过三个月的，税务机关可以宣布其税务登记证件失效，其应纳税款的追征仍按《税收征管法》及其《实施细则》的规定执行。

第九章 法律责任

第四十条 纳税人不办理税务登记的，税务机关应当自发现之日起3日内责令其限期改正；逾期不改正的，依照《税收征管法》第六十条第一款的规定处罚。

第四十一条 纳税人通过提供虚假的证明资料等手段，骗取税务登记证的，处2000元以下的罚款；情节严重的，处2000元以上10000元以下的罚款。纳税人涉嫌其他违法行为的，按有关法律、行政法规的规定处理。

第四十二条 扣缴义务人未按照规定办理扣缴税款登记的，税务机关应当自发现之日起3日内责令其限期改正，并可处以1000元以下的罚款。

第四十三条 纳税人、扣缴义务人违反本办法规定，拒不接受税务机关处理的，税务机关可以收缴其发票或者停止向其发售发票。

第四十四条 税务人员徇私舞弊或者玩忽职守，违反本办法规定为纳税人办理税务登记相关手续，或者滥用职权，故意刁难纳税人、扣缴义务人的，调离工作岗位，并依法给予行政处分。

第十章 附 则

第四十五条 本办法涉及的标识、戳记和文书式样，由国家税务总局确定。

第四十六条 本办法由国家税务总局负责解释。各省、自治区、直辖市和计划单列市税务局可根据本办法制定具体的实施办法。

第四十七条 本办法自2004年2月1日起施行。

中华人民共和国发票管理办法实施细则

（2011年2月14日国家税务总局令第25号公布 根据2014年12月27日《国家税务总局关于修改〈中华人民共和国发票管理办法实施细则〉的决定》第一次修正 根据2018年6月15日《国家税务总局关于修改部分税务部门规章的决定》第二次修正 根据2019年7月24日《国家税务总局关于公布取消一批税务证明事项以及废止和修改部分规章规范性文件的决定》第三次修正）

第一章 总 则

第一条 根据《中华人民共和国发票管理办法》（以下简称《办法》）规定，制定本实施细则。

第二条 在全国范围内统一式样的发票，由国家税务总局确定。

在省、自治区、直辖市范围内统一式样的发票，由省、自治区、直辖市税务局（以下简称省税务局）确定。

第三条 发票的基本联次包括存根联、发票联、记账联。存根联由收款方或开票方留存备查；发票联由付款方或受票方作为付款原始凭证；记账联由收款方或开票方作为记账原始凭证。

省以上税务机关可根据发票管理情况以及纳税人经营业务需要，增减除发票联以外的其他联次，并确定其用途。

第四条 发票的基本内容包括：发票的名称、发票代码和号码、联次及用途、客户名称、开户银行及账号、商品名称或经营项目、计量单位、数量、单价、大小写金额、开票人、开票日期、开票单位（个人）名称（章）等。

省以上税务机关可根据经济活动以及发票管理需要，确定发票的具体内容。

第五条 用票单位可以书面向税务机关要求使用印有本单位名称的发票，税务机关依据《办法》第十五条的规定，确认印有该单位名称发票的种类和数量。

第二章 发票的印制

第六条 发票准印证由国家税务总局统一监制，省税务局核发。

税务机关应当对印制发票企业实施监督管理，对不符合条件的，应当取消其印制发票的资格。

第七条 全国统一的发票防伪措施由国家税务总局确定，省税务局可以根据需要增加本地区的发票防伪措施，并向国家税务总局备案。

发票防伪专用品应当按照规定专库保管，不得丢失。次品、废品应当在税务机关监督下集中销毁。

第八条 全国统一发票监制章是税务机关管理发票的法定标志，其形状、规格、内容、印色由国家税务总局规定。

第九条 全国范围内发票换版由国家税务总局确定；省、自治区、直辖市范围内发票换版由省税务局确定。

发票换版时，应当进行公告。

第十条 监制发票的税务机关根据需要下达发票印制通知书，被指定的印制企业必须按照要求印制。

发票印制通知书应当载明印制发票企业名称、用票单位名称、发票名称、发票代码、种类、联次、规格、印色、印制数量、起止号码、交货时间、地点等内容。

第十一条 印制发票企业印制完毕的成品应当按照规定验收后专库保管，不得丢失。废品应当及时销毁。

第三章 发票的领购

第十二条 《办法》第十五条所称经办人身份证明是指经办人的居民身份证、护照或者其他能证明经办人身份的证件。

第十三条 《办法》第十五条所称发票专用章是指用票单位和个人在其开具发票时加盖的有其名称、税务登记号、发票专用章字样的印章。

发票专用章式样由国家税务总局确定。

第十四条 税务机关对领购发票单位和个人提供的发票专用章的印模应当留存备查。

第十五条 《办法》第十五条所称领购方式是指批量供应、交旧购新或者验旧购新等方式。

第十六条 《办法》第十五条所称发票领购簿的内容应当包括用票单位和个人的名称、所属行业、购票方式、核准购票种类、开票限额、发票名称、领购日期、准购数量、起止号码、违章记录、领购人签字（盖章）、核发税务机关（章）等内容。

第十七条 《办法》第十五条所称发票使用情况是指发票领用存情况及相关开票数据。

第十八条 税务机关在发售发票时，应当按照核准的收费标准收取工本管理费，并向购票单位和个人开具收据。发票工本费征缴办法按照国家有关规定执行。

第十九条 《办法》第十六条所称书面证明是指有关业务合同、协议或者税务机关认可的其他资料。

第二十条 税务机关应当与受托代开发票的单位签订协议，明确代开发票的种类、对象、内容和相关责任等内容。

第二十一条 《办法》第十八条所称保证人，是指在中国境内具有担保能力的公民、法人或者其他经济组织。

保证人同意为领购发票的单位和个人提供担保的，应当填写担保书。担保书内容包括：担保对象、范围、期限和责任以及其他有关事项。

担保书须经购票人、保证人和税务机关签字盖章后方为有效。

第二十二条 《办法》第十八条第二款所称由保证人或者以保证金承担法律责任，是指由保证人缴纳罚款或者以保证金缴纳罚款。

第二十三条 提供保证人或者交纳保证金的具体范围由省税务局规定。

第四章 发票的开具和保管

第二十四条 《办法》第十九条所称特殊情况下，由付款方向收款方开具发票，是指下列情况：

（一）收购单位和扣缴义务人支付个人款项时；

（二）国家税务总局认为其他需要由付款方向收款方开具发票的。

第二十五条 向消费者个人零售小额商品或者提供零星服务的，是否可免予逐笔开具发票，由省税务局确定。

第二十六条 填开发票的单位和个人必须在发生经营业务确认营业收入时开具发票。未发生经营业务一律不准开具发票。

第二十七条 开具发票后，如发生销货退回需开红字发票的，必须收回原发票并注明“作废”字样或取得对方有效证明。

开具发票后，如发生销售折让的，必须在收回原发票并注明“作废”字样后重新开具销售发票或取得对方有效证明后开具红字发票。

第二十八条 单位和个人在开具发票时，必须做到按照号码顺序填开，填写项目齐全，内容真实，字迹清楚，全部联次一次打印，内容完全一致，并在发票联和抵扣联加盖发票专用章。

第二十九条 开具发票应当使用中文。民族自治地方可以同时使用当地通用的一种民族文字。

第三十条 《办法》第二十六条所称规定的使用区域是指国家税务总局和省税务局规定的区域。

第三十一条 使用发票的单位和个人应当妥善保管发票。发生发票丢失情形时，应当于发现丢失当日书面报告税务机关。

第五章 发票的检查

第三十二条 《办法》第三十二条所称发票换票证仅限于在本县（市）范围内使用。需要调出外县（市）的发票查验时，应当提请该县（市）税务机关调取发票。

第三十三条 用票单位和个人有权申请税务机关对发票的真伪进行鉴别。收到申请的税务机关应当受理并负责鉴别发票的真伪；鉴别有困难的，可以提请发票监制税务机关协助鉴别。

在伪造、变造现场以及买卖地、存放地查获的发票，由当地税务机关鉴别。

第六章 罚 则

第三十四条 税务机关对违反发票管理法规的行为进行处罚，应当将行政处罚决定书面通知当事人；对违反发票管理法规的案件，应当立案查处。

对违反发票管理法规的行政处罚，由县以上税务机关决定；罚款额在2000元以下的，可由税务所决定。

第三十五条 《办法》第四十条所称的公告是指，税务机关应当在办税场所或者广播、电视、报纸、期刊、网络等新闻媒体上公告纳税人发票违法的情况。公告内容包括：纳税人名称、纳税人识别号、经营地点、违反发票管理法规的具体情况。

第三十六条 对违反发票管理法规情节严重构成犯罪的，税务机关应当依法移送司法机关处理。

第七章 附 则

第三十七条 《办法》和本实施细则所称“以上”、“以下”均含本数。

第三十八条 本实施细则自2011年2月1日起施行。

网络发票管理办法

（2013年2月25日国家税务总局令第30号公布 根据2018年6月15日《国家税务总局关于修改部分税务部门规章的决定》修正）

第一条 为加强普通发票管理，保障国家税收收入，规范网络发票的开具和使用，根据《中华人民共和国发票管理办法》规定，制定本办法。

第二条 在中华人民共和国境内使用网络发票管理系统开具发票的单位和个人办理网络发票管理系统的开户登记、网上领取发票手续、在线开具、传输、查验和缴销等事项，适用本办法。

第三条 本办法所称网络发票是指符合国家税务总局统一标准并通过国家税务总局及省、自治区、直辖市税务局公布的网络发票管理系统开具的发票。

国家积极推广使用网络发票管理系统开具发票。

第四条 税务机关应加强网络发票的管理，确保网络发票的安全、唯一、便利，并提供便捷的网络发票信息查询渠道；应通过应用网络发票数据分析，提高信息管税水平。

第五条 税务机关应根据开具发票的单位和个人的经营情况，核定其在线开具网络发票的种类、行业类别、开票限额等内容。

开具发票的单位和个人需要变更网络发票核定内容的，可向税务机关提出书面申请，经税务机关确认，予以变更。

第六条 开具发票的单位和个人开具网络发票应登录网络发票管理系统，如实完整填写发票的相关内容及数据，确认保存后打印发票。

开具发票的单位和个人在线开具的网络发票，经系统自动保存数据后即完成开票信息的确认、查验。

第七条 单位和个人取得网络发票时，应及时查询验证网络发票信息的真实性、完整性，对不符合规定的发票，不得作为财务报销凭证，任何单位和个人有权拒收。

第八条 开具发票的单位和个人需要开具红字发票的，必须收回原网络发票全部联次或取得受票方出具的有效证明，通过网络发票管理系统开具金额为负数的红字网络发票。

第九条 开具发票的单位和个人作废开具的网络发票，应收回原网络发票全部联次，注明“作废”，并在网络发票管理系统中进行发票作废处理。

第十条 开具发票的单位和个人应当在办理变更或者注销税务登记的同时，办理网络发票管理系统的用户变更、注销手续并缴销空白发票。

第十一条 税务机关根据发票管理的需要，可以按照国家税务总局的规定委托其他单位通过网络发票管理系统代开网络发票。

税务机关应当与受托代开发票的单位签订协议，明确代开网络发票的种类、对象、内容和相关责任等内容。

第十二条 开具发票的单位和个人必须如实在线开具网络发票，不得利用网络发票进行转借、转让、虚开发票及其他违法活动。

第十三条 开具发票的单位和个人在网络出现故障，无法在线开具发票时，可离线开具发票。

开具发票后，不得改动开票信息，并于48小时内上传开票信息。

第十四条 开具发票的单位和个人违反本办法规定的，按照《中华人民共和国发票管理办法》有关规定处理。

第十五条 省以上税务机关在确保网络发票电子信息正确生成、可靠存储、查询验证、安全唯一等条件的情况下，可以试行电子发票。

第十六条 本办法自2013年4月1日起施行。

纳税评估管理办法（试行）

（2005年3月11日　国税发〔2005〕43号　根据2018年6月15日《国家税务总局关于修改部分税收规范性文件的公告》修改）

第一章　总　　则

第一条 为进一步强化税源管理，降低税收风险，减少税款流失，不断提高税收征管的质量和效率，根据国家有关税收法律、法规，结合税收征管工作实际，制定本办法。

第二条 纳税评估是指税务机关运用数据信息对比分析的方法，对纳税人和扣缴义务人（以下简称纳税人）纳税申报（包括减免缓抵退税申请，下同）情况的真实性和准确性作出定性和定量的判断，并采取进一步征管措施的管理行为。纳税评估工作遵循强化管理、优化服务；分类实施、因地制宜；人机结合、简便易行的原则。

第三条 纳税评估工作主要由基层税务机关的税源管理部门及其税收管理员负责，重点税源和重大事项的纳税评估也可由上级税务机关负责。

前款所称基层税务机关是指直接面向纳税人负责税收征收管理的税务机关；税源管理部门是指基层税务机关所属的税务分局、税务所或内设的税源管理科（股）。

对汇总合并缴纳企业所得税企业的纳税评估，由其汇总合并纳税企业申报所在地税务机关实施，对汇总合并纳税成员企业的纳税评估，由其监管的当地税务机关实施；对合并申报缴纳外商投资和外国企业所得税企业分支机构的纳税评估，由总机构所在地的主管税务机关实施。

第四条 开展纳税评估工作原则上在纳税申报到期之后进行，评估的期限以纳税申报的税款所属当期为主，特殊情况可以延伸到往期或以往年度。

第五条 税评估主要工作内容包括：根据宏观税收分析和行业税负监控结果以及相关数据设立评估指标及其预警值；综合运用各类对比分析方法筛选评估对象；对所筛选出的异常情况进行深入分析并作出定性和定量的判断；对评估分析中发现的问题分别采取税务约谈、调查核实、处理处罚、提出管理建议、移交稽查部门查处等方法进行处理；维护更新税源管理数据，为税收宏观分析和行业税负监控提供基础信息等。

第二章　纳税评估指标

第六条 税评估指标是税务机关筛选评估对象、进行重点分析时所选用的主要指标，分为通用分析指标和特定分析指标两大类，使用时可结合评估工作实际不断细化和完善。

第七条 纳税评估指标的功能、计算公式及其分析使用方法参照《纳税评估通用分析指标及其使用方法》（附件1）、《纳税评估分税种特定分析指标及其使用方法》（附件2）。

第八条 纳税评估分析时，要综合运用各类指标，并参照评估指标预警值进行配比分析。评估指标预警值是税务机关根据宏观税收分析、行业税负监控、纳税人生产经营和财务会计核算情况以及内外部相关信息，运用数学方法测算出的算术、加权平均值及其合理变动范围。测算预警值，应综合考虑地区、规模、类型、生产经营季节、税种等因素，考虑同行业、同规模、同类型纳税人各类相关指标的若干年度的平均水平，以使预警值更加真实、准确和具有可比性。纳税评估指标预警值由各地税务机关根据实际情况自行确定。

第三章　纳税评估对象

第九条　纳税评估的对象为主管税务机关负责管理的所有纳税人及其应纳所有税种。

第十条　纳税评估对象可采用计算机自动筛选、人工分析筛选和重点抽样筛选等方法。

第十一条　筛选纳税评估对象，要依据税收宏观分析、行业税负监控结果等数据，结合各项评估指标及其预警值和税收管理员掌握的纳税人实际情况，参照纳税人所属行业、经济类型、经营规模、信用等级等因素进行全面、综合的审核对比分析。

第十二条　综合审核对比分析中发现有问题或疑点的纳税人要作为重点评估分析对象；重点税源户、特殊行业的重点企业、税负异常变化、长时间零税负和负税负申报、纳税信用等级低下、日常管理和税务检查中发现较多问题的纳税人要列为纳税评估的重点分析对象。

第四章　纳税评估方法

第十三条　纳税评估工作根据国家税收法律、行政法规、部门规章和其他相关经济法规的规定，按照属地管理原则和管户责任开展；对同一纳税人申报缴纳的各个税种的纳税评估要相互结合、统一进行，避免多头重复评估。

第十四条　纳税评估的主要依据及数据来源包括：“一户式”存储的纳税人各类纳税信息资料，主要包括：纳税人税务登记的基本情况，各项核定、认定、减免缓抵退税审批事项的结果，纳税人申报纳税资料，财务会计报表以及税务机关要求纳税人提供的其他相关资料，增值税交叉稽核系统各类票证比对结果等；税收管理员通过日常管理所掌握的纳税人生产经营实际情况，主要包括：生产经营规模、产销量、工艺流程、成本、费用、能耗、物耗情况等各类与税收相关的数据信息；上级税务机关发布的宏观税收分析数据，行业税负的监控数据，各类评估指标的预警值；本地区的主要经济指标、产业和行业的相关指标数据，外部交换信息，以及与纳税人申报纳税相关的其他信息。

第十五条　纳税评估可根据所辖税源和纳税人的不同情况采取灵活多样的评估分析方法，主要有：对纳税人申报纳税资料进行案头的初步审核比对，以确定进一步评估分析的方向和重点；通过各项指标与相关数据的测算，设置相应的预警值，将纳税人的申报数据与预警值相比较；将纳税人申报数据与财务会计报表数据进行比较、与同行业相关数据或类似行业同期相关数据进行横向比较；将纳税人申报数据与历史同期相关数据进行纵向比较；根据不同税种之间的关联性和钩稽关系，参照相关预警值进行税种之间的关联性分析，分析纳税人应纳相关税种的异常变化；应用税收管理员日常管理中所掌握的情况和积累的经验，将纳税人申报情况与其生产经营实际情况相对照，分析其合理性，以确定纳税人申报纳税中存在的问题及其原因；通过对纳税人生产经营结构，主要产品能耗、物耗等生产经营要素的当期数据、历史平均数据、同行业平均数据以及其他相关经济指标进行比较，推测纳税人实际纳税能力。

第十六条　对纳税人申报纳税资料进行审

核分析时，要包括以下重点内容：纳税人是否按照税法规定的程序、手续和时限履行申报纳税义务，各项纳税申报附送的各类抵扣、列支凭证是否合法、真实、完整；纳税申报主表、附表及项目、数字之间的逻辑关系是否正确，适用的税目、税率及各项数字计算是否准确，申报数据与税务机关所掌握的相关数据是否相符；收入、费用、利润及其他有关项目的调整是否符合税法规定，申请减免缓抵退税，亏损结转、获利年度的确定是否符合税法规定并正确履行相关手续；与上期和同期申报纳税情况有无较大差异；税务机关和税收管理员认为应进行审核分析的其他内容。

第十七条 对实行定期定额（定率）征收税款的纳税人以及未达起征点的个体工商户，可参照其生产经营情况，利用相关评估指标定期进行分析，以判断定额（定率）的合理性和是否已经达到起征点并恢复征税。

第五章 评估结果处理

第十八条 对纳税评估中发现的计算和填写错误、政策和程序理解偏差等一般性问题，或存在的疑点问题经约谈、举证、调查核实等程序认定事实清楚，不具有偷税等违法嫌疑，无需立案查处的，可提请纳税人自行改正。需要纳税人自行补充的纳税资料，以及需要纳税人自行补正申报、补缴税款、调整账目的，税务机关应督促纳税人按照税法规定逐项落实。

第十九条 对纳税评估中发现的需要提请纳税人进行陈述说明、补充提供举证资料等问题，应由主管税务机关约谈纳税人。

税务约谈要经所在税源管理部门批准并事先发出《税务约谈通知书》，提前通知纳税人。

税务约谈的对象主要是企业财务会计人员。因评估工作需要，必须约谈企业其他相关人员的，应经税源管理部门批准并通过企业财务部门进行安排。

纳税人因特殊困难不能按时接受税务约谈的，可向税务机关说明情况，经批准后延期进行。

纳税人可以委托具有执业资格的税务代理人进行税务约谈。税务代理人代表纳税人进行税务约谈时，应向税务机关提交纳税人委托代理合法证明。

第二十条 对评估分析和税务约谈中发现的必须到生产经营现场了解情况、审核账目凭证的，应经所在税源管理部门批准，由税收管理员进行实地调查核实。对调查核实的情况，要作认真记录。需要处理处罚的，要严格按照规定的权限和程序执行。

第二十一条 发现纳税人有偷税、逃避追缴欠税、骗取出口退税、抗税或其他需要立案查处的税收违法行为嫌疑的，要移交税务稽查部门处理。

对税源管理部门移交稽查部门处理的案件，税务稽查部门要将处理结果定期向税源管理部门反馈。

发现外商投资和外国企业与其关联企业之间的业务往来不按照独立企业业务往来收取或支付价款、费用，需要调查、核实的，应移交上级税务机关国际税收管理部门（或有关部门）处理。

第二十二条 对纳税评估工作中发现的问题要作出评估分析报告，提出进一步加强征管工作的建议，并将评估工作内容、过程、证据、依据和结论等记入纳税评估工作底稿。纳税评估分析报告和纳税评估工作底稿是税务机关内部资料，不发纳税人，不作为行政复议和诉讼依据。

第六章 评估工作管理

第二十三条 基层税务机关及其税源管理部门要根据所辖税源的规模、管户的数量等工作实际情况，结合自身纳税评估的工作能力，制定评估工作计划，合理确定纳税评估工作量，对重点税源户，要保证每年至少重点评估分析一次。

第二十四条 基层税务机关及其税源管理部门要充分利用现代化信息手段，广泛收集和积累纳税人各类涉税信息，不断提高评估工作水平；要经常对评估结果进行分析研究，提出加强征管工作的建议；要作好评估资料整理工作，本着“简便、实用”的原则，建立纳税评估档案，妥善保管纳税人报送的各类资料，并注重保护纳税人的商业秘密和个人隐私；要建立健全纳税评估工作岗位责任制、岗位轮换制、评估复查制和责任追究制等各项制度，加强对纳税评估工作的日常检查与考核；要加强对从事纳税评估工作人员的培训，不断提高纳税评估工作人员的综合素质和评估能力。

第二十五条 各级税务机关的征管部门负责纳税评估工作的组织协调工作，制定纳税评估工作业务规程，建立健全纳税评估规章制度和反馈机制，指导基层税务机关开展纳税评估工作，明确纳税评估工作职责分工并定期对评估工作开展情况进行总结和交流；各级税务机关的计划统计部门负责对税收完成情况、税收与经济的对应规律、总体税源和税负的增减变化等情况进行定期的宏观分析，为基层税务机关开展纳税评估提供依据和指导；各级税务机关的专业管理部门（包括各税种、国际税收、出口退税管理部门以及县级税务机关的综合业务部门）负责进行行业税负监控、建立各税种的纳税评估指标体系、测算指标预警值、制定分税种的具体评估方法，为基层税务机关开展纳税评估工作提供依据和指导。

第二十六条 从事纳税评估的工作人员，在纳税评估工作中徇私舞弊或者滥用职权，或为有涉嫌税收违法行为的纳税人通风报信致使其逃避查处的，或瞒报评估真实结果、应移交案件不移交的，或致使纳税评估结果失真、给纳税人造成损失的，不构成犯罪的，由税务机关按照有关规定给予行政处分；构成犯罪的，要依法追究刑事责任。

第二十七条 各级税务局要加强纳税评估工作的协作，提高相关数据信息的共享程度，简化评估工作程序，提高评估工作实效，最大限度地方便纳税人。

附件：（略）

纳税人涉税保密信息管理暂行办法

（2008年10月9日　国税发〔2008〕93号　根据2018年6月15日《国家税务总局关于修改部分税收规范性文件的公告》修改）

第一章　总　　则

第一条 为维护纳税人的合法权益，规范对纳税人涉税保密信息管理工作，根据《中华人民共和国税收征收管理法》和《中华人民共和国税收征收管理法实施细则》及相关法律、法规的规定，制定本办法。

第二条 本办法所称纳税人涉税保密信息，是指税务机关在税收征收管理工作中依法制作或者采集的，以一定形式记录、保存的涉及到纳税人商业秘密和个人隐私的信息。主要包括纳税人的技术信息、经营信息和纳税人、主要投资人以及经营者不愿公开的个人事项。

纳税人的税收违法行为信息不属于保密信息范围。

第三条 对于纳税人的涉税保密信息，税务机关和税务人员应依法为其保密。除下列情形外，不得向外部门、社会公众或个人提供：

（一）按照法律、法规的规定应予公布的信息；

（二）法定第三方依法查询的信息；

（三）纳税人自身查询的信息；

（四）经纳税人同意公开的信息。

第四条 根据法律、法规的要求和履行职责的需要，税务机关可以披露纳税人的有关涉税信息，主要包括：根据纳税人信息汇总的行业性、区域性等综合涉税信息、税收核算分析数据、纳税信用等级以及定期定额户的定额等信息。

第五条 各级税务机关应指定专门部门负责纳税人涉税非保密信息的对外披露、纳税人涉税保密信息查询的受理和纳税人涉税保密信息的对外提供工作。要制定严格的信息披露、提供和查询程序，明确工作职责。

第二章 涉税保密信息的内部管理

第六条 在税收征收管理工作中，税务机关、税务人员应根据有关法律、法规规定和征管工作需要，向纳税人采集涉税信息资料。

第七条 税务机关、税务人员在税收征收管理工作各环节采集、接触到纳税人涉税保密信息的，应当为纳税人保密。

第八条 税务机关内部各业务部门、各岗位人员必须在职责范围内接收、使用和传递纳税人涉税保密信息。

对涉税保密信息纸质资料，税务机关应明确责任人员，严格按照程序受理、审核、登记、建档、保管和使用。

对涉税保密信息电子数据，应由专门人员负责采集、传输和储存、分级授权查询，避免无关人员接触纳税人的涉税保密信息。

第九条 对存储纳税人涉税保密信息的纸质资料或者电子存储介质按规定销毁时，要指定专人负责监督，确保纸质资料全部销毁，电子存储介质所含数据不可恢复。

第十条 税务机关在税收征收管理信息系统或者办公用计算机系统的开发建设、安装调试、维护维修过程中，要与协作单位签订保密协议，采取保密措施，防止纳税人涉税保密信息外泄。

第十一条 税务机关对纳税人涉税保密资料的存放场所要确保安全，配备必要的防盗设施。

第三章 涉税保密信息的外部查询管理

第十二条 税务机关对下列单位和个人依照法律、法规规定，申请对纳税人涉税保密信息进行的查询应在职责范围内予以支持。具体包括：

（一）人民法院、人民检察院和公安机关根据法律规定进行的办案查询；

（二）纳税人对自身涉税信息的查询；

（三）抵押权人、质权人请求税务机关提供纳税人欠税有关情况的查询。

第十三条 人民法院、人民检察院和公安机关依法查询纳税人涉税保密信息的，应当向被查询纳税人所在地的县级或县级以上税务机关提出查询申请。

第十四条 人民法院、人民检察院和公安机关向税务机关提出查询申请时，应当由两名以上工作人员到主管税务机关办理，并提交以下资料：

1.《纳税人、扣缴义务人涉税保密信息查询申请表》（式样见附件）；

2. 单位介绍信；

3. 有效身份证件原件。

第十五条 纳税人通过税务机关网站提供的查询功能查询自身涉税信息的，必须经过身份认证和识别。

直接到税务机关查询自身涉税保密信息的纳税人，应当向主管税务机关提交下列资料：

1.《纳税人、扣缴义务人涉税保密信息查询申请表》；

2. 查询人本人有效身份证件原件。

第十六条 纳税人授权其他人员代为查询的，除提交第十五条规定资料外，还需提交纳税人本人（法定代表人或财务负责人）签字的委托授权书和代理人的有效身份证件原件。

第十七条 抵押权人、质权人申请查询纳税人的欠税有关情况时，除提交本办法第十五条、第十六条规定的资料外，还需提交合法有效的抵押合同或者质押合同的原件。

第十八条 税务机关应在本单位职责权限内，向查询申请单位或个人（以下简称"申请人"）提供有关纳税人的涉税保密信息。

第十九条 税务机关负责受理查询申请的部门，应对申请人提供的申请资料进行形式审查。对于资料齐全的，依次交由部门负责人和单位负责人分别进行复核和批准；对申请资料不全的，一次性告知申请人补全相关申请资料。

负责核准的人员应对申请查询的事项进行复核，对符合查询条件的，批准交由有关部门按照申请内容提供相关信息；对不符合查询条件的，签署不予批准的意见，退回受理部门，由受理部门告知申请人。

负责提供信息的部门，应根据已批准的查询申请内容，及时检索、整理和制作有关信息，并按规定程序交由查询受理部门。受理部门应在履行相关手续后将有关信息交给申请人。

第二十条 税务机关应根据申请人查询信息的内容，本着方便申请人的原则，确定查询信息提供的时间和具体方式。

第二十一条 税务机关对申请人申请查询涉税信息的申请资料应专门归档管理，保存期限为3年。

第四章 责任追究

第二十二条 各级税务机关应强化保密教育，努力增强税务人员的保密意识，采取有效措施，防止泄密、失密。

第二十三条 对有下列行为之一的税务人员，按照《中华人民共和国税收征收管理法》第八十七条的规定处理：

（一）在受理、录入、归档、保存纳税人涉税资料过程中，对外泄露纳税人涉税保密信息的；

（二）在日常税收管理、数据统计、报表管理、税源分析、纳税评估过程中，对外泄露纳税人涉税保密信息的；

（三）违规设置查询权限或者违规进行技术操作，使不应知晓纳税人涉税保密信息的税务人员可以查询或者知晓的；

（四）违反规定程序向他人提供纳税人涉税保密信息的。

第二十四条 有关查询单位和个人发生泄露纳税人涉税保密信息的，按照有关法律、法规的规定处理。

第二十五条 各级税务机关要严格执行泄密汇报制度，及时掌握泄密情况。对延误报告时间或者故意隐瞒、影响及时采取补救措施的，根据造成后果的严重程度，分别追究经办人和有关负责人的责任。

第五章 附 则

第二十六条 本办法由国家税务总局负责解释。各省、自治区、直辖市和计划单列市税务局可根据本办法，制定具体实施办法。

第二十七条 扣缴义务人涉税保密信息的管理适用本办法。

第二十八条 按照《国务院办公厅关于社会信用体系建设的若干意见》（国办发〔2007〕17号）的要求，税务总局与国务院相关部门建立的信息共享制度中涉及的保密规定，另行制定。

第二十九条 我国政府与其他国家（地区）政府缔结的税收协定或情报交换协议中涉及纳税人涉税信息保密的，按协定或协议的规定办理。

第三十条 本办法自2009年1月1日起施行。

国家税务总局关于纳税信用管理有关事项的公告

（2020 年 9 月 13 日　国家税务总局公告 2020 年第 15 号）

为深入贯彻落实国务院“放管服”改革精神，优化税收营商环境，完善纳税信用体系，根据《中华人民共和国税收征收管理法实施细则》和《国务院关于印发社会信用体系建设规划纲要（2014－2020 年）的通知》（国发〔2014〕21 号），现就纳税信用管理有关事项公告如下：

一、非独立核算分支机构可自愿参与纳税信用评价。本公告所称非独立核算分支机构是指由企业纳税人设立，已在税务机关完成登记信息确认且核算方式为非独立核算的分支机构。

非独立核算分支机构参评后，2019 年度之前的纳税信用级别不再评价，在机构存续期间适用国家税务总局纳税信用管理相关规定。

二、自开展 2020 年度评价时起，调整纳税信用评价计分方法中的起评分规则。近三个评价年度内存在非经常性指标信息的，从 100 分起评；近三个评价年度内没有非经常性指标信息的，从 90 分起评。

三、自开展 2019 年度评价时起，调整税务机关对 D 级纳税人采取的信用管理措施。对于因评价指标得分评为 D 级的纳税人，次年由直接保留 D 级评价调整为评价时加扣 11 分；税务机关应按照本条前述规定在 2020 年 11 月 30 日前调整其 2019 年度纳税信用级别，2019 年度以前的纳税信用级别不作追溯调整。对于因直接判级评为 D 级的纳税人，维持 D 级评价保留 2 年、第三年纳税信用不得评价为 A 级。

四、纳税人对指标评价情况有异议的，可在评价年度次年 3 月份填写《纳税信用复评（核）申请表》，向主管税务机关提出复核，主管税务机关在开展年度评价时审核调整，并随评价结果向纳税人提供复核情况的自我查询服务。

五、本公告自 2020 年 11 月 1 日起施行。《纳税信用管理办法（试行）》（国家税务总局公告 2014 年第 40 号发布）第十五条第二款、第三十二条第七项，《国家税务总局关于明确纳税信用管理若干业务口径的公告》（2015 年第 85 号，2018 年第 31 号修改）第三条第一款、第七条第一项，《国家税务总局关于明确纳税信用补评和复评事项的公告》（2015 年第 46 号，2018 年第 31 号修改）所附《纳税信用复评申请表》同时废止。

特此公告。

附件：纳税信用复评（核）申请表

附件

纳税信用复评（核）申请表

纳税人识别号			
纳税人名称			
主管税务机关			
经办人		经办人联系电话	
申请复评（核）年度		年度评价结果	（申请复核的不填）

续表

<table>
<tr><td colspan="2">申请原因</td></tr>
<tr><td colspan="2">□1. 对纳税信用评价得分计算有疑问
□2. 对直接判为 D 级有疑问
□3. 对涉税申报信息评价指标扣分有疑问
□4. 对税（费）缴纳信息评价指标扣分有疑问
□5. 对发票与税控器具信息评价指标扣分有疑问
□6. 对登记与账簿信息评价指标扣分有疑问
□7. 对纳税评估、税务审计、反避税调查信息评价指标扣分有疑问
□8. 对税务稽查信息评价指标扣分有疑问
□9. 对外部评价信息指标扣分有疑问
□10. 其他：________________</td></tr>
<tr><td>经办人签章：

年　月　日</td><td>纳税人公章：

年　月　日</td></tr>
<tr><td colspan="2">以下由税务机关填写</td></tr>
<tr><td colspan="2">受理人：
受理日期：　年　月　日　　　　主管税务机关（章）</td></tr>
</table>

备注：1. 税务机关在受理复评申请后 15 个工作日内完成纳税信用复评，并向纳税人提供复评情况的自我查询服务。

2. 税务机关在 3 月份集中受理复核申请，在开展年度评价时审核调整，并随评价结果向纳税人提供复核情况的自我查询服务。

3. 本表一式两份，主管税务机关留存一份，返纳税人一份。

4. 主管税务机关（章）指办税服务厅业务专用章。

国家税务总局关于发布《纳税信用管理办法（试行）》的公告①

（2014年7月4日　国家税务总局公告2014年第40号　根据2020年9月13日《国家税务总局关于纳税信用管理有关事项的公告》修正）

现将《纳税信用管理办法（试行）》予以发布，自2014年10月1日起施行。

特此公告。

纳税信用管理办法（试行）

第一章　总　　则

第一条　为规范纳税信用管理，促进纳税人诚信自律，提高税法遵从度，推进社会信用体系建设，根据《中华人民共和国税收征收管理法》及其实施细则、《国务院关于促进市场公平竞争维护市场正常秩序的若干意见》（国发〔2014〕20号）和《国务院关于印发社会信用体系建设规划纲要（2014－2020年）的通知》（国发〔2014〕21号），制定本办法。

第二条　本办法所称纳税信用管理，是指税务机关对纳税人的纳税信用信息开展的采集、评价、确定、发布和应用等活动。

第三条　本办法适用于已办理税务登记，从事生产、经营并适用查账征收的企业纳税人（以下简称纳税人）。

扣缴义务人、自然人纳税信用管理办法由国家税务总局另行规定。

个体工商户和其他类型纳税人的纳税信用管理办法由省税务机关制定。

第四条　国家税务总局主管全国纳税信用管理工作。省以下税务机关负责所辖地区纳税信用管理工作的组织和实施。

第五条　纳税信用管理遵循客观公正、标准统一、分级分类、动态调整的原则。

第六条　国家税务总局推行纳税信用管理工作的信息化，规范统一纳税信用管理。

第七条②　国家税务局、地方税务局应联合开展纳税信用评价工作。

第八条　税务机关积极参与社会信用体系建设，与相关部门建立信用信息共建共享机制，推动纳税信用与其他社会信用联动管理。

第二章　纳税信用信息采集

第九条　纳税信用信息采集是指税务机关对纳税人纳税信用信息的记录和收集。

第十条　纳税信用信息包括纳税人信用历史信息、税务内部信息、外部信息。

纳税人信用历史信息包括基本信息和评价年度之前的纳税信用记录，以及相关部门评定的优良信用记录和不良信用记录。

税务内部信息包括经常性指标信息和非经常性指标信息。经常性指标信息是指涉税申报信息、税（费）款缴纳信息、发票与税控器具信息、登记与账簿信息等纳税人在评价年度内经常产生的指标信息；非经常性指标信息是指税务检查信息等纳税人在评价年度内不经常产生的指标信息。

外部信息包括外部参考信息和外部评价信息。外部参考信息包括评价年度相关部门评定的优良信用记录和不良信用记录；外部评价信息是指从相关部门取得的影响纳税人纳税信用评价的指标信息。

---

① 本办法第十五条第二款、第三十二条第七项自2020年11月1日起废止。

② 本条已被2018年6月15日《国家税务总局关于公布全文失效废止和部分条款失效废止的税收规范性文件目录的公告》（国家税务总局公告2018年第33号）废止。

第十一条 纳税信用信息采集工作由国家税务总局和省税务机关组织实施，按月采集。

第十二条 本办法第十条第二款纳税人信用历史信息中的基本信息由税务机关从税务管理系统中采集，税务管理系统中暂缺的信息由税务机关通过纳税人申报采集；评价年度之前的纳税信用记录，以及相关部门评定的优良信用记录和不良信用记录，从税收管理记录、国家统一信用信息平台等渠道中采集。

第十三条 本办法第十条第三款税务内部信息从税务管理系统中采集。

第十四条 本办法第十条第四款外部信息主要通过税务管理系统、国家统一信用信息平台、相关部门官方网站、新闻媒体或者媒介等渠道采集。通过新闻媒体或者媒介采集的信息应核实后使用。

第三章 纳税信用评价

第十五条 纳税信用评价采取年度评价指标得分和直接判级方式。评价指标包括税务内部信息和外部评价信息。

年度评价指标得分采取扣分方式。纳税人评价年度内经常性指标和非经常性指标信息齐全的，从100分起评；非经常性指标缺失的，从90分起评。

直接判级适用于有严重失信行为的纳税人。

纳税信用评价指标由国家税务总局另行规定。

第十六条 外部参考信息在年度纳税信用评价结果中记录，与纳税信用评价信息形成联动机制。

第十七条① 纳税信用评价周期为一个纳税年度，有下列情形之一的纳税人，不参加本期的评价：

（一）纳入纳税信用管理时间不满一个评价年度的；

（二）本评价年度内无生产经营业务收入的；

（三）因涉嫌税收违法被立案查处尚未结案的；

（四）被审计、财政部门依法查出税收违法行为，税务机关正在依法处理，尚未办结的；

（五）已申请税务行政复议、提起行政诉讼尚未结案的；

（六）其他不应参加本期评价的情形。

第十八条 纳税信用级别设A、B、C、D四级。A级纳税信用为年度评价指标得分90分以上的；B级纳税信用为年度评价指标得分70分以上不满90分的；C级纳税信用为年度评价指标得分40分以上不满70分的；D级纳税信用为年度评价指标得分不满40分或者直接判级确定的。

第十九条 有下列情形之一的纳税人，本评价年度不能评为A级：

（一）实际生产经营期不满3年的；

（二）上一评价年度纳税信用评价结果为D级的；

（三）非正常原因一个评价年度内增值税或营业税连续3个月或者累计6个月零申报、负申报的；

（四）不能按照国家统一的会计制度规定设置账簿，并根据合法、有效凭证核算，向税务机关提供准确税务资料的。

第二十条 有下列情形之一的纳税人，本评价年度直接判为D级：

（一）存在逃避缴纳税款、逃避追缴欠税、骗取出口退税、虚开增值税专用发票等行为，经判决构成涉税犯罪的；

（二）存在前项所列行为，未构成犯罪，但偷税（逃避缴纳税款）金额10万元

① 本条第二项已被2018年2月1日《国家税务总局关于纳税信用评价有关事项的公告》（国家税务总局公告2018年第8号）废止。

以上且占各税种应纳税总额10%以上，或者存在逃避追缴欠税、骗取出口退税、虚开增值税专用发票等税收违法行为，已缴纳税款、滞纳金、罚款的；

（三）在规定期限内未按税务机关处理结论缴纳或者足额缴纳税款、滞纳金和罚款的；

（四）以暴力、威胁方法拒不缴纳税款或者拒绝、阻挠税务机关依法实施税务稽查执法行为的；

（五）存在违反增值税发票管理规定或者违反其他发票管理规定的行为，导致其他单位或者个人未缴、少缴或者骗取税款的；

（六）提供虚假申报材料享受税收优惠政策的；

（七）骗取国家出口退税款，被停止出口退（免）税资格未到期的；

（八）有非正常户记录或者由非正常户直接责任人员注册登记或者负责经营的；

（九）由D级纳税人的直接责任人员注册登记或者负责经营的；

（十）存在税务机关依法认定的其他严重失信情形的。

第二十一条 纳税人有下列情形的，不影响其纳税信用评价：

（一）由于税务机关原因或者不可抗力，造成纳税人未能及时履行纳税义务的；

（二）非主观故意的计算公式运用错误以及明显的笔误造成未缴或者少缴税款的；

（三）国家税务总局认定的其他不影响纳税信用评价的情形。

第四章 纳税信用评价结果的确定和发布

第二十二条 纳税信用评价结果的确定和发布遵循谁评价、谁确定、谁发布的原则。

第二十三条 税务机关每年4月确定上一年度纳税信用评价结果，并为纳税人提供自我查询服务。

第二十四条 纳税人对纳税信用评价结果有异议的，可以书面向作出评价的税务机关申请复评。作出评价的税务机关应按本办法第三章规定进行复核。

第二十五条 税务机关对纳税人的纳税信用级别实行动态调整。

因税务检查等发现纳税人以前评价年度需扣减信用评价指标得分或者直接判级的，税务机关应按本办法第三章规定调整其以前年度纳税信用评价结果和记录。

纳税人因第十七条第三、四、五项所列情形解除而向税务机关申请补充纳税信用评价的，税务机关应按本办法第三章规定处理。

第二十六条 纳税人信用评价状态变化时，税务机关可采取适当方式通知、提醒纳税人。

第二十七条 税务机关对纳税信用评价结果，按分级分类原则，依法有序开放：

（一）主动公开A级纳税人名单及相关信息；

（二）根据社会信用体系建设需要，以及与相关部门信用信息共建共享合作备忘录、协议等规定，逐步开放B、C、D级纳税人名单及相关信息；

（三）定期或者不定期公布重大税收违法案件信息。具体办法由国家税务总局另行规定。

第五章 纳税信用评价结果的应用

第二十八条 税务机关按照守信激励，失信惩戒的原则，对不同信用级别的纳税人实施分类服务和管理。

第二十九条 对纳税信用评价为A级的纳税人，税务机关予以下列激励措施：

（一）主动向社会公告年度A级纳税人名单；

（二）一般纳税人可单次领取3个月的增值税发票用量，需要调整增值税发票用量时即时办理；

（三）普通发票按需领用；

（四）连续3年被评为A级信用级别（简称3连A）的纳税人，除享受以上措施外，还可以由税务机关提供绿色通道或专门人员帮助办理涉税事项；

（五）税务机关与相关部门实施的联合激励措施，以及结合当地实际情况采取的其他激励措施。

第三十条 对纳税信用评价为B级的纳税人，税务机关实施正常管理，适时进行税收政策和管理规定的辅导，并视信用评价状态变化趋势选择性地提供本办法第二十九条的激励措施。

第三十一条 对纳税信用评价为C级的纳税人，税务机关应依法从严管理，并视信用评价状态变化趋势选择性地采取本办法第三十二条的管理措施。

第三十二条 对纳税信用评价为D级的纳税人，税务机关应采取以下措施：

（一）按照本办法第二十七条的规定，公开D级纳税人及其直接责任人员名单，对直接责任人员注册登记或者负责经营的其他纳税人纳税信用直接判为D级；

（二）增值税专用发票领用按辅导期一般纳税人政策办理，普通发票的领用实行交（验）旧供新、严格限量供应；

（三）加强出口退税审核；

（四）加强纳税评估，严格审核其报送的各种资料；

（五）列入重点监控对象，提高监督检查频次，发现税收违法违规行为的，不得适用规定处罚幅度内的最低标准；

（六）将纳税信用评价结果通报相关部门，建议在经营、投融资、取得政府供应土地、进出口、出入境、注册新公司、工程招投标、政府采购、获得荣誉、安全许可、生产许可、从业任职资格、资质审核等方面予以限制或禁止；

（七）D级评价保留2年，第三年纳税信用不得评价为A级；

（八）税务机关与相关部门实施的联合惩戒措施，以及结合实际情况依法采取的其他严格管理措施。

第六章 附 则

第三十三条 省税务机关可以根据本办法制定具体实施办法。

第三十四条 本办法自2014年10月1日起施行。2003年7月17日国家税务总局发布的《纳税信用等级评定管理试行办法》（国税发〔2003〕92号）同时废止。

国家税务总局关于发布第一批税务行政处罚权力清单的公告

（2015年2月16日 国家税务总局公告2015年第10号）

为深入贯彻落实党的十八届三中全会、四中全会精神，持续推进依法治税和“便民办税春风行动”，根据《国家税务总局关于推行税收执法权力清单制度的指导意见》（税总发〔2014〕162号）和《国家税务总局关于印发〈推行税务行政处罚权力清单制度工作方案〉的通知》（税总函〔2014〕652号）要求，税务总局对法律、行政法规和部门规章设定的税务行政处罚权力事项进行了梳理和确认，现将《第一批税务行政处罚权力清单》予以发布。

各级税务机关应当严格按照权力清单行使权力，自觉接受社会监督。

特此公告。

附件：第一批税务行政处罚权力清单

第一批税务行政处罚权力清单

类型	违法行为		处罚依据	处罚内容	处罚主体	备注
一、账簿凭证管理类	1. 未按规定设置、保管账簿资料，报送财务、会计制度办法核算软件，安装使用税控装置。	纳税人未按照规定设置、保管账簿或者保管记账凭证和有关资料。	《中华人民共和国税收征收管理法》第六十条	责令限期改正，可以处2000元以下的罚款；情节严重的，处2000元以上1万元以下的罚款。	税务机关	
		纳税人未按照规定将财务、会计制度或者财务、会计处理办法和会计核算软件报送税务机关备查。		责令限期改正，可以处2000元以下的罚款；情节严重的，处2000元以上1万元以下的罚款。	税务机关	
		纳税人未按照规定安装、使用税控装置，或者损毁或者擅自改动税控装置。		责令限期改正，可以处2000元以下的罚款；情节严重的，处2000元以上1万元以下的罚款。	税务机关	
	2. 扣缴义务人未按照规定设置、保管代扣代缴、代收代缴税款账簿或者保管代扣代缴、代收代缴税款记账凭证及有关资料。		《中华人民共和国税收征收管理法》第六十一条	责令限期改正，可以处2000元以下的罚款；情节严重的，处2000元以上5000元以下的罚款。	税务机关	
	3. 非法印制、转借、倒卖、变造或者伪造完税凭证。		《中华人民共和国税收征收管理法实施细则》第九十一条	责令改正，处2000元以上1万元以下的罚款；情节严重的，处1万元以上5万元以下的罚款。	税务机关	构成犯罪的，依法追究刑事责任。
二、纳税申报类	4. 未按规定期限办理纳税申报和报送纳税资料。	纳税人未按照规定的期限办理纳税申报和报送纳税资料。	《中华人民共和国税收征收管理法》第六十二条	责令限期改正，可以处2000元以下的罚款；情节严重的，可以处2000元以上1万元以下的罚款。	税务机关	
		扣缴义务人未按照规定的期限向税务机关报送代扣代缴、代收代缴税款报告表和有关资料。		责令限期改正，可以处2000元以下的罚款；情节严重的，可以处2000元以上1万元以下的罚款。	税务机关	
	5. 纳税人、扣缴义务人编造虚假计税依据。		《中华人民共和国税收征收管理法》第六十四条	责令限期改正，并处5万元以下的罚款。	税务机关	

续表

类型	违法行为	处罚依据	处罚内容	处罚主体	备注
三、税务检查类	6. 纳税人、扣缴义务人逃避、拒绝或者以其他方式阻挠税务机关检查（包括提供虚假资料，不如实反映情况，或者拒绝提供有关资料的；拒绝或者阻止税务机关记录、录音、录像、照相和复制与案件有关的情况和资料的；在检查期间，纳税人、扣缴义务人转移、隐匿、销毁有关资料的；有不依法接受税务检查的其他情形的）。	《中华人民共和国税收征收管理法》第七十条、《中华人民共和国税收征收管理法实施细则》第九十六条	责令改正，可以处1万元以下的罚款；情节严重的，处1万元以上5万元以下的罚款。	税务机关	
	7. 纳税人、扣缴义务人的开户银行或者其他金融机构拒绝接受税务机关依法检查纳税人、扣缴义务人存款账户，或者拒绝执行税务机关作出的冻结存款或者扣缴税款的决定，或者在接到税务机关的书面通知后帮助纳税人、扣缴义务人转移存款，造成税款流失。	《中华人民共和国税收征收管理法》第七十三条	处10万元以上50万元以下的罚款，对直接负责的主管人员和其他直接责任人员处1000元以上1万元以下的罚款。	税务机关	
	8. 税务机关依照税收征管法第五十四条第（五）项的规定到车站、码头、机场、邮政企业及其分支机构检查纳税人有关情况时，有关单位拒绝的。	《中华人民共和国税收征收管理法实施细则》第九十五条	责令改正，可以处1万元以下的罚款；情节严重的，处1万元以上5万元以下的罚款。	税务机关	

注：根据《中华人民共和国行政处罚法》第二十条的规定，税务行政处罚由违法行为发生地具有行政处罚权的主管税务机关管辖。法律、行政法规另有规定的除外。

国家税务总局关于发布《境外旅客购物离境退税管理办法（试行）》的公告

（2015年6月2日　国家税务总局公告2015年第41号　根据2018年6月15日《国家税务总局关于修改部分税收规范性文件的公告》修改）

为落实国务院关于实施境外旅客购物离境退税政策的决定，经商财政部、海关总署同意，国家税务总局制定了《境外旅客购物离境退税管理办法（试行）》，现予发布。请各省级人民政府依财政部、海关总署、国家税务总局有关规定，开展相关准备工作，制定实施方案，报财政部、海关总署和国家税务总局备案。

国家税务总局商海关总署确定的跨部门、跨地区的互连互通的离境退税信息管理系统发布之前，各省级人民政府如果自行组织力量开发软件或利用其他省开发的软件，能满足离境退税管理需要的，可先行试点使用，待离境退税信息管理系统发布后，再进行切换。

海南省实施本办法之日起，《国家税务总局关于发布〈境外旅客购物离境退税海南试点管理办法〉的公告》（国家税务总局公告2010年第28号）废止。

特此公告。

附件： 1. 境外旅客购物离境退税商店备案表（略）

2. 退税商店标识规范（略）

3. 境外旅客购物离境退税申请单（略）

4. 离境退税机构标识规范（略）

5. 境外旅客购物离境退税收款回执单（略）

6. 境外旅客购物离境退税结算申报表（略）

境外旅客购物离境退税管理办法（试行）①

第一章　总　　则

第一条　为贯彻落实国务院关于实施境外旅客购物离境退税政策的决定，根据《财政部关于实施境外旅客购物离境退税政策的公告》（财政部公告2015年第3号），制定本办法。

第二条　本办法所称：

境外旅客，是指在我国境内连续居住不超过183天的外国人和港澳台同胞。

有效身份证件，是指标注或能够采集境外旅客最后入境日期的护照、港澳居民来往内地通行证、台湾居民来往大陆通行证等。

退税物品，是指由境外旅客本人在退税商店购买且符合退税条件的个人物品，但不包括下列物品：

（一）《中华人民共和国禁止、限制进出境物品表》所列的禁止、限制出境物品；

（二）退税商店销售的适用增值税免税政策的物品；

（三）财政部、海关总署、国家税务总局规定的其他物品。

退税商店，是指报省、自治区、直辖市和计划单列市国家税务局（以下简称省国税局）备案、境外旅客从其购买退税物品离境可申请退税的企业。

离境退税管理系统，是指符合《财政部关于实施境外旅客离境退税政策的公告》（财政部公告2015年第3号）有关条件的用于离境退税管理的计算机管理系统。

退税代理机构，是指省国税局会同财政、海关等相关部门按照公平、公开、公正的原则选择的离境退税代理机构。

第二章　退税商店的备案、变更与终止

第三条　符合以下条件的企业，经省国税局备案后即可成为退税商店。

（一）具有增值税一般纳税人资格；

（二）纳税信用等级在B级以上；

（三）同意安装、使用离境退税管理系统，并保证系统应当具备的运行条件，能够及时、准确地向主管国税机关报送相关信息；

（四）已经安装并使用增值税发票系统升级版；

（五）同意单独设置退税物品销售明细账，并准确核算。

第四条　符合条件且有意向备案的企业，填写《境外旅客购物离境退税商店备案表》（附件1）并附以下资料直接或委托退税代理机构向主管国税机关报送：

（一）主管国税机关出具的符合第三条第（一）、（二）和（四）款的书面证明；

（二）同意做到第三条第（三）、（五）款的书面同意书。

主管国税机关受理后应当在5个工作日内逐级报送至省国税局备案。省国税局

① 根据2018年6月15日《国家税务总局关于修改部分税收规范性文件的公告》，本办法全文及附件1《境外旅客购物离境退税商店备案表》中“国家税务局”“国税局”“主管国税机关”的内容，分别修改为“税务局”“税务局”“主管税务机关”。

应在收到备案资料15个工作日内审核备案条件，并对不符合备案条件的企业通知主管国税机关告知申请备案的企业。

第五条 省国税局向退税商店颁发统一的退税商店标识（退税商店标识规范见附件2）。退税商店应当在其经营场所显著位置悬挂退税商店标识，便于境外旅客识别。

第六条 退税商店备案资料所载内容发生变化的，应自有关变更之日起10日内，持相关证件及资料向主管国税机关办理变更手续。主管国税机关办理变更手续后，应在5个工作日内将变更情况逐级报省国税局。

退税商店发生解散、破产、撤销以及其他情形，应持相关证件及资料向主管国税机关申请办理税务登记注销手续，由省国税局终止其退税商店备案，并收回退税商店标识，注销其境外旅客购物离境退税管理系统用户。

第七条 退税商店存在以下情形之一的，由主管国税机关提出意见逐级报省国税局终止其退税商店备案，并收回退税商店标识，注销其境外旅客购物离境退税管理系统用户。

（一）不符合本办法第三条规定条件的情形；

（二）未按规定开具《境外旅客购物离境退税申请单》（附件3，以下简称《离境退税申请单》）；

（三）开具《离境退税申请单》后，未按规定将对应发票抄报税；

（四）备案后发生因偷税、骗取出口退税等税收违法行为受到行政、刑事处理的。

第三章 离境退税申请单管理

第八条 境外旅客在退税商店购买退税物品，需要离境退税的，应当在离境前凭本人的有效身份证件及购买退税物品的增值税普通发票（由增值税发票系统升级版开具），向退税商店索取《离境退税申请单》。

第九条 《离境退税申请单》由退税商店通过离境退税管理系统开具，加盖发票专用章，交境外旅客。

退税商店开具《离境退税申请单》时，要核对境外旅客有效身份证件，同时将以下信息采集到离境退税管理系统：

（一）境外旅客有效身份证件信息以及其上标注或能够采集的最后入境日期；

（二）境外旅客购买的退税物品信息以及对应的增值税普通发票号码。

第十条 具有以下情形之一的，退税商店不得开具《离境退税申请单》：

（一）境外旅客不能出示本人有效身份证件；

（二）凭有效身份证件不能确定境外旅客最后入境日期的；

（三）购买日距境外旅客最后入境日超过183天；

（四）退税物品销售发票开具日期早于境外旅客最后入境日；

（五）销售给境外旅客的货物不属于退税物品范围；

（六）境外旅客不能出示购买退税物品的增值税普通发票（由增值税发票系统升级版开具）；

（七）同一境外旅客同一日在同一退税商店内购买退税物品的金额未达到500元人民币。

第十一条 退税商店在向境外旅客开具《离境退税申请单》后，如发生境外旅客退货等需作废销售发票或红字冲销等情形的，在作废销售发票的同时，需将作废或冲销发票对应的《离境退税申请单》同时作废。

第十二条 已办理离境退税的销售发票，退税商店不得作废或对该发票开具红字发票冲销。

第四章　退税代理机构的选择、变更与终止

第十三条　具备以下条件的银行，可以申请成为退税代理机构：

（一）能够在离境口岸隔离区内具备办理退税业务的场所和相关设施；

（二）具备离境退税管理系统运行的条件，能够及时、准确地向主管国税机关报送相关信息；

（三）遵守税收法律法规规定，三年内未因发生税收违法行为受到行政、刑事处理的；

（四）愿意先行垫付退税资金。

第十四条　退税代理机构由省国税局会同财政、海关等部门，按照公平、公开、公正的原则选择，并由省国税局公告。

第十五条　完成选定手续后，省国税局应与选定的退税代理机构签订服务协议，服务期限为两年。

第十六条　主管国税机关应加强对退税代理机构的管理，发现退税代理机构存在以下情形之一的，应逐级上报省国税局，省国税局会商同级财政、海关等部门后终止其退税代理服务，注销其离境退税管理系统用户：

（一）不符合本办法第十三条规定条件的情形；

（二）未按规定申报境外旅客离境退税结算；

（三）境外旅客离境退税结算申报资料未按规定留存备查；

（四）将境外旅客不符合规定的离境退税申请办理了退税，并申报境外旅客离境退税结算；

（五）在服务期间发生税收违法行为受到行政、刑事处理的；

（六）未履行与省国税局签订的服务协议。

第十七条　退税代理机构应当在离境口岸隔离区内设置专用场所，并在显著位置用中英文做出明显标识（退税代理机构标识规范见附件4）。退税代理机构设置标识应符合海关监管要求。

第五章　离境退税的办理流程

第十八条　境外旅客离境时，应向海关办理退税物品验核确认手续。

第十九条　境外旅客向退税代理机构申请办理离境退税时，须提交以下资料：

（一）本人有效身份证件；

（二）经海关验核签章的《离境退税申请单》。

第二十条　退税代理机构接到境外旅客离境退税申请的，应首先采集申请离境退税的境外旅客本人有效身份证件信息，并在核对以下内容无误后，按海关确认意见办理退税：

（一）提供的离境退税资料齐全；

（二）《离境退税申请单》上所载境外旅客信息与采集申请离境退税的境外旅客本人有效身份证件信息一致；

（三）《离境退税申请单》经海关验核签章；

（四）境外旅客离境日距最后入境日未超过183天；

（五）退税物品购买日距离境日未超过90天；

（六）《离境退税申请单》与离境退税管理系统比对一致。

第二十一条　退税款的计算。以离境的退税物品的增值税普通发票金额（含增值税）为依据，退税率为11%，计算应退增值税额。计算公式为：

应退增值税额 = 离境的退税物品销售发票金额（含增值税）×退税率

实退增值税额 = 应退增值税额 − 退税代理机构办理退税手续费

第二十二条　退税币种为人民币。退税金额超过10000元人民币的，退税代理机构应以银行转账方式退税。退税金额未超过

10000元人民币的，根据境外旅客选择，退税代理机构采用现金退税或银行转账方式退税。

境外旅客领取或者办理领取退税款时，应当签字确认《境外旅客购物离境退税收款回执单》（附件5）。

第二十三条 若离境退税管理系统因故不能及时提供相关信息比对时，退税代理机构可先按照本办法第二十一条规定计算应退增值税额，在系统可提供相关信息并比对无误后在系统中确认，并采取银行转账方式办理退税。

第二十四条 退税代理机构办理退税应于每月15日前，通过离境退税管理系统将上月为境外旅客办理离境退税金额生成《境外旅客购物离境退税结算申报表》（附件6），报送主管国税机关，作为申报境外旅客离境退税结算的依据。同时将以下资料装订成册，留存备查：

（一）《境外旅客购物离境退税结算申报表》；

（二）经海关验核签章的《离境退税申请单》；

（三）经境外旅客签字确认的《境外旅客购物离境退税收款回执单》。

第二十五条 退税代理机构首次向主管国税机关申报境外旅客离境退税结算时，应首先提交与省国税局签订的服务协议、《出口退（免）税备案表》进行备案。

第二十六条 主管国税机关对退税代理机构提交的境外旅客购物离境退税结算申报数据审核、比对无误后，按照规定开具《税收收入退还书》，向退税代理机构办理退付。省国税局应按月将离境退税情况通报同级财政机关。

第六章 信息传递与交换

第二十七条 主管国税机关、海关、退税代理机构和退税商店应传递与交换相关信息。

第二十八条 退税商店通过离境退税管理系统开具境外旅客购物离境退税申请单，并实时向主管国税机关传送相关信息。

第二十九条 退税代理机构通过离境退税管理系统为境外旅客办理离境退税，并实时向主管国税机关传送相关信息。

第七章 附 则

第三十条 本办法自发布之日起执行。

附件：略

国家税务总局关于发布《启运港退（免）税管理办法（2018年12月28日修订）》的公告

（2018年12月28日 国家税务总局公告2018年第66号 自2019年1月1日起施行）

为优化启运港退（免）税管理，根据《财政部 海关总署 税务总局关于完善启运港退税政策的通知》（财税〔2018〕5号），现将修订后的《启运港退（免）税管理办法（2018年12月28日修订）》予以发布，自2019年1月1日起施行。

特此公告。

启运港退（免）税管理办法（2018年12月28日修订）

第一条 为规范启运港退（免）税管理，根据《财政部 海关总署 税务总局关于完善启运港退税政策的通知》的有关规定，制定本办法。

第二条 出口企业适用启运港退（免）税政策须同时满足以下条件：

（一）出口企业的出口退（免）税分类管理类别为一类或二类，并且在海关的信用等级为一般信用企业或认证企业（以税务总局清分的企业海关信用等级信息为准）；

（二）出口企业出口适用退（免）税政策的货物，并且能够取得海关提供的启运港出口货物报关单电子信息；

（三）除本公告另有规定外，出口货物自启运日（以启运港出口货物报关单电子信息上注明的出口日期为准，下同）起2个月内办理结关核销手续。

第三条 适用启运港退（免）税政策的出口货物，其退税率执行时间以启运港出口货物报关单电子信息上注明的出口日期为准。

第四条 出口企业应自启运日起2个月内，凭启运港出口货物报关单电子信息及相关材料向主管出口退税的税务机关申报办理启运港退（免）税。

出口企业自启运日起超过2个月未办理结关核销手续或未申报启运港退（免）税的出口货物，应使用正常结关核销的出口货物报关单电子信息及相关材料按照现行规定申报办理退（免）税。

出口企业申报办理启运港退（免）税时，应在申报明细表的“退（免）税业务类型”栏内填写“QYGTS”标识。外贸企业应使用单独关联号申报适用本办法的出口货物退（免）税。

第五条 主管出口退税的税务机关受理出口企业启运港退（免）税首次申报时，即视为出口企业完成启运港退（免）税备案。

第六条 主管出口退税的税务机关办理启运港退（免）税相关事项所使用的信息，应以税务总局清分的下列信息为准：

（一）企业海关信用等级信息；

（二）启运港出口货物报关单信息（加启运港退税标识，以下简称“启运数据”）；

（三）正常结关核销的报关单数据（加启运港退税标识，以下简称“结关数据”）；

（四）货物未运抵离境港不再出口，海关撤销的报关单数据（以下简称“撤销数据”）。

第七条 主管出口退税的税务机关应使用启运数据受理审核启运港退（免）税。

第八条 主管出口退税的税务机关应定期使用结关数据和撤销数据开展启运港退（免）税复核工作。对复核比对异常的，按以下原则进行处理：

（一）启运数据中的出口数量及单位、总价等项目与结关数据不一致的，以结关数据为准进行调整或追缴已退（免）税款；

（二）涉及撤销数据的，根据现行规定进行调整或追缴已退（免）税款；

（三）自启运日起超过2个月仍未收到结关数据（以下简称“到期未结关数据”）的，除本办法第九条规定情形外，根据现行规定追缴已退（免）税款，该笔出口货物不再适用启运港退（免）税政策。

第九条 出口企业已申报办理启运港退（免）税的货物，因自然灾害、社会突发事件等不可抗力因素，预计2个月内无法办理结关核销手续的，应自启运日起2个月内向主管出口退税的税务机关提出申请，经主管出口退税的税务机关同意后，暂不追缴已退（免）税款。

上述货物在启运日次年的退（免）税申报期限截止之日前，主管出口退税的税务机关收到结关数据的，应按照本办法第八条规定处理；仍未收到结关数据的（以下简称“次年未结关数据”），该笔出口货物不再适用启运港退（免）税政策，主管出口退税的税务机关根据现行规定追缴已退（免）税款。

第十条 按第八条、第九条规定已追缴退

（免）税款或进行调整处理的到期未结关数据和次年未结关数据，海关又办理结关核销手续的，出口企业可凭正常结关核销的出口货物报关单电子信息及相关材料重新申报出口退（免）税，主管出口退税的税务机关依据结关数据按照现行规定审核办理退（免）税。

第十一条 货物未运抵离境港不再出口，海关撤销出口货物报关单的，出口企业应按照现行规定向主管出口退税的税务机关申请出具《出口货物退运已补税（未退税）证明》，主管出口退税的税务机关在出具证明时，应使用撤销数据进行审核比对。出口企业未申报退（免）税的，不得再申报退（免）税；已申报办理退（免）税的，应补缴已退（免）税款。

第十二条 2018 年 4 月 10 日（以海关出口报关单电子信息注明的出口日期为准）以后的启运港出口货物，出口企业不再提供纸质出口货物报关单（出口退税专用）。

第十三条 本办法施行前符合本办法规定的适用启运港退（免）税办法的出口货物，可按本办法申报办理出口退（免）税相关事项。此前已按结关数据办理出口退（免）税事项的，不作调整。

第十四条 本办法未尽事宜，按照现行出口退（免）税相关规定执行。

第十五条 本办法自 2019 年 1 月 1 日起施行，启运港出口货物报关单电子信息上注明的出口日期为 2019 年 1 月 1 日以后（含）的启运港退（免）税事项按本办法执行。《启运港退（免）税管理办法》（国家税务总局公告 2014 年第 52 号发布，国家税务总局公告 2018 年第 31 号修改）同时废止。

出口货物退（免）税管理办法（试行）

（2005 年 3 月 16 日　国税发〔2005〕51 号　根据 2018 年 6 月 15 日《国家税务总局关于修改部分税收规范性文件的公告》修改）

第一章　总　　则

第一条 为规范出口货物退（免）税管理，根据《中华人民共和国税收征收管理法》、《中华人民共和国税收征收管理法实施细则》、《中华人民共和国增值税暂行条例》、《中华人民共和国消费税暂行条例》以及国家其他有关出口货物退（免）税规定，制定本管理办法。

第二条 出口商自营或委托出口的货物，除另有规定者外，可在货物报关出口并在财务上做销售核算后，凭有关凭证报送所在地税务局（以下简称税务机关）批准退还或免征其增值税、消费税。

本办法所述出口商包括对外贸易经营者、没有出口经营资格委托出口的生产企业、特定退（免）税的企业和人员。

上述对外贸易经营者是指依法办理工商登记或者其他执业手续，经商务部及其授权单位赋予出口经营资格的从事对外贸易经营活动的法人、其他组织或者个人。其中，个人（包括外国人）是指注册登记为个体工商户、个人独资企业或合伙企业。

上述特定退（免）税的企业和人员是指按国家有关规定可以申请出口货物退（免）税的企业和人员。

第三条 出口货物的退（免）税范围、退税率和退（免）税方法，按国家有关规定执行。

第四条 税务机关应当按照办理出口货物

退（免）税的程序，根据工作需要，设置出口货物退（免）税认定管理、申报受理、初审、复审、调查、审批、退库和调库等相应工作岗位，建立岗位责任制。因人员少需要一人多岗的，人员设置必须遵循岗位监督制约机制。

第二章　出口货物退（免）税认定管理

第五条　对外贸易经营者按《中华人民共和国对外贸易法》和商务部《对外贸易经营者备案登记办法》的规定办理备案登记后，没有出口经营资格的生产企业委托出口自产货物（含视同自产产品，下同），应分别在备案登记、代理出口协议签定之日起30日内持有关资料，填写《出口货物退（免）税认定表》，到所在地税务机关办理出口货物退（免）税认定手续。

特定退（免）税的企业和人员办理出口货物退（免）税认定手续按国家有关规定执行。

第六条　已办理出口货物退（免）税认定的出口商，其认定内容发生变化的，须自有关管理机关批准变更之日起30日内，持相关证件向税务机关申请办理出口货物退（免）税认定变更手续。

第七条　出口商发生解散、破产、撤销以及其他依法应终止出口货物退（免）税事项的，应持相关证件、资料向税务机关办理出口货物退（免）税注销认定。

对申请注销认定的出口商，税务机关应先结清其出口货物退（免）税款，再按规定办理注销手续。

第三章　出口货物退（免）税申报及受理

第八条　出口商应在规定期限内，收齐出口货物退（免）税所需的有关单证，使用国家税务总局认可的出口货物退（免）税电子申报系统生成电子申报数据，如实填写出口货物退（免）税申报表，向税务机关申报办理出口货物退（免）税手续。逾期申报的，除另有规定者外，税务机关不再受理该笔出口货物的退（免）税申报，该补税的应按有关规定补征税款。

第九条　出口商申报出口货物退（免）税时，税务机关应及时予以接受并进行初审。经初步审核，出口商报送的申报资料、电子申报数据及纸质凭证齐全的，税务机关受理该笔出口货物退（免）税申报。出口商报送的申报资料或纸质凭证不齐全的，除另有规定者外，税务机关不予受理该笔出口货物的退（免）税申报，并要当即向出口商提出改正、补充资料、凭证的要求。

税务机关受理出口商的出口货物退（免）税申报后，应为出口商出具回执，并对出口货物退（免）税申报情况进行登记。

第十条　出口商报送的出口货物退（免）税申报资料及纸质凭证齐全的，除另有规定者外，在规定申报期限结束前，税务机关不得以无相关电子信息或电子信息核对不符等原因，拒不受理出口商的出口货物退（免）税申报。

第四章　出口货物退（免）税审核、审批

第十一条　税务机关应当使用国家税务总局认可的出口货物退（免）税电子化管理系统以及总局下发的出口退税率文库，按照有关规定进行出口货物退（免）税审核、审批，不得随意更改出口货物退（免）税电子化管理系统的审核配置、出口退税率文库以及接收的有关电子信息。

第十二条　税务机关受理出口商出口货物退（免）税申报后，应在规定的时间内，对申报凭证、资料的合法性、准确性进行审查，并核实申报数据之间的逻辑对应关系。根据出口商申报的出口货物退（免）

税凭证、资料的不同情况，税务机关应当重点审核以下内容：

（一）申报出口货物退（免）税的报表种类、内容及印章是否齐全、准确。

（二）申报出口货物退（免）税提供的电子数据和出口货物退（免）税申报表是否一致；

（三）申报出口货物退（免）税的凭证是否有效，与出口货物退（免）税申报表明细内容是否一致等。重点审核的凭证有：

1. 出口货物报关单（出口退税专用）。出口货物报关单必须是盖有海关验讫章，注明“出口退税专用”字样的原件（另有规定者除外），出口报关单的海关编号、出口商海关代码、出口日期、商品编号、出口数量及离岸价等主要内容应与申报退（免）税的报表一致。

2. 代理出口证明。代理出口货物证明上的受托方企业名称、出口商品代码、出口数量、离岸价等应与出口货物报关单（出口退税专用）上内容相匹配并与申报退（免）税的报表一致。

3. 增值税专用发票（抵扣联）。增值税专用发票（抵扣联）必须印章齐全，没有涂改。增值税专用发票（抵扣联）的开票日期、数量、金额、税率等主要内容应与申报退（免）税的报表匹配。

4. 出口收汇核销单（或出口收汇核销清单，下同）。出口收汇核销单的编号、核销金额、出口商名称应当与对应的出口货物报关单上注明的批准文号、离岸价、出口商名称匹配。

5. 消费税税收（出口货物专用）缴款书。消费税税收（出口货物专用）缴款书各栏目的填写内容应与对应的发票一致；征税机关、国库（银行）印章必须齐全并符合要求。

第十三条 在对申报的出口货物退（免）税凭证、资料进行人工审核后，税务机关应当使用出口货物退（免）税电子化管理系统进行计算机审核，将出口商申报出口货物退（免）税提供的电子数据、凭证、资料与国家税务总局及有关部门传递的出口货物报关单、出口收汇核销单、代理出口证明、增值税专用发票、消费税税收（出口货物专用）缴款书等电子信息进行核对。审核、核对重点是：

（一）出口报关单电子信息。出口报关单的海关编号、出口日期、商品代码、出口数量及离岸价等项目是否与电子信息核对相符；

（二）代理出口证明电子信息。代理出口证明的编号、商品代码、出口日期、出口离岸价等项目是否与电子信息核对相符；

（三）出口收汇核销单电子信息。出口收汇核销单号码等项目是否与电子信息核对相符；

（四）出口退税率文库。出口商申报出口退（免）税的货物是否属于可退税货物，申报的退税率与出口退税率文库中的退税率是否一致；

（五）增值税专用发票电子信息。增值税专用发票的开票日期、金额、税额、购货方及销售方的纳税人识别号、发票代码、发票号码是否与增值税专用发票电子信息核对相符。

在核对增值税专用发票时应使用增值税专用发票稽核、协查信息。暂未收到增值税专用发票稽核、协查信息的，税务机关可先使用增值税专用发票认证信息，但必须及时用相关稽核、协查信息进行复核；对复核有误的，要及时追回已退（免）税款。

（六）消费税税收（出口货物专用）缴款书电子信息。消费税税收（出口货物专用）缴款书的号码、购货企业海关代码、计税金额、实缴税额、税率（额）等项目是否与电子信息核对相符。

第十四条　税务机关在审核中，发现的不符合规定的申报凭证、资料，税务机关应通知出口商进行调整或重新申报；对在计算机审核中发现的疑点，应当严格按照有关规定处理；对出口商申报的出口货物退（免）税凭证、资料有疑问的，应分别以下情况处理：

（一）凡对出口商申报的出口货物退（免）税凭证、资料无电子信息或核对不符的，应及时按照规定进行核查。

（二）凡对出口货物报关单（出口退税专用）、出口收汇核销单等纸质凭证有疑问的，应向相关部门发函核实。

（三）凡对防伪税控系统开具的增值税专用发票（抵扣联）有疑问的，应向同级税务稽查部门提出申请，通过税务系统增值税专用发票协查系统进行核查。

（四）对出口商申报出口货物的货源、纳税、供货企业经营状况等情况有疑问的，税务机关应按国家税务总局有关规定进行发函调查，或向同级税务稽查部门提出申请，由税务稽查部门按有关规定进行调查，并依据回函或调查情况进行处理。

第十五条　出口商提出办理相关出口货物退（免）税证明的申请，税务机关经审核符合有关规定的，应及时出具相关证明。

第十六条　出口货物退（免）税应当由设区的市、自治州以上（含本级）税务机关根据审核结果按照有关规定进行审批。

税务机关在审批后应当按照有关规定办理退库或调库手续。

第五章　出口货物退（免）税日常管理

第十七条　税务机关对出口货物退（免）税有关政策、规定应及时予以公告，并加强对出口商的宣传辅导和培训工作。

第十八条　税务机关应做好出口货物退（免）税计划及其执行情况的分析、上报工作。税务机关必须在国家税务总局下达的出口退（免）税计划内办理退库和调库。

第十九条　税务机关遇到下述情况，应及时结清出口商出口货物的退（免）税款：

（一）出口商发生解散、破产、撤销以及其他依法应终止出口退（免）税事项的，或者注销出口货物退（免）税认定的。

（二）出口商违反国家有关政策法规，被停止一定期限出口退税权的。

第二十条　税务机关应建立出口货物退（免）税评估机制和监控机制，强化出口货物退（免）税管理，防止骗税案件的发生。

第二十一条　税务机关应按照规定，做好出口货物退（免）税电子数据的接收、使用和管理工作，保证出口货物退（免）税电子化管理系统的安全，定期做好电子数据备份及设备维护工作。

第二十二条　税务机关应建立出口货物退（免）税凭证、资料的档案管理制度。出口货物退（免）税凭证、资料应当保存10年。但是，法律、行政法规另有规定的除外。具体管理办法由各省税务局制定。

第六章　违章处理

第二十三条　出口商有下列行为之一的，税务机关应按照《中华人民共和国税收征收管理法》第六十条规定予以处罚：

（一）未按规定办理出口货物退（免）税认定、变更或注销认定手续的；

（二）未按规定设置、使用和保管有关出口货物退（免）税账簿、凭证、资料的。

第二十四条　出口商拒绝税务机关检查或拒绝提供有关出口货物退（免）税账簿、凭证、资料的，税务机关应按照《中华人民共和国税收征收管理法》第七十条规定予以处罚。

第二十五条　出口商以假报出口或其他欺骗手段骗取国家出口退税款的，税务机关应当按照《中华人民共和国税收征收管理法》第六十六条规定处理。

对骗取国家出口退税款的出口商，经省以上（含本级）税务局批准，可以停止其六个月以上的出口退税权。在出口退税权停止期间自营、委托和代理出口的货物，一律不予办理退（免）税。

第二十六条 出口商违反规定需采取税收保全措施和税收强制执行措施的，税务机关应按照《中华人民共和国税收征收管理法》及《中华人民共和国税收征收管理法实施细则》的有关规定执行。

第七章 附 则

第二十七条 本办法未列明的其他管理事项，按《中华人民共和国税收征收管理法》、《中华人民共和国税收征收管理法实施细则》等法律、行政法规的有关规定办理。

第二十八条 本办法由国家税务总局负责解释。

第二十九条 本办法自2005年5月1日起施行。此前规定与本办法不一致的，以本办法为准。

出口退（免）税企业分类管理办法①

（2016年7月13日 国家税务总局公告2016年第46号 根据2018年6月15日《国家税务总局关于修改部分税收规范性文件的公告》修改）

第一章 总 则

第一条 为进一步优化出口退（免）税管理，提高纳税人税法遵从度，推进社会信用体系建设，充分发挥出口退税支持外贸发展的职能作用，根据《中华人民共和国税收征收管理法》及其实施细则、相关出口税收规定，制定本办法。

第二条 国税机关应按照风险可控、放管服结合、利于遵从、便于办税的原则，对出口退（免）税企业（以下简称出口企业）进行分类管理。

第三条 出口企业管理类别分为一类、二类、三类、四类。

第四条 各省、自治区、直辖市、计划单列市国家税务局（以下简称省国家税务局）负责组织实施本地区出口企业的分类管理工作。

具有出口退（免）税审批权限的国家税务局负责评定所辖出口企业的管理类别。

第二章 出口企业管理类别的评定标准

第五条 一类出口企业的评定标准。

（一）生产企业应同时符合下列条件：

1. 企业的生产能力与上一年度申报出口退（免）税规模相匹配。

2. 近3年（含评定当年，下同）未发生过虚开增值税专用发票或者其他增值税扣税凭证、骗取出口退税行为。

3. 上一年度的年末净资产大于上一年度该企业已办理的出口退税额（不含免抵税额）。

4. 评定时纳税信用级别为A级或B级。

5. 企业内部建立了较为完善的出口退（免）税风险控制体系。

（二）外贸企业应同时符合下列条件：

① 根据2018年6月15日《国家税务总局关于修改部分税收规范性文件的公告》，本办法全文及附件1《生产型出口企业生产能力情况报告》、附件2《出口退（免）税企业内部风险控制体系建设情况报告》、附件3《出口退（免）税企业管理类别评定表》中“国税机关”“国家税务局”的内容，分别修改为“税务机关”“税务局”。

1. 近3年未发生过虚开增值税专用发票或者其他增值税扣税凭证、骗取出口退税行为。

2. 上一年度的年末净资产大于上一年度该企业已办理出口退税额的60%。

3. 持续经营5年以上（因合并、分立、改制重组等原因新设立企业的情况除外）。

4. 评定时纳税信用级别为A级或B级。

5. 评定时海关企业信用管理类别为高级认证企业或一般认证企业。

6. 评定时外汇管理的分类管理等级为A级。

7. 企业内部建立了较为完善的出口退（免）税风险控制体系。

（三）外贸综合服务企业应同时符合下列条件：

1. 近3年未发生过虚开增值税专用发票或者其他增值税扣税凭证、骗取出口退税行为。

2. 上一年度的年末净资产大于上一年度该企业已办理出口退税额的30%。

3. 上一年度申报从事外贸综合服务业务的出口退税额，大于该企业全部出口退税额的80%。

4. 评定时纳税信用级别为A级或B级。

5. 评定时海关企业信用管理类别为高级认证企业或一般认证企业。

6. 评定时外汇管理的分类管理等级为A级。

7. 企业内部建立了较为完善的出口退（免）税风险控制体系。

第六条 具有下列情形之一的出口企业，其出口企业管理类别应评定为三类：

（一）自首笔申报出口退（免）税之日起至评定时未满12个月。

（二）评定时纳税信用级别为C级，或尚未评价纳税信用级别。

（三）上一年度累计6个月以上未申报出口退（免）税（从事对外援助、对外承包、境外投资业务的，以及出口季节性商品或出口生产周期较长的大型设备的出口企业除外）。

（四）上一年度发生过违反出口退（免）税有关规定的情形，但尚未达到税务机关行政处罚标准或司法机关处理标准的。

（五）存在省国家税务局规定的其他失信或风险情形。

第七条 具有下列情形之一的出口企业，其出口企业管理类别应评定为四类：

（一）评定时纳税信用级别为D级。

（二）上一年度发生过拒绝向国税机关提供有关出口退（免）税账簿、原始凭证、申报资料、备案单证等情形。

（三）上一年度因违反出口退（免）税有关规定，被税务机关行政处罚或被司法机关处理过的。

（四）评定时企业因骗取出口退税被停止出口退税权，或者停止出口退税权届满后未满2年。

（五）四类出口企业的法定代表人新成立的出口企业。

（六）列入国家联合惩戒对象的失信企业。

（七）海关企业信用管理类别认定为失信企业。

（八）外汇管理的分类管理等级为C级。

（九）存在省国家税务局规定的其他严重失信或风险情形。

第八条 一类、三类、四类出口企业以外的出口企业，其出口企业管理类别应评定为二类。

第三章 出口企业管理类别评定及调整

第九条 出口企业管理类别评定工作每年进行1次，应于企业纳税信用级别评价结果确定后1个月内完成。评定工作完成的次月起，国税机关对出口企业实施对应的分类管理措施。

第十条 申请出口企业管理类别评定为一类的出口企业，应于企业纳税信用级别评价结果确定的当月向主管国税机关报送《生产型出口企业生产能力情况报告》（仅生产企业填报，样式见附件1）、《出口退（免）税企业内部风险控制体系建设情况报告》（样式见附件2）。

第十一条 县（区）国家税务局负责评定出口企业管理类别的，应于评定工作完成后10个工作日内将评定结果报地（市）国家税务局备案；地（市）国家税务局负责评定的，县（区）国家税务局须进行初评并填报《出口退（免）税企业管理类别评定表》（附件3），报地（市）国家税务局审定。

第十二条 负责评定出口企业管理类别的国税机关，应在评定工作完成后的15个工作日内将评定结果告知出口企业，并主动公开一类、四类的出口企业名单。

第十三条 主管国税机关发现出口企业存在下列情形的，应自发现之日起20个工作日内，调整其出口企业管理类别：

（一）一类、二类、三类出口企业的纳税信用级别发生降级的，可相应调整出口企业管理类别。

（二）一类、二类、三类出口企业发生以下情形之一的，出口企业管理类别应调整为四类：

1. 拒绝提供有关出口退（免）税账簿、原始凭证、申报资料、备案单证的。

2. 因违反出口退（免）税有关规定，被税务机关行政处罚或被司法机关处理。

3. 被列为国家联合惩戒对象的失信企业。

（三）一类、二类出口企业不配合国税机关实施出口退（免）税管理，以及未按规定收集、装订、存放出口退（免）税凭证及备案单证的，出口企业管理类别应调整为三类。

（四）一类、二类出口企业因涉嫌骗取出口退税被立案查处尚未结案的，暂按三类出口企业管理，待案件查结后，依据查处情况相应调整出口企业管理类别；三类、四类出口企业因涉嫌骗取出口退税被立案查处尚未结案的，暂按原类别管理，待案件查结后，依据查处情况调整出口企业管理类别。

（五）在国税机关完成年度管理类别评定后新增办理出口退（免）税备案的出口企业，其出口企业管理类别应确定为三类。

第十四条 负责评定出口企业管理类别的国税机关在评定出口企业的管理类别时，应根据出口企业上一年度的管理类别，按照四类、三类、二类、一类的顺序逐级晋级，原则上不得越级评定。

四类出口企业自评定之日起，12个月内不得评定为其他管理类别。

第十五条 国税机关应提高税源管理部门、纳税服务部门、稽查部门、进出口税收管理部门之间信息共享的质量和效率，建立相应的信息通报制度，及时传递出口企业的纳税信用级别评定结果、纳税评估情况、税务稽查立案及处理情况等信息。

第四章 分类管理及服务措施

第十六条 主管国税机关可为一类出口企业提供绿色办税通道（特约服务区），优先办理出口退税，并建立重点联系制度，及时解决企业有关出口退（免）税问题。

对一类出口企业中纳税信用级别为A级的纳税人，按照《关于对纳税信用A级纳税人实施联合激励措施的合作备忘录》的规定，实施联合激励措施。

第十七条 对一类出口企业申报的出口退（免）税，国税机关经审核，同时符合下列条件的，应自受理企业申报之日起，5

个工作日内办结出口退（免）税手续：

（一）申报的电子数据与海关出口货物报关单结关信息、增值税专用发票信息比对无误。

（二）出口退（免）税额计算准确无误。

（三）不涉及税务总局和省国家税务局确定的预警风险信息。

（四）属于外贸企业的，出口的货物是从纳税信用级别为 A 级或 B 级的供货企业购进。

（五）属于外贸综合服务企业的，接受其提供服务的中小生产企业的纳税信用级别为 A 级或 B 级。

第十八条 对二类出口企业申报的出口退（免）税，国税机关经审核，同时符合下列条件的，应自受理企业申报之日起，10 个工作日内办结出口退（免）税手续：

（一）符合出口退（免）税相关规定。

（二）申报的电子数据与海关出口货物报关单结关信息、增值税专用发票信息比对无误。

（三）未发现审核疑点或者审核疑点已排除完毕。

第十九条 对三类出口企业申报的出口退（免）税，国税机关经审核，同时符合下列条件的，应自受理企业申报之日起，15 个工作日内办结出口退（免）税手续：

（一）符合出口退（免）税相关规定。

（二）申报的电子数据与海关出口货物报关单结关信息、增值税专用发票信息比对无误。

（三）未发现审核疑点或者审核疑点已排除完毕。

第二十条 对四类出口企业申报的出口退（免）税，国税机关应按下列规定进行审核：

（一）申报的纸质凭证、资料应与电子数据相互匹配且逻辑相符。

（二）申报的电子数据应与海关出口货物报关单结关信息、增值税专用发票信息比对无误。

（三）对该类企业申报出口退（免）税的外购出口货物或视同自产产品，国税机关应对每户供货企业的发票，都要抽取一定的比例发函调查。

（四）属于生产企业的，对其申报出口退（免）税的自产产品，国税机关应对其生产能力、纳税情况进行评估。

国税机关按上述要求完成审核，并排除所有审核疑点后，应自受理企业申报之日起，20 个工作日内办结出口退（免）税手续。

第二十一条 出口企业申报的出口退（免）税，国税机关发现存在下列情形之一的，应按规定予以核实，排除相关疑点后，方可办理出口退（免）税，不受本办法有关办结出口退（免）税手续时限的限制：

（一）不符合本办法第十七条、第十八条、第十九条、第二十条规定的。

（二）涉及海关、外汇管理局等出口监管部门提供的风险信息。

第二十二条 各省国家税务局应定期组织对已办理的出口退（免）税情况开展风险分析工作，发现出口企业申报的退（免）税存在骗取出口退税疑点的，应按规定进行评估、核查，发现问题的，应按规定予以处理。

第五章 附 则

第二十三条 本办法用语的含义：

“出口退（免）税企业”，指适用出口退（免）税政策的企业和其他单位，以及适用增值税零税率政策的应税服务提供者。按照出口企业适用的出口退（免）税办法和经营业态，分为生产企业、外贸企业、外贸综合服务企业。

“生产企业”，指适用免抵退税办法的出口企业。

"外贸企业"，指适用免退税办法的出口企业。

"一类出口企业" "二类出口企业" "三类出口企业" "四类出口企业"，指出口退（免）税企业分类管理类别分别为一类、二类、三类、四类的出口企业。

"上一年度"，指评定出口退（免）税企业管理类别的上一个自然年度。

"外贸综合服务业务"，应同时符合以下条件：

（一）出口货物为国内生产企业自产的货物。

（二）国内生产企业已将出口货物销售给外贸综合服务企业。

（三）国内生产企业与境外单位或个人已经签订出口合同，并约定货物由外贸综合服务企业出口至境外单位或个人，货款由境外单位或个人支付给外贸综合服务企业。

（四）外贸综合服务企业以自营方式出口。

（五）外贸综合服务企业申报出口退（免）税时，在《外贸企业出口退税进货明细申报表》第15栏（业务类型）、《外贸企业出口退税出口明细申报表》第19栏〔退（免）税业务类型〕填写"WMZH-FW"。

"办结出口退（免）税手续"，指国税机关对出口企业申报的符合规定的退（免）税，开具税收收入退还书并传递至国库。

第二十四条 各省国家税务局可以根据本办法制定和细化具体实施办法。

第二十五条 本办法自2016年9月1日起施行，以出口企业申报退（免）税时间为准。

国家税务总局关于出口退（免）税申报有关问题的公告

（2018年4月19日 国家税务总局公告2018年第16号）

为进一步落实税务系统"放管服"改革要求，简化出口退（免）税手续，优化出口退（免）税服务，持续加快退税进度，支持外贸出口，现就出口退（免）税申报有关问题公告如下：

一、出口企业或其他单位办理出口退（免）税备案手续时，应按规定向主管税务机关填报修改后的《出口退（免）税备案表》（附件1）。

二、出口企业和其他单位申报出口退（免）税时，不再进行退（免）税预申报。主管税务机关确认申报凭证的内容与对应的管理部门电子信息无误后方可受理出口退（免）税申报。

三、实行免抵退税办法的出口企业或其他单位在申报办理出口退（免）税时，不再报送当期《增值税纳税申报表》。

四、出口企业按规定申请开具代理进口货物证明时，不再提供进口货物报关单（加工贸易专用）。

五、外贸企业购进货物需分批申报退（免）税的以及生产企业购进非自产应税消费品需分批申报消费税退税的，出口企业不再向主管税务机关填报《出口退税进货分批申报单》，由主管税务机关通过出口税收管理系统对进货凭证进行核对。

六、出口企业或其他单位在出口退（免）税申报期限截止之日前，申报出口退（免）税的出口报关单、代理出口货物证明、委托出口货物证明、增值税进货凭证仍没有电子信息或凭证的内容与电子信息比对不符的，应在出口退（免）税申报期限截止之日前，向主管税务机关报送《出口退（免）税凭证无相关电子信息申报表》（附件2）。相关退（免）税申报凭证及资料留存企业备查，不再报送。

七、出口企业或其他单位出口货物劳务、发生增值税跨境应税行为，由于以下原因未收齐单证，无法在规定期限内申报的，应在出口退（免）税申报期限截止之日前，向负责管理出口退（免）税的主管税务机关报送《出口退（免）税延期申报申请表》（附件3）及相关举证资料，提出延期申报申请。主管税务机关自受理企业申请之日起20个工作日内完成核准，并将结果告知出口企业或其他单位。

（一）自然灾害、社会突发事件等不可抗力因素；

（二）出口退（免）税申报凭证被盗、抢，或者因邮寄丢失、误递；

（三）有关司法、行政机关在办理业务或者检查中，扣押出口退（免）税申报凭证；

（四）买卖双方因经济纠纷，未能按时取得出口退（免）税申报凭证；

（五）由于企业办税人员伤亡、突发危重疾病或者擅自离职，未能办理交接手续，导致不能按期提供出口退（免）税申报凭证；

（六）由于企业向海关提出修改出口货物报关单申请，在出口退（免）税申报期限截止之日前海关未完成修改，导致不能按期提供出口货物报关单；

（七）有关政府部门在出口退（免）税申报期限截止之日前未出具出口退（免）税申报所需凭证资料；

（八）国家税务总局规定的其他情形。

八、出口企业申报退（免）税的出口货物，应按照《国家税务总局关于出口企业申报出口货物退（免）税提供收汇资料有关问题的公告》（国家税务总局公告2013年第30号，以下称“30号公告”）的规定在出口退（免）税申报截止之日前收汇，未按规定收汇的出口货物适用增值税免税政策。对有下列情形之一的出口企业，在申报出口退（免）税时，须按照30号公告的规定提供收汇资料：

（一）出口退（免）税企业分类管理类别为四类的；

（二）主管税务机关发现出口企业申报的不能收汇原因是虚假的；

（三）主管税务机关发现出口企业提供的出口货物收汇凭证是冒用的。

上述第（一）种情形自出口企业被主管税务机关评定为四类企业的次月起执行；第（二）种至第（三）种情形自主管税务机关通知出口企业之日起24个月内执行。上述情形的执行时间以申报退（免）税时间为准。

出口企业同时存在上述两种以上情形的，执行时间的截止时间为几种情形中的最晚截止时间。

九、生产企业应于每年4月20日前，按以下规定向主管税务机关申请办理上年度海关已核销的进料加工手册（账册）项下的进料加工业务核销手续。4月20日前未进行核销的，对该企业的出口退（免）税业务，主管税务机关暂不办理，在其进行核销后再办理。

（一）生产企业申请核销前，应从主管税务机关获取海关联网监管加工贸易电子数据中的进料加工“电子账册（电子化手册）核销数据”以及进料加工业务的进口和出口货物报关单数据。

生产企业将获取的反馈数据与进料加工手册（账册）实际发生的进口和出口情况核对后，填报《生产企业进料加工业务免抵退税核销表》（附件4）向主管税务机关申请核销。如果核对发现，实际业务与反馈数据不一致的，生产企业还应填写《已核销手册（账册）海关数据调整表》

（附件5）连同电子数据和证明材料一并报送主管税务机关。

（二）主管税务机关应将企业报送的电子数据读入出口退税审核系统，对《生产企业进料加工业务免抵退税核销表》和《已核销手册（账册）海关数据调整表》及证明资料进行审核。

（三）主管税务机关确认核销后，生产企业应以《生产企业进料加工业务免抵退税核销表》中的“已核销手册（账册）综合实际分配率”，作为当年度进料加工计划分配率。同时，应在核销确认的次月，根据《生产企业进料加工业务免抵退税核销表》确认的不得免征和抵扣税额在纳税申报时申报调整；应在确认核销后的首次免抵退税申报时，根据《生产企业进料加工业务免抵退税核销表》确认的调整免抵退税额申报调整当期免抵退税额。

（四）生产企业发现核销数据有误的，应在发现次月按照本条第（一）项至第（三）项的有关规定向主管税务机关重新办理核销手续。

十、出口企业因纳税信用级别、海关企业信用管理类别、外汇管理的分类管理等级等发生变化，或者对分类管理类别评定结果有异议的，可以书面向负责评定出口企业管理类别的税务机关提出重新评定管理类别。有关税务机关应按照《国家税务总局关于发布修订后的〈出口退（免）税企业分类管理办法〉的公告》（国家税务总局公告2016年第46号）的规定，自收到企业复评资料之日起20个工作日内完成评定工作。

十一、境内单位提供航天运输服务或在轨交付空间飞行器及相关货物，在进行出口退（免）税申报时，应填报《航天发射业务出口退税申报明细表》（附件6），并提供下列资料及原始凭证的复印件：

（一）签订的发射合同或在轨交付合同；

（二）发射合同或在轨交付合同对应的项目清单项下购进航天运输器及相关货物和空间飞行器及相关货物的增值税专用发票或海关进口增值税专用缴款书、接受发射运行保障服务的增值税专用发票；

（三）从与之签订航天运输服务合同的单位取得收入的收款凭证。

《国家税务总局关于发布〈适用增值税零税率应税服务退（免）税管理办法〉的公告》（国家税务总局公告2014年第11号）第九条第二项第1目规定的其他具有提供商业卫星发射服务资质的证明材料，包括国家国防科技工业局颁发的《民用航天发射项目许可证》。

十二、《废止文件、条款目录》见附件7。

本公告自2018年5月1日起施行。

特此公告。

附件：（略）

高新技术企业认定管理办法

（2016年1月29日　国科发火〔2016〕32号）

第一章　总　　则

第一条　为扶持和鼓励高新技术企业发展，根据《中华人民共和国企业所得税法》（以下称《企业所得税法》）、《中华人民共和国企业所得税法实施条例》（以下称《实施条例》）有关规定，特制定本办法。

第二条　本办法所称的高新技术企业是指：在《国家重点支持的高新技术领域》内，持续进行研究开发与技术成果转化，形成企业核心自主知识产权，并以此为基础开展经营活动，在中国境内（不包括港、澳、台地区）注册的居民企业。

第三条　高新技术企业认定管理工作应遵循突出企业主体、鼓励技术创新、实施动态管理、坚持公平公正的原则。

第四条 依据本办法认定的高新技术企业，可依照《企业所得税法》及其《实施条例》、《中华人民共和国税收征收管理法》（以下称《税收征管法》）及《中华人民共和国税收征收管理法实施细则》（以下称《实施细则》）等有关规定，申报享受税收优惠政策。

第五条 科技部、财政部、税务总局负责全国高新技术企业认定工作的指导、管理和监督。

第二章 组织与实施

第六条 科技部、财政部、税务总局组成全国高新技术企业认定管理工作领导小组（以下称“领导小组”），其主要职责为：

（一）确定全国高新技术企业认定管理工作方向，审议高新技术企业认定管理工作报告；

（二）协调、解决认定管理及相关政策落实中的重大问题；

（三）裁决高新技术企业认定管理事项中的重大争议，监督、检查各地区认定管理工作，对发现的问题指导整改。

第七条 领导小组下设办公室，由科技部、财政部、税务总局相关人员组成，办公室设在科技部，其主要职责为：

（一）提交高新技术企业认定管理工作报告，研究提出政策完善建议；

（二）指导各地区高新技术企业认定管理工作，组织开展对高新技术企业认定管理工作的监督检查，对发现的问题提出整改处理建议；

（三）负责各地区高新技术企业认定工作的备案管理，公布认定的高新技术企业名单，核发高新技术企业证书编号；

（四）建设并管理“高新技术企业认定管理工作网”；

（五）完成领导小组交办的其他工作。

第八条 各省、自治区、直辖市、计划单列市科技行政管理部门同本级财政、税务部门组成本地区高新技术企业认定管理机构（以下称“认定机构”）。认定机构下设办公室，由省级、计划单列市科技、财政、税务部门相关人员组成，办公室设在省级、计划单列市科技行政主管部门。认定机构主要职责为：

（一）负责本行政区域内的高新技术企业认定工作，每年向领导小组办公室提交本地区高新技术企业认定管理工作报告；

（二）负责将认定后的高新技术企业按要求报领导小组办公室备案，对通过备案的企业颁发高新技术企业证书；

（三）负责遴选参与认定工作的评审专家（包括技术专家和财务专家），并加强监督管理；

（四）负责对已认定企业进行监督检查，受理、核实并处理复核申请及有关举报等事项，落实领导小组及其办公室提出的整改建议；

（五）完成领导小组办公室交办的其他工作。

第九条 通过认定的高新技术企业，其资格自颁发证书之日起有效期为三年。

第十条 企业获得高新技术企业资格后，自高新技术企业证书颁发之日所在年度起享受税收优惠，可依照本办法第四条的规定到主管税务机关办理税收优惠手续。

第三章 认定条件与程序

第十一条 认定为高新技术企业须同时满足以下条件：

（一）企业申请认定时须注册成立一年以上；

（二）企业通过自主研发、受让、受赠、并购等方式，获得对其主要产品（服务）在技术上发挥核心支持作用的知识产权的所有权；

（三）对企业主要产品（服务）发挥核心支持作用的技术属于《国家重点支持

的高新技术领域》规定的范围；

（四）企业从事研发和相关技术创新活动的科技人员占企业当年职工总数的比例不低于10%；

（五）企业近三个会计年度（实际经营期不满三年的按实际经营时间计算，下同）的研究开发费用总额占同期销售收入总额的比例符合如下要求：

1. 最近一年销售收入小于5，000万元（含）的企业，比例不低于5%；

2. 最近一年销售收入在5，000万元至2亿元（含）的企业，比例不低于4%；

3. 最近一年销售收入在2亿元以上的企业，比例不低于3%。

其中，企业在中国境内发生的研究开发费用总额占全部研究开发费用总额的比例不低于60%；

（六）近一年高新技术产品（服务）收入占企业同期总收入的比例不低于60%；

（七）企业创新能力评价应达到相应要求；

（八）企业申请认定前一年内未发生重大安全、重大质量事故或严重环境违法行为。

第十二条 高新技术企业认定程序如下：

（一）企业申请

企业对照本办法进行自我评价。认为符合认定条件的在“高新技术企业认定管理工作网”注册登记，向认定机构提出认定申请。申请时提交下列材料：

1. 高新技术企业认定申请书；

2. 证明企业依法成立的相关注册登记证件；

3. 知识产权相关材料、科研项目立项证明、科技成果转化、研究开发的组织管理等相关材料；

4. 企业高新技术产品（服务）的关键技术和技术指标、生产批文、认证认可和相关资质证书、产品质量检验报告等相关材料；

5. 企业职工和科技人员情况说明材料；

6. 经具有资质的中介机构出具的企业近三个会计年度研究开发费用和近一个会计年度高新技术产品（服务）收入专项审计或鉴证报告，并附研究开发活动说明材料；

7. 经具有资质的中介机构鉴证的企业近三个会计年度的财务会计报告（包括会计报表、会计报表附注和财务情况说明书）；

8. 近三个会计年度企业所得税年度纳税申报表。

（二）专家评审

认定机构应在符合评审要求的专家中，随机抽取组成专家组。专家组对企业申报材料进行评审，提出评审意见。

（三）审查认定

认定机构结合专家组评审意见，对申请企业进行综合审查，提出认定意见并报领导小组办公室。认定企业由领导小组办公室在“高新技术企业认定管理工作网”公示10个工作日，无异议的，予以备案，并在“高新技术企业认定管理工作网”公告，由认定机构向企业颁发统一印制的“高新技术企业证书”；有异议的，由认定机构进行核实处理。

第十三条 企业获得高新技术企业资格后，应每年5月底前在“高新技术企业认定管理工作网”填报上一年度知识产权、科技人员、研发费用、经营收入等年度发展情况报表。

第十四条 对于涉密企业，按照国家有关保密工作规定，在确保涉密信息安全的前提下，按认定工作程序组织认定。

第四章 监督管理

第十五条 科技部、财政部、税务总局建立随机抽查和重点检查机制，加强对各地高新技术企业认定管理工作的监督检查。对存在问题的认定机构提出整改意见并限期改正，问题严重的给予通报批评，逾期不改的暂停其认定管理工作。

第十六条 对已认定的高新技术企业，有关部门在日常管理过程中发现其不符合认定条件的，应提请认定机构复核。复核后确认不符合认定条件的，由认定机构取消其高新技术企业资格，并通知税务机关追缴其不符合认定条件年度起已享受的税收优惠。

第十七条 高新技术企业发生更名或与认定条件有关的重大变化（如分立、合并、重组以及经营业务发生变化等）应在三个月内向认定机构报告。经认定机构审核符合认定条件的，其高新技术企业资格不变，对于企业更名的，重新核发认定证书，编号与有效期不变；不符合认定条件的，自更名或条件变化年度起取消其高新技术企业资格。

第十八条 跨认定机构管理区域整体迁移的高新技术企业，在其高新技术企业资格有效期内完成迁移的，其资格继续有效；跨认定机构管理区域部分搬迁的，由迁入地认定机构按照本办法重新认定。

第十九条 已认定的高新技术企业有下列行为之一的，由认定机构取消其高新技术企业资格：

（一）在申请认定过程中存在严重弄虚作假行为的；

（二）发生重大安全、重大质量事故或有严重环境违法行为的；

（三）未按期报告与认定条件有关重大变化情况，或累计两年未填报年度发展情况报表的。

对被取消高新技术企业资格的企业，由认定机构通知税务机关按《税收征管法》及有关规定，追缴其自发生上述行为之日所属年度起已享受的高新技术企业税收优惠。

第二十条 参与高新技术企业认定工作的各类机构和人员对所承担的有关工作负有诚信、合规、保密义务。违反高新技术企业认定工作相关要求和纪律的，给予相应处理。

第五章 附 则

第二十一条 科技部、财政部、税务总局根据本办法另行制定《高新技术企业认定管理工作指引》。

第二十二条 本办法由科技部、财政部、税务总局负责解释。

第二十三条 本办法自2016年1月1日起实施。原《高新技术企业认定管理办法》（国科发火〔2008〕172号）同时废止。

附件：国家重点支持的高新技术领域（略）

财政部、国家税务总局关于营改增后契税、房产税、土地增值税、个人所得税计税依据问题的通知

（2016年4月25日 财税〔2016〕43号）

各省、自治区、直辖市、计划单列市财政厅（局）、地方税务局，西藏、宁夏、青海省（自治区）国家税务局，新疆生产建设兵团财务局：

经研究，现将营业税改征增值税后契税、房产税、土地增值税、个人所得税计税依据有关问题明确如下：

一、计征契税的成交价格不含增值税。

二、房产出租的，计征房产税的租金收入不含增值税。

三、土地增值税纳税人转让房地产取得的收入为不含增值税收入。

《中华人民共和国土地增值税暂行条

例》等规定的土地增值税扣除项目涉及的增值税进项税额，允许在销项税额中计算抵扣的，不计入扣除项目，不允许在销项税额中计算抵扣的，可以计入扣除项目。

四、个人转让房屋的个人所得税应税收入不含增值税，其取得房屋时所支付价款中包含的增值税计入财产原值，计算转让所得时可扣除的税费不包括本次转让缴纳的增值税。

个人出租房屋的个人所得税应税收入不含增值税，计算房屋出租所得可扣除的税费不包括本次出租缴纳的增值税。个人转租房屋的，其向房屋出租方支付的租金及增值税额，在计算转租所得时予以扣除。

五、免征增值税的，确定计税依据时，成交价格、租金收入、转让房地产取得的收入不扣减增值税额。

六、在计征上述税种时，税务机关核定的计税价格或收入不含增值税。

本通知自2016年5月1日起执行。

（二）税款征收

委托代征管理办法

（2013年5月10日　国家税务总局公告2013年第24号　自2013年7月1日起施行）

第一章　总　　则

第一条　为加强税收委托代征管理，规范委托代征行为，降低征纳成本，根据《中华人民共和国税收征收管理法》《中华人民共和国税收征收管理法实施细则》《合同法》及《中华人民共和国发票管理办法》的有关规定，制定本办法。

第二条　本办法所称委托代征，是指税务机关根据《中华人民共和国税收征收管理法实施细则》有利于税收控管和方便纳税的要求，按照双方自愿、简便征收、强化管理、依法委托的原则和国家有关规定，委托有关单位和人员代征零星、分散和异地缴纳的税收的行为。

第三条　本办法所称税务机关，是指县以上（含本级）税务局。

本办法所称代征人，是指依法接受税务机关委托、行使代征税款权利并承担《委托代征协议书》规定义务的单位或人员。

第二章　委托代征的范围和条件

第四条　委托代征范围由税务机关根据《中华人民共和国税收征收管理法实施细则》关于加强税收控管、方便纳税的规定，结合当地税源管理的实际情况确定。税务机关不得将法律、行政法规已确定的代扣代缴、代收代缴税收，委托他人代征。

第五条　税务机关确定的代征人，应当与纳税人有下列关系之一：

（一）与纳税人有管理关系；

（二）与纳税人有经济业务往来；

（三）与纳税人有地缘关系；

（四）有利于税收控管和方便纳税人的其他关系。

第六条　代征人为行政、事业、企业单位及其他社会组织的，应当同时具备下列条件：

（一）有固定的工作场所；

（二）内部管理制度规范，财务制度健全；

（三）有熟悉相关税收法律、法规的工作人员，能依法履行税收代征工作；

（四）税务机关根据委托代征事项和税收管理要求确定的其他条件。

第七条　代征税款人员，应当同时具备下列条件：

（一）具备中国国籍，遵纪守法，无严重违法行为及犯罪记录，具有完全民事行为能力；

（二）具备与完成代征税款工作要求

相适应的税收业务知识和操作技能；

（三）税务机关根据委托代征管理要求确定的其他条件。

第八条 税务机关可以与代征人签订代开发票书面协议并委托代征人代开普通发票。代开发票书面协议的主要内容应当包括代开的普通发票种类、对象、内容和相关责任。

代开发票书面协议由各省、自治区、直辖市和计划单列市自行制定。

第九条 代征人不得将其受托代征税款事项再行委托其他单位、组织或人员办理。

第三章 委托代征协议的生效和终止

第十条 税务机关应当与代征人签订《委托代征协议书》，明确委托代征相关事宜。《委托代征协议书》包括以下内容：

（一）税务机关和代征人的名称、联系电话，代征人为行政、事业、企业单位及其他社会组织的，应包括法定代表人或负责人姓名、居民身份证号码和地址；代征人为自然人的，应包括姓名、居民身份证号码和户口所在地、现居住地址；

（二）委托代征范围和期限；

（三）委托代征的税种及附加、计税依据及税率；

（四）票、款结报缴销期限和额度；

（五）税务机关和代征人双方的权利、义务和责任；

（六）代征手续费标准；

（七）违约责任；

（八）其他有关事项。

代征人为行政、事业、企业单位及其他社会组织的，《委托代征协议书》自双方的法定代表人或法定代理人签字并加盖公章后生效；代征人为自然人的，《委托代征协议书》自代征人及税务机关的法定代表人签字并加盖税务机关公章后生效。

第十一条 《委托代征协议书》签订后，税务机关应当向代征人发放《委托代征证书》，并在广播、电视、报纸、期刊、网络等新闻媒体或者代征范围内纳税人相对集中的场所，公告代征人的委托代征资格和《委托代征协议书》中的以下内容：

（一）税务机关和代征人的名称、联系电话，代征人为行政、事业、企业单位及其他社会组织的，应包括法定代表人或负责人姓名和地址；代征人为自然人的，应包括姓名、户口所在地、现居住地址；

（二）委托代征的范围和期限；

（三）委托代征的税种及附加、计税依据及税率；

（四）税务机关确定的其他需要公告的事项。

第十二条 《委托代征协议书》有效期最长不得超过3年。有效期满需要继续委托代征的，应当重新签订《委托代征协议书》。

《委托代征协议书》签订后，税务机关应当向代征人提供受托代征税款所需的税收票证、报表。

第十三条 有下列情形之一的，税务机关可以向代征人发出《终止委托代征协议通知书》，提前终止委托代征协议：

（一）因国家税收法律、行政法规、规章等规定发生重大变化，需要终止协议的；

（二）税务机关被撤销主体资格的；

（三）因代征人发生合并、分立、解散、破产、撤销或者因不可抗力发生等情形，需要终止协议的；

（四）代征人有弄虚作假、故意不履行义务、严重违反税收法律法规的行为，或者有其他严重违反协议的行为；

（五）税务机关认为需要终止协议的其他情形。

第十四条 终止委托代征协议的，代征人应自委托代征协议终止之日起5个工作日内，向税务机关结清代征税款，缴销代征业务所需的税收票证和发票；税务机关应当收回《委托代征证书》，结清代征手续费。

第十五条 代征人在委托代征协议期限届满之前提出终止协议的，应当提前20个工作日向税务机关申请，经税务机关确认后按照本办法第十四条的规定办理相关手续。

第十六条 税务机关应当自委托代征协议终止之日起10个工作日内，在广播、电视、报纸、期刊、网络等新闻媒体或者代征范围内纳税人相对集中的场所，公告代征人委托代征资格终止和本办法第十一条规定需要公告的《委托代征协议书》主要内容。

第四章 委托代征管理职责

第十七条 税收委托代征工作中，税务机关应当监督、管理、检查委托代征业务，履行以下职责：

（一）审查代征人资格，确定、登记代征人的相关信息；

（二）填制、发放、收回、缴销《委托代征证书》；

（三）确定委托代征的具体范围、税种及附加、计税依据、税率等；

（四）核定和调整代征人代征的个体工商户定额，并通知纳税人和代征人执行；

（五）定期核查代征人的管户信息，了解代征户籍变化情况；

（六）采集委托代征的征收信息、纳税人欠税信息、税收票证管理情况等信息；

（七）辅导和培训代征人；

（八）在有关规定确定的代征手续费比率范围内，按照手续费与代征人征收成本相匹配的原则，确定具体支付标准，办理手续费支付手续；

（九）督促代征人按时解缴代征税款，并对代征情况进行定期检查；

（十）其他管理职责。

第十八条 税收委托代征工作中，代征人应当履行以下职责：

（一）根据税务机关确定的代征范围、核定税额或计税依据、税率代征税款，并按规定及时解缴入库；

（二）按照税务机关有关规定领取、保管、开具、结报缴销税收票证、发票，确保税收票证和发票安全；

（三）代征税款时，向纳税人开具税收票证；

（四）建立代征税款账簿，逐户登记代征税种税目、税款金额及税款所属期等内容；

（五）在税款解缴期内向税务机关报送《代征代扣税款结报单》，以及受托代征税款的纳税人当期已纳税、逾期未纳税、管户变化等相关情况；

（六）对拒绝代征人依法代征税款的纳税人，自其拒绝之时起24小时内报告税务机关；

（七）在代征税款工作中获知纳税人商业秘密和个人隐私的，应当依法为纳税人保密。

第十九条 代征人不得对纳税人实施税款核定、税收保全和税收强制执行措施，不得对纳税人进行行政处罚。

第二十条 代征人应根据《委托代征协议书》的规定向税务机关申请代征税款手续费，不得从代征税款中直接扣取代征税款手续费。

第五章 法律责任

第二十一条 代征人在《委托代征协议书》授权范围内的代征税款行为引起纳税人的争议或法律纠纷的，由税务机关解决并承担相应法律责任；税务机关拥有事后向代征人追究法律责任的权利。

第二十二条 因代征人责任未征或少征税款的，税务机关应向纳税人追缴税款，并可按《委托代征协议书》的约定向代征人按日加收未征少征税款万分之五的违约金，但代征人将纳税人拒绝缴纳等情况自纳税人拒绝之时起24小时内报告税务机关的除外。代征人违规多征税款的，由税务机关承担相应的法律责任，并责令代征人立即退还，税款已入库的，由税务机关按规定办理退库手续；代征人违规多征税款致使纳税人合法权益受到损失的，由税务机关赔偿，税务机关拥有事后向代征人追偿的权利。

代征人违规多征税款而多取得代征手续费的，应当及时退回。

第二十三条 代征人造成印有固定金额的税收票证损失的，应当按照票面金额赔偿，未按规定领取、保管、开具、结报缴销税收票证的，税务机关应当根据情节轻重，适当扣减代征手续费。

第二十四条 代征人未按规定期限解缴税款的，由税务机关责令限期解缴，并可从税款滞纳之日起按日加收未解缴税款万分之五的违约金。

第二十五条 税务机关工作人员玩忽职守，不按照规定对代征人履行管理职责，给委托代征工作造成损害的，按规定追究相关人员的责任。

第二十六条 违反《委托代征协议书》其他有关规定的，按照协议约定处理。

第二十七条 纳税人对委托代征行为不服，可依法申请税务行政复议。

第六章 附 则

第二十八条 各省、自治区、直辖市和计划单列市税务机关根据本地实际情况制定具体实施办法。

第二十九条 税务机关可以比照本办法的规定，对代售印花税票者进行管理。

第三十条 本办法自2013年7月1日起施行。

附件： 1. 委托代征协议书（略）

2. 委托代征协议书使用说明（略）
3. 终止委托代征协议通知书（略）
4. 委托代征证书（略）

税收票证管理办法

（2013年2月25日国家税务总局令第28号公布　根据2019年7月24日《国家税务总局关于公布取消一批税务证明事项以及废止和修改部分规章规范性文件的决定》修正）

第一章 总 则

第一条 为了规范税收票证管理工作，保证国家税收收入的安全完整，维护纳税人合法权益，适应税收信息化发展需要，根据《中华人民共和国税收征收管理法》及其实施细则等法律法规，制定本办法。

第二条 税务机关、税务人员、纳税人、扣缴义务人、代征代售人和税收票证印制企业在中华人民共和国境内印制、使用、管理税收票证，适用本办法。

第三条 本办法所称税收票证，是指税务机关、扣缴义务人依照法律法规，代征代售人按照委托协议，征收税款、基金、费、滞纳金、罚没款等各项收入（以下统称税款）的过程中，开具的收款、退款和缴库凭证。税收票证是纳税人实际缴纳税款或者收取退还税款的法定证明。

税收票证包括纸质形式和数据电文形式。数据电文税收票证是指通过横向联网电子缴税系统办理税款的征收缴库、退库时，向银行、国库发送的电子缴款、退款信息。

第四条 国家积极推广以横向联网电子缴税系统为依托的数据电文税收票证的使用工作。

第五条 税务机关、代征代售人征收税款时应当开具税收票证。通过横向联网电子缴税系统完成税款的缴纳或者退还后，纳税人需要纸质税收票证的，税务机关应当开具。

扣缴义务人代扣代收税款时，纳税人要求扣缴义务人开具税收票证的，扣缴义务人应当开具。

第六条 税收票证的基本要素包括：税收票证号码、征收单位名称、开具日期、纳税人名称、纳税人识别号、税种（费、基金、罚没款）、金额、所属时期等。

第七条 纸质税收票证的基本联次包括收据联、存根联、报查联。收据联交纳税人作完税凭证；存根联由税务机关、扣缴义务人、代征代售人留存；报查联由税务机关做会计凭证或备查。

省、自治区、直辖市和计划单列市（以下简称省）税务机关可以根据税收票证管理情况，确定除收据联以外的税收票证启用联次。

第八条 国家税务总局统一负责全国的税收票证管理工作。其职责包括：

（一）设计和确定税收票证的种类、适用范围、联次、内容、式样及规格；

（二）设计和确定税收票证专用章戳的种类、适用范围、式样及规格；

（三）印制、保管、发运需要全国统一印制的税收票证，刻制需要全国统一制发的税收票证专用章戳；

（四）确定税收票证管理的机构、岗位和职责；

（五）组织、指导和推广税收票证信息化工作；

（六）组织全国税收票证检查工作；

（七）其他全国性的税收票证管理工作。

第九条 省以下税务机关应当依照本办法做好本行政区域内的税收票证管理工作。其职责包括：

（一）负责本级权限范围内的税收票证印制、领发、保管、开具、作废、结报缴销、停用、交回、损失核销、移交、核算、归档、审核、检查、销毁等工作；

（二）指导和监督下级税务机关、扣缴义务人、代征代售人、自行填开税收票证的纳税人税收票证管理工作；

（三）组织、指导、具体实施税收票证信息化工作；

（四）组织税收票证检查工作；

（五）其他税收票证管理工作。

第十条 扣缴义务人和代征代售人在代扣代缴、代收代缴、代征税款以及代售印花税票过程中应当做好税收票证的管理工作。其职责包括：

（一）妥善保管从税务机关领取的税收票证，并按照税务机关要求建立、报送和保管税收票证账簿及有关资料；

（二）为纳税人开具并交付税收票证；

（三）按时解缴税款、结报缴销税收票证；

（四）其他税收票证管理工作。

第十一条 各级税务机关的收入规划核算部门主管税收票证管理工作。

国家税务总局收入规划核算司设立主管税收票证管理工作的机构；省、市（不含县级市，下同）、县税务机关收入规划核算部门应当设置税收票证管理岗位并配备专职税收票证管理人员；直接向税务机关税收票证开具人员、扣缴义务人、代征代售人、自行填开税收票证的纳税人发放税收票证并办理结报缴销等工作的征收分局、税务所、办税服务厅等机构（以下简称基层税务机关）应当设置税收票证管理岗位，由税收会计负责税收票证管理工作。税收票证管理岗位和税收票证开具（含印花税票销售）岗位应当分设，不得一人多岗。

扣缴义务人、代征代售人、自行填开税收票证的纳税人应当由专人负责税收票证管理工作。

第二章 种类和适用范围

第十二条 税收票证包括税收缴款书、税收收入退还书、税收完税证明、出口货物劳务专用税收票证、印花税专用税收票证以及国家税务总局规定的其他税收票证。

第十三条 税收缴款书是纳税人据以缴纳税款，税务机关、扣缴义务人以及代征代售人据以征收、汇总税款的税收票证。具体包括：

（一）《税收缴款书（银行经收专用）》。由纳税人、税务机关、扣缴义务人、代征代售人向银行传递，通过银行划缴税款（出口货物劳务增值税、消费税除外）到国库时使用的纸质税收票证。其适用范围是：

1. 纳税人自行填开或税务机关开具，纳税人据以在银行柜面办理缴税（转账或现金），由银行将税款缴入国库；

2. 税务机关收取现金税款、扣缴义务人扣缴税款、代征代售人代征税款后开具，据以在银行柜面办理税款汇总缴入国库；

3. 税务机关开具，据以办理“待缴库税款”账户款项缴入国库。

（二）《税收缴款书（税务收现专用）》。纳税人以现金、刷卡（未通过横向联网电子缴税系统）方式向税务机关缴纳税款时，由税务机关开具并交付纳税人的纸质税收票证。代征人代征税款时，也应开具本缴款书并交付纳税人。为方便流动性零散税收的征收管理，本缴款书可以在票面印有固定金额，具体面额种类由各省税务机关确定，但是，单种面额不得超过一百元。

（三）《税收缴款书（代扣代收专用）》。扣缴义务人依法履行税款代扣代缴、代收代缴义务时开具并交付纳税人的纸质税收票证。扣缴义务人代扣代收税款后，已经向纳税人开具了税法规定或国家税务总局认可的记载完税情况的其他凭证的，可不再开具本缴款书。

（四）《税收电子缴款书》。税务机关将纳税人、扣缴义务人、代征代售人的电子缴款信息通过横向联网电子缴税系统发送给银行，银行据以划缴税款到国库时，由税收征管系统生成的数据电文形式的税收票证。

第十四条 税收收入退还书是税务机关依法为纳税人从国库办理退税时使用的税收票证。具体包括：

（一）《税收收入退还书》。税务机关向国库传递，依法为纳税人从国库办理退税时使用的纸质税收票证。

（二）《税收收入电子退还书》。税务机关通过横向联网电子缴税系统依法为纳税人从国库办理退税时，由税收征管系统生成的数据电文形式的税收票证。

税收收入退还书应当由县以上税务机关税收会计开具并向国库传递或发送。

第十五条 出口货物劳务专用税收票证是由税务机关开具，专门用于纳税人缴纳出口货物劳务增值税、消费税或者证明该纳税人再销售给其他出口企业的货物已缴纳增值税、消费税的纸质税收票证。具体包括：

（一）《税收缴款书（出口货物劳务专用）》。由税务机关开具，专门用于纳税人缴纳出口货物劳务增值税、消费税时使用的纸质税收票证。纳税人以银行经收方式，税务收现方式，或者通过横向联网电子缴税系统缴纳出口货物劳务增值税、消费税时，均使用本缴款书。纳税人缴纳随出口货物劳务增值税、消费税附征的其他税款时，税务机关应当根据缴款方式，使用其他种类的缴款书，不得使用本缴款书。

（二）《出口货物完税分割单》。已经缴纳出口货物增值税、消费税的纳税人将购进货物再销售给其他出口企业时，为证明所售货物完税情况，便于其他出口企业办理出口退税，到税务机关换开的纸质税收票证。

第十六条 印花税专用税收票证是税务机关或印花税票代售人在征收印花税时向纳税人交付、开具的纸质税收票证。具体包括：

（一）印花税票。印有固定金额，专门用于征收印花税的有价证券。纳税人缴纳印花税，可以购买印花税票贴花缴纳，也可以开具税收缴款书缴纳。采用开具税收缴款书缴纳的，应当将纸质税收缴款书或税收完税证明粘贴在应税凭证上，或者由税务机关在应税凭证上加盖印花税收讫专用章。

（二）《印花税票销售凭证》。税务机关和印花税票代售人销售印花税票时一并开具的专供购买方报销的纸质凭证。

第十七条 税收完税证明是税务机关为证明纳税人已经缴纳税款或者已经退还纳税人税款而开具的纸质税收票证。其适用范围是：

（一）纳税人、扣缴义务人、代征代售人通过横向联网电子缴税系统划缴税款到国库（经收处）后或收到从国库退还的税款后，当场或事后需要取得税收票证的；

（二）扣缴义务人代扣代收税款后，已经向纳税人开具税法规定或国家税务总局认可的记载完税情况的其他凭证，纳税人需要换开正式完税凭证的；

（三）纳税人遗失已完税的各种税收票证（《出口货物完税分割单》、印花税票和《印花税票销售凭证》除外），需要重新开具的；

（四）对纳税人特定期间完税情况出具证明的；

（五）国家税务总局规定的其他需要为纳税人开具完税凭证情形。

税务机关在确保纳税人缴、退税信息全面、准确、完整的条件下，可以开展前款第四项规定的税收完税证明开具工作，具体开具办法由各省税务机关确定。

第十八条 税收票证专用章戳是指税务机关印制税收票证和征、退税款时使用的各种专用章戳，具体包括：

（一）税收票证监制章。套印在税收票证上，用以表明税收票证制定单位和税收票证印制合法性的一种章戳。

（二）征税专用章。税务机关办理税款征收业务，开具税收缴款书、税收完税证明、《印花税销售凭证》等征收凭证时使用的征收业务专用公章。

（三）退库专用章。税务机关办理税款退库业务，开具《税收收入退还书》等退库凭证时使用的，在国库预留印鉴的退库业务专用公章。

（四）印花税收讫专用章。以开具税收缴款书代替贴花缴纳印花税时，加盖在应税凭证上，用以证明应税凭证已完税的专用章戳。

（五）国家税务总局规定的其他税收票证专用章戳。

第十九条 《税收缴款书（税务收现专用）》、《税收缴款书（代扣代收专用）》、《税收缴款书（出口货物劳务专用）》、《出口货物完税分割单》、印花税票和税收完税证明应当视同现金进行严格管理。

第二十条 税收票证应当按规定的适用范围填开，不得混用。

第二十一条 国家税务总局增设或简并税收票证及税收票证专用章戳种类，应当及时向社会公告。

第三章 设计和印制

第二十二条 税收票证及税收票证专用章戳按照税收征收管理和国家预算管理的基本要求设计，具体式样另行制发。

第二十三条 税收票证实行分级印制管理。

《税收缴款书（出口货物劳务专用）》、《出口货物完税分割单》、印花税票以及其他需要全国统一印制的税收票证由国家税务总局确定的企业印制；其他税收票证，按照国家税务总局规定的式样和要求，由各省税务机关确定的企业集中统一印制。

禁止私自印制、倒卖、变造、伪造税收票证。

第二十四条 印制税收票证的企业应当具

备下列条件：

（一）取得印刷经营许可证和营业执照；

（二）设备、技术水平能够满足印制税收票证的需要；

（三）有健全的财务制度和严格的质量监督、安全管理、保密制度；

（四）有安全、良好的保管场地和设施。

印制税收票证的企业应当按照税务机关提供的式样、数量等要求印制税收票证，建立税收票证印制管理制度。

税收票证印制合同终止后，税收票证的印制企业应当将有关资料交还委托印制的税务机关，不得保留或提供给其他单位及个人。

第二十五条 税收票证应当套印税收票证监制章。

税收票证监制章由国家税务总局统一制发各省税务机关。

第二十六条 除税收票证监制章外，其他税收票证专用章戳的具体刻制权限由各省税务机关确定。刻制的税收票证专用章戳应当在市以上税务机关留底归档。

第二十七条 税收票证应当使用中文印制。民族自治地方的税收票证，可以加印当地一种通用的民族文字。

第二十八条 负责税收票证印制的税务机关应当对印制完成的税收票证质量、数量进行查验。查验无误的，办理税收票证的印制入库手续；查验不合格的，对不合格税收票证监督销毁。

第四章 使 用

第二十九条 上、下级税务机关之间，税务机关税收票证开具人员、扣缴义务人、代征代售人、自行填开税收票证的纳税人与税收票证管理人员之间，应当建立税收票证及税收票证专用章戳的领发登记制度，办理领发手续，共同清点、确认领发种类、数量和号码。

税收票证的运输应当确保安全、保密。

数据电文税收票证由税收征管系统自动生成税收票证号码，分配给税收票证开具人员，视同发放。数据电文税收票证不得重复发放、重复开具。

第三十条 税收票证管理人员向税务机关税收票证开具人员、扣缴义务人和代征代售人发放视同现金管理的税收票证时，应当拆包发放，并且一般不得超过一个月的用量。

视同现金管理的税收票证未按照本办法第三十九条规定办理结报的，不得继续发放同一种类的税收票证。

其他种类的税收票证，应当根据领用人的具体使用情况，适度发放。

第三十一条 税务机关、扣缴义务人、代征代售人、自行填开税收票证的纳税人应当妥善保管纸质税收票证及税收票证专用章戳。县以上税务机关应当设置具备安全条件的税收票证专用库房；基层税务机关、扣缴义务人、代征代售人和自行填开税收票证的纳税人应当配备税收票证保险专用箱柜。确有必要外出征收税款的，税收票证及税收票证专用章戳应当随身携带，严防丢失。

第三十二条 税务机关对结存的税收票证应当定期进行盘点，发现结存税收票证实物与账簿记录数量不符的，应当及时查明原因并报告上级或所属税务机关。

第三十三条 税收收入退还书开具人员不得同时从事退库专用章保管或《税收收入电子退还书》复核授权工作。印花税票销售人员不得同时从事印花税收讫专用章保管工作。外出征收税款的，税收票证开具人员不得同时从事现金收款工作。

第三十四条 税收票证应当分纳税人开具；同一份税收票证上，税种（费、基金、罚没款）、税目、预算科目、预算级次、所属时期不同的，应当分行填列。

第三十五条 税收票证栏目内容应当填写齐全、清晰、真实、规范，不得漏填、简写、省略、涂改、挖补、编造；多联式税收票证应当一次全份开具。

第三十六条 因开具错误作废的纸质税收票证，应当在各联注明“作废”字样、作废原因和重新开具的税收票证字轨及号码。《税收缴款书（税务收现专用)》、《税收缴款书（代扣代收专用)》、税收完税证明应当全份保存；其他税收票证的纳税人所持联次或银行流转联次无法收回的，应当注明原因，并将纳税人出具的情况说明或银行文书代替相关联次一并保存。开具作废的税收票证应当按期与已填用的税收票证一起办理结报缴销手续，不得自行销毁。

税务机关开具税收票证后，纳税人向银行办理缴税前丢失的，税务机关参照前款规定处理。

数据电文税收票证作废的，应当在税收征管系统中予以标识；已经作废的数据电文税收票证号码不得再次使用。

第三十七条 纸质税收票证各联次各种章戳应当加盖齐全。

章戳不得套印，国家税务总局另有规定的除外。

第三十八条 税务机关税收票证开具人员、扣缴义务人、代征代售人、自行填开税收票证的纳税人与税收票证管理人员之间，基层税务机关与上级或所属税务机关之间，应当办理税收票款结报缴销手续。

税务机关税收票证开具人员、扣缴义务人、代征代售人向税收票证管理人员结报缴销视同现金管理的税收票证时，应当将已开具税收票证的存根联、报查联等联次，连同作废税收票证、需交回的税收票证及未开具的税收票证（含未销售印花税票）一并办理结报缴销手续；已开具税收票证只设一联的，税收票证管理人员应当查验其开具情况的电子记录。

其他各种税收票证结报缴销手续的具体要求，由各省税务机关确定。

第三十九条 税收票款应当按照规定的时限办理结报缴销。税务机关税收票证开具人员、代征代售人开具税收票证（含销售印花税票）收取现金税款时，办理结报缴销手续的时限要求是：

（一）当地设有国库经收处的，应于收取税款的当日或次日办理税收票款的结报缴销；

（二）当地未设国库经收处和代征代售人收取现金税款的，由各省税务机关确定办理税收票款结报缴销的期限和额度，并以期限或额度条件先满足之日为准。

扣缴义务人代扣代收税款的，应按税法规定的税款解缴期限一并办理结报缴销。

其他各种税收票证的结报缴销时限、基层税务机关向上级或所属税务机关缴销税收票证的时限，由各省税务机关确定。

第四十条 领发、开具税收票证时，发现多出、短少、污损、残破、错号、印刷字迹不清及联数不全等印制质量不合格情况的，应当查明字轨、号码、数量，清点登记，妥善保管。

全包、全本印制质量不合格的，按照本办法第五十一条规定销毁；全份印制质量不合格的，按开具作废处理。

第四十一条 由于税收政策变动或式样改变等原因，国家税务总局规定停用的税收票证及税收票证专用章戳，应由县以上税务机关集中清理，核对字轨、号码和数量，造册登记，按照本办法第五十一条规定销毁。

第四十二条 未开具税收票证（含未销售印花税票）发生毁损或丢失、被盗、被抢等损失的，受损单位应当及时组织清点核查，并由各级税务机关按照权限进行损失核销审批。《税收缴款书（出口货物劳务专用)》、《出口货物完税分割单》、印花税票发生损失的，由省税务机关审批核销；《税收缴款书（税务收现专用)》、《税收缴款书（代扣代收专用）》、税收完税证明发生损失的，由市税务机关审批核销；其他各种税收票证发生损失的，由县税务机关审批核销。

毁损残票和追回的税收票证按照本办法第五十一条规定销毁。

第四十三条 视同现金管理的未开具税收票证（含未销售印花税票）丢失、被盗、被抢的，受损税务机关应当查明损失税收票证的字轨、号码和数量，立即向当地公安机关报案并报告上级或所属税务机关；经查不能追回的税收票证，除印花税票外，应当及时在办税场所和广播、电视、报纸、期刊、网络等新闻媒体上公告作废。

受损单位为扣缴义务人、代征代售人或税收票证印制企业的，扣缴义务人、代征代售人或税收票证印制企业应当立即报告基层税务机关或委托印制的税务机关，由税务机关按前款规定办理。

对丢失印花税票和印有固定金额的《税收缴款书（税务收现专用）》负有责任的相关人员，税务机关应当要求其按照面额赔偿；对丢失其他视同现金管理的税收票证负有责任的相关人员，税务机关应当要求其适当赔偿。

第四十四条 税收票证专用章戳丢失、被盗、被抢的，受损税务机关应当立即向当地公安机关报案并逐级报告刻制税收票证专用章戳的税务机关；退库专用章丢失、被盗、被抢的，应当同时通知国库部门。重新刻制的税收票证专用章戳应当及时办理留底归档或预留印鉴手续。

毁损和损失追回的税收票证专用章戳按照本办法第五十一条规定销毁。

第四十五条 由于印制质量不合格、停用、毁损、损失追回、领发错误，或者扣缴义务人和代征代售人终止税款征收业务、纳税人停止自行填开税收票证等原因，税收票证及税收票证专用章戳需要交回的，税收票证管理人员应当清点、核对字轨、号码和数量，及时上交至发放或有权销毁税收票证及税收票证专用章戳的税务机关。

第四十六条 纳税人遗失已完税税收票证需要税务机关另行提供的，如税款经核实确已缴纳入库或从国库退还，税务机关应当开具税收完税证明或提供原完税税收票证复印件。

第五章 监督管理

第四十七条 税务机关税收票证开具人员、税收票证管理人员工作变动离岗前，应当办理税收票证、税收票证专用章戳、账簿以及其他税收票证资料的移交。移交时应当有专人监交，监交人、移交人、接管人三方共同签章，票清离岗。

第四十八条 税务机关应当按税收票证种类、领用单位设置税收票证账簿，对各种税收票证的印制、领发、用存、作废、结报缴销、停用、损失、销毁的数量、号码进行及时登记和核算，定期结账。

第四十九条 基层税务机关的税收票证管理人员应当按日对已结报缴销税收票证的完整性、准确性和税收票证管理的规范性进行审核；基层税务机关的上级或所属税务机关税收票证管理人员对基层税务机关缴销的税收票证，应当定期进行复审。

第五十条 税务机关应当及时对已经开具、作废的税收票证、账簿以及其他税收票证资料进行归档保存。

纸质税收票证、账簿以及其他税收票证资料，应当整理装订成册，保存期限五年；作为会计凭证的纸质税收票证保存期限十五年。

数据电文税收票证、账簿以及其他税收票证资料，应当通过光盘等介质进行存储，确保数据电文税收票证信息的安全、完整，保存时间和具体办法另行制定。

第五十一条 未填用的《税收缴款书（出口货物劳务专用）》、《出口货物完税分割单》、印花税票需要销毁的，应当由两人以上共同清点，编制销毁清册，逐级上缴省税务机关销毁；未填用的《税收缴款书(税务收现专用)》、《税收缴款书（代扣代收专用)》、税收完税证明需要销毁的，应当由两人以上共同清点，编制销毁清册，报经市税务机关批准，指派专人到县税务机关复核并监督销毁；其他各种税收票证、账簿和税收票证资料需要销毁的，由税收票证主管人员清点并编制销毁清册，报经县或市税务机关批准，由两人以上监督销毁；税收票证专用章戳需要销毁的，由刻制税收票证专用章戳的税务机关销毁。

第五十二条 税务机关应当定期对本级及下级税务机关、税收票证印制企业、扣缴义务人、代征代售人、自行填开税收票证的纳税人税收票证及税收票证专用章戳管理工作进行检查。

第五十三条 税务机关工作人员违反本办法的，应当根据情节轻重，给予批评教育、责令做出检查、诫勉谈话或调整工作岗位处理；构成违纪的，依照《中华人民共和国公务员法》、《行政机关公务员处分条例》等法律法规给予处分；涉嫌犯罪的，移送司法机关。

第五十四条 扣缴义务人未按照本办法及有关规定保管、报送代扣代缴、代收代缴税收票证及有关资料的，按照《中华人民共和国税收征收管理法》及相关规定进行处理。

扣缴义务人未按照本办法开具税收票证的，可以根据情节轻重，处以一千元以下的罚款。

第五十五条 税务机关与代征代售人、税收票证印制企业签订代征代售合同、税收票证印制合同时，应当就违反本办法及相关规定的责任进行约定，并按约定及其他有关规定追究责任；涉嫌犯罪的，移送司法机关。

第五十六条 自行填开税收票证的纳税人违反本办法及相关规定的，税务机关应当停止其税收票证的领用和自行填开，并限期缴销全部税收票证；情节严重的，可以处以一千元以下的罚款。

第五十七条 非法印制、转借、倒卖、变造或者伪造税收票证的，依照《中华人民共和国税收征收管理法实施细则》的规定进行处理；伪造、变造、买卖、盗窃、抢夺、毁灭税收票证专用章戳的，移送司法机关。

第六章 附 则

第五十八条 各级政府部门委托税务机关征收的各种基金、费可以使用税收票证。

第五十九条 本办法第六条、第七条、第二十五条、第三十六条、第三十七条、第四十六条所称税收票证，不包括印花税票。

第六十条 本办法所称银行，是指经收预算收入的银行、信用社。

第六十一条 各省税务机关应当根据本办法制定具体规定，并报国家税务总局备案。

第六十二条 本办法自2014年1月1日起施行。1998年3月10日国家税务总局发布的《税收票证管理办法》（国税发〔1998〕32号）同时废止。

纳税担保试行办法

（2005年5月24日国家税务总局令第11号公布 自2005年7月1日起施行）

第一章 总 则

第一条 为规范纳税担保行为，保障国家税收收入，保护纳税人和其他当事人的合法权益，根据《中华人民共和国税收征收管理法》（以下简称《税收征管法》）及其实施细则和其他法律、法规的规定，制定本办法。

第二条 本办法所称纳税担保，是指经税务机关同意或确认，纳税人或其他自然人、法人、经济组织以保证、抵押、质押的方式，为纳税人应当缴纳的税款及滞纳金提供担保的行为。

纳税担保人包括以保证方式为纳税人提供纳税担保的纳税保证人和其他以未设置或者未全部设置担保物权的财产为纳税人提供纳税担保的第三人。

第三条 纳税人有下列情况之一的，适用纳税担保：

（一）税务机关有根据认为从事生产、经营的纳税人有逃避纳税义务行为，在规定的纳税期之前经责令其限期缴纳应纳税款，在限期内发现纳税人有明显的转移、隐匿其应纳税的商品、货物以及其他财产或者应纳税收入的迹象，责成纳税人提供纳税担保的；

（二）欠缴税款、滞纳金的纳税人或者其法定代表人需要出境的；

（三）纳税人同税务机关在纳税上发生争议而未缴清税款，需要申请行政复议的；

（四）税收法律、行政法规规定可以提供纳税担保的其他情形。

第四条 扣缴义务人按照《税收征管法》第八十八条规定需要提供纳税担保的，适用本办法的规定。

纳税担保人按照《税收征管法》第八十八条规定需要提供纳税担保的，应当按照本办法规定的抵押、质押方式，以其财产提供纳税担保；纳税担保人已经以其财产为纳税人向税务机关提供担保的，不再需要提供新的担保。

第五条 纳税担保范围包括税款、滞纳金和实现税款、滞纳金的费用。费用包括抵押、质押登记费用，质押保管费用，以及保管、拍卖、变卖担保财产等相关费用支出。

用于纳税担保的财产、权利的价值不得低于应当缴纳的税款、滞纳金，并考虑相关的费用。纳税担保的财产价值不足以抵缴税款、滞纳金的，税务机关应当向提供担保的纳税人或纳税担保人继续追缴。

第六条 用于纳税担保的财产、权利的价格估算，除法律、行政法规另有规定外，由税务机关按照税收征管法实施细则第六十四条规定的方式，参照同类商品的市场价、出厂价、或者评估价估算。

第二章 纳税保证

第七条 纳税保证，是指纳税保证人向税务机关保证，当纳税人未按照税收法律、行政法规规定或者税务机关确定的期限缴清税款、滞纳金时，由纳税保证人按照约定履行缴纳税款及滞纳金的行为。税务机关认可的，保证成立；税务机关不认可的，保证不成立。

本办法所称纳税保证为连带责任保证，纳税人和纳税保证人对所担保的税款及滞纳金承担连带责任。当纳税人在税收法律、行政法规或税务机关确定的期限届满未缴清税款及滞纳金的，税务机关即可要求纳税保证人在其担保范围内承担保证责任，缴纳担保的税款及滞纳金。

第八条 纳税保证人，是指在中国境内具有纳税担保能力的自然人、法人或者其他经济组织。法人或其他经济组织财务报表资产净值超过需要担保的税额及滞纳金2倍以上的，自然人、法人或其他经济组织所拥有或者依法可以处分的未设置担保的财产的价值超过需要担保的税额及滞纳金的，为具有纳税担保能力。

第九条 国家机关，学校、幼儿园、医院等事业单位、社会团体不得作为纳税保证人。

企业法人的职能部门不得为纳税保证人。企业法人的分支机构有法人书面授权的，可以在授权范围内提供纳税担保。

有以下情形之一的，不得作为纳税保证人：

（一）有偷税、抗税、骗税、逃避追

缴欠税行为被税务机关、司法机关追究过法律责任未满2年的；

（二）因有税收违法行为正在被税务机关立案处理或涉嫌刑事犯罪被司法机关立案侦查的；

（三）纳税信誉等级被评为C级以下的；

（四）在主管税务机关所在地的市（地、州）没有住所的自然人或税务登记不在本市（地、州）的企业；

（五）无民事行为能力或限制民事行为能力的自然人；

（六）与纳税人存在担保关联关系的；

（七）有欠税行为的。

第十条 纳税保证人同意为纳税人提供纳税担保的，应当填写纳税担保书。纳税担保书应当包括以下内容：

（一）纳税人应缴纳的税款及滞纳金数额、所属期间、税种、税目名称；

（二）纳税人应当履行缴纳税款及滞纳金的期限；

（三）保证担保范围及担保责任；

（四）保证期间和履行保证责任的期限；

（五）保证人的存款账号或者开户银行及其账号；

（六）税务机关认为需要说明的其他事项。

第十一条 纳税担保书须经纳税人、纳税保证人签字盖章并经税务机关签字盖章同意方为有效。

纳税担保从税务机关在纳税担保书签字盖章之日起生效。

第十二条 保证期间为纳税人应缴纳税款期限届满之日起60日，即税务机关自纳税人应缴纳税款的期限届满之日起60日内有权要求纳税保证人承担保证责任，缴纳税款、滞纳金。

履行保证责任的期限为15日，即纳税保证人应当自收到税务机关的纳税通知书之日起15日内履行保证责任，缴纳税款及滞纳金。

纳税保证期间内税务机关未通知纳税保证人缴纳税款及滞纳金以承担担保责任的，纳税保证人免除担保责任。

第十三条 纳税人在规定的期限届满未缴清税款及滞纳金，税务机关在保证期限内书面通知纳税保证人的，纳税保证人应按照纳税担保书约定的范围，自收到纳税通知书之日起15日内缴纳税款及滞纳金，履行担保责任。

纳税保证人未按照规定的履行保证责任的期限缴纳税款及滞纳金的，由税务机关发出责令限期缴纳通知书，责令纳税保证人在限期15日内缴纳；逾期仍未缴纳的，经县以上税务局（分局）局长批准，对纳税保证人采取强制执行措施，通知其开户银行或其他金融机构从其存款中扣缴所担保的纳税人应缴纳的税款、滞纳金，或扣押、查封、拍卖、变卖其价值相当于所担保的纳税人应缴纳的税款、滞纳金的商品、货物或者其他财产，以拍卖、变卖所得抵缴担保的税款、滞纳金。

第三章　纳 税 抵 押

第十四条 纳税抵押，是指纳税人或纳税担保人不转移对本办法第十五条所列财产的占有，将该财产作为税款及滞纳金的担保。纳税人逾期未缴清税款及滞纳金的，税务机关有权依法处置该财产以抵缴税款及滞纳金。

前款规定的纳税人或者纳税担保人为抵押人，税务机关为抵押权人，提供担保的财产为抵押物。

第十五条 下列财产可以抵押：

（一）抵押人所有的房屋和其他地上定着物；

（二）抵押人所有的机器、交通运输工具和其他财产；

（三）抵押人依法有权处分的国有的

房屋和其他地上定着物；

（四）抵押人依法有权处分的国有的机器、交通运输工具和其他财产；

（五）经设区的市、自治州以上税务机关确认的其他可以抵押的合法财产。

第十六条 以依法取得的国有土地上的房屋抵押的，该房屋占用范围内的国有土地使用权同时抵押。

以乡（镇）、村企业的厂房等建筑物抵押的，其占用范围内的土地使用权同时抵押。

第十七条 下列财产不得抵押：

（一）土地所有权；

（二）土地使用权，但本办法第十六条规定的除外；

（三）学校、幼儿园、医院等以公益为目的的事业单位、社会团体、民办非企业单位的教育设施、医疗卫生设施和其他社会公益设施；

（四）所有权、使用权不明或者有争议的财产；

（五）依法被查封、扣押、监管的财产；

（六）依法定程序确认为违法、违章的建筑物；

（七）法律、行政法规规定禁止流通的财产或者不可转让的财产。

（八）经设区的市、自治州以上税务机关确认的其他不予抵押的财产。

第十八条 学校、幼儿园、医院等以公益为目的事业单位、社会团体，可以其教育设施、医疗卫生设施和其他社会公益设施以外的财产为其应缴纳的税款及滞纳金提供抵押。

第十九条 纳税人提供抵押担保的，应当填写纳税担保书和纳税担保财产清单。纳税担保书应当包括以下内容：

（一）担保的纳税人应缴纳的税款及滞纳金数额、所属期间、税种名称、税目；

（二）纳税人履行应缴纳税款及滞纳金的期限；

（三）抵押物的名称、数量、质量、状况、所在地、所有权权属或者使用权权属；

（四）抵押担保的范围及担保责任；

（五）税务机关认为需要说明的其他事项。

纳税担保财产清单应当写明财产价值以及相关事项。纳税担保书和纳税担保财产清单须经纳税人签字盖章并经税务机关确认。

第二十条 纳税抵押财产应当办理抵押物登记。纳税抵押自抵押物登记之日起生效。纳税人应向税务机关提供由以下部门出具的抵押登记的证明及其复印件（以下简称证明材料）：

（一）以城市房地产或者乡（镇）、村企业的厂房等建筑物抵押的，提供县级以上地方人民政府规定部门出具的证明材料；

（二）以船舶、车辆抵押的，提供运输工具的登记部门出具的证明材料；

（三）以企业的设备和其他动产抵押的，提供财产所在地的工商行政管理部门出具的证明材料或者纳税人所在地的公证部门出具的证明材料。

第二十一条 抵押期间，经税务机关同意，纳税人可以转让已办理登记的抵押物，并告知受让人转让物已经抵押的情况。

纳税人转让抵押物所得的价款，应当向税务机关提前缴纳所担保的税款、滞纳金。超过部分，归纳税人所有，不足部分由纳税人缴纳或提供相应的担保。

第二十二条 在抵押物灭失、毁损或者被征用的情况下，税务机关应该就该抵押物的保险金、赔偿金或者补偿金要求优先受偿，抵缴税款、滞纳金。

抵押物灭失、毁损或者被征用的情况下，抵押权所担保的纳税义务履行期未满的，税务机关可以要求将保险金、赔偿金或补偿金等作为担保财产。

第二十三条 纳税人在规定的期限内未缴

清税款、滞纳金的，税务机关应当依法拍卖、变卖抵押物，变价抵缴税款、滞纳金。

第二十四条 纳税担保人以其财产为纳税人提供纳税抵押担保的，按照纳税人提供抵押担保的规定执行；纳税担保书和纳税担保财产清单须经纳税人、纳税担保人签字盖章并经税务机关确认。

纳税人在规定的期限届满未缴清税款、滞纳金的，税务机关应当在期限届满之日起15日内书面通知纳税担保人自收到纳税通知书之日起15日内缴纳担保的税款、滞纳金。

纳税担保人未按照前款规定的期限缴纳所担保的税款、滞纳金的，由税务机关责令限期在15日内缴纳；逾期仍未缴纳的，经县以上税务局（分局）局长批准，税务机关依法拍卖、变卖抵押物，抵缴税款、滞纳金。

第四章 纳税质押

第二十五条 纳税质押，是指经税务机关同意，纳税人或纳税担保人将其动产或权利凭证移交税务机关占有，将该动产或权利凭证作为税款及滞纳金的担保。纳税人逾期未缴清税款及滞纳金的，税务机关有权依法处置该动产或权利凭证以抵缴税款及滞纳金。纳税质押分为动产质押和权利质押。

动产质押包括现金以及其他除不动产以外的财产提供的质押。

汇票、支票、本票、债券、存款单等权利凭证可以质押。

对于实际价值波动很大的动产或权利凭证，经设区的市、自治州以上税务机关确认，税务机关可以不接受其作为纳税质押。

第二十六条 纳税人提供质押担保的，应当填写纳税担保书和纳税担保财产清单并签字盖章。纳税担保书应当包括以下内容：

（一）担保的税款及滞纳金数额、所属期间、税种名称、税目；

（二）纳税人履行应缴纳税款、滞纳金的期限；

（三）质物的名称、数量、质量、价值、状况、移交前所在地、所有权权属或者使用权权属；

（四）质押担保的范围及担保责任；

（五）纳税担保财产价值；

（六）税务机关认为需要说明的其他事项。

纳税担保财产清单应当写明财产价值及相关事项。

纳税质押自纳税担保书和纳税担保财产清单经税务机关确认和质物移交之日起生效。

第二十七条 以汇票、支票、本票、公司债券出质的，税务机关应当与纳税人背书清单记载“质押”字样。以存款单出质的，应由签发的金融机构核押。

第二十八条 以载明兑现或者提货日期的汇票、支票、本票、债券、存款单出质的，汇票、支票、本票、债券、存款单兑现日期先于纳税义务履行期或者担保期的，税务机关与纳税人约定将兑现的价款用于缴纳或者抵缴所担保的税款及滞纳金。

第二十九条 纳税人在规定的期限内缴清税款及滞纳金的，税务机关应当自纳税人缴清税款及滞纳金之日起3个工作日内返还质物，解除质押关系。

纳税人在规定的期限内未缴清税款、滞纳金的，税务机关应当依法拍卖、变卖质物，抵缴税款、滞纳金。

第三十条 纳税担保人以其动产或财产权利为纳税人提供纳税质押担保的，按照纳税人提供质押担保的规定执行；纳税担保书和纳税担保财产清单须经纳税人、纳税担保人签字盖章并经税务机关确认。

纳税人在规定的期限内缴清税款、滞纳金的，税务机关应当在3个工作日内将质物返还给纳税担保人，解除质押关系。

纳税人在规定的期限内未缴清税款、滞纳金的，税务机关应当在期限届满之日起15日内书面通知纳税担保人自收到纳税通知书之日起15日内缴纳担保的税款、滞纳金。

纳税担保人未按照前款规定的期限缴纳所担保的税款、滞纳金，由税务机关责令限期在15日内缴纳；缴清税款、滞纳金的，税务机关自纳税担保人缴清税款及滞纳金之日起3个工作日内返还质物、解除质押关系；逾期仍未缴纳的，经县以上税务局（分局）局长批准，税务机关依法拍卖、变卖质物，抵缴税款、滞纳金。

第五章　法律责任

第三十一条　纳税人、纳税担保人采取欺骗、隐瞒等手段提供担保的，由税务机关处以1000元以下的罚款；属于经营行为的，处以10000元以下的罚款。

非法为纳税人、纳税担保人实施虚假纳税担保提供方便的，由税务机关处以1000元以下的罚款。

第三十二条　纳税人采取欺骗、隐瞒等手段提供担保，造成应缴税款损失的，由税务机关按照《税收征管法》第六十八条规定处以未缴、少缴税款50%以上5倍以下的罚款。

第三十三条　税务机关负有妥善保管质物的义务。因保管不善致使质物灭失或者毁损，或未经纳税人同意擅自使用、出租、处分质物而给纳税人造成损失的，税务机关应当对直接损失承担赔偿责任。

纳税义务期限届满或担保期间，纳税人或者纳税担保人请求税务机关及时行使权利，而税务机关怠于行使权利致使质物价格下跌造成损失的，税务机关应当对直接损失承担赔偿责任。

第三十四条　税务机关工作人员有下列情形之一的，根据情节轻重给予行政处分：

（一）违反本办法规定，对符合担保条件的纳税担保，不予同意或故意刁难的；

（二）违反本办法规定，对不符合担保条件的纳税担保，予以批准，致使国家税款及滞纳金遭受损失的；

（三）私分、挪用、占用、擅自处分担保财物的；

（四）其他违法情形。

第六章　附　　则

第三十五条　纳税担保文书由国家税务总局统一制定。

第三十六条　本办法自2005年7月1日起施行。

附件：（略）

税款缴库退库工作规程

（2014年3月25日国家税务总局令第31号公布　自2014年9月1日起施行）

第一章　总　　则

第一条　为规范税款缴库及退库管理，保障国家税收收入的安全完整，维护纳税人合法权益，适应税收信息化发展需要，根据《中华人民共和国税收征收管理法》《中华人民共和国预算法》《中华人民共和国国家金库条例》等法律法规，制定本规程。

第二条　税务机关、纳税人、扣缴义务人、代征代售人办理税款缴库和退库业务，适用本规程。

第三条　本规程所称税款缴库是指税务机关、扣缴义务人、代征代售人依照法律法规或者委托代征税款协议，开具法定税收票证，将征收的税款、滞纳金、罚没款等各项收入（以下统称税款）缴入国家金库（以下简称国库），以及纳税人直接通过银行将应缴纳的税款缴入国库；税款退库是指税务机关对经财政部门授权办理的税收收入退库业务，依照法律法规，开具法定税收票证，通过国库向纳税人退还应退税款。

税务机关按照国家政策规定和预算管理要求，对税款预算科目、预算级次、收款国库等事项，通过国库进行调整的税款调库业务，适用本规程。

第四条 税款缴库、退库应当遵循依法、规范、安全、效率、简便的原则。

第五条 税款缴库、退库按照办理凭证的不同分为手工缴库、退库和电子缴库、退库。

第六条 国家积极推广以横向联网电子缴税系统为依托的税款电子缴库、退库工作。

税务机关应当加强与国库、银行等部门间的协作，保持税收征管系统与横向联网电子缴税系统稳定，确保电子缴库、退库信息安全、完整和不可篡改，保证电子缴库、退库税款准确。

第七条 税务机关应当按照国家规定的税收征收管理范围和税款预算科目、预算级次办理税款缴库、退库。

第八条 税务机关应当将征收的税款按照国家规定直接缴入国库，不得缴入在国库以外或者国家规定的税款账户以外的任何账户。

任何税务机关不得占压、挪用和截留税款。

第九条 税务机关应当加强税款缴库、退库管理，建立部门、岗位配合和制约机制。

第十条 各级税务机关收入规划核算部门根据本级职责范围，负责制定税款缴库、退库管理制度，办理税款缴库、退库相关业务，反映税款缴库、退库结果，监督税款缴库、退库的规范性、准确性和及时性。

第二章 税款缴库

第十一条 《税收缴款书（银行经收专用）》、《税收缴款书（出口货物劳务专用）》和《税收电子缴款书》是税款缴库的法定凭证。

第十二条 税务机关、扣缴义务人、代征代售人、自行填开税收票证的纳税人开具税款缴库凭证，应当对开具内容与开具依据进行核对。

核对内容包括登记注册类型、缴款单位（人）识别号、缴款单位（人）名称、开户银行、账号、税务机关、收款国库、预算科目编码、预算科目名称、预算级次、品目名称、税款限缴日期、实缴金额等。

开具依据包括纳税申报表、代扣代收税款报告表、延期缴纳税款申请审批表、税务事项通知书、税务处理决定书、税务行政处罚决定书、税务行政复议决定书、生效的法院判决书以及其他记载税款缴库凭证内容的纸质资料或电子信息。

第十三条 税务机关、纳税人、扣缴义务人、代征代售人等向银行传递《税收缴款书（银行经收专用）》《税收缴款书（出口货物劳务专用）》，由银行据以收纳报解税款后缴入国库的缴库方式为手工缴库。

税务机关将记录纳税人、扣缴义务人、代征代售人应缴税款信息的《税收电子缴款书》通过横向联网电子缴税系统发送给国库，国库转发给银行，银行据以收纳报解税款后缴入国库的缴库方式为电子缴库。

第十四条 手工缴库包括直接缴库和汇总缴库两种形式。

直接缴库的，由纳税人持《税收缴款书（银行经收专用）》或《税收缴款书（出口货物劳务专用）》，直接到银行缴纳税款，银行据以收纳报解税款后缴入国库。

汇总缴库分为税务机关汇总缴库和扣缴义务人、代征代售人汇总缴库：

（一）税务机关汇总缴库的，由纳税人、扣缴义务人、代征代售人向税务机关缴纳或者解缴税款，税务机关根据所收税款，汇总开具《税收缴款书（银行经收专用）》，向银行解缴，银行据以收纳报解税款后缴入国库，应予缴库的税务代保管资金和待缴库税款，按纳税人分别开具《税收缴款书（银行经收专用）》；

（二）扣缴义务人、代征代售人汇总缴库的，由纳税人向扣缴义务人、代征代售人缴纳税款，扣缴义务人、代征代售人根据所扣、所收税款，汇总开具《税收缴款书（银行经收专用）》，向银行解缴，银行据以收纳报解税款后缴入国库。

第十五条 直接缴库时，纳税人应当在税款缴库凭证载明的税款限缴日期内，到银行办理税款的缴纳；超过税款限缴日期的，由税务机关计算纳税人应缴滞纳金，开具税款缴库凭证，纳税人到银行办理税款和滞纳金的缴纳。

税务机关汇总缴库时，应当于收取税款的当日或次日向银行办理税款解缴；地区偏远无法及时办理的，应当按照限期限额的规定向银行办理税款解缴。扣缴义务人、代征代售人汇总缴库时，应当在到税务机关办理税收票款结报缴销前向银行办理税款解缴；解缴迟延的，参照上款规定，办理滞纳金、违约金的缴纳。

第十六条 电子缴库包括划缴入库和自缴入库两种形式。

划缴入库的，由税务机关将纳税人、扣缴义务人、代征代售人应缴库税款的信息，通过横向联网电子缴税系统发送给国库，国库转发给纳税人、扣缴义务人、代征代售人签订授权（委托）划缴协议的开户银行，开户银行从签约指定账户将款项划至国库。

自缴入库的，由纳税人、扣缴义务人、代征代售人通过银行或 POS 机布设机构，经横向联网电子缴税系统向税务机关查询其应缴税款信息并予以确认，银行或 POS 机布设机构办理税款实时入库。

条件具备时，税务机关可以通过电子缴库方式，办理税务代保管资金和待缴库税款的缴库。

第十七条 采用划缴入库形式缴库时，税务机关可以将应缴税款信息分户发送至横向联网电子缴税系统办理税款实时划缴入库，也可以将多户应缴税款信息批量发送横向联网电子缴税系统办理税款定时划缴入库。

第十八条 授权（委托）划缴协议是纳税人、扣缴义务人、代征代售人等缴款人准予其指定账户的开户银行根据税务机关发送的应缴税信息，从该指定账户中扣划税款缴库的书面约定。协议的基本要素应当包括协议编号、签约各方名称、签约方地址、缴款人税务登记号、划缴税款账户名称及账号、缴款人开户银行行号、清算行行号及名称、签约日期，签约各方的权利和义务等。

第十九条 由于横向联网电子缴税系统故障等非纳税人、扣缴义务人原因造成税款缴库不成功的，对纳税人、扣缴义务人不加征滞纳金。

第二十条 纳税人从异地或第三方账户缴纳的不能直接缴库的非现金税款，由直接负责税款征收的县以上税务机关通过国库“待缴库税款”专户收缴，并在收到国库发送的收账回单的当日或次日，核对收账回单、纳税申报表、税务处理决定书等凭证，分纳税人填开缴库凭证，将税款解缴入库。

“待缴库税款”专户收缴税款时，应当区分以下情况办理：

（一）通过国内汇款方式缴纳税款的，税务机关应当通知纳税人或其他汇款人将税款直接汇入国库“待缴库税款”专户；

（二）通过国外汇款方式缴纳税款的，税务机关应当通知纳税人或其他汇款人将税款汇入国库商税务、财政部门选定的具备结汇资格的银行，指定银行按照当日外汇买入价办理结汇并将税款划转“待缴库税款”专户。

第三章 税款退库

第二十一条 《税收收入退还书》《税收

收入电子退还书》是税款退库的法定凭证。

税务机关向国库传递《税收收入退还书》，由国库据以办理税款退还的方式为手工退库。

税务机关通过横向联网电子缴税系统将记录应退税款信息的《税收收入电子退还书》发送给国库，国库据以办理税款退还的方式为电子退库。

第二十二条 税务机关办理税款退库应当直接退还纳税人。

纳税人经由扣缴义务人代扣代收的税款发生多缴的，经纳税人同意，税务机关可以将税款退还扣缴义务人，由扣缴义务人转退纳税人。

国家政策明确规定税款退给非原纳税人的，税务机关应当向非原纳税人退还，退库办理程序参照本章规定执行。

第二十三条 税务机关直接向纳税人退还税款的，应当由纳税人填写退税申请。税务机关通过扣缴义务人向纳税人退还税款的，可以由扣缴义务人填写退税申请。

第二十四条 税务机关应当在法定期限内办理税款退库。

税务机关发现纳税人多缴税款的，应当立即核实应退税额、账户等相关情况，通知纳税人或扣缴义务人提交退税申请，自接到纳税人或扣缴义务人退税申请之日起10日内办理退库手续。

纳税人发现多缴税款要求退还的，税务机关应当自接到纳税人或扣缴义务人退税申请之日起30日内查实并办理退库手续。

第二十五条 除出口退税以外，纳税人既有应退税款又有欠缴税款的，税务机关可以将纳税人的应退税款和利息先抵扣欠缴的税款；抵扣后有余额的，办理应退余额的退库。

第二十六条 县以上税务机关收入规划核算部门具体办理税款退库工作，根据退税申请相关资料和纳税人欠税情况，复核退税依据、原完税情况、退税金额、退税收款账户等退库凭证项目内容，复核无误的，正确适用预算科目、预算级次，开具税款退库凭证。退税申请相关资料不齐全、相关项目内容不准确的，不得开具退库凭证办理退库；应予抵扣欠税的，办理税款抵扣手续。

退税申请相关资料包括：签有退税核实部门意见的退税申请书、原完税凭证、出口退（免）税汇总申报表、减免税审批文书、纳税申报表、税务稽查结论、税务处理决定书、纳税评估文书、税务行政复议决定书、生效的法院判决书、税务机关认可的其他记载应退税款内容的资料或电子信息。

税收征管系统中可以查询到纳税申报表、税款缴库等电子信息的，可以不再通过书面资料复核。

第二十七条 手工退库的，《税收收入退还书》应当经税务机关主要负责人签发并加盖在国库预留的退税专用印鉴，连同退税申请书，由税务机关送国库办理退库手续；电子退库的，《税收收入电子退还书》应当经税务机关复核人员复核授权，连同相关电子文件，由税务机关向国库发送办理退库手续。

第二十八条 税务机关直接向纳税人退还税款时，应当将税款退至纳税人原缴款账户。税务机关通过扣缴义务人向纳税人退还税款的，应当将税款退至扣缴义务人原缴款账户。

由于特殊情况不能退至纳税人、扣缴义务人原缴款账户的，纳税人、扣缴义务人在申请退税时应当书面说明理由，提交相关证明资料，并指定接受退税的其他账户及接受退税单位（人）名称。

第二十九条 税务机关对未开设银行账户的纳税人确需以现金方式退税的，应当在《税收收入退还书》备注栏注明“退付现金”和原完税凭证号码、纳税人身份证号码，送当地国库办理退库手续，同时通知纳税人到指定银行领取退还税款。

第三十条 境外纳税人以外币兑换人民币缴纳的税款需要退库的，税务机关应当在《税收收入退还书》上加盖"可退付外币"戳记，并根据纳税人缴纳的外汇税款币种注明退付的外币币种，送交国库通过指定银行退至境外纳税人账户。

第三十一条 根据《中华人民共和国税收征收管理法》及其实施细则规定应当向纳税人退付利息的，按照税务机关办理退税手续当天中国人民银行规定的活期存款利率计算利息。

办理退税手续当天是指开具《税收收入退还书》或《税收收入电子退还书》、办理应退税款抵扣欠缴税款的当天。

第三十二条 退付给纳税人的利息，采用冲减应退税款原入库预算科目的办法，从入库收入中退付。

第三十三条 退库税款预算科目和预算级次应当与原入库税款一致，但是，退库税款有专用退库预算科目，原预算科目、预算级次已修订或国家另有规定的除外。

第三十四条 除出口退税以外，应退税款超过一定额度标准的，应当事先向市（不含县级市，下同）或省（自治区、直辖市和计划单列市，以下简称省）税务机关报告，具体标准和报告程序由各省税务机关确定。

第四章 税款调库

第三十五条 税务机关办理税款调库时，应当开具《更正（调库）通知书》等凭证，送国库进行业务处理。

税款调库可以采用传递纸质调库凭证的手工调库方式办理，也可以采用通过横向联网电子缴税系统发送电子调库凭证的电子调库方式办理。

第三十六条 税款调库包括出口免抵调、应退税款跨预算科目抵扣欠税、税款更正等业务。

第三十七条 退库办理部门根据免抵调政策办理税款调库时，应当根据免抵税数额和免抵调库指标，开具《更正（调库）通知书》，并于开具当日或次日连同开具依据一起送当地国库办理税款调库手续。

第三十八条 税务机关办理应退税款抵扣欠缴税款业务，并且应退税款与欠缴税款属于不同预算科目的，退库办理部门应当根据《应退税款抵扣欠缴税款通知书》填开《更正（调库）通知书》，送国库办理调库手续。

第三十九条 税款缴库、退库业务办理完成后，税务机关或国库发现双方入库或退库税款预算科目、预算级次、收款国库等要素不一致需要调整的，应当根据"谁差错、谁更正"的原则，按以下程序办理税款更正调库手续：

（一）国库数据发生差错、税务机关数据正确的，税务机关应当及时将差错数据情况告知国库，由国库填写《更正（调库）通知书》办理更正调库；

（二）国库和税务机关数据同时发生差错的，由税务机关进行数据红字更正处理，同时填写《更正（调库）通知书》，送国库办理更正调库。

第四十条 由于政策性原因需要对入库税款预算科目和预算级次等进行调整的，税务机关应当填写《更正（调库）通知书》，送国库办理更正调库。

第五章 国库对账

第四十一条 银行和国库返回缴库、退库和调库凭证后，税务机关应当与留存凭证的相关项目核对，进行凭证销号和税款对账，确认税款缴库、退库和调库业务的完成，并且完成相关业务税收会计核算原始凭证的收集。

根据税款缴库、退库和调库业务的处理方式，销号和对账可以由税务机关根据国库返回的纸质凭证或电子凭证信息，手工进行销号、对账或者由税收征管系统自动进行电子销号、对账。

第四十二条 手工缴库、退库、调库的，税务机关应当在收到银行、国库返回的纸质缴库、退库、调库凭证相关联次的当日或次日，根据银行收讫章日期、国库收讫章日期、国库退库转讫章日期、国库调库业务章日期进行税款上解、入库、退库和调库销号。

电子缴库、退库、调库的，税务机关应当在横向联网电子缴税系统返回电子缴库、退库、调库凭证信息的当日，根据电子缴库凭证的扣款成功日期、电子缴库凭证的入库日期、电子退库凭证的退还日期、电子调库更正凭证的办理日期进行税款上解、入库、退库和调库销号。

电子信息未能及时、准确返回的，应当在与国库确认业务办理成功后，手工进行销号。

第四十三条 每日、每月、每年业务终了后，县税务机关应当将税款缴库、退库、调库数据与国库预算收入日报表（月报表、年报表）数据进行对账，对账项目包括预算科目、预算级次和税款金额。

省、市税务机关与国库对账周期由各省税务机关商当地国库自行确定，但每年业务终了后，必须与同级国库进行对账。

第四十四条 对账不一致时，税务机关数据发生差错而国库数据正确的，税务机关应当通过数据红字更正方式或补充更正方式处理。

国库和税务机关数据同时发生差错，或者国库数据发生差错而税务机关数据正确的，通过税款更正调库办理。

第四十五条 年终对账无误后，税务机关应当在加盖国家金库章的国库预算收入年报表上加盖单位公章，按规定及时反馈国库。

第六章 监督管理

第四十六条 税务机关应当强化内部制约机制，严格按照各项法律法规和财经纪律办理税款缴库、退库、调库及销号对账等手续，确保国家税款的安全、完整、准确。

第四十七条 税务机关应当定期对下级税务机关、扣缴义务人、代征代售人的税款缴库、退库的及时性、准确性等情况进行检查。

第四十八条 税务机关应当及时对税款缴库、退库、调库凭证及相关资料进行归档，保存期限按国家有关规定执行。

第四十九条 税务机关工作人员违反本规程的，应当根据情节轻重，给予批评教育、责令做出检查、诫勉谈话或调整工作岗位处理；构成违纪的，按照《中华人民共和国税收征收管理法》《中华人民共和国公务员法》《行政机关公务员处分条例》《财政违法行为处罚处分条例》《税收违法违纪行为处分规定》及有关规定给予处分；涉嫌犯罪的，移送司法机关。

第五十条 纳税人、扣缴义务人违反本规程的，按照《中华人民共和国税收征收管理法》及相关规定进行处理；涉嫌犯罪的，移送司法机关。

第五十一条 税务机关与代征代售人签订代征代售合同时，应当就违反本规程及相关规定的责任进行约定，并按约定及其他有关规定追究责任；涉嫌犯罪的，移送司法机关。

第七章 附 则

第五十二条 税务机关依照法律法规征收的各种基金、费办理缴库、退库，参照本规程执行。

各级政府部门委托税务机关征收的各种基金、费办理缴库、退库，可以参照本规程执行。

第五十三条 本规程所称银行，是指经收预算收入的银行、信用社等银行业金融机构。

第五十四条 本规程所称应予缴库的税务代保管资金是指按照《税务代保管资金账户管理办法》规定缴入税务代保管资金账户的款项中经确认属于税款的资金；待缴库税款是指按照《待缴库税款收缴管理办法》规定缴入“待缴库税款”专户的税款。

第五十五条 各省税务机关应当根据本规程制定本地区的具体实施办法。

第五十六条 本规程自2014年9月1日起施行。

抵税财物拍卖、变卖试行办法

（2005年5月24日国家税务总局令第12号公布 自2005年7月1日起施行）

第一章 总 则

第一条 为规范税收强制执行中抵税财物的拍卖、变卖行为，保障国家税收收入，保护纳税人合法权益，根据《中华人民共和国税收征收管理法》及其实施细则和有关法律法规规定，制定本办法。

第二条 税务机关拍卖、变卖抵税财物，以拍卖、变卖所得抵缴税款、滞纳金的行为，适用本办法。

拍卖是指税务机关将抵税财物依法委托拍卖机构，以公开竞价的形式，将特定财物转让给最高应价者的买卖方式。

变卖是指税务机关将抵税财物委托商业企业代为销售、责令纳税人限期处理或由税务机关变价处理的买卖方式。

抵税财物，是指被税务机关依法实施税收强制执行而扣押、查封或者按照规定应强制执行的已设置纳税担保物权的商品、货物、其他财产或者财产权利。

被执行人是指从事生产经营的纳税人、扣缴义务人或者纳税担保人等税务行政相对人。

第三条 拍卖或者变卖抵税财物应依法进行，并遵循公开、公正、公平、效率的原则。

第四条 有下列情形之一的，税务机关依法进行拍卖、变卖：

（一）采取税收保全措施后，限期期满仍未缴纳税款的；

（二）设置纳税担保后，限期期满仍未缴纳所担保的税款的；

（三）逾期不按规定履行税务处理决定的；

（四）逾期不按规定履行复议决定的；

（五）逾期不按规定履行税务行政处罚决定的；

（六）其他经责令限期缴纳，逾期仍未缴纳税款的；

对前款（三）至（六）项情形进行强制执行时，在拍卖、变卖之前（或同时）进行扣押、查封，办理扣押、查封手续。

第五条 税务机关按照拍卖优先的原则确定抵税财物拍卖、变卖的顺序：

（一）委托依法成立的拍卖机构拍卖；

（二）无法委托拍卖或者不适于拍卖的，可以委托当地商业企业代为销售，或者责令被执行人限期处理；

（三）无法委托商业企业销售，被执行人也无法处理的，由税务机关变价处理。

国家禁止自由买卖的商品、货物、其他财产，应当交由有关单位按照国家规定的价格收购。

第六条 税务机关拍卖变卖抵税财物时按下列程序进行：

（一）制作拍卖（变卖）抵税财物决定书，经县以上税务局（分局）局长批准后，对被执行人下达拍卖（变卖）抵税财物决定书。

依照法律法规规定需要经过审批才能

转让的物品或财产权利，在拍卖、变卖前，应当依法办理审批手续。

（二）查实需要拍卖或者变卖的商品、货物或者其他财产。在拍卖或者变卖前，应当审查所扣押商品、货物、财产专用收据和所查封商品、货物、财产清单，查实被执行人与抵税财物的权利关系，核对盘点需要拍卖或者变卖的商品、货物或者其他财产是否与收据或清单一致。

（三）按照本办法规定的顺序和程序，委托拍卖、变卖，填写拍卖（变卖）财产清单，与拍卖机构签订委托拍卖合同，与受委托的商业企业签订委托变卖合同，对被执行人下达税务事项通知书，并按规定结算价款。

（四）以拍卖、变卖所得支付应由被执行人依法承担的扣押、查封、保管以及拍卖、变卖过程中的费用。

（五）拍卖、变卖所得支付有关费用后抵缴未缴的税款、滞纳金，并按规定抵缴罚款。

（六）拍卖、变卖所得支付扣押、查封、保管、拍卖、变卖等费用并抵缴税款、滞纳金后，剩余部分应当在3个工作日内退还被执行人。

（七）税务机关应当通知被执行人将拍卖、变卖全部收入计入当期销售收入额并在当期申报缴纳各种应纳税款。

拍卖、变卖所得不足抵缴税款、滞纳金的，税务机关应当继续追缴。

第七条 拍卖、变卖抵税财物，由县以上税务局（分局）组织进行。变卖鲜活、易腐烂变质或者易失效的商品、货物时，经县以上税务局（分局）局长批准，可由县以下税务机关进行。

第八条 拍卖、变卖抵税财物进行时，应当通知被执行人到场；被执行人未到场的，不影响执行。

第九条 税务机关及其工作人员不得参与被拍卖或者变卖商品、货物或者其他财产的竞买或收购，也不得委托他人为其竞买或收购。

第二章 拍 卖

第十条 拍卖由财产所在地的省、自治区、直辖市的人民政府和设区的市的人民政府指定的拍卖机构进行拍卖。

第十一条 抵税财物除有市场价或其价格依照通常方法可以确定的外，应当委托依法设立并具有相应资质的评估鉴定机构进行质量鉴定和价格评估，并将鉴定、评估结果通知被执行人。

拍卖抵税财物应当确定保留价，由税务机关与被执行人协商确定，协商不成的，由税务机关参照市场价、出厂价或者评估价确定。

第十二条 委托拍卖的文物，在拍卖前，应当经文物行政管理部门依法鉴定、许可。

第十三条 被执行人应当向税务机关说明商品、货物或其他财产的瑕疵，税务机关应当向拍卖机构说明拍卖标的的来源和了解到的瑕疵。

第十四条 拍卖机构接受委托后，未经委托拍卖的税务机关同意，不得委托其他拍卖机构拍卖。

第十五条 税务机关应当在作出拍卖决定后10日内委托拍卖。

第十六条 税务机关应当向拍卖机构提供下列材料：

（一）税务机关单位证明及委托拍卖的授权委托书；

（二）拍卖（变卖）抵税财物决定书；

（三）拍卖（变卖）财产清单；

（四）抵税财物质量鉴定与价格评估结果；

（五）与拍卖活动有关的其他资料。

第十七条 税务机关应当与拍卖机构签订书面委托拍卖合同。委托拍卖合同应载明以下内容：

（一）税务机关及拍卖机构的名称、

住所、法定代表人姓名；

（二）拍卖标的的名称、规格、数量、质量、存放地或者坐落地、新旧程度或者使用年限等；

（三）拍卖的时间、地点，拍卖标的交付或转移的时间、方式，拍卖公告的方式及其费用的承担；

（四）拍卖价款结算方式及价款给付期限；

（五）佣金标准及其支付的方式、期限；

（六）违约责任；

（七）双方约定的其他事项。

第十八条 拍卖一次流拍后，税务机关经与被执行人协商同意，可以将抵税财物进行变卖；被执行人不同意变卖的，应当进行第二次拍卖。不动产和文物应当进行第二次拍卖。

第二次拍卖仍然流拍的，税务机关应当将抵税财物进行变卖，以抵缴税款、滞纳金或罚款。

经过流拍再次拍卖的，保留价应当不低于前次拍卖保留价的2/3。

第十九条 税务机关可以自行办理委托拍卖手续，也可以由其上级税务机关代为办理拍卖手续。

第三章 变　　卖

第二十条 下列抵税财物为无法委托拍卖或者不适于拍卖，可以交由当地商业企业代为销售或责令被执行人限期处理，进行变卖：

（一）鲜活、易腐烂变质或者易失效的商品、货物；

（二）经拍卖程序一次或二次流拍的抵税财物；

（三）拍卖机构不接受拍卖的抵税财物。

第二十一条 变卖抵税财物的价格，应当参照同类商品的市场价、出厂价遵循公平、合理、合法的原则确定。税务机关应当与被执行人协商是否需要请评估机构进行价格评估，被执行人认为需要的，税务机关应当委托评估机构进行评估，按照评估价确定变卖价格。

对有政府定价的商品、货物或者其他财产，由政府价格主管部门，按照定价权限和范围确定价格。对实行政府指导价的商品、货物或者其他财产，按照定价权限和范围规定的基准价及其浮动幅度确定。

经拍卖流拍的抵税财物，其变卖价格应当不低于最后一次拍卖保留价的2/3。

第二十二条 委托商业企业变卖的，受委托的商业企业要经县以上税务机关确认，并与商业企业签订委托变卖合同，按本办法第二十一条规定的核价方式约定变卖价格。委托变卖合同应载明下列内容：

（一）税务机关及商业企业的名称、地址、法定代表人姓名；

（二）变卖商品、货物或其他财产的名称、规格、数量、质量、存放地或坐落地、新旧程度或使用年限等；

（三）变卖商品、货物或其他财产的时间、地点及其费用的承担；

（四）变卖价款结算方式及价款给付期限；

（五）违约责任；

（六）双方约定的其他事项。

第二十三条 抵税财物委托商业企业代为销售15日后，无法实现销售的，税务机关应当第二次核定价格，由商业企业继续销售，第二次核定的价格应当不低于首次核定价格的2/3。

第二十四条 无法委托商业企业销售，被执行人也无法处理的，税务机关应当进行变价处理。

有下列情形之一的，属于无法委托商业企业代为销售：

（一）税务机关与两家（含两家）以

上商业企业联系协商，不能达成委托销售的；

（二）经税务机关在新闻媒体上征求代售单位，自征求公告发出之日起10日内无应征单位或个人，或应征之后未达成代售协议的；

（三）已达成代售协议的商业企业在经第二次核定价格15日内仍无法售出税务机关委托代售的商品、货物或其他财产的。

被执行人无法处理，包括拒绝处理、逾期不处理等情形。

第二十五条 税务机关变价处理时，按照本办法第二十一条规定的原则以不低于前两种变卖方式定价的2/3确定价格。

税务机关实施变卖前，应当在办税服务厅、税务机关网站或当地新闻媒体上公告，说明变卖财物的名称、规格、数量、质量、新旧程度或使用年限、变卖价格、变卖时间等事项；登出公告10日后实施变卖。

税务机关实施变卖10日后仍没有实现变卖的，税务机关可以重新核定价格，再次发布变卖公告，组织变卖。再次核定的价格不得低于首次定价的2/3。

经过二次定价变卖仍未实现变卖的，以市场可接受的价格进行变卖。

第四章 税款的实现和费用的支付

第二十六条 以拍卖、变卖收入抵缴未缴的税款、滞纳金和支付相关费用时按照下列顺序进行：

（一）拍卖、变卖费用。由被执行人承担拍卖变卖所发生的费用，包括扣押、查封活动中和拍卖或者变卖活动中发生的依法应由被执行人承担的费用，具体为：保管费、仓储费、运杂费、评估费、鉴定费、拍卖公告费、支付给变卖企业的手续费以及其他依法应由被执行人承担的费用。

拍卖物品的买受人未按照约定领受拍卖物品的，由买受人支付自应领受拍卖财物之日起的保管费用。

（二）未缴的税款、滞纳金。

（三）罚款。下列情况可以用拍卖、变卖收入抵缴罚款：

1. 被执行人主动用拍卖、变卖收入抵缴罚款的；

2. 对价值超过应纳税额且不可分割的商品、货物或者其他财产进行整体扣押、查封、拍卖，以拍卖收入抵缴未缴的税款、滞纳金时，连同罚款一并抵缴；

3. 从事生产经营的被执行人对税务机关的处罚决定逾期不申请行政复议也不向人民法院起诉、又不履行的，作出处罚决定的税务机关可以强制执行，抵缴罚款。

第二十七条 拍卖或者变卖实现后，税务机关在结算并收取价款后3个工作日内，办理税款、滞纳金或者罚款的入库手续。

第二十八条 拍卖或者变卖收入抵缴税款、滞纳金、罚款后有余额的，税务机关应当自办理入库手续之日起3个工作日内退还被执行人，并通知被执行人将拍卖、变卖全部收入记入当期销售收入额并在当期申报缴纳各种税款。

第二十九条 拍卖变卖结束后，税务机关制作拍卖、变卖结果通知书、拍卖、变卖扣押、查封的商品、货物、财产清单一式两份，一份税务机关留存，一份交被执行人。

第三十条 被执行人在拍卖、变卖成交前缴清了税款、滞纳金的，税务机关应当终止拍卖或者变卖活动，税务机关将商品、货物或其他财产退还被执行人，扣押、查封、保管以及拍卖或者变卖已经产生的费用由被执行人承担。

被执行人拒不承担上述相关费用的，继续进行拍卖或者变卖，以拍卖、变卖收入扣除被执行人应承担的扣押、查封、保管、拍卖或者变卖费用后，剩余部分税务机关在3个工作日内返还被执行人。

第三十一条 对抵税财物经鉴定、评估为不能或不适于进行拍卖、变卖的，税务机关应当终止拍卖、变卖，并将抵税财物返还被执行人。

对抵税财物经拍卖、变卖程序而无法完成拍卖、变卖实现变价抵税的，税务机关应当将抵税财物返还被执行人。

抵税财物无法或不能返还被执行人的，税务机关应当经专门鉴定机构或公证部门鉴定或公证，报废抵税财物。

被执行人应缴纳的税款、滞纳金和应支付的费用，由税务机关采取其他措施继续追缴。

第五章 法律责任

第三十二条 拍卖、变卖过程中，严禁向被执行人摊派、索取任何不合法费用。税务人员在拍卖、变卖过程中，向被执行人摊派、索取不合法费用的，依法给予行政处分；税务机关及其工作人员参与被拍卖或者变卖商品、货物或者其他财产的竞买或收购，或者委托他人竞买或收购，依法给予行政处分。

第三十三条 税务人员有不依法对抵税财物进行拍卖或者变卖，或者擅自将应该拍卖的改为变卖的，在变卖过程中擅自将应该委托商业企业变卖、责令被执行人自行处理的由税务机关直接变价处理的行为，依法给予行政处分；给被执行人造成损失的，由批准拍卖或者变卖的税务机关赔偿其直接损失。

税务机关可向直接责任人追偿部分或全部直接损失。对有故意或重大过失的责任人员依法给予行政处分。

第三十四条 因税务机关违法对扣押、查封的商品、货物、或者其他财产造成损失的，由造成损失的税务机关负责赔偿直接损失，并可向直接责任人追偿部分或全部直接损失。

第三十五条 受税务机关委托的拍卖机构或商业企业违反拍卖合同或变卖合同的约定进行拍卖或变卖的，依照合同的约定承担违约责任；合同无约定的，依照法律的规定承担违约责任；其行为构成违法的，依法承担法律责任。

第三十六条 抵税财物在被查封、扣押前，已经设置担保物权而被执行人隐瞒的，或者有瑕疵、质量问题而被执行人隐瞒的，由被执行人承担扣押、查封、拍卖、变卖活动产生的费用，并依法承担法律责任。

第六章 附 则

第三十七条 税务机关追缴从事生产经营的纳税人骗取国家出口退税的，适用本办法规定。

第三十八条 税收强制执行拍卖、变卖文书由国家税务总局统一制定。

第三十九条 本办法自2005年7月1日起施行。

附件：

1. 拍卖/变卖抵税财物决定书（略）
2. 拍卖/变卖结果通知书（略）
3. 拍卖/变卖商品、货物或者其他财产清单（略）
4. 返还商品、货物或者其他财产通知书（略）
5. 返还商品、货物或者其他财产清单（略）

（三）检查监督

税收违法行为检举管理办法

（2019年11月26日国家税务总局令第49号公布　自2020年1月1日起施行）

第一章 总 则

第一条 为了保障单位、个人依法检举纳税人、扣缴义务人违反税收法律、行政法规行为的权利，规范检举秩序，根据《中华人民共和国税收征收管理法》及其实施细则的有关规定，制定本办法。

第二条 本办法所称检举，是指单位、个人采用书信、电话、传真、网络、来访等形式，向税务机关提供纳税人、扣缴义务人税收违法行为线索的行为。

采用前款所述的形式，检举税收违法行为的单位、个人称检举人；被检举的纳税人、扣缴义务人称被检举人。

检举人可以实名检举，也可以匿名检举。

第三条 本办法所称税收违法行为，是指涉嫌偷税（逃避缴纳税款），逃避追缴欠税，骗税，虚开、伪造、变造发票，以及其他与逃避缴纳税款相关的税收违法行为。

第四条 检举管理工作坚持依法依规、分级分类、属地管理、严格保密的原则。

第五条 市（地、州、盟）以上税务局稽查局设立税收违法案件举报中心。国家税务总局稽查局税收违法案件举报中心负责接收税收违法行为检举，督促、指导、协调处理重要检举事项；省、自治区、直辖市、计划单列市和市（地、州、盟）税务局稽查局税收违法案件举报中心负责税收违法行为检举的接收、受理、处理和管理；各级跨区域稽查局和县税务局应当指定行使税收违法案件举报中心职能的部门，负责税收违法行为检举的接收，并按规定职责处理。

本办法所称举报中心是指前款所称的税收违法案件举报中心和指定行使税收违法案件举报中心职能的部门。举报中心应当对外挂标识牌。

第六条 税务机关应当向社会公布举报中心的电话（传真）号码、通讯地址、邮政编码、网络检举途径，设立检举接待场所和检举箱。

税务机关同时通过12366纳税服务热线接收税收违法行为检举。

第七条 税务机关应当与公安、司法、纪检监察和信访等单位加强联系和合作，做好检举管理工作。

第八条 检举税收违法行为是检举人的自愿行为，检举人因检举而产生的支出应当由其自行承担。

第九条 检举人在检举过程中应当遵守法律、行政法规等规定；应当对其所提供检举材料的真实性负责，不得捏造、歪曲事实，不得诬告、陷害他人；不得损害国家、社会、集体的利益和其他公民的合法权益。

第二章 检举事项的接收与受理

第十条 检举人检举税收违法行为应当提供被检举人的名称（姓名）、地址（住所）和税收违法行为线索；尽可能提供被检举人统一社会信用代码（身份证件号码），法定代表人、实际控制人信息和其他相关证明资料。

鼓励检举人提供书面检举材料。

第十一条 举报中心接收实名检举，应当准确登记实名检举人信息。

检举人以个人名义实名检举应当由其本人提出；以单位名义实名检举应当委托本单位工作人员提出。

多人联名进行实名检举的，应当确定第一联系人；未确定的，以检举材料的第一署名人为第一联系人。

第十二条 12366纳税服务热线接收电话检举后，应当按照以下分类转交相关部门：

（一）符合本办法第三条规定的检举事项，应当及时转交举报中心；

（二）对应开具而未开具发票、未申报办理税务登记及其他轻微税收违法行为的检举事项，按照有关规定直接转交被检举人主管税务机关相关业务部门处理；

（三）其他检举事项转交有处理权的单位或者部门。

税务机关的其他单位或者部门接到符合本办法第三条规定的检举材料后，应当及时转交举报中心。

第十三条 以来访形式实名检举的，检举人应当提供营业执照、居民身份证等有效身份证件的原件和复印件。

以来信、网络、传真形式实名检举的，检举人应当提供营业执照、居民身份证等有效身份证件的复印件。

以电话形式要求实名检举的，税务机关应当告知检举人采取本条第一款、第二款的形式进行检举。

检举人未采取本条第一款、第二款的形式进行检举的，视同匿名检举。

举报中心可以应来访的实名检举人要求出具接收回执；对多人联名进行实名来访检举的，向其确定的第一联系人或者第一署名人出具接收回执。

第十四条 来访检举应当到税务机关设立的检举接待场所；多人来访提出相同检举事项的，应当推选代表，代表人数应当在3人以内。

第十五条 接收来访口头检举，应当准确记录检举事项，交检举人阅读或者向检举人宣读确认。实名检举的，由检举人签名或者盖章；匿名检举的，应当记录在案。

接收电话检举，应当细心接听、询问清楚、准确记录。

接收电话、来访检举，经告知检举人后可以录音、录像。

接收书信、传真等书面形式检举，应当保持检举材料的完整，及时登记处理。

第十六条 税务机关应当合理设置检举接待场所。检举接待场所应当与办公区域适当分开，配备使用必要的录音、录像等监控设施，保证监控设施对接待场所全覆盖并正常运行。

第十七条 举报中心对接收的检举事项，应当及时审查，有下列情形之一的，不予受理：

（一）无法确定被检举对象，或者不能提供税收违法行为线索的；

（二）检举事项已经或者依法应当通过诉讼、仲裁、行政复议以及其他法定途径解决的；

（三）对已经查结的同一检举事项再次检举，没有提供新的有效线索的。

除前款规定外，举报中心自接收检举事项之日起即为受理。

举报中心可以应实名检举人要求，视情况采取口头或者书面方式解释不予受理原因。

国家税务总局稽查局举报中心对本级收到的检举事项应当进行甄别。对本办法第三条规定以外的检举事项，转送有处理权的单位或者部门；对本办法第三条规定范围内的检举事项，按属地管理原则转送相关举报中心，由该举报中心审查并决定是否受理。国家税务总局稽查局举报中心应当定期向相关举报中心了解所转送检举事项的受理情况，对应受理未受理的应予以督办。

第十八条 未设立稽查局的县税务局受理的检举事项，符合本办法第三条规定的，提交上一级税务局稽查局举报中心统一处理。

各级跨区域稽查局受理的检举事项，符合本办法第三条规定的，提交同级税务局稽查局备案后处理。

第十九条 检举事项管辖有争议的，由争议各方本着有利于案件查处的原则协商解决；不能协商一致的，报请共同的上一级税务机关协调或者决定。

第三章 检举事项的处理

第二十条 检举事项受理后，应当分级分类，按照以下方式处理：

（一）检举内容详细、税收违法行为线索清楚、证明资料充分的，由稽查局立案检查。

（二）检举内容与线索较明确但缺少必要证明资料，有可能存在税收违法行为的，由稽查局调查核实。发现存在税收违法行为的，立案检查；未发现的，作查结处理。

（三）检举对象明确，但其他检举事

项不完整或者内容不清、线索不明的，可以暂存待查，待检举人将情况补充完整以后，再进行处理。

（四）已经受理尚未查结的检举事项，再次检举的，可以合并处理。

（五）本办法第三条规定以外的检举事项，转交有处理权的单位或者部门。

第二十一条 举报中心可以税务机关或者以自己的名义向下级税务机关督办、交办检举事项。

第二十二条 举报中心应当在检举事项受理之日起十五个工作日内完成分级分类处理，特殊情况除外。

查处部门应当在收到举报中心转来的检举材料之日起三个月内办理完毕；案情复杂无法在期限内办理完毕的，可以延期。

第二十三条 税务局稽查局对督办案件的处理结果应当认真审查。对于事实不清、处理不当的，应当通知承办机关补充调查或者重新调查，依法处理。

第四章 检举事项的管理

第二十四条 举报中心应当严格管理检举材料，逐件登记已受理检举事项的主要内容、办理情况和检举人、被检举人的基本情况。

第二十五条 已接收的检举材料原则上不予退还。不予受理的检举材料，登记检举事项的基本信息和不予受理原因后，经本级稽查局负责人批准可以销毁。

第二十六条 暂存待查的检举材料，若在受理之日起两年内未收到有价值的补充材料，可以销毁。

第二十七条 督办案件的检举材料应当专门管理，并按照规定办理督办案件材料的转送、报告等具体事项。

第二十八条 检举材料的保管和整理，应当按照档案管理的有关规定办理。

第二十九条 举报中心每年度对检举案件和有关事项的数量、类别及办理情况等进行汇总分析，形成年度分析报告，并按规定报送。

第五章 检举人的答复和奖励

第三十条 实名检举人可以要求答复检举事项的处理情况与查处结果。

实名检举人要求答复处理情况时，应当配合核对身份；要求答复查处结果时，应当出示检举时所提供的有效身份证件。

举报中心可以视具体情况采取口头或者书面方式答复实名检举人。

第三十一条 实名检举事项的处理情况，由作出处理行为的税务机关的举报中心答复。

将检举事项督办、交办、提交或者转交的，应当告知去向；暂存待查的，应当建议检举人补充资料。

第三十二条 实名检举事项的查处结果，由负责查处的税务机关的举报中心答复。

实名检举人要求答复检举事项查处结果的，检举事项查结以后，举报中心可以将与检举线索有关的查处结果简要告知检举人，但不得告知其检举线索以外的税收违法行为的查处情况，不得提供执法文书及有关案情资料。

第三十三条 12366纳税服务热线接收检举事项并转交举报中心或者相关业务部门后，可以应检举人要求将举报中心或者相关业务部门反馈的受理情况告知检举人。

第三十四条 检举事项经查证属实，为国家挽回或者减少损失的，按照财政部和国家税务总局的有关规定对实名检举人给予相应奖励。

第六章 权 利 保 护

第三十五条 检举人不愿提供个人信息或者不愿公开检举行为的，税务机关应当予以尊重和保密。

第三十六条 税务机关应当在职责范围内

依法保护检举人、被检举人的合法权益。

第三十七条 税务机关工作人员与检举事项或者检举人、被检举人有直接利害关系的，应当回避。

检举人有正当理由并且有证据证明税务机关工作人员应当回避的，经本级税务机关负责人或者稽查局负责人批准以后，予以回避。

第三十八条 税务机关工作人员必须严格遵守以下保密规定：

（一）检举事项的受理、登记、处理及查处，应当依照国家有关法律、行政法规等规定严格保密，并建立健全工作责任制，不得私自摘抄、复制、扣压、销毁检举材料；

（二）严禁泄露检举人的姓名、身份、单位、地址、联系方式等情况，严禁将检举情况透露给被检举人及与案件查处无关的人员；

（三）调查核实情况和立案检查时不得出示检举信原件或者复印件，不得暴露检举人的有关信息，对匿名的检举书信及材料，除特殊情况以外，不得鉴定笔迹；

（四）宣传报道和奖励检举有功人员，未经检举人书面同意，不得公开检举人的姓名、身份、单位、地址、联系方式等情况。

第七章 法律责任

第三十九条 税务机关工作人员违反本办法规定，将检举人的检举材料或者有关情况提供给被检举人或者与案件查处无关人员的，依法给予行政处分。

第四十条 税务机关工作人员打击报复检举人的，视情节和后果，依法给予行政处分；涉嫌犯罪的，移送司法机关依法处理。

第四十一条 税务机关工作人员不履行职责、玩忽职守、徇私舞弊，给检举工作造成损失的，应当给予批评教育；情节严重的，依法给予行政处分并调离工作岗位；涉嫌犯罪的，移送司法机关依法处理。

第四十二条 税收违法检举案件中涉及税务机关或者税务人员违纪违法问题的，应当按照规定移送有关部门依纪依法处理。

第四十三条 检举人违反本办法第九条规定的，税务机关工作人员应当对检举人进行劝阻、批评和教育；经劝阻、批评和教育无效的，可以联系有关部门依法处理。

第八章 附 则

第四十四条 本办法所称的检举事项查结，是指检举案件的结论性文书生效，或者检举事项经调查核实后未发现税收违法行为。

第四十五条 国家税务总局各省、自治区、直辖市和计划单列市税务局可以根据本办法制定具体的实施办法。

第四十六条 本办法自2020年1月1日起施行。《税收违法行为检举管理办法》（国家税务总局令第24号公布）同时废止。

国家税务总局关于修订《纳税服务投诉管理办法》的公告

（2019年6月26日 国家税务总局公告2019年第27号）

为认真贯彻党中央、国务院关于深化“放管服”改革、优化营商环境的部署，进一步规范纳税服务投诉管理，提高投诉办理效率，维护纳税人（含缴费人、扣缴义务人和其他当事人）的合法权益，国家税务总局修订了《纳税服务投诉管理办法》，现予以发布，自2019年8月1日起施行。

特此公告。

纳税服务投诉管理办法

第一章 总 则

第一条 为保护纳税人（含缴费人、扣缴义务人和其他当事人，下同）的合法权益，规范纳税服务（含社会保险费和非税收入征缴服务，下同）投诉管理工作，构建和谐的税收征纳关系，根据《中华人民共和国税收征收管理法》及相关税收法律法规，制定本办法。

第二条 纳税人认为税务机关及其工作人员在履行纳税服务职责过程中未提供规范、文明的纳税服务或者有其他侵犯其合法权益的情形，向税务机关进行投诉，税务机关办理纳税人投诉事项，适用本办法。

第三条 对依法应当通过税务行政复议、诉讼、举报等途径解决的事项，依照有关法律、法规、规章及规范性文件的规定办理。

第四条 纳税服务投诉管理工作遵循依法公正、规范高效、属地管理、分级负责的原则。

第五条 纳税人进行纳税服务投诉需遵从税收法律、法规、规章、规范性文件，并客观、真实地反映相关情况，不得隐瞒、捏造、歪曲事实，不得侵害他人合法权益。

第六条 税务机关及其工作人员在办理纳税服务投诉事项时，不得徇私、偏袒，不得打击、报复，并应当对投诉人信息保密。

第七条 各级税务机关的纳税服务部门是纳税服务投诉的主管部门，负责纳税服务投诉的接收、受理、调查、处理、反馈等事项。需要其他部门配合的，由纳税服务部门进行统筹协调。

第八条 各级税务机关应当配备专职人员从事纳税服务投诉管理工作，保障纳税服务投诉工作的顺利开展。

第二章 纳税服务投诉范围

第九条 本办法所称纳税服务投诉包括：

（一）纳税人对税务机关工作人员服务言行进行的投诉；

（二）纳税人对税务机关及其工作人员服务质效进行的投诉；

（三）纳税人对税务机关及其工作人员在履行纳税服务职责过程中侵害其合法权益的行为进行的其他投诉。

第十条 对服务言行的投诉，是指纳税人认为税务机关工作人员在履行纳税服务职责过程中服务言行不符合文明服务规范要求而进行的投诉。具体包括：

（一）税务机关工作人员服务用语不符合文明服务规范要求的；

（二）税务机关工作人员行为举止不符合文明服务规范要求的。

第十一条 对服务质效的投诉，是指纳税人认为税务机关及其工作人员在履行纳税服务职责过程中未能提供优质便捷的服务而进行的投诉。具体包括：

（一）税务机关及其工作人员未准确掌握税收法律法规等相关规定，导致纳税人应享受未享受税收优惠政策的；

（二）税务机关及其工作人员未按规定落实首问责任、一次性告知、限时办结、办税公开等纳税服务制度的；

（三）税务机关及其工作人员未按办税事项“最多跑一次”服务承诺办理涉税业务的；

（四）税务机关未能向纳税人提供便利化办税渠道的；

（五）税务机关及其工作人员擅自要求纳税人提供规定以外资料的；

（六）税务机关及其工作人员违反规定强制要求纳税人出具涉税鉴证报告，违背纳税人意愿强制代理、指定代理的。

第十二条 侵害纳税人合法权益的其他投诉，是指纳税人认为税务机关及其工作人员在履行纳税服务职责过程中未依法执行税收法律法规等相关规定，侵害纳税人的合法权益而进行的其他投诉。

第十三条 投诉内容存在以下情形的，不属于本办法所称纳税服务投诉的范围：

（一）违反法律、法规、规章有关规定的；

（二）针对法律、法规、规章和规范性文件规定进行投诉的；

（三）超出税务机关法定职责和权限的；

（四）不属于本办法投诉范围的其他情形。

第三章 提交与受理

第十四条 纳税人可以通过网络、电话、信函或者当面等方式提出投诉。

第十五条 纳税人对纳税服务的投诉，可以向本级税务机关提交，也可以向其上级税务机关提交。

第十六条 纳税人进行纳税服务投诉原则上以实名提出。

第十七条 纳税人进行实名投诉，应当列明下列事项：

（一）投诉人的姓名（名称）、有效联系方式；

（二）被投诉单位名称或者被投诉个人的相关信息及其所属单位；

（三）投诉请求、主要事实、理由。

纳税人通过电话或者当面方式提出投诉的，税务机关在告知纳税人的情况下可以对投诉内容进行录音或者录像。

第十八条 已就具体行政行为申请税务行政复议或者提起税务行政诉讼，但具体行政行为存在不符合文明规范言行问题的，可就该问题单独向税务机关进行投诉。

第十九条 纳税服务投诉符合本办法规定的投诉范围且属于下列情形的，税务机关应当受理：

（一）纳税人进行实名投诉，且投诉材料符合本办法第十七条要求；

（二）纳税人虽进行匿名投诉，但投诉的事实清楚、理由充分，有明确的被投诉人，投诉内容具有典型性。

第二十条 属于下列情形的，税务机关不予受理：

（一）对税务机关已经处理完毕且经上级税务机关复核的相同投诉事项再次投诉的；

（二）对税务机关依法、依规受理，且正在办理的服务投诉再次投诉的；

（三）不属于本办法投诉范围的其他情形。

第二十一条 税务机关收到投诉后应于1个工作日内决定是否受理，并按照“谁主管、谁负责”的原则办理或转办。

第二十二条 对于不予受理的实名投诉，税务机关应当以适当形式告知投诉人，并说明理由。逾期未告知的，视同自收到投诉后1个工作日内受理。

第二十三条 上级税务机关认为下级税务机关应当受理投诉而不受理或者不予受理的理由不成立的，可以责令其受理。

上级税务机关认为有必要的，可以直接受理应由下级税务机关受理的纳税服务投诉。

第二十四条 纳税人的同一投诉事项涉及两个以上税务机关的，应当由首诉税务机关牵头协调处理。首诉税务机关协调不成功的，应当向上级税务机关申请协调处理。

第二十五条 纳税人就同一事项通过不同渠道分别投诉的，税务机关接收后可合并办理。

第二十六条 税务机关应当建立纳税服务投诉事项登记制度，记录投诉时间、投诉人、被投诉人、联系方式、投诉内容、受理情况以及办理结果等有关内容。

第二十七条 各级税务机关应当向纳税人公开负责纳税服务投诉机构的通讯地址、

投诉电话、税务网站和其他便利投诉的事项。

第四章 调查与处理

第二十八条 税务机关调查处理投诉事项，应依法依规、实事求是、注重调解，化解征纳争议。

第二十九条 税务机关调查人员与投诉事项或者投诉人、被投诉人有利害关系的，应当回避。

第三十条 调查纳税服务投诉事项，应当由两名以上工作人员参加。一般流程为：

（一）核实情况。查阅文件资料，调取证据，听取双方陈述事实和理由，必要时可向其他组织和人员调查或实地核查；

（二）沟通调解。与投诉人、被投诉人确认基本事实，强化沟通，化解矛盾，促进双方就处理意见形成共识；

（三）提出意见。依照有关法律、法规、规章及其他有关规定提出处理意见。

第三十一条 税务机关对各类服务投诉应限期办结。对服务言行类投诉，自受理之日起5个工作日内办结；服务质效类、其他侵害纳税人合法权益类投诉，自受理之日起10个工作日内办结。

第三十二条 属于下列情形的，税务机关应快速处理，自受理之日起3个工作日内办结。

（一）本办法第十一条第一项所规定的情形；

（二）自然人纳税人提出的个人所得税服务投诉；

（三）自然人缴费人提出的社会保险费和非税收入征缴服务投诉；

（四）涉及其他重大政策落实的服务投诉。

第三十三条 服务投诉因情况复杂不能按期办结的，经受理税务机关纳税服务部门负责人批准，可适当延长办理期限，最长不得超过10个工作日，同时向转办部门进行说明并向投诉人做好解释。

第三十四条 属于下列情形的，税务机关可即时处理：

（一）纳税人当场提出投诉，事实简单、清楚，不需要进行调查的；

（二）一定时期内集中发生的同一投诉事项且已有明确处理意见的。

第三十五条 纳税人当场投诉事实成立的，被投诉人应当立即停止或者改正被投诉的行为，并向纳税人赔礼道歉，税务机关应当视情节轻重给予被投诉人相应处理；投诉事实不成立的，处理投诉事项的税务机关工作人员应当向纳税人说明理由。

第三十六条 调查过程中发生下列情形之一的，应当终结调查，并向纳税人说明理由：

（一）投诉事实经查不属于纳税服务投诉事项的；

（二）投诉内容不具体，无法联系投诉人或者投诉人拒不配合调查，导致无法调查核实的；

（三）投诉人自行撤销投诉，经核实确实不需要进一步调查的；

（四）已经处理反馈的投诉事项，投诉人就同一事项再次投诉，没有提供新证据的；

（五）调查过程中发现不属于税务机关职责范围的。

第三十七条 税务机关根据调查核实的情况，对纳税人投诉的事项分别作出如下处理：

（一）投诉情况属实的，责令被投诉人限期改正，并视情节轻重分别给予被投诉人相应的处理；

（二）投诉情况不属实的，向投诉人说明理由。

第三十八条 税务机关应在规定时限内将处理结果以适当形式向投诉人反馈。

反馈时应告知投诉人投诉是否属实，对投诉人权益造成损害的行为是否终止或改正；不属实的投诉应说明理由。

第三十九条 投诉人对税务机关反馈的处理情况有异议的，税务机关应当决定是否开展补充调查以及是否重新作出处理结果。

第四十条 投诉人认为处理结果显失公正的，可向上级税务机关提出复核申请。上级税务机关自受理之日起，10个工作日内作出复核意见。

第四十一条 税务机关及其工作人员阻拦、限制投诉人投诉或者打击报复投诉人的，由其上级机关依法依规追究责任。

第四十二条 投诉人捏造事实、恶意投诉，或者干扰和影响正常工作秩序，对税务机关、税务人员造成负面影响的，投诉人应依法承担相应责任。

第五章 指导与监督

第四十三条 上级税务机关应当加强对下级税务机关纳税服务投诉工作的指导与监督，督促及时、规范处理。

第四十四条 各级税务机关对于办理纳税服务投诉过程中发现的有关税收制度或者行政执法中存在的普遍性问题，应当向有关部门提出合理化建议。

第四十五条 各级税务机关应当积极依托信息化手段，规范流程、强化监督，不断提高纳税服务投诉处理质效。

第六章 附 则

第四十六条 国家税务总局各省、自治区、直辖市和计划单列市税务局可以根据本办法制定具体的实施办法。

第四十七条 本办法自2019年8月1日起施行。《国家税务总局关于修订〈纳税服务投诉管理办法〉的公告》（国家税务总局公告2015年第49号，国家税务总局公告2018年第31号修改）同时废止。

税收违法案件发票协查管理办法（试行）

（2013年6月19日 税总发〔2013〕66号）

第一章 总 则

第一条 为了规范税收违法案件发票协查工作，提高协查管理工作效率，根据《中华人民共和国税收征收管理法》、《中华人民共和国发票管理办法》及相关法律法规，制订本办法。

第二条 税收违法案件发票协查是指查办税收违法案件的税务局稽查局（以下简称委托方）将需异地调查取证的发票委托有管辖权的税务局稽查局（以下简称受托方），开展调查取证的相关活动。

第三条 协查工作遵循合法、真实、相关和效率的原则。

第四条 税务局稽查局负责实施税收违法案件发票的协查。

第五条 国家税务总局应当逐步推进税收违法案件发票协查信息化，将税收违法案件发票协查全面纳入协查信息管理系统进行管理。

第二章 委托协查

第六条 委托方对税收违法案件中需调查取证的发票采取发函或者派人参与的方式进行协查。

发函是指委托方向受托方发出《税收违法案件协查函》，包括寄送纸质协查函和通过协查信息管理系统发出协查函。纸质协查函原则上采取同级发函的方式进行。

派人参与是指重大案件或者有特殊要求的案件，委托方可派人参与受托方的调查取证，提出取证要求。

第七条 委托方根据案件查办情况，确定协查对象，需要发起委托协查的，向受托方发出《税收违法案件协查函》。

《税收违法案件协查函》内容包括：委托方案件名称、基本案情、涉案发票记载的信息、已掌握的疑点或者线索、作案手法、提出有针对性的取证要求、回复期限、组卷及寄送要求、联系人和联系方式等。

第八条 国家税务总局督办案件的发票协查应当按照《重大税收违法案件督办管理暂行办法》有关规定执行，并在协查函中予以说明，注明督办函号。

第九条 已确定虚开发票案件的协查，委托方应当按照受托方一户一函的形式出具《已证实虚开通知单》及相关证据资料，并在所附发票清单上逐页加盖公章，随同《税收违法案件协查函》寄送受托方。

通过协查信息管理系统发起已确定虚开发票案件协查函的，委托方应当在发送委托协查信息后5个工作日内寄送《已证实虚开通知单》以及相关证据资料。

第十条 委托方收到协查回函后，根据协查回函信息依法对被查对象进行查处。

第十一条 委托方派人协查方式进行协查的，应当向受托方通报情况、沟通案情，派出人员需携带加盖本单位公章的《介绍信》和《税收违法案件协查函》、《税务检查证》以及相关身份证明，参与受托方的调查取证，提出取证要求。

第十二条 委托方应当及时登记《委托协查台账》，跟踪协查函的发出、回复和处理情况。

《委托协查台账》包括以下内容：

（一）函件发出日期，派人协查日期；

（二）函件名称、编号或者文号、是否督办；

（三）涉及企业名称、资料种类、数量；

（四）是否立案；

（五）负责检查的人员；

（六）协查回函情况、回函日期；

（七）案卷号和归档地；

（八）其他。

第三章 受托协查

第十三条 受托方收到《税收违法案件协查函》后，应当根据协查请求，依照法定权限和程序调查，并按照要求及期限回函。

第十四条 《税收违法案件协查函》涉及的协查对象不属于受托方管辖范围的，受托方应当在收函之日起5个工作日内，出具本辖区县（区）级主管税务机关证明材料，并将《税收违法案件协查函》退回委托方。

第十五条 有下列情形之一的，受托方应当按照《税务稽查工作规程》有关规定立案检查：

（一）委托方已开具《已证实虚开通知单》的；

（二）委托方提供的证据资料证明协查对象有税收违法嫌疑的；

（三）受托方检查发现协查对象有税收违法嫌疑的；

（四）上级税务局稽查局要求立案检查的。

第十六条 国家税务总局督办的案件，受托方在回函期限前不能完成检查工作的，可以逐级上报国家税务总局申请延期，在得到国家税务总局同意后，在延期期限内给予回复。

申请延期应当说明延期理由、延期期限以及与委托方沟通的情况。

第十七条 受托方需要取得协查对象的税务登记、变更、注销、失控或者查无企业、发票领用、发票鉴定、纳税申报、抵扣税款、免税、出口退税等征管资料和证明材料的，应当向其县（区）级主管税务机关提出要求。县（区）级主管税务机关应当在5个工作日内提供相关资料并出具相应的证明材料。

第十八条 受托方应当依据调查取证所掌握的情况及所获取的证据材料，向委托方出具《税收违法案件协查回复函》。

《税收违法案件协查回复函》的内容包括：

（一）协查来源；

（二）涉案企业的基本情况及协查发票记载的信息；

（三）协查取证要求的说明；

（四）协查结论或者协查结果；

（五）税务处理和税务行政处罚事项；

（六）其他应予说明的事项。

第十九条 受托方应当对取得的证据材料，连同相关文书一并作为协查案卷立卷存档；同时根据委托方协查函委托的事项，将相关证据材料及文书复制，注明“与原件核对无误”，注明原件存放处，并加盖本单位印章后一并寄送委托方。

受托方通过协查信息管理系统收到的协查函，应当通过协查信息管理系统进行函复。经检查有问题的以及委托方要求寄送取证材料的，应当在回复协查结果后5个工作日内将相关证据材料及文书复制，注明“与原件核对无误”，注明原件存放处，并加盖本单位印章后一并寄送委托方。

第二十条 受托方应当在收到协查函后60日内回函。

通过协查信息管理系统发出的协查函，受托方应当在收到协查函后30日内回函。

国家税务总局对协查回函期限有特殊要求的，应当按照相关要求办理。

第二十一条 受托方应当登记《受托协查台账》，及时掌握协查工作安排、回复、处理情况。

《受托协查台账》包括以下内容：

（一）函件收到日期，来人协查日期；

（二）函件名称、编号或者文号、是否督办；

（三）涉及企业名称、资料种类、数量；

（四）是否立案；

（五）负责检查的人员；

（六）协查复函情况、复函日期；

（七）案卷号和归档地；

（八）其他。

第四章 协查管理

第二十二条 地市级以上税务局稽查局应当定期对本辖区协查台账进行统计汇总，全面掌握本辖区协查情况，督促指导下级协查工作。

第二十三条 上级税务局稽查局对下级税务局稽查局的协查质量和效率进行考核，包括受托方按期回复情况、委托方选票针对性、协查函和回复函的信息完整性等。

第二十四条 稽查机构设置发生撤销、合并、增设的，应当及时向上一级税务局稽查局提出与本稽查机构对应的协查信息管理系统节点的变更申请，并逐级上报国家税务总局备案。

第二十五条 税务违法案件发票协查资料按照《税务稽查工作规程》的规定归档。

第五章 附则

第二十六条 本办法适用于各级税务机关。

第二十七条 各级税务局可以依据本办法对辖区内税务违法案件发票协查工作制定考核制度和奖惩实施办法。

第二十八条 本办法所称以上、日内，包括本数（级）。

第二十九条 本办法自发布之日起施行。2008年5月14日印发的《国家税务总局关于印发〈增值税抵扣凭证协查管理办法〉的通知》（国税发〔2008〕51号）同时废止。

附件：（略）

欠税公告办法（试行）

（2004 年 10 月 10 日国家税务总局令第 9 号公布　根据 2018 年 6 月 15 日《国家税务总局关于修改部分税务部门规章的决定》修正）

第一条　为了规范税务机关的欠税公告行为，督促纳税人自觉缴纳欠税，防止新的欠税的发生，保证国家税款的及时足额入库，根据《中华人民共和国税收征收管理法》（以下简称《税收征管法》）及其实施细则的规定，制定本办法。

第二条　本办法所称公告机关为县以上（含县）税务局。

第三条　本办法所称欠税是指纳税人超过税收法律、行政法规规定的期限或者纳税人超过税务机关依照税收法律、行政法规规定确定的纳税期限（以下简称税款缴纳期限）未缴纳的税款，包括：

（一）办理纳税申报后，纳税人未在税款缴纳期限内缴纳的税款；

（二）经批准延期缴纳的税款期限已满，纳税人未在税款缴纳期限内缴纳的税款；

（三）税务检查已查定纳税人的应补税额，纳税人未在税款缴纳期限内缴纳的税款；

（四）税务机关根据《税收征管法》第二十七条、第三十五条核定纳税人的应纳税额，纳税人未在税款缴纳期限内缴纳的税款；

（五）纳税人的其他未在税款缴纳期限内缴纳的税款。

税务机关对前款规定的欠税数额应当及时核实。

本办法公告的欠税不包括滞纳金和罚款。

第四条　公告机关应当按期在办税场所或者广播、电视、报纸、期刊、网络等新闻媒体上公告纳税人的欠缴税款情况。

（一）企业或单位欠税的，每季公告一次。

（二）个体工商户和其他个人欠税的，每半年公告一次。

（三）走逃、失踪的纳税户以及其他经税务机关查无下落的非正常户欠税的，随时公告。

第五条　欠税公告内容如下：

（一）企业或单位欠税的，公告企业或单位的名称、纳税人识别号、法定代表人或负责人姓名、居民身份证或其他有效身份证件号码、经营地点、欠税税种、欠税余额和当期新发生的欠税金额；

（二）个体工商户欠税的，公告业户名称、业主姓名、纳税人识别号、居民身份证或其他有效身份证件号码、经营地点、欠税税种、欠税余额和当期新发生的欠税金额；

（三）个人（不含个体工商户）欠税的，公告其姓名、居民身份证或其他有效身份证件号码、欠税税种、欠税余额和当期新发生的欠税金额。

第六条　企业、单位纳税人欠缴税款 200 万元以下（不含 200 万元），个体工商户和其他个人欠缴税款 10 万元以下（不含 10 万元）的由县级税务局（分局）在办税服务厅公告。

企业、单位纳税人欠缴税款 200 万元以上（含 200 万元），个体工商户和其他个人欠缴税款 10 万元以上（含 10 万元）的，由地（市）级税务局（分局）公告。

对走逃、失踪的纳税户以及其他经税务机关查无下落的纳税人欠税的，由各省、自治区、直辖市和计划单列市税务局公告。

第七条　对按本办法规定需要由上级公告机关公告的纳税人欠税信息，下级公告机关应及时上报。具体的时间和要求由各省、自治区、直辖市和计划单列市税务局确定。

第八条 公告机关在欠税公告前，应当深入细致地对纳税人欠税情况进行确认，重点要就欠税统计清单数据与纳税人分户台账记载数据、账簿记载书面数据与信息系统记录电子数据逐一进行核对，确保公告数据的真实、准确。

第九条 欠税一经确定，公告机关应当以正式文书的形式签发公告决定，向社会公告。

欠税公告的数额实行欠税余额和新增欠税相结合的办法，对纳税人的以下欠税，税务机关可不公告：

一、已宣告破产，经法定清算后，依法注销其法人资格的企业欠税；

二、被责令撤销、关闭，经法定清算后，被依法注销或吊销其法人资格的企业欠税；

三、已经连续停止生产经营一年（按日历日期计算）以上的企业欠税；

四、失踪两年以上的纳税人的欠税。

公告决定应当列为税收征管资料档案，妥善保存。

第十条 公告机关公告纳税人欠税情况不得超出本办法规定的范围，并应依照《税收征管法》及其实施细则的规定对纳税人的有关情况进行保密。

第十一条 欠税发生后，除依照本办法公告外，税务机关应当依法催缴并严格按日计算加收滞纳金，直至采取税收保全、税收强制执行措施清缴欠税。任何单位和个人不得以欠税公告代替税收保全、税收强制执行等法定措施的实施，干扰清缴欠税。各级公告机关应指定部门负责欠税公告工作，并明确其他有关职能部门的相关责任，加强欠税管理。

第十二条 公告机关应公告不公告或者应上报不上报，给国家税款造成损失的，上级税务机关除责令其改正外，应按《中华人民共和国公务员法》规定，对直接责任人员予以处理。

第十三条 扣缴义务人、纳税担保人的欠税公告参照本办法的规定执行。

第十四条 各省、自治区、直辖市和计划单列市税务局可以根据本办法制定具体实施细则。

第十五条 本办法由国家税务总局负责解释。

第十六条 本办法自2005年1月1日起施行。

税务稽查工作规程

（2009年12月24日　国税发〔2009〕157号　根据2018年6月15日《国家税务总局关于修改部分税收规范性文件的公告》修改）

第一章　总　　则

第一条 为了保障税收法律、行政法规的贯彻实施，规范税务稽查工作，强化监督制约机制，根据《中华人民共和国税收征收管理法》（以下简称《税收征管法》）、《中华人民共和国税收征收管理法实施细则》（以下简称《税收征管法细则》）等有关规定，制定本规程。

第二条 税务稽查的基本任务，是依法查处税收违法行为，保障税收收入，维护税收秩序，促进依法纳税。

税务稽查由税务局稽查局依法实施。稽查局主要职责，是依法对纳税人、扣缴义务人和其他涉税当事人履行纳税义务、扣缴义务情况及涉税事项进行检查处理，以及围绕检查处理开展的其他相关工作。稽查局具体职责由国家税务总局依照《税收征管法》、《税收征管法细则》有关规定确定。

第三条 税务稽查应当以事实为根据，以法律为准绳，坚持公平、公开、公正、效率的原则。

税务稽查应当依靠人民群众，加强与有关部门、单位的联系和配合。

第四条 稽查局在所属税务局领导下开展税务稽查工作。

上级稽查局对下级稽查局的稽查业务进行管理、指导、考核和监督，对执法办案进行指挥和协调。

第五条 稽查局查处税收违法案件时，实行选案、检查、审理、执行分工制约原则。

稽查局设立选案、检查、审理、执行部门，分别实施选案、检查、审理、执行工作。

第六条 税务稽查人员应当依法为纳税人、扣缴义务人的商业秘密、个人隐私保密。

纳税人、扣缴义务人的税收违法行为不属于保密范围。

第七条 税务稽查人员有《税收征管法细则》规定回避情形的，应当回避。

被查对象要求税务稽查人员回避的，或者税务稽查人员自己提出回避的，由稽查局局长依法决定是否回避。稽查局局长发现税务稽查人员有规定回避情形的，应当要求其回避。稽查局局长的回避，由所属税务局领导依法审查决定。

第八条 税务稽查人员应当遵守工作纪律，恪守职业道德，不得有下列行为：

（一）违反法定程序、超越权限行使职权；

（二）利用职权为自己或者他人谋取利益；

（三）玩忽职守，不履行法定义务；

（四）泄露国家秘密、工作秘密，向被查对象通风报信、泄露案情；

（五）弄虚作假，故意夸大或者隐瞒案情；

（六）接受被查对象的请客送礼；

（七）未经批准私自会见被查对象；

（八）其他违法乱纪行为。

税务稽查人员在执法办案中滥用职权、玩忽职守、徇私舞弊的，依照有关规定严肃处理；涉嫌犯罪的，依法移送司法机关处理。

第九条 税务机关必须不断提高稽查信息化应用水平，充分利用现代信息技术采集涉税信息，强化稽查管理和执法监督。

第二章 管 辖

第十条 稽查局应当在所属税务局的征收管理范围内实施税务稽查。

前款规定以外的税收违法行为，由违法行为发生地或者发现地的稽查局查处。

税收法律、行政法规和国家税务总局对税务稽查管辖另有规定的，从其规定。

第十一条 税务稽查管辖有争议的，由争议各方本着有利于案件查处的原则逐级协商解决；不能协商一致的，报请共同的上级税务机关协调或者决定。

第十二条 省、自治区、直辖市和计划单列市税务局稽查局可以充分利用税源管理和税收违法情况分析成果，结合本地实际，按照以下标准在管辖区域范围内实施分级分类稽查：

（一）纳税人生产经营规模、纳税规模；

（二）分地区、分行业、分税种的税负水平；

（三）税收违法行为发生频度及轻重程度；

（四）税收违法案件复杂程度；

（五）纳税人产权状况、组织体系构成；

（六）其他合理的分类标准。

分级分类稽查应当结合税收违法案件查处、税收专项检查、税收专项整治等相关工作统筹确定。

第十三条 上级稽查局可以根据税收违法案件性质、复杂程度、查处难度以及社会影响等情况，组织查处或者直接查处管辖区域内发生的税收违法案件。

下级稽查局查处有困难的重大税收违法案件，可以报请上级稽查局查处。

第三章 选 案

第十四条 稽查局应当通过多种渠道获取案源信息，集体研究，合理、准确地选择和确定稽查对象。

选案部门负责稽查对象的选取，并对税收违法案件查处情况进行跟踪管理。

第十五条 稽查局必须有计划地实施稽查，严格控制对纳税人、扣缴义务人的税务检查次数。

稽查局应当在年度终了前制订下一年度的稽查工作计划，经所属税务局领导批准后实施，并报上一级稽查局备案。

年度稽查工作计划中的税收专项检查内容，应当根据上级税务机关税收专项检查安排，结合工作实际确定。

经所属税务局领导批准，年度稽查工作计划可以适当调整。

第十六条 选案部门应当建立案源信息档案，对所获取的案源信息实行分类管理。案源信息主要包括：

（一）财务指标、税收征管资料、稽查资料、情报交换和协查线索；

（二）上级税务机关交办的税收违法案件；

（三）上级税务机关安排的税收专项检查；

（四）税务局相关部门移交的税收违法信息；

（五）检举的涉税违法信息；

（六）其他部门和单位转来的涉税违法信息；

（七）社会公共信息；

（八）其他相关信息。

第十七条 国家税务总局和各级税务局在稽查局设立税收违法案件举报中心，负责受理单位和个人对税收违法行为的检举。

对单位和个人实名检举税收违法行为并经查实，为国家挽回税收损失的，根据其贡献大小，依照国家税务总局有关规定给予相应奖励。

第十八条 税收违法案件举报中心应当对检举信息进行分析筛选，区分不同情形，经稽查局局长批准后分别处理：

（一）线索清楚，涉嫌偷税、逃避追缴欠税、骗税、虚开发票、制售假发票或者其他严重税收违法行为的，由选案部门列入案源信息；

（二）检举内容不详，无明确线索或者内容重复的，暂存待办；

（三）属于税务局其他部门工作职责范围的，转交相关部门处理；

（四）不属于自己受理范围的检举，将检举材料转送有处理权的单位。

第十九条 选案部门对案源信息采取计算机分析、人工分析、人机结合分析等方法进行筛选，发现有税收违法嫌疑的，应当确定为待查对象。

待查对象确定后，选案部门填制《税务稽查立案审批表》，附有关资料，经稽查局局长批准后立案检查。

税务局相关部门移交的税收违法信息，稽查局经筛选未立案检查的，应当及时告知移交信息的部门；移交信息的部门仍然认为需要立案检查的，经所属税务局领导批准后，由稽查局立案检查。

对上级税务机关指定和税收专项检查安排的检查对象，应当立案检查。

第二十条 经批准立案检查的，由选案部门制作《税务稽查任务通知书》，连同有关资料一并移交检查部门。

选案部门应当建立案件管理台账，跟踪案件查处进展情况，并及时报告稽查局局长。

第四章 检 查

第二十一条 检查部门接到《税务稽查任

务通知书》后，应当及时安排人员实施检查。

检查人员实施检查前，应当查阅被查对象纳税档案，了解被查对象的生产经营情况、所属行业特点、财务会计制度、财务会计处理办法和会计核算软件，熟悉相关税收政策，确定相应的检查方法。

第二十二条 检查前，应当告知被查对象检查时间、需要准备的资料等，但预先通知有碍检查的除外。

检查应当由两名以上检查人员共同实施，并向被查对象出示税务检查证和《税务检查通知书》。

检查应当自实施检查之日起60日内完成；确需延长检查时间的，应当经稽查局局长批准。

第二十三条 实施检查时，依照法定权限和程序，可以采取实地检查、调取账簿资料、询问、查询存款账户或者储蓄存款、异地协查等方法。

对采用电子信息系统进行管理和核算的被查对象，可以要求其打开该电子信息系统，或者提供与原始电子数据、电子信息系统技术资料一致的复制件。被查对象拒不打开或者拒不提供的，经稽查局局长批准，可以采用适当的技术手段对该电子信息系统进行直接检查，或者提取、复制电子数据进行检查，但所采用的技术手段不得破坏该电子信息系统原始电子数据，或者影响该电子信息系统正常运行。

第二十四条 实施检查时，应当依照法定权限和程序，收集能够证明案件事实的证据材料。收集的证据材料应当真实，并与所证明的事项相关联。

调查取证时，不得违反法定程序收集证据材料；不得以偷拍、偷录、窃听等手段获取侵害他人合法权益的证据材料；不得以利诱、欺诈、胁迫、暴力等不正当手段获取证据材料。

第二十五条 调取账簿、记账凭证、报表和其他有关资料时，应当向被查对象出具《调取账簿资料通知书》，并填写《调取账簿资料清单》交其核对后签章确认。

调取纳税人、扣缴义务人以前会计年度的账簿、记账凭证、报表和其他有关资料的，应当经所属税务局局长批准，并在3个月内完整退还；调取纳税人、扣缴义务人当年的账簿、记账凭证、报表和其他有关资料的，应当经所属设区的市、自治州以上税务局局长批准，并在30日内退还。

第二十六条 需要提取证据材料原件的，应当向当事人出具《提取证据专用收据》，由当事人核对后签章确认。对需要归还的证据材料原件，检查结束后应当及时归还，并履行相关签收手续。需要将已开具的发票调出查验时，应当向被查验的单位或者个人开具《发票换票证》；需要将空白发票调出查验时，应当向被查验的单位或者个人开具《调验空白发票收据》，经查无问题的，应当及时退还。

提取证据材料复制件的，应当由原件保存单位或者个人在复制件上注明“与原件核对无误，原件存于我处”，并由提供人签章。

第二十七条 询问应当由两名以上检查人员实施。除在被查对象生产、经营场所询问外，应当向被询问人送达《询问通知书》。

询问时应当告知被询问人如实回答问题。询问笔录应当交被询问人核对或者向其宣读；询问笔录有修改的，应当由被询问人在改动处捺指印；核对无误后，由被询问人在尾页结束处写明“以上笔录我看过（或者向我宣读过），与我说的相符”，并逐页签章、捺指印。被询问人拒绝在询问笔录上签章、捺指印的，检查人员应当在笔录上注明。

第二十八条 当事人、证人可以采取书面或者口头方式陈述或者提供证言。当事人、证人口头陈述或者提供证言的，检查人员可以笔录、录音、录像。笔录应当使用能够长期保持字迹的书写工具书写，也可使用计算机记录并打印，陈述或者证言应当由陈述人或者证人逐页签章、捺指印。

当事人、证人口头提出变更陈述或者证言的，检查人员应当就变更部分重新制作笔录，注明原因，由当事人、证人逐页签章、捺指印。当事人、证人变更书面陈述或者证言的，不退回原件。

第二十九条 制作录音、录像等视听资料的，应当注明制作方法、制作时间、制作人和证明对象等内容。

调取视听资料时，应当调取有关资料的原始载体；难以调取原始载体的，可以调取复制件，但应当说明复制方法、人员、时间和原件存放处等事项。

对声音资料，应当附有该声音内容的文字记录；对图像资料，应当附有必要的文字说明。

第三十条 以电子数据的内容证明案件事实的，应当要求当事人将电子数据打印成纸质资料，在纸质资料上注明数据出处、打印场所，注明“与电子数据核对无误”，并由当事人签章。

需要以有形载体形式固定电子数据的，应当与提供电子数据的个人、单位的法定代表人或者财务负责人一起将电子数据复制到存储介质上并封存，同时在封存包装物上注明制作方法、制作时间、制作人、文件格式及长度等，注明“与原始载体记载的电子数据核对无误”，并由电子数据提供人签章。

第三十一条 检查人员实地调查取证时，可以制作现场笔录、勘验笔录，对实地检查情况予以记录或者说明。

制作现场笔录、勘验笔录，应当载明时间、地点和事件等内容，并由检查人员签名和当事人签章。

当事人拒绝在现场笔录、勘验笔录上签章的，检查人员应当在笔录上注明原因；如有其他人员在场，可以由其签章证明。

第三十二条 需要异地调查取证的，可以发函委托相关稽查局调查取证；必要时可以派人参与受托地稽查局的调查取证。

受托地稽查局应当根据协查请求，依照法定权限和程序调查；对取得的证据材料，应当连同相关文书一并作为协查案卷立卷存档；同时根据委托地稽查局协查函委托的事项，将相关证据材料及文书复制，注明“与原件核对无误”，注明原件存放处，并加盖本单位印章后一并移交委托地稽查局。

需要取得境外资料的，稽查局可以提请国际税收管理部门依照税收协定情报交换程序获取，或者通过我国驻外机构收集有关信息。

第三十三条 查询从事生产、经营的纳税人、扣缴义务人存款账户的，应当经所属税务局局长批准，凭《检查存款账户许可证明》向相关银行或者其他金融机构查询。

查询案件涉嫌人员储蓄存款的，应当经所属设区的市、自治州以上税务局局长批准，凭《检查存款账户许可证明》向相关银行或者其他金融机构查询。

第三十四条 检查从事生产、经营的纳税人以前纳税期的纳税情况时，发现纳税人有逃避纳税义务行为，并有明显的转移、隐匿其应纳税的商品、货物以及其他财产或者应纳税收入迹象的，经所属税务局局长批准，可以依法采取税收保全措施。

第三十五条 稽查局采取税收保全措施时，应当向纳税人送达《税收保全措施决定书》，告知其采取税收保全措施的内容、理由及依据，并依法告知其申请行政复议和提起行政诉讼的权利。

采取冻结纳税人在开户银行或者其他金融机构的存款措施时，应当向纳税人开户银行或者其他金融机构送达《冻结存款通知书》，冻结其相当于应纳税款的存款。

采取查封商品、货物或者其他财产措

施时，应当填写《查封商品、货物或者其他财产清单》，由纳税人核对后签章；采取扣押纳税人商品、货物或者其他财产措施时，应当出具《扣押商品、货物或者其他财产专用收据》，由纳税人核对后签章。

采取查封、扣押有产权证件的动产或者不动产措施时，应当依法向有关单位送达《税务协助执行通知书》，通知其在查封、扣押期间不再办理该动产或者不动产的过户手续。

第三十六条 有下列情形之一的，稽查局应当依法及时解除税收保全措施：

（一）纳税人已按履行期限缴纳税款的；

（二）税收保全措施被复议机关决定撤销的；

（三）税收保全措施被人民法院裁决撤销的；

（四）其他法定应当解除税收保全措施的。

第三十七条 解除税收保全措施时，应当向纳税人送达《解除税收保全措施通知书》，告知其解除税收保全措施的时间、内容和依据，并通知其在限定时间内办理解除税收保全措施的有关事宜：

（一）采取冻结存款措施的，应当向冻结存款的纳税人开户银行或者其他金融机构送达《解除冻结存款通知书》，解除冻结。

（二）采取查封商品、货物或者其他财产措施的，应当解除查封并收回《查封商品、货物或者其他财产清单》。

（三）采取扣押商品、货物或者其他财产的，应当予以返还并收回《扣押商品、货物或者其他财产专用收据》。

税收保全措施涉及协助执行单位的，应当向协助执行单位送达《税务协助执行通知书》，通知解除税收保全措施相关事项。

第三十八条 采取税收保全措施的期限一般不得超过6个月；查处重大税收违法案件中，有下列情形之一，需要延长税收保全期限的，应当逐级报请国家税务总局批准：

（一）案情复杂，在税收保全期限内确实难以查明案件事实的；

（二）被查对象转移、隐匿、销毁账簿、记账凭证或者其他证据材料的；

（三）被查对象拒不提供相关情况或者以其他方式拒绝、阻挠检查的；

（四）解除税收保全措施可能使纳税人转移、隐匿、损毁或者违法处置财产，从而导致税款无法追缴的。

第三十九条 被查对象有下列情形之一的，依照《税收征管法》和《税收征管法细则》有关逃避、拒绝或者以其他方式阻挠税务检查的规定处理：

（一）提供虚假资料，不如实反映情况，或者拒绝提供有关资料的；

（二）拒绝或者阻止检查人员记录、录音、录像、照相、复制与税收违法案件有关资料的；

（三）在检查期间转移、隐匿、损毁、丢弃有关资料的；

（四）其他不依法接受税务检查行为的。

第四十条 检查过程中，检查人员应当制作《税务稽查工作底稿》，记录案件事实，归集相关证据材料，并签字、注明日期。

第四十一条 检查结束前，检查人员可以将发现的税收违法事实和依据告知被查对象；必要时，可以向被查对象发出《税务事项通知书》，要求其在限期内书面说明，并提供有关资料；被查对象口头说明的，检查人员应当制作笔录，由当事人签章。

第四十二条 检查结束时，应当根据《税务稽查工作底稿》及有关资料，制作《税务稽查报告》，由检查部门负责人审核。

经检查发现有税收违法事实的，《税务稽查报告》应当包括以下主要内容：

（一）案件来源；

（二）被查对象基本情况；

（三）检查时间和检查所属期间；

（四）检查方式、方法以及检查过程中采取的措施；

（五）查明的税收违法事实及性质、手段；

（六）被查对象是否有拒绝、阻挠检查的情形；

（七）被查对象对调查事实的意见；

（八）税务处理、处罚建议及依据；

（九）其他应当说明的事项；

（十）检查人员签名和报告时间。

经检查没有发现税收违法事实的，应当在《税务稽查报告》中说明检查内容、过程、事实情况。

第四十三条 检查完毕，检查部门应当将《税务稽查报告》、《税务稽查工作底稿》及相关证据材料，在5个工作日内移交审理部门审理，并办理交接手续。

第四十四条 有下列情形之一，致使检查暂时无法进行的，检查部门可以填制《税收违法案件中止检查审批表》，附相关证据材料，经稽查局局长批准后，中止检查：

（一）当事人被有关机关依法限制人身自由的；

（二）账簿、记账凭证及有关资料被其他国家机关依法调取且尚未归还的；

（三）法律、行政法规或者国家税务总局规定的其他可以中止检查的。

中止检查的情形消失后，应当及时填制《税收违法案件解除中止检查审批表》，经稽查局局长批准后，恢复检查。

第四十五条 有下列情形之一，致使检查确实无法进行的，检查部门可以填制《税收违法案件终结检查审批表》，附相关证据材料，移交审理部门审核，经稽查局局长批准后，终结检查：

（一）被查对象死亡或者被依法宣告死亡或者依法注销，且无财产可抵缴税款或者无法定税收义务承担主体的；

（二）被查对象税收违法行为均已超过法定追究期限的；

（三）法律、行政法规或者国家税务总局规定的其他可以终结检查的。

第五章 审 理

第四十六条 审理部门接到检查部门移交的《税务稽查报告》及有关资料后，应当及时安排人员进行审理。

审理人员应当依据法律、行政法规、规章及其他规范性文件，对检查部门移交的《税务稽查报告》及相关材料进行逐项审核，提出书面审理意见，由审理部门负责人审核。

案情复杂的，稽查局应当集体审理；案情重大的，稽查局应当依照国家税务总局有关规定报请所属税务局集体审理。

第四十七条 对《税务稽查报告》及有关资料，审理人员应当着重审核以下内容：

（一）被查对象是否准确；

（二）税收违法事实是否清楚、证据是否充分、数据是否准确、资料是否齐全；

（三）适用法律、行政法规、规章及其他规范性文件是否适当，定性是否正确；

（四）是否符合法定程序；

（五）是否超越或者滥用职权；

（六）税务处理、处罚建议是否适当；

（七）其他应当审核确认的事项或者问题。

第四十八条 有下列情形之一的，审理部门可以将《税务稽查报告》及有关资料退回检查部门补正或者补充调查：

（一）被查对象认定错误的；

（二）税收违法事实不清、证据不足的；

（三）不符合法定程序的；

（四）税务文书不规范、不完整的；

（五）其他需要退回补正或者补充调查的。

第四十九条 《税务稽查报告》认定的税收违法事实清楚、证据充分，但适用法律、行政法规、规章及其他规范性文件错误，或者提出的税务处理、处罚建议错误或者不当的，审理部门应当另行提出税务处理、处罚意见。

第五十条 审理部门接到检查部门移交的《税务稽查报告》及有关资料后，应当在15日内提出审理意见。但下列时间不计算在内：

（一）检查人员补充调查的时间；

（二）向上级机关请示或者向相关部门征询政策问题的时间。

案情复杂确需延长审理时限的，经稽查局局长批准，可以适当延长。

第五十一条 拟对被查对象或者其他涉税当事人作出税务行政处罚的，向其送达《税务行政处罚事项告知书》，告知其依法享有陈述、申辩及要求听证的权利。《税务行政处罚事项告知书》应当包括以下内容：

（一）认定的税收违法事实和性质；

（二）适用的法律、行政法规、规章及其他规范性文件；

（三）拟作出的税务行政处罚；

（四）当事人依法享有的权利；

（五）告知书的文号、制作日期、税务机关名称及印章；

（六）其他相关事项。

第五十二条 对被查对象或者其他涉税当事人的陈述、申辩意见，审理人员应当认真对待，提出判断意见。

对当事人口头陈述、申辩意见，审理人员应当制作《陈述申辩笔录》，如实记录，由陈述人、申辩人签章。

第五十三条 被查对象或者其他涉税当事人要求听证的，应当依法组织听证。听证主持人由审理人员担任。

听证依照国家税务总局有关规定执行。

第五十四条 审理完毕，审理人员应当制作《税务稽查审理报告》，由审理部门负责人审核。《税务稽查审理报告》应当包括以下主要内容：

（一）审理基本情况；

（二）检查人员查明的事实及相关证据；

（三）被查对象或者其他涉税当事人的陈述、申辩情况；

（四）经审理认定的事实及相关证据；

（五）税务处理、处罚意见及依据；

（六）审理人员、审理日期。

第五十五条 审理部门区分下列情形分别作出处理：

（一）认为有税收违法行为，应当进行税务处理的，拟制《税务处理决定书》；

（二）认为有税收违法行为，应当进行税务行政处罚的，拟制《税务行政处罚决定书》；

（三）认为税收违法行为轻微，依法可以不予税务行政处罚的，拟制《不予税务行政处罚决定书》；

（四）认为没有税收违法行为的，拟制《税务稽查结论》。

《税务处理决定书》、《税务行政处罚决定书》、《不予税务行政处罚决定书》、《税务稽查结论》引用的法律、行政法规、规章及其他规范性文件，应当注明文件全称、文号和有关条款。

《税务处理决定书》、《税务行政处罚决定书》、《不予税务行政处罚决定书》、《税务稽查结论》经稽查局局长或者所属税务局领导批准后由执行部门送达执行。

第五十六条 《税务处理决定书》应当包括以下主要内容：

（一）被查对象姓名或者名称及地址；

（二）检查范围和内容；

（三）税收违法事实及所属期间；

（四）处理决定及依据；

（五）税款金额、缴纳期限及地点；

（六）税款滞纳时间、滞纳金计算方法、缴纳期限及地点；

（七）告知被查对象不按期履行处理决定应当承担的责任；

（八）申请行政复议或者提起行政诉讼的途径和期限；

（九）处理决定的文号、制作日期、税务机关名称及印章。

第五十七条 《税务行政处罚决定书》应当包括以下主要内容：

（一）被查对象或者其他涉税当事人姓名或者名称及地址；

（二）检查范围和内容；

（三）税收违法事实及所属期间；

（四）行政处罚种类和依据；

（五）行政处罚履行方式、期限和地点；

（六）告知当事人不按期履行行政处罚决定应当承担的责任；

（七）申请行政复议或者提起行政诉讼的途径和期限；

（八）行政处罚决定的文号、制作日期、税务机关名称及印章。

第五十八条 《不予税务行政处罚决定书》应当包括以下主要内容：

（一）被查对象或者其他涉税当事人姓名或者名称及地址；

（二）检查范围和内容；

（三）税收违法事实及所属期间；

（四）不予税务行政处罚的理由及依据；

（五）申请行政复议或者提起行政诉讼的途径和期限；

（六）不予行政处罚决定的文号、制作日期、税务机关名称及印章。

第五十九条 《税务稽查结论》应当包括以下主要内容：

（一）被查对象姓名或者名称及地址；

（二）检查范围和内容；

（三）检查时间和检查所属期间；

（四）检查结论；

（五）结论的文号、制作日期、税务机关名称及印章。

第六十条 税收违法行为涉嫌犯罪的，填制《涉嫌犯罪案件移送书》，经所属税务局局长批准后，依法移送公安机关，并附送以下资料：

（一）《涉嫌犯罪案件情况的调查报告》；

（二）《税务处理决定书》、《税务行政处罚决定书》的复制件；

（三）涉嫌犯罪的主要证据材料复制件；

（四）补缴应纳税款、缴纳滞纳金、已受行政处罚情况明细表及凭据复制件。

第六章 执 行

第六十一条 执行部门接到《税务处理决定书》、《税务行政处罚决定书》、《不予税务行政处罚决定书》、《税务稽查结论》等税务文书后，应当依法及时将税务文书送达被执行人。

执行部门在送达相关税务文书时，应当及时通过税收征管信息系统将税收违法案件查处情况通报税源管理部门。

第六十二条 被执行人未按照《税务处理决定书》确定的期限缴纳或者解缴税款的，稽查局经所属税务局局长批准，可以依法采取强制执行措施，或者依法申请人民法院强制执行。

第六十三条 经稽查局确认的纳税担保人未按照确定的期限缴纳所担保的税款、滞纳金的，责令其限期缴纳；逾期仍未缴纳的，经所属税务局局长批准，可以依法采取强制执行措施。

第六十四条 被执行人对《税务行政处罚决定书》确定的行政处罚事项，逾期不申请行政复议也不向人民法院起诉、又不履行的，稽查局经所属税务局局长批准，可以依法采取强制执行措施，或者依法申请人民法院强制执行。

第六十五条 稽查局对被执行人采取强制执行措施时，应当向被执行人送达《税收强制执行决定书》，告知其采取强制执行措施的内容、理由及依据，并告知其依法申请行政复议或者提出行政诉讼的权利。

第六十六条 稽查局采取从被执行人开户银行或者其他金融机构的存款中扣缴税款、滞纳金、罚款措施时，应当向被执行人开户银行或者其他金融机构送达《扣缴税收款项通知书》，依法扣缴税款、滞纳金、罚款，并及时将有关完税凭证送交被执行人。

第六十七条 拍卖、变卖被执行人商品、货物或者其他财产，以拍卖、变卖所得抵缴税款、滞纳金、罚款的，在拍卖、变卖前应当依法进行查封、扣押。

稽查局拍卖、变卖被执行人商品、货物或者其他财产前，应当拟制《拍卖/变卖抵税财物决定书》，经所属税务局局长批准后送达被执行人，予以拍卖或者变卖。

拍卖或者变卖实现后，应当在结算并收取价款后3个工作日内，办理税款、滞纳金、罚款的入库手续，并拟制《拍卖/变卖结果通知书》，附《拍卖/变卖扣押、查封的商品、货物或者其他财产清单》，经稽查局局长审核后，送达被执行人。

以拍卖或者变卖所得抵缴税款、滞纳金、罚款和拍卖、变卖费用后，尚有剩余的财产或者无法进行拍卖、变卖的财产的，应当拟制《返还商品、货物或者其他财产通知书》，附《返还商品、货物或者其他财产清单》，送达被执行人，并自办理税款、滞纳金、罚款入库手续之日起3个工作日内退还被执行人。

第六十八条 被执行人在限期内缴清税款、滞纳金、罚款或者稽查局依法采取强制执行措施追缴税款、滞纳金、罚款后，执行部门应当制作《税务稽查执行报告》，记明执行过程、结果、采取的执行措施以及使用的税务文书等内容，由执行人员签名并注明日期，连同执行环节的其他税务文书、资料一并移交审理部门整理归档。

第六十九条 执行过程中发现涉嫌犯罪的，执行部门应当及时将执行情况通知审理部门，并提出向公安机关移送的建议。

对执行部门的移送建议，审理部门依照本规程第六十条处理。

第七十条 执行过程中发现有下列情形之一的，由执行部门填制《税收违法案件中止执行审批表》，附有关证据材料，经稽查局局长批准后，中止执行：

（一）被执行人死亡或者被依法宣告死亡，尚未确定可执行财产的；

（二）被执行人进入破产清算程序尚未终结的；

（三）可执行财产被司法机关或者其他国家机关依法查封、扣押、冻结，致使执行暂时无法进行的；

（四）法律、行政法规和国家税务总局规定其他可以中止执行的。

中止执行情形消失后，应当及时填制《税收违法案件解除中止执行审批表》，经稽查局局长批准后，恢复执行。

第七十一条 被执行人确实没有财产抵缴税款或者依照破产清算程序确实无法清缴税款，或者有其他法定终结执行情形的，稽查局可以填制《税收违法案件终结执行审批表》，依照国家税务总局规定权限和程序，经税务局相关部门审核并报所属税务局局长批准后，终结执行。

第七章 案卷管理

第七十二条 《税务处理决定书》、《税务行政处罚决定书》、《不予行政处罚决定书》、《税务稽查结论》执行完毕，或者依照本规程第四十五条进行终结检查或者依照第七十一条终结执行的，审理部门应当在60日内收集稽查各环节与案件有关的全部资料，整理成税务稽查案卷，归档保管。

第七十三条 税务稽查案卷应当按照被查对象分别立卷，统一编号，做到一案一卷、目录清晰、资料齐全、分类规范、装订整齐。

税务稽查案卷分别立为正卷和副卷。

正卷主要列入各类证据材料、税务文书等可以对外公开的稽查材料；副卷主要列入检举及奖励材料、案件讨论记录、法定秘密材料等不宜对外公开的稽查材料。如无不宜公开的内容，可以不立副卷。副卷作为密卷管理。

第七十四条 税务稽查案卷材料应当按照以下规则组合排列：

（一）案卷内材料原则上按照实际稽查程序依次排列；

（二）证据材料可以按照材料所反映的问题等特征分类，每类证据主要证据材料排列在前，旁证材料排列在后；

（三）其他材料按照材料形成的时间顺序，并结合材料的重要程度进行排列。

税务稽查案卷内每份或者每组材料的排列规则是：正件在前，附件在后；重要材料在前，其他材料在后；汇总性材料在前，基础性材料在后。

第七十五条 税务稽查案卷按照以下情况确定保管期限：

（一）偷税、逃避追缴欠税、骗税、抗税案件，以及涉嫌犯罪案件，案卷保管期限为永久；

（二）一般行政处罚的税收违法案件，案卷保管期限为30年；

（三）前两项规定以外的其他税收违法案件，案卷保管期限为10年。

第七十六条 查阅或者借阅税务稽查案卷，应当按照档案管理规定办理手续。

税务机关人员需要查阅或者借阅税务稽查案卷的，应当经稽查局局长批准；税务机关以外人员需要查阅的，应当经稽查局所属税务局领导批准。

查阅税务稽查案卷应当在档案室进行。借阅税务稽查案卷，应当按照规定的时限完整归还。

未经稽查局局长或者所属税务局领导批准，查阅或者借阅税务稽查案卷的单位和个人，不得摘抄、复制案卷内容和材料。

第七十七条 税务稽查案卷应当在立卷次年6月30日前移交所属税务局档案管理部门保管；稽查局与所属税务局异址办公的，可以适当延迟移交，但延迟时间最多不超过2年。

第八章 附　　则

第七十八条 本规程相关税务文书的式样，由国家税务总局规定。

第七十九条 本规程所称签章，区分以下情况确定：

（一）属于法人或者其他组织的，由相关人员签名，加盖单位印章并注明日期；

（二）属于个人的，由个人签名并注明日期。

本规程所称以上、日内，包括本数。

第八十条 本规程自2010年1月1日起执行。国家税务总局1995年12月1日印发的《税务稽查工作规程》同时废止。

税收执法督察规则

（2013年2月25日国家税务总局令第29号公布　根据2018年6月15日《国家税务总局关于修改部分税务部门规章的决定》修正）

第一章 总　　则

第一条 为了规范税收执法督察工作，促进税务机关依法行政，保证税收法律、行政法规和税收政策的贯彻实施，保护纳税人的合法权益，防范和化解税收执法风险，根据《中华人民共和国税收征收管理法》及其实施细则的有关规定，制定本规则。

第二条 各级税务机关开展税收执法督察工作，适用本规则。

第三条 本规则所称税收执法督察（以下简称执法督察），是指县以上（含县）各级税务机关对本级税务机关内设机构、直属机构、派出机构或者下级税务机关的税收执法行为实施检查和处理的行政监督。

第四条 执法督察应当服从和服务于税收中心工作，坚持依法督察，客观公正，实事求是。

第五条 被督察单位及其工作人员应当自觉接受和配合执法督察。

第二章 执法督察的组织管理

第六条 各级税务机关督察内审部门或者承担税收执法监督检查职责的部门（以下简称督察内审部门），代表本级税务机关组织开展执法督察工作，履行以下职责：

（一）依据上级税务机关执法督察工作制度和计划，制定本级税务机关执法督察工作制度和计划；

（二）组织实施执法督察，向本级税务机关提交税收执法督察报告，并制作《税收执法督察处理决定书》、《税收执法督察处理意见书》或者《税收执法督察结论书》；

（三）组织实施税务系统税收执法责任制工作，牵头推行税收执法责任制考核信息系统，实施执法疑点信息分析监控；

（四）督办执法督察所发现问题的整改和责任追究；

（五）配合外部监督部门对税务机关开展监督检查工作；

（六）向本级和上级税务机关报告执法督察工作情况；

（七）通报执法督察工作情况和执法督察结果；

（八）指导、监督和考核下级税务机关执法督察工作；

（九）其他相关工作。

第七条 执法督察实行统筹规划，归口管理。督察内审部门负责执法督察工作的具体组织、协调和落实。税务机关内部相关部门应当树立全局观念，积极参与、支持和配合执法督察工作。

各级税务机关根据工作需要，可以将执法督察与其他具有监督性质的工作协同开展。

第八条 各级税务机关应当统一安排专门的执法督察工作经费，根据年度执法督察工作计划和具体执法督察工作的开展情况，做好经费预算，并保障经费的正确合理使用。

第九条 上级税务机关对执法督察事项可以直接进行督察，也可以授权或者指定下级税务机关进行督察。

第十条 上级税务机关认为下级税务机关作出的执法督察结论不适当的，可以责成下级税务机关予以变更或者撤销，必要时也可以直接作出变更或者撤销的决定。

第十一条 各级税务机关可以采取复查、抽查等方式，对执法督察人员在执法督察工作中履行职责、遵守纪律、廉洁自律等情况进行监督检查。

第十二条 各级税务机关应当建立税收执法督察人才库，为执法督察储备人才。根据执法督察工作需要，确定执法督察人才库人员基数，实行动态管理，定期组织业务培训。下级税务机关应当向上级税务机关执法督察人才库输送人才。

第十三条 执法督察可以由督察内审部门人员独立完成，也可以抽调本级和下级税务机关税务人员实施，优先抽调执法督察人才库成员参加。相关单位和部门应当予以配合。

第三章 执法督察的内容和形式

第十四条 执法督察的内容包括：

（一）税收法律、行政法规、规章和规范性文件的执行情况；

（二）国务院和上级税务机关有关税收工作重要决策、部署的贯彻落实情况；

（三）税务机关制定或者与其他部门联合制定的涉税文件，以及税务机关以外的单位制定的涉税文件的合法性；

（四）外部监督部门依法查处或者督查、督办的税收执法事项；

（五）上级机关交办、有关部门转办的税收执法事项；

（六）执法督察所发现问题的整改和责任追究情况；

（七）其他需要实施执法督察的税收执法事项。

第十五条 执法督察可以通过全面执法督察、重点执法督察、专项执法督察和专案执法督察等形式开展。

第十六条 全面执法督察是指税务机关对本级和下级税务机关的税收执法行为进行的广泛、系统的监督检查。

第十七条 重点执法督察是指税务机关对本级和下级税务机关某些重点方面、重点环节、重点行业的税收执法行为所进行的监督检查。

第十八条 专项执法督察是指税务机关对本级和下级税务机关某项特定内容涉及到的税收执法行为进行的监督检查。

第十九条 专案执法督察是指税务机关对上级机关交办、有关部门转办的特定税收执法事项，以及通过信访、举报、媒体等途径反映的重大税收执法问题所涉及到的本级和下级税务机关的税收执法行为进行的监督检查。

第二十条 各级税务机关应当积极运用信息化手段，对与税收执法活动有关的各类信息系统执法数据进行分析、筛选、监控和提示，为各种形式的执法督察提供线索。

第四章 执法督察实施程序

第二十一条 执法督察工作要有计划、有组织、有步骤地开展，主要包括准备、实施、处理、整改、总结等阶段，根据工作需要可以进行复查。

第二十二条 督察内审部门应当科学、合理制定年度执法督察工作计划，报本级税务机关批准后统一部署实施。

未纳入年度执法督察工作计划的专案执法督察和其他特殊情况下需要启动的执法督察，应当在实施前报本级税务机关批准。

第二十三条 实施执法督察前，督察内审部门应当根据执法督察的对象和内容，制定包括组织领导、工作要求和执法督察的时限、重点、方法、步骤等内容的执法督察方案。

第二十四条 实施执法督察的税务机关应当成立执法督察组，负责具体实施执法督察。执法督察组人员不得少于2人，并实行组长负责制。

执法督察组组长应当对执法督察的总体质量负责。当执法督察组组长对被督察单位有关税收执法事项的意见与其他组员的意见不一致时，应当在税收执法督察报告中进行说明。

第二十五条 实施执法督察的税务机关应当根据执法督察的对象和内容对执法督察组人员进行查前培训，保证执法督察效率和质量。

第二十六条 实施执法督察，应当提前3个工作日向被督察单位下发税收执法督察通知，告知执法督察的时间、内容、方式，需要准备的资料，配合工作的要求等。被督察单位应当将税收执法督察通知在本单位范围内予以公布。

专案执法督察和其他特殊情况下，可以不予提前通知和公布。

第二十七条 执法督察可以采取下列工作方式：

（一）听取被督察单位税收执法情况汇报；

（二）调阅被督察单位收发文簿、会议纪要、涉税文件、税收执法卷宗和文书，以及其他相关资料；

（三）查阅、调取与税收执法活动有关的各类信息系统电子文档和数据；

（四）与被督察单位有关人员谈话，

了解有关情况；

（五）特殊情况下需要到相关纳税人和有关单位了解情况或者取证时，应当按照法律规定的权限进行，并商请主管税务机关予以配合；

（六）其他方式。

第二十八条 执法督察中，被督察单位应当及时提供相关资料，以及与税收执法活动有关的各类信息系统所有数据查询权限。被督察单位主要负责人对本单位所提供的税收执法资料的真实性和完整性负责。

第二十九条 实施执法督察应当制作《税收执法督察工作底稿》。

发现税收执法行为存在违法、违规问题的，应当收集相关证据材料，在工作底稿上写明行为的内容、时间、情节、证据的名称和出处，以及违法、违规的文件依据等，由被督察单位盖章或者由有关人员签字。拒不盖章或者拒不签字的，应当说明理由，记录在案。

收集证据材料时无法取得原件的，应当通过复印、照相、摄像、扫描、录音等手段提取或者复制有关资料，由原件保存单位或者个人在复制件上注明“与原件核对无误，原件存于我处”，并由有关人员签字。原件由单位保存的，还应当由该单位盖章。

第三十条 执法督察组实施执法督察后，应当及时将发现的问题汇总，并向被督察单位反馈情况。

被督察单位或者个人可以对反馈的情况进行陈述和申辩，并提供陈述申辩的书面材料。

第三十一条 执法督察组实施执法督察后，应当起草税收执法督察报告，内容包括：

（一）执法督察的时间、内容、方法、步骤；

（二）被督察单位税收执法的基本情况；

（三）执法督察发现的具体问题，认定被督察单位存在违法、违规问题的基本事实和法律依据；

（四）对发现问题的拟处理意见；

（五）加强税收执法监督管理的建议；

（六）执法督察组认为应当报告的其他事项。

第三十二条 执法督察组实施执法督察后，应当将税收执法督察报告、工作底稿、证据材料、陈述申辩资料以及与执法督察情况有关的其他资料进行整理，提交督察内审部门。

第三十三条 督察内审部门收到税收执法督察报告和其他证据材料后，应当对以下内容进行审理：

（一）执法督察程序是否符合规定；

（二）事实是否清楚，证据是否确实充分，资料是否齐全；

（三）适用的法律、行政法规、规章、规范性文件和有关政策等是否正确；

（四）对被督察单位的评价是否准确，拟定的意见、建议等是否适当。

第三十四条 督察内审部门在审理中发现事实不清、证据不足、资料不全的，应当通知执法督察组对证据予以补正，也可以重新组织人员进行核实、检查。

第三十五条 督察内审部门在审理中对适用税收法律、行政法规和税收政策有疑义的问题，以及涉嫌违规的涉税文件，应当书面征求本级税务机关法规部门和业务主管部门意见，也可以提交本级税务机关集体研究，并做好会议记录；本级税务机关无法或者无权确定的，应当请示上级税务机关或者请有权机关解释或者确定。

第三十六条 督察内审部门根据审理结果修订税收执法督察报告，送被督察单位征求意见。被督察单位应当在15个工作日内提出书面反馈意见。在限期内未提出书面意见的，视同无异议。

督察内审部门应当对被督察单位提出的意见进行研究，对税收执法督察报告作必要修订，连同被督察单位的书面反馈意见一并报送本级税务机关审定。

第三十七条 督察内审部门根据本级税务机关审定的税收执法督察报告制作《税收执法督察处理决定书》、《税收执法督察处理意见书》或者《税收执法督察结论书》，经本级税务机关审批后下达被督察单位。

《税收执法督察处理决定书》适用于对被督察单位违反税收法律、行政法规和税收政策的行为进行处理。

《税收执法督察处理意见书》适用于对被督察单位提出自行纠正的事项和改进工作的建议。

《税收执法督察结论书》适用于对未发现违法、违规问题的被督察单位作出评价。

受本级税务机关委托，执法督察组组长可以就执法督察结果与被督察单位主要负责人或者有关人员进行谈话。

第三十八条 对违反税收法律、行政法规、规章和上级税收规范性文件的涉税文件，按下列原则作出执法督察决定：

（一）对下级税务机关制定，或者下级税务机关与其他部门联合制定的，责令停止执行，并予以纠正；

（二）对本级税务机关制定的，应当停止执行并提出修改建议；

（三）对地方政府和其他部门制定的，同级税务机关应当停止执行，向发文单位提出修改建议，并报告上级税务机关。

第三十九条 除第三十八条规定外，对其他不符合税收法律、行政法规、规章和上级税收规范性文件的税收执法行为，按下列原则作出执法督察处理决定：

（一）执法主体资格不合法的，依法予以撤销；

（二）未履行法定职责的，责令限期履行法定职责；

（三）事实不清、证据不足的，依法予以撤销，并可以责令重新作出执法行为；

（四）未正确适用法律依据的，依法予以变更或者撤销，并可以责令重新作出执法行为；

（五）严重违反法定程序的，依法予以变更或者撤销，并可以责令重新作出执法行为；

（六）超越职权或者滥用职权的，依法予以撤销；

（七）其他不符合税收法律、行政法规、规章和上级税收规范性文件的，依法予以变更或者撤销，并可以责令重新作出执法行为。

第四十条 被督察单位收到《税收执法督察处理决定书》和《税收执法督察处理意见书》后，应当在规定的期限内执行，并以书面形式向实施执法督察的税务机关报告下列执行结果：

（一）对违法、违规涉税文件的清理情况和清理结果；

（二）对违法、违规的税收执法行为予以变更、撤销和重新作出执法行为的情况；

（三）对有关责任人的责任追究情况；

（四）要求报送的其他文件和资料。

第四十一条 被督察单位对执法督察处理决定有异议的，可以在规定的期限内向实施执法督察的税务机关提出复核申请。实施执法督察的税务机关应当进行复核，并作出答复。

第四十二条 实施执法督察的税务机关应当在本单位范围内对执法督察结果和执法督察工作情况予以通报。

执法督察事项应当保密的，可以不予通报。

第四十三条 各级税务机关应当建立执法督察结果报告制度。

督察内审部门应当对执法督察所发现的问题进行归纳和分析，提出完善制度、加强管理等工作建议，向本级税务机关专题报告，并作为有关业务部门的工作参考。

发现税收政策或者税收征管制度存在问题的，各级税务机关应当及时向上级税务机关报告。

第四十四条 各级税务机关每年应当在规定时间内，向上级税务机关报送年度执法督察工作总结和报表等相关材料。

第四十五条 督察内审部门应当按照有关规定做好执法督察工作资料的立卷和归档工作。

执法督察档案应当做到资料齐全、分类清楚，便于质证和查阅。

第五章 责任追究及奖惩

第四十六条 执法督察中发现税收执法行为存在违法、违规问题的，应当按照有关规定和管理权限，对有关负责人和直接责任人予以责任追究。

第四十七条 执法督察中发现纳税人的税收违法行为，实施执法督察的税务机关应当责令主管税务机关调查处理；情节严重的，移交稽查部门处理。

第四十八条 执法督察中，被督察单位不如实提供相关资料和查询权限，或者无正当理由拒绝、拖延、阻挠执法督察的，由实施执法督察的税务机关责令限期改正；拒不改正的，对有关负责人和直接责任人予以责任追究。

第四十九条 被督察单位未按照《税收执法督察处理决定书》和《税收执法督察处理意见书》的要求执行，由实施执法督察的税务机关责令限期改正，并对其主要负责人和有关责任人予以责任追究。

第五十条 执法督察结果及其整改落实情况应当作为各级税务机关考核的重要内容。

各级税务机关应当对执法规范、成绩突出的单位和个人给予表彰和奖励，并予以通报，同时将其先进经验进行推广。存在重大执法问题的单位、部门及其主要负责人和有关责任人，不得参加先进评选。

第五十一条 对执法督察人员在执法督察中滥用职权、徇私舞弊、玩忽职守或者违反廉政建设有关规定的，应当按照有关规定追究其责任。

第五十二条 对在执法督察工作中业绩突出的执法督察人员，各级税务机关应当给予表扬和奖励，并将其业绩作为在优秀公务员等先进评选活动中的重要依据。

第六章 附 则

第五十三条 本规则相关文书式样，由国家税务总局另行规定。

第五十四条 各省、自治区、直辖市和计划单列市税务局可以依据本规则，结合本地区的具体情况制定具体实施办法。

第五十五条 本规则自2013年4月1日起施行，《国家税务总局关于印发〈税收执法检查规则〉的通知》（国税发〔2004〕126号）同时废止。

重大税收违法案件督办管理暂行办法

（2010年11月1日 国税发〔2010〕103号）

第一条 为了规范重大税收违法案件督办管理，根据《中华人民共和国税收征收管理法》有关规定，制定本办法。

第二条 上级税务局可以根据税收违法案件性质、涉案数额、复杂程度、查处难度以及社会影响等情况，督办管辖区域内发生的重大税收违法案件。

对跨越多个地区且案情特别复杂的重大税收违法案件，本级税务局查处确有困难的，可以报请上级税务局督办，并提出具体查处方案及相关建议。

重大税收违法案件具体督办事项由稽查局实施。

第三条 国家税务总局督办的重大税收违

法案件主要包括：

（一）国务院等上级机关、上级领导批办的案件；

（二）国家税务总局领导批办的案件；

（三）在全国或者省、自治区、直辖市范围内有重大影响的案件；

（四）税收违法数额特别巨大、情节特别严重的案件；

（五）国家税务总局认为需要督办的其他案件。

省、自治区、直辖市和计划单列市国家税务局、地方税务局督办重大税收违法案件的范围和标准，由本级国家税务局、地方税务局根据本地实际情况分别确定。

第四条 省、自治区、直辖市和计划单列市国家税务局、地方税务局依照国家税务总局规定的范围、标准、时限向国家税务总局报告税收违法案件，国家税务总局根据案情复杂程度和查处工作需要确定督办案件。

省以下重大税收违法案件报告的范围和标准，由省、自治区、直辖市和计划单列市国家税务局、地方税务局根据本地实际情况分别确定。

第五条 对需要督办的重大税收违法案件，督办税务局（以下简称督办机关）所属稽查局填写《重大税收违法案件督办立项审批表》，提出拟办意见。拟办意见主要包括承办案件的税务局（以下简称承办机关）及所属稽查局、承办时限和工作要求等，经督办机关领导审批或者督办机关授权所属稽查局局长审批后，向承办机关发出《重大税收违法案件督办函》，要求承办机关在确定的期限内查证事实，并作出税务处理、处罚决定。

需要多个地区税务机关共同查处的督办案件，督办机关应当明确主办机关和协办机关，或者按照管辖职责确定涉案重点事项查处工作任务。协办机关应当积极协助主办机关查处督办案件，及时查证并提供相关证据材料。对主办机关请求协助查证的事项，协办机关应当及时准确反馈情况，不得敷衍塞责或者懈怠应付。

督办案件同时涉及国家税务局、地方税务局管辖的税收事项，国家税务局、地方税务局分别依照职责查处，并相互通报相关情况；必要时可以联合办案，分别作出税务处理、处罚决定。

第六条 督办案件未经督办机关批准，承办机关不得擅自转给下级税务机关或者其他机关查处。

对因督办案件情况发生变化，不需要继续督办的，督办机关可以撤销督办，并向承办机关发出《重大税收违法案件撤销督办函》。

第七条 承办机关应当在接到督办机关《重大税收违法案件督办函》后7个工作日内按照《税务稽查工作规程》规定立案，在10个工作日内制订具体查处方案，并组织实施检查。

承办机关具体查处方案应当报送督办机关备案；督办机关要求承办机关在实施检查前报告具体查处方案的，承办机关应当按照要求报告，经督办机关同意后实施检查。

督办机关督办前承办机关已经立案的，承办机关不停止实施检查，但应当将具体查处方案及相关情况报告督办机关；督办机关要求调整具体查处方案的，承办机关应当调整。

第八条 承办机关应当按照《重大税收违法案件督办函》要求填写《重大税收违法案件情况报告表》，每30日向督办机关报告一次案件查处进展情况；《重大税收违法案件督办函》有确定报告时限的，按照确定时限报告；案件查处有重大进展或者遇到紧急情形的，应当及时报告；案件查处没有进展或者进展缓慢的，应当说明原因，并明确提出下一步查处工作安排。

对有《税务稽查工作规程》第四十四条规定的中止检查情形或者第七十条规定

的中止执行情形的，承办机关应当报请督办机关批准后中止检查或者中止执行。中止期间可以暂不填报《重大税收违法案件情况报告表》；中止检查或者中止执行情形消失后，承办机关应当及时恢复检查或者执行，并依照前款规定填报《重大税收违法案件情况报告表》。

第九条 督办机关应当指导、协调督办案件查处，可以根据工作需要派员前往案发地区督促检查或者参与办案，随时了解案件查处进展情况以及存在问题。

督办机关稽查局应当确定督办案件的主要责任部门和责任人员。主要责任部门应当及时跟踪监控案件查处过程，根据承办机关案件查处进度、处理结果和督促检查情况，向稽查局领导报告督办案件查处进展情况；案情重大或者上级机关、上级领导批办的重要案件，应当及时向督办机关领导报告查处情况。

第十条 承办机关可以就督办案件向相关地区同级税务机关发出《税收违法案件协查函》，提出具体协查要求和回复时限，相关地区同级税务机关应当及时回复协查结果，提供明确的协查结论和相关证据资料。案情重大复杂的，承办机关可以报请督办机关组织协查。

第十一条 承办机关稽查局应当严格依照《税务稽查工作规程》相关规定对督办案件实施检查和审理，并报请承办机关集体审理。

承办机关稽查局应当根据审理认定的结果，拟制《重大税收违法案件拟处理意见报告》，经承办机关领导审核后报送督办机关。

在查处督办案件中，遇有法律、行政法规、规章或者其他规范性文件的疑义问题，承办机关稽查局应当征询同级法规、税政、征管、监察等相关部门意见；相关部门无法确定的，应当依照规定请示上级税务机关或者咨询有权解释的其他机关。

第十二条 《重大税收违法案件拟处理意见报告》应当包括以下主要内容：

（一）案件基本情况；

（二）检查时段和范围；

（三）检查方法和措施；

（四）检查人员查明的事实及相关证据材料；

（五）相关部门和当事人的意见；

（六）审理认定的事实及相关证据材料；

（七）拟税务处理、处罚意见及依据；

（八）其他相关事项说明。

对督办案件定性处理具有关键决定作用的重要证据，应当附报制作证据说明，写明证据目录、名称、内容、证明对象等事项。

第十三条 对承办机关《重大税收违法案件拟处理意见报告》，督办机关应当在接到之日起15日内审查；如有本办法第十一条第三款规定情形的，审查期限可以适当延长。督办机关对承办机关提出的定性处理意见没有表示异议的，承办机关依法作出《税务处理决定书》、《税务行政处罚决定书》、《税务稽查结论》、《不予税务行政处罚决定书》，送达当事人执行。

督办机关审查认为承办机关《重大税收违法案件拟处理意见报告》认定的案件事实不清、证据不足、违反法定程序或者拟税务处理、处罚意见依据错误的，通知承办机关说明情况或者补充检查。

第十四条 对督办案件中涉嫌犯罪的税收违法行为，承办机关填制《涉嫌犯罪案件移送书》，依照规定程序和权限批准后，依法移送司法机关。对移送司法机关的案件，承办机关应当随时关注司法处理进展情况，并及时报告督办机关。

第十五条 承办机关应当在90日内查证督办案件事实并依法作出税务处理、处罚决定；督办机关确定查处期限的，承办机关应当严格按照确定的期限查处；案情复杂确实无法按时查处的，应当在查处期限届满前10日内向督办机关申请延期查处，提出延长查处期限和理由，经批准后延期查处。

第十六条 对承办机关超过规定期限未填报《重大税收违法案件情况报告表》，或者未查处督办案件且未按照规定提出延期查处申请的，督办机关应当向其发出《重大税收违法案件催办函》进行催办，并责令说明情况和理由。

承办机关对督办案件查处不力的，督办机关可以召集承办机关分管稽查的税务局领导或者稽查局局长汇报；必要时督办机关可以直接组织查处。

第十七条 督办案件有下列情形之一的，可以认定为结案：

（一）税收违法事实已经查证清楚，并依法作出《税务处理决定书》、《税务行政处罚决定书》，税款、滞纳金、罚款等税收款项追缴入库，纳税人或者其他当事人在法定期限内没有申请行政复议或者提起行政诉讼的；

（二）查明税收违法事实不存在或者情节轻微，依法作出《税务稽查结论》或者《不予税务行政处罚决定书》，纳税人或者其他当事人在法定期限内没有申请行政复议或者提起行政诉讼的；

（三）纳税人或者其他当事人对税务机关处理、处罚决定或者强制执行措施申请行政复议或者提起行政诉讼，行政复议决定或者人民法院判决、裁定生效并执行完毕的；

（四）符合《税务稽查工作规程》第四十五条规定的终结检查情形的；

（五）符合《税务稽查工作规程》第七十一条规定的终结执行情形的；

（六）法律、行政法规或者国家税务总局规定的其他情形的。

税务机关依照法定职权确实无法查证全部或者部分税收违法行为，但有根据认为其涉嫌犯罪并依法移送司法机关处理的，以司法程序终结为结案。

第十八条 承办机关应当在督办案件结案之日起10个工作日内向督办机关报送《重大税收违法案件结案报告》。

《重大税收违法案件结案报告》应当包括案件来源、案件查处情况、税务处理、处罚决定内容、案件执行情况等内容。督办机关要求附列《税务处理决定书》、《税务行政处罚决定书》、《税务稽查结论》、《不予税务行政处罚决定书》、《执行报告》、税款、滞纳金、罚款等税收款项入库凭证以及案件终结检查、终结执行审批文书等资料复印件的，应当附列。

第十九条 查处督办案件实行工作责任制。承办机关主要领导承担领导责任；承办机关分管稽查的领导承担监管责任；承办机关稽查局局长承担执行责任；稽查局分管案件的领导和具体承办部门负责人以及承办人员按照各自分工职责承担相应的责任。

对督办案件重要线索、证据不及时调查收集，或者故意隐瞒案情，转移、藏匿、毁灭证据，或者因工作懈怠、泄露案情致使相关证据被转移、藏匿、毁灭，或者相关财产被转移、藏匿，或者有其他徇私舞弊、玩忽职守、滥用职权行为，应当承担纪律责任的，依法给予行政处分；涉嫌犯罪的，应当依法移送司法机关处理。

第二十条 承办机关及承办人员和协办机关及协办人员在查处督办案件中成绩突出的，可以给予表彰；承办、协办不力的，给予通报批评。

第二十一条 本办法相关税务文书式样由国家税务总局制定。

第二十二条 本办法从2011年1月1日起执行。2001年7月30日印发的《国家税务总局关于实行重大税收违法案件督办制度的通知》（国税发〔2001〕87号）同时废止。

附件：《重大税收违法案件督办管理暂行办法》相关税务文书式样目录表（略）

检举纳税人税收违法行为奖励暂行办法

（2007年1月13日国家税务总局、财政部令第18号公布 自2007年3月1日起施行）

第一条 为了鼓励检举税收违法行为，根据《中华人民共和国税收征收管理法》及其实施细则有关规定，制定本办法。

第二条 本办法所称税收违法行为，是指纳税人、扣缴义务人的税收违法行为以及本办法列举的其他税收违法行为。

检举税收违法行为是单位和个人的自愿行为。

第三条 对单位和个人实名向税务机关检举税收违法行为并经查实的，税务机关根据其贡献大小依照本办法给予奖励。但有下列情形之一的，不予奖励：

（一）匿名检举税收违法行为，或者检举人无法证实其真实身份的；

（二）检举人不能提供税收违法行为线索，或者采取盗窃、欺诈或者法律、行政法规禁止的其他手段获取税收违法行为证据的；

（三）检举内容含糊不清、缺乏事实根据的；

（四）检举人提供的线索与税务机关查处的税收违法行为无关的；

（五）检举的税收违法行为税务机关已经发现或者正在查处的；

（六）有税收违法行为的单位和个人在被检举前已经向税务机关报告其税收违法行为的；

（七）国家机关工作人员利用工作便利获取信息用以检举税收违法行为的；

（八）检举人从国家机关或者国家机关工作人员处获取税收违法行为信息检举的；

（九）国家税务总局规定不予奖励的其他情形。

第四条 国家税务局系统检举奖励资金从财政部向国家税务总局拨付的税务稽查办案专项经费中据实列支，地方税务局系统检举奖励资金从省、自治区、直辖市和计划单列市财政厅（局）向同级地方税务局拨付的税务稽查办案专项经费中据实列支。

检举奖励资金的拨付，按照财政国库管理制度的有关规定执行。

第五条 检举奖励资金由稽查局、主管税务局财务部门共同负责管理，稽查局使用，主管税务局财务部门负责支付和监督。

省、自治区、直辖市和计划单列市国家税务局、地方税务局应当对检举奖励资金使用情况编写年度报告，于次年3月底前报告国家税务总局。地方税务局检举奖励资金使用情况同时通报同级财政厅（局）。

第六条 检举的税收违法行为经税务机关立案查实处理并依法将税款收缴入库后，根据本案检举时效、检举材料中提供的线索和证据详实程度、检举内容与查实内容相符程度以及收缴入库的税款数额，按照以下标准对本案检举人计发奖金：

（一）收缴入库税款数额在1亿元以上的，给予10万元以下的奖金；

（二）收缴入库税款数额在5000万元以上不足1亿元的，给予6万元以下的奖金；

（三）收缴入库税款数额在1000万元以上不足5000万元的，给予4万元以下的奖金；

（四）收缴入库税款数额在500万元以上不足1000万元的，给予2万元以下的奖金；

（五）收缴入库税款数额在100万元以上不足500万元的，给予1万元以下的奖金；

（六）收缴入库税款数额在100万元以

下的，给予5000元以下的奖金。

第七条 被检举人以增值税留抵税额或者多缴、应退的其他税款抵缴被查处的应纳税款，视同税款已经收缴入库。

检举的税收违法行为经查实处理后没有应纳税款的，按照收缴入库罚款数额依照本办法第六条规定的标准计发奖金。

因被检举人破产或者存有符合法律、行政法规规定终止执行的条件，致使无法将税款或者罚款全额收缴入库的，按已经收缴入库税款或者罚款数额依照本办法规定的标准计发奖金。

第八条 检举虚开增值税专用发票以及其他可用于骗取出口退税、抵扣税款发票行为的，根据立案查实虚开发票填开的税额按照本办法第六条规定的标准计发奖金。

第九条 检举伪造、变造、倒卖、盗窃、骗取增值税专用发票以及可用于骗取出口退税、抵扣税款的其他发票行为的，按照以下标准对检举人计发奖金：

（一）查获伪造、变造、倒卖、盗窃、骗取上述发票10000份以上的，给予10万元以下的奖金；

（二）查获伪造、变造、倒卖、盗窃、骗取上述发票6000份以上不足10000份的，给予6万元以下的奖金；

（三）查获伪造、变造、倒卖、盗窃、骗取上述发票3000份以上不足6000份的，给予4万元以下的奖金；

（四）查获伪造、变造、倒卖、盗窃、骗取上述发票1000份以上不足3000份的，给予2万元以下的奖金；

（五）查获伪造、变造、倒卖、盗窃、骗取上述发票100份以上不足1000份的，给予1万元以下的奖金；

（六）查获伪造、变造、倒卖、盗窃、骗取上述发票不足100份的，给予5000元以下的奖金；

查获伪造、变造、倒卖、盗窃、骗取前款所述以外其他发票的，最高给予5万元以下的奖金；检举奖金具体数额标准及批准权限，由各省、自治区、直辖市和计划单列市税务局根据本办法规定并结合本地实际情况确定。

第十条 检举非法印制、转借、倒卖、变造或者伪造完税凭证行为的，按照以下标准对检举人计发奖金：

（一）查获非法印制、转借、倒卖、变造或者伪造完税凭证100份以上或者票面填开税款金额50万元以上的，给予1万元以下的奖金；

（二）查获非法印制、转借、倒卖、变造或者伪造完税凭证50份以上不足100份或者票面填开税款金额20万元以上不足50万元的，给予5000元以下的奖金；

（三）查获非法印制、转借、倒卖、变造或者伪造完税凭证不足50份或者票面填开税款金额20万元以下的，给予2000元以下的奖金。

第十一条 被检举人的税收违法行为被国家税务局、地方税务局查处的，合计国家税务局、地方税务局收缴入库的税款数额，按照本办法第六条规定的标准计算检举奖金总额，由国家税务局、地方税务局根据各自收缴入库的税款数额比例分担奖金数额，分别兑付；国家税务局、地方税务局计发的检举奖金合计数额不得超过10万元。

第十二条 同一案件具有适用本办法第六条、第七条、第八条、第九条、第十条规定的两种或者两种以上奖励标准情形的，分别计算检举奖金数额，但检举奖金合计数额不得超过10万元。

第十三条 同一税收违法行为被两个或者两个以上检举人分别检举的，奖励符合本办法规定的最先检举人。检举次序以负责查处的税务机关受理检举的登记时间为准。

最先检举人以外的其他检举人提供的证据对查明税收违法行为有直接作用的，可以酌情给予奖励。

对前两款规定的检举人计发的奖金合

计数额不得超过 10 万元。

第十四条 检举税收违法行为的检举人，可以向税务机关申请检举奖金。

检举奖金由负责查处税收违法行为的税务机关支付。

第十五条 税务机关对检举的税收违法行为经立案查实处理并依法将税款或者罚款收缴入库后，由税收违法案件举报中心根据检举人书面申请及其贡献大小，制作《检举纳税人税收违法行为奖励审批表》，提出奖励对象和奖励金额建议，按照规定权限和程序审批后，向检举人发出《检举纳税人税收违法行为领奖通知书》，通知检举人到指定地点办理领奖手续。《检举纳税人税收违法行为奖励审批表》由税收违法案件举报中心作为密件存档。

税收违法案件举报中心填写《检举纳税人税收违法行为奖金领款财务凭证》，向财务机构领取检举奖金。财务凭证只注明案件编号、案件名称、被检举人名称、检举奖金数额及审批人、领款人的签名，不填写检举内容和检举人身份、名称。

第十六条 检举人应当在接到领奖通知书之日起 90 日内，持本人身份证或者其他有效证件，到指定地点领取奖金。检举人逾期不领取奖金，视同放弃奖金。

联名检举同一税收违法行为的，奖金由第一署名人领取，并与其他署名人协商分配。

第十七条 检举人或者联名检举的第一署名人不能亲自到税务机关指定的地点领取奖金的，可以委托他人代行领取；代领人应当持委托人的授权委托书、身份证或者其他有效证件以及代领人的身份证或者其他有效证件，办理领取奖金手续。

检举人是单位的，可以委托本单位工作人员代行领取奖金，代领人应当持委托人的授权委托书和代领人的身份证、工作证到税务机关指定的地点办理领取奖金手续。

第十八条 检举人或者代领人领取奖金时，应当在《检举纳税人税收违法行为奖金付款专用凭证》上签名，并注明身份证或者其他有效证件的号码及填发单位。

《检举纳税人税收违法行为奖金付款专用凭证》和委托人的授权委托书由税收违法案件举报中心作为密件存档。

第十九条 税收违法案件举报中心发放检举奖金时，可应检举人的要求，简要告知其所检举的税收违法行为的查处情况，但不得告知其检举线索以外的税收违法行为查处情况，不得提供税务处理（处罚）决定书及有关案情材料。

检举的税收违法行为查结前，税务机关不得将具体查处情况告知检举人。

第二十条 税务机关支付检举奖金时应当严格审核。对玩忽职守、徇私舞弊致使奖金被骗取的，除追缴奖金外，依法追究有关人员责任。

第二十一条 对有特别突出贡献的检举人，税务机关除给予物质奖励外，可以给予相应的精神奖励，但公开表彰宣传应当事先征得检举人的书面同意。

第二十二条 各省、自治区、直辖市和计划单列市国家税务局根据本办法制定具体规定。

各省、自治区、直辖市和计划单列市地方税务局会同同级财政厅（局）根据本办法制定具体规定。

第二十三条 《检举纳税人税收违法行为奖励审批表》、《检举纳税人税收违法行为领奖通知书》、《检举纳税人税收违法行为奖金领款财务凭证》、《检举纳税人税收违法行为奖金付款专用凭证》的格式，由国家税务总局制定。

第二十四条 本办法所称“以上”、“以下”均含本数。

第二十五条 本办法由国家税务总局和财政部负责解释。

第二十六条 本办法自 2007 年 3 月 1 日起

施行。国家税务总局1998年12月15日印发的《税务违法案件举报奖励办法》同时废止。

国家税务总局关于印发《系统督查管理办法》的通知

（2016年4月5日　税总发〔2016〕47号）

各省、自治区、直辖市和计划单列市国家税务局、地方税务局，局内各单位：

为进一步做好系统督查工作，更好地推动重点工作落实，国家税务总局对2015年2月制定的《系统督查管理办法（试行）》进行了修订。现将修订后的《系统督查管理办法》印发给你们，自发布之日起施行。《国家税务总局关于印发〈系统督查管理办法（试行）〉的通知》（税总发〔2015〕19号）同时废止。

系统督查管理办法

第一章　总　　则

第一条　为了规范系统督查工作，科学推进工作落实，根据中共中央办公厅、国务院办公厅有关加强督查工作的规定，结合税收工作实际，制定本办法。

第二条　本办法适用于国家税务总局组织的系统督查。

第三条　系统督查是指为保证党中央和国务院重大决策部署、税务总局重要工作安排的落实及热点难点问题的解决，采取适当方式，对下级税务机关进行督促检查。

第四条　系统督查应当坚持围绕中心、服务大局，组织安排、领导授权，实事求是、客观公正的原则。

第五条　系统督查由办公厅负责组织协调。办公厅应当在税务总局监督检查工作联席会议的统筹下，加强与督察内审、巡视、干部监督部门以及相关司局的协调，形成工作合力，避免重复交叉，减轻基层负担。

第二章　方式和流程

第六条　系统督查流程一般包括：督查立项、实施准备、实地督查、反馈意见、总结汇报、督促整改等环节。

第七条　督查立项。每年年初，各司局根据年度税收工作重点任务，向办公厅报送督查工作建议，说明需要督查的事项、对象、时间等。办公厅进行汇总，经税务总局监督检查工作联席会议统筹协调，报局领导审定后形成年度督查计划。

开展督查前，根据年度督查计划和工作推进情况，办公厅拟定督查事项、对象、时间等，报局领导批准立项。

第八条　实施准备。办公厅应当组织做好以下准备工作：

（一）拟定方案。会同相关司局制定督查方案，一般包括督查事项、依据、标准、方式、对象和时间安排等。

（二）组建督查组。会商相关司局和省税务机关，抽调人员组成若干督查组，并确定督查组组长、联络员。要充分发挥督查专员库、税务领军人才、专业人才库人员作用。

（三）开展培训。编印督查工作手册，分发全体督查人员；组织开展业务培训，讲解业务政策、督查重点、方式方法、注意事项等。

（四）下发督查通知。一般提前3个工作日向被督查单位下发督查通知（模板见附件1），告知督查事项、工作安排、督查组成员及有关要求。

（五）发布督查公告。按照督查工作要求，被督查单位应在办公楼、内外网站、办税服务厅等显著位置发布税务总局督查组公告（模板见附件2），一般包括：督查事项、对象、时间和联系方式等。

第九条 实地督查。督查中一般由2位以上督查组成员参加。督查人员要认真做好记录，填写督查工作底稿（模板见附件3），主要采取以下方式进行：

（一）听取被督查单位关于督查事项的工作汇报。

（二）召开税务干部和纳税人座谈会，围绕督查事项听取意见建议。

（三）查阅相关文件、会议纪要、税收执法卷宗和文书等资料。

（四）查询税收信息系统有关数据、文档。

（五）选择部分市、县税务机关，深入了解基层工作落实情况。

（六）走访纳税人，征求意见建议。

（七）对纳税人通过电话、邮件等途径反映的相关问题进行调查、核实。

（八）督查工作中发现被督查单位存在问题的，必要时可以约谈相关人员，进一步了解情况。

第十条 反馈意见。督查组与被督查单位交换意见，对总体情况作出评价，指出存在问题，提出对策建议，推动有关问题的解决。

第十一条 总结汇报。各督查组组长负责组织起草，形成内容详实、观点鲜明、建议明确的督查分报告（模板见附件4），办公厅根据各督查组报告汇总形成总报告。

第十二条 督促整改。针对督查发现的问题，办公厅向被督查单位分别制发整改通知（模板见附件1），明确需要整改的问题、时限及有关要求。对于普遍性问题，通知全国税务机关进行自查整改。

被督查单位按照整改通知要求，制定整改方案，并以正式公文（××税函）报税务总局办公厅；认真整改到位，并将整改报告以正式公文（××税发）报税务总局。建立整改台账（模板见附件5），坚持对账销号。

办公厅审核汇总被督查单位的整改方案、整改报告，跟踪整改情况，督促整改到位，将整改结果及时汇总报局领导。

第十三条 对部分事项，可以采取文件、电话等方式开展案头督查。

（一）立项通知。经局领导或者办公厅领导批准，下发督查通知，布置督查任务。

（二）跟踪催办。对需要落实和整改的事项，进行跟踪催办，督促被督查单位落实整改到位。

（三）情况反馈。被督查单位按要求认真整改到位，并将整改报告以正式公文（××税发）报税务总局。

（四）总结报告。对整改落实情况进行审核分析，报局领导。

第十四条 根据工作需要，采取暗访的形式开展督查。对税务机关的暗访，可以通过拍照、录音、录像等留存记录，填写督查工作底稿；必要时暗访人员可以公开身份，进一步核实有关问题。

第十五条 开展系统督查过程中，可以邀请第三方机构，对有关政策措施落实情况开展评估，或通过互联网络对落实效果进行评价。

第十六条 税务总局适时组织省税务机关开展交叉督查。承担督查任务的省税务机关按照税务总局督查方案，组建督查组对被督查单位实施督查，提交督查报告。

督查组联络员由税务总局指定。

第十七条 为确保督查发现的问题整改落实到位，对部分单位组织开展“二次督查”。督查主要内容：

（一）整改通知中指出问题的整改落实情况。

（二）整改落实长效机制建设情况。

（三）尚未整改落实的问题及原因。

（四）需要了解的其他情况。

第三章 组织管理

第十八条 督查组向税务总局负责，发现重大问题和重大线索要及时报告。督查组实行组长负责制。联络员应当做好与被督查单位、办公厅的沟通联系。

第十九条 建立督查专员库。税务总局从省税务机关甄选人员，建立综合素质高、专业能力强、结构合理、数量适度的督查专员库，并根据工作需要不定期进行人员调整。

第二十条 开展系统督查过程中，可以邀请税务新闻媒体或其他社会新闻媒体，报道督查工作开展情况，对落实情况好的单位进行宣传，对落实不力的典型情况予以曝光。

第二十一条 基层税务机关和纳税人对税务总局提出的意见建议，由办公厅转交相关司局及时研究提出处理意见，报局领导审定后予以答复。

第二十二条 督查工作结束后，督查组应及时将被督查单位的汇报材料、电话记录、电子邮件、座谈会记录、工作底稿等资料整理后报办公厅。办公厅按档案管理规定进行整理归档，不需要归档的资料保存2年。

第二十三条 办公厅编发《系统督查专报》（模板见附件6），反映税务总局督查工作开展情况和各地督查工作经验、整改落实情况。

第二十四条 办公厅采取培训交流、跟班学习、交叉督查、督查调研、绩效考评等方式，推动各地税务机关加强督查工作。

第四章 结果运用

第二十五条 对督查中发现的先进典型单位和人员、好的经验做法进行通报表扬。

第二十六条 对绩效考评排名前三位或督查发现问题少的单位，报局领导批准后在次年实行“免督查”。

第二十七条 办公厅将督查结果提交人事司，人事司将督查结果作为评先评优、干部考核和提拔任用的参考。

第二十八条 对督查发现的问题，在绩效考评中对被督查单位相应给予减分；办公厅将督查报告转交给相关司局，作为司局考评省税务机关的重要依据。

第二十九条 对督查发现的问题，由办公厅转交相关司局研究提出处理意见。涉及问责的，按照干部管理权限和程序，由相应问责主体进行问责处理。

对需要税务总局进行问责的，由驻税务总局纪检组会同相关司局进一步核实情况，提出具体问责意见，报局领导审批后实施问责；对需要省以下税务机关问责的，由省税务机关组织提出问责意见，办公厅汇总提请驻税务总局纪检组审核同意后，按程序实施问责。

第五章 工作纪律

第三十条 督查人员应当认真履行职责，客观反映督查情况，如实记录问题，公正评价被督查单位，不得放宽督查标准或者隐瞒督查发现的问题。

第三十一条 督查人员应当严格遵守中央八项规定精神，认真落实公务接待管理办法，不得违反各项廉政规定。

第三十二条 督查人员应当严格遵守保密工作纪律，不得向被督查单位泄露与督查工作有关的保密信息；对被督查单位提供的有关信息负保密责任；对反映问题的人员或单位信息保密。

第三十三条 对认真履行职责、忠于职守、坚持原则、取得显著成绩的督查组和督查人员，应给予表彰奖励。

第三十四条 督查人员对被督查单位人员或纳税人反映强烈的问题，应核实未核实、应报告未报告的，追究相关责任人的纪律责任。

对滥用职权、徇私舞弊、玩忽职守、泄露秘密的督查人员，依照规定程序处理。

第三十五条 对拒绝督查、不配合督查、拒不提供资料或者提供虚假资料、整改落实不力或者瞒报、虚报整改情况以及报复刁难反映问题人员的，按照有关规定处理。

第六章 附 则

第三十六条 各省、自治区、直辖市和计划单列市国家税务局、地方税务局可参照本办法，结合实际，制定本单位系统督查管理办法。

第三十七条 本办法由税务总局办公厅负责解释。

第三十八条 本办法自印发之日起施行。

附件：1. 关于×××的督查（整改）通知（模板）（略）

2. 国家税务总局督查组公告（模板）（略）

3. 督查工作底稿（模板）（略）

4. 督查报告（模板）（略）

5. 督查发现问题整改台账（模板）（略）

6. 系统督查专报（模板）（略）

国家税务总局关于印发《增值税税控系统服务单位监督管理办法》的通知

（2015年10月9日 税总发〔2015〕118号）

各省、自治区、直辖市和计划单列市国家税务局：

为进一步加强税务机关对增值税税控系统服务单位的监督管理，不断优化对增值税纳税人的开票服务，在广泛征求意见的基础上，国家税务总局制定了新的《增值税税控系统服务单位监督管理办法》（以下简称监督管理办法），现印发给你们，并就有关事项通知如下：

一、纳税人可自愿选择使用航天信息股份有限公司（以下简称航天信息）或国家信息安全工程技术研究中心（以下简称国家信息安全中心）生产的增值税税控系统专用设备。

二、纳税人可自愿选择具备服务资格的维护服务单位（以下简称服务单位）进行服务。服务单位对航天信息或国家信息安全中心生产的专用设备均可以进行维护服务。

三、服务单位开展的增值税税控系统操作培训应遵循使用单位自愿的原则，严禁收费培训，严禁强行培训，严禁强行搭售通用设备、软件或其他商品。

四、税务机关应做好专用设备销售价格和技术维护价格的收费标准、增值税税控系统通用设备基本配置标准等相关事项的公示工作，以便接受纳税人监督。

五、各地要高度重视纳税人对服务单位的投诉举报工作。各级税务机关应设立并通过各种有效方式向社会公布投诉举报电话，及时处理增值税税控系统使用单位对服务单位的投诉举报。省国税局负责对投诉举报及处理情况进行跟踪管理，按月汇总相关情况，随服务质量调查情况一并上报国家税务总局。

六、税务机关应向需使用增值税税控系统的每一位纳税人发放《增值税税控系统安装使用告知书》（附件1，以下简称《使用告知书》），告知纳税人有关政策规定和享有的权利。服务单位应凭《使用告知书》向纳税人销售专用设备，提供售后服务，严禁向未持有《使用告知书》的纳税人发售专用设备。

七、税务机关和税务工作人员严禁直接或间接从事税控系统相关的商业性经营活动，严禁向纳税人推销任何商品。

八、各级税务机关应高度重视服务单位监督管理工作，严格落实监督管理办法，认真履行监督管理职责。对于工作失职渎职、服务单位违规行为频发的地区，将按有关规定追究相关单位或人员的责任。对服务单位监管不力、问题频出的地区，税务总局将进行通报批评并要求限期整改。

附件： 1. 增值税税控系统安装使用告知书（略）

2. 增值税税控系统通用设备基本配置标准（略）

3. 增值税税控系统安装单（略）

4. 增值税税控系统服务质量调查表（略）

5. 增值税税控系统服务质量投诉举报处理情况记录表（略）

增值税税控系统服务单位监督管理办法

第一章 总 则

第一条 为保障增值税税控系统的正常运行，加强对服务单位的监督，根据《中华人民共和国税收征收管理法》及《国务院办公厅转发国家税务总局关于全面推广应用增值税防伪税控系统意见的通知》（国办发〔2000〕12号）有关规定，制定本办法。

第二条 本办法中的增值税税控系统，是指国家税务总局组织开发的，运用数字密码和电子存储技术，强化增值税发票管理，实现对增值税纳税人税源监控的增值税管理系统。

第三条 本办法中的服务单位，是指从事增值税税控系统专用设备（以下简称专用设备）销售以及为使用增值税税控系统的增值税纳税人（以下简称使用单位）提供增值税税控系统维护服务的企业或事业单位。

本办法中的专用设备，是指按照税务机关发票管理要求，能够保证涉税数据的正确生成、可靠存储和安全传递，经税务机关发行后方可与增值税税控系统配套使用的特定设备。

第四条 服务单位应当依据本办法的规定，为使用单位提供优质、高效、便捷的服务，保障使用单位能够正确使用增值税税控系统。

第五条 税务机关应依据本办法对服务单位专用设备的质量、供应、增值税税控系统操作培训以及系统安装、调试和维护等服务工作及投诉举报处理等情况进行监督管理。

第二章 监督管理内容

第六条 航天信息股份有限公司（以下简称航天信息）和国家信息安全工程技术研究中心（以下简称国家信息安全中心）要切实做好专用设备生产工作，保障专用设备的产品质量，对税务机关同意设立的所有服务单位提供相关技术培训和技术支持，保障专用设备及时供应。

航天信息和国家信息安全中心对其设立的服务单位制定统一的服务规范和内部监管办法，切实做好对设立的服务单位的监督管理工作。对其设立的服务单位评比考核须综合参考省国税局对本省服务单位监督管理意见，考评结果、服务单位建设情况及监督管理情况应报送国家税务总局。航天信息和国家信息安全中心与问题频发的服务单位承担连带责任。

第七条 省以下（含本级，下同）服务单位的设立、更换应商省国税局同意。

原则上地市均应设立服务单位。对于按地市设立服务单位有困难的地区，经省国税局同意可不按地市设立服务单位。

第八条 省国税局设立、更换第三方服务单位需报国家税务总局备案。

第九条 省服务单位保障本地区专用设备的及时供应，依据统一的服务规范和内部监管办法对设立的下级服务单位进行监督管理。对设立的下级服务单位评比考核须综合参考当地国税局对本地服务单位监督管理意见，考评结果、服务单位建设情况及监督管理情况应报送省国税局。省服务单位与问题频发的下设服务单位承担连带责任。

省服务单位应建立投诉举报处理机制，设立并公布统一的投诉举报电话，及时处理使用单位的投诉举报，并按月汇总报省国税局。

第十条 市以下（含本级，下同）服务单位按下列要求负责本地区专用设备的销售：

（一）根据增值税管理及使用单位的需要，保障专用设备及时供应。

（二）根据税务机关的《增值税税控系统安装使用告知书》（附件1），按照国家价格主管部门确定的价格标准销售专用设备，并通过增值税税控系统单独开具增值税发票，不得以任何借口提高专用设备销售价格和拒绝销售专用设备。

（三）不得以任何理由向使用单位强行销售计算机、打印机等通用设备、软件、其他商品或服务。使用单位自愿向服务单位购买通用设备、软件、其他商品或服务的，应进行书面确认。

第十一条 市以下服务单位按下列要求负责本地区使用单位增值税税控系统的培训：

（一）市服务单位应建立固定的培训场所，配备必要的培训用计算机、打印机、专用设备等培训设施和专业的培训师资，按照统一的培训内容开展培训工作，确保使用单位能够熟练使用专用设备及通过增值税税控系统开具发票。

（二）服务单位应在培训教室的显著位置悬挂《国家发展改革委关于完善增值税税控系统收费政策的通知》（发改价格〔2012〕2155号）、《财政部 国家税务总局关于增值税税控系统专用设备和技术维护费用抵减增值税税额有关政策的通知》（财税〔2012〕15号）、《增值税税控系统通用设备基本配置标准》（附件2）等展板。

（三）服务单位应向使用单位免费提供增值税税控系统操作培训，不得增加其他任何收费培训内容。

（四）培训应遵循使用单位自愿的原则。服务单位不得以培训作为销售、安装专用设备的前提条件。

第十二条 市以下服务单位按下列要求负责本地区使用单位增值税税控系统日常服务：

（一）使用单位向服务单位提出安装要求后，服务单位应在3个工作日内（含本数，下同）完成使用单位增值税税控系统的安装、调试，并填写《增值税税控系统安装单》（附件3）。

（二）服务单位应配备足够数量的服务人员，设立并公布统一的服务热线电话，及时向使用单位提供维护服务，保障增值税税控系统正常使用。对于通过电话或网络等方式不能解决的问题，应在24小时内做出响应，现场排除故障不得超过2个工作日。

第十三条 市以下服务单位按下列要求收取本地区使用单位增值税税控系统技术维护费：

（一）服务单位应与使用单位签订技术维护合同，合同中应明确具体的服务标准、服务时限和违约责任等事项。使用单位拒绝签订的除外。

（二）服务单位应按照国家价格主管部门确定的标准按年收取技术维护费，不得一次性收取1年以上的技术维护费。

第三章 监督管理方法

第十四条 不定期抽查。省国税局应对本地区服务单位的专用设备销售、培训、收费及日常服务等情况进行不定期抽查，并将抽查情况上报国家税务总局。

第十五条 问卷调查。市国税局应每年组织开展服务质量调查，抽取部分使用单位调查了解服务情况，根据使用单位的反映对服务单位的工作质量进行评价。调查可以采取电话调查、网络调查和实地调查等方式。调查时应通过《增值税税控系统服务质量调查表》（附件4，以下简称《服务质量调查表》）记录调查结果。

调查比例不得低于本辖区上年末使用单位总数的2%或不少于50户（含，下同）。

市国税局应于每年3月底前将调查情况汇总上报省国税局，省国税局应于每年4月10日前将调查情况汇总上报国家税务总局。

第十六条 投诉举报处理。各级税务机关应设立并公布统一的投诉举报电话，及时处理使用单位的投诉举报，建立投诉举报受理、处置、反馈制度。对使用单位的投诉举报处理情况应登记《增值税税控系统服务质量投诉举报处理情况记录表》（附件5，以下简称《投诉举报处理情况记录表》），按月汇总上报省国税局。省国税局对省以下税务机关投诉举报电话的设立公布及受理投诉举报情况进行跟踪管理。

受理投诉举报来源包括网络、信函、电话以及现场等形式。

（一）税务机关受理投诉举报后应及时自行组织或委托下级税务机关进行核实。

对于经核实投诉举报情况属实、服务单位违反有关规定的，属于有效投诉举报。对于无法核实或经调查投诉举报情况不实的，属于无效投诉举报。

（二）对于有效投诉举报问题得到解决的，由税务机关受理部门进行电话回访，听取使用单位的意见；对于有效投诉举报问题无法得到解决的，由税务机关受理部门向上一级税务机关报告，由上一级税务机关责成同级服务单位解决。

（三）税务机关应将投诉举报处理的过程和结果记入《投诉举报处理情况记录表》。

第十七条 联系制度。省国税局及市国税局每年至少与本地区服务单位召开一次联系会议。服务单位将服务情况及存在的问题，向税务机关报告。税务机关向服务单位通报调查及投诉举报情况，研究提高服务质量的措施。

第十八条 税务机关对不定期抽查、问卷调查、受理投诉举报以及日常管理中使用单位反映的情况进行汇总统计，作为对服务单位监督考核的依据。

第四章 违约责任

第十九条 服务单位发生下列情形之一的，主管税务机关应对服务单位进行约谈并要求其立即纠正：

（一）未按规定销售专用设备、安装专用设备、提供培训、提供维护服务，影响使用单位增值税税控系统正常使用的；

（二）未按本办法第二章有关规定履行服务单位职责的；

（三）未按规定处理投诉举报的；

（四）税务机关接到有效投诉举报，但一年内有效投诉举报率不超过1%的；

有效投诉举报率＝有效投诉举报户数/使用单位户数×100%

（五）税务机关对服务单位的调查结果不满意率在5%以上未超过10%的。

不满意率＝不满意使用单位户数/调查的使用单位总户数×100%

“不满意使用单位户数”是指在《服务质量调查表》中综合评价“不满意”的户数。

第二十条 服务单位发生下列情形之一的，省国税局责令相关服务单位进行整改，并停止其在规定地区半年内接受新用户的资格，同时向国家税务总局报告：

（一）发生本办法第十九条第（一）、（二）、（三）、（四）项情形之一，未纠正的；

（二）向使用单位强行销售计算机、

打印机等通用设备、软件、其他商品或服务的；

（三）违反市场公平竞争原则，进行虚假宣传，恶意诋毁竞争对手的；

（四）对接到的投诉举报没有及时处理，影响使用单位正常经营，造成严重后果的；

（五）税务机关对服务单位的调查结果不满意率超过10%的；

（六）一年内有效投诉举报率在1%以上未超过5%或有效投诉举报在10户以上未超过30户的。

第二十一条 服务单位发生下列情形之一的，属于航天信息和国家信息安全中心授权的服务单位，省国税局应上报国家税务总局并建议授权单位终止其服务资格；属于省国税局批准成立的服务单位，省国税局终止其服务资格：

（一）以税务机关的名义进行有偿更换设备、升级软件及强行销售其他商品或服务的；

（二）未按本办法第二章有关规定发售专用设备，影响使用单位增值税税控系统正常使用，造成严重后果的；

（三）拒绝接受税务机关依据本办法进行监督管理的；

（四）由于违反法律和法规行为，造成无法正常为使用单位提供服务的；

（五）违反市场公平竞争原则，进行恶意竞争，造成严重后果的；

（六）一年内税务机关接到的有效投诉举报率超过5%或有效投诉举报超过30户的。

第二十二条 服务单位对税务机关做出的处罚决定不服的，可以向同级税务机关或上级税务机关申诉。

第五章 附 则

第二十三条 本办法由国家税务总局解释。

第二十四条 本办法自2015年11月1日起施行，《国家税务总局关于修订〈增值税防伪税控开票系统服务监督管理办法〉的通知》（国税发〔2011〕132号）同时废止。

国家税务总局关于印发《税收违法案件一案双查办法（试行）》的通知

（2008年12月19日 国税发〔2008〕125号）

各省、自治区、直辖市和计划单列市国家税务局、地方税务局：

为了加强对税务机关和税务人员征收管理和执法行为的监督检查，密切税务稽查和行政监察部门的协调配合，依法依纪查处征收管理和执法中的违法违纪行为，总局制定了《税收违法案件一案双查办法（试行）》，现印发给你们，请各地结合工作实际，认真贯彻执行。执行当中的问题请及时反馈总局有关部门。

附件：《税务机关（人员）违法违纪线索转交单》（略）

税收违法案件一案双查办法（试行）

第一条 为加强对税务机关和税务人员征收管理和执法行为的监督检查，依法依纪查处征收管理和执法中的违法违纪行为，制定本办法。

第二条 本办法所称一案双查，是指在查处纳税人、扣缴义务人（以下简称纳税人）税收违法案件中，对涉案税务机关或税务人员违法违纪行为进行调查，并依照有关规定追究税务机关或税务人员的责任。

一案双查由稽查部门和监察部门按照职责分工实施。稽查部门负责检查纳税人税收违法行为，监察部门负责调查税务机关和税务人员违法违纪问题。

第三条 税务机关在下列情况下，实行一案双查：

（一）稽查部门在检查中发现税务机关或税务人员失职渎职、滥用职权、贪污受贿或者利用职权侵犯公民权利等，涉嫌违法违纪的；

（二）举报纳税人税收违法行为，同时举报税务机关或税务人员违法违纪并且问题严重，线索具体的；

（三）重大税收违法案件，税务机关认为需要实行一案双查的。

第四条 稽查部门发现税务机关或税务人员涉嫌以下违法违纪行为的事实或线索，应将有关证据和材料转交有管辖权的监察部门：

（一）与不法分子相勾结，虚开、买卖发票，骗取国家税款的；

（二）为涉案纳税人通风报信、作伪证、说情、影响案件查处的；

（三）索取、收受贿赂，利用职务之便为自己或者他人谋取利益的；

（四）经商办企业或在企业入股分红的；

（五）不履行或者不认真履行职责造成税款损失的；

（六）违法违纪和失职渎职的其他行为。

第五条 稽查人员发现税务机关或者税务人员涉嫌存在本办法第四条所列违法违纪行为的事实或线索的，应在24小时内报告本稽查局局长或者主持工作的负责人；稽查局局长或者主持工作的负责人应在三个工作日内提出同意转交或者不同意转交监察部门的意见，并将意见报告分管稽查工作的税务局领导；分管稽查工作的税务局领导应当在三个工作日内作出批准转交或者不批准转交的决定。决定批准的，应当在24小时内将有关证据和材料转交监察部门；决定不批准的，应当将不予批准的理由记录在案。

稽查人员发现税务机关或者税务人员涉嫌违法违纪行为的事实或线索涉及本部门负责人或者分管稽查工作的税务局领导的，可以直接报告上级税务机关或者监察部门。

第六条 稽查部门向监察部门转交违法违纪线索，应制作《税务机关（人员）违法违纪线索转交单》，办理交接手续。

第七条 举报纳税人税收违法行为同时举报税务机关或税务人员违法违纪问题的，一般先由稽查部门实施税务检查，检查结束后，稽查部门应当将检查结论通报监察部门。

举报纳税人税收违法行为同时举报税务机关或税务人员违法违纪问题严重，线索具体的，经分管稽查和监察工作的税务局领导批准同意，稽查部门和监察部门可组成联合检查组，同时进行调查。

第八条 监察部门在接到稽查部门转交的违法违纪问题线索后，应当及时决定是否受理，并将受理情况反馈给稽查部门。对于不属于本部门管辖范围的，应当及时转送有管辖权的部门，并告知转交线索的稽查部门。

第九条 稽查部门在实施税收检查中，发现税务机关或税务人员涉嫌违法违纪行为的事实或线索，应当妥善保存与违法违纪行为有关的证据材料。

第十条 监察部门对稽查部门转交的税务机关或税务人员违法违纪行为线索，可征求有关税收业务部门的意见，作为是否受理和调查的参考，并可提请有关部门协助收集、审查、判断或者认定证据。

第十一条 稽查部门和监察部门实施检查、调查，应按有关法律、法规和制度、规定执行。

第十二条 稽查部门、监察部门对所发现的税务机关或税务人员违法违纪的证据、线索，以及涉案纳税人的有关情况，应当遵守保密工作纪律，不得泄露、传播。

第十三条 稽查部门、监察部门违反本办法，或者有下列行为情节严重的，应当追究有关人员的责任：

（一）稽查部门发现税务机关或者税务人员涉嫌违法违纪或失职渎职行为的事实或证据，隐瞒不报，或者隐匿、销毁有关线索、证据的；

（二）监察部门接到稽查部门转交的证据、线索，无正当理由不受理的。

第十四条 税务机关其他部门在履行职责过程中，发现税务机关或税务人员有涉嫌违法违纪行为的事实或线索的，比照本办法执行。

第十五条 本办法由监察部驻国家税务总局监察局、国家税务总局稽查局负责解释。

第十六条 各省、自治区、直辖市国家税务局、地方税务局根据本办法制定具体实施办法。

第十七条 本办法自印发之日起施行。

国家税务总局关于印发《税收违法案件一案双查工作补充规定》的通知

（2015年2月4日 税总发〔2015〕20号）

各省、自治区、直辖市和计划单列市国家税务局、地方税务局，局内各单位：

现将《税收违法案件一案双查工作补充规定》印发给你们，请认真贯彻执行。各单位在开展一案双查工作中遇到的问题请及时报国家税务总局（驻总局监察局、总局稽查局）。

税收违法案件一案双查工作补充规定

《税收违法案件一案双查办法（试行)》自2008年施行以来，对及时发现并查处税务人员的违纪违法问题，规范税收征管和税收执法行为发挥了重要作用。但是，在执行中我们也发现《税收违法案件一案双查办法（试行)》存在刚性不足，操作性不强的问题。为进一步落实中央纪委关于“转职能、转方式、转作风”的工作部署，加大税收违法案件一案双查力度，现对一案双查工作补充规定（以下简称《规定》）如下：

一、本《规定》所称一案双查，是指在查处纳税人、扣缴义务人和其他涉税当事人（以下简称涉税当事人）税收违法案件中，对税务机关或者税务人员的执法行为规范性和履职行为廉洁性进行检查，对违纪违法行为依照有关规定进行调查和追究责任的活动。

一案双查由稽查部门、纪检监察部门按照职责分工实施。稽查部门负责查处涉税当事人税收违法行为，纪检监察部门负责查处税务机关和税务人员违纪违法行为。稽查部门、纪检监察部门实施检查、调查应当使用各自文书，并按照有关法律、行政法规和规章制度执行。

二、有下列情形之一的，实行一案双查：

（一）稽查部门在检查中发现税务机关或者税务人员涉嫌失职渎职、索贿受贿或者侵犯公民、法人和其他组织合法权益等行为的；

（二）重大税收违法案件存在税务机关或者税务人员涉嫌违法违纪行为的；

（三）检举涉税当事人税收违法行为，同时检举税务机关或者税务人员违纪违法行为，线索具体的；

（四）纪检监察部门认为需要实行一案双查的其他税收违法案件。

三、本《规定》所称重大税收违法案件包括：

（一）虚开增值税专用发票及其他增值税抵扣凭证、偷税、逃税、骗税、抗税达到规定数额标准的案件；

（二）上级税务机关督办的重大案件；

（三）造成重大社会影响的案件。

具体数额及金额标准由各省、自治区、直辖市和计划单列市国家税务局、地方税务局分别规定，并报监察部驻国家税务总局监察局、国家税务总局稽查局备案。

四、对重大税收违法案件，稽查部门应当在作出税务处理处罚决定后5个工作日内制作《重大税收违法案件一案双查转交单》（见附件1），连同《税务处理决定书》、《税务行政处罚决定书》（或者《税务稽查结论》）以及《税务稽查报告》、《税务稽查审理报告》，经稽查部门主要负责人批准后，通过税收管理信息系统或者其他有效途径，转交所属税务局纪检监察部门。

对稽查部门转交的重大税收违法案件，纪检监察部门应当对随案转交的相关材料进行案头分析，需要时可调阅税务稽查案卷等有关资料，认为存在税务机关或者税务人员涉嫌违纪违法行为的，应当填写《税收违法案件一案双查审批表》（见附件3），报经分管纪检监察工作的税务局领导批准后开展调查。

五、稽查部门在检查中发现税务机关或者税务人员涉嫌下列行为之一的，应当妥善保存有关证据和材料，并按规定转交所在税务局纪检监察部门：

（一）与不法分子相勾结，虚开、非法买卖发票，偷税、逃税、骗税、抗税的；

（二）为涉案当事人通风报信、提供伪证、说情，影响案件查处的；

（三）隐匿、转移、毁灭证据的；

（四）索取、收受贿赂，利用职务之便为自己或者他人谋取利益的；

（五）侵犯公民、法人和其他组织合法权益等行为的；

（六）经商办企业或者在企业入股分红，以及其他违反规定从事营利性活动的；

（七）违反税收法律、行政法规以及税收征管制度、规定、流程的；

（八）有其他违纪违法行为的。

稽查部门发现税务机关以外的国家机关或者工作人员涉嫌违反税收法律、行政法规或者其他违纪违法行为的，应当将相关证据或者线索转交纪检监察部门，由纪检监察部门依照有关规定移送有权机关处理。

六、对税务机关发函委托的协查事项，受托方税务机关或者税务人员不按照规定进行协查、反馈协查情况，或者提供虚假情况的，委托方税务机关应当将相关情况或者线索逐级上报至与受托方税务机关共同的上级税务机关，请求上级税务机关调查核实或者责令受托方上级税务机关调查核实，追究相关税务机关或者税务人员责任。

七、稽查人员在检查中发现税务机关或者税务人员涉嫌本《规定》第五条所列违纪违法行为的情况或者线索的，应当在2个工作日内逐级上报至稽查部门主要负责人；稽查部门应当在3个工作日内填写《税务机关（人员）涉嫌违纪违法问题线索转交单》（见附件2），由主要负责人签报分管稽查工作的税务局领导；分管稽查工作的税务局领导应当在3个工作日内作出是否批准转交的决定，决定批准的，应当在2个工作日内批转纪检监察部门；不批准转交的，应当签署不批准转交的理由。

八、纪检监察部门在接到稽查部门转交的问题线索后，应当在5个工作日内决定是否受理，并将受理情况反馈给稽查部门。对于不属于本部门管辖范围的，应当及时转交有管辖权的部门，并告知稽查部门。

九、纪检监察部门对稽查部门转交的问题线索，可征求有关税收业务部门的意见，作为是否调查的参考，并可提请有关部门协助收集、审查、判断或者认定证据。

十、检举涉税当事人税收违法行为同时检举税务机关或者税务人员违纪违法问题的，一般先由稽查部门实施税务检查，检查结束后，稽查部门应当将检查结果通报纪检监察部门。

检举涉税当事人税收违法行为同时检举税务机关或者税务人员违纪违法线索具体的，稽查部门和纪检监察部门可组成联合检查组，同时进行检查、调查。

十一、稽查部门在税收违法案件检查中，可以提请纪检监察部门提前介入。

纪检监察部门可以提前介入稽查部门正在查处的税收违法案件，对税务机关或者税务人员涉嫌违纪违法行为开展调查。

有证据或者线索证明税务机关或者税务人员涉嫌重大违纪违法行为的，纪检监察部门应当提前介入查处。

十二、上级纪检监察部门可以根据具体工作情况要求下级纪检监察部门开展一案双查，也可以直接或者联合同级稽查部门对下级税务机关查处的税收违法案件开展一案双查。

十三、稽查、纪检监察部门应当遵守保密工作纪律，对所发现的税务机关或者税务人员违纪违法的证据、线索，以及提供线索的稽查人员有关情况，不得泄露、传播。

税务机关应当对提供线索的稽查人员给予鼓励和保护。

十四、稽查、纪检监察部门应当建立一案双查工作沟通联系机制，互相协助、密切配合。

十五、违反《规定》，或者有下列行为之一的，应当追究有关人员的责任：

（一）稽查部门发现税务机关或者税务人员涉嫌失职渎职以及其他违纪违法行为的事实或者线索，隐瞒不报或者销毁有关证据的；

（二）纪检监察部门接到稽查部门转交的证据、线索，无正当理由不调查的；

（三）对提供线索的稽查人员打击报复的。

十六、税务机关其他部门在履行职责过程中，发现税务机关或者税务人员涉嫌违纪违法行为的情况或者线索的，比照本《规定》执行。

十七、各级税务机关应当将一案双查情况纳入工作考核的重要内容。

附件：1. 重大税收违法案件一案双查转交单（略）

2. 税务机关（人员）涉嫌违纪违法问题线索转交单（略）

3. 税收违法案件一案双查审批表（略）

重大税务案件审理办法

（2014 年 12 月 2 日国家税务总局令第 34 号公布　自 2015 年 2 月 1 日起施行）

第一章　总　　则

第一条　为推进税务机关科学民主决策，强化内部权力制约，保护纳税人合法权益，根据《中华人民共和国行政处罚法》《中华人民共和国税收征收管理法》，制定本办法。

第二条　省以下各级税务局开展重大税务案件审理工作适用本办法。

第三条　重大税务案件审理应当以事实为根据、以法律为准绳，遵循合法、合理、公平、公正、效率的原则，注重法律效果和社会效果相统一。

第四条 参与重大税务案件审理的人员应当严格遵守国家保密规定和工作纪律，依法为纳税人、扣缴义务人的商业秘密和个人隐私保密。

第二章 审理机构和职责

第五条 省以下各级税务局设立重大税务案件审理委员会（以下简称审理委员会）。

审理委员会由主任、副主任和成员单位组成，实行主任负责制。

审理委员会主任由税务局局长担任，副主任由税务局其他领导担任。审理委员会成员单位包括政策法规、税政业务、纳税服务、征管科技、大企业税收管理、税务稽查、督察内审部门。各级税务局可以根据实际需要，增加其他与案件审理有关的部门作为成员单位。

第六条 审理委员会履行下列职责：

（一）拟定本机关审理委员会工作规程、议事规则等制度；

（二）审理重大税务案件；

（三）指导监督下级税务局重大税务案件审理工作。

第七条 审理委员会下设办公室，办公室设在政策法规部门，办公室主任由政策法规部门负责人兼任。

第八条 审理委员会办公室履行下列职责：

（一）组织实施重大税务案件审理工作；

（二）提出初审意见；

（三）制作审理会议纪要和审理意见书；

（四）办理重大税务案件审理工作的统计、报告、案卷归档；

（五）承担审理委员会交办的其他工作。

第九条 审理委员会成员单位根据部门职责参加案件审理，提出审理意见。

稽查局负责提交重大税务案件证据材料、拟作税务处理处罚意见、举行听证。稽查局对其提交的案件材料的真实性、合法性、准确性负责。

第十条 参与重大税务案件审理的人员有法律法规规定的回避情形的，应当回避。

重大税务案件审理参与人员的回避，由其所在部门的负责人决定；审理委员会成员单位负责人的回避，由审理委员会主任或其授权的副主任决定。

第三章 审理范围

第十一条 本办法所称重大税务案件包括：

（一）重大税务行政处罚案件，具体标准由各省、自治区、直辖市和计划单列市税务局根据本地情况自行制定，报国家税务总局备案；

（二）根据重大税收违法案件督办管理暂行办法督办的案件；

（三）应司法、监察机关要求出具认定意见的案件；

（四）拟移送公安机关处理的案件；

（五）审理委员会成员单位认为案情重大、复杂，需要审理的案件；

（六）其他需要审理委员会审理的案件。

第十二条 本办法第十一条第三项规定的案件经审理委员会审理后，应当将拟处理意见报上一级税务局审理委员会备案。备案5日后可以作出决定。

第十三条 稽查局应当在每季度终了后5日内将稽查案件审理情况备案表送审理委员会办公室备案。

第四章 提请和受理

第十四条 稽查局应当在内部审理程序终结后5日内，将重大税务案件提请审理委员会审理。

当事人要求听证的，由稽查局组织听证。

第十五条 稽查局提请审理委员会审理案

件，应当提交以下案件材料：

（一）重大税务案件审理案卷交接单；

（二）重大税务案件审理提请书；

（三）税务稽查报告；

（四）税务稽查审理报告；

（五）听证材料；

（六）相关证据材料。

重大税务案件审理提请书应当写明拟处理意见，所认定的案件事实应当标明证据指向。

证据材料应当制作证据目录。

稽查局应当完整移交证据目录所列全部证据材料，不能当场移交的应当注明存放地点。

第十六条 审理委员会办公室收到稽查局提请审理的案件材料后，应当在重大税务案件审理案卷交接单上注明接收部门和收到日期，并由接收人签名。

对于证据目录中列举的不能当场移交的证据材料，必要时，接收人在签收前可以到证据存放地点现场查验。

第十七条 审理委员会办公室收到稽查局提请审理的案件材料后，应当在5日内进行审核。

根据审核结果，审理委员会办公室提出处理意见，报审理委员会主任或其授权的副主任批准：

（一）提请审理的案件属于本办法规定的审理范围，提交了本办法第十五条规定的材料的，建议受理；

（二）提请审理的案件属于本办法规定的审理范围，但未按照本办法第十五条的规定提交相关材料的，建议补正材料；

（三）提请审理的案件不属于本办法规定的审理范围的，建议不予受理。

第五章 审理程序

第一节 一般规定

第十八条 重大税务案件应当自批准受理之日起30日内作出审理决定，不能在规定期限内作出审理决定的，经审理委员会主任或其授权的副主任批准，可以适当延长，但延长期限最多不超过15日。

补充调查、请示上级机关或征求有权机关意见的时间不计入审理期限。

第十九条 审理委员会审理重大税务案件，应当重点审查：

（一）案件事实是否清楚；

（二）证据是否充分、确凿；

（三）执法程序是否合法；

（四）适用法律是否正确；

（五）案件定性是否准确；

（六）拟处理意见是否合法适当。

第二十条 审理委员会成员单位应当认真履行职责，根据本办法第十九条的规定提出审理意见，所出具的审理意见应当详细阐述理由、列明法律依据。

审理委员会成员单位审理案件，可以到审理委员会办公室或证据存放地查阅案卷材料，向稽查局了解案件有关情况。

第二十一条 重大税务案件审理采取书面审理和会议审理相结合的方式。

第二节 书面审理

第二十二条 审理委员会办公室自批准受理重大税务案件之日起5日内，将重大税务案件审理提请书及必要的案件材料分送审理委员会成员单位。

第二十三条 审理委员会成员单位自收到审理委员会办公室分送的案件材料之日起10日内，提出书面审理意见送审理委员会办公室。

第二十四条 审理委员会成员单位认为案件事实不清、证据不足，需要补充调查的，应当在书面审理意见中列明需要补充调查的问题并说明理由。

审理委员会办公室应当召集提请补充调查的成员单位和稽查局进行协调，确需补充调查的，由审理委员会办公室报审理委员会主任或其授权的副主任批准，将案件材料退回稽查局补充调查。

第二十五条 稽查局补充调查不应超过30日，有特殊情况的，经稽查局局长批准可以适当延长，但延长期限最多不超过30日。

稽查局完成补充调查后，应当按照本办法第十五条、第十六条的规定重新提交案件材料、办理交接手续。

稽查局不能在规定期限内完成补充调查的，或者补充调查后仍然事实不清、证据不足的，由审理委员会办公室报请审理委员会主任或其授权的副主任批准，终止审理。

第二十六条 审理委员会成员单位认为案件事实清楚、证据确凿，但法律依据不明确或者需要处理的相关事项超出本机关权限的，按规定程序请示上级税务机关或者征求有权机关意见。

第二十七条 审理委员会成员单位书面审理意见一致，或者经审理委员会办公室协调后达成一致意见的，由审理委员会办公室起草审理意见书，报审理委员会主任批准。

第三节 会议审理

第二十八条 审理委员会成员单位书面审理意见存在较大分歧，经审理委员会办公室协调仍不能达成一致意见的，由审理委员会办公室向审理委员会主任或其授权的副主任报告，提请审理委员会会议审理。

第二十九条 审理委员会办公室提请会议审理的报告，应当说明成员单位意见分歧、审理委员会办公室协调情况和初审意见。

审理委员会办公室应当将会议审理时间和地点提前通知审理委员会主任、副主任和成员单位，并分送案件材料。

第三十条 成员单位应当派员参加会议，三分之二以上成员单位到会方可开会。审理委员会办公室以及其他与案件相关的成员单位应当出席会议。

案件调查人员、审理委员会办公室承办人员应当列席会议。必要时，审理委员会可要求调查对象所在地主管税务机关参加会议。

第三十一条 审理委员会会议由审理委员会主任或其授权的副主任主持。首先由稽查局汇报案情及拟处理意见。审理委员会办公室汇报初审意见后，各成员单位发表意见并陈述理由。

审理委员会办公室应当做好会议记录。

第三十二条 经审理委员会会议审理，根据不同情况，作出以下处理：

（一）案件事实清楚、证据确凿、程序合法、法律依据明确的，依法确定审理意见；

（二）案件事实不清、证据不足的，由稽查局对案件重新调查；

（三）案件执法程序违法的，由稽查局对案件重新处理；

（四）案件适用法律依据不明确，或者需要处理的有关事项超出本机关权限的，按规定程序请示上级机关或征求有权机关的意见。

第三十三条 审理委员会办公室根据会议审理情况制作审理纪要和审理意见书。

审理纪要由审理委员会主任或其授权的副主任签发。会议参加人员有保留意见或者特殊声明的，应当在审理纪要中载明。

审理意见书由审理委员会主任签发。

第六章 执行和监督

第三十四条 稽查局应当按照重大税务案件审理意见书制作税务处理处罚决定等相关文书，加盖稽查局印章后送达执行。

文书送达后5日内，由稽查局送审理委员会办公室备案。

第三十五条 重大税务案件审理程序终结后，审理委员会办公室应当将相关证据材料退回稽查局。

第三十六条 各级税务局督察内审部门应当加强对重大税务案件审理工作的监督。

第三十七条 审理委员会办公室应当加强重大税务案件审理案卷的归档管理，按照受理案件的顺序统一编号，做到一案一卷、资料齐全、卷面整洁、装订整齐。

需要归档的重大税务案件审理案卷包括税务稽查报告、税务稽查审理报告以及本办法附列的有关文书。

第三十八条 各省、自治区、直辖市和计划单列市税务局应当于每年1月31日之前，将本辖区上年度重大税务案件审理工作开展情况和重大税务案件审理统计表报送国家税务总局。

第七章 附 则

第三十九条 各级税务局办理的其他案件，需要移送审理委员会审理的，参照本办法执行。特别纳税调整案件按照有关规定执行。

第四十条 各级税务局在重大税务案件审理工作中可以使用重大税务案件审理专用章。

第四十一条 本办法有关“5日”的规定指工作日，不包括法定节假日。

第四十二条 各级税务局应当按照国家税务总局的规划和要求，积极推动重大税务案件审理信息化建设。

第四十三条 各级税务局应当加大对重大税务案件审理工作的基础投入，保障审理人员和经费，配备办案所需的录音录像、文字处理、通讯等设备，推进重大税务案件审理规范化建设。

第四十四条 各省、自治区、直辖市和计划单列市税务局可以依照本办法制定具体实施办法。

第四十五条 本办法自2015年2月1日起施行。《国家税务总局关于印发〈重大税务案件审理办法（试行）〉的通知》（国税发〔2001〕21号）同时废止。

重大税务案件审理文书范本之一

税务稽查案件审理情况备案表
××税稽审备字〔××××〕××号

序号	案件编号	案件名称	制作审理报告时间	拟查补税款、滞纳金、罚款金额

填制部门（章）：　　　　　　　　　　接收部门（章）：
填表人（签名）：　　　　　　　　　　接收人（签名）：
______年______月______日　　　　　　______年______月______日

说明：

1. 本表由稽查局统计后，按季度送审理委员会办公室备案。

2. “案件编号”为稽查局立案审批表所制编号；“案件名称”应包括被查对象名称、违法行为性质等关键信息；“制作审理报告时间”为案件经稽查局集体审理后，稽查局审理部门制作审理报告的时间。

3. 本文书为A4横排，一式两份，稽查局、审理委员会办公室签字或盖章后各留一份。

重大税务案件审理文书范本之二

重大税务案件审理案卷交接单
××税重审交字〔××××〕××号

案件名称：　　　　　　　　　　　　　　　　　　共　　页第　　页

序号	案件材料	页　数

移交部门（章）：　　　　　　　　　　接收部门（章）：
移交人（签名）：　　　　　　　　　　接收人（签名）：
______年______月______日　　　　　　______年______月______日

说明：

1. 本交接单在提请单位提请审理，以及审理委员会办公室将案件材料退回提请单位补正材料或补充调查等情况下使用。

2. “案件材料”包括：重大税务案件审理提请书、税务稽查报告、税务稽查审理报告、证据目录。

3. 本文书一式两份，提请单位、审理委员会办公室签字或盖章后各留一份。

重大税务案件审理文书范本之三

重大税务案件审理登记表

（________年度）

编号	受理日期	提请单位	案件名称	原始案件编号	案件处理情况

说明：

1. 本文书为A4横排，由审理委员会办公室按年度填写，一年一表。

2. “编号”按照受理日期先后顺序按10位数编制，如2014年受理的第一起案件编号为2014000001。“案件名称”应包括被查对象名称、违法行为性质等关键信息。“原始案件编号”为提请单位立案时所制编号。“案件处理情况”根据不同情况填写：退回补正材料/补充调查/重新调查/重新处理/请示上级/征求意见/终止审理/审理终结等。

3. 案件审结后，审理委员会办公室应按照本文书的编号顺序将案件材料立卷归档。

重大税务案件审理文书范本之四

重大税务案件审理提请书

××税稽重审提字〔××××〕××号

<table>
<tr><td>提请单位名称</td><td colspan="3"></td></tr>
<tr><td>案件名称</td><td></td><td>案件编号</td><td></td></tr>
<tr><td colspan="4">（导语：阐述提请审理的理由等）
介绍被查对象基本情况。
一、认定的案件事实及证据指向
……
二、被查对象主张及其提供的证据
……
三、定性依据及拟处理意见
……
（提请单位签章）
年　月　日</td></tr>
</table>

说明：

1. 本提请书由提请单位提请审理委员会审理案件时填写。文书由案件提请单位编号，“××税稽重审提字〔××××〕××号”分别填写单位规范简称、审理年度、和提请书序号，如：云地税稽重审提字〔2014〕1号，下同。

2. “案件编号”为提请单位立案时所制编号。

“案件名称”应包括被查对象名称、违法行为性质等关键信息。

“提请审理的理由”根据以下情况填写：属于本办法第十一条第一至四项规定范围的，填写对应项目；成员单位认为案情重大、需要审理的，说明具体情况；提请审理的其他理由。

“证据指向”应说明认定的案件事实由所附的哪些证据材料证明。

“定性依据及拟处理意见”：定性依据应标明税收法律、法规、规章和文件的名称、文号及具体条款；“拟处理意见”应当具体明确。

3. 本文书一式两份，一份交审理委员会办公室，一份由案件提请单位存档。

重大税务案件审理文书范本之五

证 据 目 录

<table>
<tr><td>案件名称</td><td colspan="6"></td></tr>
<tr><td>案件编号</td><td colspan="3"></td><td>移交日期</td><td colspan="2">年 月 日</td></tr>
<tr><td>序号</td><td>证据内容</td><td>证据来源</td><td>证明对象</td><td>是否原件</td><td>存放处</td><td>页（件）数</td></tr>
<tr><td>1</td><td></td><td></td><td></td><td></td><td></td><td></td></tr>
<tr><td>2</td><td></td><td></td><td></td><td></td><td></td><td></td></tr>
<tr><td>3</td><td></td><td></td><td></td><td></td><td></td><td></td></tr>
<tr><td>4</td><td></td><td></td><td></td><td></td><td></td><td></td></tr>
<tr><td>5</td><td></td><td></td><td></td><td></td><td></td><td></td></tr>
<tr><td>6</td><td></td><td></td><td></td><td></td><td></td><td></td></tr>
<tr><td>7</td><td></td><td></td><td></td><td></td><td></td><td></td></tr>
<tr><td>8</td><td></td><td></td><td></td><td></td><td></td><td></td></tr>
<tr><td>9</td><td></td><td></td><td></td><td></td><td></td><td></td></tr>
<tr><td>其他需要说明的问题</td><td colspan="6"></td></tr>
</table>

说明：

1. 本文书为 A4 横排，由案件提请单位提交证据材料时填制。

2. “案件名称”与重大税务案件审理提请书相同，“案件编号”为案件审理提请书的编号。

3. “证据内容”填写：账簿凭证、检查文书、法律依据、被查对象陈述申辩材料、听证笔录等。“证据来源”填写证据系从何处取得、由谁制作。“证明对象”填写证据证明的案件事实。“是否原件”，一般应提交原件，提交原件原物确有困难的可以提交复制件或照片等。“存放处”填写无法当场移交的证据及其他资料的存放地点。对于无法现场移交、但列入证据目录的证据，接收人可以到存放现场查验后再签字确认。

重大税务案件审理文书范本之六

受理通知书

××税重审受字〔××××〕××号

______________：

你局（处、科、股）提请审理的____________（案件名称）________________（案件编号：______________________）一案，经审核属于《重大税务案件审理办法》第十一条规定的审理范围，决定予以受理。

××税务局重大税务案件审理委员会（审理专用章）

年　　月　　日

说明：

1. 本文书在审理委员会决定受理提请单位提请审理的案件时使用。
2. “案件名称”“案件编号”与重大税务案件审理提请书相同。
3. 受理日期为审理委员会主任或副主任批准之日。
4. 本通知书一式两份，一份交案件提请单位，一份由审理委员会办公室存档。

重大税务案件审理文书范本之七

补正材料（补充调查）通知书

××税重审补字〔××××〕××号

______________：

你局（处、科、股）提请审理的____________（案件名称）________________（案件编号：______________________）一案，经审核（审理），认为：

一、

二、

现将此案退回请补正材料（补充调查），请于________年________月________日前将补正（补充调查）材料移送重大税务案件审理委员会办公室。

××税务局重大税务案件审理委员会（审理专用章）

年　　月　　日

说明：

1. 本文书在审理委员会将案件材料退回提请单位补正材料或补充调查时使用。
2. “案件名称”“案件编号”与重大税务案件审理提请书相同。
3. 签署的日期为审理委员会主任或副主任批准之日。
4. 本通知书一式两份，一份交案件提请单位，一份由审理委员会办公室存档。

重大税务案件审理文书范本之八

不予受理通知书

××税重审不受字〔××××〕××号

____________:

经对你局（处、科、股）提请审理的____________（案件名称）____________（案件编号：____________）进行审核，认为该案件不属于《重大税务案件审理办法》第十一条规定的审理范围，决定不予受理。

××税务局重大税务案件审理委员会（审理专用章）

年　　月　　日

说明：

1. 本文书在审理委员会办公室决定不予受理提请单位提请审理的案件时使用。
2. “案件名称”“案件编号”与重大税务案件审理提请书相同。
3. 签署的日期为审理委员会主任或副主任批准不予受理之日。
4. 本通知书一式两份，一份交案件提请单位，一份由审理委员会办公室存档。

重大税务案件审理文书范本之九

重大税务案件书面审理通知书

____________（审理委员会成员单位）：

根据《重大税务案件审理办法》第二十二条的规定，现将____________提请审理的____________（案件名称）____________的《重大税务案件审理提请书》等相关材料发送你处（科、股）。请于________年________月________日前提出书面审理意见送重大税务案件审理委员会办公室。在案件审理期间你单位可到审理委员会办公室查阅案卷材料，向稽查局了解案件有关情况。

附件：1. 重大税务案件审理提请书
　　2. 税务稽查报告
　　3. 税务稽查审理报告
　　4. ……

××税务局重大税务案件审理委员会（审理专用章）

年　　月　　日

说明：

1. 本文书在重大税务案件审理委员会办公室分送材料征求成员单位书面审理意见时使用。
2. “案件名称”与重大税务案件审理提请书相同。

重大税务案件审理文书范本之十

重大税务案件书面审理意见表

<table>
<tr><td colspan="2">案件名称</td><td></td></tr>
<tr><td colspan="2">案件编号</td><td></td></tr>
<tr><td>审
理
意
见</td><td colspan="2">（审理委员会成员单位签章）
年　月　日</td></tr>
</table>

说明：

1. 本文书在审理委员会成员单位提交书面审理意见时使用。
2. 本文书一式两份，一份交审理委员会办公室，一份由成员单位存档。
3. “案件名称”“案件编号”与重大税务案件审理提请书相同。
4. 所出具的审理意见应当详细阐述理由、列明法律依据。

重大税务案件审理文书范本之十一

延长重大税务案件审理时限审批表

<table>
<tr><td colspan="2">案件名称</td><td colspan="3"></td></tr>
<tr><td colspan="2">案件编号</td><td></td><td>案件受理日期</td><td>年 月 日</td></tr>
<tr><td>延长审理时限理由</td><td colspan="4">因______________，本案在30日内无法作出决定，根据《重大税务案件审理办法》第十八条的规定，需延长审理期限，时间从__________至__________，请批示。
审理人员（签名）：
年 月 日</td></tr>
<tr><td>审理委员会办公室意见</td><td colspan="4">办公室负责人（签名）： 年 月 日</td></tr>
<tr><td>审理委员会（副）主任意见</td><td colspan="4">（签名） 年 月 日</td></tr>
</table>

说明：

1. 本文书由审理委员会办公室提请延长审理期限时使用。
2. “案件名称”“案件编号”与重大税务案件审理提请书相同。

重大税务案件审理文书范本之十二

重大税务案件终止审理审批表

××税重审终字〔××××〕××号

<table>
<tr><td colspan="2">案件名称</td><td colspan="3"></td></tr>
<tr><td colspan="2">案件编号</td><td></td><td>案件受理日期</td><td>年　月　日</td></tr>
<tr><td>终止审理的理由</td><td colspan="4">
审理人员（签名）：　　年　月　日</td></tr>
<tr><td>审理委员会办公室意见</td><td colspan="4">
办公室负责人（签名）：　　年　月　日</td></tr>
<tr><td>审理委员会（副）主任意见</td><td colspan="4">
（签名）　　年　月　日</td></tr>
</table>

说明：

1. 本文书由审理委员会办公室提请终止审理案件时使用。

2. 终止审理的情形包括：稽查局不能在规定期限内完成补充调查，或者补充调查后仍然事实不清、证据不足，案件短时期内难以查清的，由审理委员会办公室报请审理委员会主任或其授权的副主任批准，终止案件审理。

3. “案件名称”“案件编号”与重大税务案件审理提请书相同。

4. 本文书一式两份，一份交案件提请单位，一份由审理委员会办公室存档。

重大税务案件审理文书范本之十三

___（案件名称）___初审意见
××税重审初字〔××××〕××号

______年______月______日___（提请单位）___向我局重大税务案件审理委员会提请审理___（案件名称、编号）___。经书面审理，将审理情况和初审意见报告如下：

一、案件基本情况

（概要介绍案情）

……

二、成员单位意见

（成员单位意见较多的，可以分类概括；成员单位意见较少的，也可以按部门顺序分别说明）

……

三、上级单位批示（或有权机关的意见）

……

四、初审意见

（根据上述情况，提出拟处理意见）

……

以上，特此报告。妥否，请批示。

××税务局重大税务案件审理委员会办公室

年　　月　　日

说明：

1. 本文书由重大税务案件审理委员会办公室向审理委员会报告初审意见时填写。
2. “案件名称、编号”同重大税务案件审理提请书。

重大税务案件审理文书范本之十四

××××××税务局
重大税务案件审理委员会会议纪要
（××号）

××××年×月×日　　　　　　　　　　　　　　　　　　签发：

（案件名称）审理纪要

________年________月________日，________主持召开了重大税务案件审理委员会会议，对（提请单位）提交的（案件名称）进行了审理。会议听取了案件调查情况的报告和初审意见，审理委员会成员单位分别发表了意见。经过充分讨论，会议作出了决定。纪要如下：

一、案件简况

……

二、议定意见

（一）

1.

2.

……

（二）

……

三、（审理委员会领导、成员单位的）保留意见或者特别声明

……

主持：

出席：

缺席：

列席：

记录：

发送：×××××××，××××××××，××××××××××，×××××××。

说明：

1. 本文书由审理委员会办公室根据审理记录制作，会签成员单位并报审理委员会副主任阅批后，报审理委员会主任或其授权的副主任签发。

2. 审理纪要分年度，按审理委员会会议召开的顺序编号。

3. “案件名称”同重大税务案件审理提请书。

重大税务案件审理文书范本之十五

××××××税务局
重大税务案件审理委员会审理意见书

××税重审决字〔××××〕××号

__________：

经审理，对你单位提交的__________（案件名称）__一案提出如下审理意见：

一、案件基本情况

（扼要介绍调查单位认定的被查对象违法事实、主要证据、法律依据和拟处理意见）

二、被查对象的意见和主张

（扼要介绍当事人的陈述申辩、证据材料、听证主张等情况）

三、审理委员会意见

（阐述审理委员会认定的事实、法律依据和最终确定的审理意见）

……

请你单位根据上述意见，制作相应的法律文书并送达执行。

××税务局重大税务案件审理委员会（审理专用章）

××年××月××日

说明：

1. 本文书由审理委员会办公室根据审理委员会会议决定制作，报审理委员会主任签发后送提请单位。

2. 本文书按照案件审结的先后顺序编号。

3. “案件名称”同重大税务案件审理提请书。

4. 提请单位是否需要制作法律文书，以及制作何种法律文书，根据法律法规的规定和具体情形确定。

5. 本文书一式两份，一份交案件提请单位，一份由审理委员会办公室存档。

重大税务案件审理文书范本之十六

重大税务案件审理统计表
（　　年度）

填表单位（章）：

项目	审理机构		案件审理数量				案件类型					审理方式		审理结论					
	税务局数量	直接从事重案审理人员数	上年度未审结案件数	本年度受理案件数	本年度审理结案数	结转下年度案件数	重大行政处罚案件数	督办案件数	司法、监察机关移交案件数	移送公安机关案件数	其他案件数	书面审理定案数	会议审理定案数	维持调查单位拟处理意见数	改变调查单位拟处理意见数	退回重新处理数	退回重新调查数	征求上级单位或有权机关意见数	终止案件审理数
序号	1	2	3	4	5	6	7	8	9	10	11	12	13	14	15	16	17	18	19
数量																			

填表人：　　　　联系电话：　　　　填表日期：　　年　　月　　日

说明：

1. 本文书制作时应当采用 Excel 表格格式。
2. 本文书由各省税务局按年度填报，计划单列市单独上报数字，所在省上报数字不包括计划单列市数字。
3. “直接从事重案审理人员数”指各级税务机关法规处（科）内负责重案审理工作的人员，不含处、科领导。

“案件类型”“审理方式”“审理结论”只统计本年度审理结案数。

“审理结论”为经过书面审理或会议审理后，经审委会主任批准后作出决定的类型。书面审理过程中，成员单位协商后中止审理的情形（稽查局对案件进行补充调查，或征求有权机关意见、请示上级机关）不属于审理结论。

税务行政复议规则

（2010年2月10日国家税务总局令第21号公布　根据2015年12月28日《国家税务总局关于修改〈税务行政复议规则〉的决定》第一次修正　根据2018年6月15日《国家税务总局关于修改部分税务部门规章的决定》第二次修正）

第一章　总　　则

第一条　为了进一步发挥行政复议解决税务行政争议的作用，保护公民、法人和其他组织的合法权益，监督和保障税务机关依法行使职权，根据《中华人民共和国行政复议法》（以下简称行政复议法）、《中华人民共和国税收征收管理法》和《中华人民共和国行政复议法实施条例》（以下简称行政复议法实施条例），结合税收工作实际，制定本规则。

第二条　公民、法人和其他组织（以下简称申请人）认为税务机关的具体行政行为侵犯其合法权益，向税务行政复议机关申请行政复议，税务行政复议机关办理行政复议事项，适用本规则。

第三条　本规则所称税务行政复议机关（以下简称行政复议机关），指依法受理行政复议申请、对具体行政行为进行审查并作出行政复议决定的税务机关。

第四条　行政复议应当遵循合法、公正、公开、及时和便民的原则。

行政复议机关应当树立依法行政观念，强化责任意识和服务意识，认真履行行政复议职责，坚持有错必纠，确保法律正确实施。

第五条　行政复议机关在申请人的行政复议请求范围内，不得作出对申请人更为不利的行政复议决定。

第六条　申请人对行政复议决定不服的，可以依法向人民法院提起行政诉讼。

第七条　行政复议机关受理行政复议申请，不得向申请人收取任何费用。

第八条　各级税务机关行政首长是行政复议工作第一责任人，应当切实履行职责，加强对行政复议工作的组织领导。

第九条　行政复议机关应当为申请人、第三人查阅案卷资料、接受询问、调解、听证等提供专门场所和其他必要条件。

第十条　各级税务机关应当加大对行政复议工作的基础投入，推进行政复议工作信息化建设，配备调查取证所需的照相、录音、录像和办案所需的电脑、扫描、投影、传真、复印等设备，保障办案交通工具和相应经费。

第二章　税务行政复议机构和人员

第十一条　各级行政复议机关负责法制工作的机构（以下简称行政复议机构）依法办理行政复议事项，履行下列职责：

（一）受理行政复议申请。

（二）向有关组织和人员调查取证，查阅文件和资料。

（三）审查申请行政复议的具体行政行为是否合法和适当，起草行政复议决定。

（四）处理或者转送对本规则第十五条所列有关规定的审查申请。

（五）对被申请人违反行政复议法及其实施条例和本规则规定的行为，依照规定的权限和程序向相关部门提出处理建议。

（六）研究行政复议工作中发现的问题，及时向有关机关或者部门提出改进建议，重大问题及时向行政复议机关报告。

（七）指导和监督下级税务机关的行政复议工作。

（八）办理或者组织办理行政诉讼案件应诉事项。

（九）办理行政复议案件的赔偿事项。

（十）办理行政复议、诉讼、赔偿等案件的统计、报告、归档工作和重大行政复议决定备案事项。

（十一）其他与行政复议工作有关的事项。

第十二条 各级行政复议机关可以成立行政复议委员会，研究重大、疑难案件，提出处理建议。

行政复议委员会可以邀请本机关以外的具有相关专业知识的人员参加。

第十三条 行政复议工作人员应当具备与履行行政复议职责相适应的品行、专业知识和业务能力。

税务机关中初次从事行政复议的人员，应当通过国家统一法律职业资格考试取得法律职业资格。

第三章 税务行政复议范围

第十四条 行政复议机关受理申请人对税务机关下列具体行政行为不服提出的行政复议申请：

（一）征税行为，包括确认纳税主体、征税对象、征税范围、减税、免税、退税、抵扣税款、适用税率、计税依据、纳税环节、纳税期限、纳税地点和税款征收方式等具体行政行为，征收税款、加收滞纳金，扣缴义务人、受税务机关委托的单位和个人作出的代扣代缴、代收代缴、代征行为等。

（二）行政许可、行政审批行为。

（三）发票管理行为，包括发售、收缴、代开发票等。

（四）税收保全措施、强制执行措施。

（五）行政处罚行为：

1. 罚款；

2. 没收财物和违法所得；

3. 停止出口退税权。

（六）不依法履行下列职责的行为：

1. 颁发税务登记；

2. 开具、出具完税凭证、外出经营活动税收管理证明；

3. 行政赔偿；

4. 行政奖励；

5. 其他不依法履行职责的行为。

（七）资格认定行为。

（八）不依法确认纳税担保行为。

（九）政府信息公开工作中的具体行政行为。

（十）纳税信用等级评定行为。

（十一）通知出入境管理机关阻止出境行为。

（十二）其他具体行政行为。

第十五条 申请人认为税务机关的具体行政行为所依据的下列规定不合法，对具体行政行为申请行政复议时，可以一并向行政复议机关提出对有关规定的审查申请；申请人对具体行政行为提出行政复议申请时不知道该具体行政行为所依据的规定的，可以在行政复议机关作出行政复议决定以前提出对该规定的审查申请：

（一）国家税务总局和国务院其他部门的规定。

（二）其他各级税务机关的规定。

（三）地方各级人民政府的规定。

（四）地方人民政府工作部门的规定。

前款中的规定不包括规章。

第四章 税务行政复议管辖

第十六条 对各级税务局的具体行政行为不服的，向其上一级税务局申请行政复议。

对计划单列市税务局的具体行政行为不服的，向国家税务总局申请行政复议。

第十七条 对税务所（分局）、各级税务局的稽查局的具体行政行为不服的，向其所属税务局申请行政复议。

第十八条 对国家税务总局的具体行政行为不服的，向国家税务总局申请行政复议。对行政复议决定不服，申请人可以向人民法院提起行政诉讼，也可以向国务院申请裁决。国务院的裁决为最终裁决。

第十九条 对下列税务机关的具体行政行为不服的，按照下列规定申请行政复议：

（一）对两个以上税务机关以共同的名义作出的具体行政行为不服的，向共同上一级税务机关申请行政复议；对税务机关与其他行政机关以共同的名义作出的具体行政行为不服的，向其共同上一级行政机关申请行政复议。

（二）对被撤销的税务机关在撤销以前所作出的具体行政行为不服的，向继续行使其职权的税务机关的上一级税务机关申请行政复议。

（三）对税务机关作出逾期不缴纳罚款加处罚款的决定不服的，向作出行政处罚决定的税务机关申请行政复议。但是对已处罚款和加处罚款都不服的，一并向作出行政处罚决定的税务机关的上一级税务机关申请行政复议。

申请人向具体行政行为发生地的县级地方人民政府提交行政复议申请的，由接受申请的县级地方人民政府依照行政复议法第十五条、第十八条的规定予以转送。

第五章　税务行政复议申请人和被申请人

第二十条　合伙企业申请行政复议的，应当以核准登记的企业为申请人，由执行合伙事务的合伙人代表该企业参加行政复议；其他合伙组织申请行政复议的，由合伙人共同申请行政复议。

前款规定以外的不具备法人资格的其他组织申请行政复议的，由该组织的主要负责人代表该组织参加行政复议；没有主要负责人的，由共同推选的其他成员代表该组织参加行政复议。

第二十一条　股份制企业的股东大会、股东代表大会、董事会认为税务具体行政行为侵犯企业合法权益的，可以以企业的名义申请行政复议。

第二十二条　有权申请行政复议的公民死亡的，其近亲属可以申请行政复议；有权申请行政复议的公民为无行为能力人或者限制行为能力人，其法定代理人可以代理申请行政复议。

有权申请行政复议的法人或者其他组织发生合并、分立或终止的，承受其权利义务的法人或者其他组织可以申请行政复议。

第二十三条　行政复议期间，行政复议机关认为申请人以外的公民、法人或者其他组织与被审查的具体行政行为有利害关系的，可以通知其作为第三人参加行政复议。

行政复议期间，申请人以外的公民、法人或者其他组织与被审查的税务具体行政行为有利害关系的，可以向行政复议机关申请作为第三人参加行政复议。

第三人不参加行政复议，不影响行政复议案件的审理。

第二十四条　非具体行政行为的行政管理相对人，但其权利直接被该具体行政行为所剥夺、限制或者被赋予义务的公民、法人或其他组织，在行政管理相对人没有申请行政复议时，可以单独申请行政复议。

第二十五条　同一行政复议案件申请人超过5人的，应当推选1至5名代表参加行政复议。

第二十六条　申请人对具体行政行为不服申请行政复议的，作出该具体行政行为的税务机关为被申请人。

第二十七条　申请人对扣缴义务人的扣缴税款行为不服的，主管该扣缴义务人的税务机关为被申请人；对税务机关委托的单位和个人的代征行为不服的，委托税务机关为被申请人。

第二十八条　税务机关与法律、法规授权的组织以共同的名义作出具体行政行为的，税务机关和法律、法规授权的组织为共同被申请人。

税务机关与其他组织以共同名义作出具体行政行为的，税务机关为被申请人。

第二十九条　税务机关依照法律、法规和规章规定，经上级税务机关批准作出具体行政行为的，批准机关为被申请人。

申请人对经重大税务案件审理程序作出的决定不服的，审理委员会所在税务机关为被申请人。

第三十条 税务机关设立的派出机构、内设机构或者其他组织，未经法律、法规授权，以自己名义对外作出具体行政行为的，税务机关为被申请人。

第三十一条 申请人、第三人可以委托1至2名代理人参加行政复议。申请人、第三人委托代理人的，应当向行政复议机构提交授权委托书。授权委托书应当载明委托事项、权限和期限。公民在特殊情况下无法书面委托的，可以口头委托。口头委托的，行政复议机构应当核实并记录在卷。申请人、第三人解除或者变更委托的，应当书面告知行政复议机构。

被申请人不得委托本机关以外人员参加行政复议。

第六章　税务行政复议申请

第三十二条 申请人可以在知道税务机关作出具体行政行为之日起60日内提出行政复议申请。

因不可抗力或者被申请人设置障碍等原因耽误法定申请期限的，申请期限的计算应当扣除被耽误时间。

第三十三条 申请人对本规则第十四条第（一）项规定的行为不服的，应当先向行政复议机关申请行政复议；对行政复议决定不服的，可以向人民法院提起行政诉讼。

申请人按照前款规定申请行政复议的，必须依照税务机关根据法律、法规确定的税额、期限，先行缴纳或者解缴税款和滞纳金，或者提供相应的担保，才可以在缴清税款和滞纳金以后或者所提供的担保得到作出具体行政行为的税务机关确认之日起60日内提出行政复议申请。

申请人提供担保的方式包括保证、抵押和质押。作出具体行政行为的税务机关应当对保证人的资格、资信进行审查，对不具备法律规定资格或者没有能力保证的，有权拒绝。作出具体行政行为的税务机关应当对抵押人、出质人提供的抵押担保、质押担保进行审查，对不符合法律规定的抵押担保、质押担保，不予确认。

第三十四条 申请人对本规则第十四条第（一）项规定以外的其他具体行政行为不服，可以申请行政复议，也可以直接向人民法院提起行政诉讼。

申请人对税务机关作出逾期不缴纳罚款加处罚款的决定不服的，应当先缴纳罚款和加处罚款，再申请行政复议。

第三十五条 本规则第三十二条第一款规定的行政复议申请期限的计算，依照下列规定办理：

（一）当场作出具体行政行为的，自具体行政行为作出之日起计算。

（二）载明具体行政行为的法律文书直接送达的，自受送达人签收之日起计算。

（三）载明具体行政行为的法律文书邮寄送达的，自受送达人在邮件签收单上签收之日起计算；没有邮件签收单的，自受送达人在送达回执上签名之日起计算。

（四）具体行政行为依法通过公告形式告知受送达人的，自公告规定的期限届满之日起计算。

（五）税务机关作出具体行政行为时未告知申请人，事后补充告知的，自该申请人收到税务机关补充告知的通知之日起计算。

（六）被申请人能够证明申请人知道具体行政行为的，自证据材料证明其知道具体行政行为之日起计算。

税务机关作出具体行政行为，依法应当向申请人送达法律文书而未送达的，视为该申请人不知道该具体行政行为。

第三十六条 申请人依照行政复议法第六条第（八）项、第（九）项、第（十）项的规定申请税务机关履行法定职责，税务机关未履行的，行政复议申请期限依照下列规定计算：

（一）有履行期限规定的，自履行期限届满之日起计算。

（二）没有履行期限规定的，自税务机关收到申请满60日起计算。

第三十七条 税务机关作出的具体行政行为对申请人的权利、义务可能产生不利影响的，应当告知其申请行政复议的权利、行政复议机关和行政复议申请期限。

第三十八条 申请人书面申请行政复议的，可以采取当面递交、邮寄或者传真等方式提出行政复议申请。

有条件的行政复议机关可以接受以电子邮件形式提出的行政复议申请。

对以传真、电子邮件形式提出行政复议申请的，行政复议机关应当审核确认申请人的身份、复议事项。

第三十九条 申请人书面申请行政复议的，应当在行政复议申请书中载明下列事项：

（一）申请人的基本情况，包括公民的姓名、性别、出生年月、身份证件号码、工作单位、住所、邮政编码、联系电话；法人或者其他组织的名称、住所、邮政编码、联系电话和法定代表人或者主要负责人的姓名、职务。

（二）被申请人的名称。

（三）行政复议请求、申请行政复议的主要事实和理由。

（四）申请人的签名或者盖章。

（五）申请行政复议的日期。

第四十条 申请人口头申请行政复议的，行政复议机构应当依照本规则第三十九条规定的事项，当场制作行政复议申请笔录，交申请人核对或者向申请人宣读，并由申请人确认。

第四十一条 有下列情形之一的，申请人应当提供证明材料：

（一）认为被申请人不履行法定职责的，提供要求被申请人履行法定职责而被申请人未履行的证明材料。

（二）申请行政复议时一并提出行政赔偿请求的，提供受具体行政行为侵害而造成损害的证明材料。

（三）法律、法规规定需要申请人提供证据材料的其他情形。

第四十二条 申请人提出行政复议申请时错列被申请人的，行政复议机关应当告知申请人变更被申请人。申请人不变更被申请人的，行政复议机关不予受理，或者驳回行政复议申请。

第四十三条 申请人向行政复议机关申请行政复议，行政复议机关已经受理的，在法定行政复议期限内申请人不得向人民法院提起行政诉讼；申请人向人民法院提起行政诉讼，人民法院已经依法受理的，不得申请行政复议。

第七章 税务行政复议受理

第四十四条 行政复议申请符合下列规定的，行政复议机关应当受理：

（一）属于本规则规定的行政复议范围。

（二）在法定申请期限内提出。

（三）有明确的申请人和符合规定的被申请人。

（四）申请人与具体行政行为有利害关系。

（五）有具体的行政复议请求和理由。

（六）符合本规则第三十三条和第三十四条规定的条件。

（七）属于收到行政复议申请的行政复议机关的职责范围。

（八）其他行政复议机关尚未受理同一行政复议申请，人民法院尚未受理同一主体就同一事实提起的行政诉讼。

第四十五条 行政复议机关收到行政复议申请以后，应当在5日内审查，决定是否受理。对不符合本规则规定的行政复议申请，决定不予受理，并书面告知申请人。

对不属于本机关受理的行政复议申请，应当告知申请人向有关行政复议机关提出。

行政复议机关收到行政复议申请以后未按照前款规定期限审查并作出不予受理决定的，视为受理。

第四十六条 对符合规定的行政复议申请，自行政复议机构收到之日起即为受理；受理行政复议申请，应当书面告知申请人。

第四十七条 行政复议申请材料不齐全、表述不清楚的，行政复议机构可以自收到该行政复议申请之日起5日内书面通知申请人补正。补正通知应当载明需要补正的事项和合理的补正期限。无正当理由逾期不补正的，视为申请人放弃行政复议申请。

补正申请材料所用时间不计入行政复议审理期限。

第四十八条 上级税务机关认为行政复议机关不予受理行政复议申请的理由不成立的，可以督促其受理；经督促仍然不受理的，责令其限期受理。

上级税务机关认为行政复议申请不符合法定受理条件的，应当告知申请人。

第四十九条 上级税务机关认为有必要的，可以直接受理或者提审由下级税务机关管辖的行政复议案件。

第五十条 对应当先向行政复议机关申请行政复议，对行政复议决定不服再向人民法院提起行政诉讼的具体行政行为，行政复议机关决定不予受理或者受理以后超过行政复议期限不作答复的，申请人可以自收到不予受理决定书之日起或者行政复议期满之日起15日内，依法向人民法院提起行政诉讼。

依照本规则第八十三条规定延长行政复议期限的，以延长以后的时间为行政复议期满时间。

第五十一条 行政复议期间具体行政行为不停止执行；但是有下列情形之一的，可以停止执行：

（一）被申请人认为需要停止执行的。

（二）行政复议机关认为需要停止执行的。

（三）申请人申请停止执行，行政复议机关认为其要求合理，决定停止执行的。

（四）法律规定停止执行的。

第八章 税务行政复议证据

第五十二条 行政复议证据包括以下类别：

（一）书证；

（二）物证；

（三）视听资料；

（四）电子数据；

（五）证人证言；

（六）当事人的陈述；

（七）鉴定意见；

（八）勘验笔录、现场笔录。

第五十三条 在行政复议中，被申请人对其作出的具体行政行为负有举证责任。

第五十四条 行政复议机关应当依法全面审查相关证据。行政复议机关审查行政复议案件，应当以证据证明的案件事实为依据。定案证据应当具有合法性、真实性和关联性。

第五十五条 行政复议机关应当根据案件的具体情况，从以下方面审查证据的合法性：

（一）证据是否符合法定形式。

（二）证据的取得是否符合法律、法规、规章和司法解释的规定。

（三）是否有影响证据效力的其他违法情形。

第五十六条 行政复议机关应当根据案件的具体情况，从以下方面审查证据的真实性：

（一）证据形成的原因。

（二）发现证据时的环境。

（三）证据是否为原件、原物，复制件、复制品与原件、原物是否相符。

（四）提供证据的人或者证人与行政复议参加人是否具有利害关系。

（五）影响证据真实性的其他因素。

第五十七条 行政复议机关应当根据案件的具体情况，从以下方面审查证据的关联性：

（一）证据与待证事实是否具有证明关系。

（二）证据与待证事实的关联程度。

（三）影响证据关联性的其他因素。

第五十八条 下列证据材料不得作为定案依据：

（一）违反法定程序收集的证据材料。

（二）以偷拍、偷录和窃听等手段获取侵害他人合法权益的证据材料。

（三）以利诱、欺诈、胁迫和暴力等不正当手段获取的证据材料。

（四）无正当事由超出举证期限提供的证据材料。

（五）无正当理由拒不提供原件、原物，又无其他证据印证，且对方不予认可的证据的复制件、复制品。

（六）无法辨明真伪的证据材料。

（七）不能正确表达意志的证人提供的证言。

（八）不具备合法性、真实性的其他证据材料。

行政复议机构依据本规则第十一条第（二）项规定的职责所取得的有关材料，不得作为支持被申请人具体行政行为的证据。

第五十九条 在行政复议过程中，被申请人不得自行向申请人和其他有关组织或者个人收集证据。

第六十条 行政复议机构认为必要时，可以调查取证。

行政复议工作人员向有关组织和人员调查取证时，可以查阅、复制和调取有关文件和资料，向有关人员询问。调查取证时，行政复议工作人员不得少于2人，并应当向当事人和有关人员出示证件。被调查单位和人员应当配合行政复议工作人员的工作，不得拒绝、阻挠。

需要现场勘验的，现场勘验所用时间不计入行政复议审理期限。

第六十一条 申请人和第三人可以查阅被申请人提出的书面答复、作出具体行政行为的证据、依据和其他有关材料，除涉及国家秘密、商业秘密或者个人隐私外，行政复议机关不得拒绝。

第九章 税务行政复议审查和决定

第六十二条 行政复议机构应当自受理行政复议申请之日起7日内，将行政复议申请书副本或者行政复议申请笔录复印件发送被申请人。被申请人应当自收到申请书副本或者申请笔录复印件之日起10日内提出书面答复，并提交当初作出具体行政行为的证据、依据和其他有关材料。

对国家税务总局的具体行政行为不服申请行政复议的案件，由原承办具体行政行为的相关机构向行政复议机构提出书面答复，并提交当初作出具体行政行为的证据、依据和其他有关材料。

第六十三条 行政复议机构审理行政复议案件，应当由2名以上行政复议工作人员参加。

第六十四条 行政复议原则上采用书面审查的办法，但是申请人提出要求或者行政复议机构认为有必要时，应当听取申请人、被申请人和第三人的意见，并可以向有关组织和人员调查了解情况。

第六十五条 对重大、复杂的案件，申请人提出要求或者行政复议机构认为必要时，可以采取听证的方式审理。

第六十六条 行政复议机构决定举行听证的，应当将举行听证的时间、地点和具体要求等事项通知申请人、被申请人和第三人。

第三人不参加听证的，不影响听证的举行。

第六十七条 听证应当公开举行，但是涉及国家秘密、商业秘密或者个人隐私的除外。

第六十八条 行政复议听证人员不得少于2人，听证主持人由行政复议机构指定。

第六十九条 听证应当制作笔录。申请人、被申请人和第三人应当确认听证笔录内容。

行政复议听证笔录应当附卷，作为行政复议机构审理案件的依据之一。

第七十条 行政复议机关应当全面审查被申请人的具体行政行为所依据的事实证据、法律程序、法律依据和设定的权利义务内容的合法性、适当性。

第七十一条 申请人在行政复议决定作出以前撤回行政复议申请的，经行政复议机构同意，可以撤回。

申请人撤回行政复议申请的，不得再以同一事实和理由提出行政复议申请。但是，申请人能够证明撤回行政复议申请违背其真实意思表示的除外。

第七十二条 行政复议期间被申请人改变原具体行政行为的，不影响行政复议案件的审理。但是，申请人依法撤回行政复议申请的除外。

第七十三条 申请人在申请行政复议时，依据本规则第十五条规定一并提出对有关规定的审查申请的，行政复议机关对该规定有权处理的，应当在30日内依法处理；无权处理的，应当在7日内按照法定程序逐级转送有权处理的行政机关依法处理，有权处理的行政机关应当在60日内依法处理。处理期间，中止对具体行政行为的审查。

第七十四条 行政复议机关审查被申请人的具体行政行为时，认为其依据不合法，本机关有权处理的，应当在30日内依法处理；无权处理的，应当在7日内按照法定程序逐级转送有权处理的国家机关依法处理。处理期间，中止对具体行政行为的审查。

第七十五条 行政复议机构应当对被申请人的具体行政行为提出审查意见，经行政复议机关负责人批准，按照下列规定作出行政复议决定：

（一）具体行政行为认定事实清楚，证据确凿，适用依据正确，程序合法，内容适当的，决定维持。

（二）被申请人不履行法定职责的，决定其在一定期限内履行。

（三）具体行政行为有下列情形之一的，决定撤销、变更或者确认该具体行政行为违法；决定撤销或者确认该具体行政行为违法的，可以责令被申请人在一定期限内重新作出具体行政行为：

1. 主要事实不清、证据不足的；
2. 适用依据错误的；
3. 违反法定程序的；
4. 超越职权或者滥用职权的；
5. 具体行政行为明显不当的。

（四）被申请人不按照本规则第六十二条的规定提出书面答复，提交当初作出具体行政行为的证据、依据和其他有关材料的，视为该具体行政行为没有证据、依据，决定撤销该具体行政行为。

第七十六条 行政复议机关责令被申请人重新作出具体行政行为的，被申请人不得以同一事实和理由作出与原具体行政行为相同或者基本相同的具体行政行为；但是行政复议机关以原具体行政行为违反法定程序决定撤销的，被申请人重新作出具体行政行为的除外。

行政复议机关责令被申请人重新作出具体行政行为的，被申请人不得作出对申请人更为不利的决定；但是行政复议机关以原具体行政行为主要事实不清、证据不足或适用依据错误决定撤销的，被申请人重新作出具体行政行为的除外。

第七十七条 有下列情形之一的，行政复议机关可以决定变更：

（一）认定事实清楚，证据确凿，程序合法，但是明显不当或者适用依据错误的。

（二）认定事实不清，证据不足，但是经行政复议机关审理查明事实清楚，证据确凿的。

第七十八条 有下列情形之一的，行政复议机关应当决定驳回行政复议申请：

（一）申请人认为税务机关不履行法定职责申请行政复议，行政复议机关受理以后发现该税务机关没有相应法定职责或者在受理以前已经履行法定职责的。

（二）受理行政复议申请后，发现该行政复议申请不符合行政复议法及其实施条例和本规则规定的受理条件的。

上级税务机关认为行政复议机关驳回行政复议申请的理由不成立的，应当责令限期恢复受理。行政复议机关审理行政复议申请期限的计算应当扣除因驳回耽误的时间。

第七十九条 行政复议期间，有下列情形之一的，行政复议中止：

（一）作为申请人的公民死亡，其近亲属尚未确定是否参加行政复议的。

（二）作为申请人的公民丧失参加行政复议的能力，尚未确定法定代理人参加行政复议的。

（三）作为申请人的法人或者其他组织终止，尚未确定权利义务承受人的。

（四）作为申请人的公民下落不明或者被宣告失踪的。

（五）申请人、被申请人因不可抗力，不能参加行政复议的。

（六）行政复议机关因不可抗力原因暂时不能履行工作职责的。

（七）案件涉及法律适用问题，需要有权机关作出解释或者确认的。

（八）案件审理需要以其他案件的审理结果为依据，而其他案件尚未审结的。

（九）其他需要中止行政复议的情形。

行政复议中止的原因消除以后，应当及时恢复行政复议案件的审理。

行政复议机构中止、恢复行政复议案件的审理，应当告知申请人、被申请人、第三人。

第八十条 行政复议期间，有下列情形之一的，行政复议终止：

（一）申请人要求撤回行政复议申请，行政复议机构准予撤回的。

（二）作为申请人的公民死亡，没有近亲属，或者其近亲属放弃行政复议权利的。

（三）作为申请人的法人或者其他组织终止，其权利义务的承受人放弃行政复议权利的。

（四）申请人与被申请人依照本规则第八十七条的规定，经行政复议机构准许达成和解的。

（五）行政复议申请受理以后，发现其他行政复议机关已经先于本机关受理，或者人民法院已经受理的。

依照本规则第七十九条第一款第（一）项、第（二）项、第（三）项规定中止行政复议，满60日行政复议中止的原因未消除的，行政复议终止。

第八十一条 行政复议机关责令被申请人重新作出具体行政行为的，被申请人应当在60日内重新作出具体行政行为；情况复杂，不能在规定期限内重新作出具体行政行为的，经行政复议机关批准，可以适当延期，但是延期不得超过30日。

公民、法人或者其他组织对被申请人重新作出的具体行政行为不服，可以依法申请行政复议，或者提起行政诉讼。

第八十二条 申请人在申请行政复议时可以一并提出行政赔偿请求，行政复议机关对符合国家赔偿法的规定应当赔偿的，在决定撤销、变更具体行政行为或者确认具体行政行为违法时，应当同时决定被申请人依法赔偿。

申请人在申请行政复议时没有提出行政赔偿请求的，行政复议机关在依法决定撤销、变更原具体行政行为确定的税款、滞纳金、罚款和对财产的扣押、查封等强制措施时，应当同时责令被申请人退还税款、滞纳金和罚款，解除对财产的扣押、查封等强制措施，或者赔偿相应的价款。

第八十三条 行政复议机关应当自受理申请之日起60日内作出行政复议决定。情况复杂，不能在规定期限内作出行政复议决定的，经行政复议机关负责人批准，可以适当延期，并告知申请人和被申请人；但是延期不得超过30日。

行政复议机关作出行政复议决定，应当制作行政复议决定书，并加盖行政复议机关印章。

行政复议决定书一经送达，即发生法律效力。

第八十四条 被申请人应当履行行政复议决定。

被申请人不履行、无正当理由拖延履行行政复议决定的，行政复议机关或者有关上级税务机关应当责令其限期履行。

第八十五条 申请人、第三人逾期不起诉又不履行行政复议决定的，或者不履行最终裁决的行政复议决定的，按照下列规定分别处理：

（一）维持具体行政行为的行政复议决定，由作出具体行政行为的税务机关依法强制执行，或者申请人民法院强制执行。

（二）变更具体行政行为的行政复议决定，由行政复议机关依法强制执行，或者申请人民法院强制执行。

第十章　税务行政复议和解与调解

第八十六条 对下列行政复议事项，按照自愿、合法的原则，申请人和被申请人在行政复议机关作出行政复议决定以前可以达成和解，行政复议机关也可以调解：

（一）行使自由裁量权作出的具体行政行为，如行政处罚、核定税额、确定应税所得率等。

（二）行政赔偿。

（三）行政奖励。

（四）存在其他合理性问题的具体行政行为。

行政复议审理期限在和解、调解期间中止计算。

第八十七条 申请人和被申请人达成和解的，应当向行政复议机构提交书面和解协议。和解内容不损害社会公共利益和他人合法权益的，行政复议机构应当准许。

第八十八条 经行政复议机构准许和解终止行政复议的，申请人不得以同一事实和理由再次申请行政复议。

第八十九条 调解应当符合下列要求：

（一）尊重申请人和被申请人的意愿。

（二）在查明案件事实的基础上进行。

（三）遵循客观、公正和合理原则。

（四）不得损害社会公共利益和他人合法权益。

第九十条 行政复议机关按照下列程序调解：

（一）征得申请人和被申请人同意。

（二）听取申请人和被申请人的意见。

（三）提出调解方案。

（四）达成调解协议。

（五）制作行政复议调解书。

第九十一条 行政复议调解书应当载明行政复议请求、事实、理由和调解结果，并加盖行政复议机关印章。行政复议调解书经双方当事人签字，即具有法律效力。

调解未达成协议，或者行政复议调解书不生效的，行政复议机关应当及时作出行政复议决定。

第九十二条 申请人不履行行政复议调解书的，由被申请人依法强制执行，或者申请人民法院强制执行。

第十一章　税务行政复议指导和监督

第九十三条 各级税务复议机关应当加强对履行行政复议职责的监督。行政复议机构负责对行政复议工作进行系统督促、指导。

第九十四条 各级税务机关应当建立健全行政复议工作责任制，将行政复议工作纳入本单位目标责任制。

第九十五条 各级税务机关应当按照职责权限，通过定期组织检查、抽查等方式，检查下级税务机关的行政复议工作，并及时向有关方面反馈检查结果。

第九十六条 行政复议期间行政复议机关发现被申请人和其他下级税务机关的相关行政行为违法或者需要做好善后工作的，可以制作行政复议意见书。有关机关应当自收到行政复议意见书之日起60日内将纠正相关行政违法行为或者做好善后工作的情况报告行政复议机关。

行政复议期间行政复议机构发现法律、法规和规章实施中带有普遍性的问题，可以制作行政复议建议书，向有关机关提出完善制度和改进行政执法的建议。

第九十七条 省以下各级税务机关应当定期向上一级税务机关提交行政复议、应诉、赔偿统计表和分析报告，及时将重大行政复议决定报上一级行政复议机关备案。

第九十八条 行政复议机构应当按照规定将行政复议案件资料立卷归档。

行政复议案卷应当按照行政复议申请分别装订立卷，一案一卷，统一编号，做到目录清晰、资料齐全、分类规范、装订整齐。

第九十九条 行政复议机构应当定期组织行政复议工作人员业务培训和工作交流，提高行政复议工作人员的专业素质。

第一百条 行政复议机关应当定期总结行政复议工作。对行政复议工作中做出显著成绩的单位和个人，依照有关规定表彰和奖励。

第十二章 附　　则

第一百零一条 行政复议机关、行政复议机关工作人员和被申请人在税务行政复议活动中，违反行政复议法及其实施条例和本规则规定的，应当依法处理。

第一百零二条 外国人、无国籍人、外国组织在中华人民共和国境内向税务机关申请行政复议，适用本规则。

第一百零三条 行政复议机关在行政复议工作中可以使用行政复议专用章。行政复议专用章与行政复议机关印章在行政复议中具有同等效力。

第一百零四条 行政复议期间的计算和行政复议文书的送达，依照民事诉讼法关于期间、送达的规定执行。

本规则关于行政复议期间有关“5日”、“7日”的规定指工作日，不包括法定节假日。

第一百零五条 本规则自2010年4月1日起施行，2004年2月24日国家税务总局公布的《税务行政复议规则（暂行）》（国家税务总局令第8号）同时废止。

（四）其他

国家税务总局关于发布《非居民纳税人享受协定待遇管理办法》的公告

（2019年10月14日　国家税务总局公告2019年第35号）

为深化“放管服”改革，进一步优化税收营商环境，提高非居民纳税人享受协定待遇的便捷性，国家税务总局制定了《非居民纳税人享受协定待遇管理办法》，现予发布，自2020年1月1日起施行。

特此公告。

附件： 非居民纳税人享受协定待遇信息报告表（略）

非居民纳税人享受协定待遇管理办法

第一章 总　　则

第一条 为执行中华人民共和国政府签署

的避免双重征税协定（以下简称“税收协定”）和国际运输协定税收条款，规范非居民纳税人享受协定待遇管理，根据《中华人民共和国企业所得税法》（以下简称“企业所得税法”）及其实施条例、《中华人民共和国个人所得税法》及其实施条例、《中华人民共和国税收征收管理法》（以下简称“税收征管法”）及其实施细则（以下统称“国内税收法律规定”）的有关规定，制定本办法。

第二条 在中国境内发生纳税义务的非居民纳税人需要享受协定待遇的，适用本办法。

第三条 非居民纳税人享受协定待遇，采取“自行判断、申报享受、相关资料留存备查”的方式办理。非居民纳税人自行判断符合享受协定待遇条件的，可在纳税申报时，或通过扣缴义务人在扣缴申报时，自行享受协定待遇，同时按照本办法的规定归集和留存相关资料备查，并接受税务机关后续管理。

第四条 本办法所称非居民纳税人，是指按照税收协定居民条款规定应为缔约对方税收居民的纳税人。

本办法所称协定包括税收协定和国际运输协定。国际运输协定包括中华人民共和国政府签署的航空协定、海运协定、道路运输协定、汽车运输协定、互免国际运输收入税收协议或换函以及其他关于国际运输的协定。

本办法所称协定待遇，是指按照协定可以减轻或者免除按照国内税收法律规定应当履行的企业所得税、个人所得税纳税义务。

本办法所称扣缴义务人，是指按国内税收法律规定，对非居民纳税人来源于中国境内的所得负有扣缴税款义务的单位或个人，包括法定扣缴义务人和企业所得税法规定的指定扣缴义务人。

本办法所称主管税务机关，是指按国内税收法律规定，对非居民纳税人在中国的纳税义务负有征管职责的税务机关。

第二章　协定适用和纳税申报

第五条 非居民纳税人自行申报的，自行判断符合享受协定待遇条件且需要享受协定待遇，应在申报时报送《非居民纳税人享受协定待遇信息报告表》（见附件），并按照本办法第七条的规定归集和留存相关资料备查。

第六条 在源泉扣缴和指定扣缴情况下，非居民纳税人自行判断符合享受协定待遇条件且需要享受协定待遇的，应当如实填写《非居民纳税人享受协定待遇信息报告表》，主动提交给扣缴义务人，并按照本办法第七条的规定归集和留存相关资料备查。

扣缴义务人收到《非居民纳税人享受协定待遇信息报告表》后，确认非居民纳税人填报信息完整的，依国内税收法律规定和协定规定扣缴，并如实将《非居民纳税人享受协定待遇信息报告表》作为扣缴申报的附表报送主管税务机关。

非居民纳税人未主动提交《非居民纳税人享受协定待遇信息报告表》给扣缴义务人或填报信息不完整的，扣缴义务人依国内税收法律规定扣缴。

第七条 本办法所称留存备查资料包括：

（一）由协定缔约对方税务主管当局开具的证明非居民纳税人取得所得的当年度或上一年度税收居民身份的税收居民身份证明；享受税收协定国际运输条款或国际运输协定待遇的，可用能够证明符合协定规定身份的证明代替税收居民身份证明；

（二）与取得相关所得有关的合同、协议、董事会或股东会决议、支付凭证等权属证明资料；

（三）享受股息、利息、特许权使用费条款协定待遇的，应留存证明“受益所有人”身份的相关资料；

（四）非居民纳税人认为能够证明其

符合享受协定待遇条件的其他资料。

第八条 非居民纳税人对《非居民纳税人享受协定待遇信息报告表》填报信息和留存备查资料的真实性、准确性、合法性承担法律责任。

第九条 非居民纳税人发现不应享受而享受了协定待遇，并少缴或未缴税款的，应当主动向主管税务机关申报补税。

第十条 非居民纳税人可享受但未享受协定待遇而多缴税款的，可在税收征管法规定期限内自行或通过扣缴义务人向主管税务机关要求退还多缴税款，同时提交本办法第七条规定的资料。

主管税务机关应当自接到非居民纳税人或扣缴义务人退还多缴税款申请之日起30日内查实，对符合享受协定待遇条件的多缴税款办理退还手续。

第十一条 非居民纳税人享受协定待遇留存备查资料应按照税收征管法及其实施细则规定的期限保存。

第三章 税务机关后续管理

第十二条 各级税务机关应当对非居民纳税人享受协定待遇开展后续管理，准确执行协定，防范协定滥用和逃避税风险7。

第十三条 主管税务机关在后续管理时，可要求非居民纳税人限期提供留存备查资料。

主管税务机关在后续管理或税款退还查实工作过程中，发现依据本办法第七条规定的资料不足以证明非居民纳税人符合享受协定待遇条件，或非居民纳税人存在逃避税嫌疑的，可要求非居民纳税人或扣缴义务人限期提供相关资料并配合调查。

第十四条 本办法规定的资料原件为外文文本的，按照主管税务机关要求提供时，应当附送中文译本，并对中文译本的准确性和完整性负责。

非居民纳税人、扣缴义务人可以向主管税务机关提供资料复印件，但是应当在复印件上标注原件存放处，加盖报告责任人印章或签章。主管税务机关要求报验原件的，应报验原件。

第十五条 非居民纳税人、扣缴义务人应配合主管税务机关进行非居民纳税人享受协定待遇的后续管理与调查。非居民纳税人、扣缴义务人均未按照税务机关要求提供相关资料，或逃避、拒绝、阻挠税务机关进行后续调查，主管税务机关无法查实其是否符合享受协定待遇条件的，应视为不符合享受协定待遇条件。

第十六条 非居民纳税人不符合享受协定待遇条件而享受了协定待遇且未缴或少缴税款的，除因扣缴义务人未按本办法第六条规定扣缴申报外，视为非居民纳税人未按照规定申报缴纳税款，主管税务机关依法追缴税款并追究非居民纳税人延迟纳税责任。在扣缴情况下，税款延迟缴纳期限自扣缴申报享受协定待遇之日起计算。

第十七条 扣缴义务人未按本办法第六条规定扣缴申报，或者未按本办法第十三条规定提供相关资料，发生不符合享受协定待遇条件的非居民纳税人享受协定待遇且未缴或少缴税款情形的，主管税务机关依据有关规定追究扣缴义务人责任，并责令非居民纳税人限期缴纳税款。

第十八条 依据企业所得税法第三十九条规定，非居民纳税人未依法缴纳税款的，主管税务机关可以从该非居民纳税人在中国境内其他收入项目的支付人应付的款项中，追缴该非居民纳税人的应纳税款。

第十九条 主管税务机关在后续管理或税款退还查实工作过程中，发现不能准确判定非居民纳税人是否可以享受协定待遇的，应当向上级税务机关报告；需要启动相互协商或情报交换程序的，按有关规定启动相应程序。

第二十条 本办法第十条所述查实时间不包括非居民纳税人或扣缴义务人补充提供资料、个案请示、相互协商、情报交换的时间。税务机关因上述原因延长查实时间的，应书面通知退税申请人相关决定及理由。

第二十一条　主管税务机关在后续管理过程中，发现需要适用税收协定主要目的测试条款或国内税收法律规定中的一般反避税规则的，适用一般反避税相关规定。

第二十二条　主管税务机关应当对非居民纳税人不当享受协定待遇情况建立信用档案，并采取相应后续管理措施。

第四章　附　　则

第二十三条　协定与本办法规定不同的，按协定执行。

第二十四条　非居民纳税人需要享受内地与香港、澳门特别行政区签署的避免双重征税安排待遇的，按照本公告执行。

第二十五条　本办法自2020年1月1日起施行。《非居民纳税人享受税收协定待遇管理办法》（国家税务总局公告2015年第60号发布，国家税务总局公告2018年第31号修改）同时废止。

人力资源社会保障部　国家税务总局关于印发《税务师职业资格制度暂行规定》和《税务师职业资格考试实施办法》的通知

（2015年11月2日　人社部发〔2015〕90号）

各省、自治区、直辖市及新疆生产建设兵团人力资源社会保障厅（局）、国家税务局、地方税务局，国务院各部委、各直属机构人事部门，中央管理的企业：

根据《国务院机构改革和职能转变方案》和《国务院关于取消和调整一批行政审批项目等事项的决定》（国发〔2014〕27号）有关取消“注册税务师职业资格许可和认定”的要求，为加强税务专业人员队伍建设，提高税务专业人员素质，在总结原注册税务师职业资格制度实施情况的基础上，人力资源社会保障部、国家税务总局制定了《税务师职业资格制度暂行规定》和《税务师职业资格考试实施办法》，现印发给你们，请遵照执行。

自本通知发布之日起，原人事部、国家税务总局《关于印发〈注册税务师资格制度暂行规定〉的通知》（人发〔1996〕116号）、《关于实施注册税务师资格认定考试工作的通知》（人发〔1998〕18号）、《关于印发〈注册税务师执业资格考试实施办法〉的通知》（人发〔1999〕4号）和原人事部办公厅、国家税务总局办公厅《关于注册税务师执业资格考试报名条件补充规定的通知》（人办发〔1999〕104号）同时废止。

税务师职业资格制度暂行规定

第一章　总　　则

第一条　为规范税务专业人员队伍建设，提高税务专业人员素质，根据《国务院机构改革和职能转变方案》和国家职业资格证书制度的有关规定，制定本规定。

第二条　本规定适用于从事涉税服务的专业人员。

第三条　国家设立税务师水平评价类职业资格制度，面向社会提供税务专业人员能力水平评价服务，纳入全国专业技术人员职业资格证书制度统一规划。

第四条　税务师职业资格实行统一考试的评价方式。

税务师英文为：Tax Advisor（简称TA）

第五条　通过税务师职业资格考试并取得

职业资格证书的人员，表明其已具备从事涉税专业服务的职业能力和水平。

第六条 人力资源社会保障部、国家税务总局共同负责税务师职业资格制度的政策制定，并按职责分工对税务师职业资格制度的实施进行指导、监督和检查。全国税务师行业协会具体承担税务师职业资格考试的评价与管理工作。

第二章 考 试

第七条 税务师职业资格实行全国统一大纲、统一命题、统一组织的考试制度。原则上每年举行1次考试。

第八条 全国税务师行业协会负责税务师职业资格考试的组织和实施工作。组织成立税务师职业资格考试专家委员会，研究拟定税务师职业资格考试科目、考试大纲、考试试题和考试合格标准。

第九条 人力资源社会保障部、国家税务总局对全国税务师行业协会实施的税务师职业资格考试工作进行监督和检查，指导全国税务师行业协会确定税务师职业资格考试科目、考试大纲、考试试题和考试合格标准。

第十条 中华人民共和国公民，遵守国家法律、法规，恪守职业道德，具有完全民事行为能力，并符合下列相应条件之一的，可报名参加税务师职业资格考试。

（一）取得经济学、法学、管理学学科门类大学专科学历，从事经济、法律相关工作满2年；或者取得其他学科门类大学专科学历，从事经济、法律相关工作满3年。

（二）取得经济学、法学、管理学学科门类大学本科及以上学历（学位）；或者取得其他学科门类大学本科学历，从事经济、法律相关工作满1年。

第十一条 税务师职业资格考试合格，由全国税务师行业协会颁发人力资源社会保障部、国家税务总局监制，全国税务师行业协会用印的《中华人民共和国税务师职业资格证书》（以下简称税务师职业资格证书）。该证书在全国范围有效。

第十二条 对以不正当手段取得税务师职业资格证书的，按照国家专业技术人员资格考试违纪违规行为处理规定处理。

第三章 职业能力

第十三条 取得税务师职业资格证书的人员，应当遵守国家法律、法规、规章及税务师行业相关制度、准则，恪守职业道德，秉承独立、客观、公正原则，维护国家利益和委托人的合法权益。

第十四条 取得税务师职业资格证书的人员，应当具备下列职业能力：

（一）熟悉并掌握涉税服务相关的法律、法规和行业制度、准则；

（二）有丰富的税务专业知识，独立开展包括涉税鉴证、申报代理、税收筹划、接受委托审查纳税情况在内的各项涉税专业服务工作；

（三）运用财会、税收专业理论与方法，较好完成涉税服务业务；

（四）独立解决涉税服务业务中的疑难问题。

第十五条 取得税务师职业资格证书的人员，应当按照国家专业技术人员继续教育以及税务师行业管理的有关规定，参加继续教育，不断更新专业知识、提高职业素质和业务能力。

第四章 登 记

第十六条 税务师职业资格证书实行登记服务制度。税务师职业资格证书登记服务的具体工作由全国税务师行业协会负责。

第十七条 各级税务师行业协会定期向社会公布税务师职业资格证书的登记情况，建立持证人员的诚信档案，并向社会提供相关信息查询服务。

第十八条　取得税务师职业资格证书的人员，应当自觉接受各级税务师行业协会的管理，在工作中违反法律法规及相关规定或者职业道德，造成不良影响的，由全国税务师行业协会取消登记，收回其职业资格证书并向社会公告。

第十九条　各级税务师行业协会在税务师职业资格登记服务工作中，应当严格遵守国家和本行业的各项管理规定以及协会章程。

第五章　附　　则

第二十条　本规定施行前，按照原人事部、国家税务总局印发的《关于印发〈注册税务师资格制度暂行规定〉的通知》（人发〔1996〕116 号）规定，取得的注册税务师职业资格证书效用不变。

第二十一条　本规定自发布之日起施行。

税务师职业资格考试实施办法

第一条　人力资源社会保障部、国家税务总局按照职责分工负责指导、监督和检查税务师职业资格考试（以下简称税务师资格考试）的实施工作。

第二条　全国税务师行业协会具体负责税务师资格考试的实施工作。

第三条　税务师资格考试设置《税法（一）》、《税法（二）》、《涉税服务实务》、《涉税服务相关法律》和《财务与会计》5 个科目。每个科目考试时间为两个半小时，成绩满分为 140 分。

第四条　考试成绩实行 5 年为一个周期的滚动管理办法，在连续的 5 个考试年度内参加全部（5 个）科目的考试并合格，可取得税务师职业资格证书。

截至 2015 年，在原制度文件规定的有效期内的各科目合格成绩有效期顺延。

第五条　符合《税务师职业资格制度暂行规定》（以下简称《暂行规定》）报考条件的人员，均可申请参加税务师资格考试。

第六条　符合《暂行规定》报考条件，并具备下列条件之一者，可免试相应科目：

（一）已评聘经济、审计等高级专业技术职务，从事涉税工作满两年的，可免试《财务与会计》科目。

（二）已评聘法律高级专业技术职务，从事涉税工作满两年的，可免试《涉税服务相关法律》科目。

免试相应科目人员在报名时，应当提供相应证明文件。

免试部分科目的人员，须在连续的 4 个考试年度内通过应试科目的考试。

第七条　参加考试由本人提出申请，按有关规定办理报名手续。考试实施机构按规定的程序和报名条件审核合格后，核发准考证。参加考试人员凭准考证和有效证件在指定的日期、时间和地点参加考试。

中央和国务院各部门及所属单位、中央管理企业的人员按属地原则报名参加考试。

第八条　考点原则上设在地级以上城市的大、中专院校或者高考定点学校。如确需在其他城市设置考点，须经全国税务师行业协会批准。考试日期原则上为每年的 11 月份。

第九条　坚持考试与培训分开的原则。凡参与考试工作（包括命题、审题与组织管理等）的人员，不得参加考试，也不得参加或者举办与考试内容相关的培训工作。应考人员参加培训坚持自愿原则。

第十条　考试实施机构应当严格执行考试工作的各项规章制度，遵守考试工作纪律，切实做好从考试试题的命制到使用等各环节的安全保密工作，严防泄密。

第十一条　对违反考试工作纪律和有关规定的人员，按照国家专业技术人员资格考试违纪违规行为处理规定处理。

国家税务总局关于印发《税收政策合规工作实施办法（试行）》的通知

（2015年10月10日　税总发〔2015〕117号）

各省、自治区、直辖市和计划单列市国家税务局、地方税务局，局内各单位：

为贯彻落实国务院办公厅《关于进一步加强贸易政策合规工作的通知》（国办发〔2014〕29号），做好税收政策合规性评估工作，税务总局制定了《税收政策合规工作实施办法（试行）》，现印发给你们，请认真贯彻执行。执行中遇到的问题，请及时报告国家税务总局（政策法规司）。

附件：税收政策合规工作指引（略）

税收政策合规工作实施办法（试行）

第一条　为了规范税收政策合规工作，根据国务院办公厅《关于进一步加强贸易政策合规工作的通知》（国办发〔2014〕29号），制定本办法。

第二条　本办法所称税收政策，是指依法制定的可能影响货物贸易、服务贸易以及与贸易有关的知识产权的税务部门规章、税收规范性文件，以及税务机关与其他部门联合制定文件中涉及的税收政策和管理措施，不包括针对特定行政相对人实施的具体行政行为。

前款中的税收政策和管理措施包括但不限于：

（一）直接影响进出口的税收政策，包括：

1. 影响进口的间接税；

2. 出口税；

3. 出口退税；

4. 加工贸易税收减让。

（二）可能影响贸易的税收优惠政策；

（三）执行上述税收政策的管理措施。

第三条　本办法所称合规，是指税收政策应当符合世界贸易组织规则。

世界贸易组织规则，包括《世界贸易组织协定》及其附件和后续协定、《中华人民共和国加入议定书》和《中国加入工作组报告书》。

第四条　设区的市（盟、州、地区）以上税务机关应当按照本办法的规定，对税收政策进行合规性评估。

第五条　设区的市（盟、州、地区）以上税务机关从事政策法规工作的部门或人员（以下简称政策法规部门）负责对税收政策进行合规性评估。

税收政策未经政策法规部门进行合规性评估的，办公厅（室）不予核稿，局领导不予签发。

第六条　税收政策在送交合规性评估时，税收政策起草部门应当对其制定背景、制定依据、政策目标等进行说明。

起草部门未按前款规定对税收政策进行说明的，政策法规部门应将起草文本退回起草部门，由其进行补充说明。

第七条　政策法规部门主要依据以下内容，对税收政策起草文本是否合规进行评估：

（一）最惠国待遇原则；

（二）国民待遇原则；

（三）透明度原则；

（四）有关补贴的规定；

（五）其他世界贸易组织规则。

第八条　政策法规部门根据不同情形，分别提出以下评估意见：

（一）认为起草文本符合世界贸易组织规则的，提出无异议评估意见；

（二）认为起草文本可能引发国际贸易争端的，向起草部门作出风险提示；

（三）认为起草文本不符合世界贸易

组织规则、必然引发国际贸易争端的，向起草部门作出风险提示，并提出修改的意见和理由。

第九条 经评估，政策法规部门对起草文本提出无异议评估意见的，在签署同意意见后，按公文处理程序办理。

第十条 政策法规部门认为起草文本可能或必然引发国际贸易争端，起草部门同意政策法规部门意见的，由起草部门根据政策法规部门的风险提示进行分析，按公文处理程序办理。

第十一条 政策法规部门认为起草文本可能或必然引发国际贸易争端，起草部门不同意政策法规部门的意见，经充分协商仍不能达成一致的，由起草部门在起草说明中注明各方意见和理由，报局领导确定。

第十二条 设区的市（盟、州、地区）以上税务机关难以确定税收政策是否合规的，可由政策起草部门征求同级商务部门意见后，报局领导确定。

如有必要，设区的市（盟、州、地区）以上税务机关可以邀请有关部门、专家学者、中介机构等对税收政策的合规性和引发国际贸易争端的风险进行论证。

第十三条 合规性评估过程中发现起草文本所依据的税收政策不符合世界贸易组织规则的，由起草机关层报该税收政策制定机关处理。

第十四条 设区的市（盟、州、地区）以上税务机关应当在税收政策印发之日起30日内将正式文本报上级税务机关政策法规部门备案。

第十五条 上级税务机关政策法规部门应当对下级税务机关报备的税收政策进行合规性评估，提出处理意见。

根据世界贸易组织规则发展变化情况，税务总局及时组织设区的市（盟、州、地区）以上税务机关对税收政策进行专项清理。

第十六条 各省、自治区、直辖市和计划单列市税务机关应当于每年1月31日前向国家税务总局报告本地区上一年度合规性评估工作开展情况，包括当年合规性评估文件数量、名称、政策法规部门的评估意见以及文件最终制定情况。

第十七条 税收政策文本印发后，应当按照世界贸易组织规则的要求翻译成英文。

税收政策翻译工作实施办法由税务总局另行制定。

第十八条 国务院商务主管部门转来的世贸组织成员提出的税收政策合规问题，由税务总局统一负责，参照本办法的规定办理。

第十九条 设区的市（盟、州、地区）以上税务机关可以根据需要，建立合规工作专家支持体系。

第二十条 本办法自2015年11月1日起实施。

国家税务总局关于印发《“互联网+税务”行动计划》的通知

（2015年9月28日　税总发〔2015〕113号）

各省、自治区、直辖市和计划单列市国家税务局、地方税务局，局内各单位：

现将国家税务总局制定的《“互联网+税务”行动计划》印发给你们。

（本文有删减）

“互联网+税务”行动计划

根据《国务院关于积极推进“互联网+”行动的指导意见》（国发〔2015〕40号），顺应互联网发展趋势，满足纳税人和税收管理不断增长的互联网应用需求，推动税收现代化建设，结合税收工作实际，制定本行动计划。

一、总体要求

“互联网+税务”是把互联网的创新成果与税收工作深度融合，拓展信息化应用领域，推动效率提升和管理变革，是实现税收现代化的必由之路。

（一）指导思想

按照党中央、国务院推进“互联网+”行动的战略部署，紧跟时代新步伐，把握发展新机遇，充分运用互联网思维，引入云计算技术，发挥大数据优势，推进物联网应用，始终重视纳税服务，不断激发管理活力，拓展税收服务新领域，打造便捷办税新品牌，建设电子税务新生态，引领税收工作新变革，更广范围、更深程度、更高层次地依托“互联网+”力量，为税收改革发展奠定稳固坚实基础，为税收现代化注入恒久动力，为税收服务国家治理提供强劲支撑。

（二）基本原则

坚持科技引领、创新驱动，立足自我变革与外部融合并举，前瞻开拓与稳步推进并重，统筹基础平台建设，整合信息技术资源，打造税收治理新格局。

1. 统筹规划，整体布局

坚持一体化要求，加强顶层设计，适应“互联网+”新趋势，统筹税收信息化建设，确保整体架构科学、功能定位合理、资源配置优化。

2. 需求导向，拓展应用

以纳税人需求为导向，加快线上线下融合，逐步实现网上办税业务全覆盖；以提升税收治理能力为目标，深化互联互通与信息资源整合利用，构建智慧税务新局面。

3. 统分结合，鼓励创新

统一“互联网+税务”应用框架和实施规范，适应新技术、新应用的发展，鼓励各地税务机关改革创新，形成统分结合、上下联动、协调高效的工作格局。

4. 内外协同，开放包容

以开放融合的思维规划设计，以协作共赢的模式推动实施，深化国家税务局、地方税务局合作，积极吸纳社会力量参与，内外协同，聚力共进。

5. 积极稳妥，安全有序

按照税务总局规划评比，省税务机关组织推动，省会城市重点突破，社会广泛参与，前台放开创新，后台有序衔接的方式推进。坚持底线思维，强化互联网应用安全意识，确保安全、平稳、有序运行。

（三）行动目标

推动互联网创新成果与税收工作深度融合，着力打造全天候、全方位、全覆盖、全流程、全联通的智慧税务生态系统，促进纳税服务进一步便捷普惠、税收征管进一步提质增效、税收执法进一步规范透明、协作发展进一步开放包容。到2020年，形成线上线下融合、前台后台贯通、统一规范高效的电子税务局，为税收现代化奠定坚实基础，为服务国家治理提供重要保障。

——至2017年，开展互联网税务应用创新试点，优选一批应用示范单位，形成电子税务局相关标准规范，推出功能完备、渠道多样的电子税务局以及可复制推广的“互联网+税务”系列产品，在税务系统广泛应用。

——至2020年，“互联网+税务”应用全面深化，各类创新有序发展，管理体制基本完备，分析决策数据丰富，治税能力不断提升，智慧税务初步形成，基本支撑税收现代化。

二、重点行动

紧扣互联网发展特点，挖掘互联网与税收工作融合发展潜力，总结各地互联网应用探索经验，吸纳各方面的创意创新，重点推进“互联网+税务”5大板块、20项行动。

（一）社会协作

1. 互联网+众包互助

以税务机关主导，纳税人自我管理、

志愿互助的理念，引入互联网众包协作模式，建立交流平台，调动纳税人积极性，鼓励纳税人相互解答涉税问题，将纳税人发展为“大众导税员”。充分发挥第三方公共社交平台作用，利用即时通讯工具用户基数大、使用快捷等特点，设立特定用户群，税务人员管理，纳税人相互交流，形成良好的办税咨询互助机制。

2. 互联网+创意空间

通过网站、主流社交工具等途径，建立面向纳税人、税务人、社会公众的创意空间，征集运用互联网改进税收工作的创新项目和创意点子，博采众长，营造开放包容的环境。借势用户创新、大众创新、开放创新的大潮，激发市场主体和社会各界参与“互联网+税务”的热情，降低创新成果转化门槛，形成协作共创的良好生态。

3. 互联网+应用广场

税务总局建设纳税人软件应用广场，开辟官方软件发布渠道，供纳税人免费下载使用。建立统一审核和发布制度，兼容并蓄，为各级税务机关和社会力量开发的纳税人软件提供发布途径和展示平台。促进各地区应用软件资源共享，减少重复开发建设，提升互联网税务应用整体水平。

开发便民办税工具箱，统一纳税人办税登录入口，通过网上办税导航工具，为纳税人提供统一、准确、清晰的办税指引。开发和推广报表生成、在线申报、税款计算等办税工具，与税收政策调整同步升级和发布。开发移动离境退税辅助工具，为境外游客办理离境退税提供便捷指引。

（二）办税服务

4. 互联网+在线受理

适应推进“三证合一”、“一照一码”登记制度改革的需要，实现纳税人通过互联网对自身基础信息的查询、更新和管理，网上办理临时税务登记和扣缴义务人登记，开放税务登记信息网上查验。为纳税人提供认定、优惠办理等事项的网上申请、资料提交、办理进度查询等服务，实现在线办结，对备案类优惠事项，以多种形式提供简洁便利的网上备案。

在满足安全技术规范和纳税人涉税信息保密的前提下，将涉税查询业务向移动终端应用、第三方平台上延伸。通过及时便捷的涉税查询，让纳税人感受到办税业务有迹可循、有处可查，随时随地掌握办税进度，提高税收工作透明度。

5. 互联网+申报缴税

为纳税人提供便捷高效的网上申报纳税平台，实现申报纳税网上办理全覆盖和资料网上采集全覆盖。拓展多种申报方式，实现纳税人多元化申报。在保障安全的前提下，将操作简便、流程简洁的申报功能拓展到移动互联网实现。通过互联网推送方式，在税款征收和稽查执行环节，向未在规定时限内缴纳税款或查补税款的纳税人进行催报催缴。

拓展互联网税款缴纳渠道，支持银行转账、POS机、网上银行、手机银行、第三方支付等多种税款缴纳方式，保障纳税人支付环境安全。借助银行等金融机构的第三方信息，探索自然人实名认证、在线开户，逐步通过互联网实现面向自然人的个人所得税、车船税申报纳税等业务。

6. 互联网+便捷退税

适应新业态，以互联网理念改造退税流程，打通外部申请与内部审批流程的衔接，实现退税业务办理电子化、网上一站式办结。优化出口退税和一般退税流程，提供网上申请、单证审核和业务办理进度的跟踪。

7. 互联网+自助申领

依托互联网平台，创新发票领购形式，提供发票网上申领服务，实现发票自动验旧，引入现代物流服务配送纸质发票，打造线上与线下相结合的发票服务新体系。

优化纳税人税收证明办理，提供完税

证明、中国税收居民身份证明等各类税收证明的网上办理，支持通过互联网平台和自助办税终端开具打印，实现税收证明的在线真伪查验。

（三）发票服务

8. 互联网 + 移动开票

利用移动互联网高效便捷优势，推进随时随地开具发票。以增值税发票系统升级版为基础，深化数字证书与移动技术的融合，实现纳税人利用手机等掌上设备开具增值税发票，开创移动互联网开票新时代，服务大众创新、万众创业。

9. 互联网 + 电子发票

适应现代信息社会和税收现代化建设需要，以增值税发票系统升级版为基础，利用数字证书、二维码等技术，制定统一的电子发票数据文件规范，保障电子发票的安全性。吸收社会力量提供电子发票打印、查询等服务，推动电子发票在电子商务及各领域的广泛使用，提高社会信息化应用水平。探索推进发票无纸化试点，降低发票使用和管理成本，逐步实现纸质发票到电子发票的变革。

10. 互联网 + 发票查验

建立全国统一的发票查验云平台，全面实现全国发票一站式云查验服务。提供网页、移动应用、微信、短信等多渠道查验服务，让社会公众和广大纳税人随时、随地、随需查验发票，提升社会公众对发票的认知度和信任度，遏制虚假发票，维护正常的税收秩序和社会经济运行秩序。

11. 互联网 + 发票摇奖

重构有奖发票，将有奖发票“搬”上互联网，让信息多跑路、群众少跑腿，与社会力量合作，支持传统金融账户和微信钱包、支付宝钱包等新兴互联网金融账户，改变有奖发票手工操作的不便。通过移动终端“扫一扫”等方式，提供发票即时摇奖，即时兑奖，奖金即时转入金融账户的新模式，提升用户的抽奖体验和参与感，调动消费者索要发票的积极性，促进税法遵从。

（四）信息服务

12. 互联网 + 监督维权

提供纳税信用等级情况互联网查询，定期通过互联网站向社会公布稽查案件公告、黑名单信息、执法程序等，形成有效的监督制约机制。实现纳税人满意度评价线上线下全覆盖，为纳税人提供便捷的评价渠道。充分利用互联网开展调查工作，面向纳税人及社会公众征集对税收工作的需求、意见和建议，以多元化形式提高参与度和有效性。

拓展纳税人投诉维权方式，使纳税人可随时随地举报投诉，对投诉举报事项的处理情况实时跟踪，并对受理结果进行评价，提高税收工作的透明度。

13. 互联网 + 信息公开

推进和完善网上涉税信息公开，为纳税人提供标准统一、途径多样、及时有效的涉税信息公开查询手段，推进政务公开，及时发布税收法规、条约等信息。优化税务门户网站界面体验，通过门户网站以及微博、微信、手机 APP、短信、QQ、税企邮箱等渠道，为纳税人提供多元化全方位的税收宣传，增强税收宣传的时效性、针对性。建立全国统一的税收法规库，完善信息发布平台和发布机制，实现各渠道税法宣传内容更新及时、口径统一、准确权威。

14. 互联网 + 数据共享

加强与有关部门、社会组织、国际组织的合作，扩大可共享数据范围，丰富数据共享内容，让纳税人和税务人充分感受到互联网时代数据资源共享带来的便利。整合国税局、地税局纳税人基本信息、申报和发票等数据，满足部门间的信息共享需要，促进政府部门社会信用、宏观经济、税源管理等涉税信息共享。收集各类数据资源，归集整理、比对分析，实现数据的深度增值应用，提高税收治理能力。与金融机构互动，依据纳税人申请，将纳税信用与信贷融资挂钩，信用互认，为企业特别是小微企业融资提供信用支持。

推进数据开放，通过互联网渠道逐步向社会开放税务部门非涉密脱敏数据信息和部分业务系统数据查询接口，与各类主体分享税收大数据资源。

15. 互联网+信息定制

针对不同行业、不同类型的纳税人实施分类差异化推送相关政策法规、办税指南、涉税提醒等信息，提供及时有效的个性化服务。提供涉税信息网上订阅服务，按需向用户提供信息和资讯。基于税收风险管理，向特定纳税人推送预警提示，让纳税人及时了解涉税风险，引导自查自纠。

（五）智能应用

16. 互联网+智能咨询

通过互联网站、手机 APP、第三方沟通平台等渠道，实现 12366 热线与各咨询渠道的互联互通和信息共享。扩大知识库应用范围，将 12366 知识库系统扩展提升为支撑各咨询渠道的统一后台支持系统，提高涉税咨询服务的准确性和权威性。探索开发智能咨询系统，应用大数据、人工智能等技术，自动回复纳税人的涉税咨询，逐步实现自动咨询服务与人工咨询服务的有机结合，提升纳税咨询服务水平。

17. 互联网+税务学堂

建设功能完备、渠道多样的网上税务学堂，与实体培训相结合，实现面向纳税人和税务干部的线上线下培训辅导。提供在线学习、课件下载、数字图书馆、互动问答、课程计划、预约报名、教学评估等各项功能。利用网站、手机、即时通讯软件等形式与纳税人互动交流，实现全方位、多层次纳税辅导。

18. 互联网+移动办公

充分运用移动互联网，在保证信息安全基础上，将税务干部的办公平台由税务专网向移动终端延伸。探索移动办公，以互联网思维驱动税务内部管理、工作流程、工作方式的转变，满足不同人员、不同岗位便捷获取信息、及时办理公务的需求，提升行政效能。

利用移动终端，实现主动推送税收收入分析、收入进度，提升组织收入能力；实现税务内部各系统涉税数据、涉税事项和通过互联网收集的涉税情报的整合，跟踪管理重点关注企业，提升征管和税源管理能力；实现税务稽查、督查各类人员实时查询税务内部系统信息，综合利用现场数据和情报数据，完成内部审批程序，现场出具稽查等相关执法文书，提升税收执法监督能力；实现舆情信息的主动推送，提升风险应对能力；实现不受时间、空间限制在线处理公文，推动执行监督、绩效考核、人才培养的痕迹化和数字化管理，提升行政管理能力；实现对信息系统运维监控平台的访问，实时接收日常运维告警，及时处理简单的突发故障，提升信息系统运维能力。

19. 互联网+涉税大数据

将手工录入等传统渠道采集的数据和通过互联网、物联网等新兴感知技术采集的数据以及第三方共享的信息，有机整合形成税收大数据。运用大数据技术，开发和利用好大数据这一基础性战略资源，支撑纳税服务、税收征管、政策效应分析、税收经济分析等工作，优化纳税服务，提高税收征管水平，拓展税收服务国家治理的新领域。

在互联网上收集、筛选、捕捉涉税数据和公开信息，通过分析挖掘，为纳税人提供更精准的涉税服务，为税源管理、风险管理、涉税稽查、调查取证等工作提供信息支持。通过舆情监控，对纳税人需求和关注及时了解，及时采取应对措施，提高税收工作的针对性和有效性。

20. 互联网+涉税云服务

在保证系统和信息安全的前提下，充

分利用社会云计算资源，采用购买社会服务的方式，与云服务商合作，在面向社会公众的云计算平台上部署用户多、访问量大的互联网应用系统。

通过整合、优化和新建的方式，将传统基础设施体系的改造与云计算平台的建设结合，搭建标准统一、新老兼顾、稳定可靠的税务系统内部基础设施架构，逐步形成云计算技术支撑下的基础设施管理、建设和维护的新体系，提高基础设施对应用需求的响应周期，降低成本，为“互联网＋税务”的各项行动提供高效的基础设施保障。

三、基础保障

税务总局负责顶层设计，组织制定业务规范、技术规范、数据标准，修订完善政策依据、制度流程，统筹建设全国统一推行的税务互联网应用支撑平台和税务应用软件，组织和部署“互联网＋税务”行动。省及以下税务机关作为“互联网＋税务”应用主体，按税务总局工作部署，结合本地实际，制定实施工作方案，推进和落实“互联网＋税务”行动。

（一）优化业务管理

基于纳税人和税务人操作习惯分析，全面梳理与“互联网＋税务”不相适应的法规制度和办税流程，以改革创新精神，简化办税流程，制定配套制度，推进法规修订，保障表单证书电子化、业务流程网络化、数据应用智能化，全面提高纳税服务质量和税收征管效率。

1. 调整法规制度

适应“互联网＋税务”发展，在业务创新的基础上，推进税收法律、法规和制度修订，保障依法行政、依法治税与行动计划落实协调推进。

明确电子数据的法律效力和配套规章，探索纳税人缴税和退税新模式，修订配套规章和制度，保障纳税人涉税事项备案、审批、缴税等全程无纸化。修订现有发票管理制度，推动会计制度调整。改进发票摇奖制度，引入电子支付手段，落实配套资金支持。

2. 优化办税流程

优化纳税服务、税收征管业务流程，支撑互联网条件下的登记注册、文书申请、纳税申报、发票领购、征纳互动、风险管理以及税收执法等全业务、全流程应用。充分考虑“互联网＋”带来的新变化，修订完善全国税务机关纳税服务规范、税收征管规范、国地税合作工作规范和出口退税管理规范。

推进管理扁平化，实行基于风险的动态管理，建立以风险管理为导向，分级分类为重点的新型征管体制和管理流程，改变对所有纳税人无差别管理的传统做法，有针对性地实施差别化、专业化管理。

3. 简化办税资料

顺应简政放权、放管结合、优化服务要求和“互联网＋税务”需求，简化纳税人申报资料，完善纳税人免填单办税业务，拓展免填单功能。必须填报的资料，可调用系统已有数据或扫描二维码方式采集，减轻纳税人和基层办税压力。

及时更新税收业务数据规范标准，保障税收应用系统间数据同步，利用第三方数据、互联网数据等实现信息共享，简化资料报送。完善纳税服务、税收征管、行政办公内部信息横向共享机制，使各业务部门能便捷地获取内部数据，避免纳税人多头重复报送资料。

4. 制定信息共享及获取机制

适应互联网时代企业组织结构、经营方式、交易类型日趋复杂化的新要求，突出数据思维，加强风险应对，为涉税大数据分析提供制度保障。加强与公共部门及第三方的数据协作，不断加大信息共享的广度和深度，积极推动数据的互通共享。建立与大型电商平台的数据对接渠道，及时获取有关数据，发现涉税风险点。完善获取企业电子记账、电子合同、电子支付等相关数据信息的机制与手段。

（二）提升技术保障

转变税收信息化理念，对信息技术体系进行整合、重构和优化，建设规范统一、安全高效的开发平台和数据平台，为实现“互联网＋税务”奠定坚实的技术基础。

1. 完善标准规范

税务总局制定核心业务系统的网上办税接口规范、数据标准，制定和发布移动办税应用开发规范，统筹身份认证系统，发布标准接入规范。制定和发布12366系统、知识库、法规库、自助办税终端管理系统等技术标准和接口规范。

各地税务机关在此基础上自主创新，开发和实现具有本地特色的互联网应用产品，支持多种渠道调用和接入。

2. 严格安全要求

制定安全接入标准，规范第三方应用平台安全接入，明确细化安全访问控制策略，加强安全监控。做好数据分级保护，落实数据传输安全、存储安全。

开展移动办税应用安全检测，落实信息安全审核要求，加强运行环境实时安全防护，实现应用和安全保障同步规划、同步建设和同步运行。

3. 强化基础平台

税务总局制定税务互联网基础支撑平台建设标准，税务总局和省税务机关上下联动，构建两级集中的基础设施云计算平台。运用云计算技术，逐步完善基础支撑平台资源保障。加强系统集成管理，提供稳定强大的基础支撑，为基层税务机关的探索创新提供技术保障。不断完善基础支撑平台服务资源管理，逐步建立自动化管理模式。省税务机关按照统一规范实现税务移动应用集约化建设。

4. 拓展应用支撑

应用互联网技术，为纳税人（含自然人）和社会公众提供多元化税收服务渠道，统一办税服务访问入口，为纳税人网上办税提供安全保障。对纳税人档案信息进行数字化、科学化管理，为全面办税无纸化奠定基础。建立自然人数据库，为自然人通过互联网应用办理涉税事项提供数据基础。

税务总局、省局两级集中模式部署互联网站群，实现税务互联网站群的集约发展，强化税务总局网站和各省税务机关网站的一体协同和资源共享。建立支持多渠道的信息发布和政民互动平台，统一信息发布渠道。完善税收政策法规库内容更新机制和检索技术，支持多渠道的同步发布。建成集纳税咨询、税收宣传、办税服务、服务投诉处理、服务需求征集、纳税人满意度调查等功能于一体的综合性、品牌化的12366咨询服务平台。

（三）积极借助社会力量

通过购买社会服务的方式，向纳税人提供优质的服务。加强与社会各界的合作，充分利用外部资源要素，最大化发挥“互联网＋”的价值。调动社会公众和纳税人积极参与“互联网＋税务”行动，在网上办税系统开发测试、涉税事宜互助、监督评价等方面充分发挥纳税人的作用。税务总局和省税务机关在一定范围内适时公布应用规范和接口标准，发挥社会力量参与互联网税务应用建设和服务，合理界定税务机关和社会力量的分工，满足纳税人多元化需求。

四、组织实施

（一）加强组织领导，健全工作机制

“互联网＋税务”行动计划的实施涉及管理创新、技术支撑、业务配套、制度保障各个方面，组织协调难度大，业务技术涉及面广。各级税务机关应高度重视，切实加强组织领导，统筹协调解决重大问题，明确职责分工，完善工作制度，节俭配置资源，严格执行党风廉政建设各项规定，切实推动行动计划的贯彻落实。

（二）加强沟通协作，形成工作合力

各级税务机关要密切配合、通力协作，促进纵向联动、横向互动工作机制的形成。税务总局主要负责做规划、做规范、做总结、做推广，统筹实现部分基础性、重点性项目；各省税务机关在行动计划指导下，结合本地实际，积极推进行动计划重点任务的落实，不断探索创新，丰富“互联网＋税务”的内容；各地市税务机关在省税务机关指导下，积极参与、贡献智慧。

（三）加强考核评价，保证工作落实

税务总局按年度制定“互联网＋税务”应用项目评优方案，并组织实施评优活动，鼓励税务系统内部和社会各界参与，让互联网应用创新项目和创意点子脱颖而出，在沟通交流和思维碰撞中促进互联网与税收业务的深度融合与发展。对“互联网＋税务”应用项目评优结果，纳入绩效考核，促进“互联网＋税务”工作积极有序开展。

（四）加强试点引领，鼓励创新发展

鼓励开展“互联网＋税务”试点示范，选取部分单位在技术创新、业务优化、管理提升等方面先行先试，创建一批开拓创新、技术领先的示范单位，形成一批可复制、可推广的实践方案和“互联网＋税务”应用产品，在税务系统推广应用，带动税收工作整体提升。

（五）加强队伍建设，提升干部能力

实现互联网和税收业务的深度融合，需要一大批具有互联网思维和现代化视野，既掌握税收信息化发展规律又充满活力能打硬仗的骨干力量。各级税务机关要完善人才培养机制，加强高素质人才的引进、培养和储备，形成有利于吸引人才的激励和保障机制，建立起能够适应“互联网＋”时代要求的人才队伍。要不断提升全员信息化素质，大力开展互联网应用培训与辅导，增强对“互联网＋税务”工作模式的适用能力，提升工作水平。

（六）加强品牌塑造，增进社会认可

树立品牌意识，加强“互联网＋税务”的宣传力度，做好培训和引导，让纳税人和社会公众及时体验“互联网＋税务”应用成果，踊跃提出意见建议，形成良性互动、持续完善的运行机制，提高纳税人的认可度，增进社会影响力，打造“互联网＋税务”靓丽品牌。

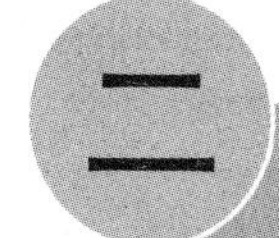

所得税

法　律

中华人民共和国企业所得税法

（2007年3月16日第十届全国人民代表大会第五次会议通过　根据2017年2月24日第十二届全国人民代表大会常务委员会第二十六次会议《关于修改〈中华人民共和国企业所得税法〉的决定》第一次修正　根据2018年12月29日第十三届全国人民代表大会常务委员会第七次会议《关于修改〈中华人民共和国电力法〉等四部法律的决定》第二次修正）

第一章　总　　则

第一条　在中华人民共和国境内，企业和其他取得收入的组织（以下统称企业）为企业所得税的纳税人，依照本法的规定缴纳企业所得税。

个人独资企业、合伙企业不适用本法。

第二条　企业分为居民企业和非居民企业。

本法所称居民企业，是指依法在中国境内成立，或者依照外国（地区）法律成立但实际管理机构在中国境内的企业。

本法所称非居民企业，是指依照外国（地区）法律成立且实际管理机构不在中国境内，但在中国境内设立机构、场所的，或者在中国境内未设立机构、场所，但有来源于中国境内所得的企业。

第三条　居民企业应当就其来源于中国境内、境外的所得缴纳企业所得税。

非居民企业在中国境内设立机构、场所的，应当就其所设机构、场所取得的来源于中国境内的所得，以及发生在中国境外但与其所设机构、场所有实际联系的所得，缴纳企业所得税。

非居民企业在中国境内未设立机构、场所的，或者虽设立机构、场所但取得的所得与其所设机构、场所没有实际联系的，应当就其来源于中国境内的所得缴纳企业所得税。

第四条　企业所得税的税率为25%。

非居民企业取得本法第三条第三款规定的所得，适用税率为20%。

第二章　应纳税所得额

第五条　企业每一纳税年度的收入总额，减除不征税收入、免税收入、各项扣除以及允许弥补的以前年度亏损后的余额，为应纳税所得额。

第六条　企业以货币形式和非货币形式从各种来源取得的收入，为收入总额。包括：

（一）销售货物收入；

（二）提供劳务收入；

（三）转让财产收入；

（四）股息、红利等权益性投资收益；

（五）利息收入；

（六）租金收入；

（七）特许权使用费收入；

（八）接受捐赠收入；

（九）其他收入。

第七条 收入总额中的下列收入为不征税收入：

（一）财政拨款；

（二）依法收取并纳入财政管理的行政事业性收费、政府性基金；

（三）国务院规定的其他不征税收入。

第八条 企业实际发生的与取得收入有关的、合理的支出，包括成本、费用、税金、损失和其他支出，准予在计算应纳税所得额时扣除。

第九条 企业发生的公益性捐赠支出，在年度利润总额12%以内的部分，准予在计算应纳税所得额时扣除；超过年度利润总额12%的部分，准予结转以后三年内在计算应纳税所得额时扣除。

第十条 在计算应纳税所得额时，下列支出不得扣除：

（一）向投资者支付的股息、红利等权益性投资收益款项；

（二）企业所得税税款；

（三）税收滞纳金；

（四）罚金、罚款和被没收财物的损失；

（五）本法第九条规定以外的捐赠支出；

（六）赞助支出；

（七）未经核定的准备金支出；

（八）与取得收入无关的其他支出。

第十一条 在计算应纳税所得额时，企业按照规定计算的固定资产折旧，准予扣除。

下列固定资产不得计算折旧扣除：

（一）房屋、建筑物以外未投入使用的固定资产；

（二）以经营租赁方式租入的固定资产；

（三）以融资租赁方式租出的固定资产；

（四）已足额提取折旧仍继续使用的固定资产；

（五）与经营活动无关的固定资产；

（六）单独估价作为固定资产入账的土地；

（七）其他不得计算折旧扣除的固定资产。

第十二条 在计算应纳税所得额时，企业按照规定计算的无形资产摊销费用，准予扣除。

下列无形资产不得计算摊销费用扣除：

（一）自行开发的支出已在计算应纳税所得额时扣除的无形资产；

（二）自创商誉；

（三）与经营活动无关的无形资产；

（四）其他不得计算摊销费用扣除的无形资产。

第十三条 在计算应纳税所得额时，企业发生的下列支出作为长期待摊费用，按照规定摊销的，准予扣除：

（一）已足额提取折旧的固定资产的改建支出；

（二）租入固定资产的改建支出；

（三）固定资产的大修理支出；

（四）其他应当作为长期待摊费用的支出。

第十四条 企业对外投资期间，投资资产的成本在计算应纳税所得额时不得扣除。

第十五条 企业使用或者销售存货，按照规定计算的存货成本，准予在计算应纳税所得额时扣除。

第十六条 企业转让资产，该项资产的净值，准予在计算应纳税所得额时扣除。

第十七条 企业在汇总计算缴纳企业所得税时，其境外营业机构的亏损不得抵减境内营业机构的盈利。

第十八条 企业纳税年度发生的亏损，准予向以后年度结转，用以后年度的所得弥补，但结转年限最长不得超过五年。

第十九条 非居民企业取得本法第三条第三款规定的所得，按照下列方法计算其应纳税所得额：

（一）股息、红利等权益性投资收益和利息、租金、特许权使用费所得，以收入全额为应纳税所得额；

（二）转让财产所得，以收入全额减除财产净值后的余额为应纳税所得额；

（三）其他所得，参照前两项规定的方法计算应纳税所得额。

第二十条 本章规定的收入、扣除的具体范围、标准和资产的税务处理的具体办法，由国务院财政、税务主管部门规定。

第二十一条 在计算应纳税所得额时，企业财务、会计处理办法与税收法律、行政法规的规定不一致的，应当依照税收法律、行政法规的规定计算。

第三章 应纳税额

第二十二条 企业的应纳税所得额乘以适用税率，减除依照本法关于税收优惠的规定减免和抵免的税额后的余额，为应纳税额。

第二十三条 企业取得的下列所得已在境外缴纳的所得税税额，可以从其当期应纳税额中抵免，抵免限额为该项所得依照本法规定计算的应纳税额；超过抵免限额的部分，可以在以后五个年度内，用每年度抵免限额抵免当年应抵税额后的余额进行抵补：

（一）居民企业来源于中国境外的应税所得；

（二）非居民企业在中国境内设立机构、场所，取得发生在中国境外但与该机构、场所有实际联系的应税所得。

第二十四条 居民企业从其直接或者间接控制的外国企业分得的来源于中国境外的股息、红利等权益性投资收益，外国企业在境外实际缴纳的所得税税额中属于该项所得负担的部分，可以作为该居民企业的可抵免境外所得税税额，在本法第二十三条规定的抵免限额内抵免。

第四章 税收优惠

第二十五条 国家对重点扶持和鼓励发展的产业和项目，给予企业所得税优惠。

第二十六条 企业的下列收入为免税收入：

（一）国债利息收入；

（二）符合条件的居民企业之间的股息、红利等权益性投资收益；

（三）在中国境内设立机构、场所的非居民企业从居民企业取得与该机构、场所有实际联系的股息、红利等权益性投资收益；

（四）符合条件的非营利组织的收入。

第二十七条 企业的下列所得，可以免征、减征企业所得税：

（一）从事农、林、牧、渔业项目的所得；

（二）从事国家重点扶持的公共基础设施项目投资经营的所得；

（三）从事符合条件的环境保护、节能节水项目的所得；

（四）符合条件的技术转让所得；

（五）本法第三条第三款规定的所得。

第二十八条 符合条件的小型微利企业，减按20%的税率征收企业所得税。

国家需要重点扶持的高新技术企业，减按15%的税率征收企业所得税。

第二十九条 民族自治地方的自治机关对本民族自治地方的企业应缴纳的企业所得税中属于地方分享的部分，可以决定减征或者免征。自治州、自治县决定减征或者免征的，须报省、自治区、直辖市人民政府批准。

第三十条 企业的下列支出，可以在计算应纳税所得额时加计扣除：

（一）开发新技术、新产品、新工艺发生的研究开发费用；

（二）安置残疾人员及国家鼓励安置的其他就业人员所支付的工资。

第三十一条 创业投资企业从事国家需要重点扶持和鼓励的创业投资，可以按投资额的一定比例抵扣应纳税所得额。

第三十二条 企业的固定资产由于技术进步等原因，确需加速折旧的，可以缩短折旧年限或者采取加速折旧的方法。

第三十三条 企业综合利用资源，生产符合国家产业政策规定的产品所取得的收入，可以在计算应纳税所得额时减计收入。

第三十四条 企业购置用于环境保护、节能节水、安全生产等专用设备的投资额，可以按一定比例实行税额抵免。

第三十五条 本法规定的税收优惠的具体办法，由国务院规定。

第三十六条 根据国民经济和社会发展的需要，或者由于突发事件等原因对企业经营活动产生重大影响的，国务院可以制定企业所得税专项优惠政策，报全国人民代表大会常务委员会备案。

第五章 源泉扣缴

第三十七条 对非居民企业取得本法第三条第三款规定的所得应缴纳的所得税，实行源泉扣缴，以支付人为扣缴义务人。税款由扣缴义务人在每次支付或者到期应支付时，从支付或者到期应支付的款项中扣缴。

第三十八条 对非居民企业在中国境内取得工程作业和劳务所得应缴纳的所得税，税务机关可以指定工程价款或者劳务费的支付人为扣缴义务人。

第三十九条 依照本法第三十七条、第三十八条规定应当扣缴的所得税，扣缴义务人未依法扣缴或者无法履行扣缴义务的，由纳税人在所得发生地缴纳。纳税人未依法缴纳的，税务机关可以从该纳税人在中国境内其他收入项目的支付人应付的款项中，追缴该纳税人的应纳税款。

第四十条 扣缴义务人每次代扣的税款，应当自代扣之日起七日内缴入国库，并向所在地的税务机关报送扣缴企业所得税报告表。

第六章 特别纳税调整

第四十一条 企业与其关联方之间的业务往来，不符合独立交易原则而减少企业或者其关联方应纳税收入或者所得额的，税务机关有权按照合理方法调整。

企业与其关联方共同开发、受让无形资产，或者共同提供、接受劳务发生的成本，在计算应纳税所得额时应当按照独立交易原则进行分摊。

第四十二条 企业可以向税务机关提出与其关联方之间业务往来的定价原则和计算方法，税务机关与企业协商、确认后，达成预约定价安排。

第四十三条 企业向税务机关报送年度企业所得税纳税申报表时，应当就其与关联方之间的业务往来，附送年度关联业务往来报告表。

税务机关在进行关联业务调查时，企业及其关联方，以及与关联业务调查有关的其他企业，应当按照规定提供相关资料。

第四十四条 企业不提供与其关联方之间业务往来资料，或者提供虚假、不完整资料，未能真实反映其关联业务往来情况的，税务机关有权依法核定其应纳税所得额。

第四十五条 由居民企业，或者由居民企业和中国居民控制的设立在实际税负明显低于本法第四条第一款规定税率水平的国家（地区）的企业，并非由于合理的经营需要而对利润不作分配或者减少分配的，上述利润中应归属于该居民企业的部分，应当计入该居民企业的当期收入。

第四十六条 企业从其关联方接受的债权性投资与权益性投资的比例超过规定标准而发生的利息支出，不得在计算应纳税所得额时扣除。

第四十七条 企业实施其他不具有合理商业目的的安排而减少其应纳税收入或者所得额的，税务机关有权按照合理方法调整。

第四十八条 税务机关依照本章规定作出纳税调整，需要补征税款的，应当补征税款，并按照国务院规定加收利息。

第七章 征收管理

第四十九条 企业所得税的征收管理除本法规定外，依照《中华人民共和国税收征收管理法》的规定执行。

第五十条 除税收法律、行政法规另有规定外，居民企业以企业登记注册地为纳税地点；但登记注册地在境外的，以实际管理机构所在地为纳税地点。

居民企业在中国境内设立不具有法人资格的营业机构的，应当汇总计算并缴纳企业所得税。

第五十一条 非居民企业取得本法第三条第二款规定的所得，以机构、场所所在地为纳税地点。非居民企业在中国境内设立两个或者两个以上机构、场所，符合国务院税务主管部门规定条件的，可以选择由其主要机构、场所汇总缴纳企业所得税。

非居民企业取得本法第三条第三款规定的所得，以扣缴义务人所在地为纳税地点。

第五十二条 除国务院另有规定外，企业之间不得合并缴纳企业所得税。

第五十三条 企业所得税按纳税年度计算。纳税年度自公历 1 月 1 日起至 12 月 31 日止。

企业在一个纳税年度中间开业，或者终止经营活动，使该纳税年度的实际经营期不足十二个月的，应当以其实际经营期为一个纳税年度。

企业依法清算时，应当以清算期间作为一个纳税年度。

第五十四条 企业所得税分月或者分季预缴。

企业应当自月份或者季度终了之日起十五日内，向税务机关报送预缴企业所得税纳税申报表，预缴税款。

企业应当自年度终了之日起五个月内，向税务机关报送年度企业所得税纳税申报表，并汇算清缴，结清应缴应退税款。

企业在报送企业所得税纳税申报表时，应当按照规定附送财务会计报告和其他有关资料。

第五十五条 企业在年度中间终止经营活动的，应当自实际经营终止之日起六十日内，向税务机关办理当期企业所得税汇算清缴。

企业应当在办理注销登记前，就其清算所得向税务机关申报并依法缴纳企业所得税。

第五十六条 依照本法缴纳的企业所得税，以人民币计算。所得以人民币以外的货币计算的，应当折合成人民币计算并缴纳税款。

第八章 附 则

第五十七条 本法公布前已经批准设立的企业，依照当时的税收法律、行政法规规定，享受低税率优惠的，按照国务院规定，可以在本法施行后五年内，逐步过渡到本法规定的税率；享受定期减免税优惠的，按照国务院规定，可以在本法施行后继续享受到期满为止，但因未获利而尚未享受优惠的，优惠期限从本法施行年度起计算。

法律设置的发展对外经济合作和技术交流的特定地区内，以及国务院已规定执行上述地区特殊政策的地区内新设立的国家需要重点扶持的高新技术企业，可以享受过渡性税收优惠，具体办法由国务院规定。

国家已确定的其他鼓励类企业，可以按照国务院规定享受减免税优惠。

第五十八条 中华人民共和国政府同外国政府订立的有关税收的协定与本法有不同规定的，依照协定的规定办理。

第五十九条 国务院根据本法制定实施条例。

第六十条 本法自2008年1月1日起施行。1991年4月9日第七届全国人民代表大会第四次会议通过的《中华人民共和国外商投资企业和外国企业所得税法》和1993年12月13日国务院发布的《中华人民共和国企业所得税暂行条例》同时废止。

中华人民共和国个人所得税法

（1980年9月10日第五届全国人民代表大会第三次会议通过　根据1993年10月31日第八届全国人民代表大会常务委员会第四次会议《关于修改〈中华人民共和国个人所得税法〉的决定》第一次修正　根据1999年8月30日第九届全国人民代表大会常务委员会第十一次会议《关于修改〈中华人民共和国个人所得税法〉的决定》第二次修正　根据2005年10月27日第十届全国人民代表大会常务委员会第十八次会议《关于修改〈中华人民共和国个人所得税法〉的决定》第三次修正　根据2007年6月29日第十届全国人民代表大会常务委员会第二十八次会议《关于修改〈中华人民共和国个人所得税法〉的决定》第四次修正　根据2007年12月29日第十届全国人民代表大会常务委员会第三十一次会议《关于修改〈中华人民共和国个人所得税法〉的决定》第五次修正　根据2011年6月30日第十一届全国人民代表大会常务委员会第二十一次会议《关于修改〈中华人民共和国个人所得税法〉的决定》第六次修正　根据2018年8月31日第十三届全国人民代表大会常务委员会第五次会议《关于修改〈中华人民共和国个人所得税法〉的决定》第七次修正）

第一条 在中国境内有住所，或者无住所而一个纳税年度内在中国境内居住累计满一百八十三天的个人，为居民个人。居民个人从中国境内和境外取得的所得，依照本法规定缴纳个人所得税。

在中国境内无住所又不居住，或者无住所而一个纳税年度内在中国境内居住累计不满一百八十三天的个人，为非居民个人。非居民个人从中国境内取得的所得，依照本法规定缴纳个人所得税。

纳税年度，自公历一月一日起至十二月三十一日止。

第二条 下列各项个人所得，应当缴纳个人所得税：

（一）工资、薪金所得；

（二）劳务报酬所得；

（三）稿酬所得；

（四）特许权使用费所得；

（五）经营所得；

（六）利息、股息、红利所得；

（七）财产租赁所得；

（八）财产转让所得；

（九）偶然所得。

居民个人取得前款第一项至第四项所得（以下称综合所得），按纳税年度合并计算个人所得税；非居民个人取得前款第一项至第四项所得，按月或者按次分项计算个人所得税。纳税人取得前款第五项至第九项所得，依照本法规定分别计算个人所得税。

第三条 个人所得税的税率：

（一）综合所得，适用百分之三至百分之四十五的超额累进税率（税率表附后）；

（二）经营所得，适用百分之五至百分之三十五的超额累进税率（税率表附后）；

（三）利息、股息、红利所得，财产租赁所得，财产转让所得和偶然所得，适用比例税率，税率为百分之二十。

第四条 下列各项个人所得，免征个人所得税：

（一）省级人民政府、国务院部委和中国人民解放军军以上单位，以及外国组织、国际组织颁发的科学、教育、技术、文化、卫生、体育、环境保护等方面的奖金；

（二）国债和国家发行的金融债券利息；

（三）按照国家统一规定发给的补贴、津贴；

（四）福利费、抚恤金、救济金；

（五）保险赔款；

（六）军人的转业费、复员费、退役金；

（七）按照国家统一规定发给干部、职工的安家费、退职费、基本养老金或者退休费、离休费、离休生活补助费；

（八）依照有关法律规定应予免税的各国驻华使馆、领事馆的外交代表、领事官员和其他人员的所得；

（九）中国政府参加的国际公约、签订的协议中规定免税的所得；

（十）国务院规定的其他免税所得。

前款第十项免税规定，由国务院报全国人民代表大会常务委员会备案。

第五条 有下列情形之一的，可以减征个人所得税，具体幅度和期限，由省、自治区、直辖市人民政府规定，并报同级人民代表大会常务委员会备案：

（一）残疾、孤老人员和烈属的所得；

（二）因自然灾害遭受重大损失的。

国务院可以规定其他减税情形，报全国人民代表大会常务委员会备案。

第六条 应纳税所得额的计算：

（一）居民个人的综合所得，以每一纳税年度的收入额减除费用六万元以及专项扣除、专项附加扣除和依法确定的其他扣除后的余额，为应纳税所得额。

（二）非居民个人的工资、薪金所得，以每月收入额减除费用五千元后的余额为应纳税所得额；劳务报酬所得、稿酬所得、特许权使用费所得，以每次收入额为应纳税所得额。

（三）经营所得，以每一纳税年度的收入总额减除成本、费用以及损失后的余额，为应纳税所得额。

（四）财产租赁所得，每次收入不超过四千元的，减除费用八百元；四千元以上的，减除百分之二十的费用，其余额为应纳税所得额。

（五）财产转让所得，以转让财产的收入额减除财产原值和合理费用后的余额，为应纳税所得额。

（六）利息、股息、红利所得和偶然所得，以每次收入额为应纳税所得额。

劳务报酬所得、稿酬所得、特许权使用费所得以收入减除百分之二十的费用后的余额为收入额。稿酬所得的收入额减按百分之七十计算。

个人将其所得对教育、扶贫、济困等公益慈善事业进行捐赠，捐赠额未超过纳税人申报的应纳税所得额百分之三十的部分，可以从其应纳税所得额中扣除；国务院规定对公益慈善事业捐赠实行全额税前扣除的，从其规定。

本条第一款第一项规定的专项扣除，包括居民个人按照国家规定的范围和标准缴纳的基本养老保险、基本医疗保险、失业保险等社会保险费和住房公积金等；专项附加扣除，包括子女教育、继续教育、大病医疗、住房贷款利息或者住房租金、赡养老人等支出，具体范围、标准和实施步骤由国务院确定，并报全国人民代表大会常务委员会备案。

第七条 居民个人从中国境外取得的所得，可以从其应纳税额中抵免已在境外缴纳的个人所得税税额，但抵免额不得超过该纳税人境外所得依照本法规定计算的应纳税额。

第八条 有下列情形之一的，税务机关有权按照合理方法进行纳税调整：

（一）个人与其关联方之间的业务往来不符合独立交易原则而减少本人或者其关联方应纳税额，且无正当理由；

（二）居民个人控制的，或者居民个人和居民企业共同控制的设立在实际税负明显偏低的国家（地区）的企业，无合理经营需要，对应当归属于居民个人的利润不作分配或者减少分配；

（三）个人实施其他不具有合理商业目的的安排而获取不当税收利益。

税务机关依照前款规定作出纳税调整，需要补征税款的，应当补征税款，并依法加收利息。

第九条 个人所得税以所得人为纳税人，以支付所得的单位或者个人为扣缴义务人。

纳税人有中国公民身份号码的，以中国公民身份号码为纳税人识别号；纳税人没有中国公民身份号码的，由税务机关赋予其纳税人识别号。扣缴义务人扣缴税款时，纳税人应当向扣缴义务人提供纳税人识别号。

第十条 有下列情形之一的，纳税人应当依法办理纳税申报：

（一）取得综合所得需要办理汇算清缴；

（二）取得应税所得没有扣缴义务人；

（三）取得应税所得，扣缴义务人未扣缴税款；

（四）取得境外所得；

（五）因移居境外注销中国户籍；

（六）非居民个人在中国境内从两处以上取得工资、薪金所得；

（七）国务院规定的其他情形。

扣缴义务人应当按照国家规定办理全员全额扣缴申报，并向纳税人提供其个人所得和已扣缴税款等信息。

第十一条 居民个人取得综合所得，按年计算个人所得税；有扣缴义务人的，由扣缴义务人按月或者按次预扣预缴税款；需要办理汇算清缴的，应当在取得所得的次年三月一日至六月三十日内办理汇算清缴。预扣预缴办法由国务院税务主管部门制定。

居民个人向扣缴义务人提供专项附加扣除信息的，扣缴义务人按月预扣预缴税款时应当按照规定予以扣除，不得拒绝。

非居民个人取得工资、薪金所得，劳务报酬所得，稿酬所得和特许权使用费所得，有扣缴义务人的，由扣缴义务人按月或者按次代扣代缴税款，不办理汇算清缴。

第十二条 纳税人取得经营所得，按年计算个人所得税，由纳税人在月度或者季度终了后十五日内向税务机关报送纳税申报表，并预缴税款；在取得所得的次年三月三十一日前办理汇算清缴。

纳税人取得利息、股息、红利所得，财产租赁所得，财产转让所得和偶然所得，按月或者按次计算个人所得税，有扣缴义务人的，由扣缴义务人按月或者按次代扣代缴税款。

第十三条 纳税人取得应税所得没有扣缴义务人的，应当在取得所得的次月十五日内向税务机关报送纳税申报表，并缴纳税款。

纳税人取得应税所得，扣缴义务人未扣缴税款的，纳税人应当在取得所得的次年六月三十日前，缴纳税款；税务机关通知限期缴纳的，纳税人应当按照期限缴纳税款。

居民个人从中国境外取得所得的，应当在取得所得的次年三月一日至六月三十日内申报纳税。

非居民个人在中国境内从两处以上取得工资、薪金所得的，应当在取得所得的次月十五日内申报纳税。

纳税人因移居境外注销中国户籍的，应当在注销中国户籍前办理税款清算。

第十四条 扣缴义务人每月或者每次预扣、代扣的税款，应当在次月十五日内缴入国库，并向税务机关报送扣缴个人所得税申报表。

纳税人办理汇算清缴退税或者扣缴义务人为纳税人办理汇算清缴退税的，税务机关审核后，按照国库管理的有关规定办理退税。

第十五条 公安、人民银行、金融监督管理等相关部门应当协助税务机关确认纳税人的身份、金融账户信息。教育、卫生、医疗保障、民政、人力资源社会保障、住房城乡建设、公安、人民银行、金融监督管理等相关部门应当向税务机关提供纳税人子女教育、继续教育、大病医疗、住房贷款利息、住房租金、赡养老人等专项附加扣除信息。

个人转让不动产的，税务机关应当根据不动产登记等相关信息核验应缴的个人所得税，登记机构办理转移登记时，应当查验与该不动产转让相关的个人所得税的完税凭证。个人转让股权办理变更登记的，市场主体登记机关应当查验与该股权交易相关的个人所得税的完税凭证。

有关部门依法将纳税人、扣缴义务人遵守本法的情况纳入信用信息系统，并实施联合激励或者惩戒。

第十六条 各项所得的计算，以人民币为单位。所得为人民币以外的货币的，按照人民币汇率中间价折合成人民币缴纳税款。

第十七条 对扣缴义务人按照所扣缴的税款，付给百分之二的手续费。

第十八条 对储蓄存款利息所得开征、减征、停征个人所得税及其具体办法，由国务院规定，并报全国人民代表大会常务委员会备案。

第十九条 纳税人、扣缴义务人和税务机关及其工作人员违反本法规定的，依照《中华人民共和国税收征收管理法》和有关法律法规的规定追究法律责任。

第二十条 个人所得税的征收管理，依照本法和《中华人民共和国税收征收管理法》的规定执行。

第二十一条 国务院根据本法制定实施条例。

第二十二条 本法自公布之日起施行。

个人所得税税率表一（综合所得适用）

级数	全年应纳税所得额	税率（%）
1	不超过36000元的	3
2	超过36000元至144000元的部分	10
3	超过144000元至300000元的部分	20
4	超过300000元至420000元的部分	25
5	超过420000元至660000元的部分	30
6	超过660000元至960000元的部分	35
7	超过960000元的部分	45

（注1：本表所称全年应纳税所得额是指依照本法第六条的规定，居民个人取得综合所得以每一纳税年度收入额减除费用六万元以及专项扣除、专项附加扣除和依法确定的其他扣除后的余额。

注2：非居民个人取得工资、薪金所得，劳务报酬所得，稿酬所得和特许权使用费所得，依照本表按月换算后计算应纳税额。）

个人所得税税率表二（经营所得适用）

级数	全年应纳税所得额	税率（%）
1	不超过30000元的	5
2	超过30000元至90000元的部分	10
3	超过90000元至300000元的部分	20
4	超过300000元至500000元的部分	30
5	超过500000元的部分	35

（注：本表所称全年应纳税所得额是指依照本法第六条的规定，以每一纳税年度的收入总额减除成本、费用以及损失后的余额。）

行政法规及文件

中华人民共和国企业所得税法实施条例

（2007年12月6日中华人民共和国国务院令第512号公布　根据2019年4月23日《国务院关于修改部分行政法规的决定》修订）

第一章　总　　则

第一条　根据《中华人民共和国企业所得税法》（以下简称企业所得税法）的规定，制定本条例。

第二条　企业所得税法第一条所称个人独资企业、合伙企业，是指依照中国法律、行政法规成立的个人独资企业、合伙企业。

第三条　企业所得税法第二条所称依法在中国境内成立的企业，包括依照中国法律、行政法规在中国境内成立的企业、事业单位、社会团体以及其他取得收入的组织。

企业所得税法第二条所称依照外国（地区）法律成立的企业，包括依照外国（地区）法律成立的企业和其他取得收入的组织。

第四条　企业所得税法第二条所称实际管理机构，是指对企业的生产经营、人员、账务、财产等实施实质性全面管理和控制的机构。

第五条　企业所得税法第二条第三款所称机构、场所，是指在中国境内从事生产经营活动的机构、场所，包括：

（一）管理机构、营业机构、办事机构；

（二）工厂、农场、开采自然资源的场所；

（三）提供劳务的场所；

（四）从事建筑、安装、装配、修理、勘探等工程作业的场所；

（五）其他从事生产经营活动的机构、场所。

非居民企业委托营业代理人在中国境内从事生产经营活动的，包括委托单位或者个人经常代其签订合同，或者储存、交付货物等，该营业代理人视为非居民企业在中国境内设立的机构、场所。

第六条　企业所得税法第三条所称所得，包括销售货物所得、提供劳务所得、转让财产所得、股息红利等权益性投资所得、利息所得、租金所得、特许权使用费所得、接受捐赠所得和其他所得。

第七条　企业所得税法第三条所称来源于中国境内、境外的所得，按照以下原则确定：

（一）销售货物所得，按照交易活动发生地确定；

（二）提供劳务所得，按照劳务发生地确定；

（三）转让财产所得，不动产转让所得按照不动产所在地确定，动产转让所得按照转让动产的企业或者机构、场所所在地确定，权益性投资资产转让所得按照被投资企业所在地确定；

（四）股息、红利等权益性投资所得，按照分配所得的企业所在地确定；

（五）利息所得、租金所得、特许权使用费所得，按照负担、支付所得的企业或者机构、场所所在地确定，或者按照负担、支付所得的个人的住所地确定；

（六）其他所得，由国务院财政、税务主管部门确定。

第八条 企业所得税法第三条所称实际联系，是指非居民企业在中国境内设立的机构、场所拥有据以取得所得的股权、债权，以及拥有、管理、控制据以取得所得的财产等。

第二章 应纳税所得额

第一节 一般规定

第九条 企业应纳税所得额的计算，以权责发生制为原则，属于当期的收入和费用，不论款项是否收付，均作为当期的收入和费用；不属于当期的收入和费用，即使款项已经在当期收付，均不作为当期的收入和费用。本条例和国务院财政、税务主管部门另有规定的除外。

第十条 企业所得税法第五条所称亏损，是指企业依照企业所得税法和本条例的规定将每一纳税年度的收入总额减除不征税收入、免税收入和各项扣除后小于零的数额。

第十一条 企业所得税法第五十五条所称清算所得，是指企业的全部资产可变现价值或者交易价格减除资产净值、清算费用以及相关税费等后的余额。

投资方企业从被清算企业分得的剩余资产，其中相当于从被清算企业累计未分配利润和累计盈余公积中应当分得的部分，应当确认为股息所得；剩余资产减除上述股息所得后的余额，超过或者低于投资成本的部分，应当确认为投资资产转让所得或者损失。

第二节 收入

第十二条 企业所得税法第六条所称企业取得收入的货币形式，包括现金、存款、应收账款、应收票据、准备持有至到期的债券投资以及债务的豁免等。

企业所得税法第六条所称企业取得收入的非货币形式，包括固定资产、生物资产、无形资产、股权投资、存货、不准备持有至到期的债券投资、劳务以及有关权益等。

第十三条 企业所得税法第六条所称企业以非货币形式取得的收入，应当按照公允价值确定收入额。

前款所称公允价值，是指按照市场价格确定的价值。

第十四条 企业所得税法第六条第（一）项所称销售货物收入，是指企业销售商品、产品、原材料、包装物、低值易耗品以及其他存货取得的收入。

第十五条 企业所得税法第六条第（二）项所称提供劳务收入，是指企业从事建筑安装、修理修配、交通运输、仓储租赁、金融保险、邮电通信、咨询经纪、文化体育、科学研究、技术服务、教育培训、餐饮住宿、中介代理、卫生保健、社区服务、旅游、娱乐、加工以及其他劳务服务活动取得的收入。

第十六条 企业所得税法第六条第（三）项所称转让财产收入，是指企业转让固定资产、生物资产、无形资产、股权、债权等财产取得的收入。

第十七条 企业所得税法第六条第（四）项所称股息、红利等权益性投资收益，是指企业因权益性投资从被投资方取得的收入。

股息、红利等权益性投资收益，除国务院财政、税务主管部门另有规定外，按照被投资方作出利润分配决定的日期确认收入的实现。

第十八条 企业所得税法第六条第（五）项所称利息收入，是指企业将资金提供他人使用但不构成权益性投资，或者因他人占用本企业资金取得的收入，包括存款利息、贷款利息、债券利息、欠款利息等收入。

利息收入，按照合同约定的债务人应付利息的日期确认收入的实现。

第十九条 企业所得税法第六条第（六）项所称租金收入，是指企业提供固定资产、包装物或者其他有形资产的使用权取得的收入。

租金收入，按照合同约定的承租人应付租金的日期确认收入的实现。

第二十条 企业所得税法第六条第（七）项所称特许权使用费收入，是指企业提供专利权、非专利技术、商标权、著作权以及其他特许权的使用权取得的收入。

特许权使用费收入，按照合同约定的特许权使用人应付特许权使用费的日期确认收入的实现。

第二十一条 企业所得税法第六条第（八）项所称接受捐赠收入，是指企业接受的来自其他企业、组织或者个人无偿给予的货币性资产、非货币性资产。

接受捐赠收入，按照实际收到捐赠资产的日期确认收入的实现。

第二十二条 企业所得税法第六条第（九）项所称其他收入，是指企业取得的除企业所得税法第六条第（一）项至第（八）项规定的收入外的其他收入，包括企业资产溢余收入、逾期未退包装物押金收入、确实无法偿付的应付款项、已作坏账损失处理后又收回的应收款项、债务重组收入、补贴收入、违约金收入、汇兑收益等。

第二十三条 企业的下列生产经营业务可以分期确认收入的实现：

（一）以分期收款方式销售货物的，按照合同约定的收款日期确认收入的实现；

（二）企业受托加工制造大型机械设备、船舶、飞机，以及从事建筑、安装、装配工程业务或者提供其他劳务等，持续时间超过12个月的，按照纳税年度内完工进度或者完成的工作量确认收入的实现。

第二十四条 采取产品分成方式取得收入的，按照企业分得产品的日期确认收入的实现，其收入额按照产品的公允价值确定。

第二十五条 企业发生非货币性资产交换，以及将货物、财产、劳务用于捐赠、偿债、赞助、集资、广告、样品、职工福利或者利润分配等用途的，应当视同销售货物、转让财产或者提供劳务，但国务院财政、税务主管部门另有规定的除外。

第二十六条 企业所得税法第七条第（一）项所称财政拨款，是指各级人民政府对纳入预算管理的事业单位、社会团体等组织拨付的财政资金，但国务院和国务院财政、税务主管部门另有规定的除外。

企业所得税法第七条第（二）项所称行政事业性收费，是指依照法律法规等有关规定，按照国务院规定程序批准，在实施社会公共管理，以及在向公民、法人或者其他组织提供特定公共服务过程中，向特定对象收取并纳入财政管理的费用。

企业所得税法第七条第（二）项所称政府性基金，是指企业依照法律、行政法规等有关规定，代政府收取的具有专项用途的财政资金。

企业所得税法第七条第（三）项所称国务院规定的其他不征税收入，是指企业取得的，由国务院财政、税务主管部门规定专项用途并经国务院批准的财政性资金。

第三节 扣　除

第二十七条 企业所得税法第八条所称有关的支出，是指与取得收入直接相关的支出。

企业所得税法第八条所称合理的支出，是指符合生产经营活动常规，应当计入当期损益或者有关资产成本的必要和正常的支出。

第二十八条 企业发生的支出应当区分收

益性支出和资本性支出。收益性支出在发生当期直接扣除；资本性支出应当分期扣除或者计入有关资产成本，不得在发生当期直接扣除。

企业的不征税收入用于支出所形成的费用或者财产，不得扣除或者计算对应的折旧、摊销扣除。

除企业所得税法和本条例另有规定外，企业实际发生的成本、费用、税金、损失和其他支出，不得重复扣除。

第二十九条 企业所得税法第八条所称成本，是指企业在生产经营活动中发生的销售成本、销货成本、业务支出以及其他耗费。

第三十条 企业所得税法第八条所称费用，是指企业在生产经营活动中发生的销售费用、管理费用和财务费用，已经计入成本的有关费用除外。

第三十一条 企业所得税法第八条所称税金，是指企业发生的除企业所得税和允许抵扣的增值税以外的各项税金及其附加。

第三十二条 企业所得税法第八条所称损失，是指企业在生产经营活动中发生的固定资产和存货的盘亏、毁损、报废损失，转让财产损失，呆账损失，坏账损失，自然灾害等不可抗力因素造成的损失以及其他损失。

企业发生的损失，减除责任人赔偿和保险赔款后的余额，依照国务院财政、税务主管部门的规定扣除。

企业已经作为损失处理的资产，在以后纳税年度又全部收回或者部分收回时，应当计入当期收入。

第三十三条 企业所得税法第八条所称其他支出，是指除成本、费用、税金、损失外，企业在生产经营活动中发生的与生产经营活动有关的、合理的支出。

第三十四条 企业发生的合理的工资薪金支出，准予扣除。

前款所称工资薪金，是指企业每一纳税年度支付给在本企业任职或者受雇的员工的所有现金形式或者非现金形式的劳动报酬，包括基本工资、奖金、津贴、补贴、年终加薪、加班工资，以及与员工任职或者受雇有关的其他支出。

第三十五条 企业依照国务院有关主管部门或者省级人民政府规定的范围和标准为职工缴纳的基本养老保险费、基本医疗保险费、失业保险费、工伤保险费、生育保险费等基本社会保险费和住房公积金，准予扣除。

企业为投资者或者职工支付的补充养老保险费、补充医疗保险费，在国务院财政、税务主管部门规定的范围和标准内，准予扣除。

第三十六条 除企业依照国家有关规定为特殊工种职工支付的人身安全保险费和国务院财政、税务主管部门规定可以扣除的其他商业保险费外，企业为投资者或者职工支付的商业保险费，不得扣除。

第三十七条 企业在生产经营活动中发生的合理的不需要资本化的借款费用，准予扣除。

企业为购置、建造固定资产、无形资产和经过12个月以上的建造才能达到预定可销售状态的存货发生借款的，在有关资产购置、建造期间发生的合理的借款费用，应当作为资本性支出计入有关资产的成本，并依照本条例的规定扣除。

第三十八条 企业在生产经营活动中发生的下列利息支出，准予扣除：

（一）非金融企业向金融企业借款的利息支出、金融企业的各项存款利息支出和同业拆借利息支出、企业经批准发行债券的利息支出；

（二）非金融企业向非金融企业借款的利息支出，不超过按照金融企业同期同类贷款利率计算的数额的部分。

第三十九条 企业在货币交易中，以及纳税年度终了时将人民币以外的货币性资产、负债按照期末即期人民币汇率中间价折算为人民币时产生的汇兑损失，除已经计入有关资产成本以及与向所有者进行利润分配相关的部分外，准予扣除。

第四十条 企业发生的职工福利费支出，不超过工资薪金总额14%的部分，准予扣除。

第四十一条 企业拨缴的工会经费，不超过工资薪金总额2%的部分，准予扣除。

第四十二条 除国务院财政、税务主管部门另有规定外，企业发生的职工教育经费支出，不超过工资薪金总额2.5%的部分，准予扣除；超过部分，准予在以后纳税年度结转扣除。

第四十三条 企业发生的与生产经营活动有关的业务招待费支出，按照发生额的60%扣除，但最高不得超过当年销售（营业）收入的5‰。

第四十四条 企业发生的符合条件的广告费和业务宣传费支出，除国务院财政、税务主管部门另有规定外，不超过当年销售（营业）收入15%的部分，准予扣除；超过部分，准予在以后纳税年度结转扣除。

第四十五条 企业依照法律、行政法规有关规定提取的用于环境保护、生态恢复等方面的专项资金，准予扣除。上述专项资金提取后改变用途的，不得扣除。

第四十六条 企业参加财产保险，按照规定缴纳的保险费，准予扣除。

第四十七条 企业根据生产经营活动的需要租入固定资产支付的租赁费，按照以下方法扣除：

（一）以经营租赁方式租入固定资产发生的租赁费支出，按照租赁期限均匀扣除；

（二）以融资租赁方式租入固定资产发生的租赁费支出，按照规定构成融资租入固定资产价值的部分应当提取折旧费用，分期扣除。

第四十八条 企业发生的合理的劳动保护支出，准予扣除。

第四十九条 企业之间支付的管理费、企业内营业机构之间支付的租金和特许权使用费，以及非银行企业内营业机构之间支付的利息，不得扣除。

第五十条 非居民企业在中国境内设立的机构、场所，就其中国境外总机构发生的与该机构、场所生产经营有关的费用，能够提供总机构出具的费用汇集范围、定额、分配依据和方法等证明文件，并合理分摊的，准予扣除。

第五十一条 企业所得税法第九条所称公益性捐赠，是指企业通过公益性社会组织或者县级以上人民政府及其部门，用于符合法律规定的慈善活动、公益事业的捐赠。

第五十二条 本条例第五十一条所称公益性社会组织，是指同时符合下列条件的慈善组织以及其他社会组织：

（一）依法登记，具有法人资格；

（二）以发展公益事业为宗旨，且不以营利为目的；

（三）全部资产及其增值为该法人所有；

（四）收益和营运结余主要用于符合该法人设立目的的事业；

（五）终止后的剩余财产不归属任何个人或者营利组织；

（六）不经营与其设立目的无关的业务；

（七）有健全的财务会计制度；

（八）捐赠者不以任何形式参与该法人财产的分配；

（九）国务院财政、税务主管部门会同国务院民政部门等登记管理部门规定的其他条件。

第五十三条 企业当年发生以及以前年度结转的公益性捐赠支出，不超过年度利润总额12%的部分，准予扣除。

年度利润总额，是指企业依照国家统一会计制度的规定计算的年度会计利润。

第五十四条 企业所得税法第十条第（六）项所称赞助支出，是指企业发生的与生产经营活动无关的各种非广告性质支出。

第五十五条 企业所得税法第十条第（七）项所称未经核定的准备金支出，是指不符合国务院财政、税务主管部门规定的各项资产减值准备、风险准备等准备金支出。

第四节 资产的税务处理

第五十六条 企业的各项资产，包括固定资产、生物资产、无形资产、长期待摊费用、投资资产、存货等，以历史成本为计税基础。

前款所称历史成本，是指企业取得该项资产时实际发生的支出。

企业持有各项资产期间资产增值或者减值，除国务院财政、税务主管部门规定可以确认损益外，不得调整该资产的计税基础。

第五十七条 企业所得税法第十一条所称固定资产，是指企业为生产产品、提供劳务、出租或者经营管理而持有的、使用时间超过12个月的非货币性资产，包括房屋、建筑物、机器、机械、运输工具以及其他与生产经营活动有关的设备、器具、工具等。

第五十八条 固定资产按照以下方法确定计税基础：

（一）外购的固定资产，以购买价款和支付的相关税费以及直接归属于使该资产达到预定用途发生的其他支出为计税基础；

（二）自行建造的固定资产，以竣工结算前发生的支出为计税基础；

（三）融资租入的固定资产，以租赁合同约定的付款总额和承租人在签订租赁合同过程中发生的相关费用为计税基础，租赁合同未约定付款总额的，以该资产的公允价值和承租人在签订租赁合同过程中发生的相关费用为计税基础；

（四）盘盈的固定资产，以同类固定资产的重置完全价值为计税基础；

（五）通过捐赠、投资、非货币性资产交换、债务重组等方式取得的固定资产，以该资产的公允价值和支付的相关税费为计税基础；

（六）改建的固定资产，除企业所得税法第十三条第（一）项和第（二）项规定的支出外，以改建过程中发生的改建支出增加计税基础。

第五十九条 固定资产按照直线法计算的折旧，准予扣除。

企业应当自固定资产投入使用月份的次月起计算折旧；停止使用的固定资产，应当自停止使用月份的次月起停止计算折旧。

企业应当根据固定资产的性质和使用情况，合理确定固定资产的预计净残值。固定资产的预计净残值一经确定，不得变更。

第六十条 除国务院财政、税务主管部门另有规定外，固定资产计算折旧的最低年限如下：

（一）房屋、建筑物，为20年；

（二）飞机、火车、轮船、机器、机械和其他生产设备，为10年；

（三）与生产经营活动有关的器具、工具、家具等，为5年；

（四）飞机、火车、轮船以外的运输工具，为4年；

（五）电子设备，为3年。

第六十一条 从事开采石油、天然气等矿产资源的企业，在开始商业性生产前发生的费用和有关固定资产的折耗、折旧方法，由国务院财政、税务主管部门另行规定。

第六十二条 生产性生物资产按照以下方法确定计税基础：

（一）外购的生产性生物资产，以购

买价款和支付的相关税费为计税基础；

（二）通过捐赠、投资、非货币性资产交换、债务重组等方式取得的生产性生物资产，以该资产的公允价值和支付的相关税费为计税基础。

前款所称生产性生物资产，是指企业为生产农产品、提供劳务或者出租等而持有的生物资产，包括经济林、薪炭林、产畜和役畜等。

第六十三条 生产性生物资产按照直线法计算的折旧，准予扣除。

企业应当自生产性生物资产投入使用月份的次月起计算折旧；停止使用的生产性生物资产，应当自停止使用月份的次月起停止计算折旧。

企业应当根据生产性生物资产的性质和使用情况，合理确定生产性生物资产的预计净残值。生产性生物资产的预计净残值一经确定，不得变更。

第六十四条 生产性生物资产计算折旧的最低年限如下：

（一）林木类生产性生物资产，为 10 年；

（二）畜类生产性生物资产，为 3 年。

第六十五条 企业所得税法第十二条所称无形资产，是指企业为生产产品、提供劳务、出租或者经营管理而持有的、没有实物形态的非货币性长期资产，包括专利权、商标权、著作权、土地使用权、非专利技术、商誉等。

第六十六条 无形资产按照以下方法确定计税基础：

（一）外购的无形资产，以购买价款和支付的相关税费以及直接归属于使该资产达到预定用途发生的其他支出为计税基础；

（二）自行开发的无形资产，以开发过程中该资产符合资本化条件后至达到预定用途前发生的支出为计税基础；

（三）通过捐赠、投资、非货币性资产交换、债务重组等方式取得的无形资产，以该资产的公允价值和支付的相关税费为计税基础。

第六十七条 无形资产按照直线法计算的摊销费用，准予扣除。

无形资产的摊销年限不得低于 10 年。

作为投资或者受让的无形资产，有关法律规定或者合同约定了使用年限的，可以按照规定或者约定的使用年限分期摊销。

外购商誉的支出，在企业整体转让或者清算时，准予扣除。

第六十八条 企业所得税法第十三条第（一）项和第（二）项所称固定资产的改建支出，是指改变房屋或者建筑物结构、延长使用年限等发生的支出。

企业所得税法第十三条第（一）项规定的支出，按照固定资产预计尚可使用年限分期摊销；第（二）项规定的支出，按照合同约定的剩余租赁期限分期摊销。

改建的固定资产延长使用年限的，除企业所得税法第十三条第（一）项和第（二）项规定外，应当适当延长折旧年限。

第六十九条 企业所得税法第十三条第（三）项所称固定资产的大修理支出，是指同时符合下列条件的支出：

（一）修理支出达到取得固定资产时的计税基础 50% 以上；

（二）修理后固定资产的使用年限延长 2 年以上。

企业所得税法第十三条第（三）项规定的支出，按照固定资产尚可使用年限分期摊销。

第七十条 企业所得税法第十三条第（四）项所称其他应当作为长期待摊费用的支出，自支出发生月份的次月起，分期摊销，摊销年限不得低于 3 年。

第七十一条 企业所得税法第十四条所称投资资产，是指企业对外进行权益性投资和债权性投资形成的资产。

企业在转让或者处置投资资产时，投

资资产的成本，准予扣除。

投资资产按照以下方法确定成本：

（一）通过支付现金方式取得的投资资产，以购买价款为成本；

（二）通过支付现金以外的方式取得的投资资产，以该资产的公允价值和支付的相关税费为成本。

第七十二条 企业所得税法第十五条所称存货，是指企业持有以备出售的产品或者商品、处在生产过程中的在产品、在生产或者提供劳务过程中耗用的材料和物料等。

存货按照以下方法确定成本：

（一）通过支付现金方式取得的存货，以购买价款和支付的相关税费为成本；

（二）通过支付现金以外的方式取得的存货，以该存货的公允价值和支付的相关税费为成本；

（三）生产性生物资产收获的农产品，以产出或者采收过程中发生的材料费、人工费和分摊的间接费用等必要支出为成本。

第七十三条 企业使用或者销售的存货的成本计算方法，可以在先进先出法、加权平均法、个别计价法中选用一种。计价方法一经选用，不得随意变更。

第七十四条 企业所得税法第十六条所称资产的净值和第十九条所称财产净值，是指有关资产、财产的计税基础减除已经按照规定扣除的折旧、折耗、摊销、准备金等后的余额。

第七十五条 除国务院财政、税务主管部门另有规定外，企业在重组过程中，应当在交易发生时确认有关资产的转让所得或者损失，相关资产应当按照交易价格重新确定计税基础。

第三章 应纳税额

第七十六条 企业所得税法第二十二条规定的应纳税额的计算公式为：

应纳税额＝应纳税所得额×适用税率－减免税额－抵免税额

公式中的减免税额和抵免税额，是指依照企业所得税法和国务院的税收优惠规定减征、免征和抵免的应纳税额。

第七十七条 企业所得税法第二十三条所称已在境外缴纳的所得税税额，是指企业来源于中国境外的所得依照中国境外税收法律以及相关规定应当缴纳并已经实际缴纳的企业所得税性质的税款。

第七十八条 企业所得税法第二十三条所称抵免限额，是指企业来源于中国境外的所得，依照企业所得税法和本条例的规定计算的应纳税额。除国务院财政、税务主管部门另有规定外，该抵免限额应当分国（地区）不分项计算，计算公式如下：

抵免限额＝中国境内、境外所得依照企业所得税法和本条例的规定计算的应纳税总额×来源于某国（地区）的应纳税所得额÷中国境内、境外应纳税所得总额

第七十九条 企业所得税法第二十三条所称5个年度，是指从企业取得的来源于中国境外的所得，已经在中国境外缴纳的企业所得税性质的税额超过抵免限额的当年的次年起连续5个纳税年度。

第八十条 企业所得税法第二十四条所称直接控制，是指居民企业直接持有外国企业20%以上股份。

企业所得税法第二十四条所称间接控制，是指居民企业以间接持股方式持有外国企业20%以上股份，具体认定办法由国务院财政、税务主管部门另行制定。

第八十一条 企业依照企业所得税法第二十三条、第二十四条的规定抵免企业所得税税额时，应当提供中国境外税务机关出具的税款所属年度的有关纳税凭证。

第四章 税收优惠

第八十二条 企业所得税法第二十六条第（一）项所称国债利息收入，是指企业持有国务院财政部门发行的国债取得的利息收入。

第八十三条 企业所得税法第二十六条第（二）项所称符合条件的居民企业之间的股息、红利等权益性投资收益，是指居民企业直接投资于其他居民企业取得的投资收益。企业所得税法第二十六条第（二）项和第（三）项所称股息、红利等权益性投资收益，不包括连续持有居民企业公开发行并上市流通的股票不足12个月取得的投资收益。

第八十四条 企业所得税法第二十六条第（四）项所称符合条件的非营利组织，是指同时符合下列条件的组织：

（一）依法履行非营利组织登记手续；

（二）从事公益性或者非营利性活动；

（三）取得的收入除用于与该组织有关的、合理的支出外，全部用于登记核定或者章程规定的公益性或者非营利性事业；

（四）财产及其孳息不用于分配；

（五）按照登记核定或者章程规定，该组织注销后的剩余财产用于公益性或者非营利性目的，或者由登记管理机关转赠给与该组织性质、宗旨相同的组织，并向社会公告；

（六）投入人对投入该组织的财产不保留或者享有任何财产权利；

（七）工作人员工资福利开支控制在规定的比例内，不变相分配该组织的财产。

前款规定的非营利组织的认定管理办法由国务院财政、税务主管部门会同国务院有关部门制定。

第八十五条 企业所得税法第二十六条第（四）项所称符合条件的非营利组织的收入，不包括非营利组织从事营利性活动取得的收入，但国务院财政、税务主管部门另有规定的除外。

第八十六条 企业所得税法第二十七条第（一）项规定的企业从事农、林、牧、渔业项目的所得，可以免征、减征企业所得税，是指：

（一）企业从事下列项目的所得，免征企业所得税：

1. 蔬菜、谷物、薯类、油料、豆类、棉花、麻类、糖料、水果、坚果的种植；

2. 农作物新品种的选育；

3. 中药材的种植；

4. 林木的培育和种植；

5. 牲畜、家禽的饲养；

6. 林产品的采集；

7. 灌溉、农产品初加工、兽医、农技推广、农机作业和维修等农、林、牧、渔服务业项目；

8. 远洋捕捞。

（二）企业从事下列项目的所得，减半征收企业所得税：

1. 花卉、茶以及其他饮料作物和香料作物的种植；

2. 海水养殖、内陆养殖。

企业从事国家限制和禁止发展的项目，不得享受本条规定的企业所得税优惠。

第八十七条 企业所得税法第二十七条第（二）项所称国家重点扶持的公共基础设施项目，是指《公共基础设施项目企业所得税优惠目录》规定的港口码头、机场、铁路、公路、城市公共交通、电力、水利等项目。

企业从事前款规定的国家重点扶持的公共基础设施项目的投资经营的所得，自项目取得第一笔生产经营收入所属纳税年度起，第一年至第三年免征企业所得税，第四年至第六年减半征收企业所得税。

企业承包经营、承包建设和内部自建自用本条规定的项目，不得享受本条规定的企业所得税优惠。

第八十八条 企业所得税法第二十七条第（三）项所称符合条件的环境保护、节能节水项目，包括公共污水处理、公共垃圾处理、沼气综合开发利用、节能减排技术改造、海水淡化等。项目的具体条件和范围由国务院财政、税务主管部门商国务院有关部门制订，报国务院批准后公布施行。

企业从事前款规定的符合条件的环境保护、节能节水项目的所得，自项目取得第一笔生产经营收入所属纳税年度起，第一年至第三年免征企业所得税，第四年至第六年减半征收企业所得税。

第八十九条 依照本条例第八十七条和第八十八条规定享受减免税优惠的项目，在减免税期限内转让的，受让方自受让之日起，可以在剩余期限内享受规定的减免税优惠；减免税期限届满后转让的，受让方不得就该项目重复享受减免税优惠。

第九十条 企业所得税法第二十七条第（四）项所称符合条件的技术转让所得免征、减征企业所得税，是指一个纳税年度内，居民企业技术转让所得不超过500万元的部分，免征企业所得税；超过500万元的部分，减半征收企业所得税。

第九十一条 非居民企业取得企业所得税法第二十七条第（五）项规定的所得，减按10%的税率征收企业所得税。

下列所得可以免征企业所得税：

（一）外国政府向中国政府提供贷款取得的利息所得；

（二）国际金融组织向中国政府和居民企业提供优惠贷款取得的利息所得；

（三）经国务院批准的其他所得。

第九十二条 企业所得税法第二十八条第一款所称符合条件的小型微利企业，是指从事国家非限制和禁止行业，并符合下列条件的企业：

（一）工业企业，年度应纳税所得额不超过30万元，从业人数不超过100人，资产总额不超过3000万元；

（二）其他企业，年度应纳税所得额不超过30万元，从业人数不超过80人，资产总额不超过1000万元。

第九十三条 企业所得税法第二十八条第二款所称国家需要重点扶持的高新技术企业，是指拥有核心自主知识产权，并同时符合下列条件的企业：

（一）产品（服务）属于《国家重点支持的高新技术领域》规定的范围；

（二）研究开发费用占销售收入的比例不低于规定比例；

（三）高新技术产品（服务）收入占企业总收入的比例不低于规定比例；

（四）科技人员占企业职工总数的比例不低于规定比例；

（五）高新技术企业认定管理办法规定的其他条件。

《国家重点支持的高新技术领域》和高新技术企业认定管理办法由国务院科技、财政、税务主管部门商国务院有关部门制订，报国务院批准后公布施行。

第九十四条 企业所得税法第二十九条所称民族自治地方，是指依照《中华人民共和国民族区域自治法》的规定，实行民族区域自治的自治区、自治州、自治县。

对民族自治地方内国家限制和禁止行业的企业，不得减征或者免征企业所得税。

第九十五条 企业所得税法第三十条第（一）项所称研究开发费用的加计扣除，是指企业为开发新技术、新产品、新工艺发生的研究开发费用，未形成无形资产计入当期损益的，在按照规定据实扣除的基础上，按照研究开发费用的50%加计扣除；形成无形资产的，按照无形资产成本的150%摊销。

第九十六条 企业所得税法第三十条第（二）项所称企业安置残疾人员所支付的工资的加计扣除，是指企业安置残疾人员的，在按照支付给残疾职工工资据实扣除的基础上，按照支付给残疾职工工资的100%加计扣除。残疾人员的范围适用《中华人民共和国残疾人保障法》的有关规定。

企业所得税法第三十条第（二）项所称企业安置国家鼓励安置的其他就业人员所支付的工资的加计扣除办法，由国务院另行规定。

第九十七条 企业所得税法第三十一条所

称抵扣应纳税所得额，是指创业投资企业采取股权投资方式投资于未上市的中小高新技术企业2年以上的，可以按照其投资额的70%在股权持有满2年的当年抵扣该创业投资企业的应纳税所得额；当年不足抵扣的，可以在以后纳税年度结转抵扣。

第九十八条 企业所得税法第三十二条所称可以采取缩短折旧年限或者采取加速折旧的方法的固定资产，包括：

（一）由于技术进步，产品更新换代较快的固定资产；

（二）常年处于强震动、高腐蚀状态的固定资产。

采取缩短折旧年限方法的，最低折旧年限不得低于本条例第六十条规定折旧年限的60%；采取加速折旧方法的，可以采取双倍余额递减法或者年数总和法。

第九十九条 企业所得税法第三十三条所称减计收入，是指企业以《资源综合利用企业所得税优惠目录》规定的资源作为主要原材料，生产国家非限制和禁止并符合国家和行业相关标准的产品取得的收入，减按90%计入收入总额。

前款所称原材料占生产产品材料的比例不得低于《资源综合利用企业所得税优惠目录》规定的标准。

第一百条 企业所得税法第三十四条所称税额抵免，是指企业购置并实际使用《环境保护专用设备企业所得税优惠目录》、《节能节水专用设备企业所得税优惠目录》和《安全生产专用设备企业所得税优惠目录》规定的环境保护、节能节水、安全生产等专用设备的，该专用设备的投资额的10%可以从企业当年的应纳税额中抵免；当年不足抵免的，可以在以后5个纳税年度结转抵免。

享受前款规定的企业所得税优惠的企业，应当实际购置并自身实际投入使用前款规定的专用设备；企业购置上述专用设备在5年内转让、出租的，应当停止享受企业所得税优惠，并补缴已经抵免的企业所得税税款。

第一百零一条 本章第八十七条、第九十九条、第一百条规定的企业所得税优惠目录，由国务院财政、税务主管部门商国务院有关部门制订，报国务院批准后公布施行。

第一百零二条 企业同时从事适用不同企业所得税待遇的项目的，其优惠项目应当单独计算所得，并合理分摊企业的期间费用；没有单独计算的，不得享受企业所得税优惠。

第五章 源泉扣缴

第一百零三条 依照企业所得税法对非居民企业应当缴纳的企业所得税实行源泉扣缴的，应当依照企业所得税法第十九条的规定计算应纳税所得额。

企业所得税法第十九条所称收入全额，是指非居民企业向支付人收取的全部价款和价外费用。

第一百零四条 企业所得税法第三十七条所称支付人，是指依照有关法律规定或者合同约定对非居民企业直接负有支付相关款项义务的单位或者个人。

第一百零五条 企业所得税法第三十七条所称支付，包括现金支付、汇拨支付、转账支付和权益兑价支付等货币支付和非货币支付。

企业所得税法第三十七条所称到期应支付的款项，是指支付人按照权责发生制原则应当计入相关成本、费用的应付款项。

第一百零六条 企业所得税法第三十八条规定的可以指定扣缴义务人的情形，包括：

（一）预计工程作业或者提供劳务期限不足一个纳税年度，且有证据表明不履行纳税义务的；

（二）没有办理税务登记或者临时税务登记，且未委托中国境内的代理人履行纳税义务的；

（三）未按照规定期限办理企业所得税纳税申报或者预缴申报的。

前款规定的扣缴义务人，由县级以上税务机关指定，并同时告知扣缴义务人所扣税款的计算依据、计算方法、扣缴期限和扣缴方式。

第一百零七条 企业所得税法第三十九条所称所得发生地，是指依照本条例第七条规定的原则确定的所得发生地。在中国境内存在多处所得发生地的，由纳税人选择其中之一申报缴纳企业所得税。

第一百零八条 企业所得税法第三十九条所称该纳税人在中国境内其他收入，是指该纳税人在中国境内取得的其他各种来源的收入。

税务机关在追缴该纳税人应纳税款时，应当将追缴理由、追缴数额、缴纳期限和缴纳方式等告知该纳税人。

第六章 特别纳税调整

第一百零九条 企业所得税法第四十一条所称关联方，是指与企业有下列关联关系之一的企业、其他组织或者个人：

（一）在资金、经营、购销等方面存在直接或者间接的控制关系；

（二）直接或者间接地同为第三者控制；

（三）在利益上具有相关联的其他关系。

第一百一十条 企业所得税法第四十一条所称独立交易原则，是指没有关联关系的交易各方，按照公平成交价格和营业常规进行业务往来遵循的原则。

第一百一十一条 企业所得税法第四十一条所称合理方法，包括：

（一）可比非受控价格法，是指按照没有关联关系的交易各方进行相同或者类似业务往来的价格进行定价的方法；

（二）再销售价格法，是指按照从关联方购进商品再销售给没有关联关系的交易方的价格，减除相同或者类似业务的销售毛利进行定价的方法；

（三）成本加成法，是指按照成本加合理的费用和利润进行定价的方法；

（四）交易净利润法，是指按照没有关联关系的交易各方进行相同或者类似业务往来取得的净利润水平确定利润的方法；

（五）利润分割法，是指将企业与其关联方的合并利润或者亏损在各方之间采用合理标准进行分配的方法；

（六）其他符合独立交易原则的方法。

第一百一十二条 企业可以依照企业所得税法第四十一条第二款的规定，按照独立交易原则与其关联方分摊共同发生的成本，达成成本分摊协议。

企业与其关联方分摊成本时，应当按照成本与预期收益相配比的原则进行分摊，并在税务机关规定的期限内，按照税务机关的要求报送有关资料。

企业与其关联方分摊成本时违反本条第一款、第二款规定的，其自行分摊的成本不得在计算应纳税所得额时扣除。

第一百一十三条 企业所得税法第四十二条所称预约定价安排，是指企业就其未来年度关联交易的定价原则和计算方法，向税务机关提出申请，与税务机关按照独立交易原则协商、确认后达成的协议。

第一百一十四条 企业所得税法第四十三条所称相关资料，包括：

（一）与关联业务往来有关的价格、费用的制定标准、计算方法和说明等同期资料；

（二）关联业务往来所涉及的财产、财产使用权、劳务等的再销售（转让）价格或者最终销售（转让）价格的相关资料；

（三）与关联业务调查有关的其他企业应当提供的与被调查企业可比的产品价格、定价方式以及利润水平等资料；

（四）其他与关联业务往来有关的资料。

企业所得税法第四十三条所称与关联业务调查有关的其他企业，是指与被调查企业在生产经营内容和方式上相类似的企业。

企业应当在税务机关规定的期限内提供与关联业务往来有关的价格、费用的制定标准、计算方法和说明等资料。关联方以及与关联业务调查有关的其他企业应当在税务机关与其约定的期限内提供相关资料。

第一百一十五条 税务机关依照企业所得税法第四十四条的规定核定企业的应纳税所得额时，可以采用下列方法：

（一）参照同类或者类似企业的利润率水平核定；

（二）按照企业成本加合理的费用和利润的方法核定；

（三）按照关联企业集团整体利润的合理比例核定；

（四）按照其他合理方法核定。

企业对税务机关按照前款规定的方法核定的应纳税所得额有异议的，应当提供相关证据，经税务机关认定后，调整核定的应纳税所得额。

第一百一十六条 企业所得税法第四十五条所称中国居民，是指根据《中华人民共和国个人所得税法》的规定，就其从中国境内、境外取得的所得在中国缴纳个人所得税的个人。

第一百一十七条 企业所得税法第四十五条所称控制，包括：

（一）居民企业或者中国居民直接或者间接单一持有外国企业10%以上有表决权股份，且由其共同持有该外国企业50%以上股份；

（二）居民企业，或者居民企业和中国居民持股比例没有达到第（一）项规定的标准，但在股份、资金、经营、购销等方面对该外国企业构成实质控制。

第一百一十八条 企业所得税法第四十五条所称实际税负明显低于企业所得税法第四条第一款规定税率水平，是指低于企业所得税法第四条第一款规定税率的50%。

第一百一十九条 企业所得税法第四十六条所称债权性投资，是指企业直接或者间接从关联方获得的，需要偿还本金和支付利息或者需要以其他具有支付利息性质的方式予以补偿的融资。

企业间接从关联方获得的债权性投资，包括：

（一）关联方通过无关联第三方提供的债权性投资；

（二）无关联第三方提供的、由关联方担保且负有连带责任的债权性投资；

（三）其他间接从关联方获得的具有负债实质的债权性投资。

企业所得税法第四十六条所称权益性投资，是指企业接受的不需要偿还本金和支付利息，投资人对企业净资产拥有所有权的投资。

企业所得税法第四十六条所称标准，由国务院财政、税务主管部门另行规定。

第一百二十条 企业所得税法第四十七条所称不具有合理商业目的，是指以减少、免除或者推迟缴纳税款为主要目的。

第一百二十一条 税务机关根据税收法律、行政法规的规定，对企业作出特别纳税调整的，应当对补征的税款，自税款所属纳税年度的次年6月1日起至补缴税款之日止的期间，按日加收利息。

前款规定加收的利息，不得在计算应纳税所得额时扣除。

第一百二十二条 企业所得税法第四十八条所称利息，应当按照税款所属纳税年度中国人民银行公布的与补税期间同期的人民币贷款基准利率加5个百分点计算。

企业依照企业所得税法第四十三条和本条例的规定提供有关资料的，可以只按前款规定的人民币贷款基准利率计算利息。

第一百二十三条 企业与其关联方之间的

业务往来，不符合独立交易原则，或者企业实施其他不具有合理商业目的的安排的，税务机关有权在该业务发生的纳税年度起10年内，进行纳税调整。

第七章 征收管理

第一百二十四条 企业所得税法第五十条所称企业登记注册地，是指企业依照国家有关规定登记注册的住所地。

第一百二十五条 企业汇总计算并缴纳企业所得税时，应当统一核算应纳税所得额，具体办法由国务院财政、税务主管部门另行制定。

第一百二十六条 企业所得税法第五十一条所称主要机构、场所，应当同时符合下列条件：

（一）对其他各机构、场所的生产经营活动负有监督管理责任；

（二）设有完整的账簿、凭证，能够准确反映各机构、场所的收入、成本、费用和盈亏情况。

第一百二十七条 企业所得税分月或者分季预缴，由税务机关具体核定。

企业根据企业所得税法第五十四条规定分月或者分季预缴企业所得税时，应当按照月度或者季度的实际利润额预缴；按照月度或者季度的实际利润额预缴有困难的，可以按照上一纳税年度应纳税所得额的月度或者季度平均额预缴，或者按照经税务机关认可的其他方法预缴。预缴方法一经确定，该纳税年度内不得随意变更。

第一百二十八条 企业在纳税年度内无论盈利或者亏损，都应当依照企业所得税法第五十四条规定的期限，向税务机关报送预缴企业所得税纳税申报表、年度企业所得税纳税申报表、财务会计报告和税务机关规定应当报送的其他有关资料。

第一百二十九条 企业所得以人民币以外的货币计算的，预缴企业所得税时，应当按照月度或者季度最后一日的人民币汇率中间价，折合成人民币计算应纳税所得额。年度终了汇算清缴时，对已经按照月度或者季度预缴税款的，不再重新折合计算，只就该纳税年度内未缴纳企业所得税的部分，按照纳税年度最后一日的人民币汇率中间价，折合成人民币计算应纳税所得额。

经税务机关检查确认，企业少计或者多计前款规定的所得的，应当按照检查确认补税或者退税时的上一个月最后一日的人民币汇率中间价，将少计或者多计的所得折合成人民币计算应纳税所得额，再计算应补缴或者应退的税款。

第八章 附 则

第一百三十条 企业所得税法第五十七条第一款所称本法公布前已经批准设立的企业，是指企业所得税法公布前已经完成登记注册的企业。

第一百三十一条 在香港特别行政区、澳门特别行政区和台湾地区成立的企业，参照适用企业所得税法第二条第二款、第三款的有关规定。

第一百三十二条 本条例自2008年1月1日起施行。1991年6月30日国务院发布的《中华人民共和国外商投资企业和外国企业所得税法实施细则》和1994年2月4日财政部发布的《中华人民共和国企业所得税暂行条例实施细则》同时废止。

中华人民共和国
个人所得税法实施条例

（1994年1月28日中华人民共和国国务院令第142号发布　根据2005年12月19日《国务院关于修改〈中华人民共和国个人所得税法实施条例〉的决定》第一次修订　根据2008年2月18日《国务院关于修改〈中华人民共和国个人所得税法实施条例〉的决定》第二次修订　根据2011年7月19日《国务院关于修改〈中华人民共和国个人所得税法实施条例〉的决定》第三次修订　根据2018年12月18日中华人民共和国国务院令第707号第四次修订　自2019年1月1日起施行）

第一条　根据《中华人民共和国个人所得税法》（以下简称个人所得税法），制定本条例。

第二条　个人所得税法所称在中国境内有住所，是指因户籍、家庭、经济利益关系而在中国境内习惯性居住；所称从中国境内和境外取得的所得，分别是指来源于中国境内的所得和来源于中国境外的所得。

第三条　除国务院财政、税务主管部门另有规定外，下列所得，不论支付地点是否在中国境内，均为来源于中国境内的所得：

（一）因任职、受雇、履约等在中国境内提供劳务取得的所得；

（二）将财产出租给承租人在中国境内使用而取得的所得；

（三）许可各种特许权在中国境内使用而取得的所得；

（四）转让中国境内的不动产等财产或者在中国境内转让其他财产取得的所得；

（五）从中国境内企业、事业单位、其他组织以及居民个人取得的利息、股息、红利所得。

第四条　在中国境内无住所的个人，在中国境内居住累计满183天的年度连续不满六年的，经向主管税务机关备案，其来源于中国境外且由境外单位或者个人支付的所得，免予缴纳个人所得税；在中国境内居住累计满183天的任一年度中有一次离境超过30天的，其在中国境内居住累计满183天的年度的连续年限重新起算。

第五条　在中国境内无住所的个人，在一个纳税年度内在中国境内居住累计不超过90天的，其来源于中国境内的所得，由境外雇主支付并且不由该雇主在中国境内的机构、场所负担的部分，免予缴纳个人所得税。

第六条　个人所得税法规定的各项个人所得的范围：

（一）工资、薪金所得，是指个人因任职或者受雇取得的工资、薪金、奖金、年终加薪、劳动分红、津贴、补贴以及与任职或者受雇有关的其他所得。

（二）劳务报酬所得，是指个人从事劳务取得的所得，包括从事设计、装潢、安装、制图、化验、测试、医疗、法律、会计、咨询、讲学、翻译、审稿、书画、雕刻、影视、录音、录像、演出、表演、广告、展览、技术服务、介绍服务、经纪服务、代办服务以及其他劳务取得的所得。

（三）稿酬所得，是指个人因其作品以图书、报刊等形式出版、发表而取得的所得。

（四）特许权使用费所得，是指个人提供专利权、商标权、著作权、非专利技术以及其他特许权的使用权取得的所得；提供著作权的使用权取得的所得，不包括稿酬所得。

（五）经营所得，是指：

1. 个体工商户从事生产、经营活动取得的所得，个人独资企业投资人、合伙企业的个人合伙人来源于境内注册的个人独资企业、合伙企业生产、经营的所得；

2. 个人依法从事办学、医疗、咨询以及其他有偿服务活动取得的所得；

3. 个人对企业、事业单位承包经营、承租经营以及转包、转租取得的所得；

4. 个人从事其他生产、经营活动取得的所得。

（六）利息、股息、红利所得，是指个人拥有债权、股权等而取得的利息、股息、红利所得。

（七）财产租赁所得，是指个人出租不动产、机器设备、车船以及其他财产取得的所得。

（八）财产转让所得，是指个人转让有价证券、股权、合伙企业中的财产份额、不动产、机器设备、车船以及其他财产取得的所得。

（九）偶然所得，是指个人得奖、中奖、中彩以及其他偶然性质的所得。

个人取得的所得，难以界定应纳税所得项目的，由国务院税务主管部门确定。

第七条 对股票转让所得征收个人所得税的办法，由国务院另行规定，并报全国人民代表大会常务委员会备案。

第八条 个人所得的形式，包括现金、实物、有价证券和其他形式的经济利益；所得为实物的，应当按照取得的凭证上所注明的价格计算应纳税所得额，无凭证的实物或者凭证上所注明的价格明显偏低的，参照市场价格核定应纳税所得额；所得为有价证券的，根据票面价格和市场价格核定应纳税所得额；所得为其他形式的经济利益的，参照市场价格核定应纳税所得额。

第九条 个人所得税法第四条第一款第二项所称国债利息，是指个人持有中华人民共和国财政部发行的债券而取得的利息；所称国家发行的金融债券利息，是指个人持有经国务院批准发行的金融债券而取得的利息。

第十条 个人所得税法第四条第一款第三项所称按照国家统一规定发给的补贴、津贴，是指按照国务院规定发给的政府特殊津贴、院士津贴，以及国务院规定免予缴纳个人所得税的其他补贴、津贴。

第十一条 个人所得税法第四条第一款第四项所称福利费，是指根据国家有关规定，从企业、事业单位、国家机关、社会组织提留的福利费或者工会经费中支付给个人的生活补助费；所称救济金，是指各级人民政府民政部门支付给个人的生活困难补助费。

第十二条 个人所得税法第四条第一款第八项所称依照有关法律规定应予免税的各国驻华使馆、领事馆的外交代表、领事官员和其他人员的所得，是指依照《中华人民共和国外交特权与豁免条例》和《中华人民共和国领事特权与豁免条例》规定免税的所得。

第十三条 个人所得税法第六条第一款第一项所称依法确定的其他扣除，包括个人缴付符合国家规定的企业年金、职业年金，个人购买符合国家规定的商业健康保险、税收递延型商业养老保险的支出，以及国务院规定可以扣除的其他项目。

专项扣除、专项附加扣除和依法确定的其他扣除，以居民个人一个纳税年度的应纳税所得额为限额；一个纳税年度扣除不完的，不结转以后年度扣除。

第十四条 个人所得税法第六条第一款第二项、第四项、第六项所称每次，分别按照下列方法确定：

（一）劳务报酬所得、稿酬所得、特许权使用费所得，属于一次性收入的，以取得该项收入为一次；属于同一项目连续性收入的，以一个月内取得的收入为一次。

（二）财产租赁所得，以一个月内取得的收入为一次。

（三）利息、股息、红利所得，以支付利息、股息、红利时取得的收入为一次。

（四）偶然所得，以每次取得该项收入为一次。

第十五条 个人所得税法第六条第一款第三项所称成本、费用，是指生产、经营活动中发生的各项直接支出和分配计入成本的间接费用以及销售费用、管理费用、财务费用；所称损失，是指生产、经营活动中发生的固定资产和存货的盘亏、毁损、报废损失，转让财产损失，坏账损失，自然灾害等不可抗力因素造成的损失以及其他损失。

取得经营所得的个人，没有综合所得的，计算其每一纳税年度的应纳税所得额时，应当减除费用6万元、专项扣除、专项附加扣除以及依法确定的其他扣除。专项附加扣除在办理汇算清缴时减除。

从事生产、经营活动，未提供完整、准确的纳税资料，不能正确计算应纳税所得额的，由主管税务机关核定应纳税所得额或者应纳税额。

第十六条 个人所得税法第六条第一款第五项规定的财产原值，按照下列方法确定：

（一）有价证券，为买入价以及买入时按照规定交纳的有关费用；

（二）建筑物，为建造费或者购进价格以及其他有关费用；

（三）土地使用权，为取得土地使用权所支付的金额、开发土地的费用以及其他有关费用；

（四）机器设备、车船，为购进价格、运输费、安装费以及其他有关费用。

其他财产，参照前款规定的方法确定财产原值。

纳税人未提供完整、准确的财产原值凭证，不能按照本条第一款规定的方法确定财产原值的，由主管税务机关核定财产原值。

个人所得税法第六条第一款第五项所称合理费用，是指卖出财产时按照规定支付的有关税费。

第十七条 财产转让所得，按照一次转让财产的收入额减除财产原值和合理费用后的余额计算纳税。

第十八条 两个以上的个人共同取得同一项目收入的，应当对每个人取得的收入分别按照个人所得税法的规定计算纳税。

第十九条 个人所得税法第六条第三款所称个人将其所得对教育、扶贫、济困等公益慈善事业进行捐赠，是指个人将其所得通过中国境内的公益性社会组织、国家机关向教育、扶贫、济困等公益慈善事业的捐赠；所称应纳税所得额，是指计算扣除捐赠额之前的应纳税所得额。

第二十条 居民个人从中国境内和境外取得的综合所得、经营所得，应当分别合并计算应纳税额；从中国境内和境外取得的其他所得，应当分别单独计算应纳税额。

第二十一条 个人所得税法第七条所称已在境外缴纳的个人所得税税额，是指居民个人来源于中国境外的所得，依照该所得来源国家（地区）的法律应当缴纳并且实际已经缴纳的所得税税额。

个人所得税法第七条所称纳税人境外所得依照本法规定计算的应纳税额，是居民个人抵免已在境外缴纳的综合所得、经营所得以及其他所得的所得税税额的限额（以下简称抵免限额）。除国务院财政、税务主管部门另有规定外，来源于中国境外一个国家（地区）的综合所得抵免限额、经营所得抵免限额以及其他所得抵免限额之和，为来源于该国家（地区）所得的抵免限额。

居民个人在中国境外一个国家（地区）实际已经缴纳的个人所得税税额，低于依照前款规定计算出的来源于该国家（地区）所得的抵免限额的，应当在中国缴纳差额部分的税款；超过来源于该国家（地区）所得的抵免限额的，其超过部分不得在本纳税年度的应纳税额中抵免，但是可以在以后纳税年度来源于该国家（地区）所得的抵免限额的余额中补扣。补扣期限最长不得超过五年。

第二十二条 居民个人申请抵免已在境外缴纳的个人所得税税额，应当提供境外税务机关出具的税款所属年度的有关纳税凭证。

第二十三条 个人所得税法第八条第二款规定的利息，应当按照税款所属纳税申报期最后一日中国人民银行公布的与补税期间同期的人民币贷款基准利率计算，自税款纳税申报期满次日起至补缴税款期限届满之日止按日加收。纳税人在补缴税款期限届满前补缴税款的，利息加收至补缴税款之日。

第二十四条 扣缴义务人向个人支付应税款项时，应当依照个人所得税法规定预扣或者代扣税款，按时缴库，并专项记载备查。

前款所称支付，包括现金支付、汇拨支付、转账支付和以有价证券、实物以及其他形式的支付。

第二十五条 取得综合所得需要办理汇算清缴的情形包括：

（一）从两处以上取得综合所得，且综合所得年收入额减除专项扣除的余额超过6万元；

（二）取得劳务报酬所得、稿酬所得、特许权使用费所得中一项或者多项所得，且综合所得年收入额减除专项扣除的余额超过6万元；

（三）纳税年度内预缴税额低于应纳税额；

（四）纳税人申请退税。

纳税人申请退税，应当提供其在中国境内开设的银行账户，并在汇算清缴地就地办理税款退库。

汇算清缴的具体办法由国务院税务主管部门制定。

第二十六条 个人所得税法第十条第二款所称全员全额扣缴申报，是指扣缴义务人在代扣税款的次月十五日内，向主管税务机关报送其支付所得的所有个人的有关信息、支付所得数额、扣除事项和数额、扣缴税款的具体数额和总额以及其他相关涉税信息资料。

第二十七条 纳税人办理纳税申报的地点以及其他有关事项的具体办法，由国务院税务主管部门制定。

第二十八条 居民个人取得工资、薪金所得时，可以向扣缴义务人提供专项附加扣除有关信息，由扣缴义务人扣缴税款时减除专项附加扣除。纳税人同时从两处以上取得工资、薪金所得，并由扣缴义务人减除专项附加扣除的，对同一专项附加扣除项目，在一个纳税年度内只能选择从一处取得的所得中减除。

居民个人取得劳务报酬所得、稿酬所得、特许权使用费所得，应当在汇算清缴时向税务机关提供有关信息，减除专项附加扣除。

第二十九条 纳税人可以委托扣缴义务人或者其他单位和个人办理汇算清缴。

第三十条 扣缴义务人应当按照纳税人提供的信息计算办理扣缴申报，不得擅自更改纳税人提供的信息。

纳税人发现扣缴义务人提供或者扣缴申报的个人信息、所得、扣缴税款等与实际情况不符的，有权要求扣缴义务人修改。扣缴义务人拒绝修改的，纳税人应当报告税务机关，税务机关应当及时处理。

纳税人、扣缴义务人应当按照规定保存与专项附加扣除相关的资料。税务机关可以对纳税人提供的专项附加扣除信息进行抽查，具体办法由国务院税务主管部门另行规定。税务机关发现纳税人提供虚假信息的，应当责令改正并通知扣缴义务人；情节严重的，有关部门应当依法予以处理，纳入信用信息系统并实施联合惩戒。

第三十一条 纳税人申请退税时提供的汇算清缴信息有错误的，税务机关应当告知其更正；纳税人更正的，税务机关应当及时办理退税。

扣缴义务人未将扣缴的税款解缴入库的，不影响纳税人按照规定申请退税，税务机关应当凭纳税人提供的有关资料办理退税。

第三十二条 所得为人民币以外货币的，按照办理纳税申报或者扣缴申报的上一月最后一日人民币汇率中间价，折合成人民币计算应纳税所得额。年度终了后办理汇算清缴的，对已经按月、按季或者按次预缴税款的人民币以外货币所得，不再重新折算；对应当补缴税款的所得部分，按照上一纳税年度最后一日人民币汇率中间价，折合成人民币计算应纳税所得额。

第三十三条 税务机关按照个人所得税法第十七条的规定付给扣缴义务人手续费，应当填开退还书；扣缴义务人凭退还书，按照国库管理有关规定办理退库手续。

第三十四条 个人所得税纳税申报表、扣缴个人所得税报告表和个人所得税完税凭证式样，由国务院税务主管部门统一制定。

第三十五条 军队人员个人所得税征收事宜，按照有关规定执行。

第三十六条 本条例自2019年1月1日起施行。

部门规章及文件

（一）企业所得税

国家税务总局关于实施小型微利企业普惠性所得税减免政策有关问题的公告

（2019年1月18日 国家税务总局公告2019年第2号）

根据《中华人民共和国企业所得税法》及其实施条例、《财政部 税务总局关于实施小微企业普惠性税收减免政策的通知》（财税〔2019〕13号，以下简称《通知》）等规定，现就小型微利企业普惠性所得税减免政策有关问题公告如下：

一、自2019年1月1日至2021年12月31日，对小型微利企业年应纳税所得额不超过100万元的部分，减按25%计入应纳税所得额，按20%的税率缴纳企业所得税；对年应纳税所得额超过100万元但不超过300万元的部分，减按50%计入应纳税所得额，按20%的税率缴纳企业所得税。

小型微利企业无论按查账征收方式或核定征收方式缴纳企业所得税，均可享受上述优惠政策。

二、本公告所称小型微利企业是指从事国家非限制和禁止行业，且同时符合年度应纳税所得额不超过300万元、从业人数不超过300人、资产总额不超过5000万元等三个条件的企业。

三、小型微利企业所得税统一实行按季度预缴。

预缴企业所得税时，小型微利企业的资产总额、从业人数、年度应纳税所得额指标，暂按当年度截至本期申报所属期末的情况进行判断。其中，资产总额、从业人数指标比照《通知》第二条中“全年季度平均值”的计算公式，计算截至本期申报所属期末的季度平均值；年度应纳税所得额指标暂按截至本期申报所属期末不超过300万元的标准判断。

四、原不符合小型微利企业条件的企业，在年度中间预缴企业所得税时，按本公告第三条规定判断符合小型微利企业条件的，应按照截至本期申报所属期末累计情况计算享受小型微利企业所得税减免政策。当年度此前期间因不符合小型微利企业条件而多预缴的企业所得税税款，可在以后季度应预缴的企业所得税税款中抵减。

按月度预缴企业所得税的企业，在当

年度4月、7月、10月预缴申报时，如果按照本公告第三条规定判断符合小型微利企业条件的，下一个预缴申报期起调整为按季度预缴申报，一经调整，当年度内不再变更。

五、小型微利企业在预缴和汇算清缴企业所得税时，通过填写纳税申报表相关内容，即可享受小型微利企业所得税减免政策。

六、实行核定应纳所得税额征收的企业，根据小型微利企业所得税减免政策规定需要调减定额的，由主管税务机关按照程序调整，并及时将调整情况告知企业。

七、企业预缴企业所得税时已享受小型微利企业所得税减免政策，汇算清缴企业所得税时不符合《通知》第二条规定的，应当按照规定补缴企业所得税税款。

八、《国家税务总局关于贯彻落实进一步扩大小型微利企业所得税优惠政策范围有关征管问题的公告》（国家税务总局公告2018年第40号）在2018年度企业所得税汇算清缴结束后废止。

特此公告。

一般反避税管理办法（试行）

（2014年12月2日国家税务总局令第32号公布　自2015年2月1日起施行）

第一章　总　　则

第一条　为规范一般反避税管理，根据《中华人民共和国企业所得税法》（以下简称企业所得税法）及其实施条例、《中华人民共和国税收征收管理法》（以下简称税收征管法）及其实施细则，制定本办法。

第二条　本办法适用于税务机关按照企业所得税法第四十七条、企业所得税法实施条例第一百二十条的规定，对企业实施的不具有合理商业目的而获取税收利益的避税安排，实施的特别纳税调整。

下列情况不适用本办法：

（一）与跨境交易或者支付无关的安排；

（二）涉嫌逃避缴纳税款、逃避追缴欠税、骗税、抗税以及虚开发票等税收违法行为。

第三条　税收利益是指减少、免除或者推迟缴纳企业所得税应纳税额。

第四条　避税安排具有以下特征：

（一）以获取税收利益为唯一目的或者主要目的；

（二）以形式符合税法规定、但与其经济实质不符的方式获取税收利益。

第五条　税务机关应当以具有合理商业目的和经济实质的类似安排为基准，按照实质重于形式的原则实施特别纳税调整。调整方法包括：

（一）对安排的全部或者部分交易重新定性；

（二）在税收上否定交易方的存在，或者将该交易方与其他交易方视为同一实体；

（三）对相关所得、扣除、税收优惠、境外税收抵免等重新定性或者在交易各方间重新分配；

（四）其他合理方法。

第六条　企业的安排属于转让定价、成本分摊、受控外国企业、资本弱化等其他特别纳税调整范围的，应当首先适用其他特别纳税调整相关规定。

企业的安排属于受益所有人、利益限制等税收协定执行范围的，应当首先适用税收协定执行的相关规定。

第二章　立　　案

第七条　各级税务机关应当结合工作实际，应用各种数据资源，如企业所得税汇算清缴、纳税评估、同期资料管理、对外支付税务管理、股权转让交易管理、税收协定执行等，及时发现一般反避税案源。

第八条 主管税务机关发现企业存在避税嫌疑的，层报省、自治区、直辖市和计划单列市（以下简称省）税务机关复核同意后，报税务总局申请立案。

第九条 省税务机关应当将税务总局形成的立案申请审核意见转发主管税务机关。税务总局同意立案的，主管税务机关实施一般反避税调查。

第三章 调　查

第十条 主管税务机关实施一般反避税调查时，应当向被调查企业送达《税务检查通知书》。

第十一条 被调查企业认为其安排不属于本办法所称避税安排的，应当自收到《税务检查通知书》之日起60日内提供下列资料：

（一）安排的背景资料；

（二）安排的商业目的等说明文件；

（三）安排的内部决策和管理资料，如董事会决议、备忘录、电子邮件等；

（四）安排涉及的详细交易资料，如合同、补充协议、收付款凭证等；

（五）与其他交易方的沟通信息；

（六）可以证明其安排不属于避税安排的其他资料；

（七）税务机关认为有必要提供的其他资料。

企业因特殊情况不能按期提供的，可以向主管税务机关提交书面延期申请，经批准可以延期提供，但是最长不得超过30日。主管税务机关应当自收到企业延期申请之日起15日内书面回复。逾期未回复的，视同税务机关同意企业的延期申请。

第十二条 企业拒绝提供资料的，主管税务机关可以按照税收征管法第三十五条的规定进行核定。

第十三条 主管税务机关实施一般反避税调查时，可以要求为企业筹划安排的单位或者个人（以下简称筹划方）提供有关资料及证明材料。

第十四条 一般反避税调查涉及向筹划方、关联方以及与关联业务调查有关的其他企业调查取证的，主管税务机关应当送达《税务事项通知书》。

第十五条 主管税务机关审核企业、筹划方、关联方以及与关联业务调查有关的其他企业提供的资料，可以采用现场调查、发函协查和查阅公开信息等方式核实。需取得境外有关资料的，可以按有关规定启动税收情报交换程序，或者通过我驻外机构调查收集有关信息。涉及境外关联方相关资料的，主管税务机关也可以要求企业提供公证机构的证明。

第四章 结　案

第十六条 主管税务机关根据调查过程中获得的相关资料，自税务总局同意立案之日起9个月内进行审核，综合判断企业是否存在避税安排，形成案件不予调整或者初步调整方案的意见和理由，层报省税务机关复核同意后，报税务总局申请结案。

第十七条 主管税务机关应当根据税务总局形成的结案申请审核意见，分别以下情况进行处理：

（一）同意不予调整的，向被调查企业下发《特别纳税调查结论通知书》；

（二）同意初步调整方案的，向被调查企业下发《特别纳税调查初步调整通知书》；

（三）税务总局有不同意见的，按照税务总局的意见修改后再次层报审核。

被调查企业在收到《特别纳税调查初步调整通知书》之日起7日内未提出异议的，主管税务机关应当下发《特别纳税调查调整通知书》。

被调查企业在收到《特别纳税调查初步调整通知书》之日起7日内提出异议，但是主管税务机关经审核后认为不应采纳的，应将被调查企业的异议及不应采纳的意见和理由层报省税务机关复核同意后，报税务总局再次申请结案。

被调查企业在收到《特别纳税调查初步调整通知书》之日起7日内提出异议，主管税务机关经审核后认为确需对调整方案进行修改的，应当将被调查企业的异议及修改后的调整方案层报省税务机关复核同意后，报税务总局再次申请结案。

第十八条 主管税务机关应当根据税务总局考虑企业异议形成的结案申请审核意见，分别以下情况进行处理：

（一）同意不应采纳企业所提异议的，向被调查企业下发《特别纳税调查调整通知书》；

（二）同意修改后调整方案的，向被调查企业下发《特别纳税调查调整通知书》；

（三）税务总局有不同意见的，按照税务总局的意见修改后再次层报审核。

第五章 争议处理

第十九条 被调查企业对主管税务机关作出的一般反避税调整决定不服的，可以按照有关法律法规的规定申请法律救济。

第二十条 主管税务机关作出的一般反避税调整方案导致国内双重征税的，由税务总局统一组织协调解决。

第二十一条 被调查企业认为我国税务机关作出的一般反避税调整，导致国际双重征税或者不符合税收协定规定征税的，可以按照税收协定及其相关规定申请启动相互协商程序。

第六章 附 则

第二十二条 本办法自2015年2月1日起施行。2015年2月1日前税务机关尚未结案处理的避税安排适用本办法。

企业所得税核定征收办法（试行）

（2008年3月6日 国税发〔2008〕30号 根据2018年6月15日《国家税务总局关于修改部分税收规范性文件的公告》修改）

第一条 为了加强企业所得税征收管理，规范核定征收企业所得税工作，保障国家税款及时足额入库，维护纳税人合法权益，根据《中华人民共和国企业所得税法》及其实施条例、《中华人民共和国税收征收管理法》及其实施细则的有关规定，制定本办法。

第二条 本办法适用于居民企业纳税人。

第三条 纳税人具有下列情形之一的，核定征收企业所得税：

（一）依照法律、行政法规的规定可以不设置账簿的；

（二）依照法律、行政法规的规定应当设置但未设置账簿的；

（三）擅自销毁账簿或者拒不提供纳税资料的；

（四）虽设置账簿，但账目混乱或者成本资料、收入凭证、费用凭证残缺不全，难以查账的；

（五）发生纳税义务，未按照规定的期限办理纳税申报，经税务机关责令限期申报，逾期仍不申报的；

（六）申报的计税依据明显偏低，又无正当理由的。

特殊行业、特殊类型的纳税人和一定规模以上的纳税人不适用本办法。上述特定纳税人由国家税务总局另行明确。

第四条 税务机关应根据纳税人具体情况，对核定征收企业所得税的纳税人，核定应税所得率或者核定应纳所得税额。

具有下列情形之一的，核定其应税所得率：

（一）能正确核算（查实）收入总额，但不能正确核算（查实）成本费用总额的；

（二）能正确核算（查实）成本费用总额，但不能正确核算（查实）收入总额的；

（三）通过合理方法，能计算和推定纳税人收入总额或成本费用总额的。

纳税人不属于以上情形的，核定其应纳所得税额。

第五条 税务机关采用下列方法核定征收企业所得税：

（一）参照当地同类行业或者类似行业中经营规模和收入水平相近的纳税人的税负水平核定；

（二）按照应税收入额或成本费用支出额定率核定；

（三）按照耗用的原材料、燃料、动力等推算或测算核定；

（四）按照其他合理方法核定。

采用前款所列一种方法不足以正确核定应纳税所得额或应纳税额的，可以同时采用两种以上的方法核定。采用两种以上方法测算的应纳税额不一致时，可按测算的应纳税额从高核定。

第六条 采用应税所得率方式核定征收企业所得税的，应纳所得税额计算公式如下：

应纳所得税额 = 应纳税所得额 × 适用税率

应纳税所得额 = 应税收入额 × 应税所得率

或：应纳税所得额 = 成本（费用）支出额/（1 – 应税所得率）× 应税所得率

第七条 实行应税所得率方式核定征收企业所得税的纳税人，经营多业的，无论其经营项目是否单独核算，均由税务机关根据其主营项目确定适用的应税所得率。

主营项目应为纳税人所有经营项目中，收入总额或者成本（费用）支出额或者耗用原材料、燃料、动力数量所占比重最大的项目。

第八条 应税所得率按下表规定的幅度标准确定：

行　业	应税所得率（%）
农、林、牧、渔业	3 – 10
制造业	5 – 15
批发和零售贸易业	4 – 15
交通运输业	7 – 15
建筑业	8 – 20
饮食业	8 – 25
娱乐业	15 – 30
其他行业	10 – 30

第九条 纳税人的生产经营范围、主营业务发生重大变化，或者应纳税所得额或应纳税额增减变化达到20%的，应及时向税务机关申报调整已确定的应纳税额或应税所得率。

第十条 主管税务机关应及时向纳税人送达《企业所得税核定征收鉴定表》（表样附后），及时完成对其核定征收企业所得税的鉴定工作。具体程序如下：

（一）纳税人应在收到《企业所得税核定征收鉴定表》后10个工作日内，填好该表并报送主管税务机关。《企业所得税核定征收鉴定表》一式三联，主管税务机关和县税务机关各执一联，另一联送达纳税人执行。主管税务机关还可根据实际工作需要，适当增加联次备用。

（二）主管税务机关应在受理《企业所得税核定征收鉴定表》后20个工作日内，分类逐户审查核实，提出鉴定意见，并报县税务机关复核、认定。

（三）县税务机关应在收到《企业所

得税核定征收鉴定表》后30个工作日内，完成复核、认定工作。

纳税人收到《企业所得税核定征收鉴定表》后，未在规定期限内填列、报送的，税务机关视同纳税人已经报送，按上述程序进行复核认定。

第十一条 税务机关应在每年6月底前对上年度实行核定征收企业所得税的纳税人进行重新鉴定。重新鉴定工作完成前，纳税人可暂按上年度的核定征收方式预缴企业所得税；重新鉴定工作完成后，按重新鉴定的结果进行调整。

第十二条 主管税务机关应当分类逐户公示核定的应纳所得税额或应税所得率。主管税务机关应当按照便于纳税人及社会各界了解、监督的原则确定公示地点、方式。

纳税人对税务机关确定的企业所得税征收方式、核定的应纳所得税额或应税所得率有异议的，应当提供合法、有效的相关证据，税务机关经核实认定后调整有异议的事项。

第十三条 纳税人实行核定应税所得率方式的，按下列规定申报纳税：

（一）主管税务机关根据纳税人应纳税额的大小确定纳税人按月或者按季预缴，年终汇算清缴。预缴方法一经确定，一个纳税年度内不得改变。

（二）纳税人应依照确定的应税所得率计算纳税期间实际应缴纳的税额，进行预缴。按实际数额预缴有困难的，经主管税务机关同意，可按上一年度应纳税额的1/12或1/4预缴，或者按经主管税务机关认可的其他方法预缴。

（三）纳税人预缴税款或年终进行汇算清缴时，应按规定填写《中华人民共和国企业所得税月（季）度预缴纳税申报表（B类）》，在规定的纳税申报时限内报送主管税务机关。

第十四条 纳税人实行核定应纳所得税额方式的，按下列规定申报纳税：

（一）纳税人在应纳所得税额尚未确定之前，可暂按上年度应纳所得税额的1/12或1/4预缴，或者按经主管税务机关认可的其他方法，按月或按季分期预缴。

（二）在应纳所得税额确定以后，减除当年已预缴的所得税额，余额按剩余月份或季度均分，以此确定以后各月或各季的应纳税额，由纳税人按月或按季填写《中华人民共和国企业所得税月（季）度预缴纳税申报表（B类）》，在规定的纳税申报期限内进行纳税申报。

（三）纳税人年度终了后，在规定的时限内按照实际经营额或实际应纳税额向税务机关申报纳税。申报额超过核定经营额或应纳税额的，按申报额缴纳税款；申报额低于核定经营额或应纳税额的，按核定经营额或应纳税额缴纳税款。

第十五条 对违反本办法规定的行为，按照《中华人民共和国税收征收管理法》及其实施细则的有关规定处理。

第十六条 各省、自治区、直辖市和计划单列市税务局，根据本办法的规定联合制定具体实施办法，并报国家税务总局备案。

第十七条 本办法自2008年1月1日起执行。《国家税务总局关于印发〈核定征收企业所得税暂行办法〉的通知》（国税发〔2000〕38号）同时废止。

附件：企业所得税核定征收鉴定表（略）

跨地区经营汇总纳税企业所得税征收管理办法

（2012年12月27日　国家税务总局公告2012年第57号　自2013年1月1日起施行　根据2018年6月15日《国家税务总局关于修改部分税收规范性文件的公告》修改）

第一章　总　　则

第一条　为加强跨地区经营汇总纳税企业所得税的征收管理，根据《中华人民共和国企业所得税法》及其实施条例（以下简称《企业所得税法》）、《中华人民共和国税收征收管理法》及其实施细则（以下简称《征收管理法》）和《财政部 国家税务总局 中国人民银行关于印发〈跨省市总分机构企业所得税分配及预算管理办法〉的通知》（财预〔2012〕40号）等的有关规定，制定本办法。

第二条　居民企业在中国境内跨地区（指跨省、自治区、直辖市和计划单列市，下同）设立不具有法人资格分支机构的，该居民企业为跨地区经营汇总纳税企业（以下简称汇总纳税企业），除另有规定外，其企业所得税征收管理适用本办法。

国有邮政企业（包括中国邮政集团公司及其控股公司和直属单位）、中国工商银行股份有限公司、中国农业银行股份有限公司、中国银行股份有限公司、国家开发银行股份有限公司、中国农业发展银行、中国进出口银行、中国投资有限责任公司、中国建设银行股份有限公司、中国建银投资有限责任公司、中国信达资产管理股份有限公司、中国石油天然气股份有限公司、中国石油化工股份有限公司、海洋石油天然气企业（包括中国海洋石油总公司、中海石油（中国）有限公司、中海油田服务股份有限公司、海洋石油工程股份有限公司）、中国长江电力股份有限公司等企业缴纳的企业所得税（包括滞纳金、罚款）为中央收入，全额上缴中央国库，其企业所得税征收管理不适用本办法。

铁路运输企业所得税征收管理不适用本办法。

第三条　汇总纳税企业实行“统一计算、分级管理、就地预缴、汇总清算、财政调库”的企业所得税征收管理办法：

（一）统一计算，是指总机构统一计算包括汇总纳税企业所属各个不具有法人资格分支机构在内的全部应纳税所得额、应纳税额。

（二）分级管理，是指总机构、分支机构所在地的主管税务机关都有对当地机构进行企业所得税管理的责任，总机构和分支机构应分别接受机构所在地主管税务机关的管理。

（三）就地预缴，是指总机构、分支机构应按本办法的规定，分月或分季分别向所在地主管税务机关申报预缴企业所得税。

（四）汇总清算，是指在年度终了后，总机构统一计算汇总纳税企业的年度应纳税所得额、应纳所得税额，抵减总机构、分支机构当年已就地分期预缴的企业所得税款后，多退少补。

（五）财政调库，是指财政部定期将缴入中央国库的汇总纳税企业所得税待分配收入，按照核定的系数调整至地方国库。

第四条　总机构和具有主体生产经营职能的二级分支机构，就地分摊缴纳企业所得税。

二级分支机构，是指汇总纳税企业依法设立并领取非法人营业执照（登记证书），且总机构对其财务、业务、人员等直接进行统一核算和管理的分支机构。

第五条　以下二级分支机构不就地分摊缴纳企业所得税：

（一）不具有主体生产经营职能，且在当地不缴纳增值税、营业税的产品售后服务、内部研发、仓储等汇总纳税企业内部辅助性的二级分支机构，不就地分摊缴纳企业所得税。

（二）上年度认定为小型微利企业的，其二级分支机构不就地分摊缴纳企业所得税。

（三）新设立的二级分支机构，设立当年不就地分摊缴纳企业所得税。

（四）当年撤销的二级分支机构，自办理注销税务登记之日所属企业所得税预缴期间起，不就地分摊缴纳企业所得税。

（五）汇总纳税企业在中国境外设立的不具有法人资格的二级分支机构，不就地分摊缴纳企业所得税。

第二章　税款预缴和汇算清缴

第六条　汇总纳税企业按照《企业所得税法》规定汇总计算的企业所得税，包括预缴税款和汇算清缴应缴应退税款，50%在各分支机构间分摊，各分支机构根据分摊税款就地办理缴库或退库；50%由总机构分摊缴纳，其中25%就地办理缴库或退库，25%就地全额缴入中央国库或退库。具体的税款缴库或退库程序按照财预〔2012〕40号文件第五条等相关规定执行。

第七条　企业所得税分月或者分季预缴，由总机构所在地主管税务机关具体核定。

汇总纳税企业应根据当期实际利润额，按照本办法规定的预缴分摊方法计算总机构和分支机构的企业所得税预缴额，分别由总机构和分支机构就地预缴；在规定期限内按实际利润额预缴有困难的，也可以按照上一年度应纳税所得额的1/12或1/4，按照本办法规定的预缴分摊方法计算总机构和分支机构的企业所得税预缴额，分别由总机构和分支机构就地预缴。预缴方法一经确定，当年度不得变更。

第八条　总机构应将本期企业应纳所得税额的50%部分，在每月或季度终了后15日内就地申报预缴。总机构应将本期企业应纳所得税额的另外50%部分，按照各分支机构应分摊的比例，在各分支机构之间进行分摊，并及时通知到各分支机构；各分支机构应在每月或季度终了之日起15日内，就其分摊的所得税额就地申报预缴。

分支机构未按税款分配数额预缴所得税造成少缴税款的，主管税务机关应按照《征收管理法》的有关规定对其处罚，并将处罚结果通知总机构所在地主管税务机关。

第九条　汇总纳税企业预缴申报时，总机构除报送企业所得税预缴申报表和企业当期财务报表外，还应报送汇总纳税企业分支机构所得税分配表和各分支机构上一年度的年度财务报表（或年度财务状况和营业收支情况）；分支机构除报送企业所得税预缴申报表（只填列部分项目）外，还应报送经总机构所在地主管税务机关受理的汇总纳税企业分支机构所得税分配表。

在一个纳税年度内，各分支机构上一年度的年度财务报表（或年度财务状况和营业收支情况）原则上只需要报送一次。

第十条　汇总纳税企业应当自年度终了之日起5个月内，由总机构汇总计算企业年度应纳所得税额，扣除总机构和各分支机构已预缴的税款，计算出应缴应退税款，按照本办法规定的税款分摊方法计算总机构和分支机构的企业所得税应缴应退税款，分别由总机构和分支机构就地办理税款缴库或退库。

汇总纳税企业在纳税年度内预缴企业所得税税款少于全年应缴企业所得税税款的，应在汇算清缴期内由总、分机构分别结清应缴的企业所得税税款；预缴税款超过应缴税款的，主管税务机关应及时按有关规定分别办理退税，或者经总、分机构同意后分别抵缴其下一年度应缴企业所得税税款。

第十一条 汇总纳税企业汇算清缴时，总机构除报送企业所得税年度纳税申报表和年度财务报表外，还应报送汇总纳税企业分支机构所得税分配表、各分支机构的年度财务报表和各分支机构参与企业年度纳税调整情况的说明；分支机构除报送企业所得税年度纳税申报表（只填列部分项目）外，还应报送经总机构所在地主管税务机关受理的汇总纳税企业分支机构所得税分配表、分支机构的年度财务报表（或年度财务状况和营业收支情况）和分支机构参与企业年度纳税调整情况的说明。

分支机构参与企业年度纳税调整情况的说明，可参照企业所得税年度纳税申报表附表“纳税调整项目明细表”中列明的项目进行说明，涉及需由总机构统一计算调整的项目不进行说明。

第十二条 分支机构未按规定报送经总机构所在地主管税务机关受理的汇总纳税企业分支机构所得税分配表，分支机构所在地主管税务机关应责成该分支机构在申报期内报送，同时提请总机构所在地主管税务机关督促总机构按照规定提供上述分配表；分支机构在申报期内不提供的，由分支机构所在地主管税务机关对分支机构按照《征收管理法》的有关规定予以处罚；属于总机构未向分支机构提供分配表的，分支机构所在地主管税务机关还应提请总机构所在地主管税务机关对总机构按照《征收管理法》的有关规定予以处罚。

第三章 总分机构分摊税款的计算

第十三条 总机构按以下公式计算分摊税款：

总机构分摊税款 = 汇总纳税企业当期应纳所得税额 ×50%

第十四条 分支机构按以下公式计算分摊税款：

所有分支机构分摊税款总额 = 汇总纳税企业当期应纳所得税额 ×50%

某分支机构分摊税款 = 所有分支机构分摊税款总额 × 该分支机构分摊比例

第十五条 总机构应按照上年度分支机构的营业收入、职工薪酬和资产总额三个因素计算各分支机构分摊所得税款的比例；三级及以下分支机构，其营业收入、职工薪酬和资产总额统一计入二级分支机构；三因素的权重依次为0.35、0.35、0.30。

计算公式如下：

某分支机构分摊比例 =（该分支机构营业收入/各分支机构营业收入之和）×0.35 +（该分支机构职工薪酬/各分支机构职工薪酬之和）×0.35 +（该分支机构资产总额/各分支机构资产总额之和）×0.30

分支机构分摊比例按上述方法一经确定后，除出现本办法第五条第（四）项和第十六条第二、三款情形外，当年不作调整。

第十六条 总机构设立具有主体生产经营职能的部门（非本办法第四条规定的二级分支机构），且该部门的营业收入、职工薪酬和资产总额与管理职能部门分开核算的，可将该部门视同一个二级分支机构，按本办法规定计算分摊并就地缴纳企业所得税；该部门与管理职能部门的营业收入、职工薪酬和资产总额不能分开核算的，该部门不得视同一个二级分支机构，不得按本办法规定计算分摊并就地缴纳企业所得税。

汇总纳税企业当年由于重组等原因从其他企业取得重组当年之前已存在的二级分支机构，并作为本企业二级分支机构管理的，该二级分支机构不视同当年新设立的二级分支机构，按本办法规定计算分摊并就地缴纳企业所得税。

汇总纳税企业内就地分摊缴纳企业所得税的总机构、二级分支机构之间，发生合并、分立、管理层级变更等形成的新设或存续的二级分支机构，不视同当年新设立的二级分支机构，按本办法规定计算分摊并就地缴纳企业所得税。

第十七条 本办法所称分支机构营业收入，是指分支机构销售商品、提供劳务、让渡资产使用权等日常经营活动实现的全部收入。其中，生产经营企业分支机构营业收入是指生产经营企业分支机构销售商品、提供劳务、让渡资产使用权等取得的全部收入。金融企业分支机构营业收入是指金融企业分支机构取得的利息、手续费、佣金等全部收入。保险企业分支机构营业收入是指保险企业分支机构取得的保费等全部收入。

本办法所称分支机构职工薪酬，是指分支机构为获得职工提供的服务而给予各种形式的报酬以及其他相关支出。

本办法所称分支机构资产总额，是指分支机构在经营活动中实际使用的应归属于该分支机构的资产合计额。

本办法所称上年度分支机构的营业收入、职工薪酬和资产总额，是指分支机构上年度全年的营业收入、职工薪酬数据和上年度12月31日的资产总额数据，是依照国家统一会计制度的规定核算的数据。

一个纳税年度内，总机构首次计算分摊税款时采用的分支机构营业收入、职工薪酬和资产总额数据，与此后经过中国注册会计师审计确认的数据不一致的，不作调整。

第十八条 对于按照税收法律、法规和其他规定，总机构和分支机构处于不同税率地区的，先由总机构统一计算全部应纳税所得额，然后按本办法第六条规定的比例和按第十五条计算的分摊比例，计算划分不同税率地区机构的应纳税所得额，再分别按各自的适用税率计算应纳税额后加总计算出汇总纳税企业的应纳所得税总额，最后按本办法第六条规定的比例和按第十五条计算的分摊比例，向总机构和分支机构分摊就地缴纳的企业所得税款。

第十九条 分支机构所在地主管税务机关应根据经总机构所在地主管税务机关受理的汇总纳税企业分支机构所得税分配表、分支机构的年度财务报表（或年度财务状况和营业收支情况）等，对其主管分支机构计算分摊税款比例的三个因素、计算的分摊税款比例和应分摊缴纳的所得税税款进行查验核对；对查验项目有异议的，应于收到汇总纳税企业分支机构所得税分配表后30日内向企业总机构所在地主管税务机关提出书面复核建议，并附送相关数据资料。

总机构所在地主管税务机关必须于收到复核建议后30日内，对分摊税款的比例进行复核，作出调整或维持原比例的决定，并将复核结果函复分支机构所在地主管税务机关。分支机构所在地主管税务机关应执行总机构所在地主管税务机关的复核决定。

总机构所在地主管税务机关未在规定时间内复核并函复复核结果的，上级税务机关应对总机构所在地主管税务机关按照有关规定进行处理。

复核期间，分支机构应先按总机构确定的分摊比例申报缴纳税款。

第二十条 汇总纳税企业未按照规定准确计算分摊税款，造成总机构与分支机构之间同时存在一方（或几方）多缴另一方（或几方）少缴税款的，其总机构或分支机构分摊缴纳的企业所得税低于按本办法规定计算分摊的数额的，应在下一税款缴纳期内，由总机构将按本办法规定计算分摊的税款差额分摊到总机构或分支机构补缴；其总机构或分支机构就地缴纳的企业所得税高于按本办法规定计算分摊的数额的，应在下一税款缴纳期内，由总机构将按本办法规定计算分摊的税款差额从总机构或分支机构的分摊税款中扣减。

第四章 日常管理

第二十一条 汇总纳税企业总机构和分支机构应依法办理税务登记，接受所在地主管税务机关的监督和管理。

第二十二条 总机构应将其所有二级及以下分支机构（包括本办法第五条规定的分支机构）信息报其所在地主管税务机关备案，内容包括分支机构名称、层级、地址、邮编、纳税人识别号及企业所得税主管税务机关名称、地址和邮编。

分支机构（包括本办法第五条规定的分支机构）应将其总机构、上级分支机构和下属分支机构信息报其所在地主管税务机关备案，内容包括总机构、上级机构和下属分支机构名称、层级、地址、邮编、纳税人识别号及企业所得税主管税务机关名称、地址和邮编。

上述备案信息发生变化的，除另有规定外，应在内容变化后30日内报总机构和分支机构所在地主管税务机关备案，并办理变更税务登记。

分支机构注销税务登记后15日内，总机构应将分支机构注销情况报所在地主管税务机关备案，并办理变更税务登记。

第二十三条 以总机构名义进行生产经营的非法人分支机构，无法提供汇总纳税企业分支机构所得税分配表，应在预缴申报期内向其所在地主管税务机关报送非法人营业执照（或登记证书）的复印件、由总机构出具的二级及以下分支机构的有效证明和支持有效证明的相关材料（包括总机构拨款证明、总分机构协议或合同、公司章程、管理制度等），证明其二级及以下分支机构身份。

二级及以下分支机构所在地主管税务机关应对二级及以下分支机构进行审核鉴定，对应按本办法规定就地分摊缴纳企业所得税的二级分支机构，应督促其及时就地缴纳企业所得税。

第二十四条 以总机构名义进行生产经营的非法人分支机构，无法提供汇总纳税企业分支机构所得税分配表，也无法提供本办法第二十三条规定相关证据证明其二级及以下分支机构身份的，应视同独立纳税人计算并就地缴纳企业所得税，不执行本办法的相关规定。

按上款规定视同独立纳税人的分支机构，其独立纳税人身份一个年度内不得变更。

汇总纳税企业以后年度改变组织结构的，该分支机构应按本办法第二十三条规定报送相关证据，分支机构所在地主管税务机关重新进行审核鉴定。

第二十五条 汇总纳税企业发生的资产损失，应按以下规定申报扣除：

（一）总机构及二级分支机构发生的资产损失，除应按专项申报和清单申报的有关规定各自向所在地主管税务机关申报外，二级分支机构还应同时上报总机构；三级及以下分支机构发生的资产损失不需向所在地主管税务机关申报，应并入二级分支机构，由二级分支机构统一申报。

（二）总机构对各分支机构上报的资产损失，除税务机关另有规定外，应以清单申报的形式向所在地主管税务机关申报。

（三）总机构将分支机构所属资产捆绑打包转让所发生的资产损失，由总机构向所在地主管税务机关专项申报。

二级分支机构所在地主管税务机关应对二级分支机构申报扣除的资产损失强化后续管理。

第二十六条 对于按照税收法律、法规和其他规定，由分支机构所在地主管税务机关管理的企业所得税优惠事项，分支机构所在地主管税务机关应加强审批（核）、备案管理，并通过评估、检查和台账管理等手段，加强后续管理。

第二十七条 总机构所在地主管税务机关应加强对汇总纳税企业申报缴纳企业所得税的管理，可以对企业自行实施税务检查，也可以与二级分支机构所在地主管税务机关联合实施税务检查。

总机构所在地主管税务机关应对查实

项目按照《企业所得税法》的规定统一计算查增的应纳税所得额和应纳税额。

总机构应将查补所得税款（包括滞纳金、罚款，下同）的50%按照本办法第十五条规定计算的分摊比例，分摊给各分支机构（不包括本办法第五条规定的分支机构）缴纳，各分支机构根据分摊查补税款就地办理缴库；50%分摊给总机构缴纳，其中25%就地办理缴库，25%就地全额缴入中央国库。具体的税款缴库程序按照财预〔2012〕40号文件第五条等相关规定执行。

汇总纳税企业缴纳查补所得税款时，总机构应向其所在地主管税务机关报送汇总纳税企业分支机构所得税分配表和总机构所在地主管税务机关出具的税务检查结论，各分支机构也应向其所在地主管税务机关报送经总机构所在地主管税务机关受理的汇总纳税企业分支机构所得税分配表和税务检查结论。

第二十八条 二级分支机构所在地主管税务机关应配合总机构所在地主管税务机关对其主管二级分支机构实施税务检查，也可以自行对该二级分支机构实施税务检查。

二级分支机构所在地主管税务机关自行对其主管二级分支机构实施税务检查，可对查实项目按照《企业所得税法》的规定自行计算查增的应纳税所得额和应纳税额。

计算查增的应纳税所得额时，应减除允许弥补的汇总纳税企业以前年度亏损；对于需由总机构统一计算的税前扣除项目，不得由分支机构自行计算调整。

二级分支机构应将查补所得税款的50%分摊给总机构缴纳，其中25%就地办理缴库，25%就地全额缴入中央国库；50%分摊给该二级分支机构就地办理缴库。具体的税款缴库程序按照财预〔2012〕40号文件第五条等相关规定执行。

汇总纳税企业缴纳查补所得税款时，总机构应向其所在地主管税务机关报送经二级分支机构所在地主管税务机关受理的汇总纳税企业分支机构所得税分配表和二级分支机构所在地主管税务机关出具的税务检查结论，二级分支机构也应向其所在地主管税务机关报送汇总纳税企业分支机构所得税分配表和税务检查结论。

第二十九条 税务机关应将汇总纳税企业总机构、分支机构的税务登记信息、备案信息、总机构出具的分支机构有效证明情况及分支机构审核鉴定情况、企业所得税月（季）度预缴纳税申报表和年度纳税申报表、汇总纳税企业分支机构所得税分配表、财务报表（或年度财务状况和营业收支情况）、企业所得税款入库情况、资产损失情况、税收优惠情况、各分支机构参与企业年度纳税调整情况的说明、税务检查及查补税款分摊和入库情况等信息，定期分省汇总上传至国家税务总局跨地区经营汇总纳税企业管理信息交换平台。

第三十条 2008年底之前已成立的汇总纳税企业，2009年起新设立的分支机构，其企业所得税的征管部门应与总机构企业所得税征管部门一致；2009年起新增汇总纳税企业，其分支机构企业所得税的管理部门也应与总机构企业所得税管理部门一致。

第三十一条 汇总纳税企业不得核定征收企业所得税。

第五章 附　　则

第三十二条 居民企业在中国境内没有跨地区设立不具有法人资格分支机构，仅在同一省、自治区、直辖市和计划单列市（以下称同一地区）内设立不具有法人资格分支机构的，其企业所得税征收管理办法，由各省、自治区、直辖市和计划单列市税务局参照本办法制定。

居民企业在中国境内既跨地区设立不具有法人资格分支机构，又在同一地区内设立不具有法人资格分支机构的，其企业所得税征收管理实行本办法。

第三十三条 本办法自2013年1月1日起施行。

《国家税务总局关于印发〈跨地区经营汇总纳税企业所得税征收管理暂行办法〉的通知》(国税发〔2008〕28号)、《国家税务总局关于跨地区经营汇总纳税企业所得税征收管理有关问题的通知》(国税函〔2008〕747号)、《国家税务总局关于跨地区经营外商独资银行汇总纳税问题的通知》(国税函〔2008〕958号)、《国家税务总局关于华能国际电力股份有限公司汇总计算缴纳企业所得税问题的通知》(国税函〔2009〕33号)、《国家税务总局关于跨地区经营汇总纳税企业所得税征收管理若干问题的通知》(国税函〔2009〕221号)和《国家税务总局关于华能国际电力股份有限公司所属分支机构2008年度预缴企业所得税款问题的通知》(国税函〔2009〕674号)同时废止。

《国家税务总局关于发布〈中华人民共和国企业所得税月(季)度预缴纳税申报表〉等报表的公告》(税务总局公告2011年第64号)和《国家税务总局关于发布〈中华人民共和国企业所得税月(季)度预缴纳税申报表〉等报表的补充公告》(税务总局公告2011年第76号)规定与本办法不一致的,按本办法执行。

房地产开发经营业务企业所得税处理办法

(2009年3月6日 国税发〔2009〕31号 根据2018年6月15日《国家税务总局关于修改部分税收规范性文件的公告》修改)

第一章 总 则

第一条 根据《中华人民共和国企业所得税法》及其实施条例、《中华人民共和国税收征收管理法》及其实施细则等有关税收法律、行政法规的规定,制定本办法。

第二条 本办法适用于中国境内从事房地产开发经营业务的企业(以下简称企业)。

第三条 企业房地产开发经营业务包括土地的开发,建造、销售住宅、商业用房以及其他建筑物、附着物、配套设施等开发产品。除土地开发之外,其他开发产品符合下列条件之一的,应视为已经完工:

(一)开发产品竣工证明材料已报房地产管理部门备案。

(二)开发产品已开始投入使用。

(三)开发产品已取得了初始产权证明。

第四条 企业出现《中华人民共和国税收征收管理法》第三十五条规定的情形,税务机关可对其以往应缴的企业所得税按核定征收方式进行征收管理,并逐步规范,同时按《中华人民共和国税收征收管理法》等税收法律、行政法规的规定进行处理,但不得事先确定企业的所得税按核定征收方式进行征收、管理。

第二章 收入的税务处理

第五条 开发产品销售收入的范围为销售开发产品过程中取得的全部价款,包括现金、现金等价物及其他经济利益。企业代有关部门、单位和企业收取的各种基金、费用和附加等,凡纳入开发产品价内或由企业开具发票的,应按规定全部确认为销售收入;未纳入开发产品价内并由企业之外的其他收取部门、单位开具发票的,可作为代收代缴款项进行管理。

第六条 企业通过正式签订《房地产销售合同》或《房地产预售合同》所取得的收入,应确认为销售收入的实现,具体按以下规定确认:

(一)采取一次性全额收款方式销售开发产品的,应于实际收讫价款或取得索取价款凭据(权利)之日,确认收入的实现。

（二）采取分期收款方式销售开发产品的，应按销售合同或协议约定的价款和付款日确认收入的实现。付款方提前付款的，在实际付款日确认收入的实现。

（三）采取银行按揭方式销售开发产品的，应按销售合同或协议约定的价款确定收入额，其首付款应于实际收到日确认收入的实现，余款在银行按揭贷款办理转账之日确认收入的实现。

（四）采取委托方式销售开发产品的，应按以下原则确认收入的实现：

1. 采取支付手续费方式委托销售开发产品的，应按销售合同或协议中约定的价款于收到受托方已销开发产品清单之日确认收入的实现。

2. 采取视同买断方式委托销售开发产品的，属于企业与购买方签订销售合同或协议，或企业、受托方、购买方三方共同签订销售合同或协议的，如果销售合同或协议中约定的价格高于买断价格，则应按销售合同或协议中约定的价格计算的价款于收到受托方已销开发产品清单之日确认收入的实现；如果属于前两种情况中销售合同或协议中约定的价格低于买断价格，以及属于受托方与购买方签订销售合同或协议的，则应按买断价格计算的价款于收到受托方已销开发产品清单之日确认收入的实现。

3. 采取基价（保底价）并实行超基价双方分成方式委托销售开发产品的，属于由企业与购买方签订销售合同或协议，或企业、受托方、购买方三方共同签订销售合同或协议的，如果销售合同或协议中约定的价格高于基价，则应按销售合同或协议中约定的价格计算的价款于收到受托方已销开发产品清单之日确认收入的实现，企业按规定支付受托方的分成额，不得直接从销售收入中减除；如果销售合同或协议约定的价格低于基价的，则应按基价计算的价款于收到受托方已销开发产品清单之日确认收入的实现。属于由受托方与购买方直接签订销售合同的，则应按基价加上按规定取得的分成额于收到受托方已销开发产品清单之日确认收入的实现。

4. 采取包销方式委托销售开发产品的，包销期内可根据包销合同的有关约定，参照上述1至3项规定确认收入的实现；包销期满后尚未出售的开发产品，企业应根据包销合同或协议约定的价款和付款方式确认收入的实现。

第七条 企业将开发产品用于捐赠、赞助、职工福利、奖励、对外投资、分配给股东或投资人、抵偿债务、换取其他企事业单位和个人的非货币性资产等行为，应视同销售，于开发产品所有权或使用权转移，或于实际取得利益权利时确认收入（或利润）的实现。确认收入（或利润）的方法和顺序为：

（一）按本企业近期或本年度最近月份同类开发产品市场销售价格确定；

（二）由主管税务机关参照当地同类开发产品市场公允价值确定；

（三）按开发产品的成本利润率确定。开发产品的成本利润率不得低于15%，具体比例由主管税务机关确定。

第八条 企业销售未完工开发产品的计税毛利率由各省、自治、直辖市税务局按下列规定进行确定：

（一）开发项目位于省、自治区、直辖市和计划单列市人民政府所在地城市城区和郊区的，不得低于15%。

（二）开发项目位于地及地级市城区及郊区的，不得低于10%。

（三）开发项目位于其他地区的，不得低于5%。

（四）属于经济适用房、限价房和危改房的，不得低于3%。

第九条 企业销售未完工开发产品取得的收入，应先按预计计税毛利率分季（或月）计算出预计毛利额，计入当期应纳税所得额。开发产品完工后，企业应及时结算其计税成本并计算此前销售收入的实际毛利额，同时将其实际毛利额与其对应的预计毛利额之间的差额，计入当年度企业本项目与其他项目合并计算的应纳税所得额。

在年度纳税申报时，企业须出具对该项开发产品实际毛利额与预计毛利额之间差异调整情况的报告以及税务机关需要的其他相关资料。

第十条 企业新建的开发产品在尚未完工或办理房地产初始登记、取得产权证前，与承租人签订租赁预约协议的，自开发产品交付承租人使用之日起，出租方取得的预租价款按租金确认收入的实现。

第三章 成本、费用扣除的税务处理

第十一条 企业在进行成本、费用的核算与扣除时，必须按规定区分期间费用和开发产品计税成本、已销开发产品计税成本与未销开发产品计税成本。

第十二条 企业发生的期间费用、已销开发产品计税成本、营业税金及附加、土地增值税准予当期按规定扣除。

第十三条 开发产品计税成本的核算应按第四章的规定进行处理。

第十四条 已销开发产品的计税成本，按当期已实现销售的可售面积和可售面积单位工程成本确认。可售面积单位工程成本和已销开发产品的计税成本按下列公式计算确定：

可售面积单位工程成本 = 成本对象总成本 ÷ 成本对象总可售面积

已销开发产品的计税成本 = 已实现销售的可售面积 × 可售面积单位工程成本

第十五条 企业对尚未出售的已完工开发产品和按照有关法律、法规或合同规定对已售开发产品（包括共用部位、共用设施设备）进行日常维护、保养、修理等实际发生的维修费用，准予在当期据实扣除。

第十六条 企业将已计入销售收入的共用部位、共用设施设备维修基金按规定移交给有关部门、单位的，应于移交时扣除。

第十七条 企业在开发区内建造的会所、物业管理场所、电站、热力站、水厂、文体场馆、幼儿园等配套设施，按以下规定进行处理：

（一）属于非营利性且产权属于全体业主的，或无偿赠与地方政府、公用事业单位的，可将其视为公共配套设施，其建造费用按公共配套设施费的有关规定进行处理。

（二）属于营利性的，或产权归企业所有的，或未明确产权归属的，或无偿赠与地方政府、公用事业单位以外其他单位的，应当单独核算其成本。除企业自用应按建造固定资产进行处理外，其他一律按建造开发产品进行处理。

第十八条 企业在开发区内建造的邮电通讯、学校、医疗设施应单独核算成本，其中，由企业与国家有关业务管理部门、单位合资建设，完工后有偿移交的，国家有关业务管理部门、单位给予的经济补偿可直接抵扣该项目的建造成本，抵扣后的差额应调整当期应纳税所得额。

第十九条 企业采取银行按揭方式销售开发产品的，凡约定企业为购买方的按揭贷款提供担保的，其销售开发产品时向银行提供的保证金（担保金）不得从销售收入中减除，也不得作为费用在当期税前扣除，但实际发生损失时可据实扣除。

第二十条 企业委托境外机构销售开发产品的，其支付境外机构的销售费用（含佣金或手续费）不超过委托销售收入10%的部分，准予据实扣除。

第二十一条 企业的利息支出按以下规定进行处理：

（一）企业为建造开发产品借入资金而发生的符合税收规定的借款费用，可按企业会计准则的规定进行归集和分配，其中属于财务费用性质的借款费用，可直接在税前扣除。

（二）企业集团或其成员企业统一向金融机构借款分摊集团内部其他成员企业使用的，借入方凡能出具从金融机构取得借款的证明文件，可以在使用借款的企业间合理的分摊利息费用，使用借款的企业分摊的合理利息准予在税前扣除。

第二十二条 企业因国家无偿收回土地使用权而形成的损失，可作为财产损失按有关规定在税前扣除。

第二十三条 企业开发产品（以成本对象为计量单位）整体报废或毁损，其净损失按有关规定审核确认后准予在税前扣除。

第二十四条 企业开发产品转为自用的，其实际使用时间累计未超过12个月又销售的，不得在税前扣除折旧费用。

第四章 计税成本的核算

第二十五条 计税成本是指企业在开发、建造开发产品（包括固定资产，下同）过程中所发生的按照税收规定进行核算与计量的应归入某项成本对象的各项费用。

第二十六条① 成本对象是指为归集和分配开发产品开发、建造过程中的各项耗费而确定的费用承担项目。计税成本对象的确定原则如下：

（一）可否销售原则。开发产品能够对外经营销售的，应作为独立的计税成本对象进行成本核算；不能对外经营销售的，可先作为过渡性成本对象进行归集，然后再将其相关成本摊入能够对外经营销售的成本对象。

（二）分类归集原则。对同一开发地点、竣工时间相近、产品结构类型没有明显差异的群体开发的项目，可作为一个成本对象进行核算。

（三）功能区分原则。开发项目某组成部分相对独立，且具有不同使用功能时，可以作为独立的成本对象进行核算。

（四）定价差异原则。开发产品因其产品类型或功能不同等而导致其预期售价存在较大差异的，应分别作为成本对象进行核算。

（五）成本差异原则。开发产品因建筑上存在明显差异可能导致其建造成本出现较大差异的，要分别作为成本对象进行核算。

（六）权益区分原则。开发项目属于受托代建的或多方合作开发的，应结合上述原则分别划分成本对象进行核算。

成本对象由企业在开工之前合理确定，并报主管税务机关备案。成本对象一经确定，不能随意更改或相互混淆，如确需改变成本对象的，应征得主管税务机关同意。

第二十七条 开发产品计税成本支出的内容如下：

（一）土地征用费及拆迁补偿费。指为取得土地开发使用权（或开发权）而发生的各项费用，主要包括土地买价或出让金、大市政配套费、契税、耕地占用税、土地使用费、土地闲置费、土地变更用途和超面积补交的地价及相关税费、拆迁补偿支出、安置及动迁支出、回迁房建造支出、农作物补偿费、危房补偿费等。

（二）前期工程费。指项目开发前期发生的水文地质勘察、测绘、规划、设计、可行性研究、筹建、场地通平等前期费用。

（三）建筑安装工程费。指开发项目开发过程中发生的各项建筑安装费用。主要包括开发项目建筑工程费和开发项目安装工程费等。

（四）基础设施建设费。指开发项目

① 根据2014年6月16日公布的《国家税务总局关于房地产开发企业成本对象管理问题的公告》，本条第二款废止。

在开发过程中所发生的各项基础设施支出，主要包括开发项目内道路、供水、供电、供气、排污、排洪、通讯、照明等社区管网工程费和环境卫生、园林绿化等园林环境工程费。

（五）公共配套设施费：指开发项目内发生的、独立的、非营利性的，且产权属于全体业主的，或无偿赠与地方政府、政府公用事业单位的公共配套设施支出。

（六）开发间接费。指企业为直接组织和管理开发项目所发生的，且不能将其归属于特定成本对象的成本费用性支出。主要包括管理人员工资、职工福利费、折旧费、修理费、办公费、水电费、劳动保护费、工程管理费、周转房摊销以及项目营销设施建造费等。

第二十八条　企业计税成本核算的一般程序如下：

（一）对当期实际发生的各项支出，按其性质、经济用途及发生的地点、时间区进行整理、归类，并将其区分为应计入成本对象的成本和应在当期税前扣除的期间费用。同时还应按规定对在有关预提费用和待摊费用进行计量与确认。

（二）对应计入成本对象中的各项实际支出、预提费用、待摊费用等合理的划分为直接成本、间接成本和共同成本，并按规定将其合理的归集、分配至已完工成本对象、在建成本对象和未建成本对象。

（三）对期前已完工成本对象应负担的成本费用按已销开发产品、未销开发产品和固定资产进行分配，其中应由已销开发产品负担的部分，在当期纳税申报时进行扣除，未销开发产品应负担的成本费用待其实际销售时再予扣除。

（四）对本期已完工成本对象分类为开发产品和固定资产并对其计税成本进行结算。其中属于开发产品的，应按可售面积计算其单位工程成本，据此再计算已销开发产品计税成本和未销开发产品计税成本。对本期已销开发产品的计税成本，准予在当期扣除，未销开发产品计税成本待其实际销售时再予扣除。

（五）对本期未完工和尚未建造的成本对象应当负担的成本费用，应按分别建立明细台账，待开发产品完工后再予结算。

第二十九条　企业开发、建造的开发产品应按制造成本法进行计量与核算。其中，应计入开发产品成本中的费用属于直接成本和能够分清成本对象的间接成本，直接计入成本对象，共同成本和不能分清负担对象的间接成本，应按受益的原则和配比的原则分配至各成本对象，具体分配方法可按以下规定选择其一：

（一）占地面积法。指按已动工开发成本对象占地面积占开发用地总面积的比例进行分配。

1. 一次性开发的，按某一成本对象占地面积占全部成本对象占地总面积的比例进行分配。

2. 分期开发的，首先按本期全部成本对象占地面积占开发用地总面积的比例进行分配，然后再按某一成本对象占地面积占期内全部成本对象占地总面积的比例进行分配。

期内全部成本对象应负担的占地面积为期内开发用地占地面积减除应由各期成本对象共同负担的占地面积。

（二）建筑面积法。指按已动工开发成本对象建筑面积占开发用地总建筑面积的比例进行分配。

1. 一次性开发的，按某一成本对象建筑面积占全部成本对象建筑面积的比例进行分配。

2. 分期开发的，首先按期内成本对象建筑面积占开发用地计划建筑面积的比例进行分配，然后再按某一成本对象建筑面积占期内成本对象总建筑面积的比例进行分配。

（三）直接成本法。指按期内某一成

本对象的直接开发成本占期内全部成本对象直接开发成本的比例进行分配。

（四）预算造价法。指按期内某一成本对象预算造价占期内全部成本对象预算造价的比例进行分配。

第三十条 企业下列成本应按以下方法进行分配：

（一）土地成本，一般按占地面积法进行分配。如果确需结合其他方法进行分配的，应商税务机关同意。

土地开发同时连结房地产开发的，属于一次性取得土地分期开发房地产的情况，其土地开发成本经商税务机关同意后可先按土地整体预算成本进行分配，待土地整体开发完毕再行调整。

（二）单独作为过渡性成本对象核算的公共配套设施开发成本，应按建筑面积法进行分配。

（三）借款费用属于不同成本对象共同负担的，按直接成本法或按预算造价法进行分配。

（四）其他成本项目的分配法由企业自行确定。

第三十一条 企业以非货币交易方式取得土地使用权的，应按下列规定确定其成本：

（一）企业、单位以换取开发产品为目的，将土地使用权投资企业的，按下列规定进行处理：

1. 换取的开发产品如为该项土地开发、建造的，接受投资的企业在接受土地使用权时暂不确认其成本，待首次分出开发产品时，再按应分出开发产品（包括首次分出的和以后应分出的）的市场公允价值和土地使用权转移过程中应支付的相关税费计算确认该项土地使用权的成本。如涉及补价，土地使用权的取得成本还应加上应支付的补价款或减除应收到的补价款。

2. 换取的开发产品如为其他土地开发、建造的，接受投资的企业在投资交易发生时，按应付出开发产品市场公允价值和土地使用权转移过程中应支付的相关税费计算确认该项土地使用权的成本。如涉及补价，土地使用权的取得成本还应加上应支付的补价款或减除应收到的补价款。

（二）企业、单位以股权的形式，将土地使用权投资企业的，接受投资的企业应在投资交易发生时，按该项土地使用权的市场公允价值和土地使用权转移过程中应支付的相关税费计算确认该项土地使用权的取得成本。如涉及补价，土地使用权的取得成本还应加上应支付的补价款或减除应收到的补价款。

第三十二条 除以下几项预提（应付）费用外，计税成本均应为实际发生的成本。

（一）出包工程未最终办理结算而未取得全额发票的，在证明资料充分的前提下，其发票不足金额可以预提，但最高不得超过合同总金额的10%。

（二）公共配套设施尚未建造或尚未完工的，可按预算造价合理预提建造费用。此类公共配套设施必须符合已在售房合同、协议或广告、模型中明确承诺建造且不可撤销，或按照法律法规规定必须配套建造的条件。

（三）应向政府上交但尚未上交的报批报建费用、物业完善费用可以按规定预提。物业完善费用是指按规定应由企业承担的物业管理基金、公建维修基金或其他专项基金。

第三十三条 企业单独建造的停车场所，应作为成本对象单独核算。利用地下基础设施形成的停车场所，作为公共配套设施进行处理。

第三十四条 企业在结算计税成本时其实际发生的支出应当取得但未取得合法凭据的，不得计入计税成本，待实际取得合法凭据时，再按规定计入计税成本。

第三十五条 开发产品完工以后，企业可在完工年度企业所得税汇算清缴前选择确定计税成本核算的终止日，不得滞后。凡已完工开发产品在完工年度未按规定结算计税成本，主管税务机关有权确定或核定其计税成本，据此进行纳税调整，并按《中华人民共和国税收征收管理法》的有关规定对其进行处理。

第五章 特定事项的税务处理

第三十六条 企业以本企业为主体联合其他企业、单位、个人合作或合资开发房地产项目，且该项目未成立独立法人公司的，按下列规定进行处理：

（一）凡开发合同或协议中约定向投资各方（即合作、合资方，下同）分配开发产品的，企业在首次分配开发产品时，如该项目已经结算计税成本，其应分配给投资方开发产品的计税成本与其投资额之间的差额计入当期应纳税所得额；如未结算计税成本，则将投资方的投资额视同销售收入进行相关的税务处理。

（二）凡开发合同或协议中约定分配项目利润的，应按以下规定进行处理：

1. 企业应将该项目形成的营业利润额并入当期应纳税所得额统一申报缴纳企业所得税，不得在税前分配该项目的利润。同时不能因接受投资方投资额而在成本中摊销或在税前扣除相关的利息支出。

2. 投资方取得该项目的营业利润应视同股息、红利进行相关的税务处理。

第三十七条 企业以换取开发产品为目的，将土地使用权投资其他企业房地产开发项目的，按以下规定进行处理：

企业应在首次取得开发产品时，将其分解为转让土地使用权和购入开发产品两项经济业务进行所得税处理，并按应从该项目取得的开发产品（包括首次取得的和以后应取得的）的市场公允价值计算确认土地使用权转让所得或损失。

第六章 附　　则

第三十八条 从事房地产开发经营业务的外商投资企业在2007年12月31日前存有销售未完工开发产品取得的收入，至该项开发产品完工后，一律按本办法第九条规定的办法进行税务处理。

第三十九条 本通知自2008年1月1日起执行。

企业政策性搬迁所得税管理办法[①]

（2012年8月10日　国家税务总局公告2012年第40号　自2012年10月1日起施行）

第一章 总　　则

第一条 为规范企业政策性搬迁的所得税征收管理，根据《中华人民共和国企业所得税法》（以下简称《企业所得税法》）及其实施条例的有关规定，制定本办法。

第二条 本办法执行范围仅限于企业政策性搬迁过程中涉及的所得税征收管理事项，不包括企业自行搬迁或商业性搬迁等非政策性搬迁的税务处理事项。

第三条 企业政策性搬迁，是指由于社会公共利益的需要，在政府主导下企业进行整体搬迁或部分搬迁。企业由于下列需要之一，提供相关文件证明资料的，属于政策性搬迁：

（一）国防和外交的需要；

（二）由政府组织实施的能源、交通、水利等基础设施的需要；

（三）由政府组织实施的科技、教育、

① 本办法第二十六条已被《国家税务总局关于企业政策性搬迁所得税有关问题的公告》（发布日期：2013年3月12日，实施日期：2012年10月1日）废止。

文化、卫生、体育、环境和资源保护、防灾减灾、文物保护、社会福利、市政公用等公共事业的需要；

（四）由政府组织实施的保障性安居工程建设的需要；

（五）由政府依照《中华人民共和国城乡规划法》有关规定组织实施的对危房集中、基础设施落后等地段进行旧城区改建的需要；

（六）法律、行政法规规定的其他公共利益的需要。

第四条 企业应按本办法的要求，就政策性搬迁过程中涉及的搬迁收入、搬迁支出、搬迁资产税务处理、搬迁所得等所得税征收管理事项，单独进行税务管理和核算。不能单独进行税务管理和核算的，应视为企业自行搬迁或商业性搬迁等非政策性搬迁进行所得税处理，不得执行本办法规定。

第二章 搬迁收入

第五条 企业的搬迁收入，包括搬迁过程中从本企业以外（包括政府或其他单位）取得的搬迁补偿收入，以及本企业搬迁资产处置收入等。

第六条 企业取得的搬迁补偿收入，是指企业由于搬迁取得的货币性和非货币性补偿收入。具体包括：

（一）对被征用资产价值的补偿；

（二）因搬迁、安置而给予的补偿；

（三）对停产停业形成的损失而给予的补偿；

（四）资产搬迁过程中遭到毁损而取得的保险赔款；

（五）其他补偿收入。

第七条 企业搬迁资产处置收入，是指企业由于搬迁而处置企业各类资产所取得的收入。

企业由于搬迁处置存货而取得的收入，应按正常经营活动取得的收入进行所得税处理，不作为企业搬迁收入。

第三章 搬迁支出

第八条 企业的搬迁支出，包括搬迁费用支出以及由于搬迁所发生的企业资产处置支出。

第九条 搬迁费用支出，是指企业搬迁期间所发生的各项费用，包括安置职工实际发生的费用、停工期间支付给职工的工资及福利费、临时存放搬迁资产而发生的费用、各类资产搬迁安装费用以及其他与搬迁相关的费用。

第十条 资产处置支出，是指企业由于搬迁而处置各类资产所发生的支出，包括变卖及处置各类资产的净值、处置过程中所发生的税费等支出。

企业由于搬迁而报废的资产，如无转让价值，其净值作为企业的资产处置支出。

第四章 搬迁资产税务处理

第十一条 企业搬迁的资产，简单安装或不需要安装即可继续使用的，在该项资产重新投入使用后，就其净值按《企业所得税法》及其实施条例规定的该资产尚未折旧或摊销的年限，继续计提折旧或摊销。

第十二条 企业搬迁的资产，需要进行大修理后才能重新使用的，应就该资产的净值，加上大修理过程所发生的支出，为该资产的计税成本。在该项资产重新投入使用后，按该资产尚可使用的年限，计提折旧或摊销。

第十三条 企业搬迁中被征用的土地，采取土地置换的，换入土地的计税成本按被征用土地的净值，以及该换入土地投入使用前所发生的各项费用支出，为该换入土地的计税成本，在该换入土地投入使用后，按《企业所得税法》及其实施条例规定年限摊销。

第十四条 企业搬迁期间新购置的各类资产，应按《企业所得税法》及其实施条例等有关规定，计算确定资产的计税成本及折旧或摊销年限。企业发生的购置资产支出，不得从搬迁收入中扣除。

第五章 应税所得

第十五条 企业在搬迁期间发生的搬迁收入和搬迁支出，可以暂不计入当期应纳税所得额，而在完成搬迁的年度，对搬迁收入和支出进行汇总清算。

第十六条 企业的搬迁收入，扣除搬迁支出后的余额，为企业的搬迁所得。

企业应在搬迁完成年度，将搬迁所得计入当年度企业应纳税所得额计算纳税。

第十七条 下列情形之一的，为搬迁完成年度，企业应进行搬迁清算，计算搬迁所得：

（一）从搬迁开始，5年内（包括搬迁当年度）任何一年完成搬迁的。

（二）从搬迁开始，搬迁时间满5年（包括搬迁当年度）的年度。

第十八条 企业搬迁收入扣除搬迁支出后为负数的，应为搬迁损失。搬迁损失可在下列方法中选择其一进行税务处理：

（一）在搬迁完成年度，一次性作为损失进行扣除。

（二）自搬迁完成年度起分3个年度，均匀在税前扣除。

上述方法由企业自行选择，但一经选定，不得改变。

第十九条 企业同时符合下列条件的，视为已经完成搬迁：

（一）搬迁规划已基本完成；

（二）当年生产经营收入占规划搬迁前年度生产经营收入50%以上。

第二十条 企业边搬迁、边生产的，搬迁年度应从实际开始搬迁的年度计算。

第二十一条 企业以前年度发生尚未弥补的亏损的，凡企业由于搬迁停止生产经营无所得的，从搬迁年度次年起，至搬迁完成年度前一年度止，可作为停止生产经营活动年度，从法定亏损结转弥补年限中减除；企业边搬迁、边生产的，其亏损结转年度应连续计算。

第六章 征收管理

第二十二条 企业应当自搬迁开始年度，至次年5月31日前，向主管税务机关（包括迁出地和迁入地）报送政策性搬迁依据、搬迁规划等相关材料。逾期未报的，除特殊原因并经主管税务机关认可外，按非政策性搬迁处理，不得执行本办法的规定。

第二十三条 企业应向主管税务机关报送的政策性搬迁依据、搬迁规划等相关材料，包括：

（一）政府搬迁文件或公告；

（二）搬迁重置总体规划；

（三）拆迁补偿协议；

（四）资产处置计划；

（五）其他与搬迁相关的事项。

第二十四条 企业迁出地和迁入地主管税务机关发生变化的，由迁入地主管税务机关负责企业搬迁清算。

第二十五条 企业搬迁完成当年，其向主管税务机关报送企业所得税年度纳税申报表时，应同时报送《企业政策性搬迁清算损益表》（表样附后）及相关材料。

第二十六条 企业在本办法生效前尚未完成搬迁的，符合本办法规定的搬迁事项，一律按本办法执行。本办法生效年度以前已经完成搬迁且已按原规定进行税务处理的，不再调整。

第二十七条 本办法未规定的企业搬迁税务事项，按照《企业所得税法》及其实施条例等相关规定进行税务处理。

第二十八条 本办法施行后，《国家税务总局关于企业政策性搬迁或处置收入有关企业所得税处理问题的通知》（国税函〔2009〕118号）同时废止。

附件：中华人民共和国企业政策性搬迁清算损益表（略）

跨省市总分机构企业所得税分配及预算管理办法

（2012 年 6 月 12 日　财预〔2012〕40 号）

为了保证《中华人民共和国企业所得税法》的顺利实施，妥善处理地区间利益分配关系，做好跨省市总分机构企业所得税收入的征缴和分配管理工作，制定本办法。

一、主要内容

（一）基本方法。属于中央与地方共享范围的跨省市总分机构企业缴纳的企业所得税，按照统一规范、兼顾总机构和分支机构所在地利益的原则，实行“统一计算、分级管理、就地预缴、汇总清算、财政调库”的处理办法，总分机构统一计算的当期应纳税额的地方分享部分中，25%由总机构所在地分享，50%由各分支机构所在地分享，25%按一定比例在各地间进行分配。

统一计算，是指居民企业应统一计算包括各个不具有法人资格营业机构在内的企业全部应纳税所得额、应纳税额。总机构和分支机构适用税率不一致的，应分别按适用税率计算应纳所得税额。

分级管理，是指居民企业总机构、分支机构，分别由所在地主管税务机关属地进行监督和管理。

就地预缴，是指居民企业总机构、分支机构，应按本办法规定的比例分别就地按月或者按季向所在地主管税务机关申报、预缴企业所得税。

汇总清算，是指在年度终了后，总分机构企业根据统一计算的年度应纳税所得额、应纳所得税额，抵减总机构、分支机构当年已就地分期预缴的企业所得税款后，多退少补。

财政调库，是指财政部定期将缴入中央总金库的跨省市总分机构企业所得税待分配收入，按照核定的系数调整至地方国库。

（二）适用范围。跨省市总分机构企业是指跨省（自治区、直辖市和计划单列市，下同）设立不具有法人资格分支机构的居民企业。

总机构和具有主体生产经营职能的二级分支机构就地预缴企业所得税。三级及三级以下分支机构，其营业收入、职工薪酬和资产总额等统一并入二级分支机构计算。

按照现行财政体制的规定，国有邮政企业（包括中国邮政集团公司及其控股公司和直属单位）、中国工商银行股份有限公司、中国农业银行股份有限公司、中国银行股份有限公司、国家开发银行股份有限公司、中国农业发展银行、中国进出口银行、中国投资有限责任公司、中国建设银行股份有限公司、中国建银投资有限责任公司、中国信达资产管理股份有限公司、中国石油天然气股份有限公司、中国石油化工股份有限公司、海洋石油天然气企业（包括中国海洋石油总公司、中海石油（中国）有限公司、中海油田服务股份有限公司、海洋石油工程股份有限公司）、中国长江电力股份有限公司等企业总分机构缴纳的企业所得税（包括滞纳金、罚款收入）为中央收入，全额上缴中央国库，不实行本办法。

不具有主体生产经营职能且在当地不缴纳营业税、增值税的产品售后服务、内部研发、仓储等企业内部辅助性的二级分支机构以及上年度符合条件的小型微利企业及其分支机构，不实行本办法。

居民企业在中国境外设立不具有法人资格分支机构的，按本办法计算有关分期预缴企业所得税时，其应纳税所得额、应纳所得税额及分摊因素数额，均不包括其境外分支机构。

二、预算科目

从2013年起，在《政府收支分类科目》中增设1010449项“分支机构汇算清缴所得税”科目，其下设01目“国有企业分支机构汇算清缴所得税”、02目“股份制企业分支机构汇算清缴所得税”、03目“港澳台和外商投资企业分支机构汇算清缴所得税”、99目“其他企业分支机构汇算清缴所得税”，有关科目说明及其他修订情况见《2013年政府收支分类科目》。

三、税款预缴

由总机构统一计算企业应纳税所得额和应纳所得税额，并分别由总机构、分支机构按月或按季就地预缴。

（一）分支机构分摊预缴税款。总机构在每月或每季终了之日起十日内，按照上年度各省市分支机构的营业收入、职工薪酬和资产总额三个因素，将统一计算的企业当期应纳税额的50%在各分支机构之间进行分摊（总机构所在省市同时设有分支机构的，同样按三个因素分摊），各分支机构根据分摊税款就地办理缴库，所缴纳税款收入由中央与分支机构所在地按60:40分享。分摊时三个因素权重依次为0.35、0.35和0.3。当年新设立的分支机构第二年起参与分摊；当年撤销的分支机构自办理注销税务登记之日起不参与分摊。

本办法所称的分支机构营业收入，是指分支机构销售商品、提供劳务、让渡资产使用权等日常经营活动实现的全部收入。其中，生产经营企业分支机构营业收入是指生产经营企业分支机构销售商品、提供劳务、让渡资产使用权等取得的全部收入；金融企业分支机构营业收入是指金融企业分支机构取得的利息、手续费、佣金等全部收入；保险企业分支机构营业收入是指保险企业分支机构取得的保费等全部收入。

本办法所称的分支机构职工薪酬，是指分支机构为获得职工提供的服务而给予职工的各种形式的报酬。

本办法所称的分支机构资产总额，是指分支机构在12月31日拥有或者控制的资产合计额。

各分支机构分摊预缴额按下列公式计算：

各分支机构分摊预缴额 = 所有分支机构应分摊的预缴总额 × 该分支机构分摊比例

其中：

所有分支机构应分摊的预缴总额 = 统一计算的企业当期应纳所得税额 ×50%

该分支机构分摊比例 =（该分支机构营业收入/各分支机构营业收入之和）×0.35 +（该分支机构职工薪酬/各分支机构职工薪酬之和）×0.35 +（该分支机构资产总额/各分支机构资产总额之和）×0.30

以上公式中，分支机构仅指需要参与就地预缴的分支机构。

（二）总机构就地预缴税款。总机构应将统一计算的企业当期应纳税额的25%，就地办理缴库，所缴纳税款收入由中央与总机构所在地按60:40分享。

（三）总机构预缴中央国库税款。总机构应将统一计算的企业当期应纳税额的剩余25%，就地全额缴入中央国库，所缴纳税款收入60%为中央收入，40%由财政部按照2004年至2006年各省市三年实际分享企业所得税占地方分享总额的比例定期向各省市分配。

四、汇总清算

企业总机构汇总计算企业年度应纳所得税额，扣除总机构和各境内分支机构已预缴的税款，计算出应补应退税款，分别由总机构和各分支机构（不包括当年已办理注销税务登记的分支机构）就地办理税款缴库或退库。

（一）补缴的税款按照预缴的分配比

例，50%由各分支机构就地办理缴库，所缴纳税款收入由中央与分支机构所在地按60∶40分享；25%由总机构就地办理缴库，所缴纳税款收入由中央与总机构所在地按60∶40分享；其余25%部分就地全额缴入中央库，所缴纳税款收入中60%为中央收入，40%由财政部按照2004年至2006年各省市三年实际分享企业所得税占地方分享总额的比例定期向各省市分配。

（二）多缴的税款按照预缴的分配比例，50%由各分支机构就地办理退库，所退税款由中央与分支机构所在地按60∶40分担；25%由总机构就地办理退库，所退税款由中央与总机构所在地按60∶40分担；其余25%部分就地从中央国库退库，其中60%从中央级1010442项“总机构汇算清缴所得税”下有关科目退付，40%从中央级1010443项“企业所得税待分配收入”下有关科目退付。

五、税款缴库程序

（一）分支机构分摊的预缴税款、汇算补缴税款、查补税款（包括滞纳金和罚款）由分支机构办理就地缴库。分支机构所在地税务机关开具税收缴款书，预算科目栏按企业所有制性质对应填写1010440项“分支机构预缴所得税”、1010449项“分支机构汇算清缴所得税”和1010450项“企业所得税查补税款、滞纳金、罚款收入”下的有关日级科日名称及代码，“级次”栏填写“中央60%、地方40%”。

（二）总机构就地预缴、汇算补缴、查补税款（包括滞纳金和罚款）由总机构合并办理就地缴库。中央与地方分配方式为中央60%，企业所得税待分配收入（暂列中央收入）20%，总机构所在地20%。总机构所在地税务机关开具税收缴款书，预算科目栏按企业所有制性质对应填写1010441项“总机构预缴所得税”、1010442项“总机构汇算清缴所得税”和1010450项“企业所得税查补税款、滞纳金、罚款收入”下的有关目级科目名称及代码，“级次”栏按上述分配比例填写“中央60%、中央20%（待分配）、地方20%”。

国库部门收到税款（包括滞纳金和罚款）后，将其中60%列入中央级1010441项“总机构预缴所得税”、1010442项“总机构汇算清缴所得税”和1010450项“企业所得税查补税款、滞纳金、罚款收入”下有关目级科目，20%列入中央级1010443项“企业所得税待分配收入”下有关目级科目，20%列入地方级1010441项“总机构预缴所得税”、1010442项“总机构汇算清缴所得税”和1010450项“企业所得税查补税款、滞纳金、罚款收入”下有关目级科目。

（三）多缴的税款由分支机构和总机构所在地税务机关开具收入退还书并按规定办理退库。收入退还书预算科目按企业所有制性质对应填写，预算级次按原缴款时的级次填写。

六、财政调库

财政部根据2004年至2006年各省市三年实际分享企业所得税占地方分享总额的比例，定期向中央总金库按目级科目开具分地区调库划款指令，将“企业所得税待分配收入”全额划转至地方国库。地方国库收款后，全额列入地方级1010441项“总机构预缴所得税”下的目级科目办埋入库，并通知同级财政部门。

七、其他

（一）跨省市总分机构企业缴纳的所得税查补税款、滞纳金、罚款收入，按中央与地方60∶40分成比例就地缴库。需要退还的所得税查补税款、滞纳金和罚款收入仍按现行管理办法办理审批退库手续。

（二）财政部于每年1月初按中央总金库截至上年12月31日的跨省市总分机构企业所得税待分配收入进行分配，并在库款报解整理期（1月1日至1月10日）

内划转至地方国库；地方国库收到下划资金后，金额纳入上年度地方预算收入。地方财政列入上年度收入决算。各省市分库在12月31日向中央总金库报解最后一份中央预算收入日报表后，整理期内再收纳的跨省市分机构企业缴纳的所得税，统一作为新年度的缴库收入处理。

（三）税务机关与国库部门在办理总机构缴纳的所得税对账时，需要将1010441项“总机构预缴所得税”、42项“总机构汇算清缴所得税”、43项“企业所得税待分配收入”下设的目级科目按级次核对一致。

（四）本办法自2013年1月1日起执行。《财政部 国家税务总局中国人民银行关于印发〈跨省市总分机构企业所得税分配及预算管理暂行办法〉的通知》（财预〔2008〕10号）同时废止。

（五）分配给地方的跨省市总分机构企业所得税收入，以及省区域内跨市县经营企业缴纳的企业所得税收入，可参照本办法制定省以下分配与预算管理办法。

关于《跨省市总分机构企业所得税分配及预算管理办法》的补充通知

（2012年12月25日 财预〔2012〕453号）

各省、自治区、直辖市、计划单列市财政厅（局）、国家税务局、

地方税务局，财政部驻各省、自治区、直辖市、计划单列市财政监察专员办事处，中国人民银行上海总部，各分行、营业管理部，省会（首府）城市中心支行，深圳、大连、青岛、厦门、宁波市中心支行：

为更好落实《财政部 国家税务总局中国人民银行关于印发〈跨省市总分机构企业所得税分配及预算管理办法〉的通知》（财预〔2012〕40号），现对有关事项补充通知如下：

一、关于分支机构查补收入的归属。二级分支机构所在地主管税务机关自行对二级分支机构实施税务检查，二级分支机构应将查补所得税款、滞纳金、罚款地方分享部分的50%归属该二级分支机构所在地，就地办理缴库；其余50%分摊给总机构办理缴库，其中，25%归属总机构所在地，25%就地全额缴入中央国库，由中央财政按照一定比例在各地区间分配。

二、关于税款滞纳金、罚款收入的归属。除查补税款滞纳金、罚款收入实行跨地区分享外，跨省市总分机构企业缴纳的其他企业所得税滞纳金、罚款收入不实行跨地区分享，按照规定的缴库程序就地缴库。

三、关于预算科目的调整。将财预〔2012〕40号文件和2013年《政府收支分类科目》中1010450项名称修改为“企业所得税税款滞纳金、罚款、加收利息收入”。1010450项下01目名称修改为“内资企业所得税税款滞纳金、罚款、加收利息收入”；02目名称修改为“港澳台和外商投资企业所得税税款滞纳金、罚款、加收利息收入”；03目名称修改为“中央企业所得税税款滞纳金、罚款、加收利息收入”。科目具体修改情况见附件。

四、关于缴库程序。分支机构分摊的查补税款入库的预算科目为1010449项“分支机构汇算清缴所得税”下的有关目级科目，级次为“中央60%、地方40%”；滞纳金、罚款入库的预算科目为1010450项“企业所得税税款滞纳金、罚款、加收利息收入”下的有关目级科目，级次为“中央60%、地方40%”。

总机构分摊的查补税款入库的预算科目为1010442项“总机构汇算清缴所得税”下的有关目级科目，级次为“中央60%、

中央20%（待分配）、地方20%”；滞纳金、罚款入库的预算科目为1010450项“企业所得税税款滞纳金、罚款、加收利息收入”下的有关目级科目，级次为“中央60%、中央20%（待分配）、地方20%”。国库部门收到总机构企业查补税款和滞纳金、罚款后，将其中60%列入中央级1010442项“总机构汇算清缴所得税”下的有关目级科目和1010450项“企业所得税税款滞纳金、罚款、加收利息收入”下的有关目级科目，20%列入中央级1010443“企业所得税待分配收入”下的有关目级科目，20%列入地方级1010442项“总机构汇算清缴所得税”下的有关目级科目和1010450项“企业所得税税款滞纳金、罚款、加收利息收入”下的有关目级科目。

五、其他。本办法实施后，缴纳和退还2012年及以前年度的企业所得税，仍按原办法执行。

财预〔2012〕40号文件规定与本文规定不一致的，按本文规定执行。

附件：2013年政府收支分类科目修订前后对照表（略）

企业重组业务企业所得税管理办法[①]

（2010年7月26日国家税务总局公告2010年第4号公布　自2010年1月1日起施行）

第一章　总则及定义

第一条　为规范和加强对企业重组业务的企业所得税管理，根据《中华人民共和国企业所得税法》（以下简称《税法》）及其实施条例（以下简称《实施条例》）、《中华人民共和国税收征收管理法》及其实施细则（以下简称《征管法》）、《财政部 国家税务总局关于企业重组业务企业所得税处理若干问题的通知》（财税〔2009〕59号）（以下简称《通知》）等有关规定，制定本办法。

第二条　本办法所称企业重组业务，是指《通知》第一条所规定的企业法律形式改变、债务重组、股权收购、资产收购、合并、分立等各类重组。

第三条　企业发生各类重组业务，其当事各方，按重组类型，分别指以下企业：

（一）债务重组中当事各方，指债务人及债权人。

（二）股权收购中当事各方，指收购方、转让方及被收购企业。

（三）资产收购中当事各方，指转让方、受让方。

（四）合并中当事各方，指合并企业、被合并企业及各方股东。

（五）分立中当事各方，指分立企业、被分立企业及各方股东。

第四条　同一重组业务的当事各方应采取一致税务处理原则，即统一按一般性或特殊性税务处理。

第五条　《通知》第一条第（四）项所称实质经营性资产，是指企业用于从事生产经营活动、与产生经营收入直接相关的资产，包括经营所用各类资产、企业拥有的商业信息和技术、经营活动产生的应收款项、投资资产等。

第六条　《通知》第二条所称控股企业，

① 本办法中第三条、第七条、第八条、第十六条、第十七条、第十八条、第二十二条、第二十三条、第二十四条、第二十五条、第二十七条、第三十二条被《国家税务总局关于企业重组业务企业所得税征收管理若干问题的公告》（国家税务总局公告2015年第48号）废止；第三十六条被《国家税务总局关于非居民企业所得税源泉扣缴有关问题的公告》（国家税务总局公告2017年第37号）废止。

是指由本企业直接持有股份的企业。

第七条 《通知》中规定的企业重组，其重组日的确定，按以下规定处理：

（一）债务重组，以债务重组合同或协议生效日为重组日。

（二）股权收购，以转让协议生效且完成股权变更手续日为重组日。

（三）资产收购，以转让协议生效且完成资产实际交割日为重组日。

（四）企业合并，以合并企业取得被合并企业资产所有权并完成工商登记变更日期为重组日。

（五）企业分立，以分立企业取得被分立企业资产所有权并完成工商登记变更日期为重组日。

第八条 重组业务完成年度的确定，可以按各当事方适用的会计准则确定，具体参照各当事方经审计的年度财务报告。由于当事方适用的会计准则不同导致重组业务完成年度的判定有差异时，各当事方应协商一致，确定同一个纳税年度作为重组业务完成年度。

第九条 本办法所称评估机构，是指具有合法资质的中国资产评估机构。

第二章 企业重组一般性税务处理管理

第十条 企业发生《通知》第四条第（一）项规定的由法人转变为个人独资企业、合伙企业等非法人组织，或将登记注册地转移至中华人民共和国境外（包括港澳台地区），应按照《财政部 国家税务总局关于企业清算业务企业所得税处理若干问题的通知》（财税〔2009〕60号）规定进行清算。

企业在报送《企业清算所得纳税申报表》时，应附送以下资料：

（一）企业改变法律形式的工商部门或其他政府部门的批准文件；

（二）企业全部资产的计税基础以及评估机构出具的资产评估报告；

（三）企业债权、债务处理或归属情况说明；

（四）主管税务机关要求提供的其他资料证明。

第十一条 企业发生《通知》第四条第（二）项规定的债务重组，应准备以下相关资料，以备税务机关检查。

（一）以非货币资产清偿债务的，应保留当事各方签订的清偿债务的协议或合同，以及非货币资产公允价格确认的合法证据等；

（二）债权转股权的，应保留当事各方签订的债权转股权协议或合同。

第十二条 企业发生《通知》第四条第（三）项规定的股权收购、资产收购重组业务，应准备以下相关资料，以备税务机关检查。

（一）当事各方所签订的股权收购、资产收购业务合同或协议；

（二）相关股权、资产公允价值的合法证据。

第十三条 企业发生《通知》第四条第（四）项规定的合并，应按照财税〔2009〕60号文件规定进行清算。

被合并企业在报送《企业清算所得纳税申报表》时，应附送以下资料：

（一）企业合并的工商部门或其他政府部门的批准文件；

（二）企业全部资产和负债的计税基础以及评估机构出具的资产评估报告；

（三）企业债务处理或归属情况说明；

（四）主管税务机关要求提供的其他资料证明。

第十四条 企业发生《通知》第四条第（五）项规定的分立，被分立企业不再继续存在，应按照财税〔2009〕60号文件规定进行清算。

被分立企业在报送《企业清算所得纳税申报表》时，应附送以下资料：

（一）企业分立的工商部门或其他政府部门的批准文件；

（二）被分立企业全部资产的计税基础以及评估机构出具的资产评估报告；

（三）企业债务处理或归属情况说明；

（四）主管税务机关要求提供的其他资料证明。

第十五条 企业合并或分立，合并各方企业或分立企业涉及享受《税法》第五十七条规定中就企业整体（即全部生产经营所得）享受的税收优惠过渡政策尚未期满的，仅就存续企业未享受完的税收优惠，按照《通知》第九条的规定执行；注销的被合并或被分立企业未享受完的税收优惠，不再由存续企业承继；合并或分立而新设的企业不得再承继或重新享受上述优惠。合并或分立各方企业按照《税法》的税收优惠规定和税收优惠过渡政策中就企业有关生产经营项目的所得享受的税收优惠承继问题，按照《实施条例》第八十九条规定执行。

第三章 企业重组特殊性税务处理管理

第十六条 企业重组业务，符合《通知》规定条件并选择特殊性税务处理的，应按照《通知》第十一条规定进行备案；如企业重组各方需要税务机关确认，可以选择由重组主导方向主管税务机关提出申请，层报省税务机关给予确认。

采取申请确认的，主导方和其他当事方不在同一省（自治区、市）的，主导方省税务机关应将确认文件抄送其他当事方所在地省税务机关。

省税务机关在收到确认申请时，原则上应在当年度企业所得税汇算清缴前完成确认。特殊情况，需要延长的，应将延长理由告知主导方。

第十七条 企业重组主导方，按以下原则确定：

（一）债务重组为债务人；

（二）股权收购为股权转让方；

（三）资产收购为资产转让方；

（四）吸收合并为合并后拟存续的企业，新设合并为合并前资产较大的企业；

（五）分立为被分立的企业或存续企业。

第十八条 企业发生重组业务，按照《通知》第五条第（一）项要求，企业在备案或提交确认申请时，应从以下方面说明企业重组具有合理的商业目的：

（一）重组活动的交易方式。即重组活动采取的具体形式、交易背景、交易时间、在交易之前和之后的运作方式和有关的商业常规；

（二）该项交易的形式及实质。即形式上交易所产生的法律权利和责任，也是该项交易的法律后果。另外，交易实际上或商业上产生的最终结果；

（三）重组活动给交易各方税务状况带来的可能变化；

（四）重组各方从交易中获得的财务状况变化；

（五）重组活动是否给交易各方带来了在市场原则下不会产生的异常经济利益或潜在义务；

（六）非居民企业参与重组活动的情况。

第十九条 《通知》第五条第（三）和第（五）项所称“企业重组后的连续12个月内”，是指自重组日起计算的连续12个月内。

第二十条 《通知》第五条第（五）项规定的原主要股东，是指原持有转让企业或被收购企业20%以上股权的股东。

第二十一条 《通知》第六条第（四）项规定的同一控制，是指参与合并的企业在合并前后均受同一方或相同的多方最终控制，且该控制并非暂时性的。能够对参与合并的企业在合并前后均实施最终控制权的相同多方，是指根据合同或协议的约定，对参与合并企业的财务和经营政策拥有决定控制权的投资者群体。在企业合并前，参与合并各方受最终控制方的控制在12个月以上，企业合并后所形成的主体在最终控制方的控制时间也应达到连续12个月。

第二十二条 企业发生《通知》第六条第（一）项规定的债务重组，根据不同情形，应准备以下资料：

（一）发生债务重组所产生的应纳税所得额占该企业当年应纳税所得额50%以上的，债务重组所得要求在5个纳税年度的期间内，均匀计入各年度应纳税所得额的，应准备以下资料：

1. 当事方的债务重组的总体情况说明（如果采取申请确认的，应为企业的申请，下同），情况说明中应包括债务重组的商业目的；

2. 当事各方所签订的债务重组合同或协议；

3. 债务重组所产生的应纳税所得额、企业当年应纳税所得额情况说明；

4. 税务机关要求提供的其他资料证明。

（二）发生债权转股权业务，债务人对债务清偿业务暂不确认所得或损失，债权人对股权投资的计税基础以原债权的计税基础确定，应准备以下资料：

1. 当事方的债务重组的总体情况说明。情况说明中应包括债务重组的商业目的；

2. 双方所签订的债转股合同或协议；

3. 企业所转换的股权公允价格证明；

4. 工商部门及有关部门核准相关企业股权变更事项证明材料；

5. 税务机关要求提供的其他资料证明。

第二十三条 企业发生《通知》第六条第（二）项规定的股权收购业务，应准备以下资料：

（一）当事方的股权收购业务总体情况说明，情况说明中应包括股权收购的商业目的；

（二）双方或多方所签订的股权收购业务合同或协议；

（三）由评估机构出具的所转让及支付的股权公允价值；

（四）证明重组符合特殊性税务处理条件的资料，包括股权比例，支付对价情况，以及12个月内不改变资产原来的实质性经营活动和原主要股东不转让所取得股权的承诺书等；

（五）工商等相关部门核准相关企业股权变更事项证明材料；

（六）税务机关要求的其他材料。

第二十四条 企业发生《通知》第六条第（三）项规定的资产收购业务，应准备以下资料：

（一）当事方的资产收购业务总体情况说明，情况说明中应包括资产收购的商业目的；

（二）当事各方所签订的资产收购业务合同或协议；

（三）评估机构出具的资产收购所体现的资产评估报告；

（四）受让企业股权的计税基础的有效凭证；

（五）证明重组符合特殊性税务处理条件的资料，包括资产收购比例，支付对价情况，以及12个月内不改变资产原来的实质性经营活动、原主要股东不转让所取得股权的承诺书等；

（六）工商部门核准相关企业股权变更事项证明材料；

（七）税务机关要求提供的其他材料证明。

第二十五条 企业发生《通知》第六条第（四）项规定的合并，应准备以下资料：

（一）当事方企业合并的总体情况说明。情况说明中应包括企业合并的商业目的；

（二）企业合并的政府主管部门的批准文件；

（三）企业合并各方当事人的股权关系说明；

（四）被合并企业的净资产、各单项资产和负债及其账面价值和计税基础等相关资料；

（五）证明重组符合特殊性税务处理条件的资料，包括合并前企业各股东取得股权支付比例情况、以及12个月内不改变资产原来的实质性经营活动、原主要股东不转让所取得股权的承诺书等；

（六）工商部门核准相关企业股权变更事项证明材料；

（七）主管税务机关要求提供的其他资料证明。

第二十六条 《通知》第六条第（四）项所规定的可由合并企业弥补的被合并企业亏损的限额，是指按《税法》规定的剩余结转年限内，每年可由合并企业弥补的被合并企业亏损的限额。

第二十七条 企业发生《通知》第六条第（五）项规定的分立，应准备以下资料：

（一）当事方企业分立的总体情况说明。情况说明中应包括企业分立的商业目的；

（二）企业分立的政府主管部门的批准文件；

（三）被分立企业的净资产、各单项资产和负债账面价值和计税基础等相关资料；

（四）证明重组符合特殊性税务处理条件的资料，包括分立后企业各股东取得股权支付比例情况、以及12个月内不改变资产原来的实质性经营活动、原主要股东不转让所取得股权的承诺书等；

（五）工商部门认定的分立和被分立企业股东股权比例证明材料；分立后，分立和被分立企业工商营业执照复印件；分立和被分立企业分立业务账务处理复印件；

（六）税务机关要求提供的其他资料证明。

第二十八条 根据《通知》第六条第（四）项第2目规定，被合并企业合并前的相关所得税事项由合并企业承继，以及根据《通知》第六条第（五）项第2目规定，企业分立，已分立资产相应的所得税事项由分立企业承继，这些事项包括尚未确认的资产损失、分期确认收入的处理以及尚未享受期满的税收优惠政策承继处理问题等。其中，对税收优惠政策承继处理问题，凡属于依照《税法》第五十七条规定中就企业整体（即全部生产经营所得）享受税收优惠过渡政策的，合并或分立后的企业性质及适用税收优惠条件未发生改变的，可以继续享受合并前各企业或分立前被分立企业剩余期限的税收优惠。合并前各企业剩余的税收优惠年限不一致的，合并后企业每年度的应纳税所得额，应统一按合并日各合并前企业资产占合并后企业总资产的比例进行划分，再分别按相应的剩余优惠计算应纳税额。合并前各企业或分立前被分立企业按照《税法》的税收优惠规定以及税收优惠过渡政策中就有关生产经营项目所得享受的税收优惠承继处理问题，按照《实施条例》第八十九条规定执行。

第二十九条 适用《通知》第五条第（三）项和第（五）项的当事各方应在完成重组业务后的下一年度的企业所得税年度申报时，向主管税务机关提交书面情况说明，以证明企业在重组后的连续12个月内，有关符合特殊性税务处理的条件未发生改变。

第三十条 当事方的其中一方在规定时间内发生生产经营业务、公司性质、资产或股权结构等情况变化，致使重组业务不再符合特殊性税务处理条件的，发生变化的当事方应在情况发生变化的30天内书面通知其他所有当事方。主导方在接到通知后30日内将有关变化通知其主管税务机关。

上款所述情况发生变化后60日内，应

按照《通知》第四条的规定调整重组业务的税务处理。原交易各方应各自按原交易完成时资产和负债的公允价值计算重组业务的收益或损失，调整交易完成纳税年度的应纳税所得额及相应的资产和负债的计税基础，并向各自主管税务机关申请调整交易完成纳税年度的企业所得税年度申报表。逾期不调整申报的，按照《征管法》的相关规定处理。

第三十一条 各当事方的主管税务机关应当对企业申报或确认适用特殊性税务处理的重组业务进行跟踪监管，了解重组企业的动态变化情况。发现问题，应及时与其他当事方主管税务机关沟通联系，并按照规定给予调整。

第三十二条 根据《通知》第十条规定，若同一项重组业务涉及在连续12个月内分步交易，且跨两个纳税年度，当事各方在第一步交易完成时预计整个交易可以符合特殊性税务处理条件，可以协商一致选择特殊性税务处理的，可在第一步交易完成后，适用特殊性税务处理。主管税务机关在审核有关资料后，符合条件的，可以暂认可适用特殊性税务处理。第二年进行下一步交易后，应按本办法要求，准备相关资料确认适用特殊性税务处理。

第三十三条 上述跨年度分步交易，若当事方在首个纳税年度不能预计整个交易是否符合特殊性税务处理条件，应适用一般性税务处理。在下一纳税年度全部交易完成后，适用特殊性税务处理的，可以调整上一纳税年度的企业所得税年度申报表，涉及多缴税款的，各主管税务机关应退税，或抵缴当年应纳税款。

第三十四条 企业重组的当事各方应该取得并保管与该重组有关的凭证、资料，保管期限按照《征管法》的有关规定执行。

第四章 跨境重组税收管理

第三十五条 发生《通知》第七条规定的重组，凡适用特殊性税务处理规定的，应按照本办法第三章相关规定执行。

第三十六条 发生《通知》第七条第（一）、（二）项规定的重组，适用特殊税务处理的，应按照《国家税务总局关于印发〈非居民企业所得税源泉扣缴管理暂行办法〉的通知》（国税发〔2009〕3号）和《国家税务总局关于加强非居民企业股权转让所得企业所得税管理的通知》（国税函〔2009〕698号）要求，准备资料。

第三十七条 发生《通知》第七条第（三）项规定的重组，居民企业应向其所在地主管税务机关报送以下资料：

1. 当事方的重组情况说明，申请文件中应说明股权转让的商业目的；

2. 双方所签订的股权转让协议；

3. 双方控股情况说明；

4. 由评估机构出具的资产或股权评估报告。报告中应分别列示涉及的各单项被转让资产和负债的公允价值；

5. 证明重组符合特殊性税务处理条件的资料，包括股权或资产转让比例，支付对价情况，以及12个月内不改变资产原来的实质性经营活动、不转让所取得股权的承诺书等；

6. 税务机关要求的其他材料。

国家税务总局关于企业重组业务企业所得税征收管理若干问题的公告

（2015年6月24日 国家税务总局公告2015年第48号 根据2018年6月15日《国家税务总局关于修改部分税收规范性文件的公告》修改）

根据《中华人民共和国企业所得税法》及其实施条例、《中华人民共和国税收征收管理法》及其实施细则、《国务院关于取消非行政许可审批事项的决定》（国发〔2015〕27号）、《财政部 国家税务总局关于企业重组业务企业所得税处理若干问题的通知》（财税〔2009〕59号）和《财政部 国家税务总局关于促进企业重组有关企业所得税处理问题的通知》（财税〔2014〕109号）等有关规定，现对企业重组业务企业所得税征收管理若干问题公告如下：

一、按照重组类型，企业重组的当事各方是指：

（一）债务重组中当事各方，指债务人、债权人。

（二）股权收购中当事各方，指收购方、转让方及被收购企业。

（三）资产收购中当事各方，指收购方、转让方。

（四）合并中当事各方，指合并企业、被合并企业及被合并企业股东。

（五）分立中当事各方，指分立企业、被分立企业及被分立企业股东。

上述重组交易中，股权收购中转让方、合并中被合并企业股东和分立中被分立企业股东，可以是自然人。

当事各方中的自然人应按个人所得税的相关规定进行税务处理。

二、重组当事各方企业适用特殊性税务处理的（指重组业务符合财税〔2009〕59号文件和财税〔2014〕109号文件第一条、第二条规定条件并选择特殊性税务处理的，下同），应按如下规定确定重组主导方：

（一）债务重组，主导方为债务人。

（二）股权收购，主导方为股权转让方，涉及两个或两个以上股权转让方，由转让被收购企业股权比例最大的一方作为主导方（转让股权比例相同的可协商确定主导方）。

（三）资产收购，主导方为资产转让方。

（四）合并，主导方为被合并企业，涉及同一控制下多家被合并企业的，以净资产最大的一方为主导方。

（五）分立，主导方为被分立企业。

三、财税〔2009〕59号文件第十一条所称重组业务完成当年，是指重组日所属的企业所得税纳税年度。

企业重组日的确定，按以下规定处理：

1. 债务重组，以债务重组合同（协议）或法院裁定书生效日为重组日。

2. 股权收购，以转让合同（协议）生效且完成股权变更手续日为重组日。关联企业之间发生股权收购，转让合同（协议）生效后12个月内尚未完成股权变更手续的，应以转让合同（协议）生效日为重组日。

3. 资产收购，以转让合同（协议）生效且当事各方已进行会计处理的日期为重组日。

4. 合并，以合并合同（协议）生效、当事各方已进行会计处理且完成工商新设登记或变更登记日为重组日。按规定不需要办理工商新设或变更登记的合并，以合并合同（协议）生效且当事各方已进行会计处理的日期为重组日。

5. 分立，以分立合同（协议）生效、当事各方已进行会计处理且完成工商新设登记或变更登记日为重组日。

四、企业重组业务适用特殊性税务处理的，除财税〔2009〕59号文件第四条第（一）项所称企业发生其他法律形式简单改变情形外，重组各方应在该重组业务完成当年，办理企业所得税年度申报时，分别向各自主管税务机关报送《企业重组所得税特殊性税务处理报告表及附表》（详见附件1）和申报资料（详见附件2）。合并、分立中重组一方涉及注销的，应在尚未办理注销税务登记手续前进行申报。

重组主导方申报后，其他当事方向其主管税务机关办理纳税申报。申报时还应附送重组主导方经主管税务机关受理的《企业重组所得税特殊性税务处理报告表及附表》（复印件）。

五、企业重组业务适用特殊性税务处理的，申报时，应从以下方面逐条说明企业重组具有合理的商业目的：

（一）重组交易的方式；

（二）重组交易的实质结果；

（三）重组各方涉及的税务状况变化；

（四）重组各方涉及的财务状况变化；

（五）非居民企业参与重组活动的情况。

六、企业重组业务适用特殊性税务处理的，申报时，当事各方还应向主管税务机关提交重组前连续12个月内有无与该重组相关的其他股权、资产交易情况的说明，并说明这些交易与该重组是否构成分步交易，是否作为一项企业重组业务进行处理。

七、根据财税〔2009〕59号文件第十条规定，若同一项重组业务涉及在连续12个月内分步交易，且跨两个纳税年度，当事各方在首个纳税年度交易完成时预计整个交易符合特殊性税务处理条件，经协商一致选择特殊性税务处理的，可以暂时适用特殊性税务处理，并在当年企业所得税年度申报时提交书面申报资料。

在下一纳税年度全部交易完成后，企业应判断是否适用特殊性税务处理。如适用特殊性税务处理的，当事各方应按本公告要求申报相关资料；如适用一般性税务处理的，应调整相应纳税年度的企业所得税年度申报表，计算缴纳企业所得税。

八、企业发生财税〔2009〕59号文件第六条第（一）项规定的债务重组，应准确记录应予确认的债务重组所得，并在相应年度的企业所得税汇算清缴时对当年确认额及分年结转额的情况做出说明。

主管税务机关应建立台账，对企业每年申报的债务重组所得与台账进行比对分析，加强后续管理。

九、企业发生财税〔2009〕59号文件第七条第（三）项规定的重组，居民企业应准确记录应予确认的资产或股权转让收益总额，并在相应年度的企业所得税汇算清缴时对当年确认额及分年结转额的情况做出说明。

主管税务机关应建立台账，对居民企业取得股权的计税基础和每年确认的资产或股权转让收益进行比对分析，加强后续管理。

十、适用特殊性税务处理的企业，在以后年度转让或处置重组资产（股权）时，应在年度纳税申报时对资产（股权）转让所得或损失情况进行专项说明，包括特殊性税务处理时确定的重组资产（股权）计税基础与转让或处置时的计税基础的比对情况，以及递延所得税负债的处理情况等。

适用特殊性税务处理的企业，在以后年度转让或处置重组资产（股权）时，主管税务机关应加强评估和检查，将企业特殊性税务处理时确定的重组资产（股权）计税基础与转让或处置时的计税基础及相关的年度纳税申报表比对，发现问题的，应依法进行调整。

十一、税务机关应对适用特殊性税务处理的企业重组做好统计和相关资料的归档工作。各省、自治区、直辖市和计划单列市税务局应于每年8月底前将《企业重组所得税特殊性税务处理统计表》（详见附件3）上报税务总局（所得税司）。

十二、本公告适用于2015年度及以后年度企业所得税汇算清缴。《国家税务总局关于发布〈企业重组业务企业所得税管理办法〉的公告》（国家税务总局公告2010年第4号）第三条、第七条、第八条、第十六条、第十七条、第十八条、第二十二条、第二十三条、第二十四条、第二十五条、第二十七条、第三十二条同时废止。

本公告施行时企业已经签订重组协议，但尚未完成重组的，按本公告执行。

特此公告。

附件：1. 企业重组所得税特殊性税务处理报告表及附表（略）
2. 企业重组所得税特殊性税务处理申报资料一览表（略）
3. 企业重组所得税特殊性税务处理统计表（略）

企业资产损失所得税税前扣除管理办法①

（2011年3月31日国家税务总局令第25号公布　自2011年1月1日起施行　根据2018年6月15日《国家税务总局关于修改部分税收规范性文件的公告》修改）

第一章　总　　则

第一条　根据《中华人民共和国企业所得税法》（以下简称企业所得税法）及其实施条例、《中华人民共和国税收征收管理法》（以下简称征管法）及其实施细则、《财政部国家税务总局关于企业资产损失税前扣除政策的通知》（财税〔2009〕57号）（以下简称《通知》）的规定，制定本办法。

第二条　本办法所称资产是指企业拥有或者控制的、用于经营管理活动相关的资产，包括现金、银行存款、应收及预付款项（包括应收票据、各类垫款、企业之间往来款项）等货币性资产，存货、固定资产、无形资产、在建工程、生产性生物资产等非货币性资产，以及债权性投资和股权（权益）性投资。

第三条　准予在企业所得税税前扣除的资产损失，是指企业在实际处置、转让上述资产过程中发生的合理损失（以下简称实际资产损失），以及企业虽未实际处置、转让上述资产，但符合《通知》和本办法规定条件计算确认的损失（以下简称法定资产损失）。

第四条　企业实际资产损失，应当在其实际发生且会计上已作损失处理的年度申报扣除；法定资产损失，应当在企业向主管税务机关提供证据资料证明该项资产已符合法定资产损失确认条件，且会计上已作损失处理的年度申报扣除。

第五条　企业发生的资产损失，应按规定的程序和要求向主管税务机关申报后方能在税前扣除。未经申报的损失，不得在税前扣除。

第六条　企业以前年度发生的资产损失未能在当年税前扣除的，可以按照本办法的规定，向税务机关说明并进行专项申报扣除。其中，属于实际资产损失，准予追补至该项损失发生年度扣除，其追补确认期限一般不得超过五年，但因计划经济体制转轨过程中遗留的资产损失、企业重组上市过程中因权属不清出现争议而未能及时扣除的资产损失、因承担国家政策性任务而形成的资产损失以及政策定性不明确而形成资产损失等特殊原因形成的资产损失，其追补确认期限经国家税务总局批准后可适当延长。属于法定资产损失，应在申报年度扣除。

企业因以前年度实际资产损失未在税前扣除而多缴的企业所得税税款，可在追补确认年度企业所得税应纳税款中予以抵扣，不足抵扣的，向以后年度递延抵扣。

企业实际资产损失发生年度扣除追补确认的损失后出现亏损的，应先调整资产损失发生年度的亏损额，再按弥补亏损的原则计算以后年度多缴的企业所得税税款，并按前款办法进行税务处理。

① 本办法第四条、第七条、第八条、第十三条有关资产损失证据资料、会计核算资料、纳税资料等相关资料报送的内容被废止，参见《国家税务总局关于企业所得税资产损失资料留存备查有关事项的公告》（国家税务总局公告2018年第15号）。

第二章 申报管理

第七条 企业在进行企业所得税年度汇算清缴申报时，可将资产损失申报材料和纳税资料作为企业所得税年度纳税申报表的附件一并向税务机关报送。

第八条 企业资产损失按其申报内容和要求的不同，分为清单申报和专项申报两种申报形式。其中，属于清单申报的资产损失，企业可按会计核算科目进行归类、汇总，然后再将汇总清单报送税务机关，有关会计核算资料和纳税资料留存备查；属于专项申报的资产损失，企业应逐项（或逐笔）报送申请报告，同时附送会计核算资料及其他相关的纳税资料。

企业在申报资产损失税前扣除过程中不符合上述要求的，税务机关应当要求其改正，企业拒绝改正的，税务机关有权不予受理。

第九条 下列资产损失，应以清单申报的方式向税务机关申报扣除：

（一）企业在正常经营管理活动中，按照公允价格销售、转让、变卖非货币资产的损失；

（二）企业各项存货发生的正常损耗；

（三）企业固定资产达到或超过使用年限而正常报废清理的损失；

（四）企业生产性生物资产达到或超过使用年限而正常死亡发生的资产损失；

（五）企业按照市场公平交易原则，通过各种交易场所、市场等买卖债券、股票、期货、基金以及金融衍生产品等发生的损失。

第十条 前条以外的资产损失，应以专项申报的方式向税务机关申报扣除。企业无法准确判别是否属于清单申报扣除的资产损失，可以采取专项申报的形式申报扣除。

第十一条 在中国境内跨地区经营的汇总纳税企业发生的资产损失，应按以下规定申报扣除：

（一）总机构及其分支机构发生的资产损失，除应按专项申报和清单申报的有关规定，各自向当地主管税务机关申报外，各分支机构同时还应上报总机构；

（二）总机构对各分支机构上报的资产损失，除税务机关另有规定外，应以清单申报的形式向当地主管税务机关进行申报；

（三）总机构将跨地区分支机构所属资产捆绑打包转让所发生的资产损失，由总机构向当地主管税务机关进行专项申报。

第十二条① 企业因国务院决定事项形成的资产损失，应向国家税务总局提供有关资料。国家税务总局审核有关情况后，将损失情况通知相关税务机关。企业应按本办法的要求进行专项申报。

第十三条 属于专项申报的资产损失，企业因特殊原因不能在规定的时限内报送相关资料的，可以向主管税务机关提出申请，经主管税务机关同意后，可适当延期申报。

第十四条 企业应当建立健全资产损失内部核销管理制度，及时收集、整理、编制、审核、申报、保存资产损失税前扣除证据材料，方便税务机关检查。

第十五条 税务机关应按分项建档、分级管理的原则，建立企业资产损失税前扣除管理台账和纳税档案，及时进行评估。对资产损失金额较大或经评估后发现不符合资产损失税前扣除规定、或存有疑点、异常情况的资产损失，应及时进行核查。对有证据证明申报扣除的资产损失不真实、不合法的，应依法作出税收处理。

---

① 本条被《国家税务总局关于企业因国务院决定事项形成的资产损失税前扣除问题的公告》（2014年3月17日 国家税务总局公告2014年第18号）废止。

第三章　资产损失确认证据

第十六条　企业资产损失相关的证据包括具有法律效力的外部证据和特定事项的企业内部证据。

第十七条　具有法律效力的外部证据，是指司法机关、行政机关、专业技术鉴定部门等依法出具的与本企业资产损失相关的具有法律效力的书面文件，主要包括：

（一）司法机关的判决或者裁定；

（二）公安机关的立案结案证明、回复；

（三）工商部门出具的注销、吊销及停业证明；

（四）企业的破产清算公告或清偿文件；

（五）行政机关的公文；

（六）专业技术部门的鉴定报告；

（七）具有法定资质的中介机构的经济鉴定证明；

（八）仲裁机构的仲裁文书；

（九）保险公司对投保资产出具的出险调查单、理赔计算单等保险单据；

（十）符合法律规定的其他证据。

第十八条　特定事项的企业内部证据，是指会计核算制度健全、内部控制制度完善的企业，对各项资产发生毁损、报废、盘亏、死亡、变质等内部证明或承担责任的声明，主要包括：

（一）有关会计核算资料和原始凭证；

（二）资产盘点表；

（三）相关经济行为的业务合同；

（四）企业内部技术鉴定部门的鉴定文件或资料；

（五）企业内部核批文件及有关情况说明；

（六）对责任人由于经营管理责任造成损失的责任认定及赔偿情况说明；

（七）法定代表人、企业负责人和企业财务负责人对特定事项真实性承担法律责任的声明。

第四章　货币资产损失的确认

第十九条　企业货币资产损失包括现金损失、银行存款损失和应收及预付款项损失等。

第二十条　现金损失应依据以下证据材料确认：

（一）现金保管人确认的现金盘点表（包括倒推至基准日的记录）；

（二）现金保管人对于短缺的说明及相关核准文件；

（三）对责任人由于管理责任造成损失的责任认定及赔偿情况的说明；

（四）涉及刑事犯罪的，应有司法机关出具的相关材料；

（五）金融机构出具的假币收缴证明。

第二十一条　企业因金融机构清算而发生的存款类资产损失应依据以下证据材料确认：

（一）企业存款类资产的原始凭据；

（二）金融机构破产、清算的法律文件；

（三）金融机构清算后剩余资产分配情况资料。

金融机构应清算而未清算超过三年的，企业可将该款项确认为资产损失，但应有法院或破产清算管理人出具的未完成清算证明。

第二十二条　企业应收及预付款项坏账损失应依据以下相关证据材料确认：

（一）相关事项合同、协议或说明；

（二）属于债务人破产清算的，应有人民法院的破产、清算公告；

（三）属于诉讼案件的，应出具人民法院的判决书或裁决书或仲裁机构的仲裁书，或者被法院裁定终（中）止执行的法律文书；

（四）属于债务人停止营业的，应有工商部门注销、吊销营业执照证明；

（五）属于债务人死亡、失踪的，应有公安机关等有关部门对债务人个人的死亡、失踪证明；

（六）属于债务重组的，应有债务重组协议及其债务人重组收益纳税情况说明；

（七）属于自然灾害、战争等不可抗力而无法收回的，应有债务人受灾情况说明以及放弃债权申明。

第二十三条 企业逾期三年以上的应收款项在会计上已作为损失处理的，可以作为坏账损失，但应说明情况，并出具专项报告。

第二十四条 企业逾期一年以上，单笔数额不超过五万或者不超过企业年度收入总额万分之一的应收款项，会计上已经作为损失处理的，可以作为坏账损失，但应说明情况，并出具专项报告。

第五章 非货币资产损失的确认

第二十五条 企业非货币资产损失包括存货损失、固定资产损失、无形资产损失、在建工程损失、生产性生物资产损失等。

第二十六条 存货盘亏损失，为其盘亏金额扣除责任人赔偿后的余额，应依据以下证据材料确认：

（一）存货计税成本确定依据；

（二）企业内部有关责任认定、责任人赔偿说明和内部核批文件；

（三）存货盘点表；

（四）存货保管人对于盘亏的情况说明。

第二十七条 存货报废、毁损或变质损失，为其计税成本扣除残值及责任人赔偿后的余额，应依据以下证据材料确认：

（一）存货计税成本的确定依据；

（二）企业内部关于存货报废、毁损、变质、残值情况说明及核销资料；

（三）涉及责任人赔偿的，应当有赔偿情况说明；

（四）该项损失数额较大的（指占企业该类资产计税成本10%以上，或减少当年应纳税所得、增加亏损10%以上，下同），应有专业技术鉴定意见或法定资质中介机构出具的专项报告等。

第二十八条 存货被盗损失，为其计税成本扣除保险理赔以及责任人赔偿后的余额，应依据以下证据材料确认：

（一）存货计税成本的确定依据；

（二）向公安机关的报案记录；

（三）涉及责任人和保险公司赔偿的，应有赔偿情况说明等。

第二十九条 固定资产盘亏、丢失损失，为其账面净值扣除责任人赔偿后的余额，应依据以下证据材料确认：

（一）企业内部有关责任认定和核销资料；

（二）固定资产盘点表；

（三）固定资产的计税基础相关资料；

（四）固定资产盘亏、丢失情况说明；

（五）损失金额较大的，应有专业技术鉴定报告或法定资质中介机构出具的专项报告等。

第三十条 固定资产报废、毁损损失，为其账面净值扣除残值和责任人赔偿后的余额，应依据以下证据材料确认：

（一）固定资产的计税基础相关资料；

（二）企业内部有关责任认定和核销资料；

（三）企业内部有关部门出具的鉴定材料；

（四）涉及责任赔偿的，应当有赔偿情况的说明；

（五）损失金额较大的或自然灾害等不可抗力原因造成固定资产毁损、报废的，应有专业技术鉴定意见或法定资质中介机构出具的专项报告等。

第三十一条 固定资产被盗损失，为其账面净值扣除责任人赔偿后的余额，应依据以下证据材料确认：

（一）固定资产计税基础相关资料；

（二）公安机关的报案记录，公安机关立案、破案和结案的证明材料；

（三）涉及责任赔偿的，应有赔偿责任的认定及赔偿情况的说明等。

第三十二条 在建工程停建、报废损失，为其工程项目投资账面价值扣除残值后的余额，应依据以下证据材料确认：

（一）工程项目投资账面价值确定依据；

（二）工程项目停建原因说明及相关材料；

（三）因质量原因停建、报废的工程项目和因自然灾害和意外事故停建、报废的工程项目，应出具专业技术鉴定意见和责任认定、赔偿情况的说明等。

第三十三条 工程物资发生损失，可比照本办法存货损失的规定确认。

第三十四条 生产性生物资产盘亏损失，为其账面净值扣除责任人赔偿后的余额，应依据以下证据材料确认：

（一）生产性生物资产盘点表；

（二）生产性生物资产盘亏情况说明；

（三）生产性生物资产损失金额较大的，企业应有专业技术鉴定意见和责任认定、赔偿情况的说明等。

第三十五条 因森林病虫害、疫情、死亡而产生的生产性生物资产损失，为其账面净值扣除残值、保险赔偿和责任人赔偿后的余额，应依据以下证据材料确认：

（一）损失情况说明；

（二）责任认定及其赔偿情况的说明；

（三）损失金额较大的，应有专业技术鉴定意见。

第三十六条 对被盗伐、被盗、丢失而产生的生产性生物资产损失，为其账面净值扣除保险赔偿以及责任人赔偿后的余额，应依据以下证据材料确认：

（一）生产性生物资产被盗后，向公安机关的报案记录或公安机关立案、破案和结案的证明材料；

（二）责任认定及其赔偿情况的说明。

第三十七条 企业由于未能按期赎回抵押资产，使抵押资产被拍卖或变卖，其账面净值大于变卖价值的差额，可认定为资产损失，按以下证据材料确认：

（一）抵押合同或协议书；

（二）拍卖或变卖证明、清单；

（三）会计核算资料等其他相关证据材料。

第三十八条 被其他新技术所代替或已经超过法律保护期限，已经丧失使用价值和转让价值，尚未摊销的无形资产损失，应提交以下证据备案：

（一）会计核算资料；

（二）企业内部核批文件及有关情况说明；

（三）技术鉴定意见和企业法定代表人、主要负责人和财务负责人签章证实无形资产已无使用价值或转让价值的书面申明；

（四）无形资产的法律保护期限文件。

第六章 投资损失的确认

第三十九条 企业投资损失包括债权性投资损失和股权（权益）性投资损失。

第四十条 企业债权投资损失应依据投资的原始凭证、合同或协议、会计核算资料等相关证据材料确认。下列情况债权投资损失的，还应出具相关证据材料：

（一）债务人或担保人依法被宣告破产、关闭、被解散或撤销、被吊销营业执照、失踪或者死亡等，应出具资产清偿证明或者遗产清偿证明。无法出具资产清偿证明或者遗产清偿证明，且上述事项超过三年以上的，或债权投资（包括信用卡透支和助学贷款）余额在三百万元以下的，应出具对应的债务人和担保人破产、关闭、解散证明、撤销文件、工商行政管理部门注销证明或查询证明以及追索记录等（包括司法追索、电话追索、信件追索和上门追索等原始记录）；

（二）债务人遭受重大自然灾害或意外事故，企业对其资产进行清偿和对担保人进行追偿后，未能收回的债权，应出具债务人遭受重大自然灾害或意外事故证明、保险赔偿证明、资产清偿证明等；

（三）债务人因承担法律责任，其资产不足归还所借债务，又无其他债务承担者的，应出具法院裁定证明和资产清偿证明；

（四）债务人和担保人不能偿还到期债务，企业提出诉讼或仲裁的，经人民法院对债务人和担保人强制执行，债务人和担保人均无资产可执行，人民法院裁定终结或终止（中止）执行的，应出具人民法院裁定文书；

（五）债务人和担保人不能偿还到期债务，企业提出诉讼后被驳回起诉的、人民法院不予受理或不予支持的，或经仲裁机构裁决免除（或部分免除）债务人责任，经追偿后无法收回的债权，应提交法院驳回起诉的证明，或法院不予受理或不予支持证明，或仲裁机构裁决免除债务人责任的文书；

（六）经国务院专案批准核销的债权，应提供国务院批准文件或经国务院同意后由国务院有关部门批准的文件。

第四十一条 企业股权投资损失应依据以下相关证据材料确认：

（一）股权投资计税基础证明材料；

（二）被投资企业破产公告、破产清偿文件；

（三）工商行政管理部门注销、吊销被投资单位营业执照文件；

（四）政府有关部门对被投资单位的行政处理决定文件；

（五）被投资企业终止经营、停止交易的法律或其他证明文件；

（六）被投资企业资产处置方案、成交及入账材料；

（七）企业法定代表人、主要负责人和财务负责人签章证实有关投资（权益）性损失的书面申明；

（八）会计核算资料等其他相关证据材料。

第四十二条 被投资企业依法宣告破产、关闭、解散或撤销、吊销营业执照、停止生产经营活动、失踪等，应出具资产清偿证明或者遗产清偿证明。

上述事项超过三年以上且未能完成清算的，应出具被投资企业破产、关闭、解散或撤销、吊销等的证明以及不能清算的原因说明。

第四十三条 企业委托金融机构向其他单位贷款，或委托其他经营机构进行理财，到期不能收回贷款或理财款项，按照本办法第六章有关规定进行处理。

第四十四条 企业对外提供与本企业生产经营活动有关的担保，因被担保人不能按期偿还债务而承担连带责任，经追索，被担保人无偿还能力，对无法追回的金额，比照本办法规定的应收款项损失进行处理。

与本企业生产经营活动有关的担保是指企业对外提供的与本企业应税收入、投资、融资、材料采购、产品销售等生产经营活动相关的担保。

第四十五条 企业按独立交易原则向关联企业转让资产而发生的损失，或向关联企业提供借款、担保而形成的债权损失，准予扣除，但企业应作专项说明，同时出具中介机构出具的专项报告及其相关的证明材料。

第四十六条 下列股权和债权不得作为损失在税前扣除：

（一）债务人或者担保人有经济偿还能力，未按期偿还的企业债权；

（二）违反法律、法规的规定，以各种形式、借口逃废或悬空的企业债权；

（三）行政干预逃废或悬空的企业债权；

（四）企业未向债务人和担保人追偿的债权；

（五）企业发生非经营活动的债权；

（六）其他不应当核销的企业债权和股权。

第七章　其他资产损失的确认

第四十七条　企业将不同类别的资产捆绑（打包），以拍卖、询价、竞争性谈判、招标等市场方式出售，其出售价格低于计税成本的差额，可以作为资产损失并准予在税前申报扣除，但应出具资产处置方案、各类资产作价依据、出售过程的情况说明、出售合同或协议、成交及入账证明、资产计税基础等确定依据。

第四十八条　企业正常经营业务因内部控制制度不健全而出现操作不当、不规范或因业务创新但政策不明确、不配套等原因形成的资产损失，应由企业承担的金额，可以作为资产损失并准予在税前申报扣除，但应出具损失原因证明材料或业务监管部门定性证明、损失专项说明。

第四十九条　企业因刑事案件原因形成的损失，应由企业承担的金额，或经公安机关立案侦查两年以上仍未追回的金额，可以作为资产损失并准予在税前申报扣除，但应出具公安机关、人民检察院的立案侦查情况或人民法院的判决书等损失原因证明材料。

第八章　附　　则

第五十条　本办法没有涉及的资产损失事项，只要符合企业所得税法及其实施条例等法律、法规规定的，也可以向税务机关申报扣除。

第五十一条　省、自治区、直辖市和计划单列市税务局可以根据本办法制定具体实施办法。

第五十二条　本办法自2011年1月1日起施行，《国家税务总局关于印发〈企业资产损失税前扣除管理办法〉的通知》（国税发〔2009〕88号）、《国家税务总局关于企业以前年度未扣除资产损失企业所得税处理问题的通知》（国税函〔2009〕772号）、《国家税务总局关于电信企业坏账损失税前扣除问题的通知》（国税函〔2010〕196号）同时废止。本办法生效之日前尚未进行税务处理的资产损失事项，也应按本办法执行。

企业所得税
汇算清缴管理办法

（2009年4月16日　国税发〔2009〕79号　根据2018年6月15日《国家税务总局关于修改部分税收规范性文件的公告》修改）

第一条　为加强企业所得税征收管理，进一步规范企业所得税汇算清缴管理工作，根据《中华人民共和国企业所得税法》及其实施条例（以下简称企业所得税法及其实施条例）和《中华人民共和国税收征收管理法》及其实施细则（以下简称税收征管法及其实施细则）的有关规定，制定本办法。

第二条　企业所得税汇算清缴，是指纳税人自纳税年度终了之日起5个月内或实际经营终止之日起60日内，依照税收法律、法规、规章及其他有关企业所得税的规定，自行计算本纳税年度应纳税所得额和应纳所得税额，根据月度或季度预缴企业所得税的数额，确定该纳税年度应补或者应退税额，并填写企业所得税年度纳税申报表，向主管税务机关办理企业所得税年度纳税申报、提供税务机关要求提供的有关资料、结清全年企业所得税税款的行为。

第三条　凡在纳税年度内从事生产、经营

（包括试生产、试经营），或在纳税年度中间终止经营活动的纳税人，无论是否在减税、免税期间，也无论盈利或亏损，均应按照企业所得税法及其实施条例和本办法的有关规定进行企业所得税汇算清缴。

实行核定定额征收企业所得税的纳税人，不进行汇算清缴。

第四条 纳税人应当自纳税年度终了之日起5个月内，进行汇算清缴，结清应缴应退企业所得税税款。

纳税人在年度中间发生解散、破产、撤销等终止生产经营情形，需进行企业所得税清算的，应在清算前报告主管税务机关，并自实际经营终止之日起60日内进行汇算清缴，结清应缴应退企业所得税款；纳税人有其他情形依法终止纳税义务的，应当自停止生产、经营之日起60日内，向主管税务机关办理当期企业所得税汇算清缴。

第五条 纳税人12月份或者第四季度的企业所得税预缴纳税申报，应在纳税年度终了后15日内完成，预缴申报后进行当年企业所得税汇算清缴。

第六条 纳税人需要报经税务机关审批、审核或备案的事项，应按有关程序、时限和要求报送材料等有关规定，在办理企业所得税年度纳税申报前及时办理。

第七条 纳税人应当按照企业所得税法及其实施条例和企业所得税的有关规定，正确计算应纳税所得额和应纳所得税额，如实、正确填写企业所得税年度纳税申报表及其附表，完整、及时报送相关资料，并对纳税申报的真实性、准确性和完整性负法律责任。

第八条 纳税人办理企业所得税年度纳税申报时，应如实填写和报送下列有关资料：

（一）企业所得税年度纳税申报表及其附表；

（二）财务报表；

（三）备案事项相关资料；

（四）总机构及分支机构基本情况、分支机构征税方式、分支机构的预缴税情况；

（五）委托中介机构代理纳税申报的，应出具双方签订的代理合同，并附送中介机构出具的包括纳税调整的项目、原因、依据、计算过程、调整金额等内容的报告；

（六）涉及关联方业务往来的，同时报送《中华人民共和国企业年度关联业务往来报告表》；

（七）主管税务机关要求报送的其他有关资料。

纳税人采用电子方式办理企业所得税年度纳税申报的，应按照有关规定保存有关资料或附报纸质纳税申报资料。

第九条 纳税人因不可抗力，不能在汇算清缴期内办理企业所得税年度纳税申报或备齐企业所得税年度纳税申报资料的，应按照税收征管法及其实施细则的规定，申请办理延期纳税申报。

第十条 纳税人在汇算清缴期内发现当年企业所得税申报有误的，可在汇算清缴期内重新办理企业所得税年度纳税申报。

第十一条 纳税人在纳税年度内预缴企业所得税税款少于应缴企业所得税税款的，应在汇算清缴期内结清应补缴的企业所得税税款；预缴税款超过应纳税款的，主管税务机关应及时按有关规定办理退税，或者经纳税人同意后抵缴其下一年度应缴企业所得税税款。

第十二条 纳税人因有特殊困难，不能在汇算清缴期内补缴企业所得税款的，应按照税收征管法及其实施细则的有关规定，办理申请延期缴纳税款手续。

第十三条 实行跨地区经营汇总缴纳企业所得税的纳税人，由统一计算应纳税所得额和应纳所得税额的总机构，按照上述规定，在汇算清缴期内向所在地主管税务机关办理企业所得税年度纳税申报，进行汇算清缴。分支机构不进行汇算清缴，但应将分支机构的营业收支等情况在报总机构统一汇算清缴前报送分支机构所在地主管税务机关。总机构应将分支机构及其所属机构的营业收支纳入总机构汇算清缴等情况报送各分支机构所在地主管税务机关。

第十四条 经批准实行合并缴纳企业所得税的企业集团，由集团母公司（以下简称汇缴企业）在汇算清缴期内，向汇缴企业所在地主管税务机关报送汇缴企业及各个成员企业合并计算填写的企业所得税年度纳税申报表，以及本办法第八条规定的有关资料及各个成员企业的企业所得税年度纳税申报表，统一办理汇缴企业及其成员企业的企业所得税汇算清缴。

汇缴企业应根据汇算清缴的期限要求，自行确定其成员企业向汇缴企业报送本办法第八条规定的有关资料的期限。成员企业向汇缴企业报送的上述资料，应经成员企业所在地的主管税务机关审核。

第十五条 纳税人未按规定期限进行汇算清缴，或者未报送本办法第八条所列资料的，按照税收征管法及其实施细则的有关规定处理。

第十六条 各级税务机关要结合当地实际，对每一纳税年度的汇算清缴工作进行统一安排和组织部署。汇算清缴管理工作由具体负责企业所得税日常管理的部门组织实施。税务机关内部各职能部门应充分协调和配合，共同做好汇算清缴的管理工作。

第十七条 各级税务机关应在汇算清缴开始之前和汇算清缴期间，主动为纳税人提供税收服务。

（一）采用多种形式进行宣传，帮助纳税人了解企业所得税政策、征管制度和办税程序。

（二）积极开展纳税辅导，帮助纳税人知晓汇算清缴范围、时间要求、报送资料及其他应注意的事项。

（三）必要时组织纳税培训，帮助纳税人进行企业所得税自核自缴。

第十八条 主管税务机关应及时向纳税人发放汇算清缴的表、证、单、书。

第十九条 主管税务机关受理纳税人企业所得税年度纳税申报表及有关资料时，如发现企业未按规定报齐有关资料或填报项目不完整的，应及时告知企业在汇算清缴期内补齐补正。

第二十条 主管税务机关受理纳税人年度纳税申报后，应对纳税人年度纳税申报表的逻辑性和有关资料的完整性、准确性进行审核。审核重点主要包括：

（一）纳税人企业所得税年度纳税申报表及其附表与企业财务报表有关项目的数字是否相符，各项目之间的逻辑关系是否对应，计算是否正确。

（二）纳税人是否按规定弥补以前年度亏损额和结转以后年度待弥补的亏损额。

（三）纳税人是否符合税收优惠条件、税收优惠的确认和申请是否符合规定程序。

（四）纳税人税前扣除的财产损失是否真实、是否符合有关规定程序。跨地区经营汇总缴纳企业所得税的纳税人，其分支机构税前扣除的财产损失是否由分支机构所在地主管税务机关出具证明。

（五）纳税人有无预缴企业所得税的完税凭证，完税凭证上填列的预缴数额是否真实。跨地区经营汇总缴纳企业所得税的纳税人及其所属分支机构预缴的税款是否与《中华人民共和国企业所得税汇总纳税分支机构分配表》中分配的数额一致。

（六）纳税人企业所得税和其他各税种之间的数据是否相符、逻辑关系是否吻合。

第二十一条 主管税务机关应结合纳税人企业所得税预缴情况及日常征管情况，对纳税人报送的企业所得税年度纳税申报表及其附表和其他有关资料进行初步审核后，按规定程序及时办理企业所得税补、退税或抵缴其下一年度应纳所得税款等事项。

第二十二条 税务机关应做好跨地区经营汇总纳税企业和合并纳税企业汇算清缴的协同管理。

（一）总机构和汇缴企业所在地主管

税务机关在对企业的汇总或合并纳税申报资料审核时，发现其分支机构或成员企业申报内容有疑点需进一步核实的，应向其分支机构或成员企业所在地主管税务机关发出有关税务事项协查函；该分支机构或成员企业所在地主管税务机关应在要求的时限内就协查事项进行调查核实，并将核查结果函复总机构或汇缴企业所在地主管税务机关。

（二）总机构和汇缴企业所在地主管税务机关收到分支机构或成员企业所在地主管税务机关反馈的核查结果后，应对总机构和汇缴企业申报的应纳税所得额及应纳所得税额作相应调整。

第二十三条 汇算清缴工作结束后，税务机关应组织开展汇算清缴数据分析、纳税评估和检查。纳税评估和检查的对象、内容、方法、程序等按照国家税务总局的有关规定执行。

第二十四条 汇算清缴工作结束后，各级税务机关应认真总结，写出书面总结报告逐级上报。各省、自治区、直辖市和计划单列市税务局应在每年7月底前将汇算清缴工作总结报告、年度企业所得税汇总报表报送国家税务总局（所得税司）。总结报告的内容应包括：

（一）汇算清缴工作的基本情况；

（二）企业所得税税源结构的分布情况；

（三）企业所得税收入增减变化及原因；

（四）企业所得税政策和征管制度贯彻落实中存在的问题和改进建议。

第二十五条 本办法适用于企业所得税居民企业纳税人。

第二十六条 各省、自治区、直辖市和计划单列市税务局可根据本办法制定具体实施办法。

第二十七条 本办法自2009年1月1日起执行。《国家税务总局关于印发〈企业所得税汇算清缴管理办法〉的通知》（国税发〔2005〕200号）、《国家税务总局关于印发新修订的〈外商投资企业和外国企业所得税汇算清缴工作规程〉的通知》（国税发〔2003〕12号）和《国家税务总局关于印发新修订的〈外商投资企业和外国企业所得税汇算清缴管理办法〉的通知》（国税发〔2003〕13号）同时废止。

2008年度企业所得税汇算清缴按本办法执行。

第二十八条 本办法由国家税务总局负责解释。

国家税务总局关于发布修订后的《企业所得税优惠政策事项办理办法》的公告

（2018年4月25日　国家税务总局公告2018年第23号）

为优化税收环境，有效落实企业所得税各项优惠政策，根据《国家税务总局关于进一步深化税务系统“放管服”改革 优化税收环境的若干意见》（税总发〔2017〕101号）有关精神，现将修订后的《企业所得税优惠政策事项办理办法》予以发布。

特此公告。

附件：企业所得税优惠事项管理目录（2017年版）

企业所得税优惠政策事项办理办法

第一条 为落实国务院简政放权、放管结合、优化服务要求，规范企业所得税优惠政策事项（以下简称“优惠事项”）办理，根据《中华人民共和国企业所得税法》

(以下简称“企业所得税法”)及其实施条例、《中华人民共和国税收征收管理法》(以下简称“税收征管法”)及其实施细则，制定本办法。

第二条 本办法所称优惠事项是指企业所得税法规定的优惠事项，以及国务院和民族自治地方根据企业所得税法授权制定的企业所得税优惠事项。包括免税收入、减计收入、加计扣除、加速折旧、所得减免、抵扣应纳税所得额、减低税率、税额抵免等。

第三条 优惠事项的名称、政策概述、主要政策依据、主要留存备查资料、享受优惠时间、后续管理要求等，见本公告附件《企业所得税优惠事项管理目录（2017年版)》(以下简称《目录》)。

《目录》由税务总局编制、更新。

第四条 企业享受优惠事项采取“自行判别、申报享受、相关资料留存备查”的办理方式。企业应当根据经营情况以及相关税收规定自行判断是否符合优惠事项规定的条件，符合条件的可以按照《目录》列示的时间自行计算减免税额，并通过填报企业所得税纳税申报表享受税收优惠。同时，按照本办法的规定归集和留存相关资料备查。

第五条 本办法所称留存备查资料是指与企业享受优惠事项有关的合同、协议、凭证、证书、文件、账册、说明等资料。留存备查资料分为主要留存备查资料和其他留存备查资料两类。主要留存备查资料由企业按照《目录》列示的资料清单准备，其他留存备查资料由企业根据享受优惠事项情况自行补充准备。

第六条 企业享受优惠事项的，应当在完成年度汇算清缴后，将留存备查资料归集齐全并整理完成，以备税务机关核查。

第七条 企业同时享受多项优惠事项或者享受的优惠事项按照规定分项目进行核算的，应当按照优惠事项或者项目分别归集留存备查资料。

第八条 设有非法人分支机构的居民企业以及实行汇总纳税的非居民企业机构、场所享受优惠事项的，由居民企业的总机构以及汇总纳税的主要机构、场所负责统一归集并留存备查资料。分支机构以及被汇总纳税的非居民企业机构、场所按照规定可独立享受优惠事项的，由分支机构以及被汇总纳税的非居民企业机构、场所负责归集并留存备查资料，同时分支机构以及被汇总纳税的非居民企业机构、场所应在当完成年度汇算清缴后将留存的备查资料清单送总机构以及汇总纳税的主要机构、场所汇总。

第九条 企业对优惠事项留存备查资料的真实性、合法性承担法律责任。

第十条 企业留存备查资料应从企业享受优惠事项当年的企业所得税汇算清缴期结束次日起保留10年。

第十一条 税务机关应当严格按照本办法规定的方式管理优惠事项，严禁擅自改变优惠事项的管理方式。

第十二条 企业享受优惠事项后，税务机关将适时开展后续管理。在后续管理时，企业应当根据税务机关管理服务的需要，按照规定的期限和方式提供留存备查资料，以证实享受优惠事项符合条件。其中，享受集成电路生产企业、集成电路设计企业、软件企业、国家规划布局内的重点软件企业和集成电路设计企业等优惠事项的企业，应当在完成年度汇算清缴后，按照《目录》“后续管理要求”项目中列示的清单向税务机关提交资料。

第十三条 企业享受优惠事项后发现其不符合优惠事项规定条件的，应当依法及时自行调整并补缴税款及滞纳金。

第十四条 企业未能按照税务机关要求提供留存备查资料，或者提供的留存备查资料与实际生产经营情况、财务核算情况、相关技术领域、产业、目录、资格证书等不符，无法证实符合优惠事项规定条件的，或者存在弄虚作假情况的，税务机关将依法追缴其已享受的企业所得税优惠，并按照税收征管法等相关规定处理。

第十五条 本办法适用于2017年度企业所得税汇算清缴及以后年度企业所得税优惠事项办理工作。《国家税务总局关于发布〈企业所得税优惠政策事项办理办法〉的公告》（国家税务总局公告2015年第76号）同时废止。

国家税务总局
关于技术转让所得减免企业所得税有关问题的公告

（2013年10月21日 国家税务总局公告2013年第62号）

为加强技术转让所得减免企业所得税的征收管理，现将《国家税务总局关于技术转让所得减免企业所得税有关问题的通知》（国税函〔2009〕212号）中技术转让收入计算的有关问题，公告如下：

一、可以计入技术转让收入的技术咨询、技术服务、技术培训收入，是指转让方为使受让方掌握所转让的技术投入使用、实现产业化而提供的必要的技术咨询、技术服务、技术培训所产生的收入，并应同时符合以下条件：

（一）在技术转让合同中约定的与该技术转让相关的技术咨询、技术服务、技术培训；

（二）技术咨询、技术服务、技术培训收入与该技术转让项目收入一并收取价款。

二、本公告自2013年11月1日起施行。此前已进行企业所得税处理的相关业务，不作纳税调整。

非居民企业所得税
核定征收管理办法

（2010年2月20日 国税发〔2010〕19号 根据2015年4月17日《国家税务总局关于修改〈非居民企业所得税核定征收管理办法〉等文件的公告》第一次修正 根据2016年5月5日《国家税务总局关于修改按经费支出换算收入方式核定非居民企业应纳税所得额计算公式的公告》第二次修正 根据2018年6月15日《国家税务总局关于修改部分税收规范性文件的公告》第三次修正）

第一条 为了规范非居民企业所得税核定征收工作，根据《中华人民共和国企业所得税法》（以下简称企业所得税法）及其实施条例和《中华人民共和国税收征收管理法》（以下简称税收征管法）及其实施细则，制定本办法。

第二条 本办法适用于企业所得税法第三条第二款规定的非居民企业，外国企业常驻代表机构企业所得税核定办法按照有关规定办理。

第三条 非居民企业应当按照税收征管法及有关法律法规设置账簿，根据合法、有效凭证记账，进行核算，并应按照其实际履行的功能与承担的风险相匹配的原则，准确计算应纳税所得额，据实申报缴纳企业所得税。

第四条 非居民企业因会计账簿不健全，资料残缺难以查账，或者其他原因不能准确计算并据实申报其应纳税所得额的，税务机关有权采取以下方法核定其应纳税所得额。

（一）按收入总额核定应纳税所得额：适用于能够正确核算收入或通过合理方法推定收入总额，但不能正确核算成本费用的非居民企业。计算公式如下：

应纳税所得额 = 收入总额 × 经税务机关核定的利润率

（二）按成本费用核定应纳税所得额：适用于能够正确核算成本费用，但不能正确核算收入总额的非居民企业。计算公式如下：

应纳税所得额 = 成本费用总额/（1 - 经税务机关核定的利润率） × 经税务机关核定的利润率

（三）按经费支出换算收入核定应纳税所得额：适用于能够正确核算经费支出总额，但不能正确核算收入总额和成本费用的非居民企业。计算公式：

应纳税所得额 = 本期经费支出额/（1 - 核定利润率） × 核定利润率

第五条 税务机关可按照以下标准确定非居民企业的利润率：

（一）从事承包工程作业、设计和咨询劳务的，利润率为15% -30%；

（二）从事管理服务的，利润率为30% -50%；

（三）从事其他劳务或劳务以外经营活动的，利润率不低于15%。

税务机关有根据认为非居民企业的实际利润率明显高于上述标准的，可以按照比上述标准更高的利润率核定其应纳税所得额。

第六条 非居民企业与中国居民企业签订机器设备或货物销售合同，同时提供设备安装、装配、技术培训、指导、监督服务等劳务，其销售货物合同中未列明提供上述劳务服务收费金额，或者计价不合理的，主管税务机关可以根据实际情况，参照相同或相近业务的计价标准核定劳务收入。无参照标准的，以不低于销售货物合同总价款的10%为原则，确定非居民企业的劳务收入。

第七条 非居民企业为中国境内客户提供劳务取得的收入，凡其提供的服务全部发生在中国境内的，应全额在中国境内申报缴纳企业所得税。凡其提供的服务同时发生在中国境内外的，应以劳务发生地为原则划分其境内外收入，并就其在中国境内取得的劳务收入申报缴纳企业所得税。税务机关对其境内外收入划分的合理性和真实性有疑义的，可以要求非居民企业提供真实有效的证明，并根据工作量、工作时间、成本费用等因素合理划分其境内外收入；如非居民企业不能提供真实有效的证明，税务机关可视同其提供的服务全部发生在中国境内，确定其劳务收入并据以征收企业所得税。

第八条 采取核定征收方式征收企业所得税的非居民企业，在中国境内从事适用不同核定利润率的经营活动，并取得应税所得的，应分别核算并适用相应的利润率计算缴纳企业所得税；凡不能分别核算的，应从高适用利润率，计算缴纳企业所得税。

第九条 主管税务机关应及时向非居民企业送达《非居民企业所得税征收方式鉴定表》（见附件，以下简称《鉴定表》），非居民企业应在收到《鉴定表》后10个工作日内，完成《鉴定表》的填写并送达主管税务机关，主管税务机关在受理《鉴定表》后20个工作日内，完成该项征收方式的确认工作。

第十条 税务机关发现非居民企业采用核定征收方式计算申报的应纳税所得额不真实，或者明显与其承担的功能风险不相匹配的，有权予以调整。

第十一条 各省、自治区、直辖市和计划单列市税务局可按照本办法第五条规定确定适用的核定利润率幅度，并根据本办法规定制定具体操作规程，报国家税务总局（国际税务司）备案。

第十二条 本办法自发布之日起施行。

附件：非居民企业所得税征收方式鉴定表（略）

非居民企业所得税汇算清缴管理办法

（2009年1月22日　国税发〔2009〕6号）

为规范非居民企业所得税汇算清缴工作，根据《中华人民共和国企业所得税法》（以下简称企业所得税法）及其实施条例和《中华人民共和国税收征收管理法》（以下简称税收征管法）及其实施细则的有关规定，制定本办法。

一、汇算清缴对象

（一）依照外国（地区）法律成立且实际管理机构不在中国境内，但在中国境内设立机构、场所的非居民企业（以下称为企业），无论盈利或者亏损，均应按照企业所得税法及本办法规定参加所得税汇算清缴。

（二）企业具有下列情形之一的，可不参加当年度的所得税汇算清缴：

1. 临时来华承包工程和提供劳务不足1年，在年度中间终止经营活动，且已经结清税款；

2. 汇算清缴期内已办理注销；

3. 其他经主管税务机关批准可不参加当年度所得税汇算清缴。

二、汇算清缴时限

（一）企业应当自年度终了之日起5个月内，向税务机关报送年度企业所得税纳税申报表，并汇算清缴，结清应缴应退税款。

（二）企业在年度中间终止经营活动的，应当自实际经营终止之日起60日内，向税务机关办理当期企业所得税汇算清缴。

三、申报纳税①

（一）企业办理所得税年度申报时，应当如实填写和报送下列报表、资料：

1. 年度企业所得税纳税申报表及其附表；

2. 年度财务会计报告；

3. 税务机关规定应当报送的其他有关资料。

（二）企业因特殊原因，不能在规定期限内办理年度所得税申报，应当在年度终了之日起5个月内，向主管税务机关提出延期申报申请。主管税务机关批准后，可以适当延长申报期限。

（三）企业采用电子方式办理纳税申报的，应附报纸质纳税申报资料。

（四）企业委托中介机构代理年度企业所得税纳税申报的，应附送委托人签章的委托书原件。

（五）企业申报年度所得税后，经主管税务机关审核，需补缴或退还所得税的，应在收到主管税务机关送达的《非居民企业所得税汇算清缴涉税事宜通知书》（见附件1和附件2）后，按规定时限将税款补缴入库，或按照主管税务机关的要求办理退税手续。

（六）经批准采取汇总申报缴纳所得税的企业，其履行汇总纳税的机构、场所（以下简称汇缴机构），应当于每年5月31日前，向汇缴机构所在地主管税务机关索取《非居民企业汇总申报企业所得税证明》（以下称为《汇总申报纳税证明》，见附件3）；企业其他机构、场所（以下简称其他机构）应当于每年6月30前将《汇总申报纳税证明》及其财务会计报告送交其所在地主管税务机关。

在上述规定期限内，其他机构未向其所在地主管税务机关提供《汇总申报纳税证明》，且又无汇缴机构延期申报批准文件

① 本条第六项已被2019年3月1日《国家税务总局、财政部、中国人民银行关于非居民企业机构场所汇总缴纳企业所得税有关问题的公告》（国家税务总局公告2019年第12号）废止。

的，其他机构所在地主管税务机关应负责检查核实或核定该其他机构应纳税所得额，计算征收应补缴税款并实施处罚。

（七）企业补缴税款确因特殊困难需延期缴纳的，按税收征管法及其实施细则的有关规定办理。

（八）企业在所得税汇算清缴期限内，发现当年度所得税申报有误的，应当在年度终了之日起5个月内向主管税务机关重新办理年度所得税申报。

（九）企业报送报表期限的最后一日是法定休假日的，以休假日期满的次日为期限的最后一日；在期限内有连续三日以上法定休假日的，按休假日天数顺延。

四、法律责任

（一）企业未按规定期限办理年度所得税申报，且未经主管税务机关批准延期申报，或报送资料不全、不符合要求的，应在收到主管税务机关送达的《责令限期改正通知书》后按规定时限补报。

企业未按规定期限办理年度所得税申报，且未经主管税务机关批准延期申报的，主管税务机关除责令其限期申报外，可按照税收征管法的规定处以2000元以下的罚款，逾期仍不申报的，可处以2000元以上10000元以下的罚款，同时核定其年度应纳税额，责令其限期缴纳。企业在收到主管税务机关送达的《非居民企业所得税应纳税款核定通知书》（见附件4）后，应在规定时限内缴纳税款。

（二）企业未按规定期限办理所得税汇算清缴，主管税务机关除责令其限期办理外，对发生税款滞纳的，按照税收征管法的规定，加收滞纳金。

（三）企业同税务机关在纳税上发生争议时，依照税收征管法相关规定执行。

五、本办法自2008年1月1日起执行。

附件：

1. 非居民企业所得税汇算清缴涉税事宜通知书（据实申报企业适用）（略）

2. 非居民企业所得税汇算清缴涉税事宜通知书（核定征收企业适用）（略）

3. 非居民企业汇总申报企业所得税证明（略）

4. 非居民企业所得税应纳税款核定通知书（略）

国家税务总局关于印发《非居民企业所得税汇算清缴工作规程》的通知

（2009年2月9日　国税发〔2009〕11号　根据2018年6月15日《国家税务总局关于修改部分税收规范性文件的公告》修改）

各省、自治区、直辖市和计划单列市国家税务局，广东省和深圳市地方税务局：

现将《非居民企业所得税汇算清缴工作规程》印发给你们，请遵照执行。执行中发现的问题请及时反馈到税务总局（国际税务司）。

附件：

1. 非居民企业汇总申报纳税事项协查函

2. 非居民企业汇总申报纳税事项处理联络函

3. 非居民企业所得税汇算清缴汇总表（据实申报企业适用）（略）

4. 非居民企业所得税汇算清缴汇总表（核定征收企业适用）（略）

5. 非居民企业所得税汇算清缴指标分析表（据实申报企业适用）（略）

非居民企业所得税汇算清缴工作规程

为贯彻落实《国家税务总局关于印发〈非居民企业所得税汇算清缴管理办法〉

的通知》（国税发〔2009〕6号，以下简称《办法》），规范税务机关对非居民企业所得税的汇算清缴工作，提高汇算清缴工作质量，制定本规程。

一、汇算清缴工作内容

非居民企业所得税汇算清缴包括两方面内容：一是非居民企业（以下简称企业）应首先按照《办法》的规定，自行调整、计算本纳税年度的实际应纳税所得额、实际应纳所得税额，自核本纳税年度应补（退）所得税税款并缴纳应补税款；二是主管税务机关对企业报送的申报表及其他有关资料进行审核，下发汇缴事项通知书，办理年度所得税多退少补工作，并进行资料汇总、情况分析和工作总结。

二、汇算清缴工作程序

企业所得税汇算清缴工作分为准备、实施、总结三个阶段，各阶段工作的主要内容及时间要求安排如下：

（一）准备阶段。主管税务机关应在年度终了之日起三个月内做好以下准备工作：

1. 宣传辅导。以公告或其他方式向企业明确汇算清缴范围、时间要求、应报送的资料及其他应注意事项。必要时，应组织企业办税人员进行培训、辅导相关的税收政策和办税程序及手续。

2. 明确职责。汇算清缴工作应有领导负责，由具体负责非居民企业所得税日常管理的部门组织实施，由各相关职能部门协同配合共同完成。必要时，应组织对相关工作人员的业务培训。

3. 建立台账。建立日常管理台账，主要记载企业预缴税款、享受税收优惠、弥补亏损等事项，以便在汇算清激工作中进行核对。

4. 备办文书。向上级税务机关领取或按照规定的式样印制汇算清缴有关的表、证、单、书。

（二）实施阶段。主管税务机关应在年度终了之日起五个月内完成企业年度所得税纳税申报表及有关资料的受理、审核以及办理处罚、税款的补（退）手续。

1. 资料受理。主管税务机关接到企业的年度所得税纳税申报表和有关资料后，应检查企业报送的资料是否齐全，如发现企业未按规定报齐有关附表、文件等资料，应责令限期补齐；对填报项目不完整的，应退回企业并责令限期补正。

2. 资料审核。对企业报送的有关资料，主管税务机关应就以下几个方面内容进行审核：

（1）企业年度所得税纳税申报表及其附表与年度财务会计报告的数字是否一致，各项目之间的逻辑关系是否对应，计算是否正确。

（2）企业是否按规定结转或弥补以前年度亏损额。

（3）企业是否符合税收减免条件。

（4）企业在中国境内设立两个或者两个以上机构、场所，选择由其主要机构、场所汇总缴纳企业所得税的，是否经税务机关审核批准，以及各机构、场所账表所记载涉及计算应纳税所得额的各项数据是否准确。

（5）企业有来源于中国境外的应纳税所得额的，境外所得应补企业所得税额是否正确。

（6）企业已预缴税款填写是否正确。

3. 结清税款。主管税务机关应结合季度所得税申报表及日常征管情况，对企业报送的年度申报表及其附表和其他有关资料进行初步审核，在5月31日前，对应补缴所得税、应办理退税的企业发送《非居民企业所得税汇算清缴涉税事宜通知书》，并办理税款多退少补事宜。

4. 实施处罚。主管税务机关对企业未按《办法》规定办理年度所得税申报，应按照规定实施处罚；必要时发送《非居民企业所得税应纳税款核定通知书》，核定企业年度应纳税额，责令其缴纳。

5. 汇总申报协调。

（1）汇缴机构所在地主管税务机关在接受企业年度所得税汇总申报后，应于5月31日前为企业出具《非居民企业汇总申报所得税证明》。

（2）汇缴机构所在地主管税务机关对企业的汇总申报资料进行审核时，对其他机构的情况有疑问需要进一步审核的，可以向其他机构所在地主管税务机关发送《非居民企业汇总申报纳税事项协查函》（见附件1），其他机构所在地主管税务机关应负责就协查事项进行调查核实，并将结果函复汇缴机构所在地主管税务机关。

（3）其他机构所在地主管税务机关在日常管理或税务检查中，发现其他机构有少计收入或多列成本费用等所得税的问题，应将有关情况及时向汇缴机构所在地主管税务机关发送《非居民企业汇总申报纳税事项处理联络函》（见附件2）。

（4）其他机构所在地主管税务机关按照《办法》规定对其他机构就地征收税款或调整亏损额的，应及时将征收税款及应纳税所得额调整额以《非居民企业汇总申报纳税事项处理联络函》通知汇缴机构所在地主管税务机关，汇缴机构所在地主管税务机关应对企业应纳税所得额及应纳税总额作相应调整，并在应补（退）税额中减除已在其他机构所在地缴纳的税款。

（三）总结阶段。各地税务机关应在7月15日前完成汇算清缴工作的资料归档、数据统计、汇总以及总结等工作，并于7月31日前向税务总局报送企业所得税汇算清缴工作总结及有关报表。工作总结的主要内容应包括：

1. 基本情况及相关分析。

（1）基本情况。主要包括企业税务登记户数、应参加汇算清缴企业户数、实际参加汇算清缴企业户数、未参加汇算清缴企业户数及其原因、据实申报企业户数、核定征收企业户数；据实申报企业的盈利户数、营业收入、利润总额、弥补以前年度亏损、应纳税所得额、应纳所得税额、减免所得税额、实际缴纳所得税额、亏损户数、亏损企业营业收入、亏损金额等内容；核定征收企业中换算的收入总额、应纳税所得额、应纳所得税额、减免所得税额、实际缴纳所得税额。

（2）主要指标分析和说明。主要分析汇算清缴面、所得税预缴率、税收负担率、企业亏损面等指标。

（3）据实申报企业盈亏情况分析。根据盈利企业户数、实际参加汇缴户数分析盈利面变化情况；分析盈利和亏损企业的营业收入、成本、费用、未弥补亏损前利润总额、亏损总额等指标的变化情况及原因等。

（4）纳税情况分析。包括预缴率变化，所得税预缴、补税和退税等情况。

2. 企业自行申报情况。主要包括申报表及其附表的填写和报送，自行调整的企业户数、主要项目和金额等情况。

3. 税务机关依法调整情况。主要包括税务机关依法调整的户数、主要项目、金额，同时应分别说明调增（减）应纳税所得额及应纳所得税额、亏损总额的户数、金额等情况。

4. 主要做法。包括汇算清缴工作的组织安排和落实情况，对税务人员的业务培训及对企业的前期宣传、培训、辅导情况，对申报表的审核情况以及汇算清缴工作的检查考核评比等情况。

5. 发现的问题及意见或建议。分企业和税务机关两个方面，企业方面主要包括申报表的填报、申报软件的操作使用情况和《办法》的执行情况等；税务机关方面主要包括所得税汇算清缴工作规程在实际操作中的应用情况及效果，说明存在的问题及改进的意见和建议。

三、《办法》及本规程所涉及的文书，由各省、自治区、直辖市和计划单列市税务局按照规定式样自行印制。

附件1

非居民企业汇总申报纳税事项协查函（存根）

税协〔　〕　号

__________税务局：

你局管辖的________________系在我局管辖的________________汇总申报纳税的其他机构，请就该机构以下事项进行调查核实：

事项：

疑点：

（汇缴机构所在地主管税务机关名称及公章）

年　月　日

非居民企业汇总申报纳税事项协查函

税协〔　〕　号

__________税务局：

你局管辖的________________系在我局管辖的________________汇总申报纳税的其他机构，请就该机构以下事项进行调查核实：

事项：

疑点：

其他机构登记地址：

电话：　　　　传真：

（汇缴机构所在地主管税务机关名称及公章）

年　月　日

主管税务机关地址：　　　　邮编：

联系人：　　　　电话：　　　　传真：

附件 2

非居民企业汇总申报纳税事项处理联络函

税处〔 〕 号

____________税务局：

我局管辖的____________________系在你局管辖的____________________汇总申报企业所得税的其他机构。

其他机构地址： 电话： 传真：

根据《中华人民共和国企业所得税法》和国家税务总局《非居民企业所得税汇算清缴管理办法》及其工作规程的规定，经我局查实，对该机构 年度所得税做出如下处理：

1. 其他机构未汇总申报由我局确定的应纳税所得额：

（1）核实额：____________________。

（2）按同行业利润率核定额：____________________。

（3）其他方法核定额：____________________。

2. 我局计算补征税款及处罚额：

适用税率（实际征收率）：____________________补缴税额：____________________。

滞纳金：____________________处罚额：____________________。

3. 我局提请你局应作出的税务处理事项：

（1）其他机构少计收入额：____________________。

（2）其他机构多列成本费用：____________________。

（3）其他事项：____________________。

其他机构所在地主管税务机关名称及公章

年 月 日

主管税务机关邮编： 地址：

联系人： 电话： 传真：

非居民企业间接转让财产企业所得税工作规程（试行）

（2015 年 5 月 13 日 税总发〔2015〕68 号）

为贯彻执行《国家税务总局关于非居民企业间接转让财产企业所得税若干问题的公告》（国家税务总局公告 2015 年第 7 号，以下简称《公告》），明确各级税务机关在工作中的相应职责和操作流程，完善内控机制，制定本规程。

一、非居民企业间接转让财产企业所得税工作由各级税务机关非居民税收管理岗实施统一管理。

二、各级税务机关应辅导、鼓励间接转让中国应税财产的交易双方及被间接转让股权的中国居民企业向主管税务机关报告财产转让事项及提交相关资料，并加强对所提交资料的审核。

三、非居民企业间接转让中国应税财产取得收益，按照《公告》规定主动申报缴纳税款的，主管税务机关要及时办理相关税款征收事宜。

四、主管税务机关要畅通办税服务渠道，对于间接转让中国应税财产的交易双方及被间接转让股权的中国居民企业按照《公告》第九条规定提交相关资料的，应及时接收并提供回执。

主管税务机关还应当结合工作实际，应用各种数据资源，如企业所得税汇算清缴、纳税评估、同期资料管理、对外支付税务管理、股权转让交易管理、税收协定执行、新闻媒体报道、上市公司公告等，掌握非居民企业间接转让财产交易情况。

五、主管税务机关应加强对交易相关资料的审核工作，认为需要进一步了解间接转让交易具体事宜的，可以要求间接转让交易双方、筹划方以及被间接转让股权的中国居民企业提供《公告》第十条规定的相关资料。

六、主管税务机关对相关信息资料进行审核分析后，认为相关间接转让交易不具有合理商业目的，需要进行立案调查及调整的，应填制《特别纳税调整立案审核表》，附立案报告及有关资料，将分析意见以及分管局领导审核意见通过特别纳税调整案件管理系统，层报省税务机关复核同意后，报税务总局申请立案。

七、主管税务机关对相关信息资料进行审核分析后，认为相关间接转让交易不涉及直接转让中国居民企业股权等财产的情况，应形成情况分析报告，并按本规程规定将相关资料归档。

八、股权转让方通过直接转让同一境外企业股权导致间接转让两项以上中国应税财产，涉及两个以上主管税务机关的，间接转让中国应税财产的交易双方或者被间接转让股权的中国居民企业选择向其中一个主管税务机关提交《公告》第九条规定的相关资料时，该主管税务机关负责本规程第四条、第五条、第六条和第七条规定的各项相关工作。

该主管税务机关认为不需要启动立案调查及调整的，如该间接转让财产交易跨地市，应将情况分析报告通过特别纳税调整案件管理系统上报省税务机关审核；如该间接转让财产交易跨省，该主管税务机关应将情况分析报告通过特别纳税调整案件管理系统层报税务总局审核。经审核，不需要进行立案调查的，按本规程规定将相关资料归档。

该主管税务机关认为或者税务总局、省税务机关经审核认为需要进行立案调查的，税务总局、省税务机关可以视案情指定牵头单位和协调单位进行联合调查。

九、主管税务机关应在税务总局同意立案之日起9个月内完成案件的审理工作。形成案件不予调整或者初步调整方案的意见和理由，填制《特别纳税调整结案审核表》，附结案报告及有关资料，经分管局领导审核后通过特别纳税调整案件管理系统层报省税务机关。省税务机关应组成案件复核小组，对案件进行复核，复核同意后，呈报税务总局申请结案。

对涉及的重大案件，税务总局确定启动重大案件会审机制的，将组成会审小组开展会审工作。会审小组由至少5名成员组成，具体人员从非居民税收管理人才库中指定，同时指定一名税务总局人员组织协调会审工作。

十、主管税务机关应当就税务总局对其结案申请形成的审核意见，分别以下情况进行处理：

（一）对同意结案申请不予调整方案的，向被调查企业下发《特别纳税调查结论通知书》；

（二）对同意结案申请初步调整方案的，向被调查企业下发《特别纳税调查初步调整通知书》；

（三）对不同意结案申请处理意见的，按照税务总局的意见修改后再次层报审核。

被调查企业在收到《特别纳税调查初步调整通知书》之日起7日内未提出异议的，主管税务机关应下发《特别纳税调查调整通知书》。

被调查企业在收到《特别纳税调查初步调整通知书》之日起7日内提出异议，主管税务机关经审议后不予采纳的，应下发《特别纳税调查调整通知书》；主管税务机关经审议后认为确需对调整方案进行修改的，应将修改后的调整方案层报省税务机关复核同意后，报税务总局再次申请结案。

十一、主管税务机关应及时跟踪税款、利息、滞纳金入库情况。对于扣缴义务人或者股权转让方按照《公告》规定扣缴或者缴纳的税款，以及经立结案调整的税款，在税款入库后30日内，通过特别纳税调整案件管理系统层报税务总局，并将相关税款入库信息填入《非居民企业税收收入情况统计表》。

十二、主管税务机关应在调查调整工作结束后，将工作过程中形成的文书、工作底稿、证据等材料，按相关规定集中归档。税务机关内部需要调阅的，应严格执行档案转出、接收和调阅手续。

各级税务机关在调查调整工作中获取的信息资料和调查调整情况应按有关规定履行保密义务。

十三、主管税务机关应根据税务总局结案申请审核意见，分析各案件的具体情况，总结案件的风险点以及应对措施，形成具体案例材料，通过可控FTP“CENTER/国际税务司/非居民税收管理处/间接转让财产案例”文件夹，层报税务总局（国际税务司）。

十四、对于《公告》实施前未办结案件，包括已上报税务总局，但未形成处理意见的案件，按照本规程规定的立结案流程进行处理。

十五、本规程自印发之日起执行。

非居民承包工程作业和提供劳务税收管理暂行办法

（2009年1月20日国家税务总局令第19号公布　自2009年3月1日起施行）

第一章　总　　则

第一条　为规范对非居民在中国境内承包工程作业和提供劳务的税收征收管理，根据《中华人民共和国税收征收管理法》（以下简称税收征管法）及其实施细则、《中华人民共和国企业所得税法》（以下简称企业所得税法）及其实施条例、《中华人民共和国营业税暂行条例》及其实施细则、《中华人民共和国增值税暂行条例》及其实施细则、中国政府对外签署的避免双重征税协定（含与香港、澳门特别行政区签署的税收安排，以下统称税收协定）等相关法律法规，制定本办法。

第二条　本办法所称非居民，包括非居民企业和非居民个人。非居民企业是指依照外国（地区）法律成立且实际管理机构不在中国境内，但在中国境内设立机构、场所的，或者在中国境内未设立机构、场所，但有来源于中国境内所得的企业。非居民个人是指在中国境内无住所又不居住或者无住所而在境内居住不满一年的个人。

第三条　本办法所称承包工程作业，是指在中国境内承包建筑、安装、装配、修缮、装饰、勘探及其他工程作业。

本办法所称提供劳务是指在中国境内从事加工、修理修配、交通运输、仓储租赁、咨询经纪、设计、文化体育、技术服务、教育培训、旅游、娱乐及其他劳务活动。

第四条　本办法所称非居民在中国境内承

包工程作业和提供劳务税收管理，是指对非居民营业税、增值税和企业所得税的纳税事项管理。涉及个人所得税、印花税等税收的管理，应依照有关规定执行。

第二章 税源管理

第一节 登记备案管理

第五条 非居民企业在中国境内承包工程作业或提供劳务的，应当自项目合同或协议（以下简称合同）签订之日起30日内，向项目所在地主管税务机关办理税务登记手续。

依照法律、行政法规规定负有税款扣缴义务的境内机构和个人，应当自扣缴义务发生之日起30日内，向所在地主管税务机关办理扣缴税款登记手续。

境内机构和个人向非居民发包工程作业或劳务项目的，应当自项目合同签订之日起30日内，向主管税务机关报送《境内机构和个人发包工程作业或劳务项目报告表》（见附件1），并附送非居民的税务登记证、合同、税务代理委托书复印件或非居民对有关事项的书面说明等资料。

第六条 非居民企业在中国境内承包工程作业或提供劳务的，应当在项目完工后15日内，向项目所在地主管税务机关报送项目完工证明、验收证明等相关文件复印件，并依据《税务登记管理办法》的有关规定申报办理注销税务登记。

第七条 境内机构和个人向非居民发包工程作业或劳务项目合同发生变更的，发包方或劳务受让方应自变更之日起10日内向所在地主管税务机关报送《非居民项目合同变更情况报告表》（见附件2）。

第八条 境内机构和个人向非居民发包工程作业或劳务项目，从境外取得的与项目款项支付有关的发票和其他付款凭证，应在自取得之日起30日内向所在地主管税务机关报送《非居民项目合同款项支付情况报告表》（见附件3）及付款凭证复印件。

境内机构和个人不向非居民支付工程价款或劳务费的，应当在项目完工开具验收证明前，向其主管税务机关报告非居民在项目所在地的项目执行进度、支付人名称及其支付款项金额、支付日期等相关情况。

第九条 境内机构和个人向非居民发包工程作业或劳务项目，与非居民的主管税务机关不一致的，应当自非居民申报期限届满之日起15日内向境内机构和个人的主管税务机关报送非居民申报纳税证明资料复印件。

第二节 税源信息管理

第十条 税务机关应当建立税源监控机制，获取并利用发改委、建设、外汇管理、商务、教育、文化、体育等部门关于非居民在中国境内承包工程作业和提供劳务的相关信息，并可根据工作需要，将信息使用情况反馈给有关部门。

第十一条 非居民或境内机构和个人的同一涉税事项同时涉及国家税务局和地方税务局的，各主管税务机关办理涉税事项后应当制作《非居民承包工程作业和提供劳务项目信息传递表》（见附件4），并按月传递给对方纳入非居民税收管理档案。

第三章 申报征收

第一节 企业所得税

第十二条 非居民企业在中国境内承包工程作业或提供劳务项目的，企业所得税按纳税年度计算、分季预缴，年终汇算清缴，并在工程项目完工或劳务合同履行完毕后结清税款。

第十三条 非居民企业进行企业所得税纳税申报时，应当如实报送纳税申报表，并附送下列资料：

（一）工程作业（劳务）决算（结算）

报告或其他说明材料；

（二）参与工程作业或劳务项目外籍人员姓名、国籍、出入境时间、在华工作时间、地点、内容、报酬标准、支付方式、相关费用等情况的书面报告；

（三）财务会计报告或财务情况说明；

（四）非居民企业依据税收协定在中国境内未构成常设机构，需要享受税收协定待遇的，应提交《非居民企业承包工程作业和提供劳务享受税收协定待遇报告表》（以下简称报告表）（见附件5），并附送居民身份证明及税务机关要求提交的其他证明资料。

非居民企业未按上述规定提交报告表及有关证明资料，或因项目执行发生变更等情形不符合享受税收协定待遇条件的，不得享受税收协定待遇，应依照企业所得税法规定缴纳税款。

第十四条 工程价款或劳务费的支付人所在地县（区）以上主管税务机关根据附件1及非居民企业申报纳税证明资料或其他信息，确定符合企业所得税法实施条例第一百零六条所列指定扣缴的三种情形之一的，可指定工程价款或劳务费的支付人为扣缴义务人，并将《非居民企业承包工程作业和提供劳务企业所得税扣缴义务通知书》（见附件6）送达被指定方。

第十五条 指定扣缴义务人应当在申报期限内向主管税务机关报送扣缴企业所得税报告表及其他有关资料。

第十六条 扣缴义务人未依法履行扣缴义务或无法履行扣缴义务的，由非居民企业在项目所在地申报缴纳。主管税务机关应自确定未履行扣缴义务之日起15日内通知非居民企业在项目所在地申报纳税。

第十七条 非居民企业逾期仍未缴纳税款的，项目所在地主管税务机关应自逾期之日起15日内，收集该非居民企业从中国境内取得其他收入项目的信息，包括收入类型，支付人的名称、地址，支付金额、方式和日期等，并向其他收入项目支付人（以下简称其他支付人）发出《非居民企业欠税追缴告知书》（见附件7），并依法追缴税款和滞纳金。

非居民企业从中国境内取得其他收入项目，包括非居民企业从事其他工程作业或劳务项目所得，以及企业所得税法第三条第二、三款规定的其他收入项目。非居民企业有多个其他支付人的，项目所在地主管税务机关应根据信息准确性、收入金额、追缴成本等因素确定追缴顺序。

第十八条 其他支付人主管税务机关应当提供必要的信息，协助项目所在地主管税务机关执行追缴事宜。

第二节 营业税和增值税

第十九条 非居民在中国境内发生营业税或增值税应税行为，在中国境内设立经营机构的，应自行申报缴纳营业税或增值税。

第二十条 非居民在中国境内发生营业税或增值税应税行为而在境内未设立经营机构的，以代理人为营业税或增值税的扣缴义务人；没有代理人的，以发包方、劳务受让方或购买方为扣缴义务人。

工程作业发包方、劳务受让方或购买方，在项目合同签订之日起30日内，未能向其所在地主管税务机关提供下列证明资料的，应履行营业税或增值税扣缴义务：

（一）非居民纳税人境内机构和个人的工商登记和税务登记证明复印件及其从事经营活动的证明资料；

（二）非居民委托境内机构和个人代理事项委托书及受托方的认可证明。

第二十一条 非居民进行营业税或增值税纳税申报，应当如实填写报送纳税申报表，并附送下列资料：

（一）工程（劳务）决算（结算）报告或其他说明材料；

（二）参与工程或劳务作业或提供加工、修理修配的外籍人员的姓名、国籍、出入境时间、在华工作时间、地点、内容、报酬标准、支付方式、相关费用等情况；

（三）主管税务机关依法要求报送的其他有关资料。

第四章 跟踪管理

第二十二条 主管税务机关应当按项目建档、分项管理的原则，建立非居民承包工程作业和提供劳务项目的管理台账和纳税档案，及时准确掌握工程和劳务项目的合同执行、施工进度、价款支付、对外付汇、税款缴纳等情况。

第二十三条 境内机构和个人从境外取得的付款凭证，主管税务机关对其真实性有疑义的，可要求其提供境外公证机构或者注册会计师的确认证明，经税务机关审核认可后，方可作为计账核算的凭证。

第二十四条 主管税务机关应对非居民享受协定待遇进行事后管理，审核其提交的报告表和证明资料的真实性和准确性，对其不构成常设机构的情形进行认定。对于不符合享受协定待遇条件且未履行纳税义务的情形，税务机关应该依法追缴其应纳税款、滞纳金及罚款。

第二十五条 税务机关应当利用售付汇信息，包括境内机构和个人向非居民支付服务贸易款项的历史记录，以及当年新增发包项目付款计划等信息，对承包工程作业和提供劳务项目实施监控。对于付汇前有欠税情形的，应当及时通知纳税人或扣缴义务人缴纳，必要时可以告知有关外汇管理部门或指定外汇支付银行依法暂停付汇。

第二十六条 主管税务机关应对非居民参与国家、省、地市级重点建设项目，包括城市基础设施建设、能源建设、企业技术设备引进等项目中涉及的承包工程作业或提供劳务，以及其他有非居民参与的合同金额超过5000万元人民币的，实施重点税源监控管理；对承包方和发包方是否存在关联关系、合同实际执行情况、常设机构判定、境内外劳务收入划分等事项进行重点跟踪核查，对发现的问题，可以实施情报交换、反避税调查或税务稽查。

第二十七条 省（自治区、直辖市和计划单列市）税务机关应当于年度终了后45日内，将《非居民承包工程作业和提供劳务重点建设项目统计表》（见附件8），以及项目涉及的企业所得税、增值税、营业税、印花税、个人所得税等税收收入和税源变动情况的分析报告报送国家税务总局（国际税务司）。

第二十八条 主管税务机关可根据需要对非居民承包工程作业和提供劳务的纳税情况实施税务审计，必要时应将审计结果及时传递给同级国家税务局或地方税务局。税务审计可以采取国家税务局、地方税务局联合审计的方式进行。

第二十九条 主管税务机关在境内难以获取涉税信息时，可以制作专项情报，由国家税务总局（国际税务司）向税收协定缔约国对方提出专项情报请求；非居民在中国境内未依法履行纳税义务的，主管税务机关可制作自动或自发情报，提交国家税务总局依照有关规定将非居民在中国境内的税收违法行为告知协定缔约国对方主管税务当局；对非居民承包工程作业和提供劳务有必要进行境外审计的，可根据税收情报交换有关规定，经国家税务总局批准后组织实施。

第三十条 欠缴税款的非居民企业法定代表人或非居民个人在出境前未按照规定结清应纳税款、滞纳金又不提供纳税担保的，税务机关可以通知出入境管理机关阻止其出境。

第三十一条 对于非居民工程或劳务项目完毕，未按期结清税款并已离境的，主管税务机关可制作《税务事项告知书》（见附件9），通过信函、电子邮件、传真等方式，告知该非居民限期履行纳税义务，同时通知境内发包方或劳务受让者协助追缴税款。

第五章 法律责任

第三十二条 非居民、扣缴义务人或代理人实施承包工程作业和提供劳务有关事项存在税收违法行为的，税务机关应按照税收征管法及其实施细则的有关规定处理。

第三十三条 境内机构或个人发包工程作业或劳务项目，未按本办法第五条、第七条、第八条、第九条规定向主管税务机关报告有关事项的，由税务机关责令限期改正，可以处2000元以下的罚款；情节严重的，处2000元以上10000元以下的罚款。

第六章 附则

第三十四条 各省、自治区、直辖市和计划单列市国家税务局、地方税务局可根据本办法制定具体实施办法。

附件：

1. 境内机构和个人发包工程作业或劳务项目报告表（略）
2. 非居民项目合同变更情况报告表（略）
3. 非居民项目合同款项支付情况报告表（略）
4. 非居民承包工程作业和提供劳务项目信息传递表（略）
5. 非居民企业承包工程作业和提供劳务享受税收协定待遇报告表（略）
6. 非居民企业承包工程作业和提供劳务企业所得税扣缴义务通知书（略）
7. 非居民企业欠税追缴告知书（略）
8. 非居民承包工程作业和提供劳务重点建设项目统计表（略）
9. 税务事项告知书（略）

国家税务总局关于非居民企业间接转让财产企业所得税若干问题的公告①

（2015年2月3日 国家税务总局公告2015年第7号）

为进一步规范和加强非居民企业间接转让中国居民企业股权等财产的企业所得税管理，依据《中华人民共和国企业所得税法》（以下称企业所得税法）及其实施条例（以下称企业所得税法实施条例），以及《中华人民共和国税收征收管理法》（以下称税收征管法）及其实施细则的有关规定，现就有关问题公告如下：

一、非居民企业通过实施不具有合理商业目的的安排，间接转让中国居民企业股权等财产，规避企业所得税纳税义务的，应按照企业所得税法第四十七条的规定，重新定性该间接转让交易，确认为直接转让中国居民企业股权等财产。

本公告所称中国居民企业股权等财产，是指非居民企业直接持有，且转让取得的所得按照中国税法规定，应在中国缴纳企业所得税的中国境内机构、场所财产，中国境内不动产，在中国居民企业的权益性投资资产等（以下称中国应税财产）。

间接转让中国应税财产，是指非居民企业通过转让直接或间接持有中国应税财产的境外企业（不含境外注册中国居民企业，以下称境外企业）股权及其他类似权益（以下称股权），产生与直接转让中国应税财产相同或相近实质结果的交易，包括非居民企业重组引起境外企业股东发生

① 本公告第八条第二款已被《国家税务总局关于非居民企业所得税源泉扣缴有关问题的公告》（国家税务总局公告2017年第37号）废止，第十三条已被《国家税务总局关于公布失效废止的税务部门规章和税收规范性文件目录的决定》（国家税务总局令第42号）废止。

变化的情形。间接转让中国应税财产的非居民企业称股权转让方。

二、适用本公告第一条规定的股权转让方取得的转让境外企业股权所得归属于中国应税财产的数额（以下称间接转让中国应税财产所得），应按以下顺序进行税务处理：

（一）对归属于境外企业及直接或间接持有中国应税财产的下属企业在中国境内所设机构、场所财产的数额（以下称间接转让机构、场所财产所得），应作为与所设机构、场所有实际联系的所得，按照企业所得税法第三条第二款规定征税；

（二）除适用本条第（一）项规定情形外，对归属于中国境内不动产的数额（以下称间接转让不动产所得），应作为来源于中国境内的不动产转让所得，按照企业所得税法第三条第三款规定征税；

（三）除适用本条第（一）项或第（二）项规定情形外，对归属于在中国居民企业的权益性投资资产的数额（以下称间接转让股权所得），应作为来源于中国境内的权益性投资资产转让所得，按照企业所得税法第三条第三款规定征税。

三、判断合理商业目的，应整体考虑与间接转让中国应税财产交易相关的所有安排，结合实际情况综合分析以下相关因素：

（一）境外企业股权主要价值是否直接或间接来自于中国应税财产；

（二）境外企业资产是否主要由直接或间接在中国境内的投资构成，或其取得的收入是否主要直接或间接来源于中国境内；

（三）境外企业及直接或间接持有中国应税财产的下属企业实际履行的功能和承担的风险是否能够证实企业架构具有经济实质；

（四）境外企业股东、业务模式及相关组织架构的存续时间；

（五）间接转让中国应税财产交易在境外应缴纳所得税情况；

（六）股权转让方间接投资、间接转让中国应税财产交易与直接投资、直接转让中国应税财产交易的可替代性；

（七）间接转让中国应税财产所得在中国可适用的税收协定或安排情况；

（八）其他相关因素。

四、除本公告第五条和第六条规定情形外，与间接转让中国应税财产相关的整体安排同时符合以下情形的，无需按本公告第三条进行分析和判断，应直接认定为不具有合理商业目的：

（一）境外企业股权75%以上价值直接或间接来自于中国应税财产；

（二）间接转让中国应税财产交易发生前一年内任一时点，境外企业资产总额（不含现金）的90%以上直接或间接由在中国境内的投资构成，或间接转让中国应税财产交易发生前一年内，境外企业取得收入的90%以上直接或间接来源于中国境内；

（三）境外企业及直接或间接持有中国应税财产的下属企业虽在所在国家（地区）登记注册，以满足法律所要求的组织形式，但实际履行的功能及承担的风险有限，不足以证实其具有经济实质；

（四）间接转让中国应税财产交易在境外应缴所得税税负低于直接转让中国应税财产交易在中国的可能税负。

五、与间接转让中国应税财产相关的整体安排符合以下情形之一的，不适用本公告第一条的规定：

（一）非居民企业在公开市场买入并卖出同一上市境外企业股权取得间接转让中国应税财产所得；

（二）在非居民企业直接持有并转让中国应税财产的情况下，按照可适用的税收协定或安排的规定，该项财产转让所得在中国可以免予缴纳企业所得税。

六、间接转让中国应税财产同时符合以下条件的，应认定为具有合理商业目的：

（一）交易双方的股权关系具有下列情形之一：

1. 股权转让方直接或间接拥有股权受让方80%以上的股权；

2. 股权受让方直接或间接拥有股权转让方80%以上的股权；

3. 股权转让方和股权受让方被同一方直接或间接拥有80%以上的股权。

境外企业股权50%以上（不含50%）价值直接或间接来自于中国境内不动产的，本条第（一）项第1、2、3目的持股比例应为100%。

上述间接拥有的股权按照持股链中各企业的持股比例乘积计算。

（二）本次间接转让交易后可能再次发生的间接转让交易相比在未发生本次间接转让交易情况下的相同或类似间接转让交易，其中国所得税负担不会减少。

（三）股权受让方全部以本企业或与其具有控股关系的企业的股权（不含上市企业股权）支付股权交易对价。

七、间接转让机构、场所财产所得按照本公告规定应缴纳企业所得税的，应计入纳税义务发生之日所属纳税年度该机构、场所的所得，按照有关规定申报缴纳企业所得税。

八、间接转让不动产所得或间接转让股权所得按照本公告规定应缴纳企业所得税的，依照有关法律规定或者合同约定对股权转让方直接负有支付相关款项义务的单位或者个人为扣缴义务人。

扣缴义务人未扣缴或未足额扣缴应纳税款的，股权转让方应自纳税义务发生之日起7日内向主管税务机关申报缴纳税款，并提供与计算股权转让收益和税款相关的资料。主管税务机关应在税款入库后30日内层报税务总局备案。

扣缴义务人未扣缴，且股权转让方未缴纳应纳税款的，主管税务机关可以按照税收征管法及其实施细则相关规定追究扣缴义务人责任；但扣缴义务人已在签订股权转让合同或协议之日起30日内按本公告第九条规定提交资料的，可以减轻或免除责任。

九、间接转让中国应税财产的交易双方及被间接转让股权的中国居民企业可以向主管税务机关报告股权转让事项，并提交以下资料：

（一）股权转让合同或协议（为外文文本的需同时附送中文译本，下同）；

（二）股权转让前后的企业股权架构图；

（三）境外企业及直接或间接持有中国应税财产的下属企业上两个年度财务、会计报表；

（四）间接转让中国应税财产交易不适用本公告第一条的理由。

十、间接转让中国应税财产的交易双方和筹划方，以及被间接转让股权的中国居民企业，应按照主管税务机关要求提供以下资料：

（一）本公告第九条规定的资料（已提交的除外）；

（二）有关间接转让中国应税财产交易整体安排的决策或执行过程信息；

（三）境外企业及直接或间接持有中国应税财产的下属企业在生产经营、人员、账务、财产等方面的信息，以及内外部审计情况；

（四）用以确定境外股权转让价款的资产评估报告及其他作价依据；

（五）间接转让中国应税财产交易在境外应缴纳所得税情况；

（六）与适用公告第五条和第六条有关的证据信息；

（七）其他相关资料。

十一、主管税务机关需对间接转让中国应税财产交易进行立案调查及调整的，应按照一般反避税的相关规定执行。

十二、股权转让方通过直接转让同一境外企业股权导致间接转让两项以上中国应税财产，按照本公告的规定应予征税，涉及两个以上主管税务机关的，股权转让方应分别到各所涉主管税务机关申报缴纳企业所得税。

各主管税务机关应相互告知税款计算方法，取得一致意见后组织税款入库；如不能取得一致意见的，应报其共同上一级税务机关协调。

十三、股权转让方未按期或未足额申报缴纳间接转让中国应税财产所得应纳税款，扣缴义务人也未扣缴税款的，除追缴应纳税款外，还应按照企业所得税法实施条例第一百二十一、一百二十二条规定对股权转让方按日加收利息。

股权转让方自签订境外企业股权转让合同或协议之日起30日内提供本公告第九条规定的资料或按照本公告第七条、第八条的规定申报缴纳税款的，按企业所得税法实施条例第一百二十二条规定的基准利率计算利息；未按规定提供资料或申报缴纳税款的，按基准利率加5个百分点计算利息。

十四、本公告适用于在中国境内未设立机构、场所的非居民企业取得的间接转让中国应税财产所得，以及非居民企业虽设立机构、场所但取得与其所设机构、场所没有实际联系的间接转让中国应税财产所得。

股权转让方转让境外企业股权取得的所得（含间接转让中国应税财产所得）与其所设境内机构、场所有实际联系的，无须适用本公告规定，应直接按照企业所得税法第三条第二款规定征税。

十五、本公告所称纳税义务发生之日是指股权转让合同或协议生效，且境外企业完成股权变更之日。

十六、本公告所称的主管税务机关，是指在中国应税财产被非居民企业直接持有并转让的情况下，财产转让所得应纳企业所得税税款的主管税务机关，应分别按照本公告第二条规定的三种情形确定。

十七、本公告所称“以上”除有特别标明外均含本数。

十八、本公告规定与税收协定不一致的，按照税收协定办理。

十九、本公告自发布之日起施行。本公告发布前发生但未作税务处理的事项，依据本公告执行。《国家税务总局关于加强非居民企业股权转让所得企业所得税管理的通知》（国税函〔2009〕698号）第五条、第六条及《国家税务总局关于非居民企业所得税管理若干问题的公告》（国家税务总局公告2011年第24号）第六条第（三）、（四）、（五）项有关内容同时废止。

特此公告。

（二）个人所得税

国家税务总局关于进一步简便优化部分纳税人个人所得税预扣预缴方法的公告

（2020年12月4日　国家税务总局公告2020年第19号）

为进一步支持稳就业、保就业、促消费，助力构建新发展格局，按照《中华人民共和国个人所得税法》及其实施条例有关规定，现就进一步简便优化部分纳税人个人所得税预扣预缴方法有关事项公告如下：

一、对上一完整纳税年度内每月均在同一单位预扣预缴工资、薪金所得个人所得税且全年工资、薪金收入不超过6万元的居民个人，扣缴义务人在预扣预缴本年度工资、薪金所得个人所得税时，累计减除费用自1月份起直接按照全年6万元计算扣除。即，在纳税人累计收入不超过6万元的月份，暂不预扣预缴个人所得税；在其累计收入超过6万元的当月及年内后续月份，再预扣预缴个人所得税。

扣缴义务人应当按规定办理全员全额扣缴申报，并在《个人所得税扣缴申报表》相应纳税人的备注栏注明“上年各月均有申报且全年收入不超过6万元”字样。

二、对按照累计预扣法预扣预缴劳务报酬所得个人所得税的居民个人，扣缴义务人比照上述规定执行。

本公告自2021年1月1日起施行。

特此公告。

国家税务总局关于完善调整部分纳税人个人所得税预扣预缴方法的公告

（2020年7月28日 国家税务总局公告2020年第13号）

为进一步支持稳就业、保就业，减轻当年新入职人员个人所得税预扣预缴阶段的税收负担，现就完善调整年度中间首次取得工资、薪金所得等人员有关个人所得税预扣预缴方法事项公告如下：

一、对一个纳税年度内首次取得工资、薪金所得的居民个人，扣缴义务人在预扣预缴个人所得税时，可按照5000元/月乘以纳税人当年截至本月月份数计算累计减除费用。

二、正在接受全日制学历教育的学生因实习取得劳务报酬所得的，扣缴义务人预扣预缴个人所得税时，可按照《国家税务总局关于发布〈个人所得税扣缴申报管理办法（试行）〉的公告》（2018年第61号）规定的累计预扣法计算并预扣预缴税款。

三、符合本公告规定并可按上述条款预扣预缴个人所得税的纳税人，应当及时向扣缴义务人申明并如实提供相关佐证资料或承诺书，并对相关资料及承诺书的真实性、准确性、完整性负责。相关资料或承诺书，纳税人及扣缴义务人需留存备查。

四、本公告所称首次取得工资、薪金所得的居民个人，是指自纳税年度首月起至新入职时，未取得工资、薪金所得或者未按照累计预扣法预扣预缴过连续性劳务报酬所得个人所得税的居民个人。

本公告自2020年7月1日起施行。

特此公告。

国家税务总局关于个人所得税自行纳税申报有关问题的公告

（2018年12月21日 国家税务总局公告2018年第62号）

根据新修改的《中华人民共和国个人所得税法》及其实施条例，现就个人所得税自行纳税申报有关问题公告如下：

一、取得综合所得需要办理汇算清缴的纳税申报

取得综合所得且符合下列情形之一的纳税人，应当依法办理汇算清缴：

（一）从两处以上取得综合所得，且综合所得年收入额减除专项扣除后的余额超过6万元；

（二）取得劳务报酬所得、稿酬所得、特许权使用费所得中一项或者多项所得，且综合所得年收入额减除专项扣除的余额超过6万元；

（三）纳税年度内预缴税额低于应纳税额；

（四）纳税人申请退税。

需要办理汇算清缴的纳税人，应当在

取得所得的次年3月1日至6月30日内，向任职、受雇单位所在地主管税务机关办理纳税申报，并报送《个人所得税年度自行纳税申报表》。纳税人有两处以上任职、受雇单位的，选择向其中一处任职、受雇单位所在地主管税务机关办理纳税申报；纳税人没有任职、受雇单位的，向户籍所在地或经常居住地主管税务机关办理纳税申报。

纳税人办理综合所得汇算清缴，应当准备与收入、专项扣除、专项附加扣除、依法确定的其他扣除、捐赠、享受税收优惠等相关的资料，并按规定留存备查或报送。

纳税人取得综合所得办理汇算清缴的具体办法，另行公告。

二、取得经营所得的纳税申报

个体工商户业主、个人独资企业投资者、合伙企业个人合伙人、承包承租经营者个人以及其他从事生产、经营活动的个人取得经营所得，包括以下情形：

（一）个体工商户从事生产、经营活动取得的所得，个人独资企业投资人、合伙企业的个人合伙人来源于境内注册的个人独资企业、合伙企业生产、经营的所得；

（二）个人依法从事办学、医疗、咨询以及其他有偿服务活动取得的所得；

（三）个人对企业、事业单位承包经营、承租经营以及转包、转租取得的所得；

（四）个人从事其他生产、经营活动取得的所得。

纳税人取得经营所得，按年计算个人所得税，由纳税人在月度或季度终了后15日内，向经营管理所在地主管税务机关办理预缴纳税申报，并报送《个人所得税经营所得纳税申报表（A表）》。在取得所得的次年3月31日前，向经营管理所在地主管税务机关办理汇算清缴，并报送《个人所得税经营所得纳税申报表（B表）》；从两处以上取得经营所得的，选择向其中一处经营管理所在地主管税务机关办理年度汇总申报，并报送《个人所得税经营所得纳税申报表（C表）》。

三、取得应税所得，扣缴义务人未扣缴税款的纳税申报

纳税人取得应税所得，扣缴义务人未扣缴税款的，应当区别以下情形办理纳税申报：

（一）居民个人取得综合所得的，按照本公告第一条办理。

（二）非居民个人取得工资、薪金所得，劳务报酬所得，稿酬所得，特许权使用费所得的，应当在取得所得的次年6月30日前，向扣缴义务人所在地主管税务机关办理纳税申报，并报送《个人所得税自行纳税申报表（A表）》。有两个以上扣缴义务人均未扣缴税款的，选择向其中一处扣缴义务人所在地主管税务机关办理纳税申报。

非居民个人在次年6月30日前离境（临时离境除外）的，应当在离境前办理纳税申报。

（三）纳税人取得利息、股息、红利所得，财产租赁所得，财产转让所得和偶然所得的，应当在取得所得的次年6月30日前，按相关规定向主管税务机关办理纳税申报，并报送《个人所得税自行纳税申报表（A表）》。

税务机关通知限期缴纳的，纳税人应当按照期限缴纳税款。

四、取得境外所得的纳税申报

居民个人从中国境外取得所得的，应当在取得所得的次年3月1日至6月30日内，向中国境内任职、受雇单位所在地主管税务机关办理纳税申报；在中国境内没有任职、受雇单位的，向户籍所在地或中国境内经常居住地主管税务机关办理纳税申报；户籍所在地与中国境内经常居住地不一致的，选择其中一地主管税务机关办理纳税申报；在中国境内没有户籍的，向中国境内经常居住地主管税务机关办理纳税申报。

纳税人取得境外所得办理纳税申报的具体规定，另行公告。

五、因移居境外注销中国户籍的纳税申报

纳税人因移居境外注销中国户籍的，应当在申请注销中国户籍前，向户籍所在地主管税务机关办理纳税申报，进行税款清算。

（一）纳税人在注销户籍年度取得综合所得的，应当在注销户籍前，办理当年综合所得的汇算清缴，并报送《个人所得税年度自行纳税申报表》。尚未办理上一年度综合所得汇算清缴的，应当在办理注销户籍纳税申报时一并办理。

（二）纳税人在注销户籍年度取得经营所得的，应当在注销户籍前，办理当年经营所得的汇算清缴，并报送《个人所得税经营所得纳税申报表（B表）》。从两处以上取得经营所得的，还应当一并报送《个人所得税经营所得纳税申报表（C表）》。尚未办理上一年度经营所得汇算清缴的，应当在办理注销户籍纳税申报时一并办理。

（三）纳税人在注销户籍当年取得利息、股息、红利所得，财产租赁所得，财产转让所得和偶然所得的，应当在注销户籍前，申报当年上述所得的完税情况，并报送《个人所得税自行纳税申报表（A表）》。

（四）纳税人有未缴或者少缴税款的，应当在注销户籍前，结清欠缴或未缴的税款。纳税人存在分期缴税且未缴纳完毕的，应当在注销户籍前，结清尚未缴纳的税款。

（五）纳税人办理注销户籍纳税申报时，需要办理专项附加扣除、依法确定的其他扣除的，应当向税务机关报送《个人所得税专项附加扣除信息表》《商业健康保险税前扣除情况明细表》《个人税收递延型商业养老保险税前扣除情况明细表》等。

六、非居民个人在中国境内从两处以上取得工资、薪金所得的纳税申报

非居民个人在中国境内从两处以上取得工资、薪金所得的，应当在取得所得的次月15日内，向其中一处任职、受雇单位所在地主管税务机关办理纳税申报，并报送《个人所得税自行纳税申报表（A表）》。

七、纳税申报方式

纳税人可以采用远程办税端、邮寄等方式申报，也可以直接到主管税务机关申报。

八、其他有关问题

（一）纳税人办理自行纳税申报时，应当一并报送税务机关要求报送的其他有关资料。首次申报或者个人基础信息发生变化的，还应报送《个人所得税基础信息表（B表）》。

本公告涉及的有关表证单书，由国家税务总局统一制定式样，另行公告。

（二）纳税人在办理纳税申报时需要享受税收协定待遇的，按照享受税收协定待遇有关办法办理。

九、施行时间

本公告自2019年1月1日起施行。

特此公告。

国家税务总局关于自然人纳税人识别号有关事项的公告

（2018年12月17日　国家税务总局公告2018年第59号　自2019年1月1日起施行）

根据新修改的《中华人民共和国个人所得税法》，为便利纳税人办理涉税业务，现就自然人纳税人识别号有关事项公告如下：

一、自然人纳税人识别号，是自然人

纳税人办理各类涉税事项的唯一代码标识。

二、有中国公民身份号码的，以其中国公民身份号码作为纳税人识别号；没有中国公民身份号码的，由税务机关赋予其纳税人识别号。

三、纳税人首次办理涉税事项时，应当向税务机关或者扣缴义务人出示有效身份证件，并报送相关基础信息。

四、税务机关应当在赋予自然人纳税人识别号后告知或者通过扣缴义务人告知纳税人其纳税人识别号，并为自然人纳税人查询本人纳税人识别号提供便利。

五、自然人纳税人办理纳税申报、税款缴纳、申请退税、开具完税凭证、纳税查询等涉税事项时应当向税务机关或扣缴义务人提供纳税人识别号。

六、本公告所称“有效身份证件”，是指：

（一）纳税人为中国公民且持有有效《中华人民共和国居民身份证》（以下简称“居民身份证”）的，为居民身份证。

（二）纳税人为华侨且没有居民身份证的，为有效的《中华人民共和国护照》和华侨身份证明。

（三）纳税人为港澳居民的，为有效的《港澳居民来往内地通行证》或《中华人民共和国港澳居民居住证》。

（四）纳税人为台湾居民的，为有效的《台湾居民来往大陆通行证》或《中华人民共和国台湾居民居住证》。

（五）纳税人为持有有效《中华人民共和国外国人永久居留身份证》（以下简称永久居留证）的外籍个人的，为永久居留证和外国护照；未持有永久居留证但持有有效《中华人民共和国外国人工作许可证》（以下简称工作许可证）的，为工作许可证和外国护照；其他外籍个人，为有效的外国护照。

本公告自2019年1月1日起施行。

特此公告。

个人所得税扣缴申报管理办法（试行）

（2018年12月21日　国家税务总局公告2018年第61号　自2019年1月1日起施行）

第一条　为规范个人所得税扣缴申报行为，维护纳税人和扣缴义务人合法权益，根据《中华人民共和国个人所得税法》及其实施条例、《中华人民共和国税收征收管理法》及其实施细则等法律法规的规定，制定本办法。

第二条　扣缴义务人，是指向个人支付所得的单位或者个人。扣缴义务人应当依法办理全员全额扣缴申报。

全员全额扣缴申报，是指扣缴义务人应当在代扣税款的次月十五日内，向主管税务机关报送其支付所得的所有个人的有关信息、支付所得数额、扣除事项和数额、扣缴税款的具体数额和总额以及其他相关涉税信息资料。

第三条　扣缴义务人每月或者每次预扣、代扣的税款，应当在次月十五日内缴入国库，并向税务机关报送《个人所得税扣缴申报表》。

第四条　实行个人所得税全员全额扣缴申报的应税所得包括：

（一）工资、薪金所得；

（二）劳务报酬所得；

（三）稿酬所得；

（四）特许权使用费所得；

（五）利息、股息、红利所得；

（六）财产租赁所得；

（七）财产转让所得；

（八）偶然所得。

第五条　扣缴义务人首次向纳税人支付所得时，应当按照纳税人提供的纳税人识别号等基础信息，填写《个人所得税基础信息表（A表）》，并于次月扣缴申报时向税务机关报送。

扣缴义务人对纳税人向其报告的相关基础信息变化情况，应当于次月扣缴申报时向税务机关报送。

第六条 扣缴义务人向居民个人支付工资、薪金所得时，应当按照累计预扣法计算预扣税款，并按月办理扣缴申报。

累计预扣法，是指扣缴义务人在一个纳税年度内预扣预缴税款时，以纳税人在本单位截至当前月份工资、薪金所得累计收入减除累计免税收入、累计减除费用、累计专项扣除、累计专项附加扣除和累计依法确定的其他扣除后的余额为累计预扣预缴应纳税所得额，适用个人所得税预扣率表一（见附件），计算累计应预扣预缴税额，再减除累计减免税额和累计已预扣预缴税额，其余额为本期应预扣预缴税额。余额为负值时，暂不退税。纳税年度终了后余额仍为负值时，由纳税人通过办理综合所得年度汇算清缴，税款多退少补。

具体计算公式如下：

本期应预扣预缴税额 =（累计预扣预缴应纳税所得额 × 预扣率 − 速算扣除数）− 累计减免税额 − 累计已预扣预缴税额

累计预扣预缴应纳税所得额 = 累计收入 − 累计免税收入 − 累计减除费用 − 累计专项扣除 − 累计专项附加扣除 − 累计依法确定的其他扣除

其中：累计减除费用，按照5000元/月乘以纳税人当年截至本月在本单位的任职受雇月份数计算。

第七条 居民个人向扣缴义务人提供有关信息并依法要求办理专项附加扣除的，扣缴义务人应当按照规定在工资、薪金所得按月预扣预缴税款时予以扣除，不得拒绝。

第八条 扣缴义务人向居民个人支付劳务报酬所得、稿酬所得、特许权使用费所得时，应当按照以下方法按次或者按月预扣预缴税款：

劳务报酬所得、稿酬所得、特许权使用费所得以收入减除费用后的余额为收入额；其中，稿酬所得的收入额减按百分之七十计算。

减除费用：预扣预缴税款时，劳务报酬所得、稿酬所得、特许权使用费所得每次收入不超过四千元的，减除费用按八百元计算；每次收入四千元以上的，减除费用按收入的百分之二十计算。

应纳税所得额：劳务报酬所得、稿酬所得、特许权使用费所得，以每次收入额为预扣预缴应纳税所得额，计算应预扣预缴税额。劳务报酬所得适用个人所得税预扣率表二（见附件），稿酬所得、特许权使用费所得适用百分之二十的比例预扣率。

居民个人办理年度综合所得汇算清缴时，应当依法计算劳务报酬所得、稿酬所得、特许权使用费所得的收入额，并入年度综合所得计算应纳税款，税款多退少补。

第九条 扣缴义务人向非居民个人支付工资、薪金所得，劳务报酬所得，稿酬所得和特许权使用费所得时，应当按照以下方法按月或者按次代扣代缴税款：

非居民个人的工资、薪金所得，以每月收入额减除费用五千元后的余额为应纳税所得额；劳务报酬所得、稿酬所得、特许权使用费所得，以每次收入额为应纳税所得额，适用个人所得税税率表三（见附件）计算应纳税额。劳务报酬所得、稿酬所得、特许权使用费所得以收入减除百分之二十的费用后的余额为收入额；其中，稿酬所得的收入额减按百分之七十计算。

非居民个人在一个纳税年度内税款扣缴方法保持不变，达到居民个人条件时，应当告知扣缴义务人基础信息变化情况，年度终了后按照居民个人有关规定办理汇算清缴。

第十条 扣缴义务人支付利息、股息、红利所得，财产租赁所得，财产转让所得或者偶然所得时，应当依法按次或者按月代扣代缴税款。

第十一条 劳务报酬所得、稿酬所得、特许权使用费所得，属于一次性收入的，以取得该项收入为一次；属于同一项目连续性收入的，以一个月内取得的收入为一次。

财产租赁所得，以一个月内取得的收入为一次。

利息、股息、红利所得，以支付利息、股息、红利时取得的收入为一次。

偶然所得，以每次取得该项收入为一次。

第十二条 纳税人需要享受税收协定待遇的，应当在取得应税所得时主动向扣缴义务人提出，并提交相关信息、资料，扣缴义务人代扣代缴税款时按照享受税收协定待遇有关办法办理。

第十三条 支付工资、薪金所得的扣缴义务人应当于年度终了后两个月内，向纳税人提供其个人所得和已扣缴税款等信息。纳税人年度中间需要提供上述信息的，扣缴义务人应当提供。

纳税人取得除工资、薪金所得以外的其他所得，扣缴义务人应当在扣缴税款后，及时向纳税人提供其个人所得和已扣缴税款等信息。

第十四条 扣缴义务人应当按照纳税人提供的信息计算税款、办理扣缴申报，不得擅自更改纳税人提供的信息。

扣缴义务人发现纳税人提供的信息与实际情况不符的，可以要求纳税人修改。纳税人拒绝修改的，扣缴义务人应当报告税务机关，税务机关应当及时处理。

纳税人发现扣缴义务人提供或者扣缴申报的个人信息、支付所得、扣缴税款等信息与实际情况不符的，有权要求扣缴义务人修改。扣缴义务人拒绝修改的，纳税人应当报告税务机关，税务机关应当及时处理。

第十五条 扣缴义务人对纳税人提供的《个人所得税专项附加扣除信息表》，应当按照规定妥善保存备查。

第十六条 扣缴义务人应当依法对纳税人报送的专项附加扣除等相关涉税信息和资料保密。

第十七条 对扣缴义务人按照规定扣缴的税款，按年付给百分之二的手续费。不包括税务机关、司法机关等查补或者责令补扣的税款。

扣缴义务人领取的扣缴手续费可用于提升办税能力、奖励办税人员。

第十八条 扣缴义务人依法履行代扣代缴义务，纳税人不得拒绝。纳税人拒绝的，扣缴义务人应当及时报告税务机关。

第十九条 扣缴义务人有未按照规定向税务机关报送资料和信息、未按照纳税人提供信息虚报虚扣专项附加扣除、应扣未扣税款、不缴或少缴已扣税款、借用或冒用他人身份等行为的，依照《中华人民共和国税收征收管理法》等相关法律、行政法规处理。

第二十条 本办法相关表证单书式样，由国家税务总局另行制定发布。

第二十一条 本办法自2019年1月1日起施行。《国家税务总局关于印发〈个人所得税全员全额扣缴申报管理暂行办法〉的通知》（国税发〔2005〕205号）同时废止。

附件：个人所得税税率表及预扣率表（略）

国家税务总局关于全面实施新个人所得税法若干征管衔接问题的公告①

（2018年12月19日 国家税务总局公告2018年第56号 自2019年1月1日起施行）

为贯彻落实新修改的《中华人民共和国个人所得税法》（以下简称“新个人所得税法”），现就全面实施新个人所得税法后扣缴义务人对居民个人工资、薪金所得，劳务报酬所得，稿酬所得，特许权使用费所得预扣预缴个人所得税的计算方法，对非居民个人上述四项所得扣缴个人所得税的计算方法，公告如下：

一、居民个人预扣预缴方法

扣缴义务人向居民个人支付工资、薪金所得，劳务报酬所得，稿酬所得，特许权使用费所得时，按以下方法预扣预缴个人所得税，并向主管税务机关报送《个人所得税扣缴申报表》（见附件1）。年度预扣预缴税额与年度应纳税额不一致的，由居民个人于次年3月1日至6月30日向主管税务机关办理综合所得年度汇算清缴，税款多退少补。

（一）扣缴义务人向居民个人支付工资、薪金所得时，应当按照累计预扣法计算预扣税款，并按月办理全员全额扣缴申报。具体计算公式如下：

本期应预扣预缴税额=（累计预扣预缴应纳税所得额×预扣率-速算扣除数）-累计减免税额-累计已预扣预缴税额

累计预扣预缴应纳税所得额=累计收入-累计免税收入-累计减除费用-累计专项扣除-累计专项附加扣除-累计依法确定的其他扣除

其中：累计减除费用，按照5000元/月乘以纳税人当年截至本月在本单位的任职受雇月份数计算。

上述公式中，计算居民个人工资、薪金所得预扣预缴税额的预扣率、速算扣除数，按《个人所得税预扣率表一》（见附件2）执行。

（二）扣缴义务人向居民个人支付劳务报酬所得、稿酬所得、特许权使用费所得，按次或者按月预扣预缴个人所得税。具体预扣预缴方法如下：

劳务报酬所得、稿酬所得、特许权使用费所得以收入减除费用后的余额为收入额。其中，稿酬所得的收入额减按百分之七十计算。

减除费用：劳务报酬所得、稿酬所得、特许权使用费所得每次收入不超过四千元的，减除费用按八百元计算；每次收入四千元以上的，减除费用按百分之二十计算。

应纳税所得额：劳务报酬所得、稿酬所得、特许权使用费所得，以每次收入额为预扣预缴应纳税所得额。劳务报酬所得适用百分之二十至百分之四十的超额累进预扣率（见附件2《个人所得税预扣率表二》），稿酬所得、特许权使用费所得适用百分之二十的比例预扣率。

劳务报酬所得应预扣预缴税额=预扣预缴应纳税所得额×预扣率-速算扣除数

稿酬所得、特许权使用费所得应预扣预缴税额=预扣预缴应纳税所得额×20%

二、非居民个人扣缴方法

扣缴义务人向非居民个人支付工资、薪金所得，劳务报酬所得，稿酬所得和特许权使用费所得时，应当按以下方法按月或者按次代扣代缴个人所得税：

非居民个人的工资、薪金所得，以每

① 本公告“附件1”已被《国家税务总局关于修订个人所得税申报表的公告》废止。

月收入额减除费用五千元后的余额为应纳税所得额；劳务报酬所得、稿酬所得、特许权使用费所得，以每次收入额为应纳税所得额，适用按月换算后的非居民个人月度税率表（见附件2《个人所得税税率表三》）计算应纳税额。其中，劳务报酬所得、稿酬所得、特许权使用费所得以收入减除百分之二十的费用后的余额为收入额。稿酬所得的收入额减按百分之七十计算。

非居民个人工资、薪金所得，劳务报酬所得，稿酬所得，特许权使用费所得应纳税额 = 应纳税所得额 × 税率 – 速算扣除数

本公告自2019年1月1日起施行。

特此公告。

附件：

1.《个人所得税扣缴申报表》及填表说明（略）

2. 个人所得税税率表及预扣率表（略）

征收个人所得税若干问题的规定①

（1994年3月31日　国税发〔1994〕089号）

为了更好地贯彻执行《中华人民共和国个人所得税法》（以下简称税法）及其实施条例（以下简称条例），认真做好个人所得税的征收管理，根据税法及条例的规定精神，现将一些具体问题明确如下：

一、关于如何掌握“习惯性居住”的问题

条例第二条规定，在中国境内有住所的个人，是指因户籍、家庭、经济利益关系而在中国境内习惯性居住的个人。所谓习惯性居住，是判定纳税义务人是居民或非居民的一个法律意义上的标准，不是指实际居住或在某一个特定时期内的居住地。如因学习、工作、探亲、旅游等而在中国境外居住的，在其原因消除之后，必须回到中国境内居住的个人，则中国即为该纳税人习惯性居住地。

二、关于工资、薪金所得的征税问题

条例第八条第一款第一项对工资、薪金所得的具体内容和征税范围作了明确规定，应严格按照规定进行征税。对于补贴、津贴等一些具体收入项目应否计入工资、薪金所得的征税范围问题，按下述情况掌握执行：

（一）条例第十三条规定，对按照国务院规定发给的政府特殊津贴和国务院规定免纳个人所得税的补贴、津贴，免予征收个人所得税。其他各种补贴、津贴均应计入工资、薪金所得项目征税。

（二）下列不属于工资、薪金性质的补贴、津贴或者不属于纳税人本人工资、薪金所得项目的收入，不征税：

1. 独生子女补贴；

2. 执行公务员工资制度未纳入基本工资总额的补贴、津贴差额和家属成员的副食品补贴；

3. 托儿补助费；

4. 差旅费津贴、误餐补助。

三、关于在外商投资企业、外国企业和外国驻华机构工作的中方人员取得的工资、薪金所得的征税的问题

（一）在外商投资企业、外国企业和外国驻华机构工作的中方人员取得的工资、薪金收入，凡是由雇佣单位和派遣单位分别支付的，支付单位应依照税法第八条的

① 本规定所附“税率表一”和“税率表二”已被《国家税务总局关于贯彻执行修改后的个人所得税法有关问题的公告》废止；第十三条，第十五条已被《国家税务总局关于公布全文废止和部分条款废止的税务部门规章目录的决定》废止。

规定代扣代缴个人所得税。按照税法第六条第一款第一项的规定，纳税义务人应以每月全部工资、薪金收入减除规定费用后的余额为应纳税所得额。为了有利于征管，对雇佣单位和派遣单位分别支付工资、薪金的，采取由支付者中的一方减除费用的方法，即只由雇佣单位在支付工资、薪金时，按税法规定减除费用，计算扣缴个人所得税；派遣单位支付的工资、薪金不再减除费用，以支付全额直接确定适用税率，计算扣缴个人所得税。

上述纳税义务人，应持两处支付单位提供的原始明细工资、薪金单（书）和完税凭证原件，选择并固定到一地税务机关申报每月工资、薪金收入，汇算清缴其工资、薪金收入的个人所得税，多退少补。具体申报期限，由各省、自治区、直辖市税务局确定。

（二）对外商投资企业、外国企业和外国驻华机构发放给中方工作人员的工资、薪金所得，应全额征税。但对可以提供有效合同或有关凭证，能够证明其工资、薪金所得的一部分按照有关规定上交派遣（介绍）单位的，可扣除其实际上交的部分，按其余额计征个人所得税。

四、关于稿酬所得的征税问题

（一）个人每次以图书、报刊方式出版、发表同一作品（文字作品、书画作品、摄影作品以及其他作品），不论出版单位是预付还是分笔支付稿酬，或者加印该作品后再付稿酬，均应合并其稿酬所得按一次计征个人所得税。在两处或两处以上出版、发表或再版同一作品而取得稿酬所得，则可分别各处取得的所得或再版所得按分次所得计征个人所得税。

（二）个人的同一作品在报刊上连载，应合并其因连载而取得的所有稿酬所得为一次，按税法规定计征个人所得税。在其连载之后又出书取得稿酬所得，或先出书后连载取得稿酬所得，应视同再版稿酬分次计征个人所得税。

（三）作者去世后，对取得其遗作稿酬的个人，按稿酬所得征收个人所得税。

五、关于拍卖文稿所得的征税问题

作者将自己的文字作品手稿原件或复印件公开拍卖（竞价）取得的所得，应按特许权使用费所得项目征收个人所得税。

六、关于财产租赁所得的征税问题

（一）纳税义务人在出租财产过程中缴纳的税金和国家能源交通重点建设基金、国家预算调节基金、教育费附加，可持完税（缴款）凭证，从其财产租赁收入中扣除。

（二）纳税义务人出租财产取得财产租赁收入，在计算征税时，除可依法减除规定费用和有关税、费外，还准予扣除能够提供有效、准确凭证，证明由纳税义务人负担的该出租财产实际开支的修缮费用。允许扣除的修缮费用，以每次800元为限，一次扣除不完的，准予在下一次继续扣除，直至扣完为止。

（三）确认财产租赁所得的纳税义务人，应以产权凭证为依据。无产权凭证的，由主管税务机关根据实际情况确定纳税义务人。

（四）产权所有人死亡，在未办理产权继承手续期间，该财产出租而有租金收入的，以领取租金的个人为纳税义务人。

七、关于如何确定转让债权财产原值的问题

转让债权，采用“加权平均法”确定其应予减除的财产原值和合理费用。即以纳税人购进的同一种类债券买入价和买进过程中交纳的税费总和，除以纳税人购进的该种类债券数量之和，乘以纳税人卖出的该种类债券数量，再加上卖出的该种类债券过程中交纳的税费。用公式表示为：

$$\begin{array}{c}\text{一次卖出某一种类债券}\\\text{允许扣除的买入价和费用}\end{array}=\frac{\begin{array}{c}\text{纳税人购进的该种类债券买入价和}\\\text{买进过程中交纳的税费总和}\end{array}}{\text{纳税人购进的该种类债券总数量}}\times$$

一次卖出的该种类债券的数量 + 卖出该种类债券过程中交纳的税费

八、关于董事费的征税问题

个人由于担任董事职务所取得的董事费收入，属于劳务报酬所得性质，按照劳务报酬所得项目征收个人所得税。

九、关于个人取得不同项目劳务报酬所得的征税问题

条例第二十一条第一款第一项中所述的“同一项目”，是指劳务报酬所得列举具体劳务项目中的某一单项，个人兼有不同的劳务报酬所得，应当分别减除费用，计算缴纳个人所得税。

十、关于外籍纳税人在中国几地工作如何确定纳税地点的问题

（一）在几地工作或提供劳务的临时来华人员，应以税法所规定的申报纳税的日期为准，在某一地达到申报纳税的日期，即在该地申报纳税。但准予其提出申请，经批准后，也可固定在一地申报纳税。

（二）凡由在华企业或办事机构发放工资、薪金的外籍纳税人，由在华企业或办事机构集中向当地税务机关申报纳税。

十一、关于派发红股的征税问题

股份制企业在分配股息、红利时，以股票形式向股东个人支付应得的股息、红利（即派发红股），应以派发红股的股票票面金额为收入额，按利息、股息、红利项目计征个人所得税。

十二、关于运用速算扣除数法计算应纳税额的问题

为简便计算应纳个人所得税额，可对适用超额累进税率的工资、薪金所得，个体工商户的生产、经营所得，对企事业单位的承包经营、承租经营所得，以及适用加成征收税率的劳务报酬所得，运用速算扣除数法计算其应纳税额。应纳税额的计算公式为：

应纳税额 = 应纳税所得额 × 适用税率 − 速算扣除数

适用超额累进税率的应税所得计算应纳税额的速算扣除数，详见附表一、二、三。

十三、关于纳税人一次取得属于数月的奖金或年终加薪、劳动分红的征税问题

纳税人一次取得属于数月的奖金或年终加薪、劳动分红，一般应将全部奖金或年终加薪、劳动分红同当月份的工资、薪金合并计征个人所得税。但对于合并计算后提高适用税率的，可采取以月份所属奖金或年终加薪、劳动分红加当月份工资、薪金，减去当月份费用扣除标准后的余额为基数确定适用税率，然后，将当月份工资、薪金加上全部奖金或年终加薪、劳动分红，减去当月份费用扣除标准后的余额，按适用税率计算征收个人所得税。对按上述方法计算无应纳税所得额的，免予征税。

十四、关于单位或个人为纳税义务人负担税款的计征办法问题

单位或个人为纳税义务人负担个人所得税税款，应将纳税义务人取得的不含税收入换算为应纳税所得额，计算征收个人所得税。计算公式如下：

1. 应纳税所得额 = （不含税收入额 − 费用扣除标准 − 速算扣除数） ÷ （1 − 税率）

2. 应纳税额 = 应纳税所得额 × 适用税率 − 速算扣除数

公式 1 中的税率，是指不含税所得按不含税级距（详见所附税率表一、二、三）对应的税率；公式 2 中的税率，是指应纳税所得额按含税级距对应的税率。

十五、关于纳税人所得为外国货币如何办理退税和补税的问题

（一）纳税人所得为外国货币并已按照中国人民银行公布的外汇牌价以外国货币兑换成人民币缴纳税款后，如发生多缴税款需要办理退税，凡属于 1993 年 12 月 31 日以前取得应税所得的，可以将应退的人民币税款，按照缴纳税款时的外汇牌价（买入价，以下同）折合成外国货币，再将该外国货币数额按照填开退税凭证当日的外汇牌价折合成人民币退还税款；凡属于1994年1月1日以后取得应税所得的，应直接退还多缴的人民币税款。

（二）纳税人所得为外国货币的，发生少缴税款需要办理补税时，除依照税法规定汇算清缴以外的，应当按照填开补税凭证前一月最后一日的外汇牌价折合成人民币计算应纳税所得额补缴税款。

十六、关于在境内、境外分别取得工资、薪金所得，如何计征税款的问题

纳税义务人在境内、境外同时取得工资、薪金所得的，应根据条例第五条规定的原则，判断其境内、境外取得的所得是否来源于一国的所得。纳税义务人能够提供在境内、境外同时任职或者受雇及其工资、薪金标准的有效证明文件，可判定其所得是来源于境内和境外所得，应按税法和条例的规定分别减除费用并计算纳税；不能提供上述证明文件的，应视为来源于一国的所得，如其任职或者受雇单位在中国境内，应为来源于中国境内的所得，如其任职或受雇单位在中国境外，应为来源于中国境外的所得。

十七、关于承包、承租期不足一年如何计征税款的问题

实行承包、承租经营的纳税义务人，应以每一纳税年度取得的承包、承租经营所得计算纳税，在一个纳税年度内，承包、承租经营不足十二个月的，以其实际承包、承租经营的月份数为一个纳税年度计算纳税。计算公式为：

应纳税所得额 = 该年度承包、承租经营收入额 - （800 × 该年度实际承包、承租经营月份数）

应纳税额 = 应纳税所得额 × 适用税率 - 速算扣除数

十八、关于利息、股息、红利的扣缴义务人问题

利息、股息、红利所得实行源泉扣缴的征收方式，其扣缴义务人应是直接向纳税义务人支付利息、股息、红利的单位。

十九、关于工资、薪金所得与劳务报酬所得的区分问题

工资、薪金所得是属于非独立个人劳务活动，即在机关、团体、学校、部队、企事业单位及其他组织中任职、受雇而得到的报酬；劳务报酬所得则是个人独立从事各种技艺、提供各项劳务取得的报酬。两者的主要区别在于，前者存在雇佣与被雇佣关系，后者则不存在这种关系。

二十、以前规定与本规定抵触的，按本规定执行。

税率表（略）

演出市场个人所得税征收管理暂行办法

（1995年11月18日　国税发〔1995〕171号　根据2016年5月29日《国家税务总局关于公布全文废止和部分条款废止的税务部门规章目录的决定》和2018年6月15日《国家税务总局关于修改部分税务部门规章的决定》修正）

第一条　为加强演出市场个人所得税的征收管理，根据《中华人民共和国个人所得税法》及其实施条例和《国务院办公厅转发文化部关于加强演出市场管理报告的通知》（国办发〔1991〕112号）的有关规定，制定本办法。

第二条　凡参加演出（包括舞台演出、录音、录像、拍摄影视等，下同）而取得报酬的演职员，是个人所得税的纳税义务人；所取得的所得，为个人所得税的应纳税项目。

第三条　向演职员支付报酬的单位或个人，是个人所得税的扣缴义务人。扣缴义务人必须在支付演职员报酬的同时，按税收法律、行政法规及税务机关依照法律、行政法规作出的规定扣缴或预扣个人所得税。

预扣办法由各省、自治区、直辖市税务局根据有利控管的原则自行确定。

第四条 演出经纪机构领取《演出经营许可证》、《临时营业演出许可证》或变更以上证件内容的，必须在领证后或变更登记后的三十日内到机构所在地主管税务机关办理税务登记或变更税务登记。文化行政部门向演出经纪机构或个人发放《演出经营许可证》和《临时营业演出许可证》时，应将演出经纪机构的名称、住所、法人代表等情况抄送当地主管税务机关备案。

第五条 演出活动主办单位应在每次演出前两日内，将文化行政部门的演出活动批准件和演出合同、演出计划（时间、地点、场次）、报酬分配方案等有关材料报送演出所在地主管税务机关。演出合同和演出计划的内容如有变化，应按规定程序重新向文化行政部门申报审批并向主管税务机关报送新的有关材料。

第六条 演职员参加非任职单位组织的演出取得的报酬为劳务报酬所得，按次缴纳个人所得税。演职员参加任职单位组织的演出取得的报酬为工资、薪金所得，按月缴纳个人所得税。

上述报酬包括现金、实物和有价证券。

第七条 参加组台（团）演出的演职员取得的报酬，由主办单位或承办单位通过银行转账支付给演职员所在单位或发放演职员演出许可证的文化行政部门或其授权单位的，经演出所在地主管税务机关确认后，由演职员所在单位或者发放演职员许可证的文化行政部门或其授权单位，按实际支付给演职员个人的报酬代扣个人所得税，并在原单位所在地缴入金库。

第八条 组台（团）演出，不按第七条所述方式支付演职员报酬，或者虽按上述方式支付但未经演出所在地主管税务机关确认的，由向演职员支付报酬的演出经纪机构或者主办、承办单位扣缴个人所得税，税款在演出所在地缴纳。申报的演职员报酬明显偏低又无正当理由的，主管税务机关可以在查账核实的基础上，依据演出报酬总额、演职员分工、演员演出通常收费额等情况核定演职员的应纳税所得，扣缴义务人据此扣缴税款。

第九条 税务机关有根据认为从事演出的纳税义务人有逃避纳税义务行为的，可以在规定的纳税期之前，责令其限期缴纳应纳税款；在限期内发现纳税义务人有明显的转移、隐匿演出收入迹象的，税务机关可以责成纳税义务人提供纳税担保。如果纳税义务人不能提供纳税担保，经县以上（含县级）税务局（分局）局长批准，税务机关可以采取税收保全措施。

第十条 参与录音、录像、拍摄影视和在歌厅、舞厅、卡拉 OK 厅、夜总会、娱乐城等娱乐场所演出的演职员取得的报酬，由向演职员支付报酬的单位或业主扣缴个人所得税。

第十一条 演职员取得的报酬为不含税收入的，扣缴义务人支付的税款应按以下公式计算：

（一）应纳税所得额 =

$$\frac{\text{不含税收入} - \text{费用减除标准} - \text{速算}}{1 - \text{税率}}$$

（二）应纳税额 = 应纳税所得额 × 适用税率 - 速算扣除数

第十二条 扣缴义务人扣缴的税款，应在次月七日内缴入国库，同时向主管税务机关报送扣缴个人所得税报告表、支付报酬明细表以及税务机关要求报送的其他资料。

第十三条 有下列情形的，演职员应在取得报酬的次月七日内自行到演出所在地或者单位所在地主管税务机关申报纳税：

（一）在两处或者两处以上取得工资、薪金性质所得的，应将各处取得的工资、薪金性质的所得合并计算纳税；

（二）分笔取得属于一次报酬的；

（三）扣缴义务人没有依法扣缴税款的；

（四）主管税务机关要求其申报纳税的。

第十四条 为了强化征收管理，主管税务机关可以根据当地实际情况，自行确定对在歌厅、舞厅、卡拉OK厅、夜总会、娱乐城等娱乐场所演出的演职员的个人所得税征收管理方式。

第十五条 组台（团）演出，应当建立健全财务会计制度，正确反映演出收支和向演职员支付报酬情况，并接受主管税务机关的监督检查。没有建立财务会计制度，或者未提供完整、准确的纳税资料，主管税务机关可以核定其应纳税所得额，据以征税。

第十六条 扣缴义务人和纳税义务人违反本办法有关规定，主管税务机关可以依照《中华人民共和国税收征收管理法》及其他有关法律和行政法规的有关规定给以处罚。

第十七条 演职员偷税情节恶劣，或者被第三次查出偷税的，除税务机关对其依法惩处外，文化行政部门可据情节轻重停止其演出活动半年至一年。

第十八条 各省、自治区、直辖市税务局和文化行政部门可依据本办法规定的原则，制定具体实施细则。

第十九条 本办法由国家税务总局、文化和旅游部共同负责解释。

第二十条 本办法自文到之日起施行。以前规定凡与本办法不符的，按本办法执行。

建筑安装业个人所得税征收管理暂行办法

（1996年7月22日　国税发〔1996〕127号　根据2016年5月29日《国家税务总局关于公布全文废止和部分条款废止的税务部门规章目录的决定》和2018年6月15日《国家税务总局关于修改部分税务部门规章的决定》修正）

第一条 为了加强对建筑安装业个人所得税的征收管理，根据《中华人民共和国个人所得税法》及其实施条例、《中华人民共和国税收征收管理法》及其实施细则和其他有关法律、行政法规的规定制定本办法。

第二条 本办法所称建筑安装业，包括建筑、安装、修缮、装饰及其他工程作业。从事建筑安装业的工程承包人、个体户及其他个人为个人所得税的纳税义务人。其从事建筑安装业取得的所得，应依法缴纳个人所得税。

第三条 承包建筑安装业各项工程作业的承包人取得的所得，应区别不同情况计征个人所得税：经营成果归承包人个人所有的所得，或按照承包合同（协议）规定，将一部分经营成果留归承包人个人的所得，按对企事业单位的承包经营、承租经营所得项目征税；以其他分配方式取得的所得，按工资、薪金所得项目征税。

从事建筑安装业的个体工商户和未领取营业执照承揽建筑安装业工程作业的建筑安装队和个人，以及建筑安装企业实行个人承包后工商登记改变为个体经济性质的，其从事建筑安装业取得的收入应依照个体工商户的生产、经营所得项目计征个人所得税。

从事建筑安装业工程作业的其他人员

取得的所得，分别按照工资、薪金所得项目和劳务报酬所得项目计征个人所得税。

第四条 从事建筑安装业的单位和个人，应依法办理税务登记。在异地从事建筑安装业的单位和个人，必须自工程开工之日前三日内，持营业执照、外出经营活动税收管理证明、城建部门批准开工的文件和工程承包合同（协议）、开户银行账号以及主管税务机关要求提供的其他资料向主管税务机关办理有关登记手续。

第五条 对未领取营业执照承揽建筑安装业工程作业的单位和个人，主管税务机关可以根据其工程规模，责令其缴纳一定数额的纳税保证金。在规定的期限内结清税款后，退还纳税保证金；逾期未结清税款的，以纳税保证金抵缴应纳税款和滞纳金。

第六条 从事建筑安装业的单位和个人应设置会计账簿，健全财务制度，准确、完整地进行会计核算。对未设立会计账簿，或者不能准确、完整地进行会计核算的单位和个人，主管税务机关可根据其工程规模、工程承包合同（协议）价款和工程完工进度等情况，核定其应纳税所得额或应纳税额，据以征税。具体核定办法由县以上（含县级）税务机关制定。

第七条 从事建筑安装业工程作业的单位和个人应按照主管税务机关的规定，购领、填开和保管建筑安装业专用发票或许可使用的其他发票。

第八条 建筑安装业的个人所得税，由扣缴义务人代扣代缴和纳税人自行申报缴纳。

第九条 承揽建筑安装业工程作业的单位和个人是个人所得税的代扣代缴义务人，应在向个人支付收入时依法代扣代缴其应纳的个人所得税。

第十条 没有扣缴义务人的和扣缴义务人未按规定代扣代缴税款的，纳税人应自行向主管税务机关申报纳税。

第十一条 本办法第三条第一款、第二款涉及的纳税人和扣缴义务人应按每月工程完工量预缴、预扣个人所得税，按年结算。一项工程跨年度作业的，应按各年所得预缴、预扣和结算个人所得税。难以划分各年所得的，可以按月预缴、预扣税款，并在工程完工后按各年度工程完工量分摊所得并结算税款。

第十二条 扣缴义务人每月所扣的税款，自行申报纳税人每月应纳的税款，应当在次月七日内缴入国库，并向主管税务机关报送扣缴个人所得税报告表或纳税申报表以及税务机关要求报送的其他资料。

第十三条 对扣缴义务人按照所扣缴的税款，付给2%的手续费。

第十四条 建筑安装业单位所在地税务机关和工程作业所在地税务机关双方可以协商有关个人所得税代扣代缴和征收的具体操作办法，都有权对建筑安装业单位和个人依法进行税收检查，并有权依法处理其违反税收规定的行为。但一方已经处理的，另一方不得重复处理。

第十五条 本办法所称主管税务机关，是指建筑安装业工程作业所在地税务局（分局、所）。

第十六条 各省、自治区、直辖市税务局可根据本办法规定的原则，结合本地实际制定具体的征管办法，并报国家税务总局备案。

第十七条 本办法未尽事宜，按照《中华人民共和国个人所得税法》及其实施条例、《中华人民共和国税收征收管理法》及其实施细则以及其他有关的法律、行政法规的规定执行。

第十八条 本办法由国家税务总局负责解释。

第十九条 本办法从1996年1月1日起执行。

国家税务总局关于建筑安装业跨省异地工程作业人员个人所得税征收管理问题的公告

（2015 年 7 月 20 日 国家税务总局公告 2015 年第 52 号）

为规范和加强建筑安装业跨省（自治区、直辖市和计划单列市，下同）异地工程作业人员个人所得税征收管理，根据《中华人民共和国个人所得税法》等相关法律法规规定，现就有关问题公告如下：

一、总承包企业、分承包企业派驻跨省异地工程项目的管理人员、技术人员和其他工作人员在异地工作期间的工资、薪金所得个人所得税，由总承包企业、分承包企业依法代扣代缴并向工程作业所在地税务机关申报缴纳。

总承包企业和分承包企业通过劳务派遣公司聘用劳务人员跨省异地工作期间的工资、薪金所得个人所得税，由劳务派遣公司依法代扣代缴并向工程作业所在地税务机关申报缴纳。

二、跨省异地施工单位应就其所支付的工程作业人员工资、薪金所得，向工程作业所在地税务机关办理全员全额扣缴明细申报。凡实行全员全额扣缴明细申报的，工程作业所在地税务机关不得核定征收个人所得税。

三、总承包企业、分承包企业和劳务派遣公司机构所在地税务机关需要掌握异地工程作业人员工资、薪金所得个人所得税缴纳情况的，工程作业所在地税务机关应及时提供。总承包企业、分承包企业和劳务派遣公司机构所在地税务机关不得对异地工程作业人员已纳税工资、薪金所得重复征税。两地税务机关应加强沟通协调，切实维护纳税人权益。

四、建筑安装业省内异地施工作业人员个人所得税征收管理参照本公告执行。

五、本公告自 2015 年 9 月 1 日起施行。《国家税务总局关于印发〈建筑安装业个人所得税征收管理暂行办法〉的通知》（国税发〔1996〕127 号）第十一条规定同时废止。

特此公告。

广告市场个人所得税征收管理暂行办法

（1996 年 8 月 29 日 国税发〔1996〕148 号 根据 2016 年 5 月 29 日《国家税务总局关于公布全文废止和部分条款废止的税务部门规章目录的决定》和 2018 年 6 月 15 日《国家税务总局关于修改部分税务部门规章的决定》修正）

第一条 为了进一步加强对广告市场个人所得税的征收管理，依据《中华人民共和国个人所得税法》及其实施条例和《中华人民共和国税收征收管理法》及其实施细则，制定本办法。

第二条 凡在广告中提供名义、形象或在广告设计、制作、发布过程中提供劳务并取得所得的个人以及广告主、广告经营者或受托从事广告制作的单位和广告发布者，均应当依照本办法的规定办理个人所得税有关事宜。

本办法所称广告主，是指为推销商品或者提供服务，自行或者委托他人设计、制作、发布广告的法人、其他经济组织或者个人。

本办法所称广告经营者，是指受委托提供广告设计、制作、代理服务的法人、其他经济组织或者个人。

本办法所称受托从事广告制作的单位，是指受广告主或广告经营者委托而从事广告设计、制作的法人、其他经济组织或者个人。

本办法所称广告发布者，是指为广告主、或者广告主委托的广告经营者发布广告的法人及其他经济组织。

第三条 在广告设计、制作、发布过程中提供名义、形象及劳务并取得所得的个人为个人所得税的纳税义务人（以下简称纳税人）；直接向上述个人支付所得的广告主、广告经营者、受托从事广告制作的单位和广告发布者为个人所得税的扣缴义务人（以下简称扣缴人）。

第四条 扣缴人应当在每项广告制作前向所在地主管税务机关报告广告中名义、形象及劳务提供者的姓名、身份证号码（护照号码及国籍）、工作单位（户籍所在地）、电话号码以及支付报酬的标准和支付形式等情况。双方订立书面合同（协议）的，应同时将合同（协议）副本报送上述税务机关。

广告发布者应当定期向所在地主管税务机关报送当期发布广告的数量及其广告主、广告经营者的名单。

第五条 纳税人在广告设计、制作、发布过程中提供名义、形象而取得的所得，应按劳务报酬所得项目计算纳税。

纳税人在广告设计、制作、发布过程中提供其他劳务取得的所得，视其情况分别按照税法规定的劳务报酬所得、稿酬所得、特许权使用费所得等应税项目计算纳税。

扣缴人的本单位人员在广告设计、制作、发布过程中取得的由本单位支付的所得，按工资、薪金所得项目计算纳税。

第六条 纳税人以现金、实物和有价证券以外的其他形式取得所得，税务机关可以根据其所得的形式和价值，核定其应纳税所得额，据以征税。

对于不能准确提供或划分个人在广告设计、制作、发布过程中提供名义、形象及劳务而取得的所得的纳税人，主管税务机关可以根据支付总额等实际情况，参照同类广告活动名义、形象及其他劳务提供者的所得标准，核定其应纳税所得额，据以征税。

第七条 劳务报酬所得以纳税人每参与一项广告的设计、制作、发布所取得的所得为一次；稿酬所得以在图书、报刊上发布一项广告时使用其作品而取得的所得为一次；特许权使用费所得以提供一项特许权在一项广告的设计、制作、发布过程中使用而取得的所得为一次。上述所得，采取分笔支付的，应合并为一次所得计算纳税。

第八条 分笔取得一次所得和扣缴人应扣未扣或少扣税款以及没有扣缴人的纳税人，应当于取得所得的月度终了后七日内，向扣缴人所在地主管税务机关自行申报纳税。

第九条 扣缴人和纳税人必须接受税务机关依法进行的税务检查，如实反映情况，提供有关资料，不得拒绝、隐瞒。

第十条 本办法未尽事宜，按照有关税收法律、行政法规的规定执行。

第十一条 各省、自治区、直辖市税务局可以根据本办法规定的原则，结合本地实际，制定具体实施办法，并报国家税务总局备案。

第十二条 本办法由国家税务总局负责解释。

第十三条 本办法自 1996 年 9 月 1 日起执行。

个体工商户税收定期定额征收管理办法

（2006 年 8 月 30 日国家税务总局令第 16 号公布　根据 2018 年 6 月 15 日《国家税务总局关于修改部分税务部门规章的决定》修正）

第一条　为规范和加强个体工商户税收定期定额征收（以下简称定期定额征收）管理，公平税负，保护个体工商户合法权益，促进个体经济的健康发展，根据《中华人民共和国税收征收管理法》及其实施细则，制定本办法。

第二条　本办法所称个体工商户税收定期定额征收，是指税务机关依照法律、行政法规及本办法的规定，对个体工商户在一定经营地点、一定经营时期、一定经营范围内的应纳税经营额（包括经营数量）或所得额（以下简称定额）进行核定，并以此为计税依据，确定其应纳税额的一种征收方式。

第三条　本办法适用于经主管税务机关认定和县以上税务机关（含县级，下同）批准的生产、经营规模小，达不到《个体工商户建账管理暂行办法》规定设置账簿标准的个体工商户（以下简称定期定额户）的税收征收管理。

第四条　主管税务机关应当将定期定额户进行分类，在年度内按行业、区域选择一定数量并具有代表性的定期定额户，对其经营、所得情况进行典型调查，做出调查分析，填制有关表格。

典型调查户数应当占该行业、区域总户数的 5% 以上。具体比例由省税务机关确定。

第五条　定额执行期的具体期限由省税务机关确定，但最长不得超过一年。

定额执行期是指税务机关核定后执行的第一个纳税期至最后一个纳税期。

第六条　税务机关应当根据定期定额户的经营规模、经营区域、经营内容、行业特点、管理水平等因素核定定额，可以采用下列一种或两种以上的方法核定：

（一）按照耗用的原材料、燃料、动力等推算或者测算核定；

（二）按照成本加合理的费用和利润的方法核定；

（三）按照盘点库存情况推算或者测算核定；

（四）按照发票和相关凭据核定；

（五）按照银行经营账户资金往来情况测算核定；

（六）参照同类行业或类似行业中同规模、同区域纳税人的生产、经营情况核定；

（七）按照其他合理方法核定。

税务机关应当运用现代信息技术手段核定定额，增强核定工作的规范性和合理性。

第七条　税务机关核定定额程序：

（一）自行申报。定期定额户要按照税务机关规定的申报期限、申报内容向主管税务机关申报，填写有关申报文书。申报内容应包括经营行业、营业面积、雇佣人数和每月经营额、所得额以及税务机关需要的其他申报项目。

本项所称经营额、所得额为预估数。

（二）核定定额。主管税务机关根据定期定额户自行申报情况，参考典型调查结果，采取本办法第六条规定的核定方法核定定额，并计算应纳税额。

（三）定额公示。主管税务机关应当将核定定额的初步结果进行公示，公示期限为五个工作日。

公示地点、范围、形式应当按照便于定期定额户及社会各界了解、监督的原则，由主管税务机关确定。

（四）上级核准。主管税务机关根据公示意见结果修改定额，并将核定情况报经县以上税务机关审核批准后，填制《核定定额通知书》。

（五）下达定额。将《核定定额通知书》送达定期定额户执行。

（六）公布定额。主管税务机关将最终确定的定额和应纳税额情况在原公示范围内进行公布。

第八条 定期定额户应当建立收支凭证粘贴簿、进销货登记簿，完整保存有关纳税资料，并接受税务机关的检查。

第九条 依照法律、行政法规的规定，定期定额户负有纳税申报义务。

实行简易申报的定期定额户，应当在税务机关规定的期限内按照法律、行政法规规定缴清应纳税款，当期（指纳税期，下同）可以不办理申报手续。

第十条 采用数据电文申报、邮寄申报、简易申报等方式的，经税务机关认可后方可执行。经确定的纳税申报方式在定额执行期内不予更改。

第十一条 定期定额户可以委托经税务机关认定的银行或其他金融机构办理税款划缴。

凡委托银行或其他金融机构办理税款划缴的定期定额户，应当向税务机关书面报告开户银行及账号。其账户内存款应当足以按期缴纳当期税款。其存款余额低于当期应纳税款，致使当期税款不能按期入库的，税务机关按逾期缴纳税款处理；对实行简易申报的，按逾期办理纳税申报和逾期缴纳税款处理。

第十二条 定期定额户发生下列情形，应当向税务机关办理相关纳税事宜：

（一）定额与发票开具金额或税控收款机记录数据比对后，超过定额的经营额、所得额所应缴纳的税款；

（二）在税务机关核定定额的经营地点以外从事经营活动所应缴纳的税款。

第十三条 税务机关可以根据保证国家税款及时足额入库、方便纳税人、降低税收成本的原则，采用简化的税款征收方式，具体方式由省税务机关确定。

第十四条 县以上税务机关可以根据当地实际情况，依法委托有关单位代征税款。税务机关与代征单位必须签订委托代征协议，明确双方的权利、义务和应当承担的责任，并向代征单位颁发委托代征证书。

第十五条 定期定额户经营地点偏远、缴纳税款数额较小，或者税务机关征收税款有困难的，税务机关可以按照法律、行政法规的规定简并征期。但简并征期最长不得超过一个定额执行期。

简并征期的税款征收时间为最后一个纳税期。

第十六条 通过银行或其他金融机构划缴税款的，其完税凭证可以到税务机关领取，或到税务机关委托的银行或其他金融机构领取；税务机关也可以根据当地实际情况采取邮寄送达，或委托有关单位送达。

第十七条 定期定额户在定额执行期结束后，应当以该期每月实际发生的经营额、所得额向税务机关申报，申报额超过定额的，按申报额缴纳税款；申报额低于定额的，按定额缴纳税款。具体申报期限由省税务机关确定。

定期定额户当期发生的经营额、所得额超过定额一定幅度的，应当在法律、行政法规规定的申报期限内向税务机关进行申报并缴清税款。具体幅度由省税务机关确定。

第十八条 定期定额户的经营额、所得额连续纳税期超过或低于税务机关核定的定额，应当提请税务机关重新核定定额，税务机关应当根据本办法规定的核定方法和程序重新核定定额。具体期限由省税务机关确定。

第十九条 经税务机关检查发现定期定额户在以前定额执行期发生的经营额、所得额超过定额，或者当期发生的经营额、所得额超过定额一定幅度而未向税务机关进行纳税申报及结清应纳税款的，税务机关应当追缴税款、加收滞纳金，并按照法律、行政法规规定予以处理。其经营额、所得额连续纳税期超过定额，税务机关应当按照本办法第十八条的规定重新核定其定额。

第二十条 定期定额户发生停业的，应当在停业前向税务机关书面提出停业报告；提前恢复经营的，应当在恢复经营前向税务机关书面提出复业报告；需延长停业时间的，应当在停业期满前向税务机关提出书面的延长停业报告。

第二十一条 税务机关停止定期定额户实行定期定额征收方式，应当书面通知定期定额户。

第二十二条 定期定额户对税务机关核定的定额有争议的，可以在接到《核定定额通知书》之日起30日内向主管税务机关提出重新核定定额申请，并提供足以说明其生产、经营真实情况的证据，主管税务机关应当自接到申请之日起30日内书面答复。

定期定额户也可以按照法律、行政法规的规定直接向上一级税务机关申请行政复议；对行政复议决定不服的，可以依法向人民法院提起行政诉讼。

定期定额户在未接到重新核定定额通知、行政复议决定书或人民法院判决书前，仍按原定额缴纳税款。

第二十三条 税务机关应当严格执行核定定额程序，遵守回避制度。税务人员个人不得擅自确定或更改定额。

税务人员徇私舞弊或者玩忽职守，致使国家税收遭受重大损失，构成犯罪的，依法追究刑事责任；尚不构成犯罪的，依法给予行政处分。

第二十四条 对违反本办法规定的行为，按照《中华人民共和国税收征收管理法》及其实施细则有关规定处理。

第二十五条 个人独资企业的税款征收管理比照本办法执行。

第二十六条 各省、自治区、直辖市税务局根据本办法制定具体实施办法，并报国家税务总局备案。

第二十七条 本办法自2007年1月1日起施行。1997年6月19日国家税务总局发布的《个体工商户定期定额管理暂行办法》同时废止。

个体工商户建账管理暂行办法

（2006年12月15日国家税务总局令第17号公布　根据2018年6月15日《国家税务总局关于修改部分税务部门规章的决定》修正）

第一条 为了规范和加强个体工商户税收征收管理，促进个体工商户加强经济核算，根据《中华人民共和国税收征收管理法》（以下简称税收征管法）及其实施细则和《国务院关于批转国家税务总局加强个体私营经济税收征管强化查账征收工作意见的通知》，制定本办法。

第二条 凡从事生产、经营并有固定生产、经营场所的个体工商户，都应当按照法律、行政法规和本办法的规定设置、使用和保管账簿及凭证，并根据合法、有效凭证记账核算。

税务机关应同时采取有效措施，巩固已有建账成果，积极引导个体工商户建立健全账簿，正确进行核算，如实申报纳税。

第三条 符合下列情形之一的个体工商户，应当设置复式账：

（一）注册资金在20万元以上的。

（二）销售增值税应税劳务的纳税人或营业税纳税人月销售（营业）额在40000元以上；从事货物生产的增值税纳

税人月销售额在60000元以上；从事货物批发或零售的增值税纳税人月销售额在80000元以上的。

（三）省税务机关确定应设置复式账的其他情形。

第四条 符合下列情形之一的个体工商户，应当设置简易账，并积极创造条件设置复式账：

（一）注册资金在10万元以上20万元以下的。

（二）销售增值税应税劳务的纳税人或营业税纳税人月销售（营业）额在15000元至40000元；从事货物生产的增值税纳税人月销售额在30000元至60000元；从事货物批发或零售的增值税纳税人月销售额在40000元至80000元的。

（三）省税务机关确定应当设置简易账的其他情形。

第五条 上述所称纳税人月销售额或月营业额，是指个体工商户上一个纳税年度月平均销售额或营业额；新办的个体工商户为业户预估的当年度经营期月平均销售额或营业额。

第六条 达不到上述建账标准的个体工商户，经县以上税务机关批准，可按照税收征管法的规定，建立收支凭证粘贴簿、进货销货登记簿或者使用税控装置。

第七条 达到建账标准的个体工商户，应当根据自身生产、经营情况和本办法规定的设置账簿条件，对照选择设置复式账或简易账，并报主管税务机关备案。账簿方式一经确定，在一个纳税年度内不得进行变更。

第八条 达到建账标准的个体工商户，应当自领取营业执照或者发生纳税义务之日起15日内，按照法律、行政法规和本办法的有关规定设置账簿并办理账务，不得伪造、变造或者擅自损毁账簿、记账凭证、完税凭证和其他有关资料。

第九条 设置复式账的个体工商户应按《个体工商户会计制度（试行）》的规定设置总分类账、明细分类账、日记账等，进行财务会计核算，如实记载财务收支情况。成本、费用列支和其他财务核算规定按照《个体工商户个人所得税计税办法（试行）》执行。

设置简易账的个体工商户应当设置经营收入账、经营费用账、商品（材料）购进账、库存商品（材料）盘点表和利润表，以收支方式记录、反映生产、经营情况并进行简易会计核算。

第十条 复式账簿中现金日记账，银行存款日记账和总分类账必须使用订本式，其他账簿可以根据业务的实际发生情况选用活页账簿。简易账簿均应采用订本式。

账簿和凭证应当按照发生的时间顺序填写，装订或者粘贴。

建账户对各种账簿、记账凭证、报表、完税凭证和其他有关涉税资料应当保存10年。

第十一条 设置复式账的个体工商户在办理纳税申报时，应当按照规定向当地主管税务机关报送财务会计报表和有关纳税资料。月度会计报表应当于月份终了后10日内报出，年度会计报表应当在年度终了后30日内报出。

第十二条 个体工商户可以聘请经批准从事会计代理记账业务的专业机构或者具备资质的财会人员代为建账和办理账务。

第十三条 按照税务机关规定的要求使用税控收款机的个体工商户，其税控收款机输出的完整的书面记录，可以视同经营收入账。

第十四条 税务机关对建账户采用查账征收方式征收税款。建账初期，也可以采用查账征收与定期定额征收相结合的方式征收税款。

第十五条 依照本办法规定应当设置账簿的个体工商户，具有税收征管法第三十五条第一款第二项至第六项情形之一的，税务机关有权根据税收征管法实施细则第四十七条规定的方法核定其应纳税额。

第十六条 依照本办法规定应当设置账簿的个体工商户违反有关法律、行政法规和本办法关于账簿设置、使用和保管规定的，由税务机关按照税收征管法的有关规定进行处理。

第十七条 个体工商户建账工作中所涉及的有关账簿、凭证、表格，按照有关规定办理。

第十八条 本办法所称"以上"均含本数。

第十九条 各省、自治区、直辖市和计划单列市税务局可根据本办法制定具体实施办法，并报国家税务总局备案。

第二十条 本办法自2007年1月1日起施行。1997年6月19日国家税务总局发布的《个体工商户建账管理暂行办法》同时废止。

个体工商户个人所得税计税办法

（2014年12月27日国家税务总局令第35号公布　根据2018年6月15日《国家税务总局关于修改部分税务部门规章的决定》修正）

第一章　总　　则

第一条 为了规范和加强个体工商户个人所得税征收管理，根据个人所得税法等有关税收法律、法规和政策规定，制定本办法。

第二条 实行查账征收的个体工商户应当按照本办法的规定，计算并申报缴纳个人所得税。

第三条 本办法所称个体工商户包括：

（一）依法取得个体工商户营业执照，从事生产经营的个体工商户；

（二）经政府有关部门批准，从事办学、医疗、咨询等有偿服务活动的个人；

（三）其他从事个体生产、经营的个人。

第四条 个体工商户以业主为个人所得税纳税义务人。

第五条 个体工商户应纳税所得额的计算，以权责发生制为原则，属于当期的收入和费用，不论款项是否收付，均作为当期的收入和费用；不属于当期的收入和费用，即使款项已经在当期收付，均不作为当期收入和费用。本办法和财政部、国家税务总局另有规定的除外。

第六条 在计算应纳税所得额时，个体工商户会计处理办法与本办法和财政部、国家税务总局相关规定不一致的，应当依照本办法和财政部、国家税务总局的相关规定计算。

第二章　计税基本规定

第七条 个体工商户的生产、经营所得，以每一纳税年度的收入总额，减除成本、费用、税金、损失、其他支出以及允许弥补的以前年度亏损后的余额，为应纳税所得额。

第八条 个体工商户从事生产经营以及与生产经营有关的活动（以下简称生产经营）取得的货币形式和非货币形式的各项收入，为收入总额。包括：销售货物收入、提供劳务收入、转让财产收入、利息收入、租金收入、接受捐赠收入、其他收入。

前款所称其他收入包括个体工商户资产溢余收入、逾期一年以上的未退包装物押金收入、确实无法偿付的应付款项、已作坏账损失处理后又收回的应收款项、债务重组收入、补贴收入、违约金收入、汇兑收益等。

第九条 成本是指个体工商户在生产经营活动中发生的销售成本、销货成本、业务支出以及其他耗费。

第十条 费用是指个体工商户在生产经营活动中发生的销售费用、管理费用和财务费用，已经计入成本的有关费用除外。

第十一条 税金是指个体工商户在生产经营活动中发生的除个人所得税和允许抵扣的增值税以外的各项税金及其附加。

第十二条 损失是指个体工商户在生产经营活动中发生的固定资产和存货的盘亏、毁损、报废损失，转让财产损失，坏账损失，自然灾害等不可抗力因素造成的损失以及其他损失。

个体工商户发生的损失，减除责任人赔偿和保险赔款后的余额，参照财政部、国家税务总局有关企业资产损失税前扣除的规定扣除。

个体工商户已经作为损失处理的资产，在以后纳税年度又全部收回或者部分收回时，应当计入收回当期的收入。

第十三条 其他支出是指除成本、费用、税金、损失外，个体工商户在生产经营活动中发生的与生产经营活动有关的、合理的支出。

第十四条 个体工商户发生的支出应当区分收益性支出和资本性支出。收益性支出在发生当期直接扣除；资本性支出应当分期扣除或者计入有关资产成本，不得在发生当期直接扣除。

前款所称支出，是指与取得收入直接相关的支出。

除税收法律法规另有规定外，个体工商户实际发生的成本、费用、税金、损失和其他支出，不得重复扣除。

第十五条 个体工商户下列支出不得扣除：

（一）个人所得税税款；

（二）税收滞纳金；

（三）罚金、罚款和被没收财物的损失；

（四）不符合扣除规定的捐赠支出；

（五）赞助支出；

（六）用于个人和家庭的支出；

（七）与取得生产经营收入无关的其他支出；

（八）国家税务总局规定不准扣除的支出。

第十六条 个体工商户生产经营活动中，应当分别核算生产经营费用和个人、家庭费用。对于生产经营与个人、家庭生活混用难以分清的费用，其40%视为与生产经营有关费用，准予扣除。

第十七条 个体工商户纳税年度发生的亏损，准予向以后年度结转，用以后年度的生产经营所得弥补，但结转年限最长不得超过五年。

第十八条 个体工商户使用或者销售存货，按照规定计算的存货成本，准予在计算应纳税所得额时扣除。

第十九条 个体工商户转让资产，该项资产的净值，准予在计算应纳税所得额时扣除。

第二十条 本办法所称亏损，是指个体工商户依照本办法规定计算的应纳税所得额小于零的数额。

第三章 扣除项目及标准

第二十一条 个体工商户实际支付给从业人员的、合理的工资薪金支出，准予扣除。

个体工商户业主的费用扣除标准，依照相关法律、法规和政策规定执行。

个体工商户业主的工资薪金支出不得税前扣除。

第二十二条 个体工商户按照国务院有关主管部门或者省级人民政府规定的范围和标准为其业主和从业人员缴纳的基本养老保险费、基本医疗保险费、失业保险费、生育保险费、工伤保险费和住房公积金，准予扣除。

个体工商户为从业人员缴纳的补充养老保险费、补充医疗保险费，分别在不超过从业人员工资总额5%标准内的部分据实扣除；超过部分，不得扣除。

个体工商户业主本人缴纳的补充养老保险费、补充医疗保险费，以当地（地级市）上年度社会平均工资的3倍为计算基数，分别在不超过该计算基数5%标准内的部分据实扣除；超过部分，不得扣除。

第二十三条 除个体工商户依照国家有关规定为特殊工种从业人员支付的人身安全保险费和财政部、国家税务总局规定可以扣除的其他商业保险费外，个体工商户业主本人或者为从业人员支付的商业保险费，不得扣除。

第二十四条 个体工商户在生产经营活动中发生的合理的不需要资本化的借款费用，准予扣除。

个体工商户为购置、建造固定资产、无形资产和经过12个月以上的建造才能达到预定可销售状态的存货发生借款的，在有关资产购置、建造期间发生的合理的借款费用，应当作为资本性支出计入有关资产的成本，并依照本办法的规定扣除。

第二十五条 个体工商户在生产经营活动中发生的下列利息支出，准予扣除：

（一）向金融企业借款的利息支出；

（二）向非金融企业和个人借款的利息支出，不超过按照金融企业同期同类贷款利率计算的数额的部分。

第二十六条 个体工商户在货币交易中，以及纳税年度终了时将人民币以外的货币性资产、负债按照期末即期人民币汇率中间价折算为人民币时产生的汇兑损失，除已经计入有关资产成本部分外，准予扣除。

第二十七条 个体工商户向当地工会组织拨缴的工会经费、实际发生的职工福利费支出、职工教育经费支出分别在工资薪金总额的2%、14%、2.5%的标准内据实扣除。

工资薪金总额是指允许在当期税前扣除的工资薪金支出数额。

职工教育经费的实际发生数额超出规定比例当期不能扣除的数额，准予在以后纳税年度结转扣除。

个体工商户业主本人向当地工会组织缴纳的工会经费、实际发生的职工福利费支出、职工教育经费支出，以当地（地级市）上年度社会平均工资的3倍为计算基数，在本条第一款规定比例内据实扣除。

第二十八条 个体工商户发生的与生产经营活动有关的业务招待费，按照实际发生额的60%扣除，但最高不得超过当年销售（营业）收入的5‰。

业主自申请营业执照之日起至开始生产经营之日止所发生的业务招待费，按照实际发生额的60%计入个体工商户的开办费。

第二十九条 个体工商户每一纳税年度发生的与其生产经营活动直接相关的广告费和业务宣传费不超过当年销售（营业）收入15%的部分，可以据实扣除；超过部分，准予在以后纳税年度结转扣除。

第三十条 个体工商户代其从业人员或者他人负担的税款，不得税前扣除。

第三十一条 个体工商户按照规定缴纳的摊位费、行政性收费、协会会费等，按实际发生数额扣除。

第三十二条 个体工商户根据生产经营活动的需要租入固定资产支付的租赁费，按照以下方法扣除：

（一）以经营租赁方式租入固定资产发生的租赁费支出，按照租赁期限均匀扣除；

（二）以融资租赁方式租入固定资产发生的租赁费支出，按照规定构成融资租入固定资产价值的部分应当提取折旧费用，分期扣除。

第三十三条 个体工商户参加财产保险，按照规定缴纳的保险费，准予扣除。

第三十四条 个体工商户发生的合理的劳动保护支出，准予扣除。

第三十五条 个体工商户自申请营业执照之日起至开始生产经营之日止所发生符合

本办法规定的费用，除为取得固定资产、无形资产的支出，以及应计入资产价值的汇兑损益、利息支出外，作为开办费，个体工商户可以选择在开始生产经营的当年一次性扣除，也可自生产经营月份起在不短于3年期限内摊销扣除，但一经选定，不得改变。

开始生产经营之日为个体工商户取得第一笔销售（营业）收入的日期。

第三十六条 个体工商户通过公益性社会团体或者县级以上人民政府及其部门，用于《中华人民共和国公益事业捐赠法》规定的公益事业的捐赠，捐赠额不超过其应纳税所得额30%的部分可以据实扣除。

财政部、国家税务总局规定可以全额在税前扣除的捐赠支出项目，按有关规定执行。

个体工商户直接对受益人的捐赠不得扣除。

公益性社会团体的认定，按照财政部、国家税务总局、民政部有关规定执行。

第三十七条 本办法所称赞助支出，是指个体工商户发生的与生产经营活动无关的各种非广告性质支出。

第三十八条 个体工商户研究开发新产品、新技术、新工艺所发生的开发费用，以及研究开发新产品、新技术而购置单台价值在10万元以下的测试仪器和试验性装置的购置费准予直接扣除；单台价值在10万元以上（含10万元）的测试仪器和试验性装置，按固定资产管理，不得在当期直接扣除。

第四章 附 则

第三十九条 个体工商户资产的税务处理，参照企业所得税相关法律、法规和政策规定执行。

第四十条 个体工商户有两处或两处以上经营机构的，选择并固定向其中一处经营机构所在地主管税务机关申报缴纳个人所得税。

第四十一条 个体工商户终止生产经营的，应当在注销工商登记或者向政府有关部门办理注销前向主管税务机关结清有关纳税事宜。

第四十二条 各省、自治区、直辖市和计划单列市税务局可以结合本地实际，制定具体实施办法。

第四十三条 本办法自2015年1月1日起施行。国家税务总局1997年3月26日发布的《国家税务总局关于印发〈个体工商户个人所得税计税办法（试行）〉的通知》（国税发〔1997〕43号）同时废止。

境外所得个人所得税征收管理暂行办法

（1998年8月12日 国税发〔1998〕126号 根据2016年5月29日《国家税务总局关于公布全文废止和部分条款废止的税务部门规章目录的决定》和2018年6月15日《国家税务总局关于修改部分税务部门规章的决定》修正）

第一条 为维护国家税收权益，加强对来源于中国境外所得的个人所得税征收管理，根据《中华人民共和国个人所得税法》（以下简称税法）及其实施条例、《中华人民共和国税收征收管理法》（以下简称征管法）及其实施细则以及有关行政法规的规定制定本办法。

第二条 本办法适用于中国境内有住所，并有来源于中国境外所得的个人纳税人（以下简称纳税人）。

第三条 纳税人来源于中国境外的各项应纳税所得（以下简称境外所得），应依照税法和本办法的规定缴纳个人所得税。

第四条 下列所得，不论支付地点是否在中国境外，均为来源于中国境外的所得：

（一）因任职、受雇、履约等而在中国境外提供劳务取得的所得；

（二）将财产出租给承租人在中国境外使用而取得的所得；

（三）转让中国境外的建筑物、土地使用权等财产或者在中国境外转让其他财产取得的所得；

（四）许可各种特许权在中国境外使用而取得的所得；

（五）从中国境外的公司、企业以及其他经济组织或者个人取得的利息、股息、红利所得。

第五条 纳税人的境外所得，应按税法及其实施条例的规定确定应税项目，并分别计算其应纳税额。

第六条 纳税人的境外所得按照有关规定交付给派出单位的部分，凡能提供有效合同或有关凭证的，经主管税务机关审核后，允许从其境外所得中扣除。

第七条 纳税人受雇于中国境内的公司、企业和其他经济组织以及政府部门并派往境外工作，其所得由境内派出单位支付或负担的，境内派出单位为个人所得税扣缴义务人，税款由境内派出单位负责代扣代缴。其所得由境外任职、受雇的中方机构支付、负担的，可委托其境内派出（投资）机构代征税款。

上述境外任职、受雇的中方机构是指中国境内的公司、企业和其他经济组织以及政府部门所属的境外分支机构、使（领）馆、子公司、代表处等。

第八条 纳税人有下列情形的，应自行申报纳税：

（一）境外所得来源于两处以上的；

（二）取得境外所得没有扣缴义务人、代征人的（包括扣缴义务人、代征人未按规定扣缴或征缴税款的）。

第九条 中国境内的公司、企业和其他经济组织以及政府部门，凡有外派人员的，应在每一公历年度（以下简称年度）终了后30日内向主管税务机关报送外派人员情况。内容主要包括：外派人员的姓名、身份证或护照号码、职务、派往国家和地区、境外工作单位名称和地址、合同期限、境内外收入状况、境内住所及缴纳税收情况等。

第十条 依本办法第八条规定须自行申报纳税的纳税人，应在年度终了后30日内，向中国主管税务机关申报缴纳个人所得税。如所得来源国与中国的纳税年度不一致，年度终了后30日内申报纳税有困难的，可报经中国主管税务机关批准，在所得来源国的纳税年度终了、结清税款后30日内申报纳税。

纳税人如在税法规定的纳税年度期间结束境外工作任务回国，应当在回国后的次月7日内，向主管税务机关申报缴纳个人所得税。

第十一条 纳税人兼有来源于中国境内、境外所得的，应按税法规定分别减除费用并计算纳税。

第十二条 纳税人在境外已缴纳的个人所得税税额，能提供境外税务机关填发的完税凭证原件的，准予按照税法及其实施条例的规定从应纳税额中抵扣。

第十三条 纳税人和扣缴义务人未按本办法规定申报缴纳、扣缴个人所得税以及未按本办法第九条规定报送资料的，主管税务机关应按征管法及有关法律、行政法规和部分规章的规定予以处罚，涉嫌犯罪的依法移送公安机关处理。

第十四条 本办法所称主管税务机关是指派出单位所在地的税务机关。无派出单位的，是指纳税人离境前户籍所在地的税务机关；户籍所在地与经常居住地不一致的，是指经常居住地税务机关。

第十五条 本办法未尽事宜，按照有关税收法律、行政法规的规定执行。

第十六条 各省、自治区、直辖市税务局可根据本办法规定的原则，结合本地实际制定具体实施办法，并报国家税务总局备案。

第十七条 本办法由国家税务总局负责解释。

第十八条 本办法从1998年7月1日起执行。此前规定与本办法有抵触的，按本办法执行。

储蓄存款利息所得个人所得税征收管理办法

（1999年10月8日 国税发〔1999〕179号）

第一条 根据《中华人民共和国个人所得税法》、《中华人民共和国税收征收管理法》和国务院关于《对个人储蓄存款利息所得征收个人所得税的实施办法》（以下简称《实施办法》）的有关规定，特制定本办法。

第二条 储蓄存款利息所得个人所得税以取得储蓄存款利息所得的个人为纳税义务人，以办理结付个人储蓄存款利息的储蓄机构为扣缴义务人。扣缴义务人区分不同情况具体规定如下：

一、内资商业银行以支行或相当于支行的储蓄机构为扣缴义务人。经各省、自治区、直辖市和计划单列市国家税务局批准，扣缴义务人所扣税款可由其上一级机构汇总向其所在地主管税务机关申报缴纳。

二、城市信用社和农村信用社以独立核算的单位为扣缴义务人。

三、外资银行以设在中国境内的分行为扣缴义务人。

四、邮政储蓄机构以县级邮政局为扣缴义务人。

根据上述规定难以认定扣缴义务人的，由省、自治区、直辖市和计划单列市国家税务局依据便于扣缴义务人操作和税务机关征收管理、有利于明确扣缴义务人法律责任的原则进行认定。

第三条 凡办理个人储蓄业务的储蓄机构，在向个人结付储蓄存款利息时，应依法代扣代缴其应缴纳的个人所得税税款。

前款所称结付储蓄存款利息，是指向个人储户支付利息、结息日和办理存款自动转存业务时结息。

第四条 扣缴义务人应指定财务会计部门或其他有关部门的专门人员，具体负责扣缴税款的纳税申报及有关事宜。人员发生变动时，应将名单及时报告主管税务机关。

第五条 扣缴义务人在代扣税款时，应当在给储户的利息清单上注明已扣税款的数额。注明已扣税款的利息清单视同完税证明，除另有规定者外，不再开具代扣代收税款凭证。

第六条 扣缴义务人应扣未扣税款的，由扣缴义务人缴纳应扣未扣税款以及相应的滞纳金。其应纳税款按下列公式计算：

应纳税所得额＝结付的利息额÷（1－税率）

应纳税额＝应纳税所得额×适用税率

第七条 扣缴义务人每月所扣的税款，应当在次月7日内缴入中央金库，并向主管税务机关报送《储蓄存款利息所得扣缴个人所得税报告表》和主管税务机关要求报送的其他有关资料；所扣税款为外币的，应当按照缴款上一月最后一日中国人民银行公布的人民币基准汇价折算成人民币，以人民币缴入国库。

第八条 现有储蓄机构，符合本办法第二条规定的，应于《实施办法》公布后至11月1日前到当地主管税务机关办理扣缴税款登记；11月1日后成立的储蓄机构，凡符合本办法第二条规定的，应自中国人民银行批准开业之日起30日内，到当地主管税务机关办理扣缴税款登记。

第九条 税务机关应依法对扣缴义务人的代扣代缴税款情况进行检查，扣缴义务人必须如实反映有关情况，提供有关资料，不得拒绝或隐瞒。

税务机关在依法检查中了解的情况，应依照《中华人民共和国商业银行法》的有关规定，为储户保密。

第十条 主管税务机关应对扣缴义务人登记建档，建立收入统计台账，及时对征收情况进行总结、分析和预测。

第十一条 其他征管事项，依照《中华人民共和国个人所得税法》及其实施条例、《中华人民共和国税收征收管理法》及其实施细则和《个人所得税代扣代缴暂行办法》的有关规定执行。

第十二条 各省、自治区、直辖市国家税务局可以根据本办法规定的原则，结合本地实际，制定具体实施办法，并报国家税务总局备案。

第十三条 本办法由国家税务总局负责解释。

第十四条 本办法自发布之日起执行。

附件：储蓄存款利息所得扣缴个人所得税报告表（略）

个人所得税管理办法

（2005年7月6日　国税发〔2005〕120号　根据2018年6月15日《国家税务总局关于修改部分税收规范性文件的公告》修改）

第一章　总　　则

第一条 为了进一步加强和规范税务机关对个人所得税的征收管理，促进个人所得税征管的科学化、精细化，不断提高征管效率和质量，根据《中华人民共和国个人所得税法》（以下简称税法）、《中华人民共和国税收征收管理法》（以下简称征管法）及有关税收法律法规规定，制定本办法。

第二条 加强和规范个人所得税征管，要着力健全管理制度，完善征管手段，突出管理重点。即要建立个人收入档案管理制度、代扣代缴明细账制度、纳税人与扣缴义务人向税务机关双向申报制度、与社会各部门配合的协税制度；尽快研发应用统一的个人所得税管理信息系统，充分利用信息技术手段加强个人所得税管理；切实加强高收入者的重点管理、税源的源泉管理、全员全额管理。

第二章　个人收入档案管理制度

第三条 个人收入档案管理制度是指，税务机关按照要求对每个纳税人的个人基本信息、收入和纳税信息以及相关信息建立档案，并对其实施动态管理的一项制度。

第四条 省以下（含省级）各级税务机关的管理部门应当按照规定逐步对每个纳税人建立收入和纳税档案，实施“一户式”的动态管理。

第五条 省以下（含省级）各级税务机关的管理部门应区别不同类型纳税人，并按以下内容建立相应的基础信息档案：

（一）雇员纳税人（不含股东、投资者、外籍人员）的档案内容包括：姓名、身份证照类型、身份证照号码、学历、职业、职务、电子邮箱地址、有效联系电话、有效通信地址、邮政编码、户籍所在地、扣缴义务人编码、是否重点纳税人。

（二）非雇员纳税人（不含股东、投资者）的档案内容包括：姓名、身份证照类型、身份证照号码、电子邮箱地址、有效联系电话、有效通信地址（工作单位或家庭地址）、邮政编码、工作单位名称、扣缴义务人编码、是否重点纳税人。

（三）股东、投资者（不含个人独资、合伙企业投资者）的档案内容包括：姓名、国籍、身份证照类型、身份证照号码、有效通讯地址、邮政编码、户籍所在地、有效联系电话、电子邮箱地址、公司股本（投资）总额、个人股本（投资）额、扣缴义务人编码、是否重点纳税人。

（四）个人独资、合伙企业投资者、个体工商户、对企事业单位的承包承租经营人的档案内容包括：姓名、身份证照类型、身份证照号码、个体工商户（或个人独资企业、合伙企业、承包承租企事业单位）名称，经济类型、行业、经营地址、邮政编码、有效联系电话、税务登记证号码、电子邮箱地址、所得税征收方式（核定、查账）、主管税务机关、是否重点纳税人。

（五）外籍人员（含雇员和非雇员）的档案内容包括：纳税人编码、姓名（中、英文）、性别、出生地（中、英文）、出生年月、境外地址（中、英文）、国籍或地区、身份证照类型、身份证照号码、居留许可号码（或台胞证号码、回乡证号码）、劳动就业证号码、职业、境内职务、境外职务、入境时间、任职期限、预计在华时间、预计离境时间、境内任职单位名称及税务登记证号码、境内任职单位地址、邮政编码、联系电话、其他任职单位（也应包括地址、电话、联系方式）名称及税务登记证号码、境内受聘或签约单位名称及税务登记证号码、地址、邮政编码、联系电话、境外派遣单位名称（中、英文）、境外派遣单位地址（中、英文）、支付地（包括境内支付还是境外支付）、是否重点纳税人。

第六条 纳税人档案的内容来源于：

（一）纳税人税务登记情况。

（二）《扣缴个人所得税报告表》和《支付个人收入明细表》。

（三）代扣代收税款凭证。

（四）个人所得税纳税申报表。

（五）社会公共部门提供的有关信息。

（六）税务机关的纳税检查情况和处罚记录。

（七）税务机关掌握的其他资料及纳税人提供的其他信息资料。

第七条 税务机关应对档案内容适时进行更新和调整；并根据本地信息化水平和征管能力提高的实际，以及个人收入的变化等情况，不断扩大档案管理的范围，直至实现全员全额管理。

第八条 税务机关应充分利用纳税人档案资料，加强个人所得税管理。定期对重点纳税人、重点行业和企业的个人档案资料进行比对分析和纳税评估，查找税源变动情况和原因，及时发现异常情况，采取措施堵塞征管漏洞。

第三章　代扣代缴明细账制度

第九条 代扣代缴明细账制度是指，税务机关依据个人所得税法和有关规定，要求扣缴义务人按规定报送其支付收入的个人所有的基本信息、支付个人收入和扣缴税款明细信息以及其他相关涉税信息，并对每个扣缴义务人建立档案，为后续实施动态管理打下基础的一项制度。

第十条 税务机关应按照税法及相关法律、法规的有关规定，督促扣缴义务人按规定设立代扣代缴税款账簿，正确反映个人所得税的扣缴情况。

第十一条 扣缴义务人申报的纳税资料，税务机关应严格审查核实。对《扣缴个人所得税报告表》和《支付个人收入明细表》没有按每一个人逐栏逐项填写的，或者填写内容不全的，主管税务机关应要求扣缴义务人重新填报。已实行信息化管理的，可以将《支付个人收入明细表》并入《扣缴个人所得税报告表》。

《扣缴个人所得税报告表》填写实际缴纳了个人所得税的纳税人的情况；《支付个人收入明细表》填写支付了应税收入，但未达到纳税标准的纳税人的情况。

第十二条 税务机关应将扣缴义务人报送的支付个人收入情况与其同期财务报表交叉比对，发现不符的，应要求其说明情况，并依法查实处理。

第十三条 税务机关应对每个扣缴义务人建立档案，其内容包括：扣缴义务人编码、扣缴义务人名称、税务（注册）登记证号码、电话号码、电子邮件地址、行业、经济类型、单位地址、邮政编码、法定代表人（单位负责人）和财务主管人员姓名及联系电话、税务登记机关、登记证照类型、发照日期、主管税务机关、应纳税所得额（按所得项目归类汇总）、免税收入、应纳税额（按所得项目归类汇总）、纳税人数、已纳税额、应补（退）税额、减免税额、滞纳金、罚款、完税凭证号等。

第十四条 扣缴义务人档案的内容来源于：

（一）扣缴义务人扣缴税款登记情况。

（二）《扣缴个人所得税报告表》和《支付个人收入明细表》。

（三）代扣代收税款凭证。

（四）社会公共部门提供的有关信息。

（五）税务机关的纳税检查情况和处罚记录。

（六）税务机关掌握的其他资料。

第四章 纳税人与扣缴义务人向税务机关双向申报制度

第十五条 纳税人与扣缴义务人向税务机关双向申报制度是指，纳税人与扣缴义务人按照法律、行政法规规定和税务机关依法律、行政法规所提出的要求，分别向主管税务机关办理纳税申报，税务机关对纳税人和扣缴义务人提供的收入、纳税信息进行交叉比对、核查的一项制度。

第十六条 对税法及其实施条例，以及相关法律、法规规定纳税人必须自行申报的，税务机关应要求其自行向主管税务机关进行纳税申报。

第十七条 税务机关接受纳税人、扣缴义务人的纳税申报时，应对申报的时限、应税项目、适用税率、税款计算及相关资料的完整性和准确性进行初步审核，发现有误的，应及时要求纳税人、扣缴义务人修正申报。

第十八条 税务机关应对双向申报的内容进行交叉比对和评估分析，从中发现问题并及时依法处理。

第五章 与社会各部门配合的协税制度

第十九条 与社会各部门配合的协税制度是指，税务机关应建立与个人收入和个人所得税征管有关的各部门的协调与配合的制度，及时掌握税源和与纳税有关的信息，共同制定和实施协税、护税措施，形成社会协税、护税网络。

第二十条 税务机关应重点加强与以下部门的协调配合：公安、检察、法院、工商、银行、文化体育、财政、劳动、房管、交通、审计、外汇管理等部门。

第二十一条 税务机关通过加强与有关部门的协调配合，着重掌握纳税人的相关收入信息。

（一）与公安部门联系，了解中国境内无住所个人出入境情况及在中国境内的居留暂住情况，实施阻止欠税人出境制度，掌握个人购车等情况。

（二）与工商部门联系，了解纳税人登记注册的变化情况和股份制企业股东及股本变化等情况。

（三）与文化体育部门联系，掌握各种演出、比赛获奖等信息，落实演出承办单位和体育单位的代扣代缴义务等情况。

（四）与房管部门联系，了解房屋买卖、出租等情况。

（五）与交通部门联系，了解出租车、货运车以及运营等情况。

（六）与劳动部门联系，了解中国境内无住所个人的劳动就业情况。

第二十二条 税务机关应积极创造条件，逐步实现与有关部门的相关信息共享或定期交换。

第二十三条 各级税务机关应当把大力宣

传和普及个人所得税法知识、不断提高公民的依法纳税意识作为一项长期的基础性工作予以高度重视，列入重要议事日程，并结合征管工作的要求、社会关注的热点和本地征管的重点，加强与上述部门的密切配合。制定周密的宣传工作计划，充分利用各种宣传媒体和途径、采取灵活多样的方式进行个人所得税宣传。

第六章 加快信息化建设

第二十四条 各级税务机关应在金税工程三期的总体框架下，按照“一体化”要求和“统筹规划、统一标准，突出重点、分布实施，整合资源、讲究实效，加强管理、保证安全”的原则，进一步加快个人所得税征管信息化建设，以此提高个人所得税征管质量和效率。

第二十五条 按照一体化建设的要求，个人所得税与其他税种具有共性的部分，由核心业务系统统一开发软件，个人所得税个性的部分单独开发软件。根据个人所得税特点，总局先行开发个人所得税代扣代缴（扣缴义务人端）和基础信息管理（税务端）两个子系统。

第二十六条 代扣代缴（扣缴义务人端）系统的要求是：

（一）为扣缴义务人提供方便快捷的报税工具。

（二）可以从扣缴义务人现有的财务等软件中导入相关信息。

（三）自动计算税款，自动生成各种报表。

（四）支持多元化的申报方式。

（五）方便扣缴义务人统计、查询、打印。

（六）提供《代扣代收税款凭证》打印功能。

（七）便于税务机关接受扣缴义务人的明细扣缴申报，准确全面掌握有关基础数据资料。

第二十七条 基础信息管理系统（税务端）的要求是：

（一）建立个人收入纳税一户式档案，用于汇集扣缴义务人、纳税人的基础信息、收入及纳税信息资料。

（二）传递个人两处以上取得的收入及纳税信息给征管环节。

（三）从一户式档案中筛选高收入个人、高收入行业、重点纳税人、重点扣缴义务人，并实施重点管理。

（四）通过对纳税人收入、纳税相关信息进行汇总比对，判定纳税人申报情况的真实性。

（五）通过设定各类统计指标、口径和运用统计结果，为加强个人所得税管理和完善政策提供决策支持。

（六）建立与各部门的数据应用接口，为其他税费征收提供信息。

（七）按规定打印《中华人民共和国个人所得税完税证明》，为纳税人提供完税依据。

第二十八条 省级税务机关应做好现有个人所得税征管软件的整合工作。省级及以下各级税务机关原则上不应再自行开发个人所得税征管软件。

第七章 加强高收入者的重点管理

第二十九条 税务机关应将下列人员纳入重点纳税人范围：金融、保险、证券、电力、电信、石油、石化、烟草、民航、铁道、房地产、学校、医院、城市供水供气、出版社、公路管理、外商投资企业和外国企业、高新技术企业、中介机构、体育俱乐部等高收入行业人员；民营经济投资者、影视明星、歌星、体育明星、模特等高收入个人；临时来华演出人员。

第三十条 各级税务机关应从下列人员中，选择一定数量的个人作为重点纳税人，实施重点管理：

（一）收入较高者。

（二）知名度较高者。

（三）收入来源渠道较多者。

（四）收入项目较多者。

（五）无固定单位的自由职业者。

（六）对税收征管影响较大者。

第三十一条 各级税务机关对重点纳税人应实行滚动动态管理办法，每年都应根据本地实际情况，适时增补重点纳税人，不断扩大重点纳税人管理范围，直至实现全员全额管理。

第三十二条 税务机关应对重点纳税人按人建立专门档案，实行重点管理，随时跟踪其收入和纳税变化情况。

第三十三条 各级税务机关应充分利用建档管理掌握的重点纳税人信息，定期对重点纳税人的收入、纳税情况进行比对、评估分析，从中发现异常问题，及时采取措施堵塞管理漏洞。

第三十四条 省级（含计划单列市）税务机关应于每年7月底以前和次年1月底以前，分别将所确定的重点纳税人的半年和全年的基本情况及收入、纳税等情况，用Excel表格的形式填写《个人所得税重点纳税人收入和纳税情况汇总表》报送国家税务总局（所得税管理司）。

第三十五条 各级税务机关应强化对个体工商户、个人独资企业和合伙企业投资者以及独立从事劳务活动的个人的个人所得税征管。

（一）积极推行个体工商户、个人独资企业和合伙企业建账工作，规范财务管理，健全财务制度；有条件的地区应使用税控装置加强对纳税人的管理和监控。

（二）健全和完善核定征收工作，对账证不全、无法实行查账征收的纳税人，按规定实行核定征收，并根据纳税人经营情况及时进行定额调整。

（三）加强税务系统的协作配合，实现信息共享，建立健全个人所得税情报交流和异地协查制度，互通信息，解决同一个投资者在两处或两处以上投资和取得收入合并缴纳个人所得税的监控难题。

（四）加强个人投资者从其投资企业借款的管理，对期限超过一年又未用于企业生产经营的借款，严格按照有关规定征税。

（五）要严格对个人投资的企业和个体工商户税前扣除的管理，定期进行检查。对个人投资者以企业资金为本人、家庭成员及其相关人员支付的与生产经营无关的消费性、财产性支出，严格按照规定征税。

（六）加强对从事演出、广告、讲课、医疗等人员的劳务报酬所得的征收管理，全面推行预扣预缴办法，从源泉上加强征管。

第三十六条 税务机关要加强对重点纳税人、独立纳税人的专项检查，严厉打击涉税违法犯罪行为。各地每年应当通过有关媒体公开曝光2至3起个人所得税违法犯罪案件。

第三十七条 税务机关要重视和加强重点纳税人、独立纳税人的个人所得税日常检查，及时发现征管漏洞和薄弱环节，制定和完善征管制度、办法。日常检查由省级以下税务机关的征管和税政部门共同组织实施。

实施日常检查应当制定计划，并按规定程序进行，防止多次、重复检查，防止影响纳税人的生产经营。

第八章 加强税源的源泉管理

第三十八条 税务机关应严格税务登记管理制度，认真开展漏征漏管户的清理工作，摸清底数。

第三十九条 税务机关应按照有关要求建立和健全纳税人、扣缴义务人的档案，切实加强个人所得税税源管理。

第四十条 税务机关应继续做好代扣代缴工作，提高扣缴质量和水平：

（一）要继续贯彻落实已有的个人所

得税代扣代缴工作制度和办法，并在实践中不断完善提高。

（二）要对本地区所有行政、企事业单位、社会团体等扣缴义务人进行清理和摸底，在此基础上按照纳税档案管理的指标建立扣缴义务人台账或基本账户，对其实行跟踪管理。

（三）配合全员全额管理，推行扣缴义务人支付个人收入明细申报制度。

（四）对下列行业应实行重点税源管理：金融、保险、证券、电力、电信、石油、石化、烟草、民航、铁道、房地产、学校、医院、城市供水供气、出版社、公路管理、外商投资企业、高新技术企业、中介机构、体育俱乐部等高收入行业；连续3年（含3年）为零申报的代扣代缴单位（以下简称长期零申报单位）。

（五）对重点税源管理的行业、单位和长期零申报单位，应将其列为每年开展专项检查的重点对象，或对其纳税申报材料进行重点审核。

第四十一条 各级税务机关应充分利用与各部门配合的协作制度，从公安、工商、银行、文化、体育、房管、劳动、外汇管理等社会公共部门获取税源信息。

第四十二条 各级税务机关应利用从有关部门获取的信息，加强税源管理、进行纳税评估。税务机关应定期分析税源变化情况，对变动较大等异常情况，应及时分析原因，采取相应管理措施。

第四十三条 各级税务机关在加强查账征收工作的基础上，对符合征管法第三十五条规定情形的，采取定期定额征收和核定应税所得率征收，以及其他合理的办法核定征收个人所得税。

第四十四条 主管税务机关在确定对纳税人的核定征收方式后，要选择有代表性的典型户进行调查，在此基础上确定应纳税额。典型调查面不得低于核定征收纳税人的3%。

第九章 加强全员全额管理

第四十五条 全员全额管理是指，凡取得应税收入的个人，无论收入额是否达到个人所得税的纳税标准，均应就其取得的全部收入，通过代扣代缴和个人申报，全部纳入税务机关管理。

第四十六条 各级税务机关应本着先扣缴义务人后纳税人，先重点行业、企业和纳税人后一般行业、企业和纳税人，先进“笼子”后规范的原则，积极稳妥地推进全员全额管理工作。

第四十七条 各级税务机关要按照规定和要求，尽快建立个人收入档案管理制度、代扣代缴明细账制度、纳税人与扣缴义务人向税务机关双向申报制度、与社会各部门配合的协税制度，为实施全员全额管理打下基础。

第四十八条 各级税务机关应积极创造条件，并根据金税工程三期的总体规划和有关要求，依托信息化手段，逐步实现全员全额申报管理，并在此基础上，为每个纳税人开具完税凭证（证明）。

第四十九条 税务机关应充分利用全员全额管理掌握的纳税人信息、扣缴义务人信息、税源监控信息、有关部门、媒体提供的信息、税收管理人员实地采集的信息等，依据国家有关法律和政策法规的规定，对自行申报纳税人纳税申报情况和扣缴义务人扣缴税情况的真实性、准确性进行分析、判断，开展个人所得税纳税评估，提高全员全额管理的质量。

第五十条 税务机关应加强个人独资和合伙企业投资者、个体工商户、独立劳务者等无扣缴义务人的独立纳税人的基础信息和税源管理工作。

第五十一条 个人所得税纳税评估应按“人机结合”的方式进行，其基本原理和流程是：根据当地居民收入水平及其变动、行业收入水平及其变动等影响个人所得税的相关因素，建立纳税评估分析系统；根据税收收入增减额、增减率或行业平均指标模型确定出纳税评估的重点对象；对纳税评估对象进行具体评估分析，查找锁定引起该扣缴义务人或者纳税人个人所得税变化的具体因素；据此与评估对象进行约谈，要求其说明情况并纠正错误，或者交由稽查部门实施稽查，并进行后续的重点管理。

第五十二条 税务机关应按以下范围和来源采集纳税评估的信息：

（一）信息采集的范围

1. 当地职工年平均工资、月均工资水平。

2. 当地分行业职工年平均工资、月均工资水平。

3. 当地分行业资金利润率。

4. 企业财务报表相关数据。

5. 股份制企业分配股息、红利情况。

6. 其他有关数据。

（二）信息采集的来源

1. 税务登记的有关信息。

2. 纳税申报的有关信息。

3. 会计报表有关信息。

4. 税控收款装置的有关信息。

5. 中介机构出具的审计报告、评估报告的信息。

6. 相关部门、媒体提供的信息。

7. 税收管理人员到纳税户了解采集的信息。

8. 其他途径采集的纳税人和扣缴义务人与个人所得税征管有关的信息。

第五十三条 税务机关应设置纳税评估分析指标、财务分析指标、业户不良记录评析指标，通过分析确定某一期间个人所得税的总体税源发生增减变化的主要行业、主要企业、主要群体，确定纳税评估重点对象。个人所得税纳税评估的程序、指标、方法等按照总局《纳税评估管理办法》（试行）及相关规定执行。

第五十四条 个人所得税纳税评估主要从以下项目进行：

（一）工资、薪金所得，应重点分析工资总额增减率与该项目税款增减率对比情况，人均工资增减率与人均该项目税款增减率对比情况，税款增减率与企业利润增减率对比分析，同行业、同职务人员的收入和纳税情况对比分析。

（二）利息、股息、红利所得，应重点分析当年该项目税款与上年同期对比情况，该项目税款增减率与企业利润增减率对比情况，企业转增个人股本情况，企业税后利润分配情况。

（三）个体工商户的生产、经营所得（含个人独资企业和合伙企业），应重点分析当年与上年该项目税款对比情况，该项目税款增减率与企业利润增减率对比情况；税前扣除项目是否符合现行政策规定；是否连续多个月零申报；同地区、同行业个体工商户生产、经营所得的税负对比情况。

（四）对企事业单位的承包经营、承租经营所得，应重点分析当年与上年该项目税款对比情况，该项目税款增减率与企业利润增减率对比情况，其行业利润率、上缴税款占利润总额的比重等情况；是否连续多个月零申报；同地区、同行业对企事业单位的承包经营、承租经营所得的税负对比情况。

（五）劳务报酬所得，应重点分析纳税人取得的所得与过去对比情况，支付劳务费的合同、协议、项目情况，单位白条列支劳务报酬情况。

（六）其他各项所得，应结合个人所得税征管实际，选择有针对性的评估指标进行评估分析。

第十章　附　则

第五十五条 储蓄存款利息所得的个人所得税管理办法，另行制定。

第五十六条 此前规定与本办法不一致的，按本办法执行。

第五十七条 本办法未尽事宜按照税收法律、法规以及相关规定办理。

第五十八条 本办法由国家税务总局负责解释，各省、自治区、直辖市和计划单列市税务局可根据本办法制定具体实施意见。

第五十九条 本办法自2005年10月1日起执行。

教育储蓄存款利息所得免征个人所得税实施办法

（2005年9月14日 国税发〔2005〕148号）

第一条 为加强储蓄存款利息所得个人所得税（以下简称利息税）征收管理，规范教育储蓄利息所得免征利息税管理，根据《中华人民共和国个人所得税法》及其实施条例、国务院关于《对储蓄存款利息所得征收个人所得税的实施办法》和《教育储蓄管理办法》的规定，特制定本办法。

第二条 个人为其子女（或被监护人）接受非义务教育（指九年义务教育之外的全日制高中、大中专、大学本科、硕士和博士研究生）在储蓄机构开立教育储蓄专户，并享受利率优惠的存款，其所取得的利息免征个人所得税（以下简称利息税）。

第三条 开立教育储蓄的对象（即储户）为在校小学4年级（含4年级）以上学生；享受免征利息税优惠政策的对象必须是正在接受非义务教育的在校学生，其在就读全日制高中（中专）、大专和大学本科、硕士和博士研究生时，每个学习阶段可分别享受一次2万元教育储蓄的免税优惠。

第四条 教育储蓄采用实名制，办理开户时，须凭储户本人户口簿（户籍证明）或居民身份证到储蓄机构以储户本人的姓名开立存款账户。

第五条 教育储蓄为一年、三年和六年期零存整取定期储蓄存款，每份本金合计不得超过2万元；每份本金合计超过2万元或一次性趸存本金的，一律不得享受教育储蓄免税的优惠政策，其取得的利息，应征收利息税。不按规定计付利息的教育储蓄，不得享受免税优惠，应按支付的利息全额征收利息税。

第六条 教育储蓄到期前，储户必须持存折、户口簿（户籍证明）或身份证到所在学校开具正在接受非义务教育的学生身份证明（以下简称“证明”）。

“证明”样式由国家税务总局制定，各省、自治区、直辖市和计划单列市国家税务局印制，由学校到所在地主管税务机关领取。“证明”一式三联（样式见附件），第一联学校留存；第二、三联由储户在支取本息时提供给储蓄机构；储蓄机构应将第二联留存备查，第三联在每月办理扣缴税申报时一并报送主管税务机关。

储户到所在学校开具“证明”时，应在“证明”中填列本人居民身份证号码；无居民身份证号码的，应持本人户口簿（户籍证明）复印件三份，分别附在三联“证明”之后。

第七条 教育储蓄到期时，储户必须持存折、身份证或户口簿（户籍证明）和“证明”支取本息。储蓄机构应认真审核储户所持存折、身份证或户口簿（户籍证明）和“证明”，对符合条件的，给予免税优惠，并在“证明”（第二、三联）上加盖“已享受教育储蓄优惠”印章；不能提供“证明”的，均应按有关规定扣缴利息税。

第八条 储蓄机构应对教育储蓄情况进行详细记录，以备税务机关核查。记录的内容应包括：储户姓名、证件名称及号码、开具“证明”的学校、“证明”编号、存款额度、储蓄起止日期、利率、利息。

第九条 主管税务机关应设立教育储蓄利息所得免征个人所得税台账，对储户享受优惠情况进行详细登记。登记内容包括：储户姓名、证件名称及号码、“证明”编号、开具“证明”的学校、开户银行、存款额度、储蓄起止日期、利率、利息。

第十条 主管税务机关应依法定期对储蓄机构的教育储蓄存款利息所得免税情况开展检查。

第十一条 从事非义务教育的学校应主动向所在地国税机关领取“证明”，并严格按照规定填开“证明”，不得重复填开或虚开，对填开的“证明”必须建立备案存查制度。

对违反规定向纳税人、扣缴义务人提供“证明”，导致未缴、少缴个人所得税款的学校，按《中华人民共和国税收征收管理法》（以下简称《征管法》）实施细则的规定，税务机关可以处未缴、少缴税款1倍以下的罚款。

第十二条 对储蓄机构以教育储蓄名义进行揽储，没有按规定办理教育储蓄，而造成应扣未扣税款的，应按《征管法》的规定，向纳税人追缴应纳税款，并对扣缴义务人处应扣未扣税款50%以上3倍以下的罚款。税务机关在向纳税人追缴税款时，可责成扣缴义务人从纳税人的储蓄账户上限期补扣应扣未扣的税款。

对储户采取欺骗手段办理教育储蓄的，一经发现，应对其征收利息税，并按《征管法》的规定予以处理。

第十三条 各省、自治区、直辖市和计划单列市国家税务局、中国人民银行各分行、教育厅（局）可根据本办法制定具体的实施办法。

第十四条 本办法自2005年10月1日起施行。

附件：正在接受非义务教育的学生身份证明（略）

① 本篇法规中附件已废止。

个人所得税自行纳税申报办法（试行）①

（2006年11月6日　国税发〔2006〕162号　根据2018年6月15日《国家税务总局关于修改部分税收规范性文件的公告》修改）

第一章　总　　则

第一条 为进一步加强个人所得税征收管理，保障国家税收收入，维护纳税人的合法权益，方便纳税人自行纳税申报，规范自行纳税申报行为，根据《中华人民共和国个人所得税法》（以下简称个人所得税法）及其实施条例、《中华人民共和国税收征收管理法》（以下简称税收征管法）及其实施细则和其他法律、法规的有关规定，制定本办法。

第二条 凡依据个人所得税法负有纳税义务的纳税人，有下列情形之一的，应当按照本办法的规定办理纳税申报：

（一）年所得12万元以上的；

（二）从中国境内两处或者两处以上取得工资、薪金所得的；

（三）从中国境外取得所得的；

（四）取得应税所得，没有扣缴义务人的；

（五）国务院规定的其他情形。

第三条 本办法第二条第一项年所得12万元以上的纳税人，无论取得的各项所得是否已足额缴纳了个人所得税，均应当按照本办法的规定，于纳税年度终了后向主管税务机关办理纳税申报。

本办法第二条第二项至第四项情形的纳税人，均应当按照本办法的规定，于取得所得后向主管税务机关办理纳税申报。

本办法第二条第五项情形的纳税人，其纳税申报办法根据具体情形另行规定。

第四条 本办法第二条第一项所称年所得12万元以上的纳税人，不包括在中国境内无住所，且在一个纳税年度中在中国境内居住不满1年的个人。

本办法第二条第三项所称从中国境外取得所得的纳税人，是指在中国境内有住所，或者无住所而在一个纳税年度中在中国境内居住满1年的个人。

第二章 申报内容

第五条 年所得12万元以上的纳税人，在纳税年度终了后，应当填写《个人所得税纳税申报表（适用于年所得12万元以上的纳税人申报）》（见附表1），并在办理纳税申报时报送主管税务机关，同时报送个人有效身份证件复印件，以及主管税务机关要求报送的其他有关资料。

有效身份证件，包括纳税人的身份证、护照、回乡证、军人身份证件等。

第六条 本办法所称年所得12万元以上，是指纳税人在一个纳税年度取得以下各项所得的合计数额达到12万元：

（一）工资、薪金所得；

（二）个体工商户的生产、经营所得；

（三）对企事业单位的承包经营、承租经营所得；

（四）劳务报酬所得；

（五）稿酬所得；

（六）特许权使用费所得；

（七）利息、股息、红利所得；

（八）财产租赁所得；

（九）财产转让所得；

（十）偶然所得；

（十一）经国务院财政部门确定征税的其他所得。

第七条 本办法第六条规定的所得不含以下所得：

（一）个人所得税法第四条第一项至第九项规定的免税所得，即：

1. 省级人民政府、国务院部委、中国人民解放军军以上单位，以及外国组织、国际组织颁发的科学、教育、技术、文化、卫生、体育、环境保护等方面的奖金；

2. 国债和国家发行的金融债券利息；

3. 按照国家统一规定发给的补贴、津贴，即个人所得税法实施条例第十三条规定的按照国务院规定发放的政府特殊津贴、院士津贴、资深院士津贴以及国务院规定免纳个人所得税的其他补贴、津贴；

4. 福利费、抚恤金、救济金；

5. 保险赔款；

6. 军人的转业费、复员费；

7. 按照国家统一规定发给干部、职工的安家费、退职费、退休工资、离休工资、离休生活补助费；

8. 依照我国有关法律规定应予免税的各国驻华使馆、领事馆的外交代表、领事官员和其他人员的所得；

9. 中国政府参加的国际公约、签订的协议中规定免税的所得。

（二）个人所得税法实施条例第六条规定可以免税的来源于中国境外的所得。

（三）个人所得税法实施条例第二十五条规定的按照国家规定单位为个人缴付和个人缴付的基本养老保险费、基本医疗保险费、失业保险费、住房公积金。

第八条 本办法第六条所指各项所得的年所得按照下列方法计算：

（一）工资、薪金所得，按照未减除费用（每月1600元）及附加减除费用（每月3200元）的收入额计算。

（二）个体工商户的生产、经营所得，按照应纳税所得额计算。实行查账征收的，按照每一纳税年度的收入总额减除成本、费用以及损失后的余额计算；实行定期定额征收的，按照纳税人自行申报的年度应纳税所得额计算，或者按照其自行申报的年度应纳税经营额乘以应税所得率计算。

（三）对企事业单位的承包经营、承租经营所得，按照每一纳税年度的收入总额计算，即按照承包经营、承租经营者实际取得的经营利润，加上从承包、承租的企事业单位中取得的工资、薪金性质的所得计算。

（四）劳务报酬所得，稿酬所得，特许权使用费所得，按照未减除费用（每次800元或者每次收入的20%）的收入额计算。

（五）财产租赁所得，按照未减除费用（每次800元或者每次收入的20%）和修缮费用的收入额计算。

（六）财产转让所得，按照应纳税所得额计算，即按照以转让财产的收入额减除财产原值和转让财产过程中缴纳的税金及有关合理费用后的余额计算。

（七）利息、股息、红利所得，偶然所得和其他所得，按照收入额全额计算。

第九条 纳税人取得本办法第二条第二项至第四项所得，应当按规定填写并向主管税务机关报送相应的纳税申报表（见附表2－附表9），同时报送主管税务机关要求报送的其他有关资料。

第三章　申报地点

第十条 年所得12万元以上的纳税人，纳税申报地点分别为：

（一）在中国境内有任职、受雇单位的，向任职、受雇单位所在地主管税务机关申报。

（二）在中国境内有两处或者两处以上任职、受雇单位的，选择并固定向其中一处单位所在地主管税务机关申报。

（三）在中国境内无任职、受雇单位，年所得项目中有个体工商户的生产、经营所得或者对企事业单位的承包经营、承租经营所得（以下统称生产、经营所得）的，向其中一处实际经营所在地主管税务机关申报。

（四）在中国境内无任职、受雇单位，年所得项目中无生产、经营所得的，向户籍所在地主管税务机关申报。在中国境内有户籍，但户籍所在地与中国境内经常居住地不一致的，选择并固定向其中一地主管税务机关申报。在中国境内没有户籍的，向中国境内经常居住地主管税务机关申报。

第十一条 取得本办法第二条第二项至第四项所得的纳税人，纳税申报地点分别为：

（一）从两处或者两处以上取得工资、薪金所得的，选择并固定向其中一处单位所在地主管税务机关申报。

（二）从中国境外取得所得的，向中国境内户籍所在地主管税务机关申报。在中国境内有户籍，但户籍所在地与中国境内经常居住地不一致的，选择并固定向其中一地主管税务机关申报。在中国境内没有户籍的，向中国境内经常居住地主管税务机关申报。

（三）个体工商户向实际经营所在地主管税务机关申报。

（四）个人独资、合伙企业投资者兴办两个或两个以上企业的，区分不同情形确定纳税申报地点：

1. 兴办的企业全部是个人独资性质的，分别向各企业的实际经营管理所在地主管税务机关申报。

2. 兴办的企业中含有合伙性质的，向经常居住地主管税务机关申报。

3. 兴办的企业中含有合伙性质，个人投资者经常居住地与其兴办企业的经营管理所在地不一致的，选择并固定向其参与兴办的某一合伙企业的经营管理所在地主管税务机关申报。

（五）除以上情形外，纳税人应当向取得所得所在地主管税务机关申报。

第十二条 纳税人不得随意变更纳税申报地点，因特殊情况变更纳税申报地点的，须报原主管税务机关备案。

第十三条 本办法第十一条第四项第三目

规定的纳税申报地点，除特殊情况外，5年以内不得变更。

第十四条 本办法所称经常居住地，是指纳税人离开户籍所在地最后连续居住一年以上的地方。

第四章 申报期限

第十五条 年所得12万元以上的纳税人，在纳税年度终了后3个月内向主管税务机关办理纳税申报。

第十六条 个体工商户和个人独资、合伙企业投资者取得的生产、经营所得应纳的税款，分月预缴的，纳税人在每月终了后7日内办理纳税申报；分季预缴的，纳税人在每个季度终了后7日内办理纳税申报。纳税年度终了后，纳税人在3个月内进行汇算清缴。

第十七条 纳税人年终一次性取得对企事业单位的承包经营、承租经营所得的，自取得所得之日起30日内办理纳税申报；在1个纳税年度内分次取得承包经营、承租经营所得的，在每次取得所得后的次月7日内申报预缴，纳税年度终了后3个月内汇算清缴。

第十八条 从中国境外取得所得的纳税人，在纳税年度终了后30日内向中国境内主管税务机关办理纳税申报。

第十九条 除本办法第十五条至第十八条规定的情形外，纳税人取得其他各项所得须申报纳税的，在取得所得的次月7日内向主管税务机关办理纳税申报。

第二十条 纳税人不能按照规定的期限办理纳税申报，需要延期的，按照税收征管法第二十七条和税收征管法实施细则第三十七条的规定办理。

第五章 申报方式

第二十一条 纳税人可以采取数据电文、邮寄等方式申报，也可以直接到主管税务机关申报，或者采取符合主管税务机关规定的其他方式申报。

第二十二条 纳税人采取数据电文方式申报的，应当按照税务机关规定的期限和要求保存有关纸质资料。

第二十三条 纳税人采取邮寄方式申报的，以邮政部门挂号信函收据作为申报凭据，以寄出的邮戳日期为实际申报日期。

第二十四条 纳税人可以委托有税务代理资质的中介机构或者他人代为办理纳税申报。

第六章 申报管理

第二十五条 主管税务机关应当将各类申报表，登载到税务机关的网站上，或者摆放到税务机关受理纳税申报的办税服务厅，免费供纳税人随时下载或取用。

第二十六条 主管税务机关应当在每年法定申报期间，通过适当方式，提醒年所得12万元以上的纳税人办理自行纳税申报。

第二十七条 受理纳税申报的主管税务机关根据纳税人的申报情况，按照规定办理税款的征、补、退、抵手续。

第二十八条 主管税务机关按照规定为已经办理纳税申报并缴纳税款的纳税人开具完税凭证。

第二十九条 税务机关依法为纳税人的纳税申报信息保密。

第三十条 纳税人变更纳税申报地点，并报原主管税务机关备案的，原主管税务机关应当及时将纳税人变更纳税申报地点的信息传递给新的主管税务机关。

第三十一条 主管税务机关对已办理纳税申报的纳税人建立纳税档案，实施动态管理。

第七章 法律责任

第三十二条 纳税人未按照规定的期限办理纳税申报和报送纳税资料的，依照税收征管法第六十二条的规定处理。

第三十三条 纳税人采取伪造、变造、隐匿、擅自销毁账簿、记账凭证，或者在账簿上多列支出或者不列、少列收入，或者经税务机关通知申报而拒不申报或者进行虚假的纳税申报，不缴或者少缴应纳税款的，依照税收征管法第六十三条的规定处理。

第三十四条 纳税人编造虚假计税依据的，依照税收征管法第六十四条第一款的规定处理。

第三十五条 纳税人有扣缴义务人支付的应税所得，扣缴义务人应扣未扣、应收未收税款的，依照税收征管法第六十九条的规定处理。

第三十六条 税务人员徇私舞弊或者玩忽职守，不征或者少征应征税款的，依照税收征管法第八十二条第一款的规定处理。

第三十七条 税务人员滥用职权，故意刁难纳税人的，依照税收征管法第八十二条第二款的规定处理。

第三十八条 税务机关和税务人员未依法为纳税人保密的，依照税收征管法第八十七条的规定处理。

第三十九条 税务代理人违反税收法律、行政法规，造成纳税人未缴或者少缴税款的，依照税收征管法实施细则第九十八条的规定处理。

第四十条 其他税收违法行为，依照税收法律、法规的有关规定处理。

第八章 附 则

第四十一条 纳税申报表由各省、自治区、直辖市和计划单列市税务局按照国家税务总局规定的式样统一印制。

第四十二条 纳税申报的其他事项，依照税收征管法、个人所得税法及其他有关法律、法规的规定执行。

第四十三条 本办法第二条第一项年所得12万元以上情形的纳税申报，按照第十届全国人民代表大会常务委员会第十八次会议通过的《关于修改〈中华人民共和国个人所得税法〉的决定》规定的施行时间，自2006年1月1日起执行。

第四十四条 本办法有关第二条第二项至第四项情形的纳税申报规定，自2007年1月1日起执行，《国家税务总局关于印发〈个人所得税自行申报纳税暂行办法〉的通知》（国税发〔1995〕077号）同时废止。

国家税务总局关于个人非货币性资产投资有关个人所得税征管问题的公告

（2015年4月8日 国家税务总局公告2015年第20号 根据2018年6月15日《国家税务总局关于修改部分税收规范性文件的公告》修改）

为落实国务院第83次常务会议决定，鼓励和引导民间个人投资，根据《中华人民共和国个人所得税法》及其实施条例、《中华人民共和国税收征收管理法》及其实施细则、《财政部 国家税务总局关于个人非货币性资产投资有关个人所得税政策的通知》（财税〔2015〕41号）规定，现就落实个人非货币性资产投资有关个人所得税征管问题公告如下：

一、非货币性资产投资个人所得税以发生非货币性资产投资行为并取得被投资企业股权的个人为纳税人。

二、非货币性资产投资个人所得税由纳税人向主管税务机关自行申报缴纳。

三、纳税人以不动产投资的，以不动产所在地税务机关为主管税务机关；纳税人以其持有的企业股权对外投资的，以该企业所在地税务机关为主管税务机关；纳税人以其他非货币资产投资的，以被投资企业所在地税务机关为主管税务机关。

四、纳税人非货币性资产投资应纳税所得额为非货币性资产转让收入减除该资产原值及合理税费后的余额。

五、非货币性资产原值为纳税人取得该项资产时实际发生的支出。

纳税人无法提供完整、准确的非货币性资产原值凭证，不能正确计算非货币性资产原值的，主管税务机关可依法核定其非货币性资产原值。

六、合理税费是指纳税人在非货币性资产投资过程中发生的与资产转移相关的税金及合理费用。

七、纳税人以股权投资的，该股权原值确认等相关问题依照《股权转让所得个人所得税管理办法（试行）》（国家税务总局公告2014年第67号发布）有关规定执行。

八、纳税人非货币性资产投资需要分期缴纳个人所得税的，应于取得被投资企业股权之日的次月15日内，自行制定缴税计划并向主管税务机关报送《非货币性资产投资分期缴纳个人所得税备案表》（见附件）、纳税人身份证明、投资协议、非货币性资产评估价格证明材料、能够证明非货币性资产原值及合理税费的相关资料。

2015年4月1日之前发生的非货币性资产投资，期限未超过5年，尚未进行税收处理且需要分期缴纳个人所得税的，纳税人应于本公告下发之日起30日内向主管税务机关办理分期缴税备案手续。

九、纳税人分期缴税期间提出变更原分期缴税计划的，应重新制定分期缴税计划并向主管税务机关重新报送《非货币性资产投资分期缴纳个人所得税备案表》。

十、纳税人按分期缴税计划向主管税务机关办理纳税申报时，应提供已在主管税务机关备案的《非货币性资产投资分期缴纳个人所得税备案表》和本期之前各期已缴纳个人所得税的完税凭证。

十一、纳税人在分期缴税期间转让股权的，应于转让股权之日的次月15日内向主管税务机关申报纳税。

十二、被投资企业应将纳税人以非货币性资产投入本企业取得股权和分期缴税期间纳税人股权变动情况，分别于相关事项发生后15日内向主管税务机关报告，并协助税务机关执行公务。

十三、纳税人和被投资企业未按规定备案、缴税和报送资料的，按照《中华人民共和国税收征收管理法》及有关规定处理。

十四、本公告自2015年4月1日起施行。

特此公告。

附件：《非货币性资产投资分期缴纳个人所得税备案表》及填报说明

附件

非货币性资产投资分期缴纳个人所得税备案表

（本表一式二份）

备案编号（主管税务机关填写）： 金额单位：人民币元（列至角分）

投资人信息	姓 名		身份证件类型		身份证件号码	□□□□□□□□□□□□□□□□□□□□
	国籍（地区）				纳税人识别号	□□□□□□□□□□□□□□□□□□□□
	通讯地址				联系电话	
被投资单位信息	名 称				纳税人识别号	□□□□□□□□□□□□□□□□□□□□
	地 址				联系人及电话	

续表

投资情况	投资类型	□新设公司 □参与增资 □定向增发 □股权置换 □重组改制 □其他___					
	取得股权时间	年 月 日		取得的现金补价		持股比例 %	
	非货币性资产名称	产权证或注册登记证号码	登记机关	坐落地	评估后的公允价值	非货币性资产原值	合理税费
分期缴税计划	截止缴税时间		年 月 日		应纳税所得额		
	应缴个人所得税				已缴个人所得税		
	分期		合计	1	2	3	4	5
	计划缴税时间		—					
	计划缴税金额							

谨声明：本表根据《财政部 国家税务总局关于个人非货币性资产投资有关个人所得税政策的通知》（财税［2015］41号）及本公告有关规定填列。所填信息，是真实的、完整的、可靠的。

纳税人签字： 被投资单位公章： 填报日期： 年 月 日

提醒：请妥善保存此表。办理纳税申报时请主动提供此表及以前各期缴纳个人所得税的完税证明。如因股权转让取得收益，请及时缴纳个人所得税。

感谢您对税收工作的支持！

代理申报机构（人）签章： 经办人： 经办人执业证件号码： 代理申报日期： 年 月 日	主管税务机关印章： 受理人： 受理日期： 年 月 日

国家税务总局监制

《非货币性资产投资分期缴纳个人所得税备案表》填报说明

本表适用于个人非货币性资产投资向主管税务机关办理分期缴纳个人所得税备案事宜。本表一式二份，主管税务机关受理后，由投资人和主管税务机关分别留存。

一、备案编号：由主管税务机关自行编制。

二、纳税人识别号：该栏填写税务机关赋予的18位纳税人识别号。初次办理涉税事宜的，应一并提供《个人所得税基础信息表（B表）》。

三、产权证或注册登记证号码：填写产权登记部门核发的不动产、技术发明成果等非货币性资产产权证号码或注册登记证上的注册登记号码。未登记或无需登记的非货币性资产不填此列。

四、登记机关：填写核发产权证或注册登记证的单位名称。未登记或无需登记的非货币性资产不填此列。

五、坐落地：填写不动产的具体坐落地址。其他非货币性资产无需填列。

六、评估后的公允价值、非货币性资产原值、合理税费：按照《财政部 国家税务总局关于个人非货币性资产投资有关个人所得税政策的通知》（财税［2015］41号）及本公告中有关规定填写。

七、应纳税所得额：应纳税所得额 = 评估后的公允价值 - 非货币性资产原值 - 合理税费

八、应缴个人所得税：应缴个人所得税 = 应纳税所得额 ×20%

九、已缴个人所得税：填写纳税人取得现金补价或自筹资金已缴纳的个人所得税。纳税人变更分期缴税计划的，其前期已经缴纳的个人所得税也一并在此填列。

十、计划缴税时间：填写每一期计划缴税的截止时点。

十一、计划缴税金额：填写应缴个人所得税减去已缴个人所得税后需要分期缴纳的个人所得税金额。

国家税务总局关于发布《股权转让所得个人所得税管理办法（试行）》的公告

（2014年12月7日　国家税务总局公告2014年第67号　根据2018年6月15日《国家税务总局关于修改部分税收规范性文件的公告》修改）

现将《股权转让所得个人所得税管理办法（试行）》予以发布，自2015年1月1日起施行。

特此公告。

股权转让所得个人所得税管理办法（试行）

第一章　总　　则

第一条　为加强股权转让所得个人所得税征收管理，规范税务机关、纳税人和扣缴义务人征纳行为，维护纳税人合法权益，根据《中华人民共和国个人所得税法》及其实施条例、《中华人民共和国税收征收管理法》及其实施细则，制定本办法。

第二条　本办法所称股权是指自然人股东（以下简称个人）投资于在中国境内成立的企业或组织（以下统称被投资企业，不包括个人独资企业和合伙企业）的股权或股份。

第三条　本办法所称股权转让是指个人将股权转让给其他个人或法人的行为，包括以下情形：

（一）出售股权；

（二）公司回购股权；

（三）发行人首次公开发行新股时，被投资企业股东将其持有的股份以公开发行方式一并向投资者发售；

（四）股权被司法或行政机关强制过户；

（五）以股权对外投资或进行其他非货币性交易；

（六）以股权抵偿债务；

（七）其他股权转移行为。

第四条 个人转让股权，以股权转让收入减除股权原值和合理费用后的余额为应纳税所得额，按“财产转让所得”缴纳个人所得税。

合理费用是指股权转让时按照规定支付的有关税费。

第五条 个人股权转让所得个人所得税，以股权转让方为纳税人，以受让方为扣缴义务人。

第六条 扣缴义务人应于股权转让相关协议签订后5个工作日内，将股权转让的有关情况报告主管税务机关。

被投资企业应当详细记录股东持有本企业股权的相关成本，如实向税务机关提供与股权转让有关的信息，协助税务机关依法执行公务。

第二章 股权转让收入的确认

第七条 股权转让收入是指转让方因股权转让而获得的现金、实物、有价证券和其他形式的经济利益。

第八条 转让方取得与股权转让相关的各种款项，包括违约金、补偿金以及其他名目的款项、资产、权益等，均应当并入股权转让收入。

第九条 纳税人按照合同约定，在满足约定条件后取得的后续收入，应当作为股权转让收入。

第十条 股权转让收入应当按照公平交易原则确定。

第十一条 符合下列情形之一的，主管税务机关可以核定股权转让收入：

（一）申报的股权转让收入明显偏低且无正当理由的；

（二）未按照规定期限办理纳税申报，经税务机关责令限期申报，逾期仍不申报的；

（三）转让方无法提供或拒不提供股权转让收入的有关资料；

（四）其他应核定股权转让收入的情形。

第十二条 符合下列情形之一，视为股权转让收入明显偏低：

（一）申报的股权转让收入低于股权对应的净资产份额的。其中，被投资企业拥有土地使用权、房屋、房地产企业未销售房产、知识产权、探矿权、采矿权、股权等资产的，申报的股权转让收入低于股权对应的净资产公允价值份额的；

（二）申报的股权转让收入低于初始投资成本或低于取得该股权所支付的价款及相关税费的；

（三）申报的股权转让收入低于相同或类似条件下同一企业同一股东或其他股东股权转让收入的；

（四）申报的股权转让收入低于相同或类似条件下同类行业的企业股权转让收入的；

（五）不具合理性的无偿让渡股权或股份；

（六）主管税务机关认定的其他情形。

第十三条 符合下列条件之一的股权转让收入明显偏低，视为有正当理由：

（一）能出具有效文件，证明被投资企业因国家政策调整，生产经营受到重大影响，导致低价转让股权；

（二）继承或将股权转让给其能提供具有法律效力身份关系证明的配偶、父母、子女、祖父母、外祖父母、孙子女、外孙子女、兄弟姐妹以及对转让人承担直接抚养或者赡养义务的抚养人或者赡养人；

（三）相关法律、政府文件或企业章程规定，并有相关资料充分证明转让价格合理且真实的本企业员工持有的不能对外转让股权的内部转让；

（四）股权转让双方能够提供有效证据证明其合理性的其他合理情形。

第十四条 主管税务机关应依次按照下列方法核定股权转让收入：

（一）净资产核定法

股权转让收入按照每股净资产或股权

对应的净资产份额核定。

被投资企业的土地使用权、房屋、房地产企业未销售房产、知识产权、探矿权、采矿权、股权等资产占企业总资产比例超过20%的，主管税务机关可参照纳税人提供的具有法定资质的中介机构出具的资产评估报告核定股权转让收入。

6个月内再次发生股权转让且被投资企业净资产未发生重大变化的，主管税务机关可参照上一次股权转让时被投资企业的资产评估报告核定此次股权转让收入。

（二）类比法

1. 参照相同或类似条件下同一企业同一股东或其他股东股权转让收入核定；

2. 参照相同或类似条件下同类行业企业股权转让收入核定。

（三）其他合理方法

主管税务机关采用以上方法核定股权转让收入存在困难的，可以采取其他合理方法核定。

第三章 股权原值的确认

第十五条 个人转让股权的原值依照以下方法确认：

（一）以现金出资方式取得的股权，按照实际支付的价款与取得股权直接相关的合理税费之和确认股权原值；

（二）以非货币性资产出资方式取得的股权，按照税务机关认可或核定的投资入股时非货币性资产价格与取得股权直接相关的合理税费之和确认股权原值；

（三）通过无偿让渡方式取得股权，具备本办法第十三条第二项所列情形的，按取得股权发生的合理税费与原持有人的股权原值之和确认股权原值；

（四）被投资企业以资本公积、盈余公积、未分配利润转增股本，个人股东已依法缴纳个人所得税的，以转增额和相关税费之和确认其新转增股本的股权原值；

（五）除以上情形外，由主管税务机关按照避免重复征收个人所得税的原则合理确认股权原值。

第十六条 股权转让人已被主管税务机关核定股权转让收入并依法征收个人所得税的，该股权受让人的股权原值以取得股权时发生的合理税费与股权转让人被主管税务机关核定的股权转让收入之和确认。

第十七条 个人转让股权未提供完整、准确的股权原值凭证，不能正确计算股权原值的，由主管税务机关核定其股权原值。

第十八条 对个人多次取得同一被投资企业股权的，转让部分股权时，采用“加权平均法”确定其股权原值。

第四章 纳税申报

第十九条 个人股权转让所得个人所得税以被投资企业所在地税务机关为主管税务机关。

第二十条 具有下列情形之一的，扣缴义务人、纳税人应当依法在次月15日内向主管税务机关申报纳税：

（一）受让方已支付或部分支付股权转让价款的；

（二）股权转让协议已签订生效的；

（三）受让方已经实际履行股东职责或者享受股东权益的；

（四）国家有关部门判决、登记或公告生效的；

（五）本办法第三条第四至第七项行为已完成的；

（六）税务机关认定的其他有证据表明股权已发生转移的情形。

第二十一条 纳税人、扣缴义务人向主管税务机关办理股权转让纳税（扣缴）申报时，还应当报送以下资料：

（一）股权转让合同（协议）；

（二）股权转让双方身份证明；

（三）按规定需要进行资产评估的，需提供具有法定资质的中介机构出具的净资产或土地房产等资产价值评估报告；

（四）计税依据明显偏低但有正当理由的证明材料；

（五）主管税务机关要求报送的其他材料。

第二十二条 被投资企业应当在董事会或股东会结束后5个工作日内，向主管税务机关报送与股权变动事项相关的董事会或股东会决议、会议纪要等资料。

被投资企业发生个人股东变动或者个人股东所持股权变动的，应当在次月15日内向主管税务机关报送含有股东变动信息的《个人所得税基础信息表（A表）》及股东变更情况说明。

主管税务机关应当及时向被投资企业核实其股权变动情况，并确认相关转让所得，及时督促扣缴义务人和纳税人履行法定义务。

第二十三条 转让的股权以人民币以外的货币结算的，按照结算当日人民币汇率中间价，折算成人民币计算应纳税所得额。

第五章 征收管理

第二十四条 税务机关应加强与工商部门合作，落实和完善股权信息交换制度，积极开展股权转让信息共享工作。

第二十五条 税务机关应当建立股权转让个人所得税电子台账，将个人股东的相关信息录入征管信息系统，强化对每次股权转让间股权转让收入和股权原值的逻辑审核，对股权转让实施链条式动态管理。

第二十六条 税务机关应当加强对股权转让所得个人所得税的日常管理和税务检查，积极推进股权转让各税种协同管理。

第二十七条 纳税人、扣缴义务人及被投资企业未按照规定期限办理纳税（扣缴）申报和报送相关资料的，依照《中华人民共和国税收征收管理法》及其实施细则有关规定处理。

第二十八条 各地可通过政府购买服务的方式，引入中介机构参与股权转让过程中相关资产的评估工作。

第六章 附 则

第二十九条 个人在上海证券交易所、深圳证券交易所转让从上市公司公开发行和转让市场取得的上市公司股票，转让限售股，以及其他有特别规定的股权转让，不适用本办法。

第三十条 各省、自治区、直辖市和计划单列市税务局可以根据本办法，结合本地实际，制定具体实施办法。

第三十一条 本办法自2015年1月1日起施行。《国家税务总局关于加强股权转让所得征收个人所得税管理的通知》（国税函〔2009〕285号）、《国家税务总局关于股权转让个人所得税计税依据核定问题的公告》（国家税务总局公告2010年第27号）同时废止。

财政部 国家税务总局 证监会关于上市公司股息红利差别化个人所得税政策有关问题的通知①

（2015年9月7日 财税〔2015〕101号）

各省、自治区、直辖市、计划单列市财政厅（局）、国家税务局、地方税务局，新疆生产建设兵团财务局，上海、深圳证券交易所，全国中小企业股份转让系统有限责任公司，中国证券登记结算公司：

① 本通知第四条已被《财政部、税务总局、证监会关于继续实施全国中小企业股份转让系统挂牌公司股息红利差别化个人所得税政策的公告》（财政部公告2019年第78号）废止。

经国务院批准，现就上市公司股息红利差别化个人所得税政策等有关问题通知如下：

一、个人从公开发行和转让市场取得的上市公司股票，持股期限超过 1 年的，股息红利所得暂免征收个人所得税。

个人从公开发行和转让市场取得的上市公司股票，持股期限在 1 个月以内（含 1 个月）的，其股息红利所得全额计入应纳税所得额；持股期限在 1 个月以上至 1 年（含 1 年）的，暂减按 50% 计入应纳税所得额；上述所得统一适用 20% 的税率计征个人所得税。

二、上市公司派发股息红利时，对个人持股 1 年以内（含 1 年）的，上市公司暂不扣缴个人所得税；待个人转让股票时，证券登记结算公司根据其持股期限计算应纳税额，由证券公司等股份托管机构从个人资金账户中扣收并划付证券登记结算公司，证券登记结算公司应于次月 5 个工作日内划付上市公司，上市公司在收到税款当月的法定申报期内向主管税务机关申报缴纳。

三、上市公司股息红利差别化个人所得税政策其他有关操作事项，按照《财政部 国家税务总局 证监会关于实施上市公司股息红利差别化个人所得税政策有关问题的通知》（财税〔2012〕85 号）的相关规定执行。

四、全国中小企业股份转让系统挂牌公司股息红利差别化个人所得税政策，按照本通知规定执行。其他有关操作事项，按照《财政部国家税务总局 证监会关于实施全国中小企业股份转让系统挂牌公司股息红利差别化个人所得税政策有关问题的通知》（财税〔2014〕48 号）的相关规定执行。

五、本通知自 2015 年 9 月 8 日起施行。

上市公司派发股息红利，股权登记日在 2015 年 9 月 8 日之后的，股息红利所得按照本通知的规定执行。本通知实施之日个人投资者证券账户已持有的上市公司股票，其持股时间自取得之日起计算。

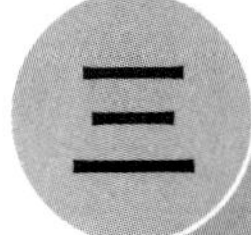

增值税

行政法规及文件

中华人民共和国增值税暂行条例

（1993年12月13日中华人民共和国国务院令第134号公布 2008年11月5日国务院第34次常务会议修订通过 根据2016年2月6日《国务院关于修改部分行政法规的决定》第一次修订 根据2017年11月19日《国务院关于废止〈中华人民共和国营业税暂行条例〉和修改〈中华人民共和国增值税暂行条例〉的决定》第二次修订）

第一条 在中华人民共和国境内销售货物或者加工、修理修配劳务（以下简称劳务），销售服务、无形资产、不动产以及进口货物的单位和个人，为增值税的纳税人，应当依照本条例缴纳增值税。

第二条 增值税税率：

（一）纳税人销售货物、劳务、有形动产租赁服务或者进口货物，除本条第二项、第四项、第五项另有规定外，税率为17%。

（二）纳税人销售交通运输、邮政、基础电信、建筑、不动产租赁服务，销售不动产，转让土地使用权，销售或者进口下列货物，税率为11%：

1. 粮食等农产品、食用植物油、食用盐；

2. 自来水、暖气、冷气、热水、煤气、石油液化气、天然气、二甲醚、沼气、居民用煤炭制品；

3. 图书、报纸、杂志、音像制品、电子出版物；

4. 饲料、化肥、农药、农机、农膜；

5. 国务院规定的其他货物。

（三）纳税人销售服务、无形资产，除本条第一项、第二项、第五项另有规定外，税率为6%。

（四）纳税人出口货物，税率为零；但是，国务院另有规定的除外。

（五）境内单位和个人跨境销售国务院规定范围内的服务、无形资产，税率为零。

税率的调整，由国务院决定。

第三条 纳税人兼营不同税率的项目，应当分别核算不同税率项目的销售额；未分别核算销售额的，从高适用税率。

第四条 除本条例第十一条规定外，纳税人销售货物、劳务、服务、无形资产、不动产（以下统称应税销售行为），应纳税额为当期销项税额抵扣当期进项税额后的余额。应纳税额计算公式：

应纳税额＝当期销项税额－当期进项税额

当期销项税额小于当期进项税额不足

抵扣时，其不足部分可以结转下期继续抵扣。

第五条 纳税人发生应税销售行为，按照销售额和本条例第二条规定的税率计算收取的增值税额，为销项税额。销项税额计算公式：

销项税额 = 销售额 × 税率

第六条 销售额为纳税人发生应税销售行为收取的全部价款和价外费用，但是不包括收取的销项税额。

销售额以人民币计算。纳税人以人民币以外的货币结算销售额的，应当折合成人民币计算。

第七条 纳税人发生应税销售行为的价格明显偏低并无正当理由的，由主管税务机关核定其销售额。

第八条 纳税人购进货物、劳务、服务、无形资产、不动产支付或者负担的增值税额，为进项税额。

下列进项税额准予从销项税额中抵扣：

（一）从销售方取得的增值税专用发票上注明的增值税额。

（二）从海关取得的海关进口增值税专用缴款书上注明的增值税额。

（三）购进农产品，除取得增值税专用发票或者海关进口增值税专用缴款书外，按照农产品收购发票或者销售发票上注明的农产品买价和 11% 的扣除率计算的进项税额，国务院另有规定的除外。进项税额计算公式：

进项税额 = 买价 × 扣除率

（四）自境外单位或者个人购进劳务、服务、无形资产或者境内的不动产，从税务机关或者扣缴义务人取得的代扣代缴税款的完税凭证上注明的增值税额。

准予抵扣的项目和扣除率的调整，由国务院决定。

第九条 纳税人购进货物、劳务、服务、无形资产、不动产，取得的增值税扣税凭证不符合法律、行政法规或者国务院税务主管部门有关规定的，其进项税额不得从销项税额中抵扣。

第十条 下列项目的进项税额不得从销项税额中抵扣：

（一）用于简易计税方法计税项目、免征增值税项目、集体福利或者个人消费的购进货物、劳务、服务、无形资产和不动产；

（二）非正常损失的购进货物，以及相关的劳务和交通运输服务；

（三）非正常损失的在产品、产成品所耗用的购进货物（不包括固定资产）、劳务和交通运输服务；

（四）国务院规定的其他项目。

第十一条 小规模纳税人发生应税销售行为，实行按照销售额和征收率计算应纳税额的简易办法，并不得抵扣进项税额。应纳税额计算公式：

应纳税额 = 销售额 × 征收率

小规模纳税人的标准由国务院财政、税务主管部门规定。

第十二条 小规模纳税人增值税征收率为 3%，国务院另有规定的除外。

第十三条 小规模纳税人以外的纳税人应当向主管税务机关办理登记。具体登记办法由国务院税务主管部门制定。

小规模纳税人会计核算健全，能够提供准确税务资料的，可以向主管税务机关办理登记，不作为小规模纳税人，依照本条例有关规定计算应纳税额。

第十四条 纳税人进口货物，按照组成计税价格和本条例第二条规定的税率计算应纳税额。组成计税价格和应纳税额计算公式：

组成计税价格 = 关税完税价格 + 关税 + 消费税

应纳税额 = 组成计税价格 × 税率

第十五条 下列项目免征增值税：

（一）农业生产者销售的自产农产品；

（二）避孕药品和用具；

（三）古旧图书；

（四）直接用于科学研究、科学试验和教学的进口仪器、设备；

（五）外国政府、国际组织无偿援助的进口物资和设备；

（六）由残疾人的组织直接进口供残疾人专用的物品；

（七）销售的自己使用过的物品。

除前款规定外，增值税的免税、减税项目由国务院规定。任何地区、部门均不得规定免税、减税项目。

第十六条 纳税人兼营免税、减税项目的，应当分别核算免税、减税项目的销售额；未分别核算销售额的，不得免税、减税。

第十七条 纳税人销售额未达到国务院财政、税务主管部门规定的增值税起征点的，免征增值税；达到起征点的，依照本条例规定全额计算缴纳增值税。

第十八条 中华人民共和国境外的单位或者个人在境内销售劳务，在境内未设有经营机构的，以其境内代理人为扣缴义务人；在境内没有代理人的，以购买方为扣缴义务人。

第十九条 增值税纳税义务发生时间：

（一）发生应税销售行为，为收讫销售款项或者取得索取销售款项凭据的当天；先开具发票的，为开具发票的当天。

（二）进口货物，为报关进口的当天。

增值税扣缴义务发生时间为纳税人增值税纳税义务发生的当天。

第二十条 增值税由税务机关征收，进口货物的增值税由海关代征。

个人携带或者邮寄进境自用物品的增值税，连同关税一并计征。具体办法由国务院关税税则委员会会同有关部门制定。

第二十一条 纳税人发生应税销售行为，应当向索取增值税专用发票的购买方开具增值税专用发票，并在增值税专用发票上分别注明销售额和销项税额。

属于下列情形之一的，不得开具增值税专用发票：

（一）应税销售行为的购买方为消费者个人的；

（二）发生应税销售行为适用免税规定的。

第二十二条 增值税纳税地点：

（一）固定业户应当向其机构所在地的主管税务机关申报纳税。总机构和分支机构不在同一县（市）的，应当分别向各自所在地的主管税务机关申报纳税；经国务院财政、税务主管部门或者其授权的财政、税务机关批准，可以由总机构汇总向总机构所在地的主管税务机关申报纳税。

（二）固定业户到外县（市）销售货物或者劳务，应当向其机构所在地的主管税务机关报告外出经营事项，并向其机构所在地的主管税务机关申报纳税；未报告的，应当向销售地或者劳务发生地的主管税务机关申报纳税；未向销售地或者劳务发生地的主管税务机关申报纳税的，由其机构所在地的主管税务机关补征税款。

（三）非固定业户销售货物或者劳务，应当向销售地或者劳务发生地的主管税务机关申报纳税；未向销售地或者劳务发生地的主管税务机关申报纳税的，由其机构所在地或者居住地的主管税务机关补征税款。

（四）进口货物，应当向报关地海关申报纳税。

扣缴义务人应当向其机构所在地或者居住地的主管税务机关申报缴纳其扣缴的税款。

第二十三条 增值税的纳税期限分别为 1 日、3 日、5 日、10 日、15 日、1 个月或者 1 个季度。纳税人的具体纳税期限，由主管税务机关根据纳税人应纳税额的大小分别核定；不能按照固定期限纳税的，可以按次纳税。

纳税人以 1 个月或者 1 个季度为 1 个纳税期的，自期满之日起 15 日内申报纳税；以 1 日、3 日、5 日、10 日或者 15 日为 1 个纳税期的，自期满之日起 5 日内预缴税款，于次月1日起15日内申报纳税并结清上月应纳税款。

扣缴义务人解缴税款的期限，依照前两款规定执行。

第二十四条 纳税人进口货物，应当自海关填发海关进口增值税专用缴款书之日起15日内缴纳税款。

第二十五条 纳税人出口货物适用退（免）税规定的，应当向海关办理出口手续，凭出口报关单等有关凭证，在规定的出口退（免）税申报期内按月向主管税务机关申报办理该项出口货物的退（免）税；境内单位和个人跨境销售服务和无形资产适用退（免）税规定的，应当按期向主管税务机关申报办理退（免）税。具体办法由国务院财政、税务主管部门制定。

出口货物办理退税后发生退货或者退关的，纳税人应当依法补缴已退的税款。

第二十六条 增值税的征收管理，依照《中华人民共和国税收征收管理法》及本条例有关规定执行。

第二十七条 纳税人缴纳增值税的有关事项，国务院或者国务院财政、税务主管部门经国务院同意另有规定的，依照其规定。

第二十八条 本条例自2009年1月1日起施行。

国务院关于印发全面推开营改增试点后调整中央与地方增值税收入划分过渡方案的通知

（2016年4月29日）

各省、自治区、直辖市人民政府，国务院各部委、各直属机构：

现将《全面推开营改增试点后调整中央与地方增值税收入划分过渡方案》印发给你们，请认真遵照执行。

全面推开营改增试点后调整中央与地方增值税收入划分过渡方案

全面推开营改增试点将于2016年5月1日实施。按照党的十八届三中全会关于“保持现有中央和地方财力格局总体稳定，结合税制改革，考虑税种属性，进一步理顺中央和地方收入划分”的要求，同时考虑到税制改革未完全到位，推进中央与地方事权和支出责任划分改革还有一个过程，国务院决定，制定全面推开营改增试点后调整中央与地方增值税收入划分的过渡方案。

一、基本原则

（一）保持现有财力格局不变。既要保障地方既有财力，不影响地方财政平稳运行，又要保持目前中央和地方财力大体“五五”格局。

（二）注重调动地方积极性。适当提高地方按税收缴纳地分享增值税的比例，有利于调动地方发展经济和培植财源的积极性，缓解当前经济下行压力。

（三）兼顾好东中西部利益关系。以2014年为基数，将中央从地方上划收入通过税收返还方式给地方，确保既有财力不变。调整后，收入增量分配向中西部地区倾斜，重点加大对欠发达地区的支持力度，推进基本公共服务均等化。

同时，在加快地方税体系建设、推进中央与地方事权和支出责任划分改革过程中，做好过渡方案与下一步财税体制改革的衔接。

二、主要内容

（一）以2014年为基数核定中央返还和地方上缴基数。

（二）所有行业企业缴纳的增值税均纳入中央和地方共享范围。

（三）中央分享增值税的50%。

（四）地方按税收缴纳地分享增值税的50%。

（五）中央上划收入通过税收返还方式给地方，确保地方既有财力不变。

（六）中央集中的收入增量通过均衡性转移支付分配给地方，主要用于加大对中西部地区的支持力度。

三、实施时间和过渡期限

本方案与全面推开营改增试点同步实施，即自2016年5月1日起执行。过渡期暂定2－3年，届时根据中央与地方事权和支出责任划分、地方税体系建设等改革进展情况，研究是否适当调整。

部门规章及文件

中华人民共和国增值税暂行条例实施细则

（2008年12月15日财政部、国家税务总局令第50号公布　根据2011年10月28日《关于修改〈中华人民共和国增值税暂行条例实施细则〉和〈中华人民共和国营业税暂行条例实施细则〉的决定》修订）

第一条　根据《中华人民共和国增值税暂行条例》（以下简称条例），制定本细则。

第二条　条例第一条所称货物，是指有形动产，包括电力、热力、气体在内。

条例第一条所称加工，是指受托加工货物，即委托方提供原料及主要材料，受托方按照委托方的要求，制造货物并收取加工费的业务。

条例第一条所称修理修配，是指受托对损伤和丧失功能的货物进行修复，使其恢复原状和功能的业务。

第三条　条例第一条所称销售货物，是指有偿转让货物的所有权。

条例第一条所称提供加工、修理修配劳务（以下称应税劳务），是指有偿提供加工、修理修配劳务。单位或者个体工商户聘用的员工为本单位或者雇主提供加工、修理修配劳务，不包括在内。

本细则所称有偿，是指从购买方取得货币、货物或者其他经济利益。

第四条　单位或者个体工商户的下列行为，视同销售货物：

（一）将货物交付其他单位或者个人代销；

（二）销售代销货物；

（三）设有两个以上机构并实行统一核算的纳税人，将货物从一个机构移送其他机构用于销售，但相关机构设在同一县（市）的除外；

（四）将自产或者委托加工的货物用于非增值税应税项目；

（五）将自产、委托加工的货物用于集体福利或者个人消费；

（六）将自产、委托加工或者购进的货物作为投资，提供给其他单位或者个体工商户；

（七）将自产、委托加工或者购进的货物分配给股东或者投资者；

（八）将自产、委托加工或者购进的货物无偿赠送其他单位或者个人。

第五条　一项销售行为如果既涉及货物又涉及非增值税应税劳务，为混合销售行为。除本细则第六条的规定外，从事货物的生产、批发或者零售的企业、企业性单位和个体工商户的混合销售行为，视为销售货物，应当缴纳增值税；其他单位和个人的混合销售行为，视为销售非增值税应税劳务，不缴纳增值税。

本条第一款所称非增值税应税劳务，是指属于应缴营业税的交通运输业、建筑业、金融保险业、邮电通信业、文化体育业、娱乐业、服务业税目征收范围的劳务。

本条第一款所称从事货物的生产、批发或者零售的企业、企业性单位和个体工商户，包括以从事货物的生产、批发或者零售为主，并兼营非增值税应税劳务的单位和个体工商户在内。

第六条 纳税人的下列混合销售行为，应当分别核算货物的销售额和非增值税应税劳务的营业额，并根据其销售货物的销售额计算缴纳增值税，非增值税应税劳务的营业额不缴纳增值税；未分别核算的，由主管税务机关核定其货物的销售额：

（一）销售自产货物并同时提供建筑业劳务的行为；

（二）财政部、国家税务总局规定的其他情形。

第七条 纳税人兼营非增值税应税项目的，应分别核算货物或者应税劳务的销售额和非增值税应税项目的营业额；未分别核算的，由主管税务机关核定货物或者应税劳务的销售额。

第八条 条例第一条所称在中华人民共和国境内（以下简称境内）销售货物或者提供加工、修理修配劳务，是指：

（一）销售货物的起运地或者所在地在境内；

（二）提供的应税劳务发生在境内。

第九条 条例第一条所称单位，是指企业、行政单位、事业单位、军事单位、社会团体及其他单位。

条例第一条所称个人，是指个体工商户和其他个人。

第十条 单位租赁或者承包给其他单位或者个人经营的，以承租人或者承包人为纳税人。

第十一条 小规模纳税人以外的纳税人（以下称一般纳税人）因销售货物退回或者折让而退还给购买方的增值税额，应从发生销售货物退回或者折让当期的销项税额中扣减；因购进货物退出或者折让而收回的增值税额，应从发生购进货物退出或者折让当期的进项税额中扣减。

一般纳税人销售货物或者应税劳务，开具增值税专用发票后，发生销售货物退回或者折让、开票有误等情形，应按国家税务总局的规定开具红字增值税专用发票。未按规定开具红字增值税专用发票的，增值税额不得从销项税额中扣减。

第十二条 条例第六条第一款所称价外费用，包括价外向购买方收取的手续费、补贴、基金、集资费、返还利润、奖励费、违约金、滞纳金、延期付款利息、赔偿金、代收款项、代垫款项、包装费、包装物租金、储备费、优质费、运输装卸费以及其他各种性质的价外收费。但下列项目不包括在内：

（一）受托加工应征消费税的消费品所代收代缴的消费税；

（二）同时符合以下条件的代垫运输费用：

1. 承运部门的运输费用发票开具给购买方的；

2. 纳税人将该项发票转交给购买方的。

（三）同时符合以下条件代为收取的政府性基金或者行政事业性收费：

1. 由国务院或者财政部批准设立的政府性基金，由国务院或者省级人民政府及其财政、价格主管部门批准设立的行政事业性收费；

2. 收取时开具省级以上财政部门印制的财政票据；

3. 所收款项全额上缴财政。

（四）销售货物的同时代办保险等而向购买方收取的保险费，以及向购买方收取的代购买方缴纳的车辆购置税、车辆牌照费。

第十三条 混合销售行为依照本细则第五条规定应当缴纳增值税的，其销售额为货物的销售额与非增值税应税劳务营业额的合计。

第十四条 一般纳税人销售货物或者应税劳务，采用销售额和销项税额合并定价方法的，按下列公式计算销售额：

销售额 = 含税销售额 ÷（1 + 税率）

第十五条 纳税人按人民币以外的货币结算销售额的，其销售额的人民币折合率可以选择销售额发生的当天或者当月 1 日的人民币汇率中间价。纳税人应在事先确定采用何种折合率，确定后 1 年内不得变更。

第十六条 纳税人有条例第七条所称价格明显偏低并无正当理由或者有本细则第四条所列视同销售货物行为而无销售额者，按下列顺序确定销售额：

（一）按纳税人最近时期同类货物的平均销售价格确定；

（二）按其他纳税人最近时期同类货物的平均销售价格确定；

（三）按组成计税价格确定。组成计税价格的公式为：

组成计税价格 = 成本 ×（1 + 成本利润率）

属于应征消费税的货物，其组成计税价格中应加计消费税额。

公式中的成本是指：销售自产货物的为实际生产成本，销售外购货物的为实际采购成本。公式中的成本利润率由国家税务总局确定。

第十七条 条例第八条第二款第（三）项所称买价，包括纳税人购进农产品在农产品收购发票或者销售发票上注明的价款和按规定缴纳的烟叶税。

第十八条 条例第八条第二款第（四）项所称运输费用金额，是指运输费用结算单据上注明的运输费用（包括铁路临管线及铁路专线运输费用）、建设基金，不包括装卸费、保险费等其他杂费。

第十九条 条例第九条所称增值税扣税凭证，是指增值税专用发票、海关进口增值税专用缴款书、农产品收购发票和农产品销售发票以及运输费用结算单据。

第二十条 混合销售行为依照本细则第五条规定应当缴纳增值税的，该混合销售行为所涉及的非增值税应税劳务所用购进货物的进项税额，符合条例第八条规定的，准予从销项税额中抵扣。

第二十一条 条例第十条第（一）项所称购进货物，不包括既用于增值税应税项目（不含免征增值税项目）也用于非增值税应税项目、免征增值税（以下简称免税）项目、集体福利或者个人消费的固定资产。

前款所称固定资产，是指使用期限超过 12 个月的机器、机械、运输工具以及其他与生产经营有关的设备、工具、器具等。

第二十二条 条例第十条第（一）项所称个人消费包括纳税人的交际应酬消费。

第二十三条 条例第十条第（一）项和本细则所称非增值税应税项目，是指提供非增值税应税劳务、转让无形资产、销售不动产和不动产在建工程。

前款所称不动产是指不能移动或者移动后会引起性质、形状改变的财产，包括建筑物、构筑物和其他土地附着物。

纳税人新建、改建、扩建、修缮、装饰不动产，均属于不动产在建工程。

第二十四条 条例第十条第（二）项所称非正常损失，是指因管理不善造成被盗、丢失、霉烂变质的损失。

第二十五条 纳税人自用的应征消费税的摩托车、汽车、游艇，其进项税额不得从销项税额中抵扣。

第二十六条 一般纳税人兼营免税项目或者非增值税应税劳务而无法划分不得抵扣的进项税额的，按下列公式计算不得抵扣的进项税额：

不得抵扣的进项税额 = 当月无法划分的全部进项税额 × 当月免税项目销售额、非增值税应税劳务营业额合计 ÷ 当月全部销售额、营业额合计

第二十七条 已抵扣进项税额的购进货物或者应税劳务，发生条例第十条规定的情

形的（免税项目、非增值税应税劳务除外），应当将该项购进货物或者应税劳务的进项税额从当期的进项税额中扣减；无法确定该项进项税额的，按当期实际成本计算应扣减的进项税额。

第二十八条 条例第十一条所称小规模纳税人的标准为：

（一）从事货物生产或者提供应税劳务的纳税人，以及以从事货物生产或者提供应税劳务为主，并兼营货物批发或者零售的纳税人，年应征增值税销售额（以下简称应税销售额）在50万元以下（含本数，下同）的；

（二）除本条第一款第（一）项规定以外的纳税人，年应税销售额在80万元以下的。

本条第一款所称以从事货物生产或者提供应税劳务为主，是指纳税人的年货物生产或者提供应税劳务的销售额占年应税销售额的比重在50%以上。

第二十九条 年应税销售额超过小规模纳税人标准的其他个人按小规模纳税人纳税；非企业性单位、不经常发生应税行为的企业可选择按小规模纳税人纳税。

第三十条 小规模纳税人的销售额不包括其应纳税额。

小规模纳税人销售货物或者应税劳务采用销售额和应纳税额合并定价方法的，按下列公式计算销售额：

销售额＝含税销售额÷（1＋征收率）

第三十一条 小规模纳税人因销售货物退回或者折让退还给购买方的销售额，应从发生销售货物退回或者折让当期的销售额中扣减。

第三十二条 条例第十三条和本细则所称会计核算健全，是指能够按照国家统一的会计制度规定设置账簿，根据合法、有效凭证核算。

第三十三条 除国家税务总局另有规定外，纳税人一经认定为一般纳税人后，不得转为小规模纳税人。

第三十四条 有下列情形之一者，应按销售额依照增值税税率计算应纳税额，不得抵扣进项税额，也不得使用增值税专用发票：

（一）一般纳税人会计核算不健全，或者不能够提供准确税务资料的；

（二）除本细则第二十九条规定外，纳税人销售额超过小规模纳税人标准，未申请办理一般纳税人认定手续的。

第三十五条 条例第十五条规定的部分免税项目的范围，限定如下：

（一）第一款第（一）项所称农业，是指种植业、养殖业、林业、牧业、水产业。

农业生产者，包括从事农业生产的单位和个人。

农产品，是指初级农产品，具体范围由财政部、国家税务总局确定。

（二）第一款第（三）项所称古旧图书，是指向社会收购的古书和旧书。

（三）第一款第（七）项所称自己使用过的物品，是指其他个人自己使用过的物品。

第三十六条 纳税人销售货物或者应税劳务适用免税规定的，可以放弃免税，依照条例的规定缴纳增值税。放弃免税后，36个月内不得再申请免税。

第三十七条 增值税起征点的适用范围限于个人。

增值税起征点的幅度规定如下：

（一）销售货物的，为月销售额5000－20000元；

（二）销售应税劳务的，为月销售额5000－20000元；

（三）按次纳税的，为每次（日）销售额300－500元。

前款所称销售额，是指本细则第三十条第一款所称小规模纳税人的销售额。

省、自治区、直辖市财政厅（局）和

国家税务局应在规定的幅度内，根据实际情况确定本地区适用的起征点，并报财政部、国家税务总局备案。

第三十八条 条例第十九条第一款第（一）项规定的收讫销售款项或者取得索取销售款项凭据的当天，按销售结算方式的不同，具体为：

（一）采取直接收款方式销售货物，不论货物是否发出，均为收到销售款或者取得索取销售款凭据的当天；

（二）采取托收承付和委托银行收款方式销售货物，为发出货物并办妥托收手续的当天；

（三）采取赊销和分期收款方式销售货物，为书面合同约定的收款日期的当天，无书面合同的或者书面合同没有约定收款日期的，为货物发出的当天；

（四）采取预收货款方式销售货物，为货物发出的当天，但生产销售生产工期超过12个月的大型机械设备、船舶、飞机等货物，为收到预收款或者书面合同约定的收款日期的当天；

（五）委托其他纳税人代销货物，为收到代销单位的代销清单或者收到全部或者部分货款的当天。未收到代销清单及货款的，为发出代销货物满180天的当天；

（六）销售应税劳务，为提供劳务同时收讫销售款或者取得索取销售款的凭据的当天；

（七）纳税人发生本细则第四条第（三）项至第（八）项所列视同销售货物行为，为货物移送的当天。

第三十九条 条例第二十三条以1个季度为纳税期限的规定仅适用于小规模纳税人。小规模纳税人的具体纳税期限，由主管税务机关根据其应纳税额的大小分别核定。

第四十条 本细则自2009年1月1日起施行。

财政部、税务总局、海关总署《关于深化增值税改革有关政策的公告》

（2019年3月20日 财政部、税务总局、海关总署公告2019年第39号 自2019年4月1日起施行）

为贯彻落实党中央、国务院决策部署，推进增值税实质性减税，现将2019年增值税改革有关事项公告如下：

一、增值税一般纳税人（以下称纳税人）发生增值税应税销售行为或者进口货物，原适用16%税率的，税率调整为13%；原适用10%税率的，税率调整为9%。

二、纳税人购进农产品，原适用10%扣除率的，扣除率调整为9%。纳税人购进用于生产或者委托加工13%税率货物的农产品，按照10%的扣除率计算进项税额。

三、原适用16%税率且出口退税率为16%的出口货物劳务，出口退税率调整为13%；原适用10%税率且出口退税率为10%的出口货物、跨境应税行为，出口退税率调整为9%。

2019年6月30日前（含2019年4月1日前），纳税人出口前款所涉货物劳务、发生前款所涉跨境应税行为，适用增值税免退税办法的，购进时已按调整前税率征收增值税的，执行调整前的出口退税率，购进时已按调整后税率征收增值税的，执行调整后的出口退税率；适用增值税免抵退税办法的，执行调整前的出口退税率，在计算免抵退税时，适用税率低于出口退税率的，适用税率与出口退税率之差视为零参与免抵退税计算。

出口退税率的执行时间及出口货物劳

务、发生跨境应税行为的时间，按照以下规定执行：报关出口的货物劳务（保税区及经保税区出口除外），以海关出口报关单上注明的出口日期为准；非报关出口的货物劳务、跨境应税行为，以出口发票或普通发票的开具时间为准；保税区及经保税区出口的货物，以货物离境时海关出具的出境货物备案清单上注明的出口日期为准。

四、适用13%税率的境外旅客购物离境退税物品，退税率为11%；适用9%税率的境外旅客购物离境退税物品，退税率为8%。

2019年6月30日前，按调整前税率征收增值税的，执行调整前的退税率；按调整后税率征收增值税的，执行调整后的退税率。

退税率的执行时间，以退税物品增值税普通发票的开具日期为准。

五、自2019年4月1日起，《营业税改征增值税试点有关事项的规定》（财税〔2016〕36号印发）第一条第（四）项第1点、第二条第（一）项第1点停止执行，纳税人取得不动产或者不动产在建工程的进项税额不再分2年抵扣。此前按照上述规定尚未抵扣完毕的待抵扣进项税额，可自2019年4月税款所属期起从销项税额中抵扣。

六、纳税人购进国内旅客运输服务，其进项税额允许从销项税额中抵扣。

（一）纳税人未取得增值税专用发票的，暂按照以下规定确定进项税额：

1. 取得增值税电子普通发票的，为发票上注明的税额；

2. 取得注明旅客身份信息的航空运输电子客票行程单的，为按照下列公式计算进项税额：

航空旅客运输进项税额 =（票价 + 燃油附加费）÷（1 +9%）×9%

3. 取得注明旅客身份信息的铁路车票的，为按照下列公式计算的进项税额：

铁路旅客运输进项税额 = 票面金额 ÷（1 +9%）×9%

4. 取得注明旅客身份信息的公路、水路等其他客票的，按照下列公式计算进项税额：

公路、水路等其他旅客运输进项税额 = 票面金额 ÷（1 +3%）×3%

（二）《营业税改征增值税试点实施办法》（财税〔2016〕36号印发）第二十七条第（六）项和《营业税改征增值税试点有关事项的规定》（财税〔2016〕36号印发）第二条第（一）项第5点中“购进的旅客运输服务、贷款服务、餐饮服务、居民日常服务和娱乐服务”修改为“购进的贷款服务、餐饮服务、居民日常服务和娱乐服务”。

七、自2019年4月1日至2021年12月31日，允许生产、生活性服务业纳税人按照当期可抵扣进项税额加计10%，抵减应纳税额（以下称加计抵减政策）。

（一）本公告所称生产、生活性服务业纳税人，是指提供邮政服务、电信服务、现代服务、生活服务（以下称四项服务）取得的销售额占全部销售额的比重超过50%的纳税人。四项服务的具体范围按照《销售服务、无形资产、不动产注释》（财税〔2016〕36号印发）执行。

2019年3月31日前设立的纳税人，自2018年4月至2019年3月期间的销售额（经营期不满12个月的，按照实际经营期的销售额）符合上述规定条件的，自2019年4月1日起适用加计抵减政策。

2019年4月1日后设立的纳税人，自设立之日起3个月的销售额符合上述规定条件的，自登记为一般纳税人之日起适用加计抵减政策。

纳税人确定适用加计抵减政策后，当年内不再调整，以后年度是否适用，根据上年度销售额计算确定。

纳税人可计提但未计提的加计抵减额，

可在确定适用加计抵减政策当期一并计提。

（二）纳税人应按照当期可抵扣进项税额的10%计提当期加计抵减额。按照现行规定不得从销项税额中抵扣的进项税额，不得计提加计抵减额；已计提加计抵减额的进项税额，按规定作进项税额转出的，应在进项税额转出当期，相应调减加计抵减额。计算公式如下：

当期计提加计抵减额 = 当期可抵扣进项税额 ×10%

当期可抵减加计抵减额 = 上期末加计抵减额余额 + 当期计提加计抵减额 - 当期调减加计抵减额

（三）纳税人应按照现行规定计算一般计税方法下的应纳税额（以下称抵减前的应纳税额）后，区分以下情形加计抵减：

1. 抵减前的应纳税额等于零的，当期可抵减加计抵减额全部结转下期抵减；

2. 抵减前的应纳税额大于零，且大于当期可抵减加计抵减额的，当期可抵减加计抵减额全额从抵减前的应纳税额中抵减；

3. 抵减前的应纳税额大于零，且小于或等于当期可抵减加计抵减额的，以当期可抵减加计抵减额抵减应纳税额至零。未抵减完的当期可抵减加计抵减额，结转下期继续抵减。

（四）纳税人出口货物劳务、发生跨境应税行为不适用加计抵减政策，其对应的进项税额不得计提加计抵减额。

纳税人兼营出口货物劳务、发生跨境应税行为且无法划分不得计提加计抵减额的进项税额，按照以下公式计算：

不得计提加计抵减额的进项税额 = 当期无法划分的全部进项税额 × 当期出口货物劳务和发生跨境应税行为的销售额 ÷ 当期全部销售额

（五）纳税人应单独核算加计抵减额的计提、抵减、调减、结余等变动情况。骗取适用加计抵减政策或虚增加计抵减额的，按照《中华人民共和国税收征收管理法》等有关规定处理。

（六）加计抵减政策执行到期后，纳税人不再计提加计抵减额，结余的加计抵减额停止抵减。

八、自2019年4月1日起，试行增值税期末留抵税额退税制度。

（一）同时符合以下条件的纳税人，可以向主管税务机关申请退还增量留抵税额：

1. 自2019年4月税款所属期起，连续六个月（按季纳税的，连续两个季度）增量留抵税额均大于零，且第六个月增量留抵税额不低于50万元；

2. 纳税信用等级为A级或者B级；

3. 申请退税前36个月未发生骗取留抵退税、出口退税或虚开增值税专用发票情形的；

4. 申请退税前36个月未因偷税被税务机关处罚两次及以上的；

5. 自2019年4月1日起未享受即征即退、先征后返（退）政策的。

（二）本公告所称增量留抵税额，是指与2019年3月底相比新增加的期末留抵税额。

（三）纳税人当期允许退还的增量留抵税额，按照以下公式计算：

允许退还的增量留抵税额 = 增量留抵税额 × 进项构成比例 ×60%

进项构成比例，为2019年4月至申请退税前一税款所属期内已抵扣的增值税专用发票（含税控机动车销售统一发票）、海关进口增值税专用缴款书、解缴税款完税凭证注明的增值税额占同期全部已抵扣进项税额的比重。

（四）纳税人应在增值税纳税申报期内，向主管税务机关申请退还留抵税额。

（五）纳税人出口货物劳务、发生跨境应税行为，适用免抵退税办法的，办理免抵退税后，仍符合本公告规定条件的，可以申请退还留抵税额；适用免退税办法的，相关进项税额不得用于退还留抵税额。

（六）纳税人取得退还的留抵税额后，应相应调减当期留抵税额。按照本条规定再次满足退税条件的，可以继续向主管税务机关申请退还留抵税额，但本条第（一）项第1点规定的连续期间，不得重复计算。

（七）以虚增进项、虚假申报或其他欺骗手段，骗取留抵退税款的，由税务机关追缴其骗取的退税款，并按照《中华人民共和国税收征收管理法》等有关规定处理。

（八）退还的增量留抵税额中央、地方分担机制另行通知。

九、本公告自2019年4月1日起执行。

特此公告。

国家税务总局关于增值税一般纳税人登记管理若干事项的公告①

（2018年1月29日　国家税务总局公告2018年第6号　自2018年2月1日起施行）

为了贯彻实施《增值税一般纳税人登记管理办法》（国家税务总局令第43号，以下简称《办法》），现将有关事项公告如下：

一、《办法》第二条所称"经营期"是指在纳税人存续期内的连续经营期间，含未取得销售收入的月份或季度。

二、《办法》第二条所称"纳税申报销售额"是指纳税人自行申报的全部应征增值税销售额，其中包括免税销售额和税务机关代开发票销售额。"稽查查补销售额"和"纳税评估调整销售额"计入查补税款申报当月（或当季）的销售额，不计入税款所属期销售额。

三、《办法》第四条第二项所称的"其他个人"是指自然人。

四、《办法》第六条第一项所称的"固定生产经营场所"信息是指填写在《增值税一般纳税人登记表》"生产经营地址"栏次中的内容。

五、《办法》第六条第一项所称的"税务登记证件"，包括纳税人领取的由工商行政管理部门或者其他主管部门核发的加载法人和其他组织统一社会信用代码的相关证件。

六、《办法》第八条规定主管税务机关制作的《税务事项通知书》中，需告知纳税人的内容应当包括：纳税人年应税销售额已超过规定标准，应在收到《税务事项通知书》后5日内向税务机关办理增值税一般纳税人登记手续或者选择按照小规模纳税人纳税的手续；逾期未办理的，自通知时限期满的次月起按销售额依照增值税税率计算应纳税额，不得抵扣进项税额，直至纳税人办理相关手续为止。

七、纳税人兼有销售货物、提供加工修理修配劳务（以下称"应税货物及劳务"）和销售服务、无形资产、不动产（以下称"应税行为"）的，应税货物及劳务销售额与应税行为销售额分别计算，分别适用增值税一般纳税人登记标准，其中有一项销售额超过规定标准，就应当按照规定办理增值税一般纳税人登记相关手续。

八、经税务机关核对后退还纳税人留存的《增值税一般纳税人登记表》，可以作为证明纳税人成为增值税一般纳税人的凭据。

① 本规定第七条已被《国家税务总局关于统一小规模纳税人标准等若干增值税问题的公告》（国家税务总局公告2018年第18号）废止。

九、《办法》中所规定期限的最后一日是法定休假日的，以休假日期满的次日为期限的最后一日；在期限内有连续3日以上（含3日）法定休假日的，按休假日天数顺延。

十、本公告自2018年2月1日起施行。《国家税务总局关于明确〈增值税一般纳税人资格认定管理办法〉若干条款处理意见的通知》（国税函〔2010〕139号）、《国家税务总局关于调整增值税一般纳税人管理有关事项的公告》（国家税务总局公告2015年第18号）、《国家税务总局关于"三证合一"登记制度改革涉及增值税一般纳税人管理有关事项的公告》（国家税务总局公告2015年第74号）、《国家税务总局关于全面推开营业税改征增值税试点有关税收征收管理事项的公告》（国家税务总局公告2016年第23号）第二条同时废止。

特此公告。

增值税一般纳税人登记管理办法

（2017年12月29日国家税务总局令第43号公布　自2018年2月1日起施行）

第一条　为了做好增值税一般纳税人（以下简称"一般纳税人"）登记管理，根据《中华人民共和国增值税暂行条例》及其实施细则有关规定，制定本办法。

第二条　增值税纳税人（以下简称"纳税人"），年应税销售额超过财政部、国家税务总局规定的小规模纳税人标准（以下简称"规定标准"）的，除本办法第四条规定外，应当向主管税务机关办理一般纳税人登记。

本办法所称年应税销售额，是指纳税人在连续不超过12个月或四个季度的经营期内累计应征增值税销售额，包括纳税申报销售额、稽查查补销售额、纳税评估调整销售额。

销售服务、无形资产或者不动产（以下简称"应税行为"）有扣除项目的纳税人，其应税行为年应税销售额按未扣除之前的销售额计算。纳税人偶然发生的销售无形资产、转让不动产的销售额，不计入应税行为年应税销售额。

第三条　年应税销售额未超过规定标准的纳税人，会计核算健全，能够提供准确税务资料的，可以向主管税务机关办理一般纳税人登记。

本办法所称会计核算健全，是指能够按照国家统一的会计制度规定设置账簿，根据合法、有效凭证进行核算。

第四条　下列纳税人不办理一般纳税人登记：

（一）按照政策规定，选择按照小规模纳税人纳税的；

（二）年应税销售额超过规定标准的其他个人。

第五条　纳税人应当向其机构所在地主管税务机关办理一般纳税人登记手续。

第六条　纳税人办理一般纳税人登记的程序如下：

（一）纳税人向主管税务机关填报《增值税一般纳税人登记表》（附件1），如实填写固定生产经营场所等信息，并提供税务登记证件；

（二）纳税人填报内容与税务登记信息一致的，主管税务机关当场登记；

（三）纳税人填报内容与税务登记信息不一致，或者不符合填列要求的，税务机关应当场告知纳税人需要补正的内容。

第七条　年应税销售额超过规定标准的纳税人符合本办法第四条第一项规定的，应当向主管税务机关提交书面说明（附件2）。

第八条　纳税人在年应税销售额超过规定

标准的月份（或季度）的所属申报期结束后15日内按照本办法第六条或者第七条的规定办理相关手续；未按规定时限办理的，主管税务机关应当在规定时限结束后5日内制作《税务事项通知书》，告知纳税人应当在5日内向主管税务机关办理相关手续；逾期仍不办理的，次月起按销售额依照增值税税率计算应纳税额，不得抵扣进项税额，直至纳税人办理相关手续为止。

第九条 纳税人自一般纳税人生效之日起，按照增值税一般计税方法计算应纳税额，并可以按照规定领用增值税专用发票，财政部、国家税务总局另有规定的除外。

本办法所称的生效之日，是指纳税人办理登记的当月1日或者次月1日，由纳税人在办理登记手续时自行选择。

第十条 纳税人登记为一般纳税人后，不得转为小规模纳税人，国家税务总局另有规定的除外。

第十一条 主管税务机关应当加强对税收风险的管理。对税收遵从度低的一般纳税人，主管税务机关可以实行纳税辅导期管理，具体办法由国家税务总局另行制定。

第十二条 本办法自2018年2月1日起施行，《增值税一般纳税人资格认定管理办法》（国家税务总局令第22号公布）同时废止。

附件1

增值税一般纳税人登记表

<table>
<tr><td>纳税人名称</td><td colspan="2"></td><td>社会信用代码（纳税人识别号）</td><td></td></tr>
<tr><td>法定代表人
（负责人、业主）</td><td></td><td>证件名称及号码</td><td></td><td>联系电话</td></tr>
<tr><td>财务负责人</td><td></td><td>证件名称及号码</td><td></td><td>联系电话</td></tr>
<tr><td>办税人员</td><td></td><td>证件名称及号码</td><td></td><td>联系电话</td></tr>
<tr><td>税务登记日期</td><td colspan="4"></td></tr>
<tr><td>生产经营地址</td><td colspan="4"></td></tr>
<tr><td>注册地址</td><td colspan="4"></td></tr>
<tr><td colspan="5">纳税人类别：企业□ 非企业性单位□ 个体工商户□ 其他□</td></tr>
<tr><td colspan="5">主营业务类别：工业 □ 商业 □ 服务业 □ 其他□</td></tr>
<tr><td colspan="5">会计核算健全：是□</td></tr>
<tr><td colspan="5">一般纳税人生效之日：当月1日 □ 次月1日 □</td></tr>
<tr><td colspan="5">纳税人（代理人）承诺：
会计核算健全，能够提供准确税务资料，上述各项内容真实、可靠、完整。如有虚假，愿意承担相关法律责任。

经办人： 法定代表人： 代理人： （签章）
年 月 日</td></tr>
<tr><td colspan="5">以下由税务机关填写</td></tr>
</table>

续表

税务机关受理情况	受理人：　　　　受理税务机关（章） 年　月　日

填表说明：1. 本表由纳税人如实填写。

2. 表中“证件名称及号码”相关栏次，根据纳税人的法定代表人、财务负责人、办税人员的居民身份证、护照等有效身份证件及号码填写。

3. 表中“一般纳税人生效之日”由纳税人自行勾选。

4. 本表一式二份，主管税务机关和纳税人各留存一份。

附件2

选择按小规模纳税人纳税的情况说明

<table>
<tr><td>纳税人名称</td><td></td><td>社会信用代码
（纳税人识别号）</td><td></td></tr>
<tr><td colspan="2" rowspan="2">连续不超过12个月或四个季度的经营期内累计应税销售额</td><td colspan="2">货物劳务：　年　月至　年　月共　　　元。</td></tr>
<tr><td colspan="2">应税行为：　年　月至　年　月共　　　元。</td></tr>
<tr><td>情况说明</td><td colspan="3"></td></tr>
<tr><td colspan="4">纳税人（代理人）承诺：
上述各项内容真实、可靠、完整。如有虚假，愿意承担相关法律责任。

经办人：　　法定代表人：　　代理人：　　（签章）
年　月　日</td></tr>
<tr><td colspan="4">以下由税务机关填写</td></tr>
<tr><td>税务机关受理情况</td><td colspan="3">受理人：　　　　受理税务机关（章）
年　月　日</td></tr>
</table>

填表说明：1. “情况说明”栏由纳税人填写符合财政部、国家税务总局规定可选择按小规模纳税人纳税的具体情形及理由。

2. 本表一式二份，主管税务机关和纳税人各留存一份。

国家税务总局关于非居民企业所得税源泉扣缴有关问题的公告

（2017年10月17日 国家税务总局公告2017年第37号 根据2018年6月15日《国家税务总局关于修改部分税收规范性文件的公告》修正）

按照《国家税务总局关于进一步深化税务系统“放管服”改革优化税收环境的若干意见》（税总发〔2017〕101号）的安排，根据《中华人民共和国企业所得税法》（以下称“企业所得税法”）及其实施条例、《中华人民共和国税收征收管理法》及其实施细则的有关规定，现就非居民企业所得税源泉扣缴有关问题公告如下：

一、依照企业所得税法第三十七条、第三十九条和第四十条规定办理非居民企业所得税源泉扣缴相关事项，适用本公告。与执行企业所得税法第三十八条规定相关的事项不适用本公告。

二、企业所得税法实施条例第一百零四条规定的支付人自行委托代理人或指定其他第三方代为支付相关款项，或者因担保合同或法律规定等原因由第三方保证人或担保人支付相关款项的，仍由委托人、指定人或被保证人、被担保人承担扣缴义务。

三、企业所得税法第十九条第二项规定的转让财产所得包含转让股权等权益性投资资产（以下称“股权”）所得。股权转让收入减除股权净值后的余额为股权转让所得应纳税所得额。

股权转让收入是指股权转让人转让股权所收取的对价，包括货币形式和非货币形式的各种收入。

股权净值是指取得该股权的计税基础。股权的计税基础是股权转让人投资入股时向中国居民企业实际支付的出资成本，或购买该项股权时向该股权的原转让人实际支付的股权受让成本。股权在持有期间发生减值或者增值，按照国务院财政、税务主管部门规定可以确认损益的，股权净值应进行相应调整。企业在计算股权转让所得时，不得扣除被投资企业未分配利润等股东留存收益中按该项股权所可能分配的金额。

多次投资或收购的同项股权被部分转让的，从该项股权全部成本中按照转让比例计算确定被转让股权对应的成本。

四、扣缴义务人支付或者到期应支付的款项以人民币以外的货币支付或计价的，分别按以下情形进行外币折算：

（一）扣缴义务人扣缴企业所得税的，应当按照扣缴义务发生之日人民币汇率中间价折合成人民币，计算非居民企业应纳税所得额。扣缴义务发生之日为相关款项实际支付或者到期应支付之日。

（二）取得收入的非居民企业在主管税务机关责令限期缴纳税款前自行申报缴纳应源泉扣缴税款的，应当按照填开税收缴款书之日前一日人民币汇率中间价折合成人民币，计算非居民企业应纳税所得额。

（三）主管税务机关责令取得收入的非居民企业限期缴纳应源泉扣缴税款的，应当按照主管税务机关作出限期缴税决定之日前一日人民币汇率中间价折合成人民币，计算非居民企业应纳税所得额。

五、财产转让收入或财产净值以人民币以外的货币计价的，分扣缴义务人扣缴税款、纳税人自行申报缴纳税款和主管税务机关责令限期缴纳税款三种情形，先将以非人民币计价项目金额比照本公告第四条规定折合成人民币金额；再按企业所得税法第十九条第二项及相关规定计算非居民企业财产转让所得应纳税所得额。

财产净值或财产转让收入的计价货币

按照取得或转让财产时实际支付或收取的计价币种确定。原计价币种停止流通并启用新币种的，按照新旧货币市场转换比例转换为新币种后进行计算。

六、扣缴义务人与非居民企业签订与企业所得税法第三条第三款规定的所得有关的业务合同时，凡合同中约定由扣缴义务人实际承担应纳税款的，应将非居民企业取得的不含税所得换算为含税所得计算并解缴应扣税款。

七、扣缴义务人应当自扣缴义务发生之日起7日内向扣缴义务人所在地主管税务机关申报和解缴代扣税款。扣缴义务人发生到期应支付而未支付情形，应按照《国家税务总局关于非居民企业所得税管理若干问题的公告》（国家税务总局公告2011年第24号）第一条规定进行税务处理。

非居民企业取得应源泉扣缴的所得为股息、红利等权益性投资收益的，相关应纳税款扣缴义务发生之日为股息、红利等权益性投资收益实际支付之日。

非居民企业采取分期收款方式取得应源泉扣缴所得税的同一项转让财产所得的，其分期收取的款项可先视为收回以前投资财产的成本，待成本全部收回后，再计算并扣缴应扣税款。

八、扣缴义务人在申报和解缴应扣税款时，应填报《中华人民共和国扣缴企业所得税报告表》。

扣缴义务人可以在申报和解缴应扣税款前报送有关申报资料；已经报送的，在申报时不再重复报送。

九、按照企业所得税法第三十七条规定应当扣缴的所得税，扣缴义务人未依法扣缴或者无法履行扣缴义务的，取得所得的非居民企业应当按照企业所得税法第三十九条规定，向所得发生地主管税务机关申报缴纳未扣缴税款，并填报《中华人民共和国扣缴企业所得税报告表》。

非居民企业未按照企业所得税法第三十九条规定申报缴纳税款的，税务机关可以责令限期缴纳，非居民企业应当按照税务机关确定的期限申报缴纳税款；非居民企业在税务机关责令限期缴纳前自行申报缴纳税款的，视为已按期缴纳税款。

十、非居民企业取得的同一项所得在境内存在多个所得发生地，涉及多个主管税务机关的，在按照企业所得税法第三十九条规定自行申报缴纳未扣缴税款时，可以选择一地办理本公告第九条规定的申报缴税事宜。受理申报地主管税务机关应在受理申报后5个工作日内，向扣缴义务人所在地和同一项所得其他发生地主管税务机关发送《非居民企业税务事项联络函》（见附件），告知非居民企业涉税事项。

十一、主管税务机关可以要求纳税人、扣缴义务人和其他知晓情况的相关方提供与应扣缴税款有关的合同和其他相关资料。扣缴义务人应当设立代扣代缴税款账簿和合同资料档案，准确记录非居民企业所得税扣缴情况。

十二、按照企业所得税法第三十七条规定应当扣缴的税款，扣缴义务人应扣未扣的，由扣缴义务人所在地主管税务机关依照《中华人民共和国行政处罚法》第二十三条规定责令扣缴义务人补扣税款，并依法追究扣缴义务人责任；需要向纳税人追缴税款的，由所得发生地主管税务机关依法执行。扣缴义务人所在地与所得发生地不一致的，负责追缴税款的所得发生地主管税务机关应通过扣缴义务人所在地主管税务机关核实有关情况；扣缴义务人所在地主管税务机关应当自确定应纳税款未依法扣缴之日起5个工作日内，向所得发生地主管税务机关发送《非居民企业税务事项联络函》，告知非居民企业涉税事项。

十三、主管税务机关在按照本公告第十二条规定追缴非居民企业应纳税款时，可以采取以下措施：

（一）责令该非居民企业限期申报缴纳应纳税款。

（二）收集、查实该非居民企业在中国境内其他收入项目及其支付人的相关信息，并向该其他项目支付人发出《税务事项通知书》，从该非居民企业其他收入项目款项中依照法定程序追缴欠缴税款及应缴的滞纳金。

其他项目支付人所在地与未扣税所得发生地不一致的，其他项目支付人所在地主管税务机关应给予配合和协助。

十四、按照本公告规定应当源泉扣缴税款的款项已经由扣缴义务人实际支付，但未在规定的期限内解缴应扣税款，并具有以下情形之一的，应作为税款已扣但未解缴情形，按照有关法律、行政法规规定处理：

（一）扣缴义务人已明确告知收款人已代扣税款的；

（二）已在财务会计处理中单独列示应扣税款的；

（三）已在其纳税申报中单独扣除或开始单独摊销扣除应扣税款的；

（四）其他证据证明已代扣税款的。

除上款规定情形外，按本公告规定应该源泉扣缴的税款未在规定的期限内解缴入库的，均作为应扣未扣税款情形，按照有关法律、行政法规规定处理。

十五、本公告与税收协定及其相关规定不一致的，按照税收协定及其相关规定执行。

十六、扣缴义务人所在地主管税务机关为扣缴义务人所得税主管税务机关。

对企业所得税法实施条例第七条规定的不同所得，所得发生地主管税务机关按以下原则确定：

（一）不动产转让所得，为不动产所在地税务机关。

（二）权益性投资资产转让所得，为被投资企业的所得税主管税务机关。

（三）股息、红利等权益性投资所得，为分配所得企业的所得税主管税务机关。

（四）利息所得、租金所得、特许权使用费所得，为负担、支付所得的单位或个人的所得税主管税务机关。

十七、本公告自2017年12月1日起施行。本公告第七条第二款和第三款、第九条第二款可以适用于在本公告施行前已经发生但未处理的所得。下列规定自2017年12月1日起废止：

（一）《国家税务总局关于印发〈非居民企业所得税源泉扣缴管理暂行办法〉的通知》（国税发〔2009〕3号）。

（二）《国家税务总局关于进一步加强非居民税收管理工作的通知》（国税发〔2009〕32号）第二条第（三）项中的以下表述：

“各地应按照《国家税务总局关于印发〈非居民企业所得税源泉扣缴管理暂行办法〉的通知》（国税发〔2009〕3号）规定，落实扣缴登记和合同备案制度，辅导扣缴义务人及时准确扣缴应纳税款，建立管理台账和管理档案，追缴漏税”。

（三）《国家税务总局关于加强税种征管促进堵漏增收的若干意见》（国税发〔2009〕85号）第四条第（二）项第3目中以下表述：

“按照《国家税务总局关于印发〈非居民企业所得税源泉扣缴管理暂行办法〉的通知》（国税发〔2009〕3号）规定，落实扣缴登记和合同备案制度，辅导扣缴义务人及时准确扣缴应纳税款，建立管理台账和管理档案”。

（四）《国家税务总局关于加强非居民企业股权转让所得企业所得税管理的通知》（国税函〔2009〕698号）。

（五）《国家税务总局关于印发〈非居民企业税收协同管理办法（试行）〉的通知》（国税发〔2010〕119号）第九条。

（六）《国家税务总局关于发布〈企业

重组业务企业所得税管理办法〉的公告》（国家税务总局公告2010年第4号）第三十六条。

（七）《国家税务总局关于非居民企业所得税管理若干问题的公告》（国家税务总局公告2011年第24号）第五条和第六条。

（八）《国家税务总局关于发布〈非居民企业从事国际运输业务税收管理暂行办法〉的公告》（国家税务总局公告2014年第37号）第二条第三款中以下表述：

“和《国家税务总局关于印发〈非居民企业所得税源泉扣缴管理暂行办法〉的通知》（国税发〔2009〕3号）”。

（九）《国家税务总局关于非居民企业间接转让财产企业所得税若干问题的公告》（国家税务总局公告2015年第7号）第八条第二款。

特此公告。

附件：非居民企业税务事项联络函（略）

财政部、国家税务总局关于全面推开营业税改征增值税试点的通知①

（2016年3月23日　财税〔2016〕36号）

各省、自治区、直辖市、计划单列市财政厅（局）、国家税务局、地方税务局，新疆生产建设兵团财务局：

经国务院批准，自2016年5月1日起，在全国范围内全面推开营业税改征增值税（以下称营改增）试点，建筑业、房地产业、金融业、生活服务业等全部营业税纳税人，纳入试点范围，由缴纳营业税改为缴纳增值税。现将《营业税改征增值税试点实施办法》、《营业税改征增值税试点有关事项的规定》、《营业税改征增值税试点过渡政策的规定》和《跨境应税行为适用增值税零税率和免税政策的规定》印发你们，请遵照执行。

本通知附件规定的内容，除另有规定执行时间外，自2016年5月1日起执行。《财政部、国家税务总局关于将铁路运输和邮政业纳入营业税改征增值税试点的通知》（财税〔2013〕106号）、《财政部、国家税务总局关于铁路运输和邮政业营业税改征增值税试点有关政策的补充通知》（财税〔2013〕121号）、《财政部、国家税务总局关于将电信业纳入营业税改征增值税试点的通知》（财税〔2014〕43号）、《财政部、国家税务总局关于国际水路运输增值税零税率政策的补充通知》（财税〔2014〕50号）和《财政部、国家税务总局关于影视等出口服务适用增值税零税率政策的通知》（财税〔2015〕118号），除另有规定的条款外，相应废止。

各地要高度重视营改增试点工作，切实加强试点工作的组织领导，周密安排，明确责任，采取各种有效措施，做好试点前的各项准备以及试点过程中的监测分析和宣传解释等工作，确保改革的平稳、有序、顺利进行。遇到问题请及时向财政部和国家税务总局反映。

① 本通知附件1《营业税改征增值税试点实施办法》第七条、附件3《营业税改征增值税试点过渡政策的规定》第一条第二十三项第4点已被《财政部、国家税务总局关于建筑服务等营改增试点政策的通知》废止；附件3《营业税改征增值税试点过渡政策的规定》第一条第二十四款规定的“中小企业信用担保增值税免税政策”已被《财政部、税务总局关于租入固定资产进项税额抵扣等增值税政策的通知》停止执行；附件2《营业税改征增值税试点有关事项的规定》第一条第四项第1点、第二条第一项第1点已被《财政部、税务总局、海关总署关于深化增值税改革有关政策的公告》停止执行。

附件：1. 营业税改征增值税试点实施办法

2. 营业税改征增值税试点有关事项的规定

3. 营业税改征增值税试点过渡政策的规定

4. 跨境应税行为适用增值税零税率和免税政策的规定

附件1：

营业税改征增值税试点实施办法

第一章　纳税人和扣缴义务人

第一条　在中华人民共和国境内（以下称境内）销售服务、无形资产或者不动产（以下称应税行为）的单位和个人，为增值税纳税人，应当按照本办法缴纳增值税，不缴纳营业税。

单位，是指企业、行政单位、事业单位、军事单位、社会团体及其他单位。

个人，是指个体工商户和其他个人。

第二条　单位以承包、承租、挂靠方式经营的，承包人、承租人、挂靠人（以下统称承包人）以发包人、出租人、被挂靠人（以下统称发包人）名义对外经营并由发包人承担相关法律责任的，以该发包人为纳税人。否则，以承包人为纳税人。

第三条　纳税人分为一般纳税人和小规模纳税人。

应税行为的年应征增值税销售额（以下称应税销售额）超过财政部和国家税务总局规定标准的纳税人为一般纳税人，未超过规定标准的纳税人为小规模纳税人。

年应税销售额超过规定标准的其他个人不属于一般纳税人。年应税销售额超过规定标准但不经常发生应税行为的单位和个体工商户可选择按照小规模纳税人纳税。

第四条　年应税销售额未超过规定标准的纳税人，会计核算健全，能够提供准确税务资料的，可以向主管税务机关办理一般纳税人资格登记，成为一般纳税人。

会计核算健全，是指能够按照国家统一的会计制度规定设置账簿，根据合法、有效凭证核算。

第五条　符合一般纳税人条件的纳税人应当向主管税务机关办理一般纳税人资格登记。具体登记办法由国家税务总局制定。

除国家税务总局另有规定外，一经登记为一般纳税人后，不得转为小规模纳税人。

第六条　中华人民共和国境外（以下称境外）单位或者个人在境内发生应税行为，在境内未设有经营机构的，以购买方为增值税扣缴义务人。财政部和国家税务总局另有规定的除外。

第七条　两个或者两个以上的纳税人，经财政部和国家税务总局批准可以视为一个纳税人合并纳税。具体办法由财政部和国家税务总局另行制定。

第八条　纳税人应当按照国家统一的会计制度进行增值税会计核算。

第二章　征税范围

第九条　应税行为的具体范围，按照本办法所附的《销售服务、无形资产、不动产注释》执行。

第十条　销售服务、无形资产或者不动产，是指有偿提供服务、有偿转让无形资产或者不动产，但属于下列非经营活动的情形除外：

（一）行政单位收取的同时满足以下条件的政府性基金或者行政事业性收费。

1. 由国务院或者财政部批准设立的政府性基金，由国务院或者省级人民政府及其财政、价格主管部门批准设立的行政事业性收费；

2. 收取时开具省级以上（含省级）财

政部门监（印）制的财政票据；

3. 所收款项全额上缴财政。

（二）单位或者个体工商户聘用的员工为本单位或者雇主提供取得工资的服务。

（三）单位或者个体工商户为聘用的员工提供服务。

（四）财政部和国家税务总局规定的其他情形。

第十一条 有偿，是指取得货币、货物或者其他经济利益。

第十二条 在境内销售服务、无形资产或者不动产，是指：

（一）服务（租赁不动产除外）或者无形资产（自然资源使用权除外）的销售方或者购买方在境内；

（二）所销售或者租赁的不动产在境内；

（三）所销售自然资源使用权的自然资源在境内；

（四）财政部和国家税务总局规定的其他情形。

第十三条 下列情形不属于在境内销售服务或者无形资产：

（一）境外单位或者个人向境内单位或者个人销售完全在境外发生的服务。

（二）境外单位或者个人向境内单位或者个人销售完全在境外使用的无形资产。

（三）境外单位或者个人向境内单位或者个人出租完全在境外使用的有形动产。

（四）财政部和国家税务总局规定的其他情形。

第十四条 下列情形视同销售服务、无形资产或者不动产：

（一）单位或者个体工商户向其他单位或者个人无偿提供服务，但用于公益事业或者以社会公众为对象的除外。

（二）单位或者个人向其他单位或者个人无偿转让无形资产或者不动产，但用于公益事业或者以社会公众为对象的除外。

（三）财政部和国家税务总局规定的其他情形。

第三章 税率和征收率

第十五条 增值税税率：

（一）纳税人发生应税行为，除本条第（二）项、第（三）项、第（四）项规定外，税率为6%。

（二）提供交通运输、邮政、基础电信、建筑、不动产租赁服务，销售不动产，转让土地使用权，税率为11%。

（三）提供有形动产租赁服务，税率为17%。

（四）境内单位和个人发生的跨境应税行为，税率为零。具体范围由财政部和国家税务总局另行规定。

第十六条 增值税征收率为3%，财政部和国家税务总局另有规定的除外。

第四章 应纳税额的计算

第一节 一般性规定

第十七条 增值税的计税方法，包括一般计税方法和简易计税方法。

第十八条 一般纳税人发生应税行为适用一般计税方法计税。

一般纳税人发生财政部和国家税务总局规定的特定应税行为，可以选择适用简易计税方法计税，但一经选择，36个月内不得变更。

第十九条 小规模纳税人发生应税行为适用简易计税方法计税。

第二十条 境外单位或者个人在境内发生应税行为，在境内未设有经营机构的，扣缴义务人按照下列公式计算应扣缴税额：

应扣缴税额＝购买方支付的价款÷（1＋税率）×税率

第二节 一般计税方法

第二十一条 一般计税方法的应纳税额，

是指当期销项税额抵扣当期进项税额后的余额。应纳税额计算公式：

应纳税额 = 当期销项税额 − 当期进项税额

当期销项税额小于当期进项税额不足抵扣时，其不足部分可以结转下期继续抵扣。

第二十二条 销项税额，是指纳税人发生应税行为按照销售额和增值税税率计算并收取的增值税额。销项税额计算公式：

销项税额 = 销售额 × 税率

第二十三条 一般计税方法的销售额不包括销项税额，纳税人采用销售额和销项税额合并定价方法的，按照下列公式计算销售额：

销售额 = 含税销售额 ÷（1 + 税率）

第二十四条 进项税额，是指纳税人购进货物、加工修理修配劳务、服务、无形资产或者不动产，支付或者负担的增值税额。

第二十五条 下列进项税额准予从销项税额中抵扣：

（一）从销售方取得的增值税专用发票（含税控机动车销售统一发票，下同）上注明的增值税额。

（二）从海关取得的海关进口增值税专用缴款书上注明的增值税额。

（三）购进农产品，除取得增值税专用发票或者海关进口增值税专用缴款书外，按照农产品收购发票或者销售发票上注明的农产品买价和 13% 的扣除率计算的进项税额。计算公式为：

进项税额 = 买价 × 扣除率

买价，是指纳税人购进农产品在农产品收购发票或者销售发票上注明的价款和按照规定缴纳的烟叶税。

购进农产品，按照《农产品增值税进项税额核定扣除试点实施办法》抵扣进项税额的除外。

（四）从境外单位或者个人购进服务、无形资产或者不动产，自税务机关或者扣缴义务人取得的解缴税款的完税凭证上注明的增值税额。

第二十六条 纳税人取得的增值税扣税凭证不符合法律、行政法规或者国家税务总局有关规定的，其进项税额不得从销项税额中抵扣。

增值税扣税凭证，是指增值税专用发票、海关进口增值税专用缴款书、农产品收购发票、农产品销售发票和完税凭证。

纳税人凭完税凭证抵扣进项税额的，应当具备书面合同、付款证明和境外单位的对账单或者发票。资料不全的，其进项税额不得从销项税额中抵扣。

第二十七条 下列项目的进项税额不得从销项税额中抵扣：

（一）用于简易计税方法计税项目、免征增值税项目、集体福利或者个人消费的购进货物、加工修理修配劳务、服务、无形资产和不动产。其中涉及的固定资产、无形资产、不动产，仅指专用于上述项目的固定资产、无形资产（不包括其他权益性无形资产）、不动产。

纳税人的交际应酬消费属于个人消费。

（二）非正常损失的购进货物，以及相关的加工修理修配劳务和交通运输服务。

（三）非正常损失的在产品、产成品所耗用的购进货物（不包括固定资产）、加工修理修配劳务和交通运输服务。

（四）非正常损失的不动产，以及该不动产所耗用的购进货物、设计服务和建筑服务。

（五）非正常损失的不动产在建工程所耗用的购进货物、设计服务和建筑服务。

纳税人新建、改建、扩建、修缮、装饰不动产，均属于不动产在建工程。

（六）购进的旅客运输服务、贷款服务、餐饮服务、居民日常服务和娱乐服务。

（七）财政部和国家税务总局规定的其他情形。

本条第（四）项、第（五）项所称货

物，是指构成不动产实体的材料和设备，包括建筑装饰材料和给排水、采暖、卫生、通风、照明、通讯、煤气、消防、中央空调、电梯、电气、智能化楼宇设备及配套设施。

第二十八条 不动产、无形资产的具体范围，按照本办法所附的《销售服务、无形资产或者不动产注释》执行。

固定资产，是指使用期限超过12个月的机器、机械、运输工具以及其他与生产经营有关的设备、工具、器具等有形动产。

非正常损失，是指因管理不善造成货物被盗、丢失、霉烂变质，以及因违反法律法规造成货物或者不动产被依法没收、销毁、拆除的情形。

第二十九条 适用一般计税方法的纳税人，兼营简易计税方法计税项目、免征增值税项目而无法划分不得抵扣的进项税额，按照下列公式计算不得抵扣的进项税额：

不得抵扣的进项税额＝当期无法划分的全部进项税额×（当期简易计税方法计税项目销售额＋免征增值税项目销售额）÷当期全部销售额

主管税务机关可以按照上述公式依据年度数据对不得抵扣的进项税额进行清算。

第三十条 已抵扣进项税额的购进货物(不含固定资产)、劳务、服务，发生本办法第二十七条规定情形（简易计税方法计税项目、免征增值税项目除外）的，应当将该进项税额从当期进项税额中扣减；无法确定该进项税额的，按照当期实际成本计算应扣减的进项税额。

第三十一条 已抵扣进项税额的固定资产、无形资产或者不动产，发生本办法第二十七条规定情形的，按照下列公式计算不得抵扣的进项税额：

不得抵扣的进项税额＝固定资产、无形资产或者不动产净值×适用税率

固定资产、无形资产或者不动产净值，是指纳税人根据财务会计制度计提折旧或摊销后的余额。

第三十二条 纳税人适用一般计税方法计税的，因销售折让、中止或者退回而退还给购买方的增值税额，应当从当期的销项税额中扣减；因销售折让、中止或者退回而收回的增值税额，应当从当期的进项税额中扣减。

第三十三条 有下列情形之一者，应当按照销售额和增值税税率计算应纳税额，不得抵扣进项税额，也不得使用增值税专用发票：

（一）一般纳税人会计核算不健全，或者不能够提供准确税务资料的。

（二）应当办理一般纳税人资格登记而未办理的。

第三节 简易计税方法

第三十四条 简易计税方法的应纳税额，是指按照销售额和增值税征收率计算的增值税额，不得抵扣进项税额。应纳税额计算公式：

应纳税额＝销售额×征收率

第三十五条 简易计税方法的销售额不包括其应纳税额，纳税人采用销售额和应纳税额合并定价方法的，按照下列公式计算销售额：

销售额＝含税销售额÷（1＋征收率）

第三十六条 纳税人适用简易计税方法计税的，因销售折让、中止或者退回而退还给购买方的销售额，应当从当期销售额中扣减。扣减当期销售额后仍有余额造成多缴的税款，可以从以后的应纳税额中扣减。

第四节 销售额的确定

第三十七条 销售额，是指纳税人发生应税行为取得的全部价款和价外费用，财政部和国家税务总局另有规定的除外。

价外费用，是指价外收取的各种性质的收费，但不包括以下项目：

（一）代为收取并符合本办法第十条规

定的政府性基金或者行政事业性收费。

（二）以委托方名义开具发票代委托方收取的款项。

第三十八条 销售额以人民币计算。

纳税人按照人民币以外的货币结算销售额的，应当折合成人民币计算，折合率可以选择销售额发生的当天或者当月1日的人民币汇率中间价。纳税人应当在事先确定采用何种折合率，确定后12个月内不得变更。

第三十九条 纳税人兼营销售货物、劳务、服务、无形资产或者不动产，适用不同税率或者征收率的，应当分别核算适用不同税率或者征收率的销售额；未分别核算的，从高适用税率。

第四十条 一项销售行为如果既涉及服务又涉及货物，为混合销售。从事货物的生产、批发或者零售的单位和个体工商户的混合销售行为，按照销售货物缴纳增值税；其他单位和个体工商户的混合销售行为，按照销售服务缴纳增值税。

本条所称从事货物的生产、批发或者零售的单位和个体工商户，包括以从事货物的生产、批发或者零售为主，并兼营销售服务的单位和个体工商户在内。

第四十一条 纳税人兼营免税、减税项目的，应当分别核算免税、减税项目的销售额；未分别核算的，不得免税、减税。

第四十二条 纳税人发生应税行为，开具增值税专用发票后，发生开票有误或者销售折让、中止、退回等情形的，应当按照国家税务总局的规定开具红字增值税专用发票；未按照规定开具红字增值税专用发票的，不得按照本办法第三十二条和第三十六条的规定扣减销项税额或者销售额。

第四十三条 纳税人发生应税行为，将价款和折扣额在同一张发票上分别注明的，以折扣后的价款为销售额；未在同一张发票上分别注明的，以价款为销售额，不得扣减折扣额。

第四十四条 纳税人发生应税行为价格明显偏低或者偏高且不具有合理商业目的的，或者发生本办法第十四条所列行为而无销售额的，主管税务机关有权按照下列顺序确定销售额：

（一）按照纳税人最近时期销售同类服务、无形资产或者不动产的平均价格确定。

（二）按照其他纳税人最近时期销售同类服务、无形资产或者不动产的平均价格确定。

（三）按照组成计税价格确定。组成计税价格的公式为：

组成计税价格 = 成本 ×（1 + 成本利润率）

成本利润率由国家税务总局确定。

不具有合理商业目的，是指以谋取税收利益为主要目的，通过人为安排，减少、免除、推迟缴纳增值税税款，或者增加退还增值税税款。

第五章 纳税义务、扣缴义务发生时间和纳税地点

第四十五条 增值税纳税义务、扣缴义务发生时间为：

（一）纳税人发生应税行为并收讫销售款项或者取得索取销售款项凭据的当天；先开具发票的，为开具发票的当天。

收讫销售款项，是指纳税人销售服务、无形资产、不动产过程中或者完成后收到款项。

取得索取销售款项凭据的当天，是指书面合同确定的付款日期；未签订书面合同或者书面合同未确定付款日期的，为服务、无形资产转让完成的当天或者不动产权属变更的当天。

（二）纳税人提供建筑服务、租赁服务采取预收款方式的，其纳税义务发生时间为收到预收款的当天。

（三）纳税人从事金融商品转让的，为金融商品所有权转移的当天。

（四）纳税人发生本办法第十四条规定情形的，其纳税义务发生时间为服务、无形资产转让完成的当天或者不动产权属变更的当天。

（五）增值税扣缴义务发生时间为纳税人增值税纳税义务发生的当天。

第四十六条 增值税纳税地点为：

（一）固定业户应当向其机构所在地或者居住地主管税务机关申报纳税。总机构和分支机构不在同一县（市）的，应当分别向各自所在地的主管税务机关申报纳税；经财政部和国家税务总局或者其授权的财政和税务机关批准，可以由总机构汇总向总机构所在地的主管税务机关申报纳税。

（二）非固定业户应当向应税行为发生地主管税务机关申报纳税；未申报纳税的，由其机构所在地或者居住地主管税务机关补征税款。

（三）其他个人提供建筑服务，销售或者租赁不动产，转让自然资源使用权，应向建筑服务发生地、不动产所在地、自然资源所在地主管税务机关申报纳税。

（四）扣缴义务人应当向其机构所在地或者居住地主管税务机关申报缴纳扣缴的税款。

第四十七条 增值税的纳税期限分别为1日、3日、5日、10日、15日、1个月或者1个季度。纳税人的具体纳税期限，由主管税务机关根据纳税人应纳税额的大小分别核定。以1个季度为纳税期限的规定适用于小规模纳税人、银行、财务公司、信托投资公司、信用社，以及财政部和国家税务总局规定的其他纳税人。不能按照固定期限纳税的，可以按次纳税。

纳税人以1个月或者1个季度为1个纳税期的，自期满之日起15日内申报纳税；以1日、3日、5日、10日或者15日为1个纳税期的，自期满之日起5日内预缴税款，于次月1日起15日内申报纳税并结清上月应纳税款。

扣缴义务人解缴税款的期限，按照前两款规定执行。

第六章 税收减免的处理

第四十八条 纳税人发生应税行为适用免税、减税规定的，可以放弃免税、减税，依照本办法的规定缴纳增值税。放弃免税、减税后，36个月内不得再申请免税、减税。

纳税人发生应税行为同时适用免税和零税率规定的，纳税人可以选择适用免税或者零税率。

第四十九条 个人发生应税行为的销售额未达到增值税起征点的，免征增值税；达到起征点的，全额计算缴纳增值税。

增值税起征点不适用于登记为一般纳税人的个体工商户。

第五十条 增值税起征点幅度如下：

（一）按期纳税的，为月销售额5000－20000元（含本数）。

（二）按次纳税的，为每次（日）销售额300－500元（含本数）。

起征点的调整由财政部和国家税务总局规定。省、自治区、直辖市财政厅（局）和国家税务局应当在规定的幅度内，根据实际情况确定本地区适用的起征点，并报财政部和国家税务总局备案。

对增值税小规模纳税人中月销售额未达到2万元的企业或非企业性单位，免征增值税。2017年12月31日前，对月销售额2万元（含本数）至3万元的增值税小规模纳税人，免征增值税。

第七章 征收管理

第五十一条 营业税改征的增值税，由国家税务局负责征收。纳税人销售取得的不动产和其他个人出租不动产的增值税，国家税务局暂委托地方税务局代为征收。

第五十二条 纳税人发生适用零税率的应税行为，应当按期向主管税务机关申报办理退（免）税，具体办法由财政部和国家税务总局制定。

第五十三条 纳税人发生应税行为，应当向索取增值税专用发票的购买方开具增值税专用发票，并在增值税专用发票上分别注明销售额和销项税额。

属于下列情形之一的，不得开具增值税专用发票：

（一）向消费者个人销售服务、无形资产或者不动产。

（二）适用免征增值税规定的应税行为。

第五十四条 小规模纳税人发生应税行为，购买方索取增值税专用发票的，可以向主管税务机关申请代开。

第五十五条 纳税人增值税的征收管理，按照本办法和《中华人民共和国税收征收管理法》及现行增值税征收管理有关规定执行。

附：

销售服务、无形资产、不动产注释

一、销售服务

销售服务，是指提供交通运输服务、邮政服务、电信服务、建筑服务、金融服务、现代服务、生活服务。

（一）交通运输服务。

交通运输服务，是指利用运输工具将货物或者旅客送达目的地，使其空间位置得到转移的业务活动。包括陆路运输服务、水路运输服务、航空运输服务和管道运输服务。

1. 陆路运输服务。

陆路运输服务，是指通过陆路（地上或者地下）运送货物或者旅客的运输业务活动，包括铁路运输服务和其他陆路运输服务。

（1）铁路运输服务，是指通过铁路运送货物或者旅客的运输业务活动。

（2）其他陆路运输服务，是指铁路运输以外的陆路运输业务活动。包括公路运输、缆车运输、索道运输、地铁运输、城市轻轨运输等。

出租车公司向使用本公司自有出租车的出租车司机收取的管理费用，按照陆路运输服务缴纳增值税。

2. 水路运输服务。

水路运输服务，是指通过江、河、湖、川等天然、人工水道或者海洋航道运送货物或者旅客的运输业务活动。

水路运输的程租、期租业务，属于水路运输服务。

程租业务，是指运输企业为租船人完成某一特定航次的运输任务并收取租赁费的业务。

期租业务，是指运输企业将配备有操作人员的船舶承租给他人使用一定期限，承租期内听候承租方调遣，不论是否经营，均按天向承租方收取租赁费，发生的固定费用均由船东负担的业务。

3. 航空运输服务。

航空运输服务，是指通过空中航线运送货物或者旅客的运输业务活动。

航空运输的湿租业务，属于航空运输服务。

湿租业务，是指航空运输企业将配备有机组人员的飞机承租给他人使用一定期限，承租期内听候承租方调遣，不论是否经营，均按一定标准向承租方收取租赁费，发生的固定费用均由承租方承担的业务。

航天运输服务，按照航空运输服务缴纳增值税。

航天运输服务，是指利用火箭等载体将卫星、空间探测器等空间飞行器发射到空间轨道的业务活动。

4. 管道运输服务。

管道运输服务，是指通过管道设施输送气体、液体、固体物质的运输业务活动。

无运输工具承运业务，按照交通运输服务缴纳增值税。

无运输工具承运业务，是指经营者以承运人身份与托运人签订运输服务合同，收取运费并承担承运人责任，然后委托实际承运人完成运输服务的经营活动。

（二）邮政服务。

邮政服务，是指中国邮政集团公司及其所属邮政企业提供邮件寄递、邮政汇兑和机要通信等邮政基本服务的业务活动。包括邮政普遍服务、邮政特殊服务和其他邮政服务。

1. 邮政普遍服务。

邮政普遍服务，是指函件、包裹等邮件寄递，以及邮票发行、报刊发行和邮政汇兑等业务活动。

函件，是指信函、印刷品、邮资封片卡、无名址函件和邮政小包等。

包裹，是指按照封装上的名址递送给特定个人或者单位的独立封装的物品，其重量不超过五十千克，任何一边的尺寸不超过一百五十厘米，长、宽、高合计不超过三百厘米。

2. 邮政特殊服务。

邮政特殊服务，是指义务兵平常信函、机要通信、盲人读物和革命烈士遗物的寄递等业务活动。

3. 其他邮政服务。

其他邮政服务，是指邮册等邮品销售、邮政代理等业务活动。

（三）电信服务。

电信服务，是指利用有线、无线的电磁系统或者光电系统等各种通信网络资源，提供语音通话服务，传送、发射、接收或者应用图像、短信等电子数据和信息的业务活动。包括基础电信服务和增值电信服务。

1. 基础电信服务。

基础电信服务，是指利用固网、移动网、卫星、互联网，提供语音通话服务的业务活动，以及出租或者出售带宽、波长等网络元素的业务活动。

2. 增值电信服务。

增值电信服务，是指利用固网、移动网、卫星、互联网、有线电视网络，提供短信和彩信服务、电子数据和信息的传输及应用服务、互联网接入服务等业务活动。

卫星电视信号落地转接服务，按照增值电信服务缴纳增值税。

（四）建筑服务。

建筑服务，是指各类建筑物、构筑物及其附属设施的建造、修缮、装饰，线路、管道、设备、设施等的安装以及其他工程作业的业务活动。包括工程服务、安装服务、修缮服务、装饰服务和其他建筑服务。

1. 工程服务。

工程服务，是指新建、改建各种建筑物、构筑物的工程作业，包括与建筑物相连的各种设备或者支柱、操作平台的安装或者装设工程作业，以及各种窑炉和金属结构工程作业。

2. 安装服务。

安装服务，是指生产设备、动力设备、起重设备、运输设备、传动设备、医疗实验设备以及其他各种设备、设施的装配、安置工程作业，包括与被安装设备相连的工作台、梯子、栏杆的装设工程作业，以及被安装设备的绝缘、防腐、保温、油漆等工程作业。

固定电话、有线电视、宽带、水、电、燃气、暖气等经营者向用户收取的安装费、初装费、开户费、扩容费以及类似收费，按照安装服务缴纳增值税。

3. 修缮服务。

修缮服务，是指对建筑物、构筑物进行修补、加固、养护、改善，使之恢复原来的使用价值或者延长其使用期限的工程作业。

4. 装饰服务。

装饰服务，是指对建筑物、构筑物进行修饰装修，使之美观或者具有特定用途的工程作业。

5. 其他建筑服务。

其他建筑服务，是指上列工程作业之外的各种工程作业服务，如钻井（打井）、拆除建筑物或者构筑物、平整土地、园林绿化、疏浚（不包括航道疏浚）、建筑物平移、搭脚手架、爆破、矿山穿孔、表面附着物（包括岩层、土层、沙层等）剥离和清理等工程作业。

（五）金融服务。

金融服务，是指经营金融保险的业务活动。包括贷款服务、直接收费金融服务、保险服务和金融商品转让。

1. 贷款服务。

贷款，是指将资金贷与他人使用而取得利息收入的业务活动。

各种占用、拆借资金取得的收入，包括金融商品持有期间（含到期）利息（保本收益、报酬、资金占用费、补偿金等）收入、信用卡透支利息收入、买入返售金融商品利息收入、融资融券收取的利息收入，以及融资性售后回租、押汇、罚息、票据贴现、转贷等业务取得的利息及利息性质的收入，按照贷款服务缴纳增值税。

融资性售后回租，是指承租方以融资为目的，将资产出售给从事融资性售后回租业务的企业后，从事融资性售后回租业务的企业将该资产出租给承租方的业务活动。

以货币资金投资收取的固定利润或者保底利润，按照贷款服务缴纳增值税。

2. 直接收费金融服务。

直接收费金融服务，是指为货币资金融通及其他金融业务提供相关服务并且收取费用的业务活动。包括提供货币兑换、账户管理、电子银行、信用卡、信用证、财务担保、资产管理、信托管理、基金管理、金融交易场所（平台）管理、资金结算、资金清算、金融支付等服务。

3. 保险服务。

保险服务，是指投保人根据合同约定，向保险人支付保险费，保险人对于合同约定的可能发生的事故因其发生所造成的财产损失承担赔偿保险金责任，或者当被保险人死亡、伤残、疾病或者达到合同约定的年龄、期限等条件时承担给付保险金责任的商业保险行为。包括人身保险服务和财产保险服务。

人身保险服务，是指以人的寿命和身体为保险标的的保险业务活动。

财产保险服务，是指以财产及其有关利益为保险标的的保险业务活动。

4. 金融商品转让。

金融商品转让，是指转让外汇、有价证券、非货物期货和其他金融商品所有权的业务活动。

其他金融商品转让包括基金、信托、理财产品等各类资产管理产品和各种金融衍生品的转让。

（六）现代服务。

现代服务，是指围绕制造业、文化产业、现代物流产业等提供技术性、知识性服务的业务活动。包括研发和技术服务、信息技术服务、文化创意服务、物流辅助服务、租赁服务、鉴证咨询服务、广播影视服务、商务辅助服务和其他现代服务。

1. 研发和技术服务。

研发和技术服务，包括研发服务、合同能源管理服务、工程勘察勘探服务、专业技术服务。

（1）研发服务，也称技术开发服务，是指就新技术、新产品、新工艺或者新材料及其系统进行研究与试验开发的业务活动。

（2）合同能源管理服务，是指节能服务公司与用能单位以契约形式约定节能目标，节能服务公司提供必要的服务，用能单位以节能效果支付节能服务公司投入及其合理报酬的业务活动。

(3) 工程勘察勘探服务，是指在采矿、工程施工前后，对地形、地质构造、地下资源蕴藏情况进行实地调查的业务活动。

(4) 专业技术服务，是指气象服务、地震服务、海洋服务、测绘服务、城市规划、环境与生态监测服务等专项技术服务。

2. 信息技术服务。

信息技术服务，是指利用计算机、通信网络等技术对信息进行生产、收集、处理、加工、存储、运输、检索和利用，并提供信息服务的业务活动。包括软件服务、电路设计及测试服务、信息系统服务、业务流程管理服务和信息系统增值服务。

(1) 软件服务，是指提供软件开发服务、软件维护服务、软件测试服务的业务活动。

(2) 电路设计及测试服务，是指提供集成电路和电子电路产品设计、测试及相关技术支持服务的业务活动。

(3) 信息系统服务，是指提供信息系统集成、网络管理、网站内容维护、桌面管理与维护、信息系统应用、基础信息技术管理平台整合、信息技术基础设施管理、数据中心、托管中心、信息安全服务、在线杀毒、虚拟主机等业务活动。包括网站对非自有的网络游戏提供的网络运营服务。

(4) 业务流程管理服务，是指依托信息技术提供的人力资源管理、财务经济管理、审计管理、税务管理、物流信息管理、经营信息管理和呼叫中心等服务的活动。

(5) 信息系统增值服务，是指利用信息系统资源为用户附加提供的信息技术服务。包括数据处理、分析和整合、数据库管理、数据备份、数据存储、容灾服务、电子商务平台等。

3. 文化创意服务。

文化创意服务，包括设计服务、知识产权服务、广告服务和会议展览服务。

(1) 设计服务，是指把计划、规划、设想通过文字、语言、图画、声音、视觉等形式传递出来的业务活动。包括工业设计、内部管理设计、业务运作设计、供应链设计、造型设计、服装设计、环境设计、平面设计、包装设计、动漫设计、网游设计、展示设计、网站设计、机械设计、工程设计、广告设计、创意策划、文印晒图等。

(2) 知识产权服务，是指处理知识产权事务的业务活动。包括对专利、商标、著作权、软件、集成电路布图设计的登记、鉴定、评估、认证、检索服务。

(3) 广告服务，是指利用图书、报纸、杂志、广播、电视、电影、幻灯、路牌、招贴、橱窗、霓虹灯、灯箱、互联网等各种形式为客户的商品、经营服务项目、文体节目或者通告、声明等委托事项进行宣传和提供相关服务的业务活动。包括广告代理和广告的发布、播映、宣传、展示等。

(4) 会议展览服务，是指为商品流通、促销、展示、经贸洽谈、民间交流、企业沟通、国际往来等举办或者组织安排的各类展览和会议的业务活动。

4. 物流辅助服务。

物流辅助服务，包括航空服务、港口码头服务、货运客运场站服务、打捞救助服务、装卸搬运服务、仓储服务和收派服务。

(1) 航空服务，包括航空地面服务和通用航空服务。

航空地面服务，是指航空公司、飞机场、民航管理局、航站等向在境内航行或者在境内机场停留的境内外飞机或者其他飞行器提供的导航等劳务性地面服务的业务活动。包括旅客安全检查服务、停机坪管理服务、机场候机厅管理服务、飞机清洗消毒服务、空中飞行管理服务、飞机起降服务、飞行通讯服务、地面信号服务、飞机安全服务、飞机跑道管理服务、空中交通管理服务等。

通用航空服务，是指为专业工作提供飞行服务的业务活动，包括航空摄影、航空培训、航空测量、航空勘探、航空护林、航空吊挂播洒、航空降雨、航空气象探测、航空海洋监测、航空科学实验等。

（2）港口码头服务，是指港务船舶调度服务、船舶通讯服务、航道管理服务、航道疏浚服务、灯塔管理服务、航标管理服务、船舶引航服务、理货服务、系解缆服务、停泊和移泊服务、海上船舶溢油清除服务、水上交通管理服务、船只专业清洗消毒检测服务和防止船只漏油服务等为船只提供服务的业务活动。

港口设施经营人收取的港口设施保安费按照港口码头服务缴纳增值税。

（3）货运客运场站服务，是指货运客运场站提供货物配载服务、运输组织服务、中转换乘服务、车辆调度服务、票务服务、货物打包整理、铁路线路使用服务、加挂铁路客车服务、铁路行包专列发送服务、铁路到达和中转服务、铁路车辆编解服务、车辆挂运服务、铁路接触网服务、铁路机车牵引服务等业务活动。

（4）打捞救助服务，是指提供船舶人员救助、船舶财产救助、水上救助和沉船沉物打捞服务的业务活动。

（5）装卸搬运服务，是指使用装卸搬运工具或者人力、畜力将货物在运输工具之间、装卸现场之间或者运输工具与装卸现场之间进行装卸和搬运的业务活动。

（6）仓储服务，是指利用仓库、货场或者其他场所代客贮放、保管货物的业务活动。

（7）收派服务，是指接受寄件人委托，在承诺的时限内完成函件和包裹的收件、分拣、派送服务的业务活动。

收件服务，是指从寄件人收取函件和包裹，并运送到服务提供方同城的集散中心的业务活动。

分拣服务，是指服务提供方在其集散中心对函件和包裹进行归类、分发的业务活动。

派送服务，是指服务提供方从其集散中心将函件和包裹送达同城的收件人的业务活动。

5. 租赁服务。

租赁服务，包括融资租赁服务和经营租赁服务。

（1）融资租赁服务，是指具有融资性质和所有权转移特点的租赁活动。即出租人根据承租人所要求的规格、型号、性能等条件购入有形动产或者不动产租赁给承租人，合同期内租赁物所有权属于出租人，承租人只拥有使用权，合同期满付清租金后，承租人有权按照残值购入租赁物，以拥有其所有权。不论出租人是否将租赁物销售给承租人，均属于融资租赁。

按照标的物的不同，融资租赁服务可分为有形动产融资租赁服务和不动产融资租赁服务。

融资性售后回租不按照本税目缴纳增值税。

（2）经营租赁服务，是指在约定时间内将有形动产或者不动产转让他人使用且租赁物所有权不变更的业务活动。

按照标的物的不同，经营租赁服务可分为有形动产经营租赁服务和不动产经营租赁服务。

将建筑物、构筑物等不动产或者飞机、车辆等有形动产的广告位出租给其他单位或者个人用于发布广告，按照经营租赁服务缴纳增值税。

车辆停放服务、道路通行服务（包括过路费、过桥费、过闸费等）等按照不动产经营租赁服务缴纳增值税。

水路运输的光租业务、航空运输的干租业务，属于经营租赁。

光租业务，是指运输企业将船舶在约定的时间内出租给他人使用，不配备操作人员，不承担运输过程中发生的各项费用，只收取固定租赁费的业务活动。

干租业务，是指航空运输企业将飞机在约定的时间内出租给他人使用，不配备机组人员，不承担运输过程中发生的各项费用，只收取固定租赁费的业务活动。

6. 鉴证咨询服务。

鉴证咨询服务，包括认证服务、鉴证服务和咨询服务。

（1）认证服务，是指具有专业资质的单位利用检测、检验、计量等技术，证明产品、服务、管理体系符合相关技术规范、相关技术规范的强制性要求或者标准的业务活动。

（2）鉴证服务，是指具有专业资质的单位受托对相关事项进行鉴证，发表具有证明力的意见的业务活动。包括会计鉴证、税务鉴证、法律鉴证、职业技能鉴定、工程造价鉴证、工程监理、资产评估、环境评估、房地产土地评估、建筑图纸审核、医疗事故鉴定等。

（3）咨询服务，是指提供信息、建议、策划、顾问等服务的活动。包括金融、软件、技术、财务、税收、法律、内部管理、业务运作、流程管理、健康等方面的咨询。

翻译服务和市场调查服务按照咨询服务缴纳增值税。

7. 广播影视服务。

广播影视服务，包括广播影视节目（作品）的制作服务、发行服务和播映（含放映，下同）服务。

（1）广播影视节目（作品）制作服务，是指进行专题（特别节目）、专栏、综艺、体育、动画片、广播剧、电视剧、电影等广播影视节目和作品制作的服务。具体包括与广播影视节目和作品相关的策划、采编、拍摄、录音、音视频文字图片素材制作、场景布置、后期的剪辑、翻译（编译）、字幕制作、片头、片尾、片花制作、特效制作、影片修复、编目和确权等业务活动。

（2）广播影视节目（作品）发行服务，是指以分账、买断、委托等方式，向影院、电台、电视台、网站等单位和个人发行广播影视节目（作品）以及转让体育赛事等活动的报道及播映权的业务活动。

（3）广播影视节目（作品）播映服务，是指在影院、剧院、录像厅及其他场所播映广播影视节目（作品），以及通过电台、电视台、卫星通信、互联网、有线电视等无线或者有线装置播映广播影视节目（作品）的业务活动。

8. 商务辅助服务。

商务辅助服务，包括企业管理服务、经纪代理服务、人力资源服务、安全保护服务。

（1）企业管理服务，是指提供总部管理、投资与资产管理、市场管理、物业管理、日常综合管理等服务的业务活动。

（2）经纪代理服务，是指各类经纪、中介、代理服务。包括金融代理、知识产权代理、货物运输代理、代理报关、法律代理、房地产中介、职业中介、婚姻中介、代理记账、拍卖等。

货物运输代理服务，是指接受货物收货人、发货人、船舶所有人、船舶承租人或者船舶经营人的委托，以委托人的名义，为委托人办理货物运输、装卸、仓储和船舶进出港口、引航、靠泊等相关手续的业务活动。

代理报关服务，是指接受进出口货物的收、发货人委托，代为办理报关手续的业务活动。

（3）人力资源服务，是指提供公共就业、劳务派遣、人才委托招聘、劳动力外包等服务的业务活动。

（4）安全保护服务，是指提供保护人身安全和财产安全，维护社会治安等的业务活动。包括场所住宅保安、特种保安、安全系统监控以及其他安保服务。

9. 其他现代服务。

其他现代服务，是指除研发和技术服务、信息技术服务、文化创意服务、物流辅助服务、租赁服务、鉴证咨询服务、广播影视服务和商务辅助服务以外的现代服务。

（七）生活服务。

生活服务，是指为满足城乡居民日常生活需求提供的各类服务活动。包括文化体育服务、教育医疗服务、旅游娱乐服务、餐饮住宿服务、居民日常服务和其他生活服务。

1. 文化体育服务。

文化体育服务，包括文化服务和体育服务。

（1）文化服务，是指为满足社会公众文化生活需求提供的各种服务。包括：文艺创作、文艺表演、文化比赛，图书馆的图书和资料借阅，档案馆的档案管理，文物及非物质遗产保护，组织举办宗教活动、科技活动、文化活动，提供游览场所。

（2）体育服务，是指组织举办体育比赛、体育表演、体育活动，以及提供体育训练、体育指导、体育管理的业务活动。

2. 教育医疗服务。

教育医疗服务，包括教育服务和医疗服务。

（1）教育服务，是指提供学历教育服务、非学历教育服务、教育辅助服务的业务活动。

学历教育服务，是指根据教育行政管理部门确定或者认可的招生和教学计划组织教学，并颁发相应学历证书的业务活动。包括初等教育、初级中等教育、高级中等教育、高等教育等。

非学历教育服务，包括学前教育、各类培训、演讲、讲座、报告会等。

教育辅助服务，包括教育测评、考试、招生等服务。

（2）医疗服务，是指提供医学检查、诊断、治疗、康复、预防、保健、接生、计划生育、防疫服务等方面的服务，以及与这些服务有关的提供药品、医用材料器具、救护车、病房住宿和伙食的业务。

3. 旅游娱乐服务。

旅游娱乐服务，包括旅游服务和娱乐服务。

（1）旅游服务，是指根据旅游者的要求，组织安排交通、游览、住宿、餐饮、购物、文娱、商务等服务的业务活动。

（2）娱乐服务，是指为娱乐活动同时提供场所和服务的业务。

具体包括：歌厅、舞厅、夜总会、酒吧、台球、高尔夫球、保龄球、游艺（包括射击、狩猎、跑马、游戏机、蹦极、卡丁车、热气球、动力伞、射箭、飞镖）。

4. 餐饮住宿服务。

餐饮住宿服务，包括餐饮服务和住宿服务。

（1）餐饮服务，是指通过同时提供饮食和饮食场所的方式为消费者提供饮食消费服务的业务活动。

（2）住宿服务，是指提供住宿场所及配套服务等的活动。包括宾馆、旅馆、旅社、度假村和其他经营性住宿场所提供的住宿服务。

5. 居民日常服务。

居民日常服务，是指主要为满足居民个人及其家庭日常生活需求提供的服务，包括市容市政管理、家政、婚庆、养老、殡葬、照料和护理、救助救济、美容美发、按摩、桑拿、氧吧、足疗、沐浴、洗染、摄影扩印等服务。

6. 其他生活服务。

其他生活服务，是指除文化体育服务、教育医疗服务、旅游娱乐服务、餐饮住宿服务和居民日常服务之外的生活服务。

二、销售无形资产

销售无形资产，是指转让无形资产所有权或者使用权的业务活动。无形资产，是指不具实物形态，但能带来经济利益的资产，包括技术、商标、著作权、商誉、自然资源使用权和其他权益性无形资产。

技术，包括专利技术和非专利技术。

自然资源使用权，包括土地使用权、海域使用权、探矿权、采矿权、取水权和其他自然资源使用权。

其他权益性无形资产，包括基础设施资产经营权、公共事业特许权、配额、经营权（包括特许经营权、连锁经营权、其他经营权）、经销权、分销权、代理权、会员权、席位权、网络游戏虚拟道具、域名、名称权、肖像权、冠名权、转会费等。

三、销售不动产

销售不动产，是指转让不动产所有权的业务活动。不动产，是指不能移动或者移动后会引起性质、形状改变的财产，包括建筑物、构筑物等。

建筑物，包括住宅、商业营业用房、办公楼等可供居住、工作或者进行其他活动的建造物。

构筑物，包括道路、桥梁、隧道、水坝等建造物。

转让建筑物有限产权或者永久使用权的，转让在建的建筑物或者构筑物所有权的，以及在转让建筑物或者构筑物时一并转让其所占土地的使用权的，按照销售不动产缴纳增值税。

附件2：

营业税改征增值税试点有关事项的规定

一、营改增试点期间，试点纳税人［指按照《营业税改征增值税试点实施办法》（以下称《试点实施办法》）缴纳增值税的纳税人］有关政策

（一）兼营。

试点纳税人销售货物、加工修理修配劳务、服务、无形资产或者不动产适用不同税率或者征收率的，应当分别核算适用不同税率或者征收率的销售额，未分别核算销售额的，按照以下方法适用税率或者征收率：

1. 兼有不同税率的销售货物、加工修理修配劳务、服务、无形资产或者不动产，从高适用税率。

2. 兼有不同征收率的销售货物、加工修理修配劳务、服务、无形资产或者不动产，从高适用征收率。

3. 兼有不同税率和征收率的销售货物、加工修理修配劳务、服务、无形资产或者不动产，从高适用税率。

（二）不征收增值税项目。

1. 根据国家指令无偿提供的铁路运输服务、航空运输服务，属于《试点实施办法》第十四条规定的用于公益事业的服务。

2. 存款利息。

3. 被保险人获得的保险赔付。

4. 房地产主管部门或者其指定机构、公积金管理中心、开发企业以及物业管理单位代收的住宅专项维修资金。

5. 在资产重组过程中，通过合并、分立、出售、置换等方式，将全部或者部分实物资产以及与其相关联的债权、负债和劳动力一并转让给其他单位和个人，其中涉及的不动产、土地使用权转让行为。

（三）销售额。

1. 贷款服务，以提供贷款服务取得的全部利息及利息性质的收入为销售额。

2. 直接收费金融服务，以提供直接收费金融服务收取的手续费、佣金、酬金、管理费、服务费、经手费、开户费、过户费、结算费、转托管费等各类费用为销售额。

3. 金融商品转让，按照卖出价扣除买入价后的余额为销售额。

转让金融商品出现的正负差，按盈亏

相抵后的余额为销售额。若相抵后出现负差，可结转下一纳税期与下期转让金融商品销售额相抵，但年末时仍出现负差的，不得转入下一个会计年度。

金融商品的买入价，可以选择按照加权平均法或者移动加权平均法进行核算，选择后36个月内不得变更。

金融商品转让，不得开具增值税专用发票。

4. 经纪代理服务，以取得的全部价款和价外费用，扣除向委托方收取并代为支付的政府性基金或者行政事业性收费后的余额为销售额。向委托方收取的政府性基金或者行政事业性收费，不得开具增值税专用发票。

5. 融资租赁和融资性售后回租业务。

（1）经人民银行、银监会或者商务部批准从事融资租赁业务的试点纳税人，提供融资租赁服务，以取得的全部价款和价外费用，扣除支付的借款利息（包括外汇借款和人民币借款利息）、发行债券利息和车辆购置税后的余额为销售额。

（2）经人民银行、银监会或者商务部批准从事融资租赁业务的试点纳税人，提供融资性售后回租服务，以取得的全部价款和价外费用（不含本金），扣除对外支付的借款利息（包括外汇借款和人民币借款利息）、发行债券利息后的余额作为销售额。

（3）试点纳税人根据2016年4月30日前签订的有形动产融资性售后回租合同，在合同到期前提供的有形动产融资性售后回租服务，可继续按照有形动产融资租赁服务缴纳增值税。

继续按照有形动产融资租赁服务缴纳增值税的试点纳税人，经人民银行、银监会或者商务部批准从事融资租赁业务的，根据2016年4月30日前签订的有形动产融资性售后回租合同，在合同到期前提供的有形动产融资性售后回租服务，可以选择以下方法之一计算销售额：

①以向承租方收取的全部价款和价外费用，扣除向承租方收取的价款本金，以及对外支付的借款利息（包括外汇借款和人民币借款利息）、发行债券利息后的余额为销售额。

纳税人提供有形动产融资性售后回租服务，计算当期销售额时可以扣除的价款本金，为书面合同约定的当期应当收取的本金。无书面合同或者书面合同没有约定的，为当期实际收取的本金。

试点纳税人提供有形动产融资性售后回租服务，向承租方收取的有形动产价款本金，不得开具增值税专用发票，可以开具普通发票。

②以向承租方收取的全部价款和价外费用，扣除支付的借款利息（包括外汇借款和人民币借款利息）、发行债券利息后的余额为销售额。

（4）经商务部授权的省级商务主管部门和国家经济技术开发区批准的从事融资租赁业务的试点纳税人，2016年5月1日后实收资本达到1.7亿元的，从达到标准的当月起按照上述第（1）、（2）、（3）点规定执行；2016年5月1日后实收资本未达到1.7亿元但注册资本达到1.7亿元的，在2016年7月31日前仍可按照上述第（1）、（2）、（3）点规定执行，2016年8月1日后开展的融资租赁业务和融资性售后回租业务不得按照上述第（1）、（2）、（3）点规定执行。

6. 航空运输企业的销售额，不包括代收的机场建设费和代售其他航空运输企业客票而代收转付的价款。

7. 试点纳税人中的一般纳税人（以下称一般纳税人）提供客运场站服务，以其取得的全部价款和价外费用，扣除支付给承运方运费后的余额为销售额。

8. 试点纳税人提供旅游服务，可以选择以取得的全部价款和价外费用，扣除向旅游服务购买方收取并支付给其他单位或者个人的住宿费、餐饮费、交通费、签证费、门票费和支付给其他接团旅游企业的旅游费用后的余额为销售额。

选择上述办法计算销售额的试点纳税人，向旅游服务购买方收取并支付的上述费用，不得开具增值税专用发票，可以开具普通发票。

9. 试点纳税人提供建筑服务适用简易计税方法的，以取得的全部价款和价外费用扣除支付的分包款后的余额为销售额。

10. 房地产开发企业中的一般纳税人销售其开发的房地产项目（选择简易计税方法的房地产老项目除外），以取得的全部价款和价外费用，扣除受让土地时向政府部门支付的土地价款后的余额为销售额。

房地产老项目，是指《建筑工程施工许可证》注明的合同开工日期在2016年4月30日前的房地产项目。

11. 试点纳税人按照上述4－10款的规定从全部价款和价外费用中扣除的价款，应当取得符合法律、行政法规和国家税务总局规定的有效凭证。否则，不得扣除。

上述凭证是指：

（1）支付给境内单位或者个人的款项，以发票为合法有效凭证。

（2）支付给境外单位或者个人的款项，以该单位或者个人的签收单据为合法有效凭证，税务机关对签收单据有疑议的，可以要求其提供境外公证机构的确认证明。

（3）缴纳的税款，以完税凭证为合法有效凭证。

（4）扣除的政府性基金、行政事业性收费或者向政府支付的土地价款，以省级以上（含省级）财政部门监（印）制的财政票据为合法有效凭证。

（5）国家税务总局规定的其他凭证。

纳税人取得的上述凭证属于增值税扣税凭证的，其进项税额不得从销项税额中抵扣。

（四）进项税额。

1. 适用一般计税方法的试点纳税人，2016年5月1日后取得并在会计制度上按固定资产核算的不动产或者2016年5月1日后取得的不动产在建工程，其进项税额应自取得之日起分2年从销项税额中抵扣，第一年抵扣比例为60%，第二年抵扣比例为40%。

取得不动产，包括以直接购买、接受捐赠、接受投资入股、自建以及抵债等各种形式取得不动产，不包括房地产开发企业自行开发的房地产项目。

融资租入的不动产以及在施工现场修建的临时建筑物、构筑物，其进项税额不适用上述分2年抵扣的规定。

2. 按照《试点实施办法》第二十七条第（一）项规定不得抵扣且未抵扣进项税额的固定资产、无形资产、不动产，发生用途改变，用于允许抵扣进项税额的应税项目，可在用途改变的次月按照下列公式计算可以抵扣的进项税额：

可以抵扣的进项税额＝固定资产、无形资产、不动产净值/（1＋适用税率）×适用税率

上述可以抵扣的进项税额应取得合法有效的增值税扣税凭证。

3. 纳税人接受贷款服务向贷款方支付的与该笔贷款直接相关的投融资顾问费、手续费、咨询费等费用，其进项税额不得从销项税额中抵扣。

（五）一般纳税人资格登记。

《试点实施办法》第三条规定的年应税销售额标准为500万元（含本数）。财政部和国家税务总局可以对年应税销售额标准进行调整。

（六）计税方法。

一般纳税人发生下列应税行为可以选择适用简易计税方法计税：

1. 公共交通运输服务。

公共交通运输服务，包括轮客渡、公

交客运、地铁、城市轻轨、出租车、长途客运、班车。

班车，是指按固定路线、固定时间运营并在固定站点停靠的运送旅客的陆路运输服务。

2. 经认定的动漫企业为开发动漫产品提供的动漫脚本编撰、形象设计、背景设计、动画设计、分镜、动画制作、摄制、描线、上色、画面合成、配音、配乐、音效合成、剪辑、字幕制作、压缩转码（面向网络动漫、手机动漫格式适配）服务，以及在境内转让动漫版权（包括动漫品牌、形象或者内容的授权及再授权）。

动漫企业和自主开发、生产动漫产品的认定标准和认定程序，按照《文化部 财政部 国家税务总局关于印发〈动漫企业认定管理办法（试行）〉的通知》（文市发〔2008〕51 号）的规定执行。

3. 电影放映服务、仓储服务、装卸搬运服务、收派服务和文化体育服务。

4. 以纳入营改增试点之日前取得的有形动产为标的物提供的经营租赁服务。

5. 在纳入营改增试点之日前签订的尚未执行完毕的有形动产租赁合同。

（七）建筑服务。

1. 一般纳税人以清包工方式提供的建筑服务，可以选择适用简易计税方法计税。

以清包工方式提供建筑服务，是指施工方不采购建筑工程所需的材料或只采购辅助材料，并收取人工费、管理费或者其他费用的建筑服务。

2. 一般纳税人为甲供工程提供的建筑服务，可以选择适用简易计税方法计税。

甲供工程，是指全部或部分设备、材料、动力由工程发包方自行采购的建筑工程。

3. 一般纳税人为建筑工程老项目提供的建筑服务，可以选择适用简易计税方法计税。

建筑工程老项目，是指：

（1）《建筑工程施工许可证》注明的合同开工日期在 2016 年 4 月 30 日前的建筑工程项目；

（2）未取得《建筑工程施工许可证》的，建筑工程承包合同注明的开工日期在 2016 年 4 月 30 日前的建筑工程项目。

4. 一般纳税人跨县（市）提供建筑服务，适用一般计税方法计税的，应以取得的全部价款和价外费用为销售额计算应纳税额。纳税人应以取得的全部价款和价外费用扣除支付的分包款后的余额，按照 2% 的预征率在建筑服务发生地预缴税款后，向机构所在地主管税务机关进行纳税申报。

5. 一般纳税人跨县（市）提供建筑服务，选择适用简易计税方法计税的，应以取得的全部价款和价外费用扣除支付的分包款后的余额为销售额，按照 3% 的征收率计算应纳税额。纳税人应按照上述计税方法在建筑服务发生地预缴税款后，向机构所在地主管税务机关进行纳税申报。

6. 试点纳税人中的小规模纳税人（以下称小规模纳税人）跨县（市）提供建筑服务，应以取得的全部价款和价外费用扣除支付的分包款后的余额为销售额，按照 3% 的征收率计算应纳税额。纳税人应按照上述计税方法在建筑服务发生地预缴税款后，向机构所在地主管税务机关进行纳税申报。

（八）销售不动产。

1. 一般纳税人销售其 2016 年 4 月 30 日前取得（不含自建）的不动产，可以选择适用简易计税方法，以取得的全部价款和价外费用减去该项不动产购置原价或者取得不动产时的作价后的余额为销售额，按照 5% 的征收率计算应纳税额。纳税人应按照上述计税方法在不动产所在地预缴税款后，向机构所在地主管税务机关进行纳税申报。

2. 一般纳税人销售其 2016 年 4 月 30 日前自建的不动产，可以选择适用简易计税方法，以取得的全部价款和价外费用为销售额，按照5%的征收率计算应纳税额。纳税人应按照上述计税方法在不动产所在地预缴税款后，向机构所在地主管税务机关进行纳税申报。

3. 一般纳税人销售其2016年5月1日后取得（不含自建）的不动产，应适用一般计税方法，以取得的全部价款和价外费用为销售额计算应纳税额。纳税人应以取得的全部价款和价外费用减去该项不动产购置原价或者取得不动产时的作价后的余额，按照5%的预征率在不动产所在地预缴税款后，向机构所在地主管税务机关进行纳税申报。

4. 一般纳税人销售其2016年5月1日后自建的不动产，应适用一般计税方法，以取得的全部价款和价外费用为销售额计算应纳税额。纳税人应以取得的全部价款和价外费用，按照5%的预征率在不动产所在地预缴税款后，向机构所在地主管税务机关进行纳税申报。

5. 小规模纳税人销售其取得（不含自建）的不动产（不含个体工商户销售购买的住房和其他个人销售不动产），应以取得的全部价款和价外费用减去该项不动产购置原价或者取得不动产时的作价后的余额为销售额，按照5%的征收率计算应纳税额。纳税人应按照上述计税方法在不动产所在地预缴税款后，向机构所在地主管税务机关进行纳税申报。

6. 小规模纳税人销售其自建的不动产，应以取得的全部价款和价外费用为销售额，按照5%的征收率计算应纳税额。纳税人应按照上述计税方法在不动产所在地预缴税款后，向机构所在地主管税务机关进行纳税申报。

7. 房地产开发企业中的一般纳税人，销售自行开发的房地产老项目，可以选择适用简易计税方法按照5%的征收率计税。

8. 房地产开发企业中的小规模纳税人，销售自行开发的房地产项目，按照5%的征收率计税。

9. 房地产开发企业采取预收款方式销售所开发的房地产项目，在收到预收款时按照3%的预征率预缴增值税。

10. 个体工商户销售购买的住房，应按照附件3《营业税改征增值税试点过渡政策的规定》第五条的规定征免增值税。纳税人应按照上述计税方法在不动产所在地预缴税款后，向机构所在地主管税务机关进行纳税申报。

11. 其他个人销售其取得（不含自建）的不动产（不含其购买的住房），应以取得的全部价款和价外费用减去该项不动产购置原价或者取得不动产时的作价后的余额为销售额，按照5%的征收率计算应纳税额。

（九）不动产经营租赁服务。

1. 一般纳税人出租其2016年4月30日前取得的不动产，可以选择适用简易计税方法，按照5%的征收率计算应纳税额。纳税人出租其2016年4月30日前取得的与机构所在地不在同一县（市）的不动产，应按照上述计税方法在不动产所在地预缴税款后，向机构所在地主管税务机关进行纳税申报。

2. 公路经营企业中的一般纳税人收取试点前开工的高速公路的车辆通行费，可以选择适用简易计税方法，减按3%的征收率计算应纳税额。

试点前开工的高速公路，是指相关施工许可证明上注明的合同开工日期在2016年4月30日前的高速公路。

3. 一般纳税人出租其2016年5月1日后取得的、与机构所在地不在同一县（市）的不动产，应按照3%的预征率在不动产所在地预缴税款后，向机构所在地主管税务机关进行纳税申报。

4. 小规模纳税人出租其取得的不动产（不含个人出租住房），应按照5%的征收率计算应纳税额。纳税人出租与机构所在地不在同一县（市）的不动产，应按照上述计税方法在不动产所在地预缴税款后，向机构所在地主管税务机关进行纳税申报。

5. 其他个人出租其取得的不动产（不含住房），应按照5%的征收率计算应纳税额。

6. 个人出租住房，应按照5%的征收率减按1.5%计算应纳税额。

（十）一般纳税人销售其2016年4月30日前取得的不动产（不含自建），适用一般计税方法计税的，以取得的全部价款和价外费用为销售额计算应纳税额。上述纳税人应以取得的全部价款和价外费用减去该项不动产购置原价或者取得不动产时的作价后的余额，按照5%的预征率在不动产所在地预缴税款后，向机构所在地主管税务机关进行纳税申报。

房地产开发企业中的一般纳税人销售房地产老项目，以及一般纳税人出租其2016年4月30日前取得的不动产，适用一般计税方法计税的，应以取得的全部价款和价外费用，按照3%的预征率在不动产所在地预缴税款后，向机构所在地主管税务机关进行纳税申报。

一般纳税人销售其2016年4月30日前自建的不动产，适用一般计税方法计税的，应以取得的全部价款和价外费用为销售额计算应纳税额。纳税人应以取得的全部价款和价外费用，按照5%的预征率在不动产所在地预缴税款后，向机构所在地主管税务机关进行纳税申报。

（十一）一般纳税人跨省（自治区、直辖市或者计划单列市）提供建筑服务或者销售、出租取得的与机构所在地不在同一省（自治区、直辖市或者计划单列市）的不动产，在机构所在地申报纳税时，计算的应纳税额小于已预缴税额，且差额较大的，由国家税务总局通知建筑服务发生地或者不动产所在地省级税务机关，在一定时期内暂停预缴增值税。

（十二）纳税地点。

属于固定业户的试点纳税人，总分支机构不在同一县（市），但在同一省（自治区、直辖市、计划单列市）范围内的，经省（自治区、直辖市、计划单列市）财政厅（局）和国家税务局批准，可以由总机构汇总向总机构所在地的主管税务机关申报缴纳增值税。

（十三）试点前发生的业务。

1. 试点纳税人发生应税行为，按照国家有关营业税政策规定差额征收营业税的，因取得的全部价款和价外费用不足以抵减允许扣除项目金额，截至纳入营改增试点之日前尚未扣除的部分，不得在计算试点纳税人增值税应税销售额时抵减，应当向原主管地税机关申请退还营业税。

2. 试点纳税人发生应税行为，在纳入营改增试点之日前已缴纳营业税，营改增试点后因发生退款减除营业额的，应当向原主管地税机关申请退还已缴纳的营业税。

3. 试点纳税人纳入营改增试点之日前发生的应税行为，因税收检查等原因需要补缴税款的，应按照营业税政策规定补缴营业税。

（十四）销售使用过的固定资产。

一般纳税人销售自己使用过的、纳入营改增试点之日前取得的固定资产，按照现行旧货相关增值税政策执行。

使用过的固定资产，是指纳税人符合《试点实施办法》第二十八条规定并根据财务会计制度已经计提折旧的固定资产。

（十五）扣缴增值税适用税率。

境内的购买方为境外单位和个人扣缴增值税的，按照适用税率扣缴增值税。

（十六）其他规定。

1. 试点纳税人销售电信服务时，附带赠送用户识别卡、电信终端等货物或者电信服务的，应将其取得的全部价款和价外费用进行分别核算，按各自适用的税率计算缴纳增值税。

2. 油气田企业发生应税行为，适用《试点实施办法》规定的增值税税率，不再适用《财政部 国家税务总局关于印发〈油气田企业增值税管理办法〉的通知》（财税〔2009〕8号）规定的增值税税率。

二、原增值税纳税人［指按照《中华人民共和国增值税暂行条例》（国务院令第538号）（以下称《增值税暂行条例》）缴纳增值税的纳税人］有关政策

（一）进项税额。

1. 原增值税一般纳税人购进服务、无形资产或者不动产，取得的增值税专用发票上注明的增值税额为进项税额，准予从销项税额中抵扣。

2016年5月1日后取得并在会计制度上按固定资产核算的不动产或者2016年5月1日后取得的不动产在建工程，其进项税额应自取得之日起分2年从销项税额中抵扣，第一年抵扣比例为60%，第二年抵扣比例为40%。

融资租入的不动产以及在施工现场修建的临时建筑物、构筑物，其进项税额不适用上述分2年抵扣的规定。

2. 原增值税一般纳税人自用的应征消费税的摩托车、汽车、游艇，其进项税额准予从销项税额中抵扣。

3. 原增值税一般纳税人从境外单位或者个人购进服务、无形资产或者不动产，按照规定应当扣缴增值税的，准予从销项税额中抵扣的进项税额为自税务机关或者扣缴义务人取得的解缴税款的完税凭证上注明的增值税额。

纳税人凭完税凭证抵扣进项税额的，应当具备书面合同、付款证明和境外单位的对账单或者发票。资料不全的，其进项税额不得从销项税额中抵扣。

4. 原增值税一般纳税人购进货物或者接受加工修理修配劳务，用于《销售服务、无形资产或者不动产注释》所列项目的，不属于《增值税暂行条例》第十条所称的用于非增值税应税项目，其进项税额准予从销项税额中抵扣。

5. 原增值税一般纳税人购进服务、无形资产或者不动产，下列项目的进项税额不得从销项税额中抵扣：

（1）用于简易计税方法计税项目、免征增值税项目、集体福利或者个人消费。其中涉及的无形资产、不动产，仅指专用于上述项目的无形资产（不包括其他权益性无形资产）、不动产。

纳税人的交际应酬消费属于个人消费。

（2）非正常损失的购进货物，以及相关的加工修理修配劳务和交通运输服务。

（3）非正常损失的在产品、产成品所耗用的购进货物（不包括固定资产）、加工修理修配劳务和交通运输服务。

（4）非正常损失的不动产，以及该不动产所耗用的购进货物、设计服务和建筑服务。

（5）非正常损失的不动产在建工程所耗用的购进货物、设计服务和建筑服务。

纳税人新建、改建、扩建、修缮、装饰不动产，均属于不动产在建工程。

（6）购进的旅客运输服务、贷款服务、餐饮服务、居民日常服务和娱乐服务。

（7）财政部和国家税务总局规定的其他情形。

上述第（4）点、第（5）点所称货物，是指构成不动产实体的材料和设备，包括建筑装饰材料和给排水、采暖、卫生、通风、照明、通讯、煤气、消防、中央空调、电梯、电气、智能化楼宇设备及配套设施。

纳税人接受贷款服务向贷款方支付的与该笔贷款直接相关的投融资顾问费、手续费、咨询费等费用，其进项税额不得从销项税额中抵扣。

6. 已抵扣进项税额的购进服务，发生上述第5点规定情形（简易计税方法计税项目、免征增值税项目除外）的，应当将该进项税额从当期进项税额中扣减；无法确定该进项税额的，按照当期实际成本计算应扣减的进项税额。

7. 已抵扣进项税额的无形资产或者不动产，发生上述第5点规定情形的，按照下列公式计算不得抵扣的进项税额：

不得抵扣的进项税额 = 无形资产或者不动产净值 × 适用税率

8. 按照《增值税暂行条例》第十条和上述第5点不得抵扣且未抵扣进项税额的固定资产、无形资产、不动产，发生用途改变，用于允许抵扣进项税额的应税项目，可在用途改变的次月按照下列公式，依据合法有效的增值税扣税凭证，计算可以抵扣的进项税额：

可以抵扣的进项税额 = 固定资产、无形资产、不动产净值/（1 + 适用税率）× 适用税率

上述可以抵扣的进项税额应取得合法有效的增值税扣税凭证。

（二）增值税期末留抵税额。

原增值税一般纳税人兼有销售服务、无形资产或者不动产的，截止到纳入营改增试点之日前的增值税期末留抵税额，不得从销售服务、无形资产或者不动产的销项税额中抵扣。

（三）混合销售。

一项销售行为如果既涉及货物又涉及服务，为混合销售。从事货物的生产、批发或者零售的单位和个体工商户的混合销售行为，按照销售货物缴纳增值税；其他单位和个体工商户的混合销售行为，按照销售服务缴纳增值税。

上述从事货物的生产、批发或者零售的单位和个体工商户，包括以从事货物的生产、批发或者零售为主，并兼营销售服务的单位和个体工商户在内。

附件3：

营业税改征增值税试点过渡政策的规定

一、下列项目免征增值税

（一）托儿所、幼儿园提供的保育和教育服务。

托儿所、幼儿园，是指经县级以上教育部门审批成立、取得办园许可证的实施0－6岁学前教育的机构，包括公办和民办的托儿所、幼儿园、学前班、幼儿班、保育院、幼儿院。

公办托儿所、幼儿园免征增值税的收入是指，在省级财政部门和价格主管部门审核报省级人民政府批准的收费标准以内收取的教育费、保育费。

民办托儿所、幼儿园免征增值税的收入是指，在报经当地有关部门备案并公示的收费标准范围内收取的教育费、保育费。

超过规定收费标准的收费，以开办实验班、特色班和兴趣班等为由另外收取的费用以及与幼儿入园挂钩的赞助费、支教费等超过规定范围的收入，不属于免征增值税的收入。

（二）养老机构提供的养老服务。

养老机构，是指依照民政部《养老机构设立许可办法》（民政部令第48号）设立并依法办理登记的为老年人提供集中居住和照料服务的各类养老机构；养老服务，是指上述养老机构按照民政部《养老机构管理办法》（民政部令第49号）的规定，为收住的老年人提供的生活照料、康复护理、精神慰藉、文化娱乐等服务。

（三）残疾人福利机构提供的育养服务。

（四）婚姻介绍服务。

（五）殡葬服务。

殡葬服务，是指收费标准由各地价格主管部门会同有关部门核定，或者实行政

府指导价管理的遗体接运（含抬尸、消毒）、遗体整容、遗体防腐、存放（含冷藏）、火化、骨灰寄存、吊唁设施设备租赁、墓穴租赁及管理等服务。

（六）残疾人员本人为社会提供的服务。

（七）医疗机构提供的医疗服务。

医疗机构，是指依据国务院《医疗机构管理条例》（国务院令第149号）及卫生部《医疗机构管理条例实施细则》（卫生部令第35号）的规定，经登记取得《医疗机构执业许可证》的机构，以及军队、武警部队各级各类医疗机构。具体包括：各级各类医院、门诊部（所）、社区卫生服务中心（站）、急救中心（站）、城乡卫生院、护理院（所）、疗养院、临床检验中心，各级政府及有关部门举办的卫生防疫站（疾病控制中心）、各种专科疾病防治站（所），各级政府举办的妇幼保健所（站）、母婴保健机构、儿童保健机构，各级政府举办的血站（血液中心）等医疗机构。

本项所称的医疗服务，是指医疗机构按照不高于地（市）级以上价格主管部门会同同级卫生主管部门及其他相关部门制定的医疗服务指导价格（包括政府指导价和按照规定由供需双方协商确定的价格等）为就医者提供《全国医疗服务价格项目规范》所列的各项服务，以及医疗机构向社会提供卫生防疫、卫生检疫的服务。

（八）从事学历教育的学校提供的教育服务。

1. 学历教育，是指受教育者经过国家教育考试或者国家规定的其他入学方式，进入国家有关部门批准的学校或者其他教育机构学习，获得国家承认的学历证书的教育形式。具体包括：

（1）初等教育：普通小学、成人小学。

（2）初级中等教育：普通初中、职业初中、成人初中。

（3）高级中等教育：普通高中、成人高中和中等职业学校（包括普通中专、成人中专、职业高中、技工学校）。

（4）高等教育：普通本专科、成人本专科、网络本专科、研究生（博士、硕士）、高等教育自学考试、高等教育学历文凭考试。

2. 从事学历教育的学校，是指：

（1）普通学校。

（2）经地（市）级以上人民政府或者同级政府的教育行政部门批准成立、国家承认其学员学历的各类学校。

（3）经省级及以上人力资源社会保障行政部门批准成立的技工学校、高级技工学校。

（4）经省级人民政府批准成立的技师学院。

上述学校均包括符合规定的从事学历教育的民办学校，但不包括职业培训机构等国家不承认学历的教育机构。

3. 提供教育服务免征增值税的收入，是指对列入规定招生计划的在籍学生提供学历教育服务取得的收入，具体包括：经有关部门审核批准并按规定标准收取的学费、住宿费、课本费、作业本费、考试报名费收入，以及学校食堂提供餐饮服务取得的伙食费收入。除此之外的收入，包括学校以各种名义收取的赞助费、择校费等，不属于免征增值税的范围。

学校食堂是指依照《学校食堂与学生集体用餐卫生管理规定》（教育部令第14号）管理的学校食堂。

（九）学生勤工俭学提供的服务。

（十）农业机耕、排灌、病虫害防治、植物保护、农牧保险以及相关技术培训业务，家禽、牲畜、水生动物的配种和疾病防治。

农业机耕，是指在农业、林业、牧业中使用农业机械进行耕作（包括耕耘、种植、收割、脱粒、植物保护等）的业务；排灌，是指对农田进行灌溉或者排涝的业务；病虫害防治，是指从事农业、林业、牧业、渔业的病虫害测报和防治的业务；农牧保险，是指为种植业、养殖业、牧业种植和饲养的动植物提供保险的业务；相关技术培训，是指与农业机耕、排灌、病虫害防治、植物保护业务相关以及为使农民获得农牧保险知识的技术培训业务；家禽、牲畜、水生动物的配种和疾病防治业务的免税范围，包括与该项服务有关的提供药品和医疗用具的业务。

（十一）纪念馆、博物馆、文化馆、文物保护单位管理机构、美术馆、展览馆、书画院、图书馆在自己的场所提供文化体育服务取得的第一道门票收入。

（十二）寺院、宫观、清真寺和教堂举办文化、宗教活动的门票收入。

（十三）行政单位之外的其他单位收取的符合《试点实施办法》第十条规定条件的政府性基金和行政事业性收费。

（十四）个人转让著作权。

（十五）个人销售自建自用住房。

（十六）2018 年 12 月 31 日前，公共租赁住房经营管理单位出租公共租赁住房。

公共租赁住房，是指纳入省、自治区、直辖市、计划单列市人民政府及新疆生产建设兵团批准的公共租赁住房发展规划和年度计划，并按照《关于加快发展公共租赁住房的指导意见》（建保〔2010〕87 号）和市、县人民政府制定的具体管理办法进行管理的公共租赁住房。

（十七）台湾航运公司、航空公司从事海峡两岸海上直航、空中直航业务在大陆取得的运输收入。

台湾航运公司，是指取得交通运输部颁发的“台湾海峡两岸间水路运输许可证”且该许可证上注明的公司登记地址在台湾的航运公司。

台湾航空公司，是指取得中国民用航空局颁发的“经营许可”或者依据《海峡两岸空运协议》和《海峡两岸空运补充协议》规定，批准经营两岸旅客、货物和邮件不定期（包机）运输业务，且公司登记地址在台湾的航空公司。

（十八）纳税人提供的直接或者间接国际货物运输代理服务。

1. 纳税人提供直接或者间接国际货物运输代理服务，向委托方收取的全部国际货物运输代理服务收入，以及向国际运输承运人支付的国际运输费用，必须通过金融机构进行结算。

2. 纳税人为大陆与香港、澳门、台湾地区之间的货物运输提供的货物运输代理服务参照国际货物运输代理服务有关规定执行。

3. 委托方索取发票的，纳税人应当就国际货物运输代理服务收入向委托方全额开具增值税普通发票。

（十九）以下利息收入。

1. 2016 年 12 月 31 日前，金融机构农户小额贷款。

小额贷款，是指单笔且该农户贷款余额总额在 10 万元（含本数）以下的贷款。

所称农户，是指长期（一年以上）居住在乡镇（不包括城关镇）行政管理区域内的住户，还包括长期居住在城关镇所辖行政村范围内的住户和户口不在本地而在本地居住一年以上的住户，国有农场的职工和农村个体工商户。位于乡镇（不包括城关镇）行政管理区域内和在城关镇所辖行政村范围内的国有经济的机关、团体、学校、企事业单位的集体户；有本地户口，但举家外出谋生一年以上的住户，无论是否保留承包耕地均不属于农户。农户以户为统计单位，既可以从事农业生产经营，也可以从事非农业生产经营。农户贷款的判定应以贷款发放时的承贷主体是否属于农户为准。

2. 国家助学贷款。

3. 国债、地方政府债。

4. 人民银行对金融机构的贷款。

5. 住房公积金管理中心用住房公积金在指定的委托银行发放的个人住房贷款。

6. 外汇管理部门在从事国家外汇储备经营过程中，委托金融机构发放的外汇贷款。

7. 统借统还业务中，企业集团或企业集团中的核心企业以及集团所属财务公司按不高于支付给金融机构的借款利率水平或者支付的债券票面利率水平，向企业集团或者集团内下属单位收取的利息。

统借方向资金使用单位收取的利息，高于支付给金融机构借款利率水平或者支付的债券票面利率水平的，应全额缴纳增值税。

统借统还业务，是指：

（1）企业集团或者企业集团中的核心企业向金融机构借款或对外发行债券取得资金后，将所借资金分拨给下属单位（包括独立核算单位和非独立核算单位，下同），并向下属单位收取用于归还金融机构或债券购买方本息的业务。

（2）企业集团向金融机构借款或对外发行债券取得资金后，由集团所属财务公司与企业集团或者集团内下属单位签订统借统还贷款合同并分拨资金，并向企业集团或者集团内下属单位收取本息，再转付企业集团，由企业集团统一归还金融机构或债券购买方的业务。

（二十）被撤销金融机构以货物、不动产、无形资产、有价证券、票据等财产清偿债务。

被撤销金融机构，是指经人民银行、银监会依法决定撤销的金融机构及其分设于各地的分支机构，包括被依法撤销的商业银行、信托投资公司、财务公司、金融租赁公司、城市信用社和农村信用社。除另有规定外，被撤销金融机构所属、附属企业，不享受被撤销金融机构增值税免税政策。

（二十一）保险公司开办的一年期以上人身保险产品取得的保费收入。

一年期以上人身保险，是指保险期间为一年期及以上返还本利的人寿保险、养老年金保险，以及保险期间为一年期及以上的健康保险。

人寿保险，是指以人的寿命为保险标的的人身保险。

养老年金保险，是指以养老保障为目的，以被保险人生存为给付保险金条件，并按约定的时间间隔分期给付生存保险金的人身保险。养老年金保险应当同时符合下列条件：

1. 保险合同约定给付被保险人生存保险金的年龄不得小于国家规定的退休年龄。

2. 相邻两次给付的时间间隔不得超过一年。

健康保险，是指以因健康原因导致损失为给付保险金条件的人身保险。

上述免税政策实行备案管理，具体备案管理办法按照《国家税务总局关于一年期以上返还性人身保险产品免征营业税审批事项取消后有关管理问题的公告》（国家税务总局公告2015年第65号）规定执行。

（二十二）下列金融商品转让收入。

1. 合格境外投资者（QFII）委托境内公司在我国从事证券买卖业务。

2. 香港市场投资者（包括单位和个人）通过沪港通买卖上海证券交易所上市A股。

3. 对香港市场投资者（包括单位和个人）通过基金互认买卖内地基金份额。

4. 证券投资基金（封闭式证券投资基金，开放式证券投资基金）管理人运用基金买卖股票、债券。

5. 个人从事金融商品转让业务。

（二十三）金融同业往来利息收入。

1. 金融机构与人民银行所发生的资金往来业务。包括人民银行对一般金融机构贷款，以及人民银行对商业银行的再贴现等。

2. 银行联行往来业务。同一银行系统内部不同行、处之间所发生的资金账务往来业务。

3. 金融机构间的资金往来业务。是指经人民银行批准，进入全国银行间同业拆借市场的金融机构之间通过全国统一的同业拆借网络进行的短期（一年以下含一年）无担保资金融通行为。

4. 金融机构之间开展的转贴现业务。

金融机构是指：

（1）银行：包括人民银行、商业银行、政策性银行。

（2）信用合作社。

（3）证券公司。

（4）金融租赁公司、证券基金管理公司、财务公司、信托投资公司、证券投资基金。

（5）保险公司。

（6）其他经人民银行、银监会、证监会、保监会批准成立且经营金融保险业务的机构等。

（二十四）同时符合下列条件的担保机构从事中小企业信用担保或者再担保业务取得的收入（不含信用评级、咨询、培训等收入）3 年内免征增值税：

1. 已取得监管部门颁发的融资性担保机构经营许可证，依法登记注册为企（事）业法人，实收资本超过 2000 万元。

2. 平均年担保费率不超过银行同期贷款基准利率的 50%。平均年担保费率 = 本期担保费收入/（期初担保余额 + 本期增加担保金额）×100%。

3. 连续合规经营 2 年以上，资金主要用于担保业务，具备健全的内部管理制度和为中小企业提供担保的能力，经营业绩突出，对受保项目具有完善的事前评估、事中监控、事后追偿与处置机制。

4. 为中小企业提供的累计担保贷款额占其两年累计担保业务总额的 80% 以上，单笔 800 万元以下的累计担保贷款额占其累计担保业务总额的 50% 以上。

5. 对单个受保企业提供的担保余额不超过担保机构实收资本总额的 10%，且平均单笔担保责任金额最多不超过 3000 万元人民币。

6. 担保责任余额不低于其净资产的 3 倍，且代偿率不超过 2%。

担保机构免征增值税政策采取备案管理方式。符合条件的担保机构应到所在地县（市）主管税务机关和同级中小企业管理部门履行规定的备案手续，自完成备案手续之日起，享受 3 年免征增值税政策。3 年免税期满后，符合条件的担保机构可按规定程序办理备案手续后继续享受该项政策。

具体备案管理办法按照《国家税务总局关于中小企业信用担保机构免征营业税审批事项取消后有关管理问题的公告》（国家税务总局公告 2015 年第 69 号）规定执行，其中税务机关的备案管理部门统一调整为县（市）级国家税务局。

（二十五）国家商品储备管理单位及其直属企业承担商品储备任务，从中央或者地方财政取得的利息补贴收入和价差补贴收入。

国家商品储备管理单位及其直属企业，是指接受中央、省、市、县四级政府有关部门（或者政府指定管理单位）委托，承担粮（含大豆）、食用油、棉、糖、肉、盐（限于中央储备）等 6 种商品储备任务，并按有关政策收储、销售上述 6 种储备商品，取得财政储备经费或者补贴的商品储备企业。利息补贴收入，是指国家商品储备管理单位及其直属企业因承担上述商品储备任务从金融机构贷款，并从中央或者地方财政取得的用于偿还贷款利息的贴息收入。价差补贴收入包括销售价差补贴收入和轮换价差补贴收入。销售价差补贴收入，是指按照中央或者地方政府指令销售上述储备商品时，由于销售收入小于库存成本而从中央或者地方财政获得的全额价差补贴收入。轮换价差补贴收入，是指根据要求定期组织政策性储备商品轮换而从中央或者地方财政取得的商品新陈品质价差补贴收入。

（二十六）纳税人提供技术转让、技术开发和与之相关的技术咨询、技术服务。

1. 技术转让、技术开发，是指《销售服务、无形资产、不动产注释》中“转让技术”、“研发服务”范围内的业务活动。技术咨询，是指就特定技术项目提供可行性论证、技术预测、专题技术调查、分析评价报告等业务活动。

与技术转让、技术开发相关的技术咨询、技术服务，是指转让方（或者受托方）根据技术转让或者开发合同的规定，为帮助受让方（或者委托方）掌握所转让（或者委托开发）的技术，而提供的技术咨询、技术服务业务，且这部分技术咨询、技术服务的价款与技术转让或者技术开发的价款应当在同一张发票上开具。

2. 备案程序。试点纳税人申请免征增值税时，须持技术转让、开发的书面合同，到纳税人所在地省级科技主管部门进行认定，并持有关的书面合同和科技主管部门审核意见证明文件报主管税务机关备查。

（二十七）同时符合下列条件的合同能源管理服务：

1. 节能服务公司实施合同能源管理项目相关技术，应当符合国家质量监督检验检疫总局和国家标准化管理委员会发布的《合同能源管理技术通则》（GB/T24915－2010）规定的技术要求。

2. 节能服务公司与用能企业签订节能效益分享型合同，其合同格式和内容，符合《中华人民共和国合同法》和《合同能源管理技术通则》（GB/T24915－2010）等规定。

（二十八）2017年12月31日前，科普单位的门票收入，以及县级及以上党政部门和科协开展科普活动的门票收入。

科普单位，是指科技馆、自然博物馆，对公众开放的天文馆（站、台）、气象台（站）、地震台（站），以及高等院校、科研机构对公众开放的科普基地。

科普活动，是指利用各种传媒以浅显的、让公众易于理解、接受和参与的方式，向普通大众介绍自然科学和社会科学知识，推广科学技术的应用，倡导科学方法，传播科学思想，弘扬科学精神的活动。

（二十九）政府举办的从事学历教育的高等、中等和初等学校（不含下属单位），举办进修班、培训班取得的全部归该学校所有的收入。

全部归该学校所有，是指举办进修班、培训班取得的全部收入进入该学校统一账户，并纳入预算全额上缴财政专户管理，同时由该学校对有关票据进行统一管理和开具。

举办进修班、培训班取得的收入进入该学校下属部门自行开设账户的，不予免征增值税。

（三十）政府举办的职业学校设立的主要为在校学生提供实习场所、并由学校出资自办、由学校负责经营管理、经营收入归学校所有的企业，从事《销售服务、无形资产或者不动产注释》中“现代服务”（不含融资租赁服务、广告服务和其他现代服务）、“生活服务”（不含文化体育服务、其他生活服务和桑拿、氧吧）业务活动取得的收入。

（三十一）家政服务企业由员工制家政服务员提供家政服务取得的收入。

家政服务企业，是指在企业营业执照的规定经营范围中包括家政服务内容的企业。

员工制家政服务员，是指同时符合下列3个条件的家政服务员：

1. 依法与家政服务企业签订半年及半年以上的劳动合同或者服务协议，且在该企业实际上岗工作。

2. 家政服务企业为其按月足额缴纳了企业所在地人民政府根据国家政策规定的基本养老保险、基本医疗保险、工伤保险、失业保险等社会保险。对已享受新型农村养老保险和新型农村合作医疗等社会保险或者下岗职工原单位继续为其缴纳社会保险的家政服务员，如果本人书面提出不再缴纳企业所在地人民政府根据国家政策规定的相应的社会保险，并出具其所在乡镇或者原单位开具的已缴纳相关保险的证明，可视同家政服务企业已为其按月足额缴纳了相应的社会保险。

3. 家政服务企业通过金融机构向其实际支付不低于企业所在地适用的经省级人民政府批准的最低工资标准的工资。

（三十二）福利彩票、体育彩票的发行收入。

（三十三）军队空余房产租赁收入。

（三十四）为了配合国家住房制度改革，企业、行政事业单位按房改成本价、标准价出售住房取得的收入。

（三十五）将土地使用权转让给农业生产者用于农业生产。

（三十六）涉及家庭财产分割的个人无偿转让不动产、土地使用权。

家庭财产分割，包括下列情形：离婚财产分割；无偿赠与配偶、父母、子女、祖父母、外祖父母、孙子女、外孙子女、兄弟姐妹；无偿赠与对其承担直接抚养或者赡养义务的抚养人或者赡养人；房屋产权所有人死亡，法定继承人、遗嘱继承人或者受遗赠人依法取得房屋产权。

（三十七）土地所有者出让土地使用权和土地使用者将土地使用权归还给土地所有者。

（三十八）县级以上地方人民政府或自然资源行政主管部门出让、转让或收回自然资源使用权（不含土地使用权）。

（三十九）随军家属就业。

1. 为安置随军家属就业而新开办的企业，自领取税务登记证之日起，其提供的应税服务 3 年内免征增值税。

享受税收优惠政策的企业，随军家属必须占企业总人数的 60%（含）以上，并有军（含）以上政治和后勤机关出具的证明。

2. 从事个体经营的随军家属，自办理税务登记事项之日起，其提供的应税服务 3 年内免征增值税。

随军家属必须有师以上政治机关出具的可以表明其身份的证明。

按照上述规定，每一名随军家属可以享受一次免税政策。

（四十）军队转业干部就业。

1. 从事个体经营的军队转业干部，自领取税务登记证之日起，其提供的应税服务 3 年内免征增值税。

2. 为安置自主择业的军队转业干部就业而新开办的企业，凡安置自主择业的军队转业干部占企业总人数 60%（含）以上的，自领取税务登记证之日起，其提供的应税服务 3 年内免征增值税。

享受上述优惠政策的自主择业的军队转业干部必须持有师以上部队颁发的转业证件。

二、增值税即征即退

（一）一般纳税人提供管道运输服务，对其增值税实际税负超过 3% 的部分实行增值税即征即退政策。

（二）经人民银行、银监会或者商务部批准从事融资租赁业务的试点纳税人中的一般纳税人，提供有形动产融资租赁服务和有形动产融资性售后回租服务，对其增值税实际税负超过 3% 的部分实行增值税即征即退政策。商务部授权的省级商务主管部门和国家经济技术开发区批准的从事融资租赁业务和融资性售后回租业务的试点纳税人中的一般纳税人，2016 年 5 月 1 日后实收资本达到 1.7 亿元的，从达到标准的当月起按照上述规定执行；2016 年 5 月 1 日后实收资本未达到 1.7 亿元但注册资本达到 1.7 亿元的，在 2016 年 7 月 31 日前仍可按照上述规定执行，2016 年 8 月 1 日后开展的有形动产融资租赁业务和有形动产融资性售后回租业务不得按照上述规定执行。

（三）本规定所称增值税实际税负，是指纳税人当期提供应税服务实际缴纳的增值税额占纳税人当期提供应税服务取得的全部价款和价外费用的比例。

三、扣减增值税规定

（一）退役士兵创业就业。

1. 对自主就业退役士兵从事个体经营的，在 3 年内按每户每年 8000 元为限额依次扣减其当年实际应缴纳的增值税、城市维护建设税、教育费附加、地方教育附加和个人所得税。限额标准最高可上浮 20%，各省、自治区、直辖市人民政府可根据本地区实际情况在此幅度内确定具体限额标准，并报财政部和国家税务总局备案。

纳税人年度应缴纳税款小于上述扣减限额的，以其实际缴纳的税款为限；大于上述扣减限额的，应以上述扣减限额为限。纳税人的实际经营期不足一年的，应当以实际月份换算其减免税限额。换算公式为：减免税限额 = 年度减免税限额 ÷ 12 × 实际经营月数。

纳税人在享受税收优惠政策的当月，持《中国人民解放军义务兵退出现役证》或《中国人民解放军士官退出现役证》以及税务机关要求的相关材料向主管税务机关备案。

2. 对商贸企业、服务型企业、劳动就业服务企业中的加工型企业和街道社区具有加工性质的小型企业实体，在新增加的岗位中，当年新招用自主就业退役士兵，与其签订 1 年以上期限劳动合同并依法缴纳社会保险费的，在 3 年内按实际招用人数予以定额依次扣减增值税、城市维护建设税、教育费附加、地方教育附加和企业所得税优惠。定额标准为每人每年 4000 元，最高可上浮 50%，各省、自治区、直辖市人民政府可根据本地区实际情况在此幅度内确定具体定额标准，并报财政部和国家税务总局备案。

本条所称服务型企业是指从事《销售服务、无形资产、不动产注释》中“不动产租赁服务”、“商务辅助服务”（不含货物运输代理和代理报关服务）、“生活服务”（不含文化体育服务）范围内业务活动的企业以及按照《民办非企业单位登记管理暂行条例》（国务院令第 251 号）登记成立的民办非企业单位。

纳税人按企业招用人数和签订的劳动合同时间核定企业减免税总额，在核定减免税总额内每月依次扣减增值税、城市维护建设税、教育费附加和地方教育附加。纳税人实际应缴纳的增值税、城市维护建设税、教育费附加和地方教育附加小于核定减免税总额的，以实际应缴纳的增值税、城市维护建设税、教育费附加和地方教育附加为限；实际应缴纳的增值税、城市维护建设税、教育费附加和地方教育附加大于核定减免税总额的，以核定减免税总额为限。

纳税年度终了，如果企业实际减免的增值税、城市维护建设税、教育费附加和地方教育附加小于核定的减免税总额，企业在企业所得税汇算清缴时扣减企业所得税。当年扣减不足的，不再结转以后年度扣减。

计算公式为：企业减免税总额 = ∑每名自主就业退役士兵本年度在本企业工作月份 ÷ 12 × 定额标准。

企业自招用自主就业退役士兵的次月起享受税收优惠政策，并于享受税收优惠政策的当月，持下列材料向主管税务机关备案：

（1）新招用自主就业退役士兵的《中

国人民解放军义务兵退出现役证》或《中国人民解放军士官退出现役证》。

（2）企业与新招用自主就业退役士兵签订的劳动合同（副本），企业为职工缴纳的社会保险费记录。

（3）自主就业退役士兵本年度在企业工作时间表。

（4）主管税务机关要求的其他相关材料。

3. 上述所称自主就业退役士兵是指依照《退役士兵安置条例》（国务院、中央军委令第608号）的规定退出现役并按自主就业方式安置的退役士兵。

4. 上述税收优惠政策的执行期限为2016年5月1日至2016年12月31日，纳税人在2016年12月31日未享受满3年的，可继续享受至3年期满为止。

按照《财政部 国家税务总局 民政部关于调整完善扶持自主就业退役士兵创业就业有关税收政策的通知》（财税〔2014〕42号）规定享受营业税优惠政策的纳税人，自2016年5月1日起按照上述规定享受增值税优惠政策，在2016年12月31日未享受满3年的，可继续享受至3年期满为止。

《财政部 国家税务总局关于将铁路运输和邮政业纳入营业税改征增值税试点的通知》（财税〔2013〕106号）附件3第一条第（十二）项城镇退役士兵就业免征增值税政策，自2014年7月1日起停止执行。在2014年6月30日未享受满3年的，可继续享受至3年期满为止。

（二）重点群体创业就业。

1. 对持《就业创业证》（注明“自主创业税收政策”或“毕业年度内自主创业税收政策”）或2015年1月27日前取得的《就业失业登记证》（注明“自主创业税收政策”或附着《高校毕业生自主创业证》）的人员从事个体经营的，在3年内按每户每年8000元为限额依次扣减其当年实际应缴纳的增值税、城市维护建设税、教育费附加、地方教育附加和个人所得税。限额标准最高可上浮20%，各省、自治区、直辖市人民政府可根据本地区实际情况在此幅度内确定具体限额标准，并报财政部和国家税务总局备案。

纳税人年度应缴纳税款小于上述扣减限额的，以其实际缴纳的税款为限；大于上述扣减限额的，应以上述扣减限额为限。

上述人员是指：

（1）在人力资源社会保障部门公共就业服务机构登记失业半年以上的人员。

（2）零就业家庭、享受城市居民最低生活保障家庭劳动年龄内的登记失业人员。

（3）毕业年度内高校毕业生。高校毕业生是指实施高等学历教育的普通高等学校、成人高等学校毕业的学生；毕业年度是指毕业所在自然年，即1月1日至12月31日。

2. 对商贸企业、服务型企业、劳动就业服务企业中的加工型企业和街道社区具有加工性质的小型企业实体，在新增加的岗位中，当年新招用在人力资源社会保障部门公共就业服务机构登记失业半年以上且持《就业创业证》或2015年1月27日前取得的《就业失业登记证》（注明“企业吸纳税收政策”）人员，与其签订1年以上期限劳动合同并依法缴纳社会保险费的，在3年内按实际招用人数予以定额依次扣减增值税、城市维护建设税、教育费附加、地方教育附加和企业所得税优惠。定额标准为每人每年4000元，最高可上浮30%，各省、自治区、直辖市人民政府可根据本地区实际情况在此幅度内确定具体定额标准，并报财政部和国家税务总局备案。

按上述标准计算的税收扣减额应在企业当年实际应缴纳的增值税、城市维护建设税、教育费附加、地方教育附加和企业所得税税额中扣减，当年扣减不足的，不得结转下年使用。

本条所称服务型企业是指从事《销售

服务、无形资产、不动产注释》中“不动产租赁服务”、“商务辅助服务”（不含货物运输代理和代理报关服务）、“生活服务”（不含文化体育服务）范围内业务活动的企业以及按照《民办非企业单位登记管理暂行条例》（国务院令第251号）登记成立的民办非企业单位。

3. 享受上述优惠政策的人员按以下规定申领《就业创业证》：

（1）按照《就业服务与就业管理规定》（劳动和社会保障部令第28号）第六十三条的规定，在法定劳动年龄内，有劳动能力，有就业要求，处于无业状态的城镇常住人员，在公共就业服务机构进行失业登记，申领《就业创业证》。其中，农村进城务工人员和其他非本地户籍人员在常住地稳定就业满6个月的，失业后可以在常住地登记。

（2）零就业家庭凭社区出具的证明，城镇低保家庭凭低保证明，在公共就业服务机构登记失业，申领《就业创业证》。

（3）毕业年度内高校毕业生在校期间凭学生证向公共就业服务机构按规定申领《就业创业证》，或委托所在高校就业指导中心向公共就业服务机构按规定代为其申领《就业创业证》；毕业年度内高校毕业生离校后直接向公共就业服务机构按规定申领《就业创业证》。

（4）上述人员申领相关凭证后，由就业和创业地人力资源社会保障部门对人员范围、就业失业状态、已享受政策情况进行核实，在《就业创业证》上注明“自主创业税收政策”、“毕业年度内自主创业税收政策”或“企业吸纳税收政策”字样，同时符合自主创业和企业吸纳税收政策条件的，可同时加注；主管税务机关在《就业创业证》上加盖戳记，注明减免税所属时间。

4. 上述税收优惠政策的执行期限为2016年5月1日至2016年12月31日，纳税人在2016年12月31日未享受满3年的，可继续享受至3年期满为止。

按照《财政部 国家税务总局 人力资源社会保障部关于继续实施支持和促进重点群体创业就业有关税收政策的通知》（财税〔2014〕39号）规定享受营业税优惠政策的纳税人，自2016年5月1日起按照上述规定享受增值税优惠政策，在2016年12月31日未享受满3年的，可继续享受至3年期满为止。

《财政部 国家税务总局关于将铁路运输和邮政业纳入营业税改征增值税试点的通知》（财税〔2013〕106号）附件3第一条第（十三）项失业人员就业增值税优惠政策，自2014年1月1日起停止执行。在2013年12月31日未享受满3年的，可继续享受至3年期满为止。

四、金融企业发放贷款后，自结息日起90天内发生的应收未收利息按现行规定缴纳增值税，自结息日起90天后发生的应收未收利息暂不缴纳增值税，待实际收到利息时按规定缴纳增值税。

上述所称金融企业，是指银行（包括国有、集体、股份制、合资、外资银行以及其他所有制形式的银行）、城市信用社、农村信用社、信托投资公司、财务公司。

五、个人将购买不足2年的住房对外销售的，按照5%的征收率全额缴纳增值税；个人将购买2年以上（含2年）的住房对外销售的，免征增值税。上述政策适用于北京市、上海市、广州市和深圳市之外的地区。

个人将购买不足2年的住房对外销售的，按照5%的征收率全额缴纳增值税；个人将购买2年以上（含2年）的非普通住房对外销售的，以销售收入减去购买住房价款后的差额按照5%的征收率缴纳增值税；个人将购买2年以上（含2年）的普通住房对外销售的，免征增值税。上述政策仅适用于北京市、上海市、广州市和深圳市。

办理免税的具体程序、购买房屋的时间、开具发票、非购买形式取得住房行为及其他相关税收管理规定，按照《国务院办公厅转发建设部等部门关于做好稳定住房价格工作意见的通知》（国办发〔2005〕26号）、《国家税务总局 财政部 建设部关于加强房地产税收管理的通知》（国税发〔2005〕89号）和《国家税务总局关于房地产税收政策执行中几个具体问题的通知》（国税发〔2005〕172号）的有关规定执行。

六、上述增值税优惠政策除已规定期限的项目和第五条政策外，其他均在营改增试点期间执行。如果试点纳税人在纳入营改增试点之日前已经按照有关政策规定享受了营业税税收优惠，在剩余税收优惠政策期限内，按照本规定享受有关增值税优惠。

附件4：

跨境应税行为适用增值税零税率和免税政策的规定

一、中华人民共和国境内（以下称境内）的单位和个人销售的下列服务和无形资产，适用增值税零税率：

（一）国际运输服务。

国际运输服务，是指：

1. 在境内载运旅客或者货物出境。

2. 在境外载运旅客或者货物入境。

3. 在境外载运旅客或者货物。

（二）航天运输服务。

（三）向境外单位提供的完全在境外消费的下列服务：

1. 研发服务。

2. 合同能源管理服务。

3. 设计服务。

4. 广播影视节目（作品）的制作和发行服务。

5. 软件服务。

6. 电路设计及测试服务。

7. 信息系统服务。

8. 业务流程管理服务。

9. 离岸服务外包业务。

离岸服务外包业务，包括信息技术外包服务（ITO）、技术性业务流程外包服务（BPO）、技术性知识流程外包服务（KPO），其所涉及的具体业务活动，按照《销售服务、无形资产、不动产注释》相对应的业务活动执行。

10. 转让技术。

（四）财政部和国家税务总局规定的其他服务。

二、境内的单位和个人销售的下列服务和无形资产免征增值税，但财政部和国家税务总局规定适用增值税零税率的除外：

（一）下列服务：

1. 工程项目在境外的建筑服务。

2. 工程项目在境外的工程监理服务。

3. 工程、矿产资源在境外的工程勘察勘探服务。

4. 会议展览地点在境外的会议展览服务。

5. 存储地点在境外的仓储服务。

6. 标的物在境外使用的有形动产租赁服务。

7. 在境外提供的广播影视节目（作品）的播映服务。

8. 在境外提供的文化体育服务、教育医疗服务、旅游服务。

（二）为出口货物提供的邮政服务、收派服务、保险服务。

为出口货物提供的保险服务，包括出口货物保险和出口信用保险。

（三）向境外单位提供的完全在境外消费的下列服务和无形资产：

1. 电信服务。

2. 知识产权服务。

3. 物流辅助服务（仓储服务、收派服务除外）。

4. 鉴证咨询服务。

5. 专业技术服务。

6. 商务辅助服务。

7. 广告投放地在境外的广告服务。

8. 无形资产。

（四）以无运输工具承运方式提供的国际运输服务。

（五）为境外单位之间的货币资金融通及其他金融业务提供的直接收费金融服务，且该服务与境内的货物、无形资产和不动产无关。

（六）财政部和国家税务总局规定的其他服务。

三、按照国家有关规定应取得相关资质的国际运输服务项目，纳税人取得相关资质的，适用增值税零税率政策，未取得的，适用增值税免税政策。

境内的单位或个人提供程租服务，如果租赁的交通工具用于国际运输服务和港澳台运输服务，由出租方按规定申请适用增值税零税率。

境内的单位和个人向境内单位或个人提供期租、湿租服务，如果承租方利用租赁的交通工具向其他单位或个人提供国际运输服务和港澳台运输服务，由承租方适用增值税零税率。境内的单位或个人向境外单位或个人提供期租、湿租服务，由出租方适用增值税零税率。

境内单位和个人以无运输工具承运方式提供的国际运输服务，由境内实际承运人适用增值税零税率；无运输工具承运业务的经营者适用增值税免税政策。

四、境内的单位和个人提供适用增值税零税率的服务或者无形资产，如果属于适用简易计税方法的，实行免征增值税办法。如果属于适用增值税一般计税方法的，生产企业实行免抵退税办法，外贸企业外购服务或者无形资产出口实行免退税办法，外贸企业直接将服务或自行研发的无形资产出口，视同生产企业连同其出口货物统一实行免抵退税办法。

服务和无形资产的退税率为其按照《试点实施办法》第十五条第（一）至（三）项规定适用的增值税税率。实行退（免）税办法的服务和无形资产，如果主管税务机关认定出口价格偏高的，有权按照核定的出口价格计算退（免）税，核定的出口价格低于外贸企业购进价格的，低于部分对应的进项税额不予退税，转入成本。

五、境内的单位和个人销售适用增值税零税率的服务或无形资产的，可以放弃适用增值税零税率，选择免税或按规定缴纳增值税。放弃适用增值税零税率后，36个月内不得再申请适用增值税零税率。

六、境内的单位和个人销售适用增值税零税率的服务或无形资产，按月向主管退税的税务机关申报办理增值税退（免）税手续。具体管理办法由国家税务总局商财政部另行制定。

七、本规定所称完全在境外消费，是指：

（一）服务的实际接受方在境外，且与境内的货物和不动产无关。

（二）无形资产完全在境外使用，且与境内的货物和不动产无关。

（三）财政部和国家税务总局规定的其他情形。

八、境内单位和个人发生的与香港、澳门、台湾有关的应税行为，除本文另有规定外，参照上述规定执行。

九、2016年4月30日前签订的合同，符合《财政部 国家税务总局关于将铁路运输和邮政业纳入营业税改征增值税试点的通知》（财税〔2013〕106号）附件4和《财政部 国家税务总局关于影视等出口服务适用增值税零税率政策的通知》（财税〔2015〕118号）规定的零税率或者免税政策条件的，在合同到期前可以继续享受零税率或者免税政策。

营业税改征增值税跨境应税行为增值税免税管理办法（试行）

（2016年5月6日　国家税务总局公告2016年第29号　根据2018年6月15日《国家税务总局关于修改部分税收规范性文件的公告》修改）

第一条　中华人民共和国境内（以下简称境内）的单位和个人（以下称纳税人）发生跨境应税行为，适用本办法。

第二条　下列跨境应税行为免征增值税：

（一）工程项目在境外的建筑服务。

工程总承包方和工程分包方为施工地点在境外的工程项目提供的建筑服务，均属于工程项目在境外的建筑服务。

（二）工程项目在境外的工程监理服务。

（三）工程、矿产资源在境外的工程勘察勘探服务。

（四）会议展览地点在境外的会议展览服务。

为客户参加在境外举办的会议、展览而提供的组织安排服务，属于会议展览地点在境外的会议展览服务。

（五）存储地点在境外的仓储服务。

（六）标的物在境外使用的有形动产租赁服务。

（七）在境外提供的广播影视节目（作品）的播映服务。

在境外提供的广播影视节目（作品）播映服务，是指在境外的影院、剧院、录像厅及其他场所播映广播影视节目（作品）。

通过境内的电台、电视台、卫星通信、互联网、有线电视等无线或者有线装置向境外播映广播影视节目（作品），不属于在境外提供的广播影视节目（作品）播映服务。

（八）在境外提供的文化体育服务、教育医疗服务、旅游服务。

在境外提供的文化体育服务和教育医疗服务，是指纳税人在境外现场提供的文化体育服务和教育医疗服务。

为参加在境外举办的科技活动、文化活动、文化演出、文化比赛、体育比赛、体育表演、体育活动而提供的组织安排服务，属于在境外提供的文化体育服务。

通过境内的电台、电视台、卫星通信、互联网、有线电视等媒体向境外单位或个人提供的文化体育服务或教育医疗服务，不属于在境外提供的文化体育服务、教育医疗服务。

（九）为出口货物提供的邮政服务、收派服务、保险服务。

1. 为出口货物提供的邮政服务，是指：

（1）寄递函件、包裹等邮件出境。

（2）向境外发行邮票。

（3）出口邮册等邮品。

2. 为出口货物提供的收派服务，是指为出境的函件、包裹提供的收件、分拣、派送服务。

纳税人为出口货物提供收派服务，免税销售额为其向寄件人收取的全部价款和价外费用。

3. 为出口货物提供的保险服务，包括出口货物保险和出口信用保险。

（十）向境外单位销售的完全在境外消费的电信服务。

纳税人向境外单位或者个人提供的电信服务，通过境外电信单位结算费用的，服务接受方为境外电信单位，属于完全在境外消费的电信服务。

（十一）向境外单位销售的完全在境外消费的知识产权服务。

服务实际接受方为境内单位或者个人

的知识产权服务，不属于完全在境外消费的知识产权服务。

（十二）向境外单位销售的完全在境外消费的物流辅助服务（仓储服务、收派服务除外）。

境外单位从事国际运输和港澳台运输业务经停我国机场、码头、车站、领空、内河、海域时，纳税人向其提供的航空地面服务、港口码头服务、货运客运站场服务、打捞救助服务、装卸搬运服务，属于完全在境外消费的物流辅助服务。

（十三）向境外单位销售的完全在境外消费的鉴证咨询服务。

下列情形不属于完全在境外消费的鉴证咨询服务：

1. 服务的实际接受方为境内单位或者个人。

2. 对境内的货物或不动产进行的认证服务、鉴证服务和咨询服务。

（十四）向境外单位销售的完全在境外消费的专业技术服务。

下列情形不属于完全在境外消费的专业技术服务：

1. 服务的实际接受方为境内单位或者个人。

2. 对境内的天气情况、地震情况、海洋情况、环境和生态情况进行的气象服务、地震服务、海洋服务、环境和生态监测服务。

3. 为境内的地形地貌、地质构造、水文、矿藏等进行的测绘服务。

4. 为境内的城、乡、镇提供的城市规划服务。

（十五）向境外单位销售的完全在境外消费的商务辅助服务。

1. 纳税人向境外单位提供的代理报关服务和货物运输代理服务，属于完全在境外消费的代理报关服务和货物运输代理服务。

2. 纳税人向境外单位提供的外派海员服务，属于完全在境外消费的人力资源服务。外派海员服务，是指境内单位派出属于本单位员工的海员，为境外单位在境外提供的船舶驾驶和船舶管理等服务。

3. 纳税人以对外劳务合作方式，向境外单位提供的完全在境外发生的人力资源服务，属于完全在境外消费的人力资源服务。对外劳务合作，是指境内单位与境外单位签订劳务合作合同，按照合同约定组织和协助中国公民赴境外工作的活动。

4. 下列情形不属于完全在境外消费的商务辅助服务：

（1）服务的实际接受方为境内单位或者个人。

（2）对境内不动产的投资与资产管理服务、物业管理服务、房地产中介服务。

（3）拍卖境内货物或不动产过程中提供的经纪代理服务。

（4）为境内货物或不动产的物权纠纷提供的法律代理服务。

（5）为境内货物或不动产提供的安全保护服务。

（十六）向境外单位销售的广告投放地在境外的广告服务。

广告投放地在境外的广告服务，是指为在境外发布的广告提供的广告服务。

（十七）向境外单位销售的完全在境外消费的无形资产（技术除外）。

下列情形不属于向境外单位销售的完全在境外消费的无形资产：

1. 无形资产未完全在境外使用。

2. 所转让的自然资源使用权与境内自然资源相关。

3. 所转让的基础设施资产经营权、公共事业特许权与境内货物或不动产相关。

4. 向境外单位转让在境内销售货物、应税劳务、服务、无形资产或不动产的配额、经营权、经销权、分销权、代理权。

（十八）为境外单位之间的货币资金融通及其他金融业务提供的直接收费金融服

务，且该服务与境内的货物、无形资产和不动产无关。

为境外单位之间、境外单位和个人之间的外币、人民币资金往来提供的资金清算、资金结算、金融支付、账户管理服务，属于为境外单位之间的货币资金融通及其他金融业务提供的直接收费金融服务。

（十九）属于以下情形的国际运输服务：

1. 以无运输工具承运方式提供的国际运输服务。

2. 以水路运输方式提供国际运输服务但未取得《国际船舶运输经营许可证》的。

3. 以公路运输方式提供国际运输服务但未取得《道路运输经营许可证》或者《国际汽车运输行车许可证》，或者《道路运输经营许可证》的经营范围未包括“国际运输”的。

4. 以航空运输方式提供国际运输服务但未取得《公共航空运输企业经营许可证》，或者其经营范围未包括“国际航空客货邮运输业务”的。

5. 以航空运输方式提供国际运输服务但未持有《通用航空经营许可证》，或者其经营范围未包括“公务飞行”的。

（二十）符合零税率政策但适用简易计税方法或声明放弃适用零税率选择免税的下列应税行为：

1. 国际运输服务。

2. 航天运输服务。

3. 向境外单位提供的完全在境外消费的下列服务：

（1）研发服务；

（2）合同能源管理服务；

（3）设计服务；

（4）广播影视节目（作品）的制作和发行服务；

（5）软件服务；

（6）电路设计及测试服务；

（7）信息系统服务；

（8）业务流程管理服务；

（9）离岸服务外包业务。

4. 向境外单位转让完全在境外消费的技术。

第三条 纳税人向国内海关特殊监管区域内的单位或者个人销售服务、无形资产，不属于跨境应税行为，应照章征收增值税。

第四条 2016 年 4 月 30 日前签订的合同，符合《财政部、国家税务总局关于将铁路运输和邮政业纳入营业税改征增值税试点的通知》（财税〔2013〕106 号）附件 4 和《财政部、国家税务总局关于影视等出口服务适用增值税零税率政策的通知》（财税〔2015〕118 号）规定的免税政策条件的，在合同到期前可以继续享受免税政策。

第五条 纳税人发生本办法第二条所列跨境应税行为，除第（九）项、第（二十）项外，必须签订跨境销售服务或无形资产书面合同。否则，不予免征增值税。

纳税人向外国航空运输企业提供空中飞行管理服务，以中国民用航空局下发的航班计划或者中国民用航空局清算中心临时来华飞行记录，为跨境销售服务书面合同。

纳税人向外国航空运输企业提供物流辅助服务（除空中飞行管理服务外），与经中国民用航空局批准设立的外国航空运输企业常驻代表机构签订的书面合同，属于与服务接受方签订跨境销售服务书面合同。外国航空运输企业临时来华飞行，未签订跨境服务书面合同的，以中国民用航空局清算中心临时来华飞行记录为跨境销售服务书面合同。

施工地点在境外的工程项目，工程分包方应提供工程项目在境外的证明、与发包方签订的建筑合同原件及复印件等资料，作为跨境销售服务书面合同。

第六条 纳税人向境外单位销售服务或无形资产，按本办法规定免征增值税的，该项销售服务或无形资产的全部收入应从境外取得，否则，不予免征增值税。

下列情形视同从境外取得收入：

（一）纳税人向外国航空运输企业提供物流辅助服务，从中国民用航空局清算中心、中国航空结算有限责任公司或者经中国民用航空局批准设立的外国航空运输企业常驻代表机构取得的收入。

（二）纳税人与境外关联单位发生跨境应税行为，从境内第三方结算公司取得的收入。上述所称第三方结算公司，是指承担跨国企业集团内部成员单位资金集中运营管理职能的资金结算公司，包括财务公司、资金池、资金结算中心等。

（三）纳税人向外国船舶运输企业提供物流辅助服务，通过外国船舶运输企业指定的境内代理公司结算取得的收入。

（四）国家税务总局规定的其他情形。

第七条 纳税人发生跨境应税行为免征增值税的，应单独核算跨境应税行为的销售额，准确计算不得抵扣的进项税额，其免税收入不得开具增值税专用发票。

纳税人为出口货物提供收派服务，按照下列公式计算不得抵扣的进项税额：

不得抵扣的进项税额 = 当期无法划分的全部进项税额 ×（当期简易计税方法计税项目销售额 + 免征增值税项目销售额 - 为出口货物提供收派服务支付给境外合作方的费用）÷ 当期全部销售额

第八条 纳税人发生免征增值税跨境应税行为，除提供第二条第（二十）项所列服务外，应在首次享受免税的纳税申报期内或在各省、自治区、直辖市和计划单列市税务局规定的申报征期后的其他期限内，到主管税务机关办理跨境应税行为免税备案手续，同时提交以下备案材料：

（一）《跨境应税行为免税备案表》（附件1）；

（二）本办法第五条规定的跨境销售服务或无形资产的合同原件及复印件；

（三）提供本办法第二条第（一）项至第（八）项和第（十六）项服务，应提交服务地点在境外的证明材料原件及复印件；

（四）提供本办法第二条规定的国际运输服务，应提交实际发生相关业务的证明材料；

（五）向境外单位销售服务或无形资产，应提交服务或无形资产购买方的机构所在地在境外的证明材料；

（六）国家税务总局规定的其他资料。

第九条 纳税人发生第二条第（二十）项所列应税行为的，应在首次享受免税的纳税申报期内或在各省、自治区、直辖市和计划单列市税务局规定的申报征期后的其他期限内，到主管税务机关办理跨境应税行为免税备案手续，同时提交以下备案材料：

（一）已向办理增值税免抵退税或免退税的主管税务机关备案的《放弃适用增值税零税率声明》（附件2）；

（二）该项应税行为享受零税率到主管税务机关办理增值税免抵退税或免退税申报时需报送的材料和原始凭证。

第十条 按照本办法第八条规定提交备案的跨境销售服务或无形资产合同原件为外文的，应提供中文翻译件并由法定代表人（负责人）签字或者单位盖章。

纳税人无法提供本办法第八条规定的境外资料原件的，可只提供复印件，注明“复印件与原件一致”字样，并由法定代表人（负责人）签字或者单位盖章；境外资料原件为外文的，应提供中文翻译件并由法定代表人（负责人）签字或者单位盖章。

主管税务机关对提交的境外证明材料有明显疑义的，可以要求纳税人提供境外公证部门出具的证明材料。

第十一条 纳税人办理跨境应税行为免税备案手续时，主管税务机关应当根据以下情况分别做出处理：

（一）备案材料存在错误的，应当告知

并允许纳税人更正。

（二）备案材料不齐全或者不符合规定形式的，应当场一次性告知纳税人补正。

（三）备案材料齐全、符合规定形式的，或者纳税人按照税务机关的要求提交全部补正备案材料的，应当受理纳税人的备案，并将有关资料原件退还纳税人。

（四）按照税务机关的要求补正后的备案材料仍不符合本办法第八、九、十条规定的，应当对纳税人的本次跨境应税行为免税备案不予受理，并将所有报送材料退还纳税人。

第十二条 主管税务机关受理或者不予受理纳税人跨境应税行为免税备案，应当出具加盖本机关专用印章和注明日期的书面凭证。

第十三条 原签订的跨境销售服务或无形资产合同发生变更，或者跨境销售服务或无形资产的有关情况发生变化，变化后仍属于本办法第二条规定的免税范围的，纳税人应向主管税务机关重新办理跨境应税行为免税备案手续。

第十四条 纳税人应当完整保存本办法第八、九、十条要求的各项材料。纳税人在税务机关后续管理中不能提供上述材料的，不得享受本办法规定的免税政策，对已享受的减免税款应予补缴，并依照《中华人民共和国税收征收管理法》的有关规定处理。

第十五条 纳税人发生跨境应税行为享受免税的，应当按规定进行纳税申报。纳税人享受免税到期或实际经营情况不再符合本办法规定的免税条件的，应当停止享受免税，并按照规定申报纳税。

第十六条 纳税人发生实际经营情况不符合本办法规定的免税条件、采用欺骗手段获取免税、或者享受减免税条件发生变化未及时向税务机关报告，以及未按照本办法规定履行相关程序自行减免税的，税务机关依照《中华人民共和国税收征收管理法》有关规定予以处理。

第十七条 税务机关应高度重视跨境应税行为增值税免税管理工作，针对纳税人的备案材料，采取案头分析、日常检查、重点稽查等方式，加强对纳税人业务真实性的核实，发现问题的，按照现行有关规定处理。

第十八条 纳税人发生的与香港、澳门、台湾有关的应税行为，参照本办法执行。

第十九条 本办法自2016年5月1日起施行。此前，纳税人发生符合本办法第四条规定的免税跨境应税行为，已办理免税备案手续的，不再重新办理免税备案手续。纳税人发生符合本办法第二条和第四条规定的免税跨境应税行为，未办理免税备案手续但已进行免税申报的，按照本办法规定补办备案手续；未进行免税申报的，按照本办法规定办理跨境服务备案手续后，可以申请退还已缴税款或者抵减以后的应纳税额；已开具增值税专用发票的，应将全部联次追回后方可办理跨境应税行为免税备案手续。

增值税日常稽查办法

（1998年3月26日　国税发〔1998〕44号）

第一条 为了规范增值税日常稽查的内容和程序，加强增值税日常稽查管理，防范和查处偷骗增值税行为，提高纳税人依法纳税自觉性，根据《中华人民共和国税收征收管理法》、《中华人民共和国增值税暂行条例》制定本办法。

第二条 本办法适用于税务机关对增值税一般纳税人（以下简称纳税人）实施的增值税日常稽查。小规模纳税人增值税日常稽查办法另行制定。

第三条 增值税日常稽查是税务机关依照税收法律、法规和规章，对纳税人履行纳税义务情况实施常规稽核和检查的总称，包括稽核、检查及一般性违法问题的处理。

第四条 增值税稽核是税务机关监审纳税人增值税纳税申报情况及相关资料，筛选检查对象的过程，分为一级稽核和二级稽核。

一级稽核的工作内容和步骤：

（一）监控纳税人的申报情况。对超过纳税申报期限未办理纳税申报者，在本纳税申报期结束后5日内，向其发出催报通知。对连续两个月逾期未申报的，列印《未申报纳税人清单》送交检查。

（二）审核纳税人的申报数据。依据纳税申报表内各指标之间的逻辑关系，对所申报的应纳税额进行逻辑审核。对申报有误的，应及时向纳税人发出《申报错误更正通知》。

（三）按季计算分析纳税人销售额变动率和税负率，计算公式如下：

1. 销售额变动率 =（本年累计应税销售额 - 上年同期应税销售额）/上年同期应税销售额 ×100%

2. 税负率 = 本年累计应纳税额/本年累计应税销售额 ×100%

将销售额变动率和税负率与相应的正常峰值进行比较，对存在下列问题的纳税人，列印《纳税申报异常纳税人清单》送交二级稽核。

1. 销售额变动率高于正常峰值，税负率低于正常峰值的；

2. 销售额变动率低于正常峰值，税负率低于正常峰值的；

3. 销售额变动率及税负率均高于正常峰值的。

前款所称正常峰值，是指纳税人在一定时期内实现的销售额和税负正常变化的上限或下限。即：销售额变动率正常峰值，为纳税人在正常经营的前提下，销售额与上年同期比较，销售额变动率（±）所能达到的最大值；税负率正常峰值，为纳税人在正常履行纳税义务的前提下，由于受市场、季节等因素的影响而使税负率变化所能达到的最小值或最大值。正常峰值由地市级以上税务机关根据本地区不同行业的具体情况分别确定。

二级稽核的工作内容和步骤：

（一）审核增值税纳税申报表、发票领用存月报表、相关发票存根联、抵扣联、发票领用存原始记录等资料之间的数据是否相符。

（二）对防伪税控系统开具的增值税专用发票抵扣联按规定进行认证。

（三）运用全国丢失、被盗增值税专用发票查询系统对其抵扣联进行抽查验证。

（四）根据纳税人报送的增值税纳税申报表、资产负债表、损益表和其他有关纳税资料，做好案头分析工作，对纳税人形成异常申报的原因作出初步判断。

1. 毛益率分析。根据损益表计算销售毛益率，计算公式为：

销售毛益率 =（销售收入 - 销售成本）÷销售收入 ×100%

若本期销售毛益率较以前各期或上年同期有较大幅度下降，可能存在购进货物（包括应税劳务，下同）入账，销售货物结转销售成本而不计或少计销售额的问题。

2. 存货、负债、进项税额综合分析。适用于商品流通企业。分析时，先计算本期进项税额控制数，计算公式为：

本期进项税额控制数 =〔期末存货较期初增加额（减少额用负数表示）+ 本期销售成本 + 期末应付账款较期初减少数（增加额用负数表示）〕×主要外购货物的增值税税率 + 本期运费支出数 ×10%

以进项税额控制数与增值税申报表中的本期进项税额核对，若前者明显小于后者，则可能存在虚抵进项税额和未付款的购进货物提前申报抵扣进项税额的问题。

3. 销售额分析。将损益表中的当期销售成本加上按成本毛利率计算出的毛益额后，与损益表、增值税申报表中的本期销售额进行对比，若表中数额小，且差距较大，则可能存在销售额不入账、挂账或瞒报等问题。成本毛利率计算公式如下：

成本毛利率 = 本年累计毛利额/本年累计销售成本 ×100%

第五条 将稽核发现的问题和疑点，分别不同情况作如下处理：

（一）对纳税人申报异常提出质询，并逐一记录质询情况，质询记录内容包括：纳税人名称、纳税人识别号、申报异常所属时期、销售额变动率及税负率、答复人姓名以及答复情况等。

（二）对申报异常且无正当理由的纳税人应填写《增值税待查对象通知》，送交检查；申报异常现象特别严重或有较大偷骗税嫌疑的，填写《增值税待查对象特急通知》送交专案检查。

（三）质询记录、待查对象通知和检查情况所报资料要随时复核，定期统计并报主管领导审阅。

第六条 对稽核阶段未被列入检查对象的纳税人，应定期随机抽取一定数量的待查对象送交检查。对该类纳税人的检查间隔（即实施两次检查之间的时间）最长不得超过3年。

第七条 增值税检查是税务机关对纳税人会计核算资料及有关生产经营情况进行实地检查的过程。

第八条 增值税检查的对象为稽核环节送达的未申报清单和待查对象通知所列的纳税人以及根据本办法第六条确定的纳税人。

第九条 增值税检查应按计划组织实施，对未申报待查对象的检查应自通知送达之日起1个月内实施，对申报异常的待查对象的检查应自通知送达之日起2个月内实施。

第十条 增值税检查方法根据待查对象的具体情况确定：

（一）无申报异常现象的，可采取抽查的方法，如有问题再全面检查。

（二）有申报异常现象的，应以销项或进项的某一方面问题核实为主，实施销项税额与进项税额的全面检查。

1. 销售额变动率高于正常峰值及税负率低于正常峰值或销售额变动率正常，而税负率低于正常峰值的，以进项税额为检查重点，查证有无扩大进项抵扣范围、骗抵进项税额、不按规定申报抵扣等问题，对应核实销项税额计算的正确性；

2. 销售额变动率低于正常峰值及税负率变动低于正常峰值的，销项税额和进项税额均应作为检查重点。

对销项税额的检查，应侧重查证有无账外经营、瞒报、迟报计税销售额、混淆增值税与营业税征税范围、错用税率等问题。

检查基本方法见附件1。

第十一条 经稽核、检查核实的一般性偷骗税问题应按《中华人民共和国税收征收管理法》有关条款及现行有关管理规定进行处理；同时责成纳税人进行相关的账务调整（具体调账方法见附件2）。对偷骗税数额较大、情节较严重、涉及地域范围较广的偷骗税案件应及时移送专案稽查。

第十二条 经增值税检查查实的问题及处理情况应按国家税务总局统一规定的文书形式反馈给二级稽核。

第十三条 《未申报纳税人清单》、《申报错误更正通知》、《纳税申报异常纳税人清单》、《增值税待查对象通知》、《增值税待查对象特急通知》的样式及内容由各省级税务机关确定。

第十四条 本办法自1998年1月1日起执行。

附件1：

增值税检查基本方法

一、瞒报计税销售额的检查。应对下列问题运用账证核对法逐项查证：

（一）发票上填开的销售额与有关收入账户中的记录是否一致；

（二）有无计税销售额记入往来账户问题；

（三）有无将计税销售额或差价记入“应付福利费”、“投资收益”、“资本公积”、“盈余公积”等账户，逃避纳税的现象；

（四）以物易物有无不反映销售而只办理存货之间转账的问题；

（五）有无发生销售不反映销售额，而是以“生产成本”、“产成品”、“库存商品”等存货账户以及资金账户或往来账户对转的问题；

（六）有关收入账户的红字冲销记录有无足以证明业务确实发生的证据；

（七）视同销售业务不申报纳税。检查“应付福利费”、“在建工程”、“长期投资”、“营业外支出”等账户的借方记录，核对会计凭证，查明视同销售是否按规定申报了计税销售额和销项税额。

二、迟报计税销售额的检查。

（一）将已填开的发票存根联与有关收入账户记录进行核对，看当月实现的收入是否全部入账，有无压票现象；

（二）对不以销货发票为记账依据的商业零售企业，应查明有无将本月的“销售日报”作为下月原始凭证入账的现象。

三、适用税率的检查。看已填开的增值税专用发票和含税销售额换算为不含税销售额所使用的税率是否正确。

四、虚开发票的检查。将已填开的发票存根联与其所列货物的明细账记录进行核对，看账证记录是否一致。

五、扩大进项税额抵扣范围的检查。以“进项税额”账户为中心，逐一分析每笔记录记账凭证的会计处理和原始凭证所载明的经济业务，看有无将不属于抵扣范围的进项税额申报抵扣。

六、骗抵进项税额的检查。将进项凭证与相关的付款凭证、资金账户、相关的存货账户进行核实，凡发现异常的进项凭证或涉嫌虚开、伪造的进项凭证，应委托销货方所在地税务机关配合查实。

对依据运费发票等其他扣税凭证计算进项税额的，应检查进项税额计算的正确性和扣税凭证的真实性。

七、擅自抵扣期初存货进项税额的检查。对纳税人申报抵扣的期初存货进项税额，应查明是否经主管税务机关批准，验证其计算的正确性。

八、进项税额转出的检查。分析“应付福利费”、“在建工程”、“其他业务支出”、“待处理财产损益”、“营业外支出”以及销售收入类等账户，并核对其会计凭证，看是否发生了进项税额转出事项，该办理进项税额转出的是否已经转出，转出额确定的是否正确。对兼营免税项目的纳税人，应通过分析有关销售收入和成本账户，看是否按规定办理进项税。

九、账外经营检查。涉嫌有账外经营的，可采用突击检查方式，运用盘存法对存货和库存现金进行账实核对，凡相差悬殊的，要进一步查证有无未入账的进项凭证（包括代销，寄存等其他有效凭证）和现金收入凭证，如有未入账凭证，将其所载金额从实存数中扣除后，其结果仍大于账存的，即存在账外经营。

附件2：

增值税检查调账方法

增值税检查后的账务调整，应设立“应交税金－增值税检查调整”专门账户。

凡检查后应调减账面进项税额或调增销项税额和进项税额转出的数额，借记有关科目，贷记本科目；凡检查后应调增账面进项税额或调减销项税额和进项税额转出的数额，借记本科目，贷记有关科目；全部调账事项入账后，应结出本账户的余额，并对该余额进行处理：

1. 若余额在借方，全部视同留抵进项税额，按借方余额数，借记“应交税金－应交增值税（进项税额）”科目，贷记本科目。

2. 若余额在贷方，且“应交税金－应交增值税”账户无余额，按贷方余额数，借记本科目，贷记“应交税金－未交增值税”科目。

3. 若本账户余额在贷方，“应交税金－应交增值税”账户有借方余额且等于或大于这个贷方余额，按贷方余额数，借记本科目，贷记“应交税金－应交增值税”科目。

4. 若本账户余额在贷方，“应交税金－应交增值税”账户有借方余额但小于这个贷方余额，应将这两个账户的余额冲出，其差额贷记“应交税金－未交增值税”科目。

上述账务调整应按纳税期逐期进行。

税务机关代开增值税专用发票管理办法（试行）

（2004年12月22日　国税发〔2004〕153号　根据2018年6月15日《国家税务总局关于修改部分税收规范性文件的公告》修改）

第一条　为了进一步加强税务机关为增值税纳税人代开增值税专用发票（以下简称专用发票）管理，防范不法分子利用代开专用发票进行偷骗税活动，优化税收服务，特制定本办法。

第二条　本办法所称代开专用发票是指主管税务机关为所辖范围内的增值税纳税人代开专用发票，其他单位和个人不得代开。

第三条　主管税务机关应设立代开专用发票岗位和税款征收岗位，并分别确定专人负责代开专用发票和税款征收工作。

第四条　代开专用发票统一使用增值税防伪税控代开票系统开具。非防伪税控代开票系统开具的代开专用发票不得作为增值税进项税额抵扣凭证。

增值税防伪税控代开票系统由防伪税控企业发行岗位按规定发行。

第五条　本办法所称增值税纳税人是指已办理税务登记的小规模纳税人（包括个体经营者）以及国家税务总局确定的其他可予代开增值税专用发票的纳税人。

第六条　增值税纳税人发生增值税应税行为、需要开具专用发票时，可向其主管税务机关申请代开。

第七条　增值税纳税人申请代开专用发票时，应填写《代开增值税专用发票缴纳税款申报单》（式样见附件，以下简称《申报单》），连同税务登记证副本，到主管税务机关税款征收岗位按专用发票上注明的税额全额申报缴纳税款，同时缴纳专用发票工本费。

第八条　税款征收岗位接到《申报单》后，应对以下事项进行审核：

（一）是否属于本税务机关管辖的增值税纳税人；

（二）《申报单》上增值税征收率填写、税额计算是否正确。

审核无误后，税款征收岗位应通过防伪税控代开票征收子系统录入《申报单》的相关信息，按照《申报单》上注明的税额征收税款，开具税收完税凭证，同时收取专用发票工本费，按照规定开具有关票证，将有关征税电子信息及时传递给代开发票岗位。

在防伪税控代开票征税子系统未使用前暂传递纸质凭证。

税务机关可采取税银联网划款、银行卡（POS机）划款或现金收取三种方式征收税款。

第九条 增值税纳税人缴纳税款后，凭《申报单》和税收完税凭证及税务登记证副本，到代开专用发票岗位申请代开专用发票。

代开发票岗位确认税款征收岗位传来的征税电子信息与《申报单》和税收完税凭证上的金额、税额相符后，按照《申报单》、完税凭证和专用发票一一对应即“一单一证一票”原则，为增值税纳税人代开专用发票。

在防伪税控代开票征税子系统未使用前，代开票岗位凭《申报单》和税收完税凭证代开发票。

第十条 代开发票岗位应按下列要求填写专用发票的有关项目：

1.“单价”栏和“金额”栏分别填写不含增值税税额的单价和销售额；

2.“税率”栏填写增值税征收率；

3. 销货单位栏填写代开税务机关的统一代码和代开税务机关名称；

4. 销方开户银行及账号栏内填写税收完税凭证号码；

5. 备注栏内注明增值税纳税人的名称和纳税人识别号。

其他项目按照专用发票填开的有关规定填写。

第十一条 增值税纳税人应在代开专用发票的备注栏上，加盖本单位的财务专用章或发票专用章。

第十二条 代开专用发票遇有填写错误、销货退回或销售折让等情形的，按照专用发票有关规定处理。

税务机关代开专用发票时填写有误的，应及时在防伪税控代开票系统中作废，重新开具。代开专用发票后发生退票的，税务机关应按照增值税一般纳税人作废或开具负数专用发票的有关规定进行处理。对需要重新开票的，税务机关应同时进行新开票税额与原开票税额的清算，多退少补；对无需重新开票的，按有关规定退还增值税纳税人已缴的税款或抵顶下期正常申报税款。

第十三条 为增值税纳税人代开的专用发票应统一使用六联专用发票，第五联代开发票岗位留存，以备发票的扫描补录，第六联交税款征收岗位，用于代开发票税额与征收税款的定期核对，其他联次交增值税纳税人。

第十四条 代开专用发票岗位领用专用发票，经发票管理部门负责人批准后，到专用发票发售窗口领取专用发票，并将相应发票的电子信息读入防伪税控代开票系统。

第十五条 代开专用发票岗位应在每月纳税申报期的第一个工作日，将上月所开具的代开专用发票数据抄取、传递到防伪税控报税系统。代开专用发票的金税卡等专用设备发生故障的，税务机关应使用留存的专用发票第五联进行扫描补录。

第十六条 代开发票岗位应妥善保管代开专用发票数据，及时备份。

第十七条 税务机关应按月对代开专用发票进行汇总统计，对代开专用发票数据通过增值税计算机稽核系统比对后属于滞留、缺联、失控、作废、红字缺联等情况，应及时分析，查明原因，按规定处理，确保代开专用发票存根联数据采集的完整性和准确性。

第十八条 代开专用发票各岗位人员应严格执行本办法及有关规定。对违反规定的，追究有关人员的责任。

第十九条 各省、自治区、直辖市和计划单列市税务局可根据实际在本办法基础上制定实施细则。

第二十条 本办法自二〇〇五年一月一日起实施，凡与本办法相抵触的规定同时停止执行。

附件：代开增值税专用发票缴纳税款申报单（略）

增值税一般纳税人纳税辅导期管理办法

（2010年4月7日 国税发〔2010〕40号）

第一条 为加强增值税一般纳税人纳税辅导期管理，根据《增值税一般纳税人资格认定管理办法》（以下简称认定办法）第十三条规定，制定本办法。

第二条 实行纳税辅导期管理的增值税一般纳税人（以下简称辅导期纳税人），适用本办法。

第三条 认定办法第十三条第一款所称的“小型商贸批发企业”，是指注册资金在80万元（含80万元）以下、职工人数在10人（含10人）以下的批发企业。只从事出口贸易，不需要使用增值税专用发票的企业除外。

批发企业按照国家统计局颁发的《国民经济行业分类》（GB/T4754－2002）中有关批发业的行业划分方法界定。

第四条 认定办法第十三条所称“其他一般纳税人”，是指具有下列情形之一的一般纳税人：

（一）增值税偷税数额占应纳税额的10%以上并且偷税数额在10万元以上的；

（二）骗取出口退税的；

（三）虚开增值税扣税凭证的；

（四）国家税务总局规定的其他情形。

第五条 新认定为一般纳税人的小型商贸批发企业实行纳税辅导期管理的期限为3个月；其他一般纳税人实行纳税辅导期管理的期限为6个月。

第六条 对新办小型商贸批发企业，主管税务机关应在认定办法第九条第（四）款规定的《税务事项通知书》内告知纳税人对其实行纳税辅导期管理，纳税辅导期自主管税务机关制作《税务事项通知书》的当月起执行；对其他一般纳税人，主管税务机关应自稽查部门作出《税务稽查处理决定书》后40个工作日内，制作、送达《税务事项通知书》告知纳税人对其实行纳税辅导期管理，纳税辅导期自主管税务机关制作《税务事项通知书》的次月起执行。

第七条 辅导期纳税人取得的增值税专用发票（以下简称专用发票）抵扣联、海关进口增值税专用缴款书以及运输费用结算单据应当在交叉稽核比对无误后，方可抵扣进项税额。

第八条 主管税务机关对辅导期纳税人实行限量限额发售专用发票。

（一）实行纳税辅导期管理的小型商贸批发企业，领购专用发票的最高开票限额不得超过十万元；其他一般纳税人专用发票最高开票限额应根据企业实际经营情况重新核定。

（二）辅导期纳税人专用发票的领购实行按次限量控制，主管税务机关可根据纳税人的经营情况核定每次专用发票的供应数量，但每次发售专用发票数量不得超过25份。

辅导期纳税人领购的专用发票未使用完而再次领购的，主管税务机关发售专用发票的份数不得超过核定的每次领购专用发票份数与未使用完的专用发票份数的差额。

第九条 辅导期纳税人一个月内多次领购专用发票的，应从当月第二次领购专用发票起，按照上一次已领购并开具的专用发票销售额的3%预缴增值税，未预缴增值税的，主管税务机关不得向其发售专用发票。

预缴增值税时，纳税人应提供已领购并开具的专用发票记账联，主管税务机关根据其提供的专用发票记账联计算应预缴的增值税。

第十条 辅导期纳税人按第九条规定预缴的增值税可在本期增值税应纳税额中抵减，抵减后预缴增值税仍有余额的，可抵减下期再次领购专用发票时应当预缴的增值税。

纳税辅导期结束后，纳税人因增购专用发票发生的预缴增值税有余额的，主管税务机关应在纳税辅导期结束后的第一个月内，一次性退还纳税人。

第十一条 辅导期纳税人应当在"应交税金"科目下增设"待抵扣进项税额"明细科目，核算尚未交叉稽核比对的专用发票抵扣联、海关进口增值税专用缴款书以及运输费用结算单据（以下简称增值税抵扣凭证）注明或者计算的进项税额。

辅导期纳税人取得增值税抵扣凭证后，借记"应交税金——待抵扣进项税额"明细科目，贷记相关科目。交叉稽核比对无误后，借记"应交税金——应交增值税（进项税额）"科目，贷记"应交税金——待抵扣进项税额"科目。经核实不得抵扣的进项税额，红字借记"应交税金——待抵扣进项税额"，红字贷记相关科目。

第十二条 主管税务机关定期接收交叉稽核比对结果，通过《稽核结果导出工具》导出发票明细数据及《稽核结果通知书》并告知辅导期纳税人。

辅导期纳税人根据交叉稽核比对结果相符的增值税抵扣凭证本期数据申报抵扣进项税额，未收到交叉稽核比对结果的增值税抵扣凭证留待下期抵扣。

第十三条 辅导期纳税人按以下要求填写《增值税纳税申报表附列资料（表二）》。

（一）第2栏填写当月取得认证相符且当月收到《稽核比对结果通知书》及其明细清单注明的稽核相符专用发票、协查结果中允许抵扣的专用发票的份数、金额、税额。

（二）第3栏填写前期取得认证相符且当月收到《稽核比对结果通知书》及其明细清单注明的稽核相符专用发票、协查结果中允许抵扣的专用发票的份数、金额、税额。

（三）第5栏填写税务机关告知的《稽核比对结果通知书》及其明细清单注明的本期稽核相符的海关进口增值税专用缴款书、协查结果中允许抵扣的海关进口增值税专用缴款书的份数、金额、税额。

（四）第7栏"废旧物资发票"不再填写。

（五）第8栏填写税务机关告知的《稽核比对结果通知书》及其明细清单注明的本期稽核相符的运输费用结算单据、协查结果中允许抵扣的运输费用结算单据的份数、金额、税额。

（六）第23栏填写认证相符但未收到稽核比对结果的增值税专用发票月初余额数。

（七）第24栏填写本月已认证相符但未收到稽核比对结果的专用发票数据。

（八）第25栏填写已认证相符但未收到稽核比对结果的专用发票月末余额数。

（九）第28栏填写本月未收到稽核比对结果的海关进口增值税专用缴款书。

（十）第30栏"废旧物资发票"不再填写。

（十一）第31栏填写本月未收到稽核比对结果的运输费用结算单据数据。

第十四条 主管税务机关在受理辅导期纳税人纳税申报时，按照以下要求进行"一窗式"票表比对。

（一）审核《增值税纳税申报表》附表二第3栏份数、金额、税额是否等于或小于本期稽核系统比对相符的专用发票抵扣联数据。

（二）审核《增值税纳税申报表》附表二第5栏份数、金额、税额是否等于或小于本期交叉稽核比对相符和协查后允许抵扣的海关进口增值税专用缴款书合计数。

（三）审核《增值税纳税申报表》附表二中第8栏的份数、金额是否等于或小于本期交叉稽核比对相符和协查后允许抵扣的运输费用结算单据合计数。

（四）申报表数据若大于稽核结果数据的，按现行“一窗式”票表比对异常情况处理。

第十五条 纳税辅导期内，主管税务机关未发现纳税人存在偷税、逃避追缴欠税、骗取出口退税、抗税或其他需要立案查处的税收违法行为的，从期满的次月起不再实行纳税辅导期管理，主管税务机关应制作、送达《税务事项通知书》，告知纳税人；主管税务机关发现辅导期纳税人存在偷税、逃避追缴欠税、骗取出口退税、抗税或其他需要立案查处的税收违法行为的，从期满的次月起按照本规定重新实行纳税辅导期管理，主管税务机关应制作、送达《税务事项通知书》，告知纳税人。

第十六条 本办法自2010年3月20日起执行。《国家税务总局关于加强新办商贸企业增值税征收管理有关问题的紧急通知》（国税发明电〔2004〕37号）、《国家税务总局关于辅导期一般纳税人实施“先比对、后扣税”有关管理问题的通知》（国税发明电〔2004〕51号）、《国家税务总局关于加强新办商贸企业增值税征收管理有关问题的补充通知》（国税发明电〔2004〕62号）、《国家税务总局关于辅导期增值税一般纳税人增值税专用发票预缴增值税有关问题的通知》（国税函〔2005〕1097号）同时废止。

增值税一般纳税人纳税申报办法

（2003年5月13日 国税发〔2003〕53号 根据2018年6月15日《国家税务总局关于修改部分税收规范性文件的公告》修改）

根据《中华人民共和国税收征收管理法》及其实施细则、《中华人民共和国增值税暂行条例》和《中华人民共和国发票管理办法》的有关规定，制定本办法。

一、凡增值税一般纳税人（以下简称纳税人）均按本办法进行纳税申报。

二、纳税人进行纳税申报必须实行电子信息采集。使用防伪税控系统开具增值税专用发票的纳税人必须在抄报税成功后，方可进行纳税申报。

三、纳税申报资料

（一）必报资料

1.《增值税纳税申报表（适用于增值税一般纳税人）》及其《增值税纳税申报表附列资料（表一）、（表二）、（表三）、（表四）》；

2. 使用防伪税控系统的纳税人，必须报送记录当期纳税信息的IC卡（明细数据备份在软盘上的纳税人，还须报送备份数据软盘）、《增值税专用发票存根联明细表》及《增值税专用发票抵扣联明细表》；

3.《资产负债表》和《损益表》；

4.《成品油购销存情况明细表》（发生成品油零售业务的纳税人填报）；

5. 主管税务机关规定的其他必报资料。

纳税申报实行电子信息采集的纳税人，除向主管税务机关报送上述必报资料的电子数据外，还需报送纸介的《增值税纳税申报表（适用于一般纳税人）》（主表及附表）。

（二）备查资料

1. 已开具的增值税专用发票和普通发票存根联；

2. 符合抵扣条件并且在本期申报抵扣的增值税专用发票抵扣联；

3. 海关进口货物完税凭证、运输发票、购进农产品普通发票及购进废旧物资普通发票的复印件；

4. 收购凭证的存根联或报查联；

5. 代扣代缴税款凭证存根联；

6. 主管税务机关规定的其他备查资料。

备查资料是否需要在当期报送，由各省税务局确定。

四、增值税纳税申报资料的管理

（一）增值税纳税申报必报资料

纳税人在纳税申报期内，应及时将全部必报资料的电子数据报送主管税务机关，并在主管税务机关按照税法规定确定的期限内（具体时间由各省税务局确定），将本办法第三条、第一款要求报送的纸介的必报资料（具体份数由省税务局确定）报送主管税务机关，税务机关签收后，一份退还纳税人，其余留存。

（二）增值税纳税申报备查资料

纳税人在月度终了后，应将备查资料认真整理并装订成册。

1. 属于整本开具的手工版增值税专用发票及普通发票的存根联，按原顺序装订；开具的电脑版增值税专用发票，包括防伪税控系统开具的增值税专用发票的存根联，应按开票顺序号码每25份装订一册，不足25份的按实际开具份数装订。

2. 对属于扣税凭证的单证，根据取得的时间顺序，按单证种类每25份装订一册，不足25份的按实际份数装订。

3. 装订时，必须使用税务机关统一规定的《征税/扣税单证汇总簿封面》（以下简称《封面》），并按规定填写封面内容，由办税人员和财务人员审核签章。启用《封面》后，纳税人可不再填写原增值税专用发票的封面内容。

4. 纳税人当月未使用完的手工版增值税专用发票，暂不加装《封面》，两个月仍未使用完的，应在主管税务机关对其剩余部分剪角作废的当月加装《封面》。

纳税人开具的普通发票及收购凭证在其整本使用完毕的当月，加装《封面》。

5.《封面》的内容包括纳税人单位名称、本册单证份数、金额、税额、本月此种单证总册数及本册单证编号、税款所属时间等，具体格式由各省税务局制定。

五、《增值税纳税申报表（适用于增值税一般纳税人）》（主表及附表）由纳税人向主管税务机关购领。

六、申报期限

纳税人应按月进行纳税申报，申报期为次月1日起至10日止，遇最后一日为法定节假日的，顺延1日；在每月1日至10日内有连续3日以上法定休假日的，按休假日天数顺延。

七、罚则

（一）纳税人未按规定期限办理纳税申报和报送纳税资料的，按照《中华人民共和国税收征收管理法》第六十二条的有关规定处罚。

（二）纳税人经税务机关通知申报而拒不申报或者进行虚假的纳税申报，不缴或者少缴应纳税款的，按偷税处理，并按《中华人民共和国税收征收管理法》第六十三条的有关规定处罚。

（三）纳税人不进行纳税申报，不缴或者少缴应纳税款的，按《中华人民共和国税收征收管理法》第六十四条的有关规定处罚。

附件：

1. 增值税纳税申报表（适用于增值税一般纳税人）（略）
2. 增值税纳税申报表附列资料（表一）（略）
3. 增值税纳税申报表附列资料（表二）（略）
4. 增值税纳税申报表附列资料（表三）（略）
5. 增值税纳税申报表附列资料（表四）（略）
6. 增值税纳税申报表（适用于一般纳税人）及其附表填表说明（略）
7. 增值税纳税申报表逻辑关系审核表（略）
8. 资产负债表（略）
9. 损益表（略）
10. 成品油购销存情况明细表及填表说明（略）

货物期货征收增值税具体办法

（1994年11月9日　国税发〔1994〕244号）

根据国家税务总局《增值税若干具体问题的规定》，“货物期货应当征收增值税”。现将对货物期货征收增值税的具体办法规定如下：

一、货物期货交易增值税的纳税环节为期货的实物交割环节。

二、货物期货交易增值的计税依据为交割时的不含税价格（不含增值税的实际成交额）。

不含税价格＝含税价格÷（1＋增值税税率）

三、货物期货交易增值税的纳税人为：

（一）交割时采取由期货交易所开具发票的，以期货交易所为纳税人。

期货交易所增值税按次计算，其进项税额为该货物交割时供货会员单位开具的增值税专用发票上注明的销项税额，期货交易所本身发生的各种进项不得抵扣。

（二）交割时采取由供货的会员单位直接将发票开给购货会员单位的，以供货会员单位为纳税人。

成品油零售加油站增值税征收管理办法

（2002年4月2日国家税务总局令第2号公布　自2002年5月1日起执行）

第一条　为加强成品油零售加油站的增值税征收管理，堵塞税收管理漏洞，根据《中华人民共和国税收征收管理法》、《中华人民共和国增值税暂行条例》及有关税收政策规定，制定本办法。

第二条　凡经经贸委批准从事成品油零售业务，并已办理工商、税务登记，有固定经营场所，使用加油机自动计量销售成品油的单位和个体经营者（以下简称加油站），适用本办法。

第三条　本办法第一条所称加油站，一律按照《国家税务总局关于加油站一律按照增值税一般纳税人征税的通知》（国税函〔2001〕882号）认定为增值税一般纳税人；并根据《中华人民共和国增值税暂行条例》有关规定进行征收管理。

第四条　采取统一配送成品油方式设立的非独立核算的加油站，在同一县市的，由总机构汇总缴纳增值税。在同一省内跨县市经营的，是否汇总缴纳增值税，由省级税务机关确定。跨省经营的，是否汇总缴纳增值税，由国家税务总局确定。

对统一核算，且经税务机关批准汇总缴纳增值税的成品油销售单位跨县市调配成品油的，不征收增值税。

第五条　加油站无论以何种结算方式（如收取现金、支票、汇票、加油凭证（簿）、加油卡等）收取售油款，均应征收增值税。加油站销售成品油必须按不同品种分别核算，准确计算应税销售额。加油站以收取加油凭证（簿）、加油卡方式销售成品油，不得向用户开具增值税专用发票。

第六条　加油站应税销售额包括当月成品油应税销售额和其他应税货物及劳务的销售额。其中成品油应税销售额的计算公式为：

成品油应税销售额＝（当月全部成品油销售数量－允许扣除的成品油数量）×油品单价

第七条　加油站必须按规定建立《加油站日销售油品台账》（附表1，以下简称台账）登记制度。加油站应按日登记台账，按日或交接班次填写，完整、详细地记录当日或本班次的加油情况，月终汇总登记

《加油站月销售油品汇总表》（附表2）。台账须按月装订成册，按会计原始账证的期限保管，以备主管税务机关检查。

第八条 加油站除按月向主管税务机关报送增值税一般纳税人纳税申报办法规定的申报资料外，还应报送以下资料：

（一）《加油站____月份加油信息明细表》（附表3）或加油IC卡；

（二）《加油站月销售油品汇总表》；

（三）《成品油购销存数量明细表》（附表4）。

第九条 加油站通过加油机加注成品油属于以下情形的，允许在当月成品油销售数量中扣除：

（一）经主管税务机关确定的加油站自有车辆自用油；

（二）外单位购买的，利用加油站的油库存放的代储油；

加油站发生代储油业务时，应凭委托代储协议及委托方购油发票复印件向主管税务机关申报备案。

（三）加油站本身倒库油；

加油站发生成品油倒库业务时，须提前向主管税务机关报告说明，由主管税务机关派专人实地审核监控。

（四）加油站检测用油（回罐油）。

上述允许扣除的成品油数量，加油站月终应根据《加油站月销售油品汇总表》统计的数量向主管税务机关申报。

第十条 成品油生产、批发单位所在地税务机关应按月将其销售成品油信息通过金税工程网络传递到购油企业所在地主管税务机关。

第十一条 对财务核算不健全的加油站，如已全部安装税控加油机，应按照税控加油机所记录的数据确定计税销售额征收增值税。对未全部安装税控加油机（包括未安装）或税控加油机运行不正常的加油站，主管税务机关应要求其严格执行台账制度，并按月报送《成品油购销存数量明细表》。按月对其成品油库存数量进行盘点，定期联合有关执法部门对其进行检查。

主管税务机关应将财务核算不健全的加油站全部纳入增值税纳税评估范围，结合通过金税工程网络所掌握的企业购油信息以及本地区同行业的税负水平等相关信息，按照《国家税务总局关于加强商贸企业增值税纳税评估工作的通知》（国税发〔2001〕140号）的有关规定进行增值税纳税评估。对纳税评估有异常的，应立即移送稽查部门进行税务稽查。

主管税务机关对财务核算不健全的加油站可以根据所掌握的企业实际经营状况，核定征收增值税。

财务核算不健全的加油站，主管税务机关应根据其实际经营情况和专用发票使用管理规定限额限量供应专用发票。

第十二条 发售加油卡、加油凭证销售成品油的纳税人（以下简称“预售单位”）在售卖加油卡、加油凭证时，应按预收账款方法作相关账务处理，不征收增值税。

预售单位在发售加油卡或加油凭证时可开具普通发票，如购油单位要求开具增值税专用发票，待用户凭卡或加油凭证加油后，根据加油卡或加油凭证回笼记录，向购油单位开具增值税专用发票。接受加油卡或加油凭证销售成品油的单位与预售单位结算油款时，接受加油卡或加油凭证销售成品油的单位根据实际结算的油款向预售单位开具增值税专用发票。

第十三条 主管税务机关每季度应对所辖加油站运用稽查卡进行1次加油数据读取，并将读出的数据与该加油站的《增值税纳税申报表》、《加油站日销售油品台账》、《加油站月销售油品汇总表》等资料进行核对，同时应对加油站的应扣除油量的确定、成品油购销存等情况进行全面纳税检查。

第十四条 本办法自2002年5月1日起执行。

附表： 1. 加油站日销售油品台账（略）

2. 加油站月销售油品汇总表（略）

3. 加油站____月份加油信息明细表（略）

4. 成品油购销存数量明细表（略）

电力产品增值税征收管理办法

（2004 年 12 月 22 日国家税务总局令第 10 号公布　根据 2018 年 6 月 15 日《国家税务总局关于修改部分税务部门规章的决定》修订）

第一条　为了加强电力产品增值税的征收管理，根据《中华人民共和国税收征收管理法》、《中华人民共和国增值税暂行条例》、《中华人民共和国增值税暂行条例实施细则》及其有关规定，结合电力体制改革以及电力产品生产、销售特点，制定本办法。

第二条　生产、销售电力产品的单位和个人为电力产品增值税纳税人，并按本办法规定缴纳增值税。

第三条　电力产品增值税的计税销售额为纳税人销售电力产品向购买方收取的全部价款和价外费用，但不包括收取的销项税额。价外费用是指纳税人销售电力产品在目录电价或上网电价之外向购买方收取的各种性质的费用。

供电企业收取的电费保证金，凡逾期（超过合同约定时间）未退还的，一律并入价外费用缴纳增值税。

第四条　电力产品增值税的征收，区分不同情况，分别采取以下征税办法：

（一）发电企业（电厂、电站、机组，下同）生产销售的电力产品，按照以下规定计算缴纳增值税：

1. 独立核算的发电企业生产销售电力产品，按照现行增值税有关规定向其机构所在地主管税务机关申报纳税；具有一般纳税人资格或具备一般纳税人核算条件的非独立核算的发电企业生产销售电力产品，按照增值税一般纳税人的计算方法计算增值税，并向其机构所在地主管税务机关申报纳税。

2. 不具有一般纳税人资格且不具有一般纳税人核算条件的非独立核算的发电企业生产销售的电力产品，由发电企业按上网电量，依核定的定额税率计算发电环节的预缴增值税，且不得抵扣进项税额，向发电企业所在地主管税务机关申报纳税。计算公式为：

预征税额 = 上网电量 × 核定的定额税率

（二）供电企业销售电力产品，实行在供电环节预征、由独立核算的供电企业统一结算的办法缴纳增值税，具体办法如下：

1. 独立核算的供电企业所属的区县级供电企业，凡能够核算销售额的，依核定的预征率计算供电环节的增值税，不得抵扣进项税额，向其所在地主管税务机关申报纳税；不能核算销售额的，由上一级供电企业预缴供电环节的增值税。计算公式为：

预征税额 = 销售额 × 核定的预征率

2. 供电企业随同电力产品销售取得的各种价外费用一律在预征环节依照电力产品适用的增值税税率征收增值税，不得抵扣进项税额。

（三）实行预缴方式缴纳增值税的发、供电企业按照隶属关系由独立核算的发、供电企业结算缴纳增值税，具体办法为：

独立核算的发、供电企业月末依据其全部销售额和进项税额，计算当期增值税应纳税额，并根据发电环节或供电环节预缴的增值税税额，计算应补（退）税额，向其所在地主管税务机关申报纳税。计算公式为：

应纳税额 = 销项税额 − 进项税额

应补（退）税额＝应纳税额－发（供）电环节预缴增值税额

独立核算的发、供电企业当期销项税额小于进项税额不足抵扣，或应纳税额小于发、供电环节预缴增值税税额形成多交增值税时，其不足抵扣部分和多交增值税额可结转下期抵扣或抵减下期应纳税额。

（四）发、供电企业的增值税预征率（含定额税率，下同），应根据发、供电企业上期财务核算和纳税情况、考虑当年变动因素测算核定，具体权限如下：

1. 跨省、自治区、直辖市的发、供电企业增值税预征率由预缴增值税的发、供电企业所在地和结算增值税的发、供电企业所在地省、自治区、直辖市、计划单列市税务局共同测算，报国家税务总局核定；

2. 省、自治区、直辖市范围内的发、供电企业增值税预征率由省、自治区、直辖市、计划单列市税务局核定。

发、供电企业预征率的执行期限由核定预征率的税务机关根据企业生产经营的变化情况确定。

（五）不同投资、核算体制的机组，由于隶属于各自不同的独立核算企业，应按上述规定分别缴纳增值税。

（六）对其他企事业单位销售的电力产品，按现行增值税有关规定缴纳增值税。

（七）实行预缴方式缴纳增值税的发、供电企业，销售电力产品取得的未并入上级独立核算发、供电企业统一核算的销售收入，应单独核算并按增值税的有关规定就地申报缴纳增值税。

第五条 实行预缴方式缴纳增值税的发、供电企业生产销售电力产品以外的其他货物和应税劳务，如果能准确核算销售额的，在发、供电企业所在地依适用税率计算缴纳增值税。不能准确核算销售额的，按其隶属关系由独立核算的发、供电企业统一计算缴纳增值税。

第六条 发、供电企业销售电力产品的纳税义务发生时间的具体规定如下：

（一）发电企业和其他企事业单位销售电力产品的纳税义务发生时间为电力上网并开具确认单据的当天。

（二）供电企业采取直接收取电费结算方式的，销售对象属于企事业单位，为开具发票的当天；属于居民个人，为开具电费缴纳凭证的当天。

（三）供电企业采取预收电费结算方式的，为发行电量的当天。

（四）发、供电企业将电力产品用于非应税项目、集体福利、个人消费，为发出电量的当天。

（五）发、供电企业之间互供电力，为双方核对计数量，开具抄表确认单据的当天。

（六）发、供电企业销售电力产品以外其他货物，其纳税义务发生时间按《中华人民共和国增值税暂行条例》及其实施细则的有关规定执行。

第七条 发、供电企业应按现行增值税的有关规定办理税务登记，进行增值税纳税申报。

实行预缴方式缴纳增值税的发、供电企业应按以下规定办理：

（一）实行预缴方式缴纳增值税的发、供电企业在办理税务开业、变更、注销登记时，应将税务登记证正本复印件按隶属关系逐级上报其独立核算的发、供电企业所在地主管税务机关留存。

独立核算的发、供电企业也应将税务登记证正本复印件报其所属的采用预缴方式缴纳增值税的发、供电企业所在地主管税务机关留存。

（二）采用预缴方式缴纳增值税的发、供电企业在申报纳税的同时，应将增值税进项税额和上网电量、电力产品销售额、其他产品销售额、价外费用、预征税额和查补税款分别归集汇总，填写《电力企业增值税销项税额和进项税额传递单》（样式附后，以下简称《传递单》）报送主管税务机关签章确认后，按隶属关系逐级汇总上报给独立核算发、供电企业；预征地主管税务机关也必须将确认后的《传递单》于收到当月传递给结算缴纳增值税的独立核算发、供电企业所在地主管税务机关。

（三）结算缴纳增值税的发、供电企业应按增值税纳税申报的统一规定，汇总计算本企业的全部销项税额、进项税额、应纳税额、应补（退）税额，于本月税款所属期后第二个月征期内向主管税务机关申报纳税。

（四）实行预缴方式缴纳增值税的发、供电企业所在地主管税务机关应定期对其所属企业纳税情况进行检查。发现申报不实，一律就地按适用税率全额补征税款，并将检查情况及结果发函通知结算缴纳增值税的独立核算发、供电企业所在地主管税务机关。独立核算发、供电企业所在地主管税务机关收到预征地税务机关的发函后，应督促发、供电企业调整申报表。对在预缴环节查补的增值税，独立核算的发、供电企业在结算缴纳增值税时可以予以抵减。

第八条 发、供电企业销售电力产品，应按《中华人民共和国发票管理办法》和增值税专用发票使用管理规定领购、使用和管理发票。

第九条 电力产品增值税的其他征税事项，按《中华人民共和国税收征收管理法》、《中华人民共和国税收征收管理法实施细则》、《中华人民共和国增值税暂行条例》和《中华人民共和国增值税暂行条例实施细则》及其他有关规定执行。

第十条 本办法由国家税务总局负责解释。

第十一条 本办法自2005年2月1日起施行。

附件： 1. 电力企业增值税销项税额和进项税额传递单（略）

2. 发供电企业税收检查情况通报单（略）

钻石交易增值税征收管理办法

（2006年8月28日　国税发〔2006〕131号）

第一条 为了加强钻石交易的增值税征收管理，根据《中华人民共和国税收征收管理法》、《中华人民共和国增值税暂行条例》及有关税收政策规定，制定本办法。

第二条 上海钻石交易所（以下简称钻交所）是经国务院批准设立，办理钻石进出口手续和对钻石交易实行保税政策的交易场所。

第三条 本办法所称钻石，包括毛坯钻石和成品钻石。

第四条 钻交所应根据《中华人民共和国进/出境货物备案清单》（以下简称：备案清单）或《中华人民共和国海关进/出口货物报关单》（以下简称：报关单）及对海关开具的进出钻交所的《钻石交易核准单》（以下简称：核准单）进行编号登记。

第五条 按照《上海钻石交易所章程》和《上海钻石交易所交易规则》注册登记的专门经营钻石的所有会员单位应当在规定的时间内，向钻交所所在地的税务机关申请办理税务登记和申请办理增值税一般纳税人资格认定。税务机关对经审核符合条件的，认定为一般纳税人，不纳入辅导期管理。

第六条 会员单位通过钻交所进口销往国内市场的毛坯钻石，免征国内环节增值税，并可通过防伪税控“一机多票”系统开具普通发票；会员单位通过钻交所进口销往国内市场的成品钻石，凭海关完税凭证和核准单（须一一对应），通过税务机关或税务机关指定的专业从事税务代理业务的中介机构使用增值税防伪税控主机共享服务系统开具增值税专用发票。如发生退货，需要开具红字增值税专用发票的，除按现行有关规定处理外，还应收回核准单（原件）；钻石出口不得开具增值税专用发票。

国内开采或加工的钻石，通过钻交所销售的，在国内销售环节免征增值税，可凭核准单开具普通发票；不通过钻交所销售的，在国内销售环节照章征收增值税，并可按规定开具专用发票。

第七条 会员单位通过钻交所进口成品钻石，凭海关完税凭证上注明的代征增值税税额抵扣，并将对应的核准单编号后，按规定向主管税务机关备案登记。

第八条 会员单位应根据增值税专用发票、核准单、备案清单或报关单等对成品钻石销售进行编号登记，并按规定报送主管税务机关。登记的主要内容是：进口单位名称、国际代码、商品名称及规格型号、数量及单位、报关单或备案清单号码、进口日期、原产国（地区）、总价、购买方单位名称、税务登记代码、专用发票代码、号码、核准单号等。会员单位主管税务机关应于每季度终了15日内向购买方的主管税务机关发送其从钻交所购入钻石的发票清单，主要内容是：所属期限、进口单位名称、专用发票代码和号码、商品名称及规格型号、数量及单位等。

第九条 从钻交所会员单位购进成品钻石的增值税一般纳税人，在向会员单位索取增值税专用发票抵扣联的同时，必须向其索取核准单（第三联），以备税务机关核查。

第十条 从钻交所会员单位购进成品钻石的所有单位（包括加工钻石饰品等单位）应当按规定对钻石交易、库存、委托加工等情况设置明细账簿，按月向其主管税务机关申报钻石购、销、损、存的明细情况。购买方主管税务机关应根据钻交所会员单位主管税务机关发送来的发票清单信息与核准单相关信息按季进行核实，发现异常的，应立即移送稽查部门实施税务稽查。

第十一条 违反本办法，由主管税务机关按照有关法律、行政法规处理。

第十二条 本办法由国家税务总局负责解释。

黄金交易增值税征收管理办法

（2002年10月28日　国税发明电〔2002〕47号）

一、关于黄金交易的品种

1. 标准黄金产品

四种成色：AU9999、AU9995、AU999、AU995。

五种规格：50克、100克、1公斤、3公斤、12.5公斤。

2. 非标准黄金产品

除上述四种成色、五种规格以外的黄金产品。

二、关于黄金交易的有关征税规定

1. 为便于增值税的征收管理，按照黄金交易所章程规定注册登记的会员以及按照黄金交易所章程规定登记备案的客户，通过黄金交易所进行的标准黄金产品交易并持有黄金交易所开具的《黄金交易结算发票》（结算联），未发生实物交割的，由卖出方会员单位或客户按实际成交价格向黄金交易所开具普通发票，并免征增值税；如发生实物交割的，由黄金交易所主管税务机关代黄金交易所按照实际成交价格向具有增值税一般纳税人资格的提货方会员单位或客户开具增值税专用发票（增值税专用发票的发票联、记账联、存根联由黄金交易所留存，抵扣联传递给提货方会员单位）。对提货方会员单位或客户为非增值税一般纳税人的，不得开具增值税专用发票。

“标准黄金实物交割”是指：会员单位或客户将在黄金交易所已成交的黄金从黄

金交易所指定的金库提取黄金的行为。

2. 黄金交易所交易环节发生标准黄金实物交割，应按实际成交价格开具增值税专用发票，实际成交价格为所提取黄金买卖双方按规定报价方式所成交的价格，不包括交易费、仓储费等费用。为准确计算所提黄金的实际成交价格，黄金交易所应按后进先出法原则确定。

3. 为便于增值税的征收管理，在黄金交易所开业初期，对非黄金生产会员单位或客户（不包括银行系统），应按本单位的黄金实际使用量从黄金交易所的指定金库提取的黄金，对没有按本单位黄金实际使用量而从黄金交易所指定金库多提取的黄金，不得再向黄金交易所指定的金库存入黄金进行交易，包括黄金交易所开业之前非黄金生产会员单位或客户（不包括银行系统）在本单位的库存黄金。

4. 黄金交易所可享受增值税即征即返的优惠政策，同时免征城市建设维护税、教育费附加。

5. 对纳税人不通过黄金交易所销售标准黄金的，不享受增值税即征即退和免征城市建设维护税、教育费附加的政策。

三、会员单位和客户增值税进项税额的核算

1. 对会员单位（中国人民银行和黄金生产企业除外）或客户应对在黄金交易所黄金交易的进项税额实行单独核算，对按取得的黄金交易所开具的增值税专用发票上注明的增值税税额（包括相对应的买入量）单独记账。对会员或客户从黄金交易所购入黄金（指发生实物交割）再通过黄金交易所卖出时，应计算通过黄金交易所卖出黄金进项税额的转出额，并从当期进项税额中转出，同时计入成本；对企业当期账面进项税额小于通过下列公式计算出的应转出的进项税额，其差额部分应当立即补征入库。

应转出的进项税额 = 单位进项税额 × 当期黄金卖出量。

单位进项税额 = 购入黄金的累计进项税额 ÷ 累计黄金购入额。

2. 会员单位（中国人民银行和黄金生产企业除外）或客户通过黄金交易所销售企业原有库存黄金，应按实际成交价格计算相应的进项税金转出额，并从当期进项税额中转出，计入成本。

应转出的进项税额 = 销售库存黄金实际成交价格 ÷ （1 + 17%） × 17%。

四、增值税一般纳税人的认定

1. 为便于增值税的征收管理，黄金交易所应向所在地的主管税务机关申请办理增值税一般纳税人的认定手续，并申请印制《黄金交易结算发票》。

2. 会员单位和客户符合增值税一般纳税人认定资格的，可向其所在地的主管税务机关申请办理增值税一般纳税人的认定手续。

会员和客户在黄金交易所所在地设有分支机构的，并由分支机构进行黄金交易的，对符合增值税一般纳税人资格的分支机构可向黄金交易所的主管税务机关申请办理一般纳税人的认定手续。

五、关于税务机关代开增值税专用发票

黄金交易所主管税务机关代开增值税专用发票中的单价、金额和税额的计算公式：

单价 = 实际成交单价 ÷ （1 + 增值税税率）；

金额 = 数额 × 单价；

税额 = 金额 × 税率；

单价小数点后保留四位。

六、对会员单位和客户应按黄金交易所开具的《黄金交易结算发票》作为会计计账凭证进行财务核算；对买入方会员单位和客户取得税务部门代开的增值税专用发票（增值税专用发票的发票联、记账联，存根联由黄金交易所留存，抵扣联传递给提货方会员单位)，只作为核算进项税额的凭证，不得作为财务核算的凭证。

七、会员单位和客户未发生实物交割的，应凭黄金交易所开具的《黄金交易结算发票》(结算联)，向会员单位和客户所在地税务机关办理免税手续。

八、为便于增值税的征收管理，黄金交易所应加强对会员单位和客户的基础管理工作，会员单位的自营黄金交易与代理客户的黄金交易应分别进行核算。

增值税专用发票使用规定[①]

(2006 年 10 月 17 日　国税发〔2006〕156 号)

第一条　为加强增值税征收管理，规范增值税专用发票(以下简称专用发票)使用行为，根据《中华人民共和国增值税暂行条例》及其实施细则和《中华人民共和国税收征收管理法》及其实施细则，制定本规定。

第二条　专用发票，是增值税一般纳税人(以下简称一般纳税人)销售货物或者提供应税劳务开具的发票，是购买方支付增值税额并可按照增值税有关规定据以抵扣增值税进项税额的凭证。

第三条　一般纳税人应通过增值税防伪税控系统(以下简称防伪税控系统)使用专用发票。使用，包括领购、开具、缴销、认证纸质专用发票及其相应的数据电文。

本规定所称防伪税控系统，是指经国务院同意推行的，使用专用设备和通用设备、运用数字密码和电子存储技术管理专用发票的计算机管理系统。

本规定所称专用设备，是指金税卡、IC 卡、读卡器和其他设备。

本规定所称通用设备，是指计算机、打印机、扫描器具和其他设备。

第四条　专用发票由基本联次或者基本联次附加其他联次构成，基本联次为三联：发票联、抵扣联和记账联。发票联，作为购买方核算采购成本和增值税进项税额的记账凭证；抵扣联，作为购买方报送主管税务机关认证和留存备查的凭证；记账联，作为销售方核算销售收入和增值税销项税额的记账凭证。其他联次用途，由一般纳税人自行确定。

第五条　专用发票实行最高开票限额管理。最高开票限额，是指单份专用发票开具的销售额合计数不得达到的上限额度。

最高开票限额由一般纳税人申请，税务机关依法审批。最高开票限额为十万元及以下的，由区县级税务机关审批；最高开票限额为一百万元的，由地市级税务机关审批；最高开票限额为一千万元及以上的，由省级税务机关审批。防伪税控系统的具体发行工作由区县级税务机关负责。

税务机关审批最高开票限额应进行实地核查。批准使用最高开票限额为十万元及以下的，由区县级税务机关派人实地核查；批准使用最高开票限额为一百万元的，由地市级税务机关派人实地核查；批准使用最高开票限额为一千万元及以上的，由地市级税务机关派人实地核查后将核查资料报省级税务机关审核。

一般纳税人申请最高开票限额时，需

---

① 本篇法规中的第五条已被国家税务总局公告 2013 年第 39 号——关于在全国开展营业税改征增值税试点有关征收管理问题的公告废止，本篇法规中的第二十八条已被国家税务总局关于简化增值税发票领用和使用程序有关问题的公告废止、本法规中第十四条、第十五条、第十六条、第十七条、第十八条、第十九条已被国家税务总局公告 2014 年第 73 号——关于推行增值税发票系统升级版有关问题的公告废止。

填报《最高开票限额申请表》。

第六条 一般纳税人领购专用设备后，凭《最高开票限额申请表》、《发票领购簿》到主管税务机关办理初始发行。本规定所称初始发行，是指主管税务机关将一般纳税人的下列信息载入空白金税卡和IC卡的行为。

（一）企业名称；

（二）税务登记代码；

（三）开票限额；

（四）购票限量；

（五）购票人员姓名、密码；

（六）开票机数量；

（七）国家税务总局规定的其他信息。一般纳税人发生上列第一、三、四、五、六、七项信息变化，应向主管税务机关申请变更发行；发生第二项信息变化，应向主管税务机关申请注销发行。

第七条 一般纳税人凭《发票领购簿》、IC卡和经办人身份证明领购专用发票。

第八条 一般纳税人有下列情形之一的，不得领购开具专用发票：

（一）会计核算不健全，不能向税务机关准确提供增值税销项税额、进项税额、应纳税额数据及其他有关增值税税务资料的。

上列其他有关增值税税务资料的内容，由省、自治区、直辖市和计划单列市国家税务局确定。

（二）有《税收征管法》规定的税收违法行为，拒不接受税务机关处理的。

（三）有下列行为之一，经税务机关责令限期改正而仍未改正的：

1. 虚开增值税专用发票；

2. 私自印制专用发票；

3. 向税务机关以外的单位和个人买取专用发票；

4. 借用他人专用发票；

5. 未按本规定第十一条开具专用发票；

6. 未按规定保管专用发票和专用设备；

7. 未按规定申请办理防伪税控系统变更发行；

8. 未按规定接受税务机关检查。有上列情形的，如已领购专用发票，主管税务机关应暂扣其结存的专用发票和IC卡。

第九条 有下列情形之一的，为本规定第八条所称未按规定保管专用发票和专用设备：

（一）未设专人保管专用发票和专用设备；

（二）未按税务机关要求存放专用发票和专用设备；

（三）未将认证相符的专用发票抵扣联、《认证结果通知书》和《认证结果清单》装订成册；

（四）未经税务机关查验，擅自销毁专用发票基本联次。

第十条 一般纳税人销售货物或者提供应税劳务，应向购买方开具专用发票。

商业企业一般纳税人零售的烟、酒、食品、服装、鞋帽（不包括劳保专用部分）、化妆品等消费品不得开具专用发票。

增值税小规模纳税人（以下简称小规模纳税人）需要开具专用发票的，可向主管税务机关申请代开。

销售免税货物不得开具专用发票，法律、法规及国家税务总局另有规定的除外。

第十一条 专用发票应按下列要求开具：

（一）项目齐全，与实际交易相符；

（二）字迹清楚，不得压线、错格；

（三）发票联和抵扣联加盖财务专用章或者发票专用章；

（四）按照增值税纳税义务的发生时间开具。对不符合上列要求的专用发票，购买方有权拒收。

第十二条 一般纳税人销售货物或者提供应税劳务可汇总开具专用发票。汇总开具专用发票的，同时使用防伪税控系统开具《销售货物或者提供应税劳务清单》，并加盖财务专用章或者发票专用章。

第十三条 一般纳税人在开具专用发票当月，发生销货退回、开票有误等情形，收到退回的发票联、抵扣联符合作废条件的，按作废处理；开具时发现有误的，可即时作废。

作废专用发票须在防伪税控系统中将相应的数据电文按“作废”处理，在纸质专用发票（含未打印的专用发票）各联次上注明“作废”字样，全联次留存。

第十四条 一般纳税人取得专用发票后，发生销货退回、开票有误等情形但不符合作废条件的，或者因销货部分退回及发生销售折让的，购买方应向主管税务机关填报《开具红字增值税专用发票申请单》（以下简称《申请单》）。

《申请单》所对应的蓝字专用发票应经税务机关认证。

经认证结果为“认证相符”并且已经抵扣增值税进项税额的，一般纳税人在填报《申请单》时不填写相对应的蓝字专用发票信息。

经认证结果为“纳税人识别号认证不符”、“专用发票代码、号码认证不符”的，一般纳税人在填报《申请单》时应填写相对应的蓝字专用发票信息。

第十五条 《申请单》一式两联：第一联由购买方留存；第二联由购买方主管税务机关留存。

《申请单》应加盖一般纳税人财务专用章。

第十六条 主管税务机关对一般纳税人填报的《申请单》进行审核后，出具《开具红字增值税专用发票通知单》（以下简称《通知单》）。《通知单》应与《申请单》一一对应。

第十七条 《通知单》一式三联：第一联由购买方主管税务机关留存；第二联由购买方送交销售方留存；第三联由购买方留存。

《通知单》应加盖主管税务机关印章。

《通知单》应按月依次装订成册，并比照专用发票保管规定管理。

第十八条 购买方必须暂依《通知单》所列增值税税额从当期进项税额中转出，未抵扣增值税进项税额的可列入当期进项税额，待取得销售方开具的红字专用发票后，与留存的《通知单》一并作为记账凭证。属于本规定第十四条第四款所列情形的，不作进项税额转出。

第十九条 销售方凭购买方提供的《通知单》开具红字专用发票，在防伪税控系统中以销项负数开具。红字专用发票应与《通知单》一一对应。

第二十条 同时具有下列情形的，为本规定所称作废条件：

（一）收到退回的发票联、抵扣联时间未超过销售方开票当月；

（二）销售方未抄税并且未记账；

（三）购买方未认证或者认证结果为“纳税人识别号认证不符”、“专用发票代码、号码认证不符”。

本规定所称抄税，是报税前用IC卡或者IC卡和软盘抄取开票数据电文。

第二十一条 一般纳税人开具专用发票应在增值税纳税申报期内向主管税务机关报税，在申报所属月份内可分次向主管税务机关报税。

本规定所称报税，是纳税人持IC卡或者IC卡和软盘向税务机关报送开票数据电文。

第二十二条 因IC卡、软盘质量等问题无法报税的，应更换IC卡、软盘。

因硬盘损坏、更换金税卡等原因不能正常报税的，应提供已开具未向税务机关报税的专用发票记账联原件或者复印件，由主管税务机关补采开票数据。

第二十三条 一般纳税人注销税务登记或者转为小规模纳税人，应将专用设备和结存未用的纸质专用发票送交主管税务机关。

主管税务机关应缴销其专用发票，并按有关安全管理的要求处理专用设备。

第二十四条 本规定第二十三条所称专用

发票的缴销，是指主管税务机关在纸质专用发票监制章处按“V”字剪角作废，同时作废相应的专用发票数据电文。

被缴销的纸质专用发票应退还纳税人。

第二十五条 用于抵扣增值税进项税额的专用发票应经税务机关认证相符（国家税务总局另有规定的除外）。认证相符的专用发票应作为购买方的记账凭证，不得退还销售方。

本规定所称认证，是税务机关通过防伪税控系统对专用发票所列数据的识别、确认。

本规定所称认证相符，是指纳税人识别号无误，专用发票所列密文解译后与明文一致。

第二十六条 经认证，有下列情形之一的，不得作为增值税进项税额的抵扣凭证，税务机关退还原件，购买方可要求销售方重新开具专用发票。

（一）无法认证。

本规定所称无法认证，是指专用发票所列密文或者明文不能辨认，无法产生认证结果。

（二）纳税人识别号认证不符。

本规定所称纳税人识别号认证不符，是指专用发票所列购买方纳税人识别号有误。

（三）专用发票代码、号码认证不符。

本规定所称专用发票代码、号码认证不符，是指专用发票所列密文解译后与明文的代码或者号码不一致。

第二十七条 经认证，有下列情形之一的，暂不得作为增值税进项税额的抵扣凭证，税务机关扣留原件，查明原因，分别情况进行处理。

（一）重复认证。

本规定所称重复认证，是指已经认证相符的同一张专用发票再次认证。

（二）密文有误。

本规定所称密文有误，是指专用发票所列密文无法解译。

（三）认证不符。

本规定所称认证不符，是指纳税人识别号有误，或者专用发票所列密文解译后与明文不一致。

本项所称认证不符不含第二十六条第二项、第三项所列情形。

（四）列为失控专用发票。

本规定所称列为失控专用发票，是指认证时的专用发票已被登记为失控专用发票。

第二十八条 一般纳税人丢失已开具专用发票的发票联和抵扣联，如果丢失前已认证相符的，购买方凭销售方提供的相应专用发票记账联复印件及销售方所在地主管税务机关出具的《丢失增值税专用发票已报税证明单》，经购买方主管税务机关审核同意后，可作为增值税进项税额的抵扣凭证；如果丢失前未认证的，购买方凭销售方提供的相应专用发票记账联复印件到主管税务机关进行认证，认证相符的凭该专用发票记账联复印件及销售方所在地主管税务机关出具的《丢失增值税专用发票已报税证明单》，经购买方主管税务机关审核同意后，可作为增值税进项税额的抵扣凭证。

一般纳税人丢失已开具专用发票的抵扣联，如果丢失前已认证相符的，可使用专用发票发票联复印件留存备查；如果丢失前未认证的，可使用专用发票发票联到主管税务机关认证，专用发票发票联复印件留存备查。

一般纳税人丢失已开具专用发票的发票联，可将专用发票抵扣联作为记账凭证，专用发票抵扣联复印件留存备查。

第二十九条 专用发票抵扣联无法认证的，可使用专用发票发票联到主管税务机关认证。专用发票发票联复印件留存备查。

第三十条 本规定自2007年1月1日施行，《国家税务总局关于印发〈增值税专用发票使用规定〉的通知》（国税发〔1993〕150号）、《国家税务总局关于增值税专用发票使用问题的补充通知》（国税发〔1994〕

056 号)、《国家税务总局关于由税务所为小规模企业代开增值税专用发票的通知》(国税发〔1994〕058 号)、《国家税务总局关于印发〈关于商业零售企业开具增值税专用发票的通告〉的通知》(国税发〔1994〕081 号)、《国家税务总局关于修改〈国家税务总局关于严格控制增值税专用发票使用范围的通知〉的通知》(国税发〔2000〕075 号)、《国家税务总局关于加强防伪税控开票系统最高开票限额管理的通知》(国税发明电〔2001〕57 号)、《国家税务总局关于增值税一般纳税人丢失防伪税控系统开具的增值税专用发票有关税务处理问题的通知》(国税发〔2002〕010 号)、《国家税务总局关于进一步加强防伪税控开票系统最高开票限额管理的通知》(国税发明电〔2002〕33 号)同时废止。以前有关政策规定与本规定不一致的，以本规定为准。

附件 1：最高开票限额申请表（略）

附件 2：销售货物或者提供应税劳务清单（略）

附件 3：开具红字增值税专用发票申请单（略）

附件 4：开具红字增值税专用发票通知单（略）

附件 5：丢失增值税专用发票已报税证明单（略）

国家税务总局关于推行增值税发票系统升级版有关问题的公告

（2014 年 12 月 29 日　国家税务总局公告 2014 年第 73 号　根据 2018 年 6 月 15 日《国家税务总局关于修改部分税收规范性文件的公告》修改）

为适应税收现代化建设需要，着眼于税制改革的长远规划，满足增值税一体化管理要求，切实减轻基层税务机关和纳税人负担，税务总局对现行增值税发票系统进行了整合升级，并在部分地区试运行取得成功。税务总局决定自 2015 年 1 月 1 日起在全国范围推行增值税发票系统升级版，现将有关问题公告如下：

一、推行范围

2015 年 1 月 1 日起新认定的增值税一般纳税人（以下简称一般纳税人）和新办的小规模纳税人。

二、发票使用

（一）一般纳税人销售货物、提供应税劳务和应税服务开具增值税专用发票、货物运输业增值税专用发票和增值税普通发票。

（二）小规模纳税人销售货物、提供应税劳务和应税服务开具增值税普通发票。

（三）一般纳税人和小规模纳税人从事机动车（旧机动车除外）零售业务开具机动车销售统一发票。

（四）通用定额发票、客运发票和二手车销售统一发票继续使用。

三、系统使用

增值税发票系统升级版是对增值税防伪税控系统、货物运输业增值税专用发票税控系统、稽核系统以及税务数字证书系统等进行整合升级完善。实现纳税人经过税务数字证书安全认证、加密开具的发票数据，通过互联网实时上传税务机关，生成增值税发票电子底账，作为纳税申报、发票数据查验以及税源管理、数据分析利用的依据。

（一）增值税发票系统升级版纳税人端税控设备包括金税盘和税控盘（以下统称专用设备）。专用设备均可开具增值税专用发票、货物运输业增值税专用发票、增值税普通发票和机动车销售统一发票。

新认定的一般纳税人和新办小规模纳税人自愿选择使用金税盘或税控盘。

除本公告第二条第四项规定的发票，

新认定的一般纳税人和新办小规模纳税人发生增值税业务对外开具发票应当使用专用设备开具。

（二）纳税人应在互联网连接状态下在线使用增值税发票系统升级版开具发票。增值税发票系统升级版可自动上传已开具的发票明细数据。

（三）纳税人因网络故障等原因无法在线开票的，在税务机关设定的离线开票时限和离线开具发票总金额范围内仍可开票，超限将无法开具发票。纳税人开具发票次月仍未连通网络上传已开具发票明细数据的，也将无法开具发票。纳税人需连通网络上传发票后方可开票，若仍无法连通网络的需携带专用设备到税务机关进行征期报税或非征期报税后方可开票。

纳税人已开具未上传的增值税发票为离线发票。离线开票时限是指自第一份离线发票开具时间起开始计算可离线开具的最长时限。离线开票总金额是指可开具离线发票的累计不含税总金额，离线开票总金额按不同票种分别计算。

纳税人离线开票时限和离线开票总金额的设定标准及方法由各省、自治区、直辖市和计划单列市税务局确定。

（四）按照有关规定不使用网络办税或不具备网络条件的特定纳税人，以离线方式开具发票，不受离线开票时限和离线开具发票总金额限制。特定纳税人的相关信息由主管税务机关在综合征管系统中设定，并同步至增值税发票系统升级版。

（五）纳税人应在纳税申报期内将上月开具发票汇总情况通过增值税发票系统升级版进行网络报税。

特定纳税人不使用网络报税，需携带专用设备和相关资料到税务机关进行报税。

（六）一般纳税人发票认证、稽核比对、纳税申报等涉税事项仍按照现行规定执行。

四、红字发票开具①

（略）

五、其他事宜

本公告自2015年1月1日起施行，《国家税务总局关于修订〈增值税专用发票使用规定〉的通知》（国税发〔2006〕156号）第十四条、第十五条、第十六条、第十七条、第十八条、第十九条、《国家税务总局关于推行增值税防伪税控一机多票系统的通知》（国税发〔2006〕78号）第一条第二项、《国家税务总局关于修订增值税专用发票使用规定的补充通知》（国税发〔2007〕18号）、《国家税务总局关于增值税防伪税控一机多票系统开具普通发票有关问题的公告》（国家税务总局公告2011年第15号）、《国家税务总局关于在全国开展营业税改征增值税试点有关税收征收管理问题的公告》（国家税务总局公告2013年第39号）第四条第四项、《国家税务总局关于增值税发票系统升级版试运行工作有关问题的通知》（税总函〔2014〕522号）同时废止。

特此公告。

油气田企业增值税管理办法

（2009年1月19日　财税〔2009〕8号）

第一条　根据国务院批准的石油天然气企业增值税政策，为加强石油天然气企业的增值税征收管理工作，制定本办法。

第二条　本办法适用于在中华人民共和国境内从事原油、天然气生产的企业。包括中国石油天然气集团公司（以下简称中石油集团）和中国石油化工集团公司（以下简称中石化集团）重组改制后设立的油气

① 本公告第四条已被《国家税务总局关于红字增值税发票开具有关问题的公告》废止。

田分（子）公司、存续公司和其他石油天然气生产企业（以下简称油气田企业），不包括经国务院批准适用5%征收率缴纳增值税的油气田企业。

存续公司是指中石油集团和中石化集团重组改制后留存的企业。

其他石油天然气生产企业是指中石油集团和中石化集团以外的石油天然气生产企业。

油气田企业持续重组改制继续提供生产性劳务的企业，以及2009年1月1日以后新成立的油气田企业参股、控股的企业，按照本办法缴纳增值税。

第三条 油气田企业为生产原油、天然气提供的生产性劳务应缴纳增值税。

生产性劳务是指油气田企业为生产原油、天然气，从地质普查、勘探开发到原油天然气销售的一系列生产过程所发生的劳务（具体见本办法所附的《增值税生产性劳务征税范围注释》）。

缴纳增值税的生产性劳务仅限于油气田企业间相互提供属于《增值税生产性劳务征税范围注释》内的劳务。油气田企业与非油气田企业之间相互提供的生产性劳务不缴纳增值税。

第四条 油气田企业将承包的生产性劳务分包给其他油气田企业或非油气田企业，应当就其总承包额计算缴纳增值税。非油气田企业将承包的生产性劳务分包给油气田企业或其他非油气田企业，其提供的生产性劳务不缴纳增值税。油气田企业分包非油气田企业的生产性劳务，也不缴纳增值税。

第五条 油气田企业提供的生产性劳务，增值税税率为17%。

第六条 油气田企业与其所属非独立核算单位之间以及其所属非独立核算单位之间移送货物或者提供应税劳务，不缴纳增值税。

本办法规定的应税劳务，是指加工、修理修配劳务和生产性劳务（下同）。

第七条 油气田企业提供的应税劳务和非应税劳务应当分别核算销售额，未分别核算的，由主管税务机关核定应税劳务的销售额。

第八条 油气田企业下列项目的进项税额不得从销项税额中抵扣：

（一）用于非增值税应税项目、免征增值税项目、集体福利或者个人消费的购进货物或者应税劳务。

本办法规定的非增值税应税项目，是指提供非应税劳务、转让无形资产、销售不动产、建造非生产性建筑物及构筑物。

本办法规定的非应税劳务，是指属于应缴营业税的交通运输业、建筑业、金融保险业、邮电通信业、文化体育业、娱乐业、服务业税目征收范围的劳务，但不包括本办法规定的生产性劳务。

用于集体福利或个人消费的购进货物或者应税劳务，包括所属的学校、医院、宾馆、饭店、招待所、托儿所（幼儿园）、疗养院、文化娱乐单位等部门购进的货物或应税劳务。

（二）非正常损失的购进货物及相关的应税劳务。

（三）非正常损失的在产品、产成品所耗用的购进货物或者应税劳务。

（四）国务院财政、税务主管部门规定的纳税人自用消费品。

（五）本条第（一）项至第（四）项规定的货物的运输费用和销售免税货物的运输费用。

第九条 油气田企业为生产原油、天然气接受其他油气田企业提供的生产性劳务，可凭劳务提供方开具的增值税专用发票注明的增值税额予以抵扣。

第十条 跨省、自治区、直辖市开采石油、天然气的油气田企业，由总机构汇总计算应纳增值税税额，并按照各油气田（井口）石油、天然气产量比例进行分配，各油气田按所分配的应纳增值税额向所在地税务机关缴纳。石油、天然气应纳增值税额的计算办法由总机构所在地省级税务部门商各油气田所在地同级税务部门确定。

在省、自治区、直辖市内的油气田企业，其增值税的计算缴纳方法由各省、自治区、直辖市财政和税务部门确定。

第十一条 油气田企业跨省、自治区、直辖市提供生产性劳务，应当在劳务发生地按3%预征率计算缴纳增值税。在劳务发生地预缴的税款可从其应纳增值税中抵减。

第十二条 油气田企业为生产原油、天然气提供的生产性劳务的纳税义务发生时间为油气田企业收讫劳务收入款或者取得索取劳务收入款项凭据的当天；先开具发票的，为开具发票的当天。

收讫劳务收入款的当天，是指油气田企业应税行为发生过程中或者完成后收取款项的当天；采取预收款方式的，为收到预收款的当天。

取得索取劳务收入款项凭据的当天，是指书面合同确定的付款日期的当天；未签订书面合同或者书面合同未确定付款日期的，为应税行为完成的当天。

第十三条 油气田企业所需发票，经主管税务机关审核批准后，可以采取纳税人统一集中领购、发放和管理的方法，也可以由机构内部所属非独立核算单位分别领购。

第十四条 油气田企业应统一申报货物及应税劳务应缴纳的增值税。

第十五条 现行规定与本办法有抵触的，按本办法执行；本办法未尽事宜，按现行税收法律、法规执行。

第十六条 各省、自治区、直辖市税务机关可根据本规定制定具体实施办法，并报国家税务总局备案。

第十七条 本办法自2009年1月1日起执行。《财政部 国家税务总局关于油气田企业增值税计算缴纳方法问题的通知》((94)财税字第073号)、《财政部 国家税务关于印发〈油气田企业增值税管理暂行办法〉的通知》(财税字〔2000〕32号)和《国家税务总局关于油气田企业增值税问题的补充通知》(国税发〔2000〕195号)同时废止。

附：

增值税生产性劳务征收范围注释

一、地质勘探

是指根据地质学、物理学和化学原理，凭借各种仪器设备观测地下情况，研究地壳的性质与结构，借以寻找原油、天然气的工作。种类包括：地质测量；控制地形测量；重力法；磁力法；电法；陆地海滩二维（或三维、四维）地震勘探；垂直地震测井法（即vsp测井法）；卫星定位；地球化学勘探；井间地震；电磁勘探；多波地震勘探；遥感和遥测；探井；资料（数据）处理、解释和研究。

二、钻井（含侧钻）

是指初步探明储藏有油气水后，通过钻具（钻头、钻杆、钻铤）对地层钻孔，然后用套、油管联接并向下延伸到油气水层，并将油气水分离出来的过程。钻井工程分为探井和开发井。探井包括地质井、参数井、预探井、评价井、滚动井等；开发井包括采油井、采气井、注水（气）井以及调整井、检查研究井、扩边井、油藏评价井等，其有关过程包括：

（一）新老区临时工程建设。是指为钻井前期准备而进行的临时性工程。含临时房屋修建、临时公路和井场道路的修建、供水（电）工程的建设、保温及供热工程建设、维护、管理。

（二）钻前准备工程。指为钻机开钻创造必要条件而进行的各项准备工程。含钻机、井架、井控、固控设施、井口工具的安装及维修。

（三）钻井施工工程。包括钻井、井控、固控所需设备、材料及新老区临时工程所需材料的装卸及搬运。

（四）包括定向井技术、水平井技术、打捞技术、欠平衡技术、泥浆技术、随钻测量、陀螺测量、电子多点、电子单点、磁性单多点、随钻、通井、套管开窗、老井侧钻、数据处理、小井眼加深、钻井液、顶部驱动钻井、化学监测、分支井技术、气体（泡沫）钻井技术、套管钻井技术、膨胀管技术、垂直钻井技术、地质导向钻井技术、旋冲钻井技术，取芯、下套管作业、钻具服务、井控服务、固井服务、钻井工程技术监督、煤层气钻井技术等。

（五）海洋钻井：包括钻井船拖航定位、海洋环保、安全求生设备的保养检查、试油点火等特殊作业。

三、测井

是指在井孔中利用测试仪器，根据物理和化学原理，间接获取地层和井眼信息，包括信息采集、处理、解释和油（气）井射孔。根据测井信息，评价储（产）层岩性、物性、含油性、生产能力及固井质量、射孔质量、套管质量、井下作业效果等。按物理方法，主要有电法测井、声波测井、核（放射性）测井、磁测井、力测井、热测井、化学测井；按完井方式分裸眼井测井和套管井测井；按开采阶段分勘探测井和开发测井，开发测井包括生产测井、工程测井和产层参数测井。

四、录井

是指钻井过程中随着钻井录取各种必要资料的工艺过程。有关项目包括：地质设计；地质录井；气测录井；综合录井；地化录井；轻烃色谱录井；定量荧光录井；核磁共振录井；离子色谱录井；伽马录井；岩心扫描录井；录井信息传输；录井资料处理及解释；地质综合研究；测量工程；单井评价；古生物、岩矿、色谱分析；录井新技术开发；非地震方法勘探；油层工程研究；数据处理；其他技术服务项目。

五、试井

是指确定井的生产能力和研究油层参数及地下动态，对井进行的专门测试工作。应用试井测试手段可以确定油气藏压力系统、储层特性、生产能力和进行动态预测，判断油气藏边界、评价井下作业效果和估算储量等。包括高压试井和低压试井。

六、固井

是指向井内下入一定尺寸的套管柱，并在周围注入水泥，将井壁与套管的空隙固定，以封隔疏松易塌易漏等地层、封隔油气水层，防止互相窜漏并形成油气通道。具体项目包括：表面固井、技术套管固井、油层固井、套管固井、特殊固井。

七、试油（气）

是油气层评价的一种直接手段。是指在钻井过程中或完井后，利用地层测试等手段，获取储层油、气、水产量、液性、压力、温度等资料，为储层评价、油气储量计算和制定油气开发方案提供依据。包括：中途测试、原钻机试油（气）、完井试油（气）、压裂改造、酸化改造、地层测试和抽汲排液求产、封堵等特种作业。

八、井下作业

是指在油气开发过程中，根据油气田投产、调整、改造、完善、挖潜的需要，利用地面和井下设备、工具，对油、气、水井采取各种井下作业技术措施，以达到维护油气水井正常生产或提高注采量，改善油层渗透条件及井的技术状况，提高采油速度和最终采收率。具体项目包括：新井投产、投注、维护作业、措施作业、油水井大修、试油测试、试采、数据解释。

九、油（气）集输

是指把油（气）井生产的原油（天然气）收集起来，再进行初加工并输送出去而修建井（平）台、井口装置、管线、计量站、接转站、联合站、油库、油气稳定站、净化厂（站）、污水处理站、中间加热加压站、长输管线、集气站、增压站、气体处理厂等设施及维持设施正常运转发生的运行、保养、维护等劳务。

十、采油采气

是指为确保油田企业正常生产，通过自然或机械力将油气从油气层提升到地面并输送到联合站、集输站整个过程而发生的工程及劳务。主要包括采油采气、注水注气、三次采油、防腐、为了提高采收率采取的配套技术服务等。

（一）采油采气。是指钻井完钻后，通过试采作业，采取自然或机械力将油气从油气层提升到地面而进行的井场、生产道路建设、抽油机安装、采油树配套、单井管线铺设、动力设备安装、气层排液等工程及维持正常生产发生的运行、保养、维护等劳务。

（二）注水注气。是指为保持油气层压力而建设的水源井、取水设施、操作间、水源管线、配水间、配气站、注水注气站、注水增压站、注水注气管线等设施以及维持正常注水注气发生的运行、保养、维护等劳务。

（三）稠油注汽。是指为开采稠油而修建的向油层注入高压蒸汽的设施工程及维持正常注汽发生的运行、保养、维护等劳务。

（四）三次采油。是指为提高原油采收率，确保油田采收率而向油层内注聚合物、酸碱、表面活性剂、二氧化碳、微生物等其他新技术，进行相关的技术工艺配套和地面设施工程。包括修建注入和采出各场站、管网及相应的各系统工程；产出液处理的净化场（站）及管网工程等。

（五）防腐。是指为解决现场问题，保证油田稳产，解决腐蚀问题而进行的相关药剂、防腐方案、腐蚀监测网络等的配套工程。

（六）技术服务。是指为确保油气田的正常生产，为采油气工程提供的各种常规技术服务及新技术服务等。主要包括采油采气方案的编制、注水注气方案编制、三次采油方案的编制设计、油井管柱优化设计、相关软件的开发、采油气新工艺的服务、油气水井测试服务等。

十一、海上油田建设

是指为勘探开发海上油田而修建的人工岛、海上平台、海堤、滩海路、海上电力通讯、海底管缆、海上运输、应急系统、弃置等海上生产设施及维持正常生产发生的运行、保养、维护等劳务。

十二、供排水、供电、供热、通讯

（一）供排水。是指为维持油（气）田正常生产及保证安全所建设的调节水源、管线、泵站等系统工程以及防洪排涝工程以及运行、维护、改造等劳务。

（二）供电。是指为保证油（气）田正常生产和照明而建设的供、输、变电的系统工程以及运行、维护、改造等劳务。

（三）供热。是指为保证油气田正常生产而建设的集中热源、供热管网等设施以及运行、维护、改造等劳务。

（四）通讯。是指在油（气）田建设中为保持电信联络而修建的发射台、线路、差转台（站）等设施以及运行、维护、改造等劳务。

十三、油田基本建设

是指根据油气田生产的需要，在油气田内部修建的道路、桥涵、河堤、输卸油（气）专用码头、海堤、生产指挥场所建设等设施以及维护和改造。

十四、环境保护

是油气田企业为保护生态环境，落实环境管理而发生的生态保护、污染防治、清洁生产、污染处置、环境应急等项目建设的工程与劳务，及施工结束、资源枯竭后应及时恢复自然生态而建设的工程及劳务。

十五、其他

是指油气田企业之间为维持油气田的正常生产而互相提供的其他劳务。包括：运输、设计、提供信息、检测、计量、监督、监理、消防、安全、异体监护、数据处理、租赁生产所需的仪器、材料、设备等服务。

财政部、国家税务总局关于油气田企业增值税问题的补充通知

（2009年7月9日 财税〔2009〕97号）

各省、自治区、直辖市、计划单列市财政厅（局）、国家税务局、地方税务局，新疆生产建设兵团财务局：

《财政部、国家税务总局关于印发〈油气田企业增值税管理办法〉的通知》（财税〔2009〕8号）下发后，个别特殊地区反映对税收收入影响较大。经研究，现将有关问题通知如下：

一、油气田企业向外省、自治区、直辖市其他油气田企业提供生产性劳务，应当在劳务发生地税务机关办理税务登记或注册税务登记。在劳务发生地设立分（子）公司的，应当申请办理增值税一般纳税人认定手续，经劳务发生地税务机关认定为一般纳税人后，按照增值税一般纳税人的计算方法在劳务发生地计算缴纳增值税。

子公司是指具有企业法人资格，实行独立核算的企业；分公司是指不具有企业法人资格，但领取了工商营业执照的企业。

二、新疆以外地区在新疆未设立分（子）公司的油气田企业，在新疆提供的生产性劳务应按5%的预征率计算缴纳增值税，预缴的税款可在油气田企业的应纳增值税中抵减。

三、本通知自2009年1月1日执行。

航空运输企业增值税征收管理暂行办法

（2013年11月28日 国家税务总局公告2013年第68号 自2013年8月1日起施行）

第一条 为规范营业税改征增值税试点期间航空运输企业增值税征收管理，根据《总分机构试点纳税人增值税计算缴纳暂行办法》（财税〔2013〕74号文件印发）和现行增值税有关规定，制定本办法。

第二条 经财政部和国家税务总局批准，按照《总分机构试点纳税人增值税计算缴纳暂行办法》计算缴纳增值税的航空运输企业，适用本办法。

第三条 航空运输企业的总机构（以下简称总机构），应当汇总计算总机构及其分支机构发生《应税服务范围注释》所列业务的应纳税额，抵减分支机构发生《应税服务范围注释》所列业务已缴纳（包括预缴和补缴，下同）的税额后，向主管税务机关申报纳税。

总机构销售货物和提供加工修理修配劳务，按照增值税暂行条例及相关规定就地申报纳税。

第四条 总机构汇总的销售额，为总机构及其分支机构发生《应税服务范围注释》所列业务的销售额。

总机构应当按照增值税现行规定核算汇总的销售额。

第五条 总机构汇总的销项税额，按照本办法第四条规定的销售额和增值税适用税率计算。

第六条 总机构汇总的进项税额，是指总机构及其分支机构因发生《应税服务范围注释》所列业务而购进货物或者接受加工修理修配劳务和应税服务，支付或者负担

的增值税税额。

总机构和分支机构用于《应税服务范围注释》所列业务之外的进项税额不得汇总。

第七条 分支机构发生《应税服务范围注释》所列业务，按照销售额和预征率计算应预缴税额，按月向主管税务机关申报纳税，不得抵扣进项税额。计算公式为：

应预缴税额 = 销售额 × 预征率

分支机构销售货物和提供加工修理修配劳务，按照增值税暂行条例及相关规定就地申报纳税。

第八条 分支机构应按月将《应税服务范围注释》所列业务的销售额、进项税额和已缴纳税额归集汇总，填写《航空运输企业分支机构传递单》（见附件1），报送主管税务机关签章确认后，于次月10日前传递给总机构。

第九条 总机构的纳税期限为一个季度。

第十条 总机构应当依据《航空运输企业分支机构传递单》，汇总计算当期发生《应税服务范围注释》所列业务的应纳税额，抵减分支机构发生《应税服务范围注释》所列业务当期已缴纳的税额后，向主管税务机关申报纳税。抵减不完的，可以结转下期继续抵减。计算公式为：

总机构当期汇总应纳税额 = 当期汇总销项税额 - 当期汇总进项税额

总机构当期应补（退）税额 = 总机构当期汇总应纳税额 - 分支机构当期已缴纳税额

第十一条 航空运输企业汇总缴纳的增值税实行年度清算。

第十二条 年度终了后25个工作日内，总机构应当计算分支机构发生《应税服务范围注释》所列业务年度清算的应纳税额，并向主管税务机关报送《______年度航空运输企业年度清算表》（附件2）。计算公式为：

分支机构年度清算的应纳税额 =（分支机构发生《应税服务范围注释》所列业务的年度销售额 ÷ 总机构汇总的年度销售额）× 总机构汇总的年度应纳税额

总机构汇总的年度应纳税额，为总机构年度内各季度汇总应纳税额的合计数。

第十三条 年度终了后40个工作日内，总机构主管税务机关应将《______年度航空运输企业年度清算表》逐级报送国家税务总局。

第十四条 分支机构年度清算的应纳税额小于分支机构已预缴税额，且差额较大的，由国家税务总局通知分支机构所在地的省税务机关，在一定时期内暂停分支机构预缴增值税。

分支机构年度清算的应纳税额大于分支机构已预缴税额，差额部分由国家税务总局通知分支机构所在地的省税务机关，在分支机构预缴增值税时一并补缴入库。

第十五条 总机构及其分支机构，一律由主管税务机关认定为增值税一般纳税人。

第十六条 总机构应当在开具增值税专用发票（含货物运输业增值税专用发票）的次月申报期结束前向主管税务机关报税。

总机构及其分支机构取得的增值税扣税凭证，应当按照有关规定到主管税务机关办理认证或者申请稽核比对。

总机构汇总的进项税额，应当在季度终了后的第一个申报期内申报抵扣。

第十七条 主管税务机关应定期或不定期对分支机构纳税情况进行检查。

分支机构发生《应税服务范围注释》所列业务申报不实的，就地按适用税率全额补征增值税。主管税务机关应将检查情况及结果发函通知总机构主管税务机关。

第十八条 总机构及其分支机构的其他增值税涉税事项，按照现行增值税有关政策执行。

附件： 1. 航空运输企业分支机构传递单（略）

2. ____年度航空运输企业年度清算表（略）

房地产开发企业销售自行开发的房地产项目增值税征收管理暂行办法

（2016年3月31日　国家税务总局公告2016年第18号　自2016年5月1日起施行　根据2018年6月15日《国家税务总局关于修改部分税收规范性文件的公告》修改）

第一章　适用范围

第一条　根据《财政部、国家税务总局关于全面推开营业税改征增值税试点的通知》（财税〔2016〕36号）及现行增值税有关规定，制定本办法。

第二条　房地产开发企业销售自行开发的房地产项目，适用本办法。

自行开发，是指在依法取得土地使用权的土地上进行基础设施和房屋建设。

第三条　房地产开发企业以接盘等形式购入未完工的房地产项目继续开发后，以自己的名义立项销售的，属于本办法规定的销售自行开发的房地产项目。

第二章　一般纳税人征收管理

第一节　销售额

第四条　房地产开发企业中的一般纳税人（以下简称一般纳税人）销售自行开发的房地产项目，适用一般计税方法计税，按照取得的全部价款和价外费用，扣除当期销售房地产项目对应的土地价款后的余额计算销售额。销售额的计算公式如下：

销售额＝（全部价款和价外费用－当期允许扣除的土地价款）÷（1＋11%）

第五条　当期允许扣除的土地价款按照以下公式计算：

当期允许扣除的土地价款＝（当期销售房地产项目建筑面积÷房地产项目可供销售建筑面积）×支付的土地价款

当期销售房地产项目建筑面积，是指当期进行纳税申报的增值税销售额对应的建筑面积。

房地产项目可供销售建筑面积，是指房地产项目可以出售的总建筑面积，不包括销售房地产项目时未单独作价结算的配套公共设施的建筑面积。

支付的土地价款，是指向政府、土地管理部门或受政府委托收取土地价款的单位直接支付的土地价款。

第六条　在计算销售额时从全部价款和价外费用中扣除土地价款，应当取得省级以上（含省级）财政部门监（印）制的财政票据。

第七条　一般纳税人应建立台账登记土地价款的扣除情况，扣除的土地价款不得超过纳税人实际支付的土地价款。

第八条　一般纳税人销售自行开发的房地产老项目，可以选择适用简易计税方法按照5%的征收率计税。一经选择简易计税方法计税的，36个月内不得变更为一般计税方法计税。

房地产老项目，是指：

（一）《建筑工程施工许可证》注明的合同开工日期在2016年4月30日前的房地产项目；

（二）《建筑工程施工许可证》未注明合同开工日期或者未取得《建筑工程施工许可证》但建筑工程承包合同注明的开工日期在2016年4月30日前的建筑工程项目。

第九条　一般纳税人销售自行开发的房地产老项目适用简易计税方法计税的，以取得的全部价款和价外费用为销售额，不得扣除对应的土地价款。

第二节　预缴税款

第十条　一般纳税人采取预收款方式销售

自行开发的房地产项目，应在收到预收款时按照3%的预征率预缴增值税。

第十一条 应预缴税款按照以下公式计算：

应预缴税款 = 预收款 ÷（1 + 适用税率或征收率）×3%

适用一般计税方法计税的，按照11%的适用税率计算；适用简易计税方法计税的，按照5%的征收率计算。

第十二条 一般纳税人应在取得预收款的次月纳税申报期向主管税务机关预缴税款。

第三节 进项税额

第十三条 一般纳税人销售自行开发的房地产项目，兼有一般计税方法计税、简易计税方法计税、免征增值税的房地产项目而无法划分不得抵扣的进项税额的，应以《建筑工程施工许可证》注明的“建设规模”为依据进行划分。

不得抵扣的进项税额 = 当期无法划分的全部进项税额 ×（简易计税、免税房地产项目建设规模 ÷ 房地产项目总建设规模）

第四节 纳税申报

第十四条 一般纳税人销售自行开发的房地产项目适用一般计税方法计税的，应按照《营业税改征增值税试点实施办法》（财税〔2016〕36号文件印发，以下简称《试点实施办法》）第四十五条规定的纳税义务发生时间，以当期销售额和11%的适用税率计算当期应纳税额，抵减已预缴税款后，向主管税务机关申报纳税。未抵减完的预缴税款可以结转下期继续抵减。

第十五条 一般纳税人销售自行开发的房地产项目适用简易计税方法计税的，应按照《试点实施办法》第四十五条规定的纳税义务发生时间，以当期销售额和5%的征收率计算当期应纳税额，抵减已预缴税款后，向主管税务机关申报纳税。未抵减完的预缴税款可以结转下期继续抵减。

第五节 发票开具

第十六条 一般纳税人销售自行开发的房地产项目，自行开具增值税发票。

第十七条 一般纳税人销售自行开发的房地产项目，其2016年4月30日前收取并已向主管地税机关申报缴纳营业税的预收款，未开具营业税发票的，可以开具增值税普通发票，不得开具增值税专用发票。

第十八条 一般纳税人向其他个人销售自行开发的房地产项目，不得开具增值税专用发票。

第三章 小规模纳税人征收管理

第一节 预缴税款

第十九条 房地产开发企业中的小规模纳税人（以下简称小规模纳税人）采取预收款方式销售自行开发的房地产项目，应在收到预收款时按照3%的预征率预缴增值税。

第二十条 应预缴税款按照以下公式计算：

应预缴税款 = 预收款 ÷（1 +5%）×3%

第二十一条 小规模纳税人应在取得预收款的次月纳税申报期或主管税务机关核定的纳税期限向主管税务机关预缴税款。

第二节 纳税申报

第二十二条 小规模纳税人销售自行开发的房地产项目，应按照《试点实施办法》第四十五条规定的纳税义务发生时间，以当期销售额和5%的征收率计算当期应纳税额，抵减已预缴税款后，向主管税务机关申报纳税。未抵减完的预缴税款可以结转下期继续抵减。

第三节 发票开具

第二十三条 小规模纳税人销售自行开发的房地产项目，自行开具增值税普通发票。购买方需要增值税专用发票的，小规模纳税人向主管税务机关申请代开。

第二十四条 小规模纳税人销售自行开发的房地产项目，其2016年4月30日前收取并已向主管地税机关申报缴纳营业税的预收款，未开具营业税发票的，可以开具增值税普通发票，不得申请代开增值税专用发票。

第二十五条 小规模纳税人向其他个人销售自行开发的房地产项目，不得申请代开增值税专用发票。

第四章 其他事项

第二十六条 房地产开发企业销售自行开发的房地产项目，按照本办法规定预缴税款时，应填报《增值税预缴税款表》。

第二十七条 房地产开发企业以预缴税款抵减应纳税额，应以完税凭证作为合法有效凭证。

第二十八条 房地产开发企业销售自行开发的房地产项目，未按本办法规定预缴或缴纳税款的，由主管税务机关按照《中华人民共和国税收征收管理法》及相关规定进行处理。

纳税人转让不动产增值税征收管理暂行办法[①]

（2016年3月31日 国家税务总局公告2016年第14号 自2016年5月1日起施行 根据2018年6月15日《国家税务总局关于修改部分税收规范性文件的公告》修改）

第一条 根据《财政部、国家税务总局关于全面推开营业税改征增值税试点的通知》（财税〔2016〕36号）及现行增值税有关规定，制定本办法。

第二条 纳税人转让其取得的不动产，适用本办法。

本办法所称取得的不动产，包括以直接购买、接受捐赠、接受投资入股、自建以及抵债等各种形式取得的不动产。

房地产开发企业销售自行开发的房地产项目不适用本办法。

第三条 一般纳税人转让其取得的不动产，按照以下规定缴纳增值税：

（一）一般纳税人转让其2016年4月30日前取得（不含自建）的不动产，可以选择适用简易计税方法计税，以取得的全部价款和价外费用扣除不动产购置原价或者取得不动产时的作价后的余额为销售额，按照5%的征收率计算应纳税额。纳税人应按照上述计税方法向不动产所在地主管地税机关预缴税款，向机构所在地主管国税机关申报纳税。

（二）一般纳税人转让其2016年4月30日前自建的不动产，可以选择适用简易计税方法计税，以取得的全部价款和价外费用为销售额，按照5%的征收率计算应纳税额。纳税人应按照上述计税方法向不动产所在地主管地税机关预缴税款，向机构所在地主管国税机关申报纳税。

（三）一般纳税人转让其2016年4月30日前取得（不含自建）的不动产，选择适用一般计税方法计税的，以取得的全部价款和价外费用为销售额计算应纳税额。纳税人应以取得的全部价款和价外费用扣除不动产购置原价或者取得不动产时的作价后的余额，按照5%的预征率向不动产所在地主管地税机关预缴税款，向机构所在地主管国税机关申报纳税。

（四）一般纳税人转让其2016年4月30日前自建的不动产，选择适用一般计税

① 根据2018年6月15日国家税务总局公告2018年第31号《国家税务总局关于修改部分税收规范性文件的公告》，本办法全文中“地税机关”“国税机关”的内容修改为“税务机关”。

方法计税的，以取得的全部价款和价外费用为销售额计算应纳税额。纳税人应以取得的全部价款和价外费用，按照5%的预征率向不动产所在地主管地税机关预缴税款，向机构所在地主管国税机关申报纳税。

（五）一般纳税人转让其2016年5月1日后取得（不含自建）的不动产，适用一般计税方法，以取得的全部价款和价外费用为销售额计算应纳税额。纳税人应以取得的全部价款和价外费用扣除不动产购置原价或者取得不动产时的作价后的余额，按照5%的预征率向不动产所在地主管地税机关预缴税款，向机构所在地主管国税机关申报纳税。

（六）一般纳税人转让其2016年5月1日后自建的不动产，适用一般计税方法，以取得的全部价款和价外费用为销售额计算应纳税额。纳税人应以取得的全部价款和价外费用，按照5%的预征率向不动产所在地主管地税机关预缴税款，向机构所在地主管国税机关申报纳税。

第四条 小规模纳税人转让其取得的不动产，除个人转让其购买的住房外，按照以下规定缴纳增值税：

（一）小规模纳税人转让其取得（不含自建）的不动产，以取得的全部价款和价外费用扣除不动产购置原价或者取得不动产时的作价后的余额为销售额，按照5%的征收率计算应纳税额。

（二）小规模纳税人转让其自建的不动产，以取得的全部价款和价外费用为销售额，按照5%的征收率计算应纳税额。

除其他个人之外的小规模纳税人，应按照本条规定的计税方法向不动产所在地主管地税机关预缴税款，向机构所在地主管国税机关申报纳税；其他个人按照本条规定的计税方法向不动产所在地主管地税机关申报纳税。

第五条 个人转让其购买的住房，按照以下规定缴纳增值税：

（一）个人转让其购买的住房，按照有关规定全额缴纳增值税的，以取得的全部价款和价外费用为销售额，按照5%的征收率计算应纳税额。

（二）个人转让其购买的住房，按照有关规定差额缴纳增值税的，以取得的全部价款和价外费用扣除购买住房价款后的余额为销售额，按照5%的征收率计算应纳税额。

个体工商户应按照本条规定的计税方法向住房所在地主管地税机关预缴税款，向机构所在地主管国税机关申报纳税；其他个人应按照本条规定的计税方法向住房所在地主管地税机关申报纳税。

第六条 其他个人以外的纳税人转让其取得的不动产，区分以下情形计算应向不动产所在地主管地税机关预缴的税款：

（一）以转让不动产取得的全部价款和价外费用作为预缴税款计算依据的，计算公式为：

应预缴税款 = 全部价款和价外费用 ÷（1 + 5%）× 5%

（二）以转让不动产取得的全部价款和价外费用扣除不动产购置原价或者取得不动产时的作价后的余额作为预缴税款计算依据的，计算公式为：

应预缴税款 =（全部价款和价外费用 － 不动产购置原价或者取得不动产时的作价）÷（1 + 5%）× 5%

第七条 其他个人转让其取得的不动产，按照本办法第六条规定的计算方法计算应纳税额并向不动产所在地主管地税机关申报纳税。

第八条 纳税人按规定从取得的全部价款和价外费用中扣除不动产购置原价或者取得不动产时的作价的，应当取得符合法律、行政法规和国家税务总局规定的合法有效凭证。否则，不得扣除。

上述凭证是指：

（一）税务部门监制的发票。

（二）法院判决书、裁定书、调解书，

以及仲裁裁决书、公证债权文书。

（三）国家税务总局规定的其他凭证。

第九条 纳税人转让其取得的不动产，向不动产所在地主管地税机关预缴的增值税税款，可以在当期增值税应纳税额中抵减，抵减不完的，结转下期继续抵减。

纳税人以预缴税款抵减应纳税额，应以完税凭证作为合法有效凭证。

第十条 小规模纳税人转让其取得的不动产，不能自行开具增值税发票的，可向不动产所在地主管地税机关申请代开。

第十一条 纳税人向其他个人转让其取得的不动产，不得开具或申请代开增值税专用发票。

第十二条 纳税人转让不动产，按照本办法规定应向不动产所在地主管地税机关预缴税款而自应当预缴之月起超过6个月没有预缴税款的，由机构所在地主管国税机关按照《中华人民共和国税收征收管理法》及相关规定进行处理。

纳税人转让不动产，未按照本办法规定缴纳税款的，由主管税务机关按照《中华人民共和国税收征收管理法》及相关规定进行处理。

纳税人提供不动产经营租赁服务增值税征收管理暂行办法[①]

（2016年3月31日 国家税务总局公告2016年第16号 自2016年5月1日起施行 根据2018年6月15日《国家税务总局关于修改部分税收规范性文件的公告》修改）

第一条 根据《财政部、国家税务总局关于全面推开营业税改征增值税试点的通知》（财税〔2016〕36号）及现行增值税有关规定，制定本办法。

第二条 纳税人以经营租赁方式出租其取得的不动产（以下简称出租不动产），适用本办法。

取得的不动产，包括以直接购买、接受捐赠、接受投资入股、自建以及抵债等各种形式取得的不动产。

纳税人提供道路通行服务不适用本办法。

第三条 一般纳税人出租不动产，按照以下规定缴纳增值税：

（一）一般纳税人出租其2016年4月30日前取得的不动产，可以选择适用简易计税方法，按照5%的征收率计算应纳税额。

不动产所在地与机构所在地不在同一县（市、区）的，纳税人应按照上述计税方法向不动产所在地主管国税机关预缴税款，向机构所在地主管国税机关申报纳税。

不动产所在地与机构所在地在同一县（市、区）的，纳税人向机构所在地主管国税机关申报纳税。

（二）一般纳税人出租其2016年5月1日后取得的不动产，适用一般计税方法计税。

不动产所在地与机构所在地不在同一县（市、区）的，纳税人应按照3%的预征率向不动产所在地主管国税机关预缴税款，向机构所在地主管国税机关申报纳税。

不动产所在地与机构所在地在同一县（市、区）的，纳税人应向机构所在地主管国税机关申报纳税。

一般纳税人出租其2016年4月30日前取得的不动产适用一般计税方法计税的，

① 根据2018年6月15日国家税务总局公告2018年第31号《国家税务总局关于修改部分税收规范性文件的公告》，本办法全文中“地税机关”“国税机关”“国家税务局”的内容修改为“税务机关”。

按照上述规定执行。

第四条 小规模纳税人出租不动产，按照以下规定缴纳增值税：

（一）单位和个体工商户出租不动产（不含个体工商户出租住房），按照5%的征收率计算应纳税额。个体工商户出租住房，按照5%的征收率减按1.5%计算应纳税额。

不动产所在地与机构所在地不在同一县（市、区）的，纳税人应按照上述计税方法向不动产所在地主管国税机关预缴税款，向机构所在地主管国税机关申报纳税。

不动产所在地与机构所在地在同一县（市、区）的，纳税人应向机构所在地主管国税机关申报纳税。

（二）其他个人出租不动产（不含住房），按照5%的征收率计算应纳税额，向不动产所在地主管地税机关申报纳税。其他个人出租住房，按照5%的征收率减按1.5%计算应纳税额，向不动产所在地主管地税机关申报纳税。

第五条 纳税人出租的不动产所在地与其机构所在地在同一直辖市或计划单列市但不在同一县（市、区）的，由直辖市或计划单列市国家税务局决定是否在不动产所在地预缴税款。

第六条 纳税人出租不动产，按照本办法规定需要预缴税款的，应在取得租金的次月纳税申报期或不动产所在地主管国税机关核定的纳税期限预缴税款。

第七条 预缴税款的计算

（一）纳税人出租不动产适用一般计税方法计税的，按照以下公式计算应预缴税款：

应预缴税款＝含税销售额÷（1＋11%）×3%

（二）纳税人出租不动产适用简易计税方法计税的，除个人出租住房外，按照以下公式计算应预缴税款：

应预缴税款＝含税销售额÷（1＋5%）×5%

（三）个体工商户出租住房，按照以下公式计算应预缴税款：

应预缴税款＝含税销售额÷（1＋5%）×1.5%

第八条 其他个人出租不动产，按照以下公式计算应纳税款：

（一）出租住房：

应纳税款＝含税销售额÷（1＋5%）×1.5%

（二）出租非住房：

应纳税款＝含税销售额÷（1＋5%）×5%

第九条 单位和个体工商户出租不动产，按照本办法规定向不动产所在地主管国税机关预缴税款时，应填写《增值税预缴税款表》。

第十条 单位和个体工商户出租不动产，向不动产所在地主管国税机关预缴的增值税款，可以在当期增值税应纳税额中抵减，抵减不完的，结转下期继续抵减。

纳税人以预缴税款抵减应纳税额，应以完税凭证作为合法有效凭证。

第十一条 小规模纳税人中的单位和个体工商户出租不动产，不能自行开具增值税发票的，可向不动产所在地主管国税机关申请代开增值税发票。

其他个人出租不动产，可向不动产所在地主管地税机关申请代开增值税发票。

第十二条 纳税人向其他个人出租不动产，不得开具或申请代开增值税专用发票。

第十三条 纳税人出租不动产，按照本办法规定应向不动产所在地主管国税机关预缴税款而自应当预缴之月起超过6个月没有预缴税款的，由机构所在地主管国税机关按照《中华人民共和国税收征收管理法》及相关规定进行处理。

纳税人出租不动产，未按照本办法规定缴纳税款的，由主管税务机关按照《中华人民共和国税收征收管理法》及相关规定进行处理。

促进残疾人就业增值税优惠政策管理办法

（2016年5月27日 国家税务总局公告2016年第33号 根据2018年6月15日《国家税务总局关于修改部分税收规范性文件的公告》修改）

第一条 为加强促进残疾人就业增值税优惠政策管理，根据《财政部、国家税务总局关于促进残疾人就业增值税优惠政策的通知》（财税〔2016〕52号）、《国家税务总局关于发布〈税收减免管理办法〉的公告》（国家税务总局公告2015年第43号）及有关规定，制定本办法。

第二条 纳税人享受安置残疾人增值税即征即退优惠政策，适用本办法规定。

本办法所指纳税人，是指安置残疾人的单位和个体工商户。

第三条 纳税人首次申请享受税收优惠政策，应向主管税务机关提供以下备案资料：

（一）《税务资格备案表》。

（二）安置的残疾人的《中华人民共和国残疾人证》或者《中华人民共和国残疾军人证（1至8级）》复印件，注明与原件一致，并逐页加盖公章。安置精神残疾人的，提供精神残疾人同意就业的书面声明以及其法定监护人签字或印章的证明精神残疾人具有劳动条件和劳动意愿的书面材料。

（三）安置的残疾人的身份证明复印件，注明与原件一致，并逐页加盖公章。

第四条 主管税务机关受理备案后，应将全部《中华人民共和国残疾人证》或者《中华人民共和国残疾军人证（1至8级）》信息以及所安置残疾人的身份证明信息录入征管系统。

第五条 纳税人提供的备案资料发生变化的，应于发生变化之日起15日内就变化情况向主管税务机关办理备案。

第六条 纳税人申请退还增值税时，需报送如下资料：

（一）《退（抵）税申请审批表》。

（二）《安置残疾人纳税人申请增值税退税声明》（见附件）。

（三）当期为残疾人缴纳社会保险费凭证的复印件及由纳税人加盖公章确认的注明缴纳人员、缴纳金额、缴纳期间的明细表。

（四）当期由银行等金融机构或纳税人加盖公章的按月为残疾人支付工资的清单。

特殊教育学校举办的企业，申请退还增值税时，不提供资料（三）和资料（四）。

第七条 纳税人申请享受税收优惠政策，应对报送资料的真实性和合法性承担法律责任。主管税务机关对纳税人提供资料的完整性和增值税退税额计算的准确性进行审核。

第八条 主管税务机关受理退税申请后，查询纳税人的纳税信用等级，对符合信用条件的，审核计算应退增值税额，并按规定办理退税。

第九条 纳税人本期应退增值税额按以下公式计算：

本期应退增值税额 = 本期所含月份每月应退增值税额之和

月应退增值税额 = 纳税人本月安置残疾人员人数 × 本月月最低工资标准的4倍

月最低工资标准，是指纳税人所在区县（含县级市、旗）适用的经省（含自治区、直辖市、计划单列市）人民政府批准的月最低工资标准。

纳税人本期已缴增值税额小于本期应退税额不足退还的，可在本年度内以前纳税期已缴增值税额扣除已退增值税额的余额中退还，仍不足退还的可结转本年度内以后纳税期退还。年度已缴增值税额小于或等于年度应退税额的，退税额为年度已缴增值税额；年度已缴增值税额大于年度应退税额的，退税额为年度应退税额。年度已缴增值税额不足退还的，不得结转以后年度退还。

第十条 纳税人新安置的残疾人从签订劳动合同并缴纳社会保险的次月起计算，其他职工从录用的次月起计算；安置的残疾人和其他职工减少的，从减少当月计算。

第十一条 主管税务机关应于每年2月底之前，在其网站或办税服务厅，将本地区上一年度享受安置残疾人增值税优惠政策的纳税人信息，按下列项目予以公示：纳税人名称、纳税人识别号、法人代表、计算退税的残疾人职工人次等。

第十二条 享受促进残疾人就业增值税优惠政策的纳税人，对能证明或印证符合政策规定条件的相关材料负有留存备查义务。纳税人在税务机关后续管理中不能提供相关材料的，不得继续享受优惠政策。税务机关应追缴其相应纳税期内已享受的增值税退税，并依照税收征管法及其实施细则的有关规定处理。

第十三条 各地税务机关要加强税收优惠政策落实情况的后续管理，对纳税人进行定期或不定期检查。检查发现纳税人不符合财税〔2016〕52号文件规定的，按有关规定予以处理。

第十四条 本办法实施前已办理税收优惠资格备案的纳税人，主管税务机关应检查其已备案资料是否满足本办法第三条规定，残疾人信息是否已按第四条规定录入信息系统，如有缺失，应要求纳税人补充报送备案资料，补录信息。

第十五条 各省、自治区、直辖市和计划单列市税务局，应定期或不定期在征管系统中对残疾人信息进行比对，发现异常的，按相关规定处理。

第十六条 本办法自2016年5月1日起施行。

消费税

行政法规及文件

中华人民共和国消费税暂行条例

（1993年12月13日中华人民共和国国务院令第135号公布　2008年11月5日国务院第34次常务会议修订通过　2008年11月10日中华人民共和国国务院令第539号公布　自2009年1月1日起施行）

第一条　在中华人民共和国境内生产、委托加工和进口本条例规定的消费品的单位和个人，以及国务院确定的销售本条例规定的消费品的其他单位和个人，为消费税的纳税人，应当依照本条例缴纳消费税。

第二条　消费税的税目、税率，依照本条例所附的《消费税税目税率表》执行。

消费税税目、税率的调整，由国务院决定。

第三条　纳税人兼营不同税率的应当缴纳消费税的消费品（以下简称应税消费品），应当分别核算不同税率应税消费品的销售额、销售数量；未分别核算销售额、销售数量，或者将不同税率的应税消费品组成成套消费品销售的，从高适用税率。

第四条　纳税人生产的应税消费品，于纳税人销售时纳税。纳税人自产自用的应税消费品，用于连续生产应税消费品的，不纳税；用于其他方面的，于移送使用时纳税。

委托加工的应税消费品，除受托方为个人外，由受托方在向委托方交货时代收代缴税款。委托加工的应税消费品，委托方用于连续生产应税消费品的，所纳税款准予按规定抵扣。

进口的应税消费品，于报关进口时纳税。

第五条　消费税实行从价定率、从量定额，或者从价定率和从量定额复合计税（以下简称复合计税）的办法计算应纳税额。应纳税额计算公式：

实行从价定率办法计算的应纳税额＝销售额×比例税率

实行从量定额办法计算的应纳税额＝销售数量×定额税率

实行复合计税办法计算的应纳税额＝销售额×比例税率＋销售数量×定额税率

纳税人销售的应税消费品，以人民币计算销售额。纳税人以人民币以外的货币结算销售额的，应当折合成人民币计算。

第六条　销售额为纳税人销售应税消费品向购买方收取的全部价款和价外费用。

第七条　纳税人自产自用的应税消费品，按照纳税人生产的同类消费品的销售价格计算纳税；没有同类消费品销售价格的，按照组成计税价格计算纳税。

实行从价定率办法计算纳税的组成计

税价格计算公式：

组成计税价格 =（成本 + 利润）÷（1 - 比例税率）

实行复合计税办法计算纳税的组成计税价格计算公式：

组成计税价格 =（成本 + 利润 + 自产自用数量 × 定额税率）÷（1 - 比例税率）

第八条 委托加工的应税消费品，按照受托方的同类消费品的销售价格计算纳税；没有同类消费品销售价格的，按照组成计税价格计算纳税。

实行从价定率办法计算纳税的组成计税价格计算公式：

组成计税价格 =（材料成本 + 加工费）÷（1 - 比例税率）

实行复合计税办法计算纳税的组成计税价格计算公式：

组成计税价格 =（材料成本 + 加工费 + 委托加工数量 × 定额税率）÷（1 - 比例税率）

第九条 进口的应税消费品，按照组成计税价格计算纳税。

实行从价定率办法计算纳税的组成计税价格计算公式：

组成计税价格 =（关税完税价格 + 关税）÷（1 - 消费税比例税率）

实行复合计税办法计算纳税的组成计税价格计算公式：

组成计税价格 =（关税完税价格 + 关税 + 进口数量 × 消费税定额税率）÷（1 - 消费税比例税率）

第十条 纳税人应税消费品的计税价格明显偏低并无正当理由的，由主管税务机关核定其计税价格。

第十一条 对纳税人出口应税消费品，免征消费税；国务院另有规定的除外。出口应税消费品的免税办法，由国务院财政、税务主管部门规定。

第十二条 消费税由税务机关征收，进口的应税消费品的消费税由海关代征。

个人携带或者邮寄进境的应税消费品的消费税，连同关税一并计征。具体办法由国务院关税税则委员会会同有关部门制定。

第十三条 纳税人销售的应税消费品，以及自产自用的应税消费品，除国务院财政、税务主管部门另有规定外，应当向纳税人机构所在地或者居住地的主管税务机关申报纳税。

委托加工的应税消费品，除受托方为个人外，由受托方向机构所在地或者居住地的主管税务机关解缴消费税税款。

进口的应税消费品，应当向报关地海关申报纳税。

第十四条 消费税的纳税期限分别为 1 日、3 日、5 日、10 日、15 日、1 个月或者 1 个季度。纳税人的具体纳税期限，由主管税务机关根据纳税人应纳税额的大小分别核定；不能按照固定期限纳税的，可以按次纳税。

纳税人以 1 个月或者 1 个季度为 1 个纳税期的，自期满之日起 15 日内申报纳税；以 1 日、3 日、5 日、10 日或者 15 日为 1 个纳税期的，自期满之日起 5 日内预缴税款，于次月 1 日起 15 日内申报纳税并结清上月应纳税款。

第十五条 纳税人进口应税消费品，应当自海关填发海关进口消费税专用缴款书之日起 15 日内缴纳税款。

第十六条 消费税的征收管理，依照《中华人民共和国税收征收管理法》及本条例有关规定执行。

第十七条 本条例自 2009 年 1 月 1 日起施行。

附：

消费税税目税率表

税　　目	税　　率
一、烟	
1. 卷烟	
（1）甲类卷烟	45%加0.003元/支
（2）乙类卷烟	30%加0.003元/支
2. 雪茄烟	25%
3. 烟丝	30%
二、酒及酒精	
1. 白酒	20%加0.5元/500克（或者500毫升）
2. 黄酒	240元/吨
3. 啤酒	
（1）甲类啤酒	250元/吨
（2）乙类啤酒	220元/吨
4. 其他酒	10%
5. 酒精	5%
三、化妆品	30%
四、贵重首饰及珠宝玉石	
1. 金银首饰、铂金首饰和钻石及钻石饰品	5%
2. 其他贵重首饰和珠宝玉石	10%
五、鞭炮、焰火	15%
六、成品油	
1. 汽油	
（1）含铅汽油	0.28元/升
（2）无铅汽油	0.20元/升
2. 柴油	0.10元/升
3. 航空煤油	0.10元/升
4. 石脑油	0.20元/升
5. 溶剂油	0.20元/升
6. 润滑油	0.20元/升
7. 燃料油	0.10元/升
七、汽车轮胎	3%

续表

税　　目	税　　率
八、摩托车 　　1. 气缸容量（排气量，下同）在250毫升（含250毫升）以下的 　　2. 气缸容量在250毫升以上的	 3% 10%
九、小汽车 1. 乘用车 　（1）气缸容量（排气量，下同）在1.0升（含1.0升）以下的 　（2）气缸容量在1.0升以上至1.5升（含1.5升）的 　（3）气缸容量在1.5升以上至2.0升（含2.0升）的 　（4）气缸容量在2.0升以上至2.5升（含2.5升）的 　（5）气缸容量在2.5升以上至3.0升（含3.0升）的 　（6）气缸容量在3.0升以上至4.0升（含4.0升）的 　（7）气缸容量在4.0升以上的 2. 中轻型商用客车	 1% 3% 5% 9% 12% 25% 40% 5%
十、高尔夫球及球具	10%
十一、高档手表	20%
十二、游艇	10%
十三、木制一次性筷子	5%
十四、实木地板	5%

部门规章及文件

中华人民共和国消费税暂行条例实施细则

（2008年12月15日财政部、国家税务总局令第51号公布 自2009年1月1日起施行）

第一条 根据《中华人民共和国消费税暂行条例》（以下简称条例），制定本细则。

第二条 条例第一条所称单位，是指企业、行政单位、事业单位、军事单位、社会团体及其他单位。

条例第一条所称个人，是指个体工商户及其他个人。

条例第一条所称在中华人民共和国境内，是指生产、委托加工和进口属于应当缴纳消费税的消费品的起运地或者所在地在境内。

第三条 条例所附《消费税税目税率表》中所列应税消费品的具体征税范围，由财政部、国家税务总局确定。

第四条 条例第三条所称纳税人兼营不同税率的应当缴纳消费税的消费品，是指纳税人生产销售两种税率以上的应税消费品。

第五条 条例第四条第一款所称销售，是指有偿转让应税消费品的所有权。

前款所称有偿，是指从购买方取得货币、货物或者其他经济利益。

第六条 条例第四条第一款所称用于连续生产应税消费品，是指纳税人将自产自用的应税消费品作为直接材料生产最终应税消费品，自产自用应税消费品构成最终应税消费品的实体。

条例第四条第一款所称用于其他方面，是指纳税人将自产自用应税消费品用于生产非应税消费品、在建工程、管理部门、非生产机构、提供劳务、馈赠、赞助、集资、广告、样品、职工福利、奖励等方面。

第七条 条例第四条第二款所称委托加工的应税消费品，是指由委托方提供原料和主要材料，受托方只收取加工费和代垫部分辅助材料加工的应税消费品。对于由受托方提供原材料生产的应税消费品，或者受托方先将原材料卖给委托方，然后再接受加工的应税消费品，以及由受托方以委托方名义购进原材料生产的应税消费品，不论在财务上是否作销售处理，都不得作为委托加工应税消费品，而应当按照销售自制应税消费品缴纳消费税。

委托加工的应税消费品直接出售的，不再缴纳消费税。

委托个人加工的应税消费品，由委托方收回后缴纳消费税。

第八条 消费税纳税义务发生时间，根据条例第四条的规定，分列如下：

（一）纳税人销售应税消费品的，按不同的销售结算方式分别为：

1. 采取赊销和分期收款结算方式的，为书面合同约定的收款日期的当天，书面合同没有约定收款日期或者无书面合同的，为发出应税消费品的当天；

2. 采取预收货款结算方式的，为发出应税消费品的当天；

3. 采取托收承付和委托银行收款方式的，为发出应税消费品并办妥托收手续的当天；

4. 采取其他结算方式的，为收讫销售款或者取得索取销售款凭据的当天。

（二）纳税人自产自用应税消费品的，为移送使用的当天。

（三）纳税人委托加工应税消费品的，为纳税人提货的当天。

（四）纳税人进口应税消费品的，为报关进口的当天。

第九条 条例第五条第一款所称销售数量，是指应税消费品的数量。具体为：

（一）销售应税消费品的，为应税消费品的销售数量；

（二）自产自用应税消费品的，为应税消费品的移送使用数量；

（三）委托加工应税消费品的，为纳税人收回的应税消费品数量；

（四）进口应税消费品的，为海关核定的应税消费品进口征税数量。

第十条 实行从量定额办法计算应纳税额的应税消费品，计量单位的换算标准如下：

（一）黄酒 1 吨 = 962 升

（二）啤酒 1 吨 = 988 升

（三）汽油 1 吨 = 1388 升

（四）柴油 1 吨 = 1176 升

（五）航空煤油 1 吨 = 1246 升

（六）石脑油 1 吨 = 1385 升

（七）溶剂油 1 吨 = 1282 升

（八）润滑油 1 吨 = 1126 升

（九）燃料油 1 吨 = 1015 升

第十一条 纳税人销售的应税消费品，以人民币以外的货币结算销售额的，其销售额的人民币折合率可以选择销售额发生的当天或者当月 1 日的人民币汇率中间价。纳税人应在事先确定采用何种折合率，确定后 1 年内不得变更。

第十二条 条例第六条所称销售额，不包括应向购货方收取的增值税税款。如果纳税人应税消费品的销售额中未扣除增值税税款或者因不得开具增值税专用发票而发生价款和增值税税款合并收取的，在计算消费税时，应当换算为不含增值税税款的销售额。其换算公式为：

应税消费品的销售额 = 含增值税的销售额 ÷（1 + 增值税税率或者征收率）

第十三条 应税消费品连同包装物销售的，无论包装物是否单独计价以及在会计上如何核算，均应并入应税消费品的销售额中缴纳消费税。如果包装物不作价随同产品销售，而是收取押金，此项押金则不应并入应税消费品的销售额中征税。但对因逾期未收回的包装物不再退还的或者已收取的时间超过 12 个月的押金，应并入应税消费品的销售额，按照应税消费品的适用税率缴纳消费税。

对既作价随同应税消费品销售，又另外收取押金的包装物的押金，凡纳税人在规定的期限内没有退还的，均应并入应税消费品的销售额，按照应税消费品的适用税率缴纳消费税。

第十四条 条例第六条所称价外费用，是指价外向购买方收取的手续费、补贴、基金、集资费、返还利润、奖励费、违约金、滞纳金、延期付款利息、赔偿金、代收款项、代垫款项、包装费、包装物租金、储备费、优质费、运输装卸费以及其他各种性质的价外收费。但下列项目不包括在内：

（一）同时符合以下条件的代垫运输费用：

1. 承运部门的运输费用发票开具给购买方的；

2. 纳税人将该项发票转交给购买方的。

（二）同时符合以下条件代为收取的政府性基金或者行政事业性收费：

1. 由国务院或者财政部批准设立的政府性基金，由国务院或者省级人民政府及其财政、价格主管部门批准设立的行政事业性收费；

2. 收取时开具省级以上财政部门印制的财政票据；

3. 所收款项全额上缴财政。

第十五条 条例第七条第一款所称纳税人自产自用的应税消费品，是指依照条例第四条第一款规定于移送使用时纳税的应税消费品。

条例第七条第一款、第八条第一款所称同类消费品的销售价格，是指纳税人或者代收代缴义务人当月销售的同类消费品的销售价格，如果当月同类消费品各期销售价格高低不同，应按销售数量加权平均计算。但销售的应税消费品有下列情况之一的，不得列入加权平均计算：

（一）销售价格明显偏低并无正当理由的；

（二）无销售价格的。

如果当月无销售或者当月未完结，应按照同类消费品上月或者最近月份的销售价格计算纳税。

第十六条 条例第七条所称成本，是指应税消费品的产品生产成本。

第十七条 条例第七条所称利润，是指根据应税消费品的全国平均成本利润率计算的利润。应税消费品全国平均成本利润率由国家税务总局确定。

第十八条 条例第八条所称材料成本，是指委托方所提供加工材料的实际成本。

委托加工应税消费品的纳税人，必须在委托加工合同上如实注明（或者以其他方式提供）材料成本，凡未提供材料成本的，受托方主管税务机关有权核定其材料成本。

第十九条 条例第八条所称加工费，是指受托方加工应税消费品向委托方所收取的全部费用（包括代垫辅助材料的实际成本）。

第二十条 条例第九条所称关税完税价格，是指海关核定的关税计税价格。

第二十一条 条例第十条所称应税消费品的计税价格的核定权限规定如下：

（一）卷烟、白酒和小汽车的计税价格由国家税务总局核定，送财政部备案；

（二）其他应税消费品的计税价格由省、自治区和直辖市国家税务局核定；

（三）进口的应税消费品的计税价格由海关核定。

第二十二条 出口的应税消费品办理退税后，发生退关，或者国外退货进口时予以免税的，报关出口者必须及时向其机构所在地或者居住地主管税务机关申报补缴已退的消费税税款。

纳税人直接出口的应税消费品办理免税后，发生退关或者国外退货，进口时已予以免税的，经机构所在地或者居住地主管税务机关批准，可暂不办理补税，待其转为国内销售时，再申报补缴消费税。

第二十三条 纳税人销售的应税消费品，如因质量等原因由购买者退回时，经机构所在地或者居住地主管税务机关审核批准后，可退还已缴纳的消费税税款。

第二十四条 纳税人到外县（市）销售或者委托外县（市）代销自产应税消费品的，于应税消费品销售后，向机构所在地或者居住地主管税务机关申报纳税。

纳税人的总机构与分支机构不在同一县（市）的，应当分别向各自机构所在地的主管税务机关申报纳税；经财政部、国家税务总局或者其授权的财政、税务机关批准，可以由总机构汇总向总机构所在地的主管税务机关申报纳税。

委托个人加工的应税消费品，由委托方向其机构所在地或者居住地主管税务机关申报纳税。

进口的应税消费品，由进口人或者其代理人向报关地海关申报纳税。

第二十五条 本细则自2009年1月1日起施行。

财政部、国家税务总局关于《中华人民共和国消费税暂行条例实施细则》有关条款解释的通知

（2012年7月13日 财法〔2012〕8号）

各省、自治区、直辖市、计划单列市财政厅（局）、国家税务局，新疆生产建设兵团财务局：

《中华人民共和国消费税暂行条例实施

细则》(财政部令第51号)第七条第二款规定,“委托加工的应税消费品直接出售的,不再缴纳消费税”。现将这一规定的含义解释如下:

委托方将收回的应税消费品,以不高于受托方的计税价格出售的,为直接出售,不再缴纳消费税;委托方以高于受托方的计税价格出售的,不属于直接出售,需按照规定申报缴纳消费税,在计税时准予扣除受托方已代收代缴的消费税。

本规定自2012年9月1日起施行。

国家税务总局关于修订《葡萄酒消费税管理办法(试行)》的公告

(2015年2月28日 国家税务总局公告2015年第15号)

为贯彻落实《国务院关于取消和调整一批行政审批项目等事项的决定》(国发〔2014〕50号),国家税务总局修订了《葡萄酒消费税管理办法(试行)》,现予以发布,并就有关税收管理事项公告如下:

一、自2015年5月1日起,《国家税务总局关于印发〈葡萄酒消费税管理办法(试行)〉的通知》(国税发〔2006〕66号)规定的《葡萄酒购货证明单》停止领用和开具,在此之前纳税人应将未开具的《葡萄酒购货证明单》退回主管税务机关。

2015年4月30日(含)前已开具的《葡萄酒购货证明单》,应于2015年7月31日前办理完毕葡萄酒消费税退税相关事宜。

二、纳税人办理税款所属期2015年5月及以后的酒类应税消费品纳税申报时,启用新的《酒类应税消费品消费税纳税申报表》附1《本期准予抵减(扣)税额计算表》(表式及填表说明见附件1)。

本公告自2015年5月1日起施行。《国家税务总局关于印发〈葡萄酒消费税管理办法(试行)〉的通知》(国税发〔2006〕66号)、《国家税务总局关于〈葡萄酒购货管理证明单〉编码规则的通知》(国税函〔2006〕620号)同时废止。《国家税务总局关于调整消费税纳税申报表有关问题的公告》(国家税务总局公告2014年第72号)附件1《酒类应税消费品消费税纳税申报表》附1《本期准予抵减税额计算表》停止使用。

特此公告。

附件:1. 本期准予抵减(扣)税额计算表(略)

2. 葡萄酒消费税抵扣税款台账(略)

葡萄酒消费税管理办法(试行)

第一条 根据《中华人民共和国税收征收管理法》及其实施细则、《中华人民共和国消费税暂行条例》及其实施细则以及其他相关规定,制定本办法。

第二条 在中华人民共和国生产、委托加工、进口葡萄酒的单位和个人,为葡萄酒消费税纳税人。

葡萄酒消费税适用“酒”税目下设的“其他酒”子目。

第三条 葡萄酒是指以葡萄为原料,经破碎(压榨)、发酵而成的酒精度在1度(含)以上的葡萄原酒和成品酒(不含以葡萄为原料的蒸馏酒)。

第四条 纳税人从葡萄酒生产企业购进(以下简称外购)、进口葡萄酒连续生产应税葡萄酒的,准予从葡萄酒消费税应纳税额中扣除所耗用应税葡萄酒已纳消费税税款。如本期消费税应纳税额不足抵扣的,余额留待下期抵扣。

第五条 葡萄酒生产企业之间销售葡萄酒,开具增值税专用发票时,须将应税葡萄酒销售行为单独开具增值税专用发票。

第六条 纳税人以进口、外购葡萄酒连续生产应税葡萄酒，分别依据《海关进口消费税专用缴款书》《增值税专用发票》，按照现行政策规定计算扣除应税葡萄酒已纳消费税税款。

第七条 纳税人应建立《葡萄酒消费税抵扣税款台账》（参考式样见附件2），作为申报扣除外购、进口应税葡萄酒已纳消费税税款的备查资料。纳税人依照本办法附件的式样设置台账，也可根据需要增设台账内容，但对参考式样的内容不得删减。

第八条 本办法自2015年5月1日起施行。

财政部、国家税务总局关于对电池、涂料征收消费税的通知

（2015年1月26日 财税〔2015〕16号）

各省、自治区、直辖市、计划单列市财政厅（局）、国家税务局、新疆生产建设兵团财务局：

为促进节能环保，经国务院批准，自2015年2月1日起对电池、涂料征收消费税。现将有关事项通知如下：

一、将电池、涂料列入消费税征收范围（具体税目注释见附件），在生产、委托加工和进口环节征收，适用税率均为4%。

二、对无汞原电池、金属氢化物镍蓄电池（又称“氢镍蓄电池”或“镍氢蓄电池”）、锂原电池、锂离子蓄电池、太阳能电池、燃料电池和全钒液流电池免征消费税。

2015年12月31日前对铅蓄电池缓征消费税；自2016年1月1日起，对铅蓄电池按4%税率征收消费税。

对施工状态下挥发性有机物（Volatile Organic Compounds，VOC）含量低于420克/升（含）的涂料免征消费税。

三、除上述规定外，电池、涂料消费税征收管理的其他事项依照《中华人民共和国消费税暂行条例》、《中华人民共和国消费税暂行条例实施细则》等相关规定执行。

附件1：电池税目征收范围注释

附件2：涂料税目征收范围注释

附件1：

电池税目征收范围注释

电池，是一种将化学能、光能等直接转换为电能的装置，一般由电极、电解质、容器、极端，通常还有隔离层组成的基本功能单元，以及用一个或多个基本功能单元装配成的电池组。范围包括：原电池、蓄电池、燃料电池、太阳能电池和其他电池。

一、原电池

原电池又称一次电池，是按不可以充电设计的电池。按照电极所含的活性物质分类，原电池包括锌原电池、锂原电池和其他原电池。

（一）锌原电池。以锌做负极的原电池，包括锌二氧化锰原电池、碱性锌二氧化锰原电池、锌氧原电池（又称“锌空气原电池”）、锌氧化银原电池（又称“锌银原电池”）、锌氧化汞原电池（又称“汞电池”、“氧化汞原电池”）等。

（二）锂原电池。以锂做负极的原电池，包括锂二氧化锰原电池、锂亚硫酰氯原电池、锂二硫化铁原电池、锂二氧化硫原电池、锂氧原电池（又称“锂空气原电池”）、锂氟化碳原电池等。

（三）其他原电池。指锌原电池、锂原电池以外的原电池。

原电池又可分为无汞原电池和含汞原

电池。汞含量低于电池重量的0.0001%（扣式电池按0.0005%）的原电池为无汞原电池；其他原电池为含汞原电池。

二、蓄电池

蓄电池又称二次电池，是按可充电、重复使用设计的电池；包括酸性蓄电池、碱性或其他非酸性蓄电池、氧化还原液流蓄电池和其他蓄电池。

（一）酸性蓄电池。一种含酸性电解质的蓄电池，包括铅蓄电池（又称“铅酸蓄电池”）等。

铅蓄电池，指含以稀硫酸为主电解质、二氧化铅正极和铅负极的蓄电池。

（二）碱性或其他非酸性蓄电池。一种含碱性或其他非酸性电解质的蓄电池，包括金属锂蓄电池、锂离子蓄电池、金属氢化物镍蓄电池（又称“氢镍蓄电池”或“镍氢蓄电池”）、镉镍蓄电池、铁镍蓄电池、锌氧化银蓄电池（又称“锌银蓄电池”）、碱性锌二氧化锰蓄电池（又称“可充碱性锌二氧化锰电池”）、锌氧蓄电池（又称“锌空气蓄电池”）、锂氧蓄电池（又称“锂空气蓄电池”）等。

（三）氧化还原液流电池。一种通过正负极电解液中不同价态离子的电化学反应来实现电能和化学能互相转化的储能装置，目前主要包括全钒液流电池。全钒液流电池是通过正负极电解液中不同价态钒离子的电化学反应来实现电能和化学能互相转化的储能装置。

（四）其他蓄电池。除上述（一）、（二）、（三）外的蓄电池。

三、燃料电池

燃料电池，指通过一个电化学过程，将连续供应的反应物和氧化剂的化学能直接转换为电能的电化学发电装置。

四、太阳能电池

太阳能电池，是将太阳光能转换成电能的装置，包括晶体硅太阳能电池、薄膜太阳能电池、化合物半导体太阳能电池等，但不包括用于太阳能发电储能用的蓄电池。

五、其他电池

除原电池、蓄电池、燃料电池、太阳能电池以外的电池。

附件2：

涂料税目征收范围注释

涂料是指涂于物体表面能形成具有保护、装饰或特殊性能的固态涂膜的一类液体或固体材料之总称。

涂料由主要成膜物质、次要成膜物质等构成。按主要成膜物质涂料可分为油脂类、天然树脂类、酚醛树脂类、沥青类、醇酸树脂类、氨基树脂类、硝基类、过滤乙烯树脂类、烯类树脂类、丙烯酸酯类树脂类、聚酯树脂类、环氧树脂类、聚氨酯树脂类、元素有机类、橡胶类、纤维素类、其他成膜物类等。

卷烟消费税计税价格信息采集和核定管理办法

（2011年10月27日国家税务总局令第26号公布　根据2018年6月15日《国家税务总局关于修改部分税务部门规章的决定》修正）

第一条　根据《中华人民共和国税收征收管理法》、《中华人民共和国消费税暂行条例》和《中华人民共和国消费税暂行条例实施细则》的规定，制定本办法。

第二条　卷烟价格信息采集范围为在中华人民共和国境内销售的所有牌号、规格的卷烟。

卷烟消费税最低计税价格（以下简称计税价格）核定范围为卷烟生产企业在生产环节销售的所有牌号、规格的卷烟。

第三条 卷烟价格信息采集的内容包括：卷烟牌号规格、卷烟类别、卷烟条包装商品条码、销售数量、销售价格和销售额及其他相关信息。

第四条 卷烟批发企业所在地主管税务机关负责卷烟价格信息采集和审核工作。

第五条 《卷烟批发企业月份销售明细清单》（以下简称《清单》，见附件），为卷烟批发企业申报缴纳消费税（以下简称申报纳税）的附报资料，由卷烟批发企业按月填写，于每月申报纳税时一并向主管税务机关报送。

第六条 《卷烟生产企业年度销售明细表》（以下简称《明细表》，见附件），由卷烟生产企业于次年的1月份填写，于填报当月申报纳税时一并向主管税务机关报送。

第七条 《清单》和《明细表》由主管税务机关审核后，于申报期结束后10个工作日内逐级上报至省（自治区、直辖市和计划单列市）税务局（以下简称省税务局）。省税务局应于次月15日前，上报国家税务总局。

第八条 新牌号、新规格卷烟信息，由国家烟草专卖局于批准生产企业新牌号、新规格卷烟执行销售价格的当月，将卷烟牌号规格、类别、卷烟条包装商品条码、调拨价格、批发价格及建议计税价格等信息送国家税务总局。

卷烟生产企业应于新牌号、新规格卷烟实际销售的当月将上述信息报送主管税务机关。

第九条 本办法第三条所称卷烟条包装商品条码按以下标准采集：

（一）标准条（200支/条）包装的卷烟，为条包装卷烟的商品标识代码；

（二）非标准条包装的卷烟，为卷烟实际外包装商品标识代码。

第十条 计税价格由国家税务总局按照卷烟批发环节销售价格扣除卷烟批发环节批发毛利核定并发布。计税价格的核定公式为：

某牌号、规格卷烟计税价格 = 批发环节销售价格 ×（1 - 适用批发毛利率）

第十一条 卷烟批发环节销售价格，按照税务机关采集的所有卷烟批发企业在价格采集期内销售的该牌号、规格卷烟的数量、销售额进行加权平均计算。计算公式为：

$$\text{批发环节销售价格} = \frac{\Sigma \text{该牌号规格卷烟各采集点的销售额}}{\Sigma \text{该牌号规格卷烟各采集点的销售数量}}$$

第十二条 卷烟批发毛利率具体标准为：

（一）调拨价格满146.15元的一类烟34%；

（二）其他一类烟29%；

（三）二类烟25%；

（四）三类烟25%；

（五）四类烟20%；

（六）五类烟15%。

调整后的卷烟批发毛利率，由国家税务总局另行发布。

第十三条 已经核定计税价格的卷烟，发生下列情况，国家税务总局将重新核定计税价格：

（一）卷烟价格调整的；

（二）卷烟批发毛利率调整的；

（三）通过《清单》采集的卷烟批发环节销售价格扣除卷烟批发毛利后，卷烟平均销售价格连续6个月高于国家税务总局已核定计税价格10%，且无正当理由的。

第十四条 计税价格核定时限分别为：

（一）新牌号、新规格的卷烟，国家税务总局于收到国家烟草专卖局相关信息满8个月或信息采集期满6个月后的次月核定并发布。

（二）已经核定计税价格的卷烟：

1. 全行业卷烟价格或毛利率调整的，由国家烟草专卖局向国家税务总局提请重新调整计税价格。国家税务总局于收到申请调整计税价格文件后1个月内核定并发布；

2. 个别牌号、规格卷烟价格调整的，由卷烟生产企业向主管税务机关提出重新核定计税价格的申请，主管税务机关逐级上报至国家税务总局。国家税务总局于收到申请调整计税价格文件后1个月内核定并发布；

3. 连续6个月高于计税价格的，经相关省税务局核实后，且无正当理由的，国家税务总局于收到省税务局核实文件后1个月内核定并发布。

第十五条 未经国家税务总局核定计税价格的新牌号、新规格卷烟，生产企业应按卷烟调拨价格申报纳税。

已经国家税务总局核定计税价格的卷烟，生产企业实际销售价格高于计税价格的，按实际销售价格确定适用税率，计算应纳税款并申报纳税；实际销售价格低于计税价格的，按计税价格确定适用税率，计算应纳税款并申报纳税。

第十六条 对于在6个月内未按规定向国家税务总局报送信息资料的新牌号、新规格卷烟，国家税务总局将按照《清单》采集的实际销售价格适用最低档批发毛利率核定计税价格。

第十七条 卷烟批发企业编制虚假批发环节实际销售价格信息的，由主管税务机关按照《中华人民共和国税收征收管理法》有关规定处理。

第十八条 卷烟生产企业套用其他牌号、规格卷烟已核定计税价格，造成企业少缴消费税税款的，由主管税务机关自新牌号、新规格卷烟投放市场之日起调整卷烟生产企业应纳税收入，追缴少缴消费税税款，并按照《中华人民共和国税收征收管理法》有关规定处理。

第十九条 国家税务总局依据国家烟草专卖局备案信息及《清单》，建立全国统一的卷烟信息库，记录各牌号规格卷烟核价的相关信息。

第二十条 本办法下列用语的含义：

"卷烟牌号规格"，是指经国家烟草专卖局批准生产的卷烟商标牌号规格。

"卷烟类别"，是指国家烟草专卖局划分的卷烟类别，即一类卷烟、二类卷烟、三类卷烟、四类卷烟和五类卷烟。

一类卷烟：是指每标准条（200支，下同）调拨价格满100元的卷烟。

二类卷烟：是指每标准条调拨价格满70元不满100元的卷烟。

三类卷烟：是指每标准条调拨价格满30元不满70元的卷烟。

四类卷烟：是指每标准条调拨价格满16. 5元不满30元的卷烟。

五类卷烟：是指每标准条调拨价格不满16. 5元的卷烟。

"卷烟条包装商品条码"，是指经国家烟草专卖局批准并下发的，符合国家标准规定的13位条包装卷烟的商品标识代码和非标准包装（如听、扁盒等）卷烟的外包装商品标识代码。

"新牌号卷烟"，是指在国家工商行政管理总局商标局新注册商标牌号，且未经国家税务总局核定计税价格的卷烟。

"新规格卷烟"，是指2009年5月1日卷烟消费税政策调整后，卷烟名称、产品类型、条与盒包装形式、包装支数等主要信息发生变更时，必须作为新产品重新申请新的卷烟商品条码的卷烟。

"卷烟调拨价格"，是指卷烟生产企业向商业企业销售卷烟的价格，不含增值税。

本办法所称的销售价格、销售额均不含增值税。

第二十一条 本办法自2012年1月1日起施行。2003年1月23日国家税务总局公布的《卷烟消费税计税价格信息采集和核定管理办法》（国家税务总局令第5号）同时废止。

附件：表1. 卷烟批发企业月份销售明

细清单及填表说明

表2. 卷烟批发企业月份销售明细汇总表及填表说明

表3. 卷烟生产企业年度销售明细表及填表说明

表4. 卷烟生产企业年度销售明细汇总表及填表说明

附表1：

卷烟批发企业月份销售明细清单

填报单位：　　　　所属期：　　　年　　月　　　　单位：万支、元、元/条（200支）

卷烟条包装商品条码	卷烟牌号规格	卷烟类别	卷烟类型	销售价格	销售数量	销售额	备注
1	2	3	4	5	6	7	8

卷烟批发企业月份销售明细清单填表说明

1. 本表由批发企业消费税纳税人填报，作为《卷烟消费税纳税申报表（批发）》的附报资料，于办理消费税纳税申报时一并报送。

2. 本表第2栏“卷烟牌号规格”名称为经国家烟草专卖局批准生产的卷烟牌号规格。

3. 本表第4栏“卷烟类型”为国产卷烟、进口卷烟、罚没卷烟、其他。

4. 本表第5栏“销售价格”为卷烟批发企业向零售单位销售卷烟的实际价格，不含增值税。计量单位为“元/条（200支）”，非标准条包装的卷烟应折算成标准条卷烟价格。

5. 本表第6栏“销售数量”为卷烟批发企业向零售单位销售卷烟的数量。计量单位为“万支”。

6. 本表第7栏“销售额”为卷烟批发企业向零售单位销售卷烟的实际销售额，不含增值税。计量单位为“元”。

7. 本表为A4横式，同时报送电子文件。

8. 本表所有数字小数点后保留两位。

附表 2：

卷烟批发企业月份销售明细汇总表

填报单位： 所属期： 年 月 单位：万支、元、元/条（200 支）

企业名称	卷烟条包装商品条码	卷烟牌号规格	卷烟类别	卷烟类型	销售价格	销售数量	销售额	备注
1	2	3	4	5	6	7	8	9

卷烟批发企业月份销售明细汇总表填表说明

1. 本表为月报，由省（自治区、直辖市、计划单列市）税务局汇总填报。

2. 本表第 1 栏“企业名称”为卷烟批发企业名称。

3. 本表第 3 栏“卷烟牌号规格”名称为经国家烟草专卖局批准生产的卷烟牌号规格。

4. 本表第 5 栏“卷烟类型”为国产卷烟、进口卷烟、罚没卷烟、其他。

5. 本表第 6 栏“销售价格”为卷烟批发企业向零售单位销售卷烟的实际价格，不含增值税。计量单位为“元/条（200 支）”，非标准条包装的卷烟应折算成标准条卷烟价格。

6. 本表第 7 栏“销售数量”为卷烟批发企业向零售单位销售卷烟的数量。计量单位为“万支”。

7. 本表第 8 栏“销售额”为卷烟批发企业向零售单位销售卷烟的实际销售额，不含增值税。计量单位为“元”。

8. 本表为 A4 横式，同时报送电子文件。

9. 本表所有数字小数点后保留两位。

附表 3：

卷烟生产企业年度销售明细表

所属期：　　　　　年度

企业名称：　　　　　　　　　　　　　　　　计量单位：万支、元、元/条（200 支）

卷烟条包装商品条码	卷烟牌号规格	产量	销量	销售价格	调拨价格	消费税计税价格	销售额	备注
1	2	3	4	5	6	7	8	9

卷烟生产企业年度销售明细表填表说明

1. 本表为年报，由卷烟生产企业消费税纳税人于年度终了后填写，作为《烟类应税消费品消费税纳税申报表》的附报资料于次年 1 月份办理消费税纳税申报时一并报送。

2. 本表第 2 栏“卷烟牌号规格”为经国家烟草专卖局批准生产的卷烟牌号规格。

3. 本表第 3 栏、第 4 栏“产量、销量”为报表所属期内同一牌号、规格卷烟产量、销量，计量单位为“万支”。

4. 本表第 5 栏“销售价格”为生产企业实际销售同一牌号、规格卷烟价格，不含增值税，计量单位为“元/条（200 支）”，非标准条包装的卷烟应折算成标准条卷烟价格。

5. 本表第 6 栏“调拨价格”为国家烟草专卖局核定的卷烟价格，计量单位为“元/条（200 支）”，非标准条包装的卷烟应折算成标准条卷烟价格。

6. 本表第 7 栏“消费税计税价格”为国家税务总局核定并下发的计税价格，计量单位为“元/条（200 支）”。

7. 在同一所属期内消费税计税价格发生变化的，应分行填写，并在备注栏中标注变动日期，同时填写核定消费税计税价格的文件字号。

8. 未核定计税价格的卷烟、出口的卷烟，按实际销售价格填报。

9. 已核定消费税计税价格但已停产卷烟、新牌号新规格卷烟、价格变动牌号卷烟、出口卷烟分别在备注栏中注明“停产”、“新牌号”、“价格变动”、“出口”字样。

10. 本表第 8 栏“销售额”，不含增值税，计量单位为“元”。

11. 本表为 A4 横式，所有数字小数点后保留两位。一式二份，一份纳税人留存，一份税务机关留存。

附表 4：

卷烟生产企业年度销售明细汇总表

所属期：　　　　年度

填报单位：　　　　　　　　　　　　　　　　　　计量单位：万支、元、元/条（200 支）

企业名称	卷烟条包装商品条码	卷烟牌号规格	产量	销量	销售价格	调拨价格	消费税计税价格	销售额	备注
1	2	3	4	5	6	7	8	9	10

卷烟生产企业年度销售明细汇总表填表说明

1. 本表为年报，由省（自治区、直辖市、计划单列市）税务局汇总填报。

2. 本表第 1 栏“企业名称”为卷烟生产企业名称。

3. 本表第 3 栏“卷烟牌号规格”为经国家烟草专卖局批准生产的卷烟牌号规格。

4. 本表第 4 栏、第 5 栏“产量、销量”为报表所属期内同一牌号、规格卷烟产量、销量，计量单位为“万支”。

5. 本表第 6 栏“销售价格”为生产企业实际销售同一牌号、规格卷烟价格，不含增值税，计量单位为“元/条（200 支）”，非标准条包装的卷烟应折算成标准条卷烟价格。

6. 本表第 7 栏“调拨价格”为国家烟草专卖局核定的卷烟价格，计量单位为“元/条（200 支）”，非标准条包装的卷烟应折算成标准条卷烟价格。

7. 本表第 8 栏“消费税计税价格”为国家税务总局核定并下发的计税价格，计量单位为“元/条（200 支）”。

8. 在同一所属期内消费税计税价格发生变化的，应分行填写，并在备注栏中标注变动日期，同时填写核定消费税计税价格的文件字号。

9. 未核定计税价格的卷烟、出口的卷烟，按实际销售价格填报。

10. 已核定消费税计税价格但已停产卷烟、新牌号新规格卷烟、价格变动牌号卷烟、出口卷烟分别在备注栏中注明“停产”、“新牌号”、“价格变动”、“出口”字样。

11. 本表第 9 栏“销售额”不含增值税，计量单位为“元”。

12. 本表为 A4 横式，所有数字小数点后保留两位。一式二份，一份纳税人留存，一份税务机关留存。

金银首饰消费税征收管理办法

（1994年12月26日 国税发〔1994〕267号 根据2018年6月15日《国家税务总局关于修改部分税务部门规章的决定》修正）

根据财政部、国家税务总局《关于调整金银首饰消费税纳税环节有关问题的通知》（以下简称《通知》）（财税字〔94〕095号）的有关规定，特制定本办法。

一、金银首饰的范围

《通知》第一条所称“金银首饰的范围”不包括镀金（银）、包金（银）首饰，以及镀金（银）、包金（银）的镶嵌首饰。

二、应税与非应税的划分

经营单位兼营生产、加工、批发、零售业务的，应分别核算销售额，未分别核算销售额或者划分不清的，一律视同零售征收消费税。

三、纳税地点

固定业户到外县（市）临时销售金银首饰，应当向其机构所在地主管税务局申请开具外出经营活动税收管理证明，回其机构所在地向主管税务局申报纳税。未持有其机构所在地主管税务局核发的外出经营活动税收管理证明的，销售地主管税务局一律按规定征收消费税。其在销售地发生的销售额，回机构所在地后仍应按规定申报纳税，在销售地缴纳的消费税款不得从应纳税额中扣减。

四、申报资料

纳税人办理纳税申报时，除应按《中华人民共和国税收征收管理法》（以下简称《征管法》）的规定报送有关资料外，还应报送下列资料：

《金银饰品购销存月报表》（另行下发）。

五、其他征管事项，按《征管法》的有关规定办理。

五 营业税

部门规章及文件

国家税务总局、住房和城乡建设部、财政部关于进一步做好建筑行业营改增试点工作的意见

（2017年9月6日 税总发〔2017〕99号）

各省、自治区、直辖市、计划单列市国家税务局、住房城乡建设厅（建委、建设局）、财政厅（局），新疆生产建设兵团建设局、财务局：

建筑行业纳入营改增试点以来，通过打通增值税抵扣链条，妥善解决了原税制存在的重复征税问题，顺利实现了税制平稳转换，为建筑行业的发展营造了更为有利的税收环境。近期部分企业反映，试点过程中仍不同程度地存在取得抵扣凭证有难度、选择简易计税办法有障碍、异地施工预缴税款有困难等方面问题。为进一步做好建筑行业营改增试点相关工作，规范市场主体行为，更好发挥税制改革对行业发展的促进作用，提出以下意见。

一、加强宣传辅导，优化纳税服务

（一）持续开展宣传辅导。各级财税部门要将建筑行业，特别是中小建筑企业作为下一步政策辅导的重点，因地制宜采取措施，帮助企业提高对增值税制度的理解和认识，引导企业更充分地享受各类政策安排和优化服务措施，更好地适应新税制。各级住房城乡建设部门、相关行业协会要进一步加强对培训工作的专业指导，协调整合培训资源，积极为建筑业纳税人的培训、辅导等工作创造条件。

（二）进一步优化发票代开服务。各地税务部门要积极创造条件，在建材市场、大型工程项目部等地增设专用发票代开点，为砂土石料销售企业、临时经营企业及建筑材料零售企业代开专用发票提供便利，不断提高建筑企业购买建筑材料获得专用发票的比例。

（三）切实保证政策措施落地。各地税务部门要深刻领会现行建筑行业各项政策措施出台的意图，盯紧抓牢已出台各项政策措施的落地工作，税收减免、简易计税等各类政策安排必须严格落实到位。特别是《财政部税务总局关于建筑服务等营改增试点政策的通知》（财税〔2017〕58号）规定的建筑工程总承包单位为房屋建筑的地基与基础、主体结构提供工程服务，在建设单位自行采购全部或部分主要建筑材料的情况下，一律适用简易计税的政策，必须通知到每一个建筑企业和相关建设单位，确保建筑企业“应享尽享”，充分释放政策红利。

二、规范市场行为，强化合规意识

（四）严格规范建筑市场秩序。各地税务部门要强化对砂土石料等建筑材料销售企业的税收检查，及时处理建筑材料销售企业拒绝开票、加价开票等违规行为，发现建筑材料销售企业通过不开发票隐瞒收入偷税的，要依法依规严肃查处。各级住房城乡建设部门和税务部门要进一步加强信息共享，充分利用税收征管数据，对于增值税缴纳单位与建设工程合同承包方不一致的工程项目，重点核查是否存在转包、违法分包、挂靠等行为，一经发现，严肃查处，切实维护建筑市场秩序。

（五）积极引导企业规范管理。引导建筑企业从供应商筛选、内控机制建设、采购合同规范等方面完善流程，规范采购渠道和财务管理，提高进项税抵扣比例，合理降低税务负担，以营改增试点推动建筑企业规范管理，不断提升经营水平。

（六）加快推行工程总承包。引导企业大力推进工程总承包，细化工程总承包合同，实现设计、采购、施工等各阶段工作的深度融合，提高工程建设水平。合同各方要合理运用市场机制分享改革带来的减税红利，实现建筑行业营改增试点成效的最大化。

（七）大力营造有序竞争的市场环境。坚决打破区域市场准入壁垒，任何地区和单位不得违法限制或排斥本地区以外的建筑企业参加工程项目投标，严禁强制或变相要求外地建筑企业在本地设立分公司或子公司，为建筑企业营造更加开放、公平的市场环境。

三、注重部门协调，形成工作合力

（八）充分发挥行业协会作用。行业协会是企业与政府部门之间的桥梁和纽带。建筑行业各相关协会要充分发挥自身优势，主动联系政府、服务企业、促进行业自律，协助政府部门改善对建筑行业的管理，加强调查研究，积极向有关部门反映建筑企业的诉求和行业情况，提出切实可行的意见建议。

（九）切实加强部门配合。建筑行业营改增试点工作涉及面广，利益调整深刻，各地税务、住房城乡建设、财政部门要进一步统一思想认识，加强协调配合，强化监督检查，形成工作合力，保证各项政策措施落到实处。各部门在工作推进过程中发现的新情况、新问题，要加强调查研究，提出有效解决方案，及时向上级主管部门报告，通过各部门的共同努力，确保建筑行业营改增试点工作持续平稳运行。

六 土地方面相关税收

法　律

中华人民共和国耕地占用税法

（2018 年 12 月 29 日第十三届全国人民代表大会常务委员会第七次会议通过　2018 年 12 月 29 日中华人民共和国主席令第 18 号公布　自 2019 年 9 月 1 日起施行）

第一条　为了合理利用土地资源，加强土地管理，保护耕地，制定本法。

第二条　在中华人民共和国境内占用耕地建设建筑物、构筑物或者从事非农业建设的单位和个人，为耕地占用税的纳税人，应当依照本法规定缴纳耕地占用税。

占用耕地建设农田水利设施的，不缴纳耕地占用税。

本法所称耕地，是指用于种植农作物的土地。

第三条　耕地占用税以纳税人实际占用的耕地面积为计税依据，按照规定的适用税额一次性征收，应纳税额为纳税人实际占用的耕地面积（平方米）乘以适用税额。

第四条　耕地占用税的税额如下：

（一）人均耕地不超过一亩的地区（以县、自治县、不设区的市、市辖区为单位，下同），每平方米为十元至五十元；

（二）人均耕地超过一亩但不超过二亩的地区，每平方米为八元至四十元；

（三）人均耕地超过二亩但不超过三亩的地区，每平方米为六元至三十元；

（四）人均耕地超过三亩的地区，每平方米为五元至二十五元。

各地区耕地占用税的适用税额，由省、自治区、直辖市人民政府根据人均耕地面积和经济发展等情况，在前款规定的税额幅度内提出，报同级人民代表大会常务委员会决定，并报全国人民代表大会常务委员会和国务院备案。各省、自治区、直辖市耕地占用税适用税额的平均水平，不得低于本法所附《各省、自治区、直辖市耕地占用税平均税额表》规定的平均税额。

第五条　在人均耕地低于零点五亩的地区，省、自治区、直辖市可以根据当地经济发展情况，适当提高耕地占用税的适用税额，但提高的部分不得超过本法第四条第二款确定的适用税额的百分之五十。具体适用税额按照本法第四条第二款规定的程序确定。

第六条　占用基本农田的，应当按照本法第四条第二款或者第五条确定的当地适用税额，加按百分之一百五十征收。

第七条　军事设施、学校、幼儿园、社会福利机构、医疗机构占用耕地，免征耕地占用税。

铁路线路、公路线路、飞机场跑道、停机坪、港口、航道、水利工程占用耕地，减按每平方米二元的税额征收耕地占用税。

农村居民在规定用地标准以内占用耕地新建自用住宅，按照当地适用税额减半征收耕地占用税；其中农村居民经批准搬迁，新建自用住宅占用耕地不超过原宅基地面积的部分，免征耕地占用税。

农村烈士遗属、因公牺牲军人遗属、残疾军人以及符合农村最低生活保障条件的农村居民，在规定用地标准以内新建自用住宅，免征耕地占用税。

根据国民经济和社会发展的需要，国务院可以规定免征或者减征耕地占用税的其他情形，报全国人民代表大会常务委员会备案。

第八条 依照本法第七条第一款、第二款规定免征或者减征耕地占用税后，纳税人改变原占地用途，不再属于免征或者减征耕地占用税情形的，应当按照当地适用税额补缴耕地占用税。

第九条 耕地占用税由税务机关负责征收。

第十条 耕地占用税的纳税义务发生时间为纳税人收到自然资源主管部门办理占用耕地手续的书面通知的当日。纳税人应当自纳税义务发生之日起三十日内申报缴纳耕地占用税。

自然资源主管部门凭耕地占用税完税凭证或者免税凭证和其他有关文件发放建设用地批准书。

第十一条 纳税人因建设项目施工或者地质勘查临时占用耕地，应当依照本法的规定缴纳耕地占用税。纳税人在批准临时占用耕地期满之日起一年内依法复垦，恢复种植条件的，全额退还已经缴纳的耕地占用税。

第十二条 占用园地、林地、草地、农田水利用地、养殖水面、渔业水域滩涂以及其他农用地建设建筑物、构筑物或者从事非农业建设的，依照本法的规定缴纳耕地占用税。

占用前款规定的农用地的，适用税额可以适当低于本地区按照本法第四条第二款确定的适用税额，但降低的部分不得超过百分之五十。具体适用税额由省、自治区、直辖市人民政府提出，报同级人民代表大会常务委员会决定，并报全国人民代表大会常务委员会和国务院备案。

占用本条第一款规定的农用地建设直接为农业生产服务的生产设施的，不缴纳耕地占用税。

第十三条 税务机关应当与相关部门建立耕地占用税涉税信息共享机制和工作配合机制。县级以上地方人民政府自然资源、农业农村、水利等相关部门应当定期向税务机关提供农用地转用、临时占地等信息，协助税务机关加强耕地占用税征收管理。

税务机关发现纳税人的纳税申报数据资料异常或者纳税人未按照规定期限申报纳税的，可以提请相关部门进行复核，相关部门应当自收到税务机关复核申请之日起三十日内向税务机关出具复核意见。

第十四条 耕地占用税的征收管理，依照本法和《中华人民共和国税收征收管理法》的规定执行。

第十五条 纳税人、税务机关及其工作人员违反本法规定的，依照《中华人民共和国税收征收管理法》和有关法律法规的规定追究法律责任。

第十六条 本法自 2019 年 9 月 1 日起施行。2007 年 12 月 1 日国务院公布的《中华人民共和国耕地占用税暂行条例》同时废止。

附：

各省、自治区、直辖市耕地占用税平均税额表

省、自治区、直辖市	平均税额（元/平方米）
上海	45
北京	40
天津	35
江苏、浙江、福建、广东	30
辽宁、湖北、湖南	25
河北、安徽、江西、山东、河南、重庆、四川	22.5
广西、海南、贵州、云南、陕西	20
山西、吉林、黑龙江	17.5
内蒙古、西藏、甘肃、青海、宁夏、新疆	12.5

行政法规及文件

中华人民共和国土地增值税暂行条例

（1993 年 12 月 13 日中华人民共和国国务院令第 138 号发布　根据 2011 年 1 月 8 日国务院令第 588 号《国务院关于废止和修改部分行政法规的决定》修订）

第一条　为了规范土地、房地产市场交易秩序，合理调节土地增值收益，维护国家权益，制定本条例。

第二条　转让国有土地使用权、地上的建筑物及其附着物（以下简称转让房地产）并取得收入的单位和个人，为土地增值税的纳税义务人（以下简称纳税人），应当依照本条例缴纳土地增值税。

第三条　土地增值税按照纳税人转让房地产所取得的增值额和本条例第七条规定的税率计算征收。

第四条　纳税人转让房地产所取得的收入减除本条例第六条规定扣除项目金额后的余额，为增值额。

第五条　纳税人转让房地产所取得的收入，包括货币收入、实物收入和其他收入。

第六条　计算增值额的扣除项目：

（一）取得土地使用权所支付的金额；

（二）开发土地的成本、费用；

（三）新建房及配套设施的成本、费用，或者旧房及建筑物的评估价格；

（四）与转让房地产有关的税金；

（五）财政部规定的其他扣除项目。

第七条　土地增值税实行四级超率累进税率：

增值额未超过扣除项目金额 50% 的部分，税率为 30%。

增值额超过扣除项目金额 50%、未超

过扣除项目金额100%的部分，税率为40%。

增值额超过扣除项目金额100%、未超过扣除项目金额200%的部分，税率为50%。

增值额超过扣除项目金额200%的部分，税率为60%。

第八条 有下列情形之一的，免征土地增值税：

（一）纳税人建造普通标准住宅出售，增值额未超过扣除项目金额20%的；

（二）因国家建设需要依法征收、收回的房地产。

第九条 纳税人有下列情形之一的，按照房地产评估价格计算征收：

（一）隐瞒、虚报房地产成交价格的；

（二）提供扣除项目金额不实的；

（三）转让房地产的成交价格低于房地产评估价格，又无正当理由的。

第十条 纳税人应当自转让房地产合同签订之日起7日内向房地产所在地主管税务机关办理纳税申报，并在税务机关核定的期限内缴纳土地增值税。

第十一条 土地增值税由税务机关征收。土地管理部门、房产管理部门应当向税务机关提供有关资料，并协助税务机关依法征收土地增值税。

第十二条 纳税人未按照本条例缴纳土地增值税的，土地管理部门、房产管理部门不得办理有关的权属变更手续。

第十三条 土地增值税的征收管理，依据《中华人民共和国税收征收管理法》及本条例有关规定执行。

第十四条 本条例由财政部负责解释，实施细则由财政部制定。

第十五条 本条例自1994年1月1日起施行。各地区的土地增值费征收办法，与本条例相抵触的，同时停止执行。

中华人民共和国
城镇土地使用税暂行条例

（1988年9月27日中华人民共和国国务院令第17号发布　根据2006年12月31日《国务院关于修改〈中华人民共和国城镇土地使用税暂行条例〉的决定》第一次修订　根据2011年1月8日《国务院关于废止和修改部分行政法规的决定》第二次修订　根据2013年12月7日《国务院关于修改部分行政法规的决定》第三次修订　根据2019年3月2日《国务院关于修改部分行政法规的决定》第四次修订）

第一条 为了合理利用城镇土地，调节土地级差收入，提高土地使用效益，加强土地管理，制定本条例。

第二条 在城市、县城、建制镇、工矿区范围内使用土地的单位和个人，为城镇土地使用税（以下简称土地使用税）的纳税人，应当依照本条例的规定缴纳土地使用税。

前款所称单位，包括国有企业、集体企业、私营企业、股份制企业、外商投资企业、外国企业以及其他企业和事业单位、社会团体、国家机关、军队以及其他单位；所称个人，包括个体工商户以及其他个人。

第三条 土地使用税以纳税人实际占用的土地面积为计税依据，依照规定税额计算征收。

前款土地占用面积的组织测量工作，由省、自治区、直辖市人民政府根据实际情况确定。

第四条 土地使用税每平方米年税额如下：

（一）大城市1.5元至30元；

（二）中等城市1.2元至24元；

（三）小城市0.9元至18元；

（四）县城、建制镇、工矿区0.6元至

12元。

第五条 省、自治区、直辖市人民政府，应当在本条例第四条规定的税额幅度内，根据市政建设状况、经济繁荣程度等条件，确定所辖地区的适用税额幅度。

市、县人民政府应当根据实际情况，将本地区土地划分为若干等级，在省、自治区、直辖市人民政府确定的税额幅度内，制定相应的适用税额标准，报省、自治区、直辖市人民政府批准执行。

经省、自治区、直辖市人民政府批准，经济落后地区土地使用税的适用税额标准可以适当降低，但降低额不得超过本条例第四条规定最低税额的30%。经济发达地区土地使用税的适用税额标准可以适当提高，但须报经财政部批准。

第六条 下列土地免缴土地使用税：

（一）国家机关、人民团体、军队自用的土地；

（二）由国家财政部门拨付事业经费的单位自用的土地；

（三）宗教寺庙、公园、名胜古迹自用的土地；

（四）市政街道、广场、绿化地带等公共用地；

（五）直接用于农、林、牧、渔业的生产用地；

（六）经批准开山填海整治的土地和改造的废弃土地，从使用的月份起免缴土地使用税5年至10年；

（七）由财政部另行规定免税的能源、交通、水利设施用地和其他用地。

第七条 除本条例第六条规定外，纳税人缴纳土地使用税确有困难需要定期减免的，由县以上税务机关批准。

第八条 土地使用税按年计算、分期缴纳。缴纳期限由省、自治区、直辖市人民政府确定。

第九条 新征收的土地，依照下列规定缴纳土地使用税：

（一）征收的耕地，自批准征收之日起满1年时开始缴纳土地使用税；

（二）征收的非耕地，自批准征收次月起缴纳土地使用税。

第十条 土地使用税由土地所在地的税务机关征收。土地管理机关应当向土地所在地的税务机关提供土地使用权属资料。

第十一条 土地使用税的征收管理，依照《中华人民共和国税收征收管理法》及本条例的规定执行。

第十二条 土地使用税收入纳入财政预算管理。

第十三条 本条例的实施办法由省、自治区、直辖市人民政府制定。

第十四条 本条例自1988年11月1日起施行，各地制定的土地使用费办法同时停止执行。

部门规章及文件

中华人民共和国土地增值税暂行条例实施细则

（1995年1月27日 财法字〔1995〕6号）

第一条 根据《中华人民共和国土地增值税暂行条例》（以下简称条例）第十四条规定，制定本细则。

第二条 条例第二条所称的转让国有土地使用权、地上的建筑物及其附着物并取得收入，是指以出售或者其他方式有偿转让房地产的行为。不包括以继承、赠与方式无偿转让房地产的行为。

第三条 条例第二条所称的国有土地，是指按国家法律规定属于国家所有的土地。

第四条 条例第二条所称的地上的建筑物，是指建于土地上的一切建筑物，包括地上地下的各种附属设施。

条例第二条所称的附着物，是指附着

于土地上的不能移动，一经移动即遭损坏的物品。

第五条 条例第二条所称的收入，包括转让房地产的全部价款及有关的经济收益。

第六条 条例第二条所称的单位，是指各类企业单位、事业单位、国家机关和社会团体及其他组织。

条例第二条所称个人，包括个体经营者。

第七条 条例第六条所列的计算增值额的扣除项目，具体为：

（一）取得土地使用权所支付的金额，是指纳税人为取得土地使用权所支付的地价款和按国家统一规定交纳的有关费用。

（二）开发土地和新建房及配套设施（以下简称房地产开发）的成本，是指纳税人房地产开发项目实际发生的成本（以下简称房地产开发成本），包括土地征用及拆迁补偿费、前期工程费、建筑安装工程费、基础设施费、公共配套设施费、开发间接费用。

土地征用及拆迁补偿费，包括土地征用费、耕地占用税、劳动力安置费及有关地上、地下附着物拆迁补偿的净支出、安置动迁用房支出等。

前期工程费，包括规划、设计、项目可行性研究和水文、地质、勘察、测绘、“三通一平”等支出。

建筑安装工程费，是指以出包方式支付给承包单位的建筑安装工程费，以自营方式发生的建筑安装工程费。

基础设施费，包括开发小区内道路、供水、供电、供气、排污、排洪、通讯、照明、环卫、绿化等工程发生的支出。

公共配套设施费，包括不能有偿转让的开发小区内公共配套设施发生的支出。

开发间接费用，是指直接组织、管理开发项目发生的费用，包括工资、职工福利费、折旧费、修理费、办公费、水电费、劳动保护费、周转房摊销等。

（三）开发土地和新建房及配套设施的费用（以下简称房地产开发费用），是指与房地产开发项目有关的销售费用、管理费用、财务费用。

财务费用中的利息支出，凡能够按转让房地产项目计算分摊并提供金融机构证明的，允许据实扣除，但最高不能超过按商业银行同类同期贷款利率计算的金额。其他房地产开发费用，按本条（一）、（二）项规定计算的金额之和的5%以内计算扣除。

凡不能按转让房地产项目计算分摊利息支出或不能提供金融机构证明的，房地产开发费用按本条（一）、（二）项规定计算的金额之和的10%以内计算扣除。

上述计算扣除的具体比例，由各省、自治区、直辖市人民政府规定。

（四）旧房及建筑物的评估价格，是指在转让已使用的房屋及建筑物时，由政府批准设立的房地产评估机构评定的重置成本价乘以成新度折扣率后的价格。评估价格须经当地税务机关确认。

（五）与转让房地产有关的税金，是指在转让房地产时缴纳的营业税、城市维护建设税、印花税。因转让房地产交纳的教育费附加，也可视同税金予以扣除。

（六）根据条例第六条（五）项规定，对从事房地产开发的纳税人可按本条（一）、（二）项规定计算的金额之和，加计20%的扣除。

第八条 土地增值税以纳税人房地产成本核算的最基本的核算项目或核算对象为单位计算。

第九条 纳税人成片受让土地使用权后，分期分批开发、转让房地产的，其扣除项目金额的确定，可按转让土地使用权的面积占总面积的比例计算分摊，或按建筑面积计算分摊，也可按税务机关确认的其他方式计算分摊。

第十条 条例第七条所列四级超率累进税

率，每级“增值额未超过扣除项目金额”的比例，均包括本比例数。

计算土地增值税税额，可按增值额乘以适用的税率减去扣除项目金额乘以速算扣除系数的简便方法计算，具体公式如下：

（一）增值额未超过扣除项目金额50%

土地增值税税额＝增值额×30%

（二）增值额超过扣除项目金额50%，未超过100%

土地增值税税额＝增值额×40%－扣除项目金额×5%

（三）增值额超过扣除项目金额100%，未超过200%

土地增值税税额＝增值额×50%－扣除项目金额×15%

（四）增值额超过扣除项目金额200%

土地增值税税额＝增值额×60%－扣除项目金额×35%

公式中的5%、15%、35%为速算扣除系数。

第十一条 条例第八条（一）项所称的普通标准住宅，是指按所在地一般民用住宅标准建造的居住用住宅。高级公寓、别墅、度假村等不属于普通标准住宅。普通标准住宅与其他住宅的具体划分界限由各省、自治区、直辖市人民政府规定。

纳税人建造普通标准住宅出售，增值额未超过本细则第七条（一）、（二）、（三）、（五）、（六）项扣除项目金额之和20%的，免征土地增值税；增值额超过扣除项目金额之和20%的，应就其全部增值额按规定计税。

条例第八条（二）项所称的因国家建设需要依法征用、收回的房地产，是指因城市实施规划、国家建设的需要而被政府批准征用的房产或收回的土地使用权。

因城市实施规划、国家建设的需要而搬迁，由纳税人自行转让原房地产的，比照本规定免征土地增值税。

符合上述免税规定的单位和个人，须向房地产所在地税务机关提出免税申请，经税务机关审核后，免予征收土地增值税。

第十二条 个人因工作调动或改善居住条件而转让原自用住房，经向税务机关申报核准，凡居住满5年或5年以上的，免予征收土地增值税；居住满3年未满5年的，减半征收土地增值税。居住未满3年的，按规定计征土地增值税。

第十三条 条例第九条所称的房地产评估价格，是指由政府批准设立的房地产评估机构根据相同地段、同类房地产进行综合评定的价格。评估价格须经当地税务机关确认。

第十四条 条例第九条（一）项所称的隐瞒、虚报房地产成交价格，是指纳税人不报或有意低报转让土地使用权、地上建筑物及其附着物价款的行为。

条例第九条（二）项所称的提供扣除项目金额不实的，是指纳税人在纳税申报时不据实提供扣除项目金额的行为。

条例第九条（三）项所称的转让房地产的成交价格低于房地产评估价格，又无正当理由的，是指纳税人申报的转让房地产的实际成交价低于房地产评估机构评定的交易价，纳税人又不能提供凭据或无正当理由的行为。

隐瞒、虚报房地产成交价格，应由评估机构参照同类房地产的市场交易价格进行评估。税务机关根据评估价格确定转让房地产的收入。

提供扣除项目金额不实的，应由评估机构按照房屋重置成本价乘以成新度折扣率计算的房屋成本价和取得土地使用权时的基准地价进行评估。税务机关根据评估价格确定扣除项目金额。

转让房地产的成交价格低于房地产评估价格，又无正当理由的，由税务机关参照房地产评估价格确定转让房地产的收入。

第十五条 根据条例第十条的规定，纳税人应按照下列程序办理纳税手续：

（一）纳税人应在转让房地产合同签

订后的7日内，到房地产所在地主管税务机关办理纳税申报，并向税务机关提交房屋及建筑物产权、土地使用权证书，土地转让、房产买卖合同，房地产评估报告及其他与转让房地产有关的资料。

纳税人因经常发生房地产转让而难以在每次转让后申报的，经税务机关审核同意后，可以定期进行纳税申报，具体期限由税务机关根据情况确定。

（二）纳税人按照税务机关核定的税额及规定的期限缴纳土地增值税。

第十六条 纳税人在项目全部竣工结算前转让房地产取得的收入，由于涉及成本确定或其他原因，而无法据以计算土地增值税的，可以预征土地增值税，待该项目全部竣工、办理结算后再进行清算，多退少补。具体办法由各省、自治区、直辖市地方税务局根据当地情况制定。

第十七条 条例第十条所称的房地产所在地，是指房地产的座落地。纳税人转让房地产座落在两个或两个以上地区的，应按房地产所在地分别申报纳税。

第十八条 条例第十一条所称的土地管理部门、房产管理部门应当向税务机关提供有关资料，是指向房地产所在地主管税务机关提供有关房屋及建筑物产权、土地使用权、土地出让金数额、土地基准地价、房地产市场交易价格及权属变更等方面的资料。

第十九条 纳税人未按规定提供房屋及建筑物产权、土地使用权证书，土地转让、房产买卖合同，房地产评估报告及其他与转让房地产有关资料的，按照《中华人民共和国税收征收管理法》（以下简称《征管法》）第三十九条的规定进行处理。

纳税人不如实申报房地产交易额及规定扣除项目金额造成少缴或未缴税款的，按照《征管法》第四十条的规定进行处理。

第二十条 土地增值税以人民币为计算单位。转让房地产所取得的收入为外国货币的，以取得收入当天或当月1日国家公布的市场汇价折合成人民币，据以计算应纳土地增值税税额。

第二十一条 条例第十五条所称的各地区的土地增值费征收办法是指与本条例规定的计征对象相同的土地增值费、土地收益金等征收办法。

第二十二条 本细则由财政部解释，或者由国家税务总局解释。

第二十三条 本细则自发布之日起施行。

第二十四条 1994年1月1日至本细则发布之日期间的土地增值税参照本细则的规定计算征收。

财政部　税务总局关于继续实施物流企业大宗商品仓储设施用地城镇土地使用税优惠政策的公告

（2020年3月13日　财政部　税务总局公告2020年第16号）

为进一步促进物流业健康发展，现就物流企业大宗商品仓储设施用地城镇土地使用税政策公告如下：

一、自2020年1月1日起至2022年12月31日止，对物流企业自有（包括自用和出租）或承租的大宗商品仓储设施用地，减按所属土地等级适用税额标准的50%计征城镇土地使用税。

二、本公告所称物流企业，是指至少从事仓储或运输一种经营业务，为工农业生产、流通、进出口和居民生活提供仓储、配送等第三方物流服务，实行独立核算、独立承担民事责任，并在工商部门注册登记为物流、仓储或运输的专业物流企业。

本公告所称大宗商品仓储设施，是指同一仓储设施占地面积在6000平方米及以上，且主要储存粮食、棉花、油料、糖料、蔬菜、水果、肉类、水产品、化肥、农药、种子、饲料等农产品和农业生产资料，煤炭、焦炭、矿砂、非金属矿产品、原油、成品油、化工原料、木材、橡胶、纸浆及纸制品、钢材、水泥、有色金属、建材、塑料、纺织原料等矿产品和工业原材料的仓储设施。

本公告所称仓储设施用地，包括仓库库区内的各类仓房（含配送中心）、油罐（池）、货场、晒场（堆场）、罩棚等储存设施和铁路专用线、码头、道路、装卸搬运区域等物流作业配套设施的用地。

三、物流企业的办公、生活区用地及其他非直接用于大宗商品仓储的土地，不属于本公告规定的减税范围，应按规定征收城镇土地使用税。

四、本公告印发之日前已缴纳的应予减征的税款，在纳税人以后应缴税款中抵减或者予以退还。

五、纳税人享受本公告规定的减税政策，应按规定进行减免税申报，并将不动产权属证明、土地用途证明、租赁协议等资料留存备查。

国家税务总局关于耕地占用税征收管理有关事项的公告

（2019 年 8 月 30 日　国家税务总局公告 2019 年第 30 号　自 2019 年 9 月 1 日起施行）

为落实《中华人民共和国耕地占用税法》（以下简称《耕地占用税法》）及《中华人民共和国耕地占用税法实施办法》（以下简称《实施办法》），规范耕地占用税征收管理，现就有关事项公告如下：

一、耕地占用税以纳税人实际占用的属于耕地占用税征税范围的土地（以下简称“应税土地”）面积为计税依据，按应税土地当地适用税额计税，实行一次性征收。

耕地占用税计算公式为：应纳税额 = 应税土地面积 × 适用税额。

应税土地面积包括经批准占用面积和未经批准占用面积，以平方米为单位。

当地适用税额是指省、自治区、直辖市人民代表大会常务委员会决定的应税土地所在地县级行政区的现行适用税额。

二、按照《耕地占用税法》第六条规定，加按百分之一百五十征收耕地占用税的计算公式为：应纳税额 = 应税土地面积 × 适用税额 × 百分之一百五十。

三、按照《耕地占用税法》及《实施办法》的规定，免征、减征耕地占用税的部分项目按以下口径执行：

（一）免税的军事设施，是指《中华人民共和国军事设施保护法》第二条所列建筑物、场地和设备。具体包括：指挥机关，地面和地下的指挥工程、作战工程；军用机场、港口、码头；营区、训练场、试验场；军用洞库、仓库；军用通信、侦察、导航、观测台站，测量、导航、助航标志；军用公路、铁路专用线，军用通信、输电线路，军用输油、输水管道；边防、海防管控设施；国务院和中央军事委员会规定的其他军事设施。

（二）免税的社会福利机构，是指依法登记的养老服务机构、残疾人服务机构、儿童福利机构及救助管理机构、未成年人救助保护机构内专门为老年人、残疾人、未成年人及生活无着的流浪乞讨人员提供养护、康复、托管等服务的场所。

养老服务机构，是指为老年人提供养护、康复、托管等服务的老年人社会福利机构。具体包括老年社会福利院、养老院（或老人院）、老年公寓、护老院、护养院、敬老院、托老所、老年人服务中心等。

残疾人服务机构，是指为残疾人提供

养护、康复、托管等服务的社会福利机构。具体包括为肢体、智力、视力、听力、语言、精神方面有残疾的人员提供康复和功能补偿的辅助器具，进行康复治疗、康复训练，承担教育、养护和托管服务的社会福利机构。

儿童福利机构，是指为孤、弃、残儿童提供养护、康复、医疗、教育、托管等服务的儿童社会福利服务机构。具体包括儿童福利院、社会福利院、SOS 儿童村、孤儿学校、残疾儿童康复中心、社区特教班等。

社会救助机构，是指为生活无着的流浪乞讨人员提供寻亲、医疗、未成年人教育、离站等服务的救助管理机构。具体包括县级以上人民政府设立的救助管理站、未成年人救助保护中心等专门机构。

（三）免税的医疗机构，是指县级以上人民政府卫生健康行政部门批准设立的医疗机构内专门从事疾病诊断、治疗活动的场所及其配套设施。

（四）减税的公路线路，是指经批准建设的国道、省道、县道、乡道和属于农村公路的村道的主体工程以及两侧边沟或者截水沟。具体包括高速公路、一级公路、二级公路、三级公路、四级公路和等外公路的主体工程及两侧边沟或者截水沟。

四、根据《耕地占用税法》第八条的规定，纳税人改变原占地用途，需要补缴耕地占用税的，其纳税义务发生时间为改变用途当日，具体为：经批准改变用途的，纳税义务发生时间为纳税人收到批准文件的当日；未经批准改变用途的，纳税义务发生时间为自然资源主管部门认定纳税人改变原占地用途的当日。

五、未经批准占用应税土地的纳税人，其纳税义务发生时间为自然资源主管部门认定其实际占地的当日。

六、耕地占用税实行全国统一的纳税申报表（见附件）。

七、耕地占用税纳税人依法纳税申报时，应填报《耕地占用税纳税申报表》，同时依占用应税土地的不同情形分别提交下列材料：

（一）农用地转用审批文件复印件；

（二）临时占用耕地批准文件复印件；

（三）未经批准占用应税土地的，应提供实际占地的相关证明材料复印件。

其中第（一）项和第（二）项，纳税人提交的批准文书信息能够通过政府信息共享获取的，纳税人只需要提供上述材料的名称、文号、编码等信息供查询验证，不再提交材料复印件。

八、主管税务机关接收纳税人申报资料后，应审核资料是否齐全、是否符合法定形式、填写内容是否完整、项目间逻辑关系是否相符。审核无误的即时受理；审核发现问题的当场一次性告知应补正资料或不予受理原因。

九、耕地占用税减免优惠实行“自行判别、申报享受、有关资料留存备查”办理方式。纳税人根据政策规定自行判断是否符合优惠条件，符合条件的，纳税人申报享受税收优惠，并将有关资料留存备查。纳税人对留存材料的真实性和合法性承担法律责任。

符合耕地占用税减免条件的纳税人，应留存下列材料：

（一）军事设施占用应税土地的证明材料；

（二）学校、幼儿园、社会福利机构、医疗机构占用应税土地的证明材料；

（三）铁路线路、公路线路、飞机场跑道、停机坪、港口、航道、水利工程占用应税土地的证明材料；

（四）农村居民建房占用土地及其他相关证明材料；

（五）其他减免耕地占用税情形的证明材料。

十、纳税人符合《耕地占用税法》第十一条、《实施办法》第十九条的规定申请退税的，纳税人应提供身份证明查验，并提交以下材料复印件：

（一）税收缴款书、税收完税证明；

（二）复垦验收合格确认书。

十一、纳税人、建设用地人符合《实施办法》第二十九条规定共同申请退税的，纳税人、建设用地人应提供身份证明查验，并提交以下材料复印件：

（一）纳税人应提交税收缴款书、税收完税证明；

（二）建设用地人应提交使用耕地用途符合免税规定的证明材料。

十二、本公告自2019年9月1日起施行。《国家税务总局关于农业税、牧业税、耕地占用税、契税征收管理暂参照〈中华人民共和国税收征收管理法〉执行的通知》（国税发〔2001〕110号）、《国家税务总局关于耕地占用税征收管理有关问题的通知》（国税发〔2007〕129号）、《国家税务总局关于发布〈耕地占用税管理规程（试行）〉的公告》（国家税务总局公告2016年第2号发布，国家税务总局公告2018年第31号修改）同时废止。

特此公告。

附件：耕地占用税纳税申报表（略）

国家税务总局关于房地产开发企业土地增值税清算涉及企业所得税退税有关问题的公告

（2016年12月9日　国家税务总局公告2016年第81号　自公布之日起施行）

根据《中华人民共和国企业所得税法》及其实施条例、《中华人民共和国税收征收管理法》及其实施细则的相关规定，现就房地产开发企业（以下简称“企业”）由于土地增值税清算，导致多缴企业所得税的退税问题公告如下：

一、企业按规定对开发项目进行土地增值税清算后，当年企业所得税汇算清缴出现亏损且有其他后续开发项目的，该亏损应按照税法规定向以后年度结转，用以后年度所得弥补。后续开发项目，是指正在开发以及中标的项目。

二、企业按规定对开发项目进行土地增值税清算后，当年企业所得税汇算清缴出现亏损，且没有后续开发项目的，可以按照以下方法，计算出该项目由于土地增值税原因导致的项目开发各年度多缴企业所得税税款，并申请退税：

（一）该项目缴纳的土地增值税总额，应按照该项目开发各年度实现的项目销售收入占整个项目销售收入总额的比例，在项目开发各年度进行分摊，具体按以下公式计算：

各年度应分摊的土地增值税 = 土地增值税总额 ×（项目年度销售收入 ÷ 整个项目销售收入总额）

本公告所称销售收入包括视同销售房地产的收入，但不包括企业销售的增值额未超过扣除项目金额20%的普通标准住宅的销售收入。

（二）该项目开发各年度应分摊的土地增值税减去该年度已经在企业所得税税前扣除的土地增值税后，余额属于当年应补充扣除的土地增值税；企业应调整当年度的应纳税所得额，并按规定计算当年度应退的企业所得税税款；当年度已缴纳的企业所得税税款不足退税的，应作为亏损向以后年度结转，并调整以后年度的应纳税所得额。

（三）按照上述方法进行土地增值税分摊调整后，导致相应年度应纳税所得额出现正数的，应按规定计算缴纳企业所得税。

（四）企业按上述方法计算的累计退税额，不得超过其在该项目开发各年度累计实际缴纳的企业所得税；超过部分作为项目清算年度产生的亏损，向以后年度结转。

三、企业在申请退税时，应向主管税务机关提供书面材料说明应退企业所得税款的计算过程，包括该项目缴纳的土地增值税总额、项目销售收入总额、项目年度销售收入额、各年度应分摊的土地增值税和已经税前扣除的土地增值税、各年度的适用税率，以及是否存在后续开发项目等情况。

四、本公告自发布之日起施行。本公告发布之日前，企业凡已经对土地增值税进行清算且没有后续开发项目的，在本公告发布后仍存在尚未弥补的因土地增值税清算导致的亏损，按照本公告第二条规定的方法计算多缴企业所得税税款，并申请退税。

《国家税务总局关于房地产开发企业注销前有关企业所得税处理问题的公告》（国家税务总局公告2010年第29号）同时废止。

特此公告。

财政部、国家税务总局关于城镇土地使用税若干具体问题的解释和暂行规定

（1988年10月24日　〔1988〕国税地字第015号　根据2017年12月29日国家税务总局令第42号《国家税务总局关于公布失效废止的税务部门规章和税收规范性文件目录的决定》修改）

一、关于城市，县城，建制镇，工矿区范围内土地的解释

城市，县城，建制镇，工矿区范围内土地，是指在这些区域范围内属于国家所有和集体所有的土地。

二、关于城市，县城，建制镇，工矿区的解释

城市是指经国务院批准设立的市。

县城是指县人民政府所在地。

建制镇是指经省，自治区，直辖市人民政府批准设立的建制镇。

工矿区是指工商业比较发达，人口比较集中，符合国务院规定的建制镇标准，但尚未设立镇建制的大中型工矿企业所在地。工矿区须经省，自治区，直辖市人民政府批准。

三、关于征税范围的解释

城市的征税范围为市区和郊区。

县城的征税范围为县人民政府所在的城镇。

建制镇的征税范围为镇人民政府所在地。

城市，县城，建制镇，工矿区的具体征税范围，由各省，自治区，直辖市人民政府划定。

四、关于纳税人的确定

土地使用税由拥有土地使用权的单位或个人缴纳。拥有土地使用权的纳税人不在土地所在地的，由代管人或实际使用人纳税；土地使用权未确定或权属纠纷未解决的，由实际使用人纳税；土地使用权共有的，由共有各方分别纳税。

五、关于土地使用权共有的，如何计算缴纳土地使用税

土地使用权共有的各方，应按其实际使用的土地面积占总面积的比例，分别计算缴纳土地使用税。

六、关于纳税人实际占用的土地面积的确定

纳税人实际占用的土地面积，是指由省，自治区，直辖市人民政府确定的单位组织测定的土地面积。尚未组织测量，但纳税人持有政府部门核发的土地使用证书

的，以证书确认的土地面积为准；尚未核发土地使用证书的，应由纳税人据实申报土地面积。

七、关于大中小城市的解释

大，中，小城市以公安部门登记在册的非农业正式户口人数为依据，按照国务院颁布的〈城市规划条例〉中规定的标准划分。现行的划分标准是：市区及郊区非农业人口总计在50万以上的，为大城市；市区及郊区非农业人口总计在20万至50万的，为中等城市；市区及郊区非农业人口总计在20万以下的，为小城市。

八、关于人民团体的解释

人民团体是指经国务院授权的政府部门批准设立或登记备案并由国家拨付行政事业费的各种社会团体。

九、关于由国家财政部门拨付事业经费的单位的解释

由国家财政部门拨付事业经费的单位，是指由国家财政部门拨付经费，实行全额预算管理或差额预算管理的事业单位。不包括实行自收自支，自负盈亏的事业单位。

十、关于免税单位自用土地的解释

国家机关，人民团体，军队自用的土地，是指这些单位本身的办公用地和公务用地。

事业单位自用的土地，是指这些单位本身的业务用地。

宗教寺庙自用的土地，是指举行宗教仪式等的用地和寺庙内的宗教人员生活用地。

公园，名胜古迹自用的土地，是指供公共参观游览的用地及其管理单位的办公用地。

以上单位的生产，营业用地和其他用地，不属于免税范围，应按规定缴纳土地使用税。

十一、关于直接用于农，林，牧，渔业的生产用地的解释

直接用于农，林，牧，渔业的生产用地，是指直接从事于种植，养殖，饲养的专业用地，不包括农副产品加工场地和生活，办公用地。

十二、关于征用的耕地与非耕地的确定

征用的耕地与非耕地，以土地管理机关批准征地的文件为依据确定。

十三、关于开山填海整治的土地和改造的废弃土地及其免税期限的确定

开山填海整治的土地和改造的废弃土地，以土地管理机关出具的证明文件为依据确定；具体免税期限由各省，自治区，直辖市税务局在土地使用税暂行条例规定的期限内自行确定。

十四、关于纳税人使用的土地不属于同一省（自治区，直辖市）管辖范围的，如何确定纳税地点

纳税人使用的土地不属于同一省（自治区，直辖市）管辖范围的，应由纳税人分别向土地所在地的税务机关缴纳土地使用税。

在同一省（自治区，直辖市）管辖范围内，纳税人跨地区使用的土地，如何确定纳税地点，由各省，自治区，直辖市税务局确定。

十五、关于公园，名胜古迹中附设的营业单位使用的土地，应否征收土地使用税

公园名胜古迹中附设的营业单位，如影剧院，饮食部，茶社，照相馆等使用的土地，应征收土地使用税。

十六、关于对房管部门经租的公房用地，如何征收土地使用税

房管部门经租的公房用地，凡土地使用权属于房管部门的，由房管部门缴纳土地使用税

十七、下列土地的征免税，由省，自治区，直辖市税务局确定：

1. 个人所有的居住房屋及院落用地；

2. 房产管理部门在房租调整改革前经租的居民住房用地；

3. 免税单位职工家属的宿舍用地；

4. 民政部门举办的安置残疾人占一定比例的福利工厂用地；

5. 集体和个人办的各类学校，医院，托儿所，幼儿园用地。

土地增值税清算管理规程

（2009年5月12日 国税发〔2009〕91号）

第一章 总 则

第一条 为了加强土地增值税征收管理，规范土地增值税清算工作，根据《中华人民共和国税收征收管理法》及其实施细则、《中华人民共和国土地增值税暂行条例》及其实施细则等规定，制定本规程（以下简称《规程》）。

第二条 《规程》适用于房地产开发项目土地增值税清算工作。

第三条 《规程》所称土地增值税清算，是指纳税人在符合土地增值税清算条件后，依照税收法律、法规及土地增值税有关政策规定，计算房地产开发项目应缴纳的土地增值税税额，并填写《土地增值税清算申报表》，向主管税务机关提供有关资料，办理土地增值税清算手续，结清该房地产项目应缴纳土地增值税税款的行为。

第四条 纳税人应当如实申报应缴纳的土地增值税税额，保证清算申报的真实性、准确性和完整性。

第五条 税务机关应当为纳税人提供优质纳税服务，加强土地增值税政策宣传辅导。

主管税务机关应及时对纳税人清算申报的收入、扣除项目金额、增值额、增值率以及税款计算等情况进行审核，依法征收土地增值税。

第二章 前期管理

第六条 主管税务机关应加强房地产开发项目的日常税收管理，实施项目管理。主管税务机关应从纳税人取得土地使用权开始，按项目分别建立档案、设置台账，对纳税人项目立项、规划设计、施工、预售、竣工验收、工程结算、项目清盘等房地产开发全过程情况实行跟踪监控，做到税务管理与纳税人项目开发同步。

第七条 主管税务机关对纳税人项目开发期间的会计核算工作应当积极关注，对纳税人分期开发项目或者同时开发多个项目的，应督促纳税人根据清算要求按不同期间和不同项目合理归集有关收入、成本、费用。

第八条 对纳税人分期开发项目或者同时开发多个项目的，有条件的地区，主管税务机关可结合发票管理规定，对纳税人实施项目专用票据管理措施。

第三章 清算受理

第九条 纳税人符合下列条件之一的，应进行土地增值税的清算。

（一）房地产开发项目全部竣工、完成销售的；

（二）整体转让未竣工决算房地产开发项目的；

（三）直接转让土地使用权的。

第十条 对符合以下条件之一的，主管税务机关可要求纳税人进行土地增值税清算。

（一）已竣工验收的房地产开发项目，已转让的房地产建筑面积占整个项目可售建筑面积的比例在85%以上，或该比例虽未超过85%，但剩余的可售建筑面积已经出租或自用的；

（二）取得销售（预售）许可证满三年仍未销售完毕的；

（三）纳税人申请注销税务登记但未

办理土地增值税清算手续的；

（四）省（自治区、直辖市、计划单列市）税务机关规定的其他情况。

对前款所列第（三）项情形，应在办理注销登记前进行土地增值税清算。

第十一条 对于符合本规程第九条规定，应进行土地增值税清算的项目，纳税人应当在满足条件之日起90日内到主管税务机关办理清算手续。对于符合本规程第十条规定税务机关可要求纳税人进行土地增值税清算的项目，由主管税务机关确定是否进行清算；对于确定需要进行清算的项目，由主管税务机关下达清算通知，纳税人应当在收到清算通知之日起90日内办理清算手续。

应进行土地增值税清算的纳税人或经主管税务机关确定需要进行清算的纳税人，在上述规定的期限内拒不清算或不提供清算资料的，主管税务机关可依据《中华人民共和国税收征收管理法》有关规定处理。

第十二条 纳税人清算土地增值税时应提供的清算资料

（一）土地增值税清算表及其附表（参考表样见附件，各地可根据本地实际情况制定）。

（二）房地产开发项目清算说明，主要内容应包括房地产开发项目立项、用地、开发、销售、关联方交易、融资、税款缴纳等基本情况及主管税务机关需要了解的其他情况。

（三）项目竣工决算报表、取得土地使用权所支付的地价款凭证、国有土地使用权出让合同、银行贷款利息结算通知单、项目工程合同结算单、商品房购销合同统计表、销售明细表、预售许可证等与转让房地产的收入、成本和费用有关的证明资料。主管税务机关需要相应项目记账凭证的，纳税人还应提供记账凭证复印件。

（四）纳税人委托税务中介机构审核鉴证的清算项目，还应报送中介机构出具的《土地增值税清算税款鉴证报告》。

第十三条 主管税务机关收到纳税人清算资料后，对符合清算条件的项目，且报送的清算资料完备的，予以受理；对纳税人符合清算条件、但报送的清算资料不全的，应要求纳税人在规定限期内补报，纳税人在规定的期限内补齐清算资料后，予以受理；对不符合清算条件的项目，不予受理。上述具体期限由各省、自治区、直辖市、计划单列市税务机关确定。主管税务机关已受理的清算申请，纳税人无正当理由不得撤销。

第十四条 主管税务机关按照本规程第六条进行项目管理时，对符合税务机关可要求纳税人进行清算情形的，应当作出评估，并经分管领导批准，确定何时要求纳税人进行清算的时间。对确定暂不通知清算的，应继续做好项目管理，每年作出评估，及时确定清算时间并通知纳税人办理清算。

第十五条 主管税务机关受理纳税人清算资料后，应在一定期限内及时组织清算审核。具体期限由各省、自治区、直辖市、计划单列市税务机关确定。

第四章 清算审核

第十六条 清算审核包括案头审核、实地审核。

案头审核是指对纳税人报送的清算资料进行数据、逻辑审核，重点审核项目归集的一致性、数据计算准确性等。

实地审核是指在案头审核的基础上，通过对房地产开发项目实地查验等方式，对纳税人申报情况的客观性、真实性、合理性进行审核。

第十七条 清算审核时，应审核房地产开发项目是否以国家有关部门审批、备案的项目为单位进行清算；对于分期开发的项目，是否以分期项目为单位清算；对不同类型房地产是否分别计算增值额、增值率，缴纳土地增值税。

第十八条 审核收入情况时，应结合销售发票、销售合同（含房管部门网上备案登记资料）、商品房销售（预售）许可证、房产销售分户明细表及其他有关资料，重点审核销售明细表、房地产销售面积与项目可售面积的数据关联性，以核实计税收入；对销售合同所载商品房面积与有关部门实际测量面积不一致，而发生补、退房款的收入调整情况进行审核；对销售价格进行评估，审核有无价格明显偏低情况。

必要时，主管税务机关可通过实地查验，确认有无少计、漏计事项，确认有无将开发产品用于职工福利、奖励、对外投资、分配给股东或投资人、抵偿债务、换取其他单位和个人的非货币性资产等情况。

第十九条 非直接销售和自用房地产的收入确定

（一）房地产开发企业将开发产品用于职工福利、奖励、对外投资、分配给股东或投资人、抵偿债务、换取其他单位和个人的非货币性资产等，发生所有权转移时应视同销售房地产，其收入按下列方法和顺序确认：

1. 按本企业在同一地区、同一年度销售的同类房地产的平均价格确定；

2. 由主管税务机关参照当地当年、同类房地产的市场价格或评估价值确定。

（二）房地产开发企业将开发的部分房地产转为企业自用或用于出租等商业用途时，如果产权未发生转移，不征收土地增值税，在税款清算时不列收入，不扣除相应的成本和费用。

第二十条 土地增值税扣除项目审核的内容包括：

（一）取得土地使用权所支付的金额。

（二）房地产开发成本，包括：土地征用及拆迁补偿费、前期工程费、建筑安装工程费、基础设施费、公共配套设施费、开发间接费用。

（三）房地产开发费用。

（四）与转让房地产有关的税金。

（五）国家规定的其他扣除项目。

第二十一条 审核扣除项目是否符合下列要求：

（一）在土地增值税清算中，计算扣除项目金额时，其实际发生的支出应当取得但未取得合法凭据的不得扣除。

（二）扣除项目金额中所归集的各项成本和费用，必须是实际发生的。

（三）扣除项目金额应当准确地在各扣除项目中分别归集，不得混淆。

（四）扣除项目金额中所归集的各项成本和费用必须是在清算项目开发中直接发生的或应当分摊的。

（五）纳税人分期开发项目或者同时开发多个项目的，或者同一项目中建造不同类型房地产的，应按照受益对象，采用合理的分配方法，分摊共同的成本费用。

（六）对同一类事项，应当采取相同的会计政策或处理方法。会计核算与税务处理规定不一致的，以税务处理规定为准。

第二十二条 审核取得土地使用权支付金额和土地征用及拆迁补偿费时应当重点关注：

（一）同一宗土地有多个开发项目，是否予以分摊，分摊办法是否合理、合规，具体金额的计算是否正确。

（二）是否存在将房地产开发费用记入取得土地使用权支付金额以及土地征用及拆迁补偿费的情形。

（三）拆迁补偿费是否实际发生，尤其是支付给个人的拆迁补偿款、拆迁（回迁）合同和签收花名册或签收凭证是否一一对应。

第二十三条 审核前期工程费、基础设施费时应当重点关注：

（一）前期工程费、基础设施费是否真实发生，是否存在虚列情形。

（二）是否将房地产开发费用记入前期工程费、基础设施费。

（三）多个（或分期）项目共同发生的前期工程费、基础设施费，是否按项目合理分摊。

第二十四条 审核公共配套设施费时应当重点关注：

（一）公共配套设施的界定是否准确，公共配套设施费是否真实发生，有无预提的公共配套设施费情况。

（二）是否将房地产开发费用记入公共配套设施费。

（三）多个（或分期）项目共同发生的公共配套设施费，是否按项目合理分摊。

第二十五条 审核建筑安装工程费时应当重点关注：

（一）发生的费用是否与决算报告、审计报告、工程结算报告、工程施工合同记载的内容相符。

（二）房地产开发企业自购建筑材料时，自购建材费用是否重复计算扣除项目。

（三）参照当地当期同类开发项目单位平均建安成本或当地建设部门公布的单位定额成本，验证建筑安装工程费支出是否存在异常。

（四）房地产开发企业采用自营方式自行施工建设的，还应当关注有无虚列、多列施工人工费、材料费、机械使用费等情况。

（五）建筑安装发票是否在项目所在地税务机关开具。

第二十六条 审核开发间接费用时应当重点关注：

（一）是否存在将企业行政管理部门（总部）为组织和管理生产经营活动而发生的管理费用记入开发间接费用的情形。

（二）开发间接费用是否真实发生，有无预提开发间接费用的情况，取得的凭证是否合法有效。

第二十七条 审核利息支出时应当重点关注：

（一）是否将利息支出从房地产开发成本中调整至开发费用。

（二）分期开发项目或者同时开发多个项目的，其取得的一般性贷款的利息支出，是否按照项目合理分摊。

（三）利用闲置专项借款对外投资取得收益，其收益是否冲减利息支出。

第二十八条 代收费用的审核。

对于县级以上人民政府要求房地产开发企业在售房时代收的各项费用，审核其代收费用是否计入房价并向购买方一并收取；当代收费用计入房价时，审核有无将代收费用计入加计扣除以及房地产开发费用计算基数的情形。

第二十九条 关联方交易行为的审核。

在审核收入和扣除项目时，应重点关注关联企业交易是否按照公允价值和营业常规进行业务往来。

应当关注企业大额应付款余额，审核交易行为是否真实。

第三十条 纳税人委托中介机构审核鉴证的清算项目，主管税务机关应当采取适当方法对有关鉴证报告的合法性、真实性进行审核。

第三十一条 对纳税人委托中介机构审核鉴证的清算项目，主管税务机关未采信或部分未采信鉴证报告的，应当告知其理由。

第三十二条 土地增值税清算审核结束，主管税务机关应当将审核结果书面通知纳税人，并确定办理补、退税期限。

第五章 核定征收

第三十三条 在土地增值税清算过程中，发现纳税人符合核定征收条件的，应按核定征收方式对房地产项目进行清算。

第三十四条 在土地增值税清算中符合以下条件之一的，可实行核定征收。

（一）依照法律、行政法规的规定应当设置但未设置账簿的；

（二）擅自销毁账簿或者拒不提供纳税资料的；

（三）虽设置账簿，但账目混乱或者成本资料、收入凭证、费用凭证残缺不全，难以确定转让收入或扣除项目金额的；

（四）符合土地增值税清算条件，企业未按照规定的期限办理清算手续，经税务机关责令限期清算，逾期仍不清算的；

（五）申报的计税依据明显偏低，又无正当理由的。

第三十五条 符合上述核定征收条件的，由主管税务机关发出核定征收的税务事项告知书后，税务人员对房地产项目开展土地增值税核定征收核查，经主管税务机关审核合议，通知纳税人申报缴纳应补缴税款或办理退税。

第三十六条 对于分期开发的房地产项目，各期清算的方式应保持一致。

第六章 其　　他

第三十七条 土地增值税清算资料应按照档案化管理的要求，妥善保存。

第三十八条 本规程自2009年6月1日起施行，各省（自治区、直辖市、计划单列市）税务机关可结合本地实际，对本规程进行进一步细化。

附件：

1. 土地增值税纳税申报表①（从事房地产开发的纳税人适用）（略）
2. 各类附表（略）

土地增值税清算鉴证业务准则

（2007年12月29日　国税发〔2007〕132号）

第一章 总　　则

第一条 为了规范土地增值税清算鉴证业务，根据《中华人民共和国土地增值税暂行条例》及其实施细则和《国家税务总局关于房地产开发企业土地增值税清算管理有关问题的通知》（国税发［2006］187号）以及《注册税务师管理暂行办法》及其他有关规定，制定本准则。

第二条 本准则所称土地增值税清算鉴证，是指税务师事务所接受委托对纳税人土地增值税清算税款申报的信息实施必要审核程序，提出鉴证结论或鉴证意见，并出具鉴证报告，增强税务机关对该项信息信任程度的一种鉴证业务。

第三条 纳入税务机关行政监管并通过年检的税务师事务所，均可从事土地增值税清算鉴证工作。

第四条 在接受委托前，税务师事务所应当初步了解业务环境。业务环境包括：业务约定事项、鉴证对象特征、使用的标准、预期使用者的需求、责任方及其环境的相关特征，以及可能对鉴证业务产生重大影响的事项、交易、条件和惯例及其他事项。

第五条 承接土地增值税清算鉴证业务，应当具备下列条件：

（一）接受委托的清算项目符合土地增值税的清算条件。

（二）税务师事务所符合独立性和专业胜任能力等相关专业知识和职业道德规范的要求。

（三）税务师事务所能够获取充分、适当、真实的证据以支持其结论并出具书面鉴证报告。

（四）与委托人协商签订涉税鉴证业务约定书（见附件1）。

第六条 土地增值税清算鉴证的鉴证对象，是指与土地增值税纳税申报相关的会计资料和纳税资料等可以收集、识别和评价的

① 根据《国家税务总局关于修订土地增值税纳税申报表的通知》（税总函〔2016〕309号），该表内容有修订。

证据及信息。具体包括：企业会计资料及会计处理、财务状况及财务报表、纳税资料及税务处理、有关文件及证明材料等。

第七条 税务师事务所运用职业判断对鉴证对象作出合理一致的评价或计量时，应当符合适当的标准。适当的评价标准应当具备相关性、完整性、可靠性、中立性和可理解性等特征。

第八条 税务师事务所从事土地增值税清算鉴证业务，应当以职业怀疑态度、有计划地实施必要的审核程序，获取与鉴证对象相关的充分、适当、真实的证据；并及时对制定的计划、实施的程序、获取的相关证据以及得出的结论作出记录。

在确定证据收集的性质、时间和范围时，应当体现重要性原则，评估鉴证业务风险以及可获取证据的数量和质量。

第九条 税务师事务所从事土地增值税清算鉴证业务，应当以法律、法规为依据，按照独立、客观、公正原则，在获取充分、适当、真实证据基础上，根据审核鉴证的具体情况，出具真实、合法的鉴证报告并承担相应的法律责任。

第十条 税务师事务所按照本准则的规定出具的鉴证报告，税务机关应当受理。

第十一条 税务师事务所执行土地增值税清算鉴证业务，应当遵守本准则。

第二章 一般规定

第十二条 税务师事务所应当要求委托人如实提供如下资料：

（一）土地增值税纳税（预缴）申报表及完税凭证。

（二）项目竣工决算报表和有关账簿。

（三）取得土地使用权所支付的地价款凭证、国有土地使用权出让或转让合同。

（四）银行贷款合同及贷款利息结算通知单。

（五）项目工程建设合同及其价款结算单。

（六）商品房购销合同统计表等与转让房地产的收入、成本和费用有关的其他证明资料。

（七）无偿移交给政府、公共事业单位用于非营利性社会公共事业的凭证。

（八）转让房地产项目成本费用、分期开发分摊依据。

（九）转让房地产有关税金的合法有效凭证。

（十）与土地增值税清算有关的其他证明资料。

第十三条 税务师事务所开展土地增值税清算鉴证业务时，应当对下列事项充分关注：

（一）明确清算项目及其范围。

（二）正确划分清算项目与非清算项目的收入和支出。

（三）正确划分清算项目中普通住宅与非普通住宅的收入和支出。

（四）正确划分不同时期的开发项目，对于分期开发的项目，以分期项目为单位清算。

（五）正确划分征税项目与免税项目，防止混淆两者的界限。

（六）明确清算项目的起止日期。

第十四条 纳税人能够准确核算清算项目收入总额或收入总额能够查实，但其成本费用支出不能准确核算的，税务师事务所应当按照本准则第三章的规定审核收入总额。

第十五条 纳税人能够准确核算成本费用支出或成本费用支出能够查实，但其收入总额不能准确核算的，税务师事务所应当先按照本准则第四章的规定审核扣除项目的金额。

第十六条 税务师事务所在审核鉴证过程中，有下列情形之一的，除符合本准则第十七条规定外，可以终止鉴证：

（一）依照法律、行政法规的规定应当设置但未设置账簿的。

（二）擅自销毁账簿或者拒不提供纳税资料的。

（三）虽设置账簿，但账目混乱或者成本资料、收入凭证、费用凭证残缺不全，难以确定转让收入或扣除项目金额的。

（四）符合土地增值税清算条件，未按照规定的期限办理清算手续，经税务机关责令限期清算，逾期仍不清算的。

（五）申报的计税依据明显偏低且无正当理由的。

（六）纳税人隐瞒房地产成交价格，其转让房地产成交价格低于房地产评估价格且无正当理由，经税务师事务所与委托人沟通，沟通无效的。

第十七条 纳税人虽有本准则第十六条所列情形，但如有下列委托人委托，税务师事务所仍然可以接受委托执行鉴证业务，但需与委托人签订涉税鉴证业务约定书：

（一）司法机关、税务机关或者其他国家机关。

（二）依法组成的清算组织。

（三）法律、行政法规规定的其他组织和个人。

第三章 清算项目收入的审核

第十八条 土地增值税清算项目收入审核的基本程序和方法包括：

（一）评价收入内部控制是否存在、有效且一贯遵守。

（二）获取或编制土地增值税清算项目收入明细表，复核加计正确，并与报表、总账、明细账及有关申报表等进行核对。

（三）了解纳税人与土地增值税清算项目相关的合同、协议及执行情况。

（四）查明收入的确认原则、方法，注意会计制度与税收规定以及不同税种在收入确认上的差异。

（五）正确划分预售收入与销售收入，防止影响清算数据的准确性。

（六）必要时，利用专家的工作审核清算项目的收入总额。

第十九条 本准则所称清算项目的收入，是指转让国有土地使用权、地上的建筑物及其附着物（以下简称房地产）并取得的全部价款及有关的经济收益，包括货币收入、实物收入和其他收入。

第二十条 税务师事务所应当按照税法及有关规定审核纳税人是否准确划分征税收入与不征税收入，确认土地增值税的应税收入。

第二十一条 土地增值税以人民币为计算单位。转让房地产所取得的收入为外国货币的，以取得收入当天或当月 1 日国家公布的市场汇价折合成人民币，据以计算应纳土地增值税税额。

对于以分期收款形式取得的外币收入，应当按实际收款日或收款当月 1 日国家公布的市场汇价折合人民币。

第二十二条 有本准则第十六条第（六）款情形，但按本准则第十七条规定接受委托执行鉴证业务的，税务师事务所应当获取具有法定资质的专业评估机构确认的同类房地产评估价格，以确认转让房地产的收入。

第二十三条 纳税人将开发的房地产用于职工福利、奖励、对外投资、分配给股东或投资人、抵偿债务、换取其他单位和个人的非货币性资产等，发生所有权转移时应视同销售房地产，其视同销售收入按下列方法和顺序审核确认：

（一）按本企业当月销售的同类房地产的平均价格核定。

（二）按本企业在同一地区、同一年度销售的同类房地产的平均价格确认。

（三）参照当地当年、同类房地产的市场价格或评估价值确认。

第二十四条 收入实现时间的确定，按国家税务总局有关规定执行。

第二十五条 对纳税人按县级以上人民政

府的规定在售房时代收的各项费用，应区分不同情形分别处理：

（一）代收费用计入房价向购买方一并收取的，应将代收费用作为转让房地产所取得的收入计税。实际支付的代收费用，在计算扣除项目金额时，可予以扣除，但不允许作为加计扣除的基数。

（二）代收费用在房价之外单独收取且未计入房地产价格的，不作为转让房地产的收入，在计算增值额时不允许扣除代收费用。

第二十六条 必要时，注册税务师应当运用截止性测试确认收入的真实性和准确性。审核的主要内容包括：

（一）审核企业按照项目设立的“预售收入备查簿”的相关内容，观察项目合同签订日期、交付使用日期、预售款确认收入日期、收入金额和成本费用的处理情况。

（二）确认销售退回、销售折扣与折让业务是否真实，内容是否完整，相关手续是否符合规定，折扣与折让的计算和会计处理是否正确。重点审查给予关联方的销售折扣与折让是否合理，是否有利用销售折扣和折让转利于关联方等情况。

（三）审核企业对于以土地使用权投资开发的项目，是否按规定进行税务处理。

（四）审核按揭款收入有无申报纳税，有无挂在往来账，如“其他应付款”，不作销售收入申报纳税的情形。

（五）审核纳税人以房换地，在房产移交使用时是否视同销售不动产申报缴纳税款。

（六）审核纳税人采用“还本”方式销售商品房和以房产补偿给拆迁户时，是否按规定申报纳税。

（七）审核纳税人在销售不动产过程中收取的价外费用，如天然气初装费、有线电视初装费等收益，是否按规定申报纳税。

（八）审核将房地产抵债转让给其他单位和个人或被法院拍卖的房产，是否按规定申报纳税。

（九）审核纳税人转让在建项目是否按规定申报纳税。

（十）审核以房地产或土地作价入股投资或联营从事房地产开发，或者房地产开发企业以其建造的商品房进行投资或联营，是否按规定申报纳税。

第四章 扣除项目的审核

第二十七条 税务师事务所应当审核纳税人申报的扣除项目是否符合土地增值税暂行条例实施细则第七条规定的范围。审核的内容具体包括：

（一）取得土地使用权所支付的金额。

（二）房地产开发成本，包括：土地征用及拆迁补偿费、前期工程费、建筑安装工程费、基础设施费、公共配套设施费、开发间接费用。

（三）房地产开发费用。

（四）与转让房地产有关的税金。

（五）国家规定的其他扣除项目。

第二十八条 扣除项目审核的基本程序和方法包括：

（一）评价与扣除项目核算相关的内部控制是否存在、有效且一贯遵守。

（二）获取或编制扣除项目明细表，并与明细账、总账及有关申报表核对是否一致。

（三）审核相关合同、协议和项目预（概）算资料，并了解其执行情况，审核成本、费用支出项目。

（四）审核扣除项目的记录、归集是否正确，是否取得合法、有效的凭证，会计及税务处理是否正确，确认扣除项目的金额是否准确。

（五）实地查看、询问调查和核实。剔除不属于清算项目所发生的开发成本和费用。

（六）必要时，利用专家审核扣除项目。

第二十九条 审核各项扣除项目分配或分摊的顺序和标准是否符合下列规定，并确认扣除项目的具体金额：

（一）扣除项目能够直接认定的，审核是否取得合法、有效的凭证。

（二）扣除项目不能够直接认定的，审核当期扣除项目分配标准和口径是否一致，是否按照规定合理分摊。

（三）审核并确认房地产开发土地面积、建筑面积和可售面积，是否与权属证、房产证、预售证、房屋测绘所测量数据、销售记录、销售合同、有关主管部门的文件等载明的面积数据相一致，并确定各项扣除项目分摊所使用的分配标准。

如果上述性质相同的三类面积所获取的各项证据发生冲突、不能相互印证时，税务师事务所应当追加审核程序，并按照外部证据比内部证据更可靠的原则，确认适当的面积。

（四）审核并确认扣除项目的具体金额时，应当考虑总成本、单位成本、可售面积、累计已售面积、累计已售分摊成本、未售分摊成本（存货）等因素。

第三十条 取得土地使用权支付金额的审核，应当包括下列内容：

（一）审核取得土地使用权支付的金额是否获取合法有效的凭证，口径是否一致。

（二）如果同一土地有多个开发项目，审核取得土地使用权支付金额的分配比例和具体金额的计算是否正确。

（三）审核取得土地使用权支付金额是否含有关联方的费用。

（四）审核有无将期间费用记入取得土地使用权支付金额的情形。

（五）审核有无预提的取得土地使用权支付金额。

（六）比较、分析相同地段、相同期间、相同档次项目，判断其取得土地使用权支付金额是否存在明显异常。

第三十一条 土地征用及拆迁补偿费的审核，应当包括下列内容：

（一）审核征地费用、拆迁费用等实际支出与概预算是否存在明显异常。

（二）审核支付给个人的拆迁补偿款所需的拆迁（回迁）合同和签收花名册，并与相关账目核对。

（三）审核纳税人在由政府或者他人承担已征用和拆迁好的土地上进行开发的相关扣除项目，是否按税收规定扣除。

第三十二条 前期工程费的审核，应当包括下列内容：

（一）审核前期工程费的各项实际支出与概预算是否存在明显异常。

（二）审核纳税人是否虚列前期工程费，土地开发费用是否按税收规定扣除。

第三十三条 建筑安装工程费的审核，应当包括下列内容：

（一）出包方式。重点审核完工决算成本与工程概预算成本是否存在明显异常。当二者差异较大时，应当追加下列审核程序，以获取充分、适当、真实的证据：

1. 从合同管理部门获取施工单位与开发商签订的施工合同，并与相关账目进行核对；

2. 实地查看项目工程情况，必要时，向建筑监理公司取证；

3. 审核纳税人是否存在利用关联方（尤其是各企业适用不同的征收方式、不同税率，不同时段享受税收优惠时）承包或分包工程，增加或减少建筑安装成本造价的情形。

（二）自营方式。重点审核施工所发生的人工费、材料费、机械使用费、其他直接费和管理费支出是否取得合法有效的凭证，是否按规定进行会计处理和税务处理。

第三十四条 基础设施费和公共配套设施费的审核，应当包括下列内容：

（一）审核各项基础设施费和公共配

套设施费用是否取得合法有效的凭证。

（二）如果有多个开发项目，基础设施费和公共配套设施费用是否分项目核算，是否将应记入其他项目的费用记入了清算项目。

（三）审核各项基础设施费和公共配套设施费用是否含有其他企业的费用。

（四）审核各项基础设施费和公共配套设施费用是否含有以明显不合理的金额开具的各类凭证。

（五）审核是否将期间费用记入基础设施费和公共配套设施费用。

（六）审核有无预提的基础设施费和公共配套设施费用。

（七）获取项目概预算资料，比较、分析概预算费用与实际费用是否存在明显异常。

（八）审核基础设施费和公共配套设施应负担各项开发成本是否已经按规定分摊。

（九）各项基础设施费和公共配套设施费的分摊和扣除是否符合有关税收规定。

第三十五条 开发间接费用的审核，应当包括下列内容：

（一）审核各项开发间接费用是否取得合法有效凭证。

（二）如果有多个开发项目，开发间接费用是否分项目核算，是否将应记入其他项目的费用记入了清算项目。

（三）审核各项开发间接费用是否含有其他企业的费用。

（四）审核各项开发间接费用是否含有以明显不合理的金额开具的各类凭证。

（五）审核是否将期间费用记入开发间接费用。

（六）审核有无预提的开发间接费用。

（七）审核纳税人的预提费用及为管理和组织经营活动而发生的管理费用，是否在本项目中予以剔除。

（八）在计算加计扣除项目基数时，审核是否剔除了已计入开发成本的借款费用。

第三十六条 房地产开发费用的审核，应当包括下列内容：

（一）审核应具实列支的财务费用是否取得合法有效的凭证，除具实列支的财务费用外的房地产开发费用是否按规定比例计算扣除。

（二）利息支出的审核。企业开发项目的利息支出不能够提供金融机构证明的，审核其利息支出是否按税收规定的比例计算扣除；开发项目的利息支出能够提供金融机构证明的，应按下列方法进行审核：

1. 审核各项利息费用是否取得合法有效的凭证；

2. 如果有多个开发项目，利息费用是否分项目核算，是否将应记入其他项目的利息费用记入了清算项目；

3. 审核各项借款合同，判断其相应条款是否符合有关规定；

4. 审核利息费用是否超过按商业银行同类同期贷款利率计算的金额。

第三十七条 与转让房地产有关的税金审核，应当确认与转让房地产有关的税金及附加扣除的范围是否符合税收有关规定，计算的扣除金额是否正确。

对于不属于清算范围或者不属于转让房地产时发生的税金及附加，或者按照预售收入（不包括已经结转销售收入部分）计算并缴纳的税金及附加，不应作为清算的扣除项目。

第三十八条 国家规定的加计扣除项目的审核，应当包括下列内容：

（一）对取得土地（不论是生地还是熟地）使用权后，未进行任何形式的开发即转让的，审核是否按税收规定计算扣除项目金额，核实有无违反税收规定加计扣除的情形。

（二）对于取得土地使用权后，仅进行土地开发（如“三通一平”等），不建造房屋即转让土地使用权的，审核是否按税收规定计算扣除项目金额，是否按取得土地使用权时支付的地价款和开发土地的成本之和计算加计扣除。

（三）对于取得了房地产产权后，未进行任何实质性的改良或开发即再行转让的，审核是否按税收规定计算扣除项目金额，核实有无违反税收规定加计扣除的情形。

（四）对于县级以上人民政府要求房地产开发企业在售房时代收的各项费用，审核其代收费用是否计入房价并向购买方一并收取，核实有无将代收费用作为加计扣除的基数的情形。

第三十九条 对于纳税人成片受让土地使用权后，分期分批开发、转让房地产的，审核其扣除项目金额是否按主管税务机关确定的分摊方法计算分摊扣除。

第五章 应纳税额的审核

第四十条 税务师事务所应按照税法规定审核清算项目的收入总额、扣除项目的金额，并确认其增值额及适用税率，正确计算应缴税款。审核程序通常包括：

（一）审核清算项目的收入总额是否符合税收规定，计算是否正确。

（二）审核清算项目的扣除金额及其增值额是否符合税收规定，计算是否正确。

1. 如果企业有多个开发项目，审核收入与扣除项目金额是否属于同一项目；

2. 如果同一个项目既有普通住宅，又有非普通住宅，审核其收入额与扣除项目金额是否分开核算；

3. 对于同一清算项目，一段时间免税、一段时间征税的，应当特别关注收入的实现时间及其扣除项目的配比。

（三）审核增值额与扣除项目之比的计算是否正确，并确认土地增值税的适用税率。

（四）审核并确认清算项目当期土地增值税应纳税额及应补或应退税额。

第六章 鉴证报告的出具

第四十一条 本准则所称的鉴证报告，是指税务师事务所按照相关法律、法规、规章及其他有关规定，在实施必要的审核程序后，出具含有鉴证结论或鉴证意见的书面报告。

第四十二条 鉴证报告的基本内容应当包括：

（一）标题。鉴证报告的标题应当统一规范为“土地增值税清算税款鉴证报告”。

（二）收件人。鉴证报告的收件人是指注册税务师按照业务约定书的要求致送鉴证报告的对象，一般是指鉴证业务的委托人。鉴证报告应当载明收件人的全称。

（三）引言段。鉴证报告的引言段应当表明委托人和受托人的责任，说明对委托事项已进行鉴证审核以及审核的原则和依据等。

（四）审核过程及实施情况。鉴证报告的审核过程及实施情况应当披露以下内容：

1. 简要评述与土地增值税清算有关的内部控制及其有效性；

2. 简要评述与土地增值税清算有关的各项内部证据和外部证据的相关性和可靠性；

3. 简要陈述对委托单位提供的会计资料及纳税资料等进行审核、验证、计算和进行职业推断的情况。

（五）鉴证结论或鉴证意见。注册税务师应当根据鉴证情况，提出鉴证结论或鉴证意见，并确认出具鉴证报告的种类。

（六）鉴证报告的要素还应当包括：

1. 税务师事务所所长和注册税务师签名或盖章；

2. 载明税务师事务所的名称和地址，并加盖税务师事务所公章；

3. 注明报告日期；

4. 注明鉴证报告的使用人；

5. 附送与土地增值税清算税款鉴证相

关的审核表及有关资料。

第四十三条 税务师事务所经过审核鉴证，应当根据鉴证情况，出具真实、合法的鉴证报告。鉴证报告分为以下四种：

（一）无保留意见的鉴证报告（见附件2）。

（二）保留意见的鉴证报告（见附件3）。

（三）无法表明意见的鉴证报告（见附件4）。

（四）否定意见的鉴证报告（见附件5）。

上述鉴证报告应当附有《企业基本情况和土地增值税清算税款申报审核事项说明及有关附表》（见附件6）。

第四十四条 税务师事务所经过审核鉴证，确认涉税鉴证事项符合下列所有条件，应当出具无保留意见的鉴证报告：

（一）鉴证事项完全符合法定性标准，涉及的会计资料及纳税资料遵从了国家法律、法规及税收有关规定。

（二）注册税务师已经按本准则的规定实施了必要的审核程序，审核过程未受到限制。

（三）注册税务师获取了鉴证对象信息所需的充分、适当、真实的证据，完全可以确认土地增值税的具体纳税金额。

税务师事务所出具无保留意见的鉴证报告，可以作为办理土地增值税清算申报或审批事宜的依据。

第四十五条 税务师事务所经过审核鉴证，认为涉税鉴证事项总体上符合法定性标准，但还存在下列情形之一的，应当出具保留意见的鉴证报告：

（一）部分涉税事项因税收法律、法规及其具体政策规定或执行时间不够明确。

（二）经过咨询或询证，对鉴证事项所涉及的具体税收政策在理解上与税收执法人员存在分歧，需要提请税务机关裁定。

（三）部分涉税事项因审核范围受到限制，不能获取充分、适当、真实的证据，虽然影响较大，但不至于出具无法表明意见的鉴证报告。

税务师事务所应当对能够获取充分、适当、真实证据的部分涉税事项，确认其土地增值税的具体纳税金额，并对不能确认具体金额的保留事项予以说明，提请税务机关裁定。

税务师事务所出具的保留意见的鉴证报告，可以作为办理土地增值税清算申报或审批事宜的依据。

第四十六条 税务师事务所因审核范围受到限制，认为对企业土地增值税纳税申报可能产生的影响非常重大和广泛，以至于无法对土地增值税纳税申报发表意见，应当出具无法表明意见的鉴证报告。

税务师事务所出具的无法表明意见的鉴证报告，不能作为办理土地增值税清算申报或审批事宜的依据。

第四十七条 税务师事务所经过审核鉴证，发现涉税事项总体上没有遵从法定性标准，存在违反相关法律、法规或税收规定的情形，经与被审核单位的治理层、管理层沟通或磋商，在所有重大方面未能达成一致意见，不能真实、合法的反映鉴证结果的，应当出具否定意见的鉴证报告。

税务师事务所出具否定意见的鉴证报告，不能作为办理土地增值税清算申报或审批事宜的依据。

附件1：涉税鉴证业务约定书（参考文本）（略）

附件2：土地增值税清算税款鉴证报告（参考文本）（略）

附件3：土地增值税清算税款鉴证报告（参考文本）（略）

附件4：土地增值税清算税款鉴证报告（参考文本）（略）

附件5：土地增值税清算税款鉴证报告（参考文本）（略）

附件6：企业基本情况和土地增值税清算税款申报审核事项说明及有关附表（略）

国家税务总局关于营改增后土地增值税若干征管规定的公告

(2016年11月10日 国家税务总局公告2016年第70号 自公布之日起施行)

为进一步做好营改增后土地增值税征收管理工作，根据《中华人民共和国土地增值税暂行条例》及其实施细则、《财政部、国家税务总局关于营改增后契税、房产税、土地增值税、个人所得税计税依据问题的通知》(财税〔2016〕43号)等规定，现就土地增值税若干征管问题明确如下：

一、关于营改增后土地增值税应税收入确认问题

营改增后，纳税人转让房地产的土地增值税应税收入不含增值税。适用增值税一般计税方法的纳税人，其转让房地产的土地增值税应税收入不含增值税销项税额；适用简易计税方法的纳税人，其转让房地产的土地增值税应税收入不含增值税应纳税额。

为方便纳税人，简化土地增值税预征税款计算，房地产开发企业采取预收款方式销售自行开发的房地产项目的，可按照以下方法计算土地增值税预征计征依据：

土地增值税预征的计征依据 = 预收款 - 应预缴增值税税款

二、关于营改增后视同销售房地产的土地增值税应税收入确认问题

纳税人将开发产品用于职工福利、奖励、对外投资、分配给股东或投资人、抵偿债务、换取其他单位和个人的非货币性资产等，发生所有权转移时应视同销售房地产，其收入应按照《国家税务总局关于房地产开发企业土地增值税清算管理有关问题的通知》(国税发〔2006〕187号)第三条规定执行。纳税人安置回迁户，其拆迁安置用房应税收入和扣除项目的确认，应按照《国家税务总局关于土地增值税清算有关问题的通知》(国税函〔2010〕220号)第六条规定执行。

三、关于与转让房地产有关的税金扣除问题

(一)营改增后，计算土地增值税增值额的扣除项目中“与转让房地产有关的税金”不包括增值税。

(二)营改增后，房地产开发企业实际缴纳的城市维护建设税(以下简称“城建税”)、教育费附加，凡能够按清算项目准确计算的，允许据实扣除。凡不能按清算项目准确计算的，则按该清算项目预缴增值税时实际缴纳的城建税、教育费附加扣除。

其他转让房地产行为的城建税、教育费附加扣除比照上述规定执行。

四、关于营改增前后土地增值税清算的计算问题

房地产开发企业在营改增后进行房地产开发项目土地增值税清算时，按以下方法确定相关金额：

(一)土地增值税应税收入 = 营改增前转让房地产取得的收入 + 营改增后转让房地产取得的不含增值税收入

(二)与转让房地产有关的税金 = 营改增前实际缴纳的营业税、城建税、教育费附加 + 营改增后允许扣除的城建税、教育费附加

五、关于营改增后建筑安装工程费支出的发票确认问题

营改增后，土地增值税纳税人接受建筑安装服务取得的增值税发票，应按照《国家税务总局关于全面推开营业税改征增值税试点有关税收征收管理事项的公告》(国家税务总局公告2016年第23号)规定，在发票的备注栏注明建筑服务发生地县(市、区)名称及项目名称，否则不得

计入土地增值税扣除项目金额。

六、关于旧房转让时的扣除计算问题

营改增后，纳税人转让旧房及建筑物，凡不能取得评估价格，但能提供购房发票的，《中华人民共和国土地增值税暂行条例》第六条第一、三项规定的扣除项目的金额按照下列方法计算：

（一）提供的购房凭据为营改增前取得的营业税发票的，按照发票所载金额（不扣减营业税）并从购买年度起至转让年度止每年加计5%计算。

（二）提供的购房凭据为营改增后取得的增值税普通发票的，按照发票所载价税合计金额从购买年度起至转让年度止每年加计5%计算。

（三）提供的购房发票为营改增后取得的增值税专用发票的，按照发票所载不含增值税金额加上不允许抵扣的增值税进项税额之和，并从购买年度起至转让年度止每年加计5%计算。

本公告自公布之日起施行。

特此公告。

国家税务总局关于房地产开发企业土地增值税清算管理有关问题的通知

（2006年12月28日　国税发〔2006〕187号　根据2018年6月15日《国家税务总局关于修改部分税收规范性文件的公告》修改）

各省、自治区、直辖市和计划单列市地方税务局，西藏、宁夏自治区国家税务局：

为进一步加强房地产开发企业土地增值税清算管理工作，根据《中华人民共和国税收征收管理法》、《中华人民共和国土地增值税暂行条例》及有关规定，现就有关问题通知如下：

一、土地增值税的清算单位

土地增值税以国家有关部门审批的房地产开发项目为单位进行清算，对于分期开发的项目，以分期项目为单位清算。

开发项目中同时包含普通住宅和非普通住宅的，应分别计算增值额。

二、土地增值税的清算条件

（一）符合下列情形之一的，纳税人应进行土地增值税的清算：

1. 房地产开发项目全部竣工、完成销售的；

2. 整体转让未竣工决算房地产开发项目的；

3. 直接转让土地使用权的。

（二）符合下列情形之一的，主管税务机关可要求纳税人进行土地增值税清算：

1. 已竣工验收的房地产开发项目，已转让的房地产建筑面积占整个项目可售建筑面积的比例在85%以上，或该比例虽未超过85%，但剩余的可售建筑面积已经出租或自用的；

2. 取得销售（预售）许可证满三年仍未销售完毕的；

3. 纳税人申请注销税务登记但未办理土地增值税清算手续的；

4. 省税务机关规定的其他情况。

三、非直接销售和自用房地产的收入确定

（一）房地产开发企业将开发产品用于职工福利、奖励、对外投资、分配给股东或投资人、抵偿债务、换取其他单位和个人的非货币性资产等，发生所有权转移时应视同销售房地产，其收入按下列方法和顺序确认：

1. 按本企业在同一地区、同一年度销售的同类房地产的平均价格确定；

2. 由主管税务机关参照当地当年、同类房地产的市场价格或评估价值确定。

（二）房地产开发企业将开发的部分房地产转为企业自用或用于出租等商业用

途时，如果产权未发生转移，不征收土地增值税，在税款清算时不列收入，不扣除相应的成本和费用。

四、土地增值税的扣除项目

（一）房地产开发企业办理土地增值税清算时计算与清算项目有关的扣除项目金额，应根据土地增值税暂行条例第六条及其实施细则第七条的规定执行。除另有规定外，扣除取得土地使用权所支付的金额、房地产开发成本、费用及与转让房地产有关税金，须提供合法有效凭证；不能提供合法有效凭证的，不予扣除。

（二）房地产开发企业办理土地增值税清算所附送的前期工程费、建筑安装工程费、基础设施费、开发间接费用的凭证或资料不符合清算要求或不实的，税务机关可参照当地建设工程造价管理部门公布的建安造价定额资料，结合房屋结构、用途、区位等因素，核定上述四项开发成本的单位面积金额标准，并据以计算扣除。具体核定方法由省税务机关确定。

（三）房地产开发企业开发建造的与清算项目配套的居委会和派出所用房、会所、停车场（库）、物业管理场所、变电站、热力站、水厂、文体场馆、学校、幼儿园、托儿所、医院、邮电通讯等公共设施，按以下原则处理：

1. 建成后产权属于全体业主所有的，其成本、费用可以扣除；

2. 建成后无偿移交给政府、公用事业单位用于非营利性社会公共事业的，其成本、费用可以扣除；

3. 建成后有偿转让的，应计算收入，并准予扣除成本、费用。

（四）房地产开发企业销售已装修的房屋，其装修费用可以计入房地产开发成本。

房地产开发企业的预提费用，除另有规定外，不得扣除。

（五）属于多个房地产项目共同的成本费用，应按清算项目可售建筑面积占多个项目可售总建筑面积的比例或其他合理的方法，计算确定清算项目的扣除金额。

五、土地增值税清算应报送的资料

符合本通知第二条第（一）项规定的纳税人，须在满足清算条件之日起90日内到主管税务机关办理清算手续；符合本通知第二条第（二）项规定的纳税人，须在主管税务机关限定的期限内办理清算手续。

纳税人办理土地增值税清算应报送以下资料：

（一）房地产开发企业清算土地增值税书面申请、土地增值税纳税申报表；

（二）项目竣工决算报表、取得土地使用权所支付的地价款凭证、国有土地使用权出让合同、银行贷款利息结算通知单、项目工程合同结算单、商品房购销合同统计表等与转让房地产的收入、成本和费用有关的证明资料；

（三）主管税务机关要求报送的其他与土地增值税清算有关的证明资料等。

纳税人委托税务中介机构审核鉴证的清算项目，还应报送中介机构出具的《土地增值税清算税款鉴证报告》。

六、土地增值税清算项目的审核鉴证

税务中介机构受托对清算项目审核鉴证时，应按税务机关规定的格式对审核鉴证情况出具鉴证报告。对符合要求的鉴证报告，税务机关可以采信。

税务机关要对从事土地增值税清算鉴证工作的税务中介机构在准入条件、工作程序、鉴证内容、法律责任等方面提出明确要求，并做好必要的指导和管理工作。

七、土地增值税的核定征收

房地产开发企业有下列情形之一的，税务机关可以参照与其开发规模和收入水平相近的当地企业的土地增值税税负情况，按不低于预征率的征收率核定征收土地增值税：

（一）依照法律、行政法规的规定应当设置但未设置账簿的；

（二）擅自销毁账簿或者拒不提供纳税资料的；

（三）虽设置账簿，但账目混乱或者成本资料、收入凭证、费用凭证残缺不全，难以确定转让收入或扣除项目金额的；

（四）符合土地增值税清算条件，未按照规定的期限办理清算手续，经税务机关责令限期清算，逾期仍不清算的；

（五）申报的计税依据明显偏低，又无正当理由的。

八、清算后再转让房地产的处理

在土地增值税清算时未转让的房地产，清算后销售或有偿转让的，纳税人应按规定进行土地增值税的纳税申报，扣除项目金额按清算时的单位建筑面积成本费用乘以销售或转让面积计算。

单位建筑面积成本费用 = 清算时的扣除项目总金额 ÷ 清算的总建筑面积

本通知自2007年2月1日起执行。各省税务机关可依据本通知的规定并结合当地实际情况制定具体清算管理办法。

国家税务总局关于下放城镇土地使用税困难减免税审批权限有关事项的公告①

（2014年1月8日　国家税务总局公告2014年第1号　自2014年1月1日起施行　根据2018年6月15日《国家税务总局关于修改部分税收规范性文件的公告》修改）

根据《国务院关于取消和下放一批行政审批项目的决定》（国发〔2013〕44号）及《国务院关于修改部分行政法规的决定》（国务院令第645号），决定把城镇土地使用税困难减免税（以下简称困难减免税）审批权限下放至县以上地方税务机关。现将有关事项公告如下：

一、各省、自治区、直辖市和计划单列市地方税务机关（以下简称省地方税务机关）要根据纳税困难类型、减免税金额大小及本地区管理实际，按照减负提效、放管结合的原则，合理确定省、市、县地方税务机关的审批权限，做到审批严格规范、纳税人办理方便。

二、困难减免税按年审批，纳税人申请困难减免税应在规定时限内向主管税务机关或有权审批的税务机关提交书面申请并报送相关资料。纳税人报送的资料应真实、准确、齐全。

三、申请困难减免税的情形、办理流程、时限及其他事项由省地方税务机关确定。省地方税务机关在确定申请困难减免税情形时要符合国家关于调整产业结构和促进土地节约集约利用的要求。对因风、火、水、地震等造成的严重自然灾害或其他不可抗力因素遭受重大损失、从事国家鼓励和扶持产业或社会公益事业发生严重亏损，缴纳城镇土地使用税确有困难的，可给予定期减免税。对从事国家限制或不鼓励发展的产业不予减免税。

四、省地方税务机关要按照本公告的要求尽快修订并公布本地区困难减免税审批管理办法，明确困难减免税的审批权限、申请困难减免税的情形、办理流程及时限等。同时，要加强困难减免税审批的后续管理和监督，坚决杜绝违法违规审批。要建立健全审批管理和风险防范制度。要加大检查力度，及时发现和解决问题，不断完善本地区困难减免税审批管理办法。

五、负责困难减免税审批的地方税务

① 根据2018年6月15日公告国家税务总局2018年第31号《国家税务总局关于修改部分税收规范性文件的公告》，本公告全文中“地方税务机关”的内容修改为“税务机关”。

机关要坚持服务与管理并重的原则，切实做好审批工作。要加强宣传和解释，及时让纳税人知晓申请困难减免税的情形、受理机关、办理流程、需报送的资料等。要优化困难减免税审批流程，简化审批手续，创新审批管理工作方式，推进网上审批。同时，要加强困难减免税审批的事中事后管理，明确各部门、各岗位的职责和权限，严格过错追究。要设立困难减免税审批台账，定期向上级地方税务机关报送困难减免税批准情况。要加强对困难减免税对象的动态管理，对经批准减免税的纳税人进行跟踪评估。对情形发生变化的，要重新进行审核；对骗取减免税的，应及时追缴税款并按规定予以处罚。

六、本公告未涉及的事项，按照《国家税务总局关于印发〈税收减免管理办法（试行）〉的通知》（国税发〔2005〕129号）及有关规定执行。

本公告自2014年1月1日起施行。《国家税务总局关于下放城镇土地使用税困难减免审批项目管理层级后有关问题的通知》（国税函〔2004〕940号）同时废止。

特此公告。

财政部、国家税务总局关于房改房用地未办理土地使用权过户期间城镇土地使用税政策的通知

（2013年8月2日　财税〔2013〕44号）

各省、自治区、直辖市、计划单列市财政厅（局）、地方税务局，西藏、宁夏、青海省（自治区）国家税务局，新疆生产建设兵团财务局：

经研究，现就房改房用地未办理土地使用权过户期间的城镇土地使用税政策通知如下：

应税单位按照国家住房制度改革有关规定，将住房出售给职工并按规定进行核销账务处理后，住房用地在未办理土地使用权过户期间的城镇土地使用税征免，比照各省、自治区、直辖市对个人所有住房用地的现行政策执行。

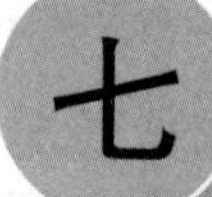

七 房产税

行政法规及文件

中华人民共和国房产税暂行条例

（1986 年 9 月 15 日国务院发布　根据 2011 年 1 月 8 日《国务院关于废止和修改部分行政法规的决定》修订）

第一条　房产税在城市、县城、建制镇和工矿区征收。

第二条　房产税由产权所有人缴纳。产权属于全民所有的，由经营管理的单位缴纳。产权出典的，由承典人缴纳。产权所有人、承典人不在房产所在地的，或者产权未确定及租典纠纷未解决的，由房产代管人或者使用人缴纳。

前款列举的产权所有人、经营管理单位、承典人、房产代管人或者使用人，统称为纳税义务人（以下简称纳税人）。

第三条　房产税依照房产原值一次减除 10% 至 30% 后的余值计算缴纳。具体减除幅度，由省、自治区、直辖市人民政府规定。

没有房产原值作为依据的，由房产所在地税务机关参考同类房产核定。

房产出租的，以房产租金收入为房产税的计税依据。

第四条　房产税的税率，依照房产余值计算缴纳的，税率为 1.2%；依照房产租金收入计算缴纳的，税率为 12%。

第五条　下列房产免纳房产税：

一、国家机关、人民团体、军队自用的房产；

二、由国家财政部门拨付事业经费的单位自用的房产；

三、宗教寺庙、公园、名胜古迹自用的房产；

四、个人所有非营业用的房产；

五、经财政部批准免税的其他房产。

第六条　除本条例第五条规定者外，纳税人纳税确有困难的，可由省、自治区、直辖市人民政府确定，定期减征或者免征房产税。

第七条　房产税按年征收、分期缴纳。纳税期限由省、自治区、直辖市人民政府规定。

第八条　房产税的征收管理，依照《中华人民共和国税收征收管理法》的规定办理。

第九条　房产税由房产所在地的税务机关征收。

第十条　本条例由财政部负责解释；施行细则由省、自治区、直辖市人民政府制定，抄送财政部备案。

第十一条　本条例自 1986 年 10 月 1 日起施行。

部门规章及文件

财政部、税务总局关于房产税若干具体问题的解释和暂行规定①

（1986年9月25日 〔86〕财税地字第008号）

一、关于城市、县城、建制镇、工矿区的解释

城市是指经国务院批准设立的市。

县城是指未设立建制镇的县人民政府所在地。

建制镇是指经省、自治区、直辖市人民政府批准设立的建制镇。

工矿区是指工商业比较发达，人口比较集中，符合国务院规定的建制镇标准，但尚未设立镇建制的大中型工矿企业所在地。开征房产税的工矿区须经省、自治区、直辖市人民政府批准。

二、关于城市、建制镇征税范围的解释

城市的征税范围为市区、郊区和市辖县县城。不包括农村。

建制镇的征税范围为镇人民政府所在地。不包括所辖的行政村。

三、关于“人民团体”的解释

“人民团体”是指经国务院授权的政府部门批准设立或登记备案并由国家拨付行政事业费的各种社会团体。

四、关于“由国家财政部门拨付事业经费的单位”，是否包括由国家财政部门拨付事业经费，实行差额预算管理的事业单位？

实行差额预算管理的事业单位，虽然有一定的收入，但收入不够本身经费开支的部分，还要由国家财政部门拨付经费补助。因此，对实行差额预算管理的事业单位，也属于是由国家财政部门拨付事业经费的单位，对其本身自用的房产免征房产税。

五、关于由国家财政部门拨付事业经费的单位，其经费来源实行自收自支后，有无减免税优待？

由国家财政部门拨付事业经费的单位，其经费来源实行自收自支后，应征收房产税，但为了鼓励事业单位经济自立，由国家财政部门拨付事业经费的单位，其经费来源实行自收自支后，从事业单位经费实行自收自支的年度起，免征房产税三年。**（已废止）**

六、关于免税单位自用房产的解释

国家机关、人民团体、军队自用的房产，是指这些单位本身的办公用房和公务用房。

事业单位自用的房产，是指这些单位本身的业务用房。

宗教寺庙自用的房产，是指举行宗教仪式等的房屋和宗教人员使用的生活用房屋。

公园、名胜古迹自用的房产，是指供公共参观游览的房屋及其管理单位的办公用房屋。

---

① 本篇法规中的第十一条已被《财政部、国家税务总局关于具备房屋功能的地下建筑征收房产税的通知》废止，本篇法规中的第十五条已被《财政部、国家税务总局关于房产税城镇土地使用税有关问题的通知》废止，本篇法规中的第七条已被《财政部、国家税务总局关于房产税城镇土地使用税有关问题的通知（2009）》废止，本篇法规中的第五条、第七条、第十一条、第十五条、第十八条、第二十条、第二十四条关于“税务机关审核”的内容已被国家税务总局公告2011年第2号——全文失效废止、部分条款失效废止的税收规范性文件目录废止。

上述免税单位出租的房产以及非本身业务用的生产、营业用房产不属于免税范围，应征收房产税。

七、关于纳税单位和个人无租使用其他单位的房产，如何征收房产税？

纳税单位和个人无租使用房产管理部门、免税单位及纳税单位的房产，应由使用人代缴纳房产税。**（已废止）**

八、关于房产不在一地的纳税人，如何确定纳税地点？

房产税暂行条例第九条规定，“房产税由房产所在地的税务机关征收。”房产不在一地的纳税人，应按房产的坐落地点，分别向房产所在地的税务机关缴纳房产税。

九、关于在开征地区范围之外的工厂、仓库，可否征收房产税？

根据房产税暂行条例的规定，不在开征地区范围之内的工厂、仓库，不应征收房产税。

十、关于企业办的各类学校、医院、托儿所、幼儿园自用的房产，可否免征房产税？

企业办的各类学校、医院、托儿所、幼儿园自用的房产，可以比照由国家财政部门拨付事业经费的单位自用的房产，免征房产税。

十一、关于作营业用的地下人防设施，应否征收房产税？

为鼓励利用地下人防设施，暂不征收房产税。**（已废止）**

十二、关于个人所有的房产用于出租的，应否征收房产税？

个人出租的房产，不分用途，均应征收房产税。

十三、关于个人所有的居住房屋，可否由当地核定面积标准，就超过面积标准的部分征收房产税？

根据房产税暂行条例规定，个人所有的非营业用的房产免征房产税。因此，对个人所有的居住用房，不分面积多少，均免征房产税。

十四、关于个人所有的出租房屋，是按房产余值计算缴纳房产税还是按房产租金收入计算缴纳房产税？

根据房产税暂行条例规定，房产出租的，以房产租金收入为房产税的计税依据。因此，个人出租房屋，应按房屋租金收入征税。

十五、关于房产原值如何确定？

房产原值是指纳税人按照会计制度规定，在账簿“固定资产”科目中记载的房屋原价。对纳税人未按会计制度规定记载的，在计征房产税时，应按规定调整房产原值，对房产原值明显不合理的，应重新予以评估。**（已废止）**

十六、关于毁损不堪居住的房屋和危险房屋，可否免征房产税？

经有关部门鉴定，对毁损不堪居住的房屋和危险房屋，在停止使用后，可免征房产税。

十七、关于依照房产原值一次减除百分之十至百分之三十后的余值计算缴纳房产税，其减除幅度，可否按照房屋的新旧程序分别确定？对有些房屋的减除幅度，可否超过这个规定？

根据房产税暂行条例规定，具体减降幅度以及是否区别房屋新旧程序分别确定减除幅度，由省、自治区、直辖市人民政府规定。减除幅度只能在10%至30%以内。

十八、关于对微利企业和亏损企业的房产，可否免征房产税？

房产税属于财产税性质的税，对微利企业和亏损企业的房产，依照规定应征收房产税，以促进企业改善经营管理，提高经济效益。但为了照顾企业的实际负担能力，可由地方根据实际情况在一定期限内暂免征收房产税。**（已废止）**

十九、关于新建的房屋如何征税？

纳税人自建的房屋，自建成之次月起

征收房产税。

纳税人委托施工企业建设的房屋，从办理验收手续之次月起征收房产税。

纳税人在办理验收手续前已使用或出租、出借的新建房屋，应按规定征收房产税。

二十、关于企业停产、撤销后应否停征房产税？

企业停产、撤销后，对他们原有的房产闲置不用的，经省、自治区、直辖市税务局批准可暂不征收房产税；如果这些房产转给其他征税单位使用或者企业恢复生产的时候，应依照规定征收房产税。**（已废止）**

二十一、关于基建工地的临时性房屋，应否征收房产税？

凡是在基建工地为基建工地服务的各种工棚、材料棚、休息棚和办公室、食堂、茶炉房、汽车房等临时性房屋，不论是施工企业自行建造还是由基建单位出资建造交施工企业使用的，在施工期间，一律免征房产税。但是，如果在基建工程结束以后，施工企业将这种临时性房屋交还或者估价转让给基建单位的，应当从基建单位接收的次月起，依照规定征收房产税。

二十二、关于公园、名胜古迹中附设的营业单位使用或出租的房产，应否征收房产税？

公园、名胜古迹中附设的营业单位，如影剧院、饮食部、茶社、照相馆等所使用的房产及出租的房产，应征收房产税。

二十三、关于房产出租，由承租人修理，不支付房租，应否征收房产税？

承租人使用房产，以支付修理费抵交房产租金，仍应由房产的产权所有人依照规定交纳房产税。

二十四、关于房屋大修停用期间，可否免征房产税？

房屋大修停用在半年以上的，经纳税人申请，税务机关审核，在大修期间可免征房产税。**（已废止）**

二十五、关于纳税单位与免税单位共同使用的房屋，如何征收房产税？

纳税单位与免税单位共同使用的房屋，按各自使用的部分划分，分别征收或免征房产税。

国家税务总局关于调整房产税和土地使用税具体征税范围解释规定的通知

（1999年3月12日　国税发〔1999〕44号　根据2018年6月15日《国家税务总局关于修改部分税收规范性文件的公告》修改）

各省、自治区、直辖市和计划单列市地方税务局：

近接一些地区反映，原财政部税务总局印发的《关于房产税若干具体问题的解释和暂行规定》（〔86〕财税地字008号）与原国家税务局印发的《关于土地使用税若干具体问题的解释和暂行规定》（〔88〕国税地字第015号），有关房产税与土地使用税的具体征税范围的解释不尽一致，并且经济发展及城镇建设已发生很大变化，在实际执行中，不便于操作，经研究，现进一步解释和规定如下：

一、房产税、土地使用税在城市、县城、建制镇和工矿区征收，各地在遵照执行。

二、关于建制镇具体征税范围，由各省、自治区、直辖市税务局提出方案，经省、自治区、直辖市人民政府确定批准后执行，并报国家税务总局备案。对农林牧渔业用地和农民居住用房屋及土地，不征收房产税和土地使用税。

国家税务总局关于房屋产权未确定如何征收房产税问题的批复

(1998年7月15日　国税函〔1998〕426号)

大连市地方税务局:

你局《关于如何理解房屋产权未确定征收房产税问题的请示》(大地税函〔1998〕13号)收悉。文中反映企业在房改过程中,只购买房屋开发公司商品房的使用权,或者欲买产权,却由于各种原因,得不到产权证,形成“空中”产权,对此如何确定房产税纳税义务人的问题,经研究批复如下:

房产税原则上应由房屋的产权所有人缴纳。对于房屋开发公司售出的房屋,不再在其会计账簿中记载及核算,而购买该房屋的单位未取得产权的,可暂按《中华人民共和国房产税暂行条例》第二条“产权未确定的,由使用人缴纳房产税”的规定,确定房产税的纳税人。

国家税务总局关于进一步明确房屋附属设备和配套设施计征房产税有关问题的通知①

(2005年10月21日　国税发〔2005〕173号)

各省、自治区、直辖市和计划单列市地方税务局,扬州税务进修学院:

关于房屋附属设备和配套设施计征房产税问题,《财政部税务总局关于房产税和车船使用税几个业务问题的解释与规定》(〔87〕财税地字第003号)第二条已作了明确。随着社会经济的发展和房屋功能的完善,又出现了一些新的设备和设施,亟需明确。经研究,现将有关问题通知如下:

一、为了维持和增加房屋的使用功能或使房屋满足设计要求,凡以房屋为载体,不可随意移动的附属设备和配套设施,如给排水、采暖、消防、中央空调、电气及智能化楼宇设备等,无论在会计核算中是否单独记账与核算,都应计入房产原值,计征房产税。

二、对于更换房屋附属设备和配套设施的,在将其价值计入房产原值时,可扣减原来相应设备和设施的价值;对附属设备和配套设施中易损坏、需要经常更换的零配件,更新后不再计入房产原值。

三、城市房地产税比照上述规定执行。**(本条已废止)**

四、本通知自2006年1月1日起执行。《财政部税务总局关于对房屋中央空调是否计入房产原值等问题的批复》(〔87〕财税地字第028号)同时废止。

财政部、国家税务总局关于对外资企业及外籍个人征收房产税有关问题的通知

(2009年1月12日　财税〔2009〕3号)

各省、自治区、直辖市、计划单列市财政厅(局)、地方税务局,新疆生产建设兵团财务局:

---

① 本篇法规中的第三条已被国家税务总局公告2011年第2号《全文失效废止、部分条款失效废止的税收规范性文件目录》(2011年1月4日)废止。

根据2008年12月31日国务院发布的第546号令，自2009年1月1日起，废止《中华人民共和国城市房地产税暂行条例》，外商投资企业、外国企业和组织以及外籍个人（包括港澳台资企业和组织以及华侨、港澳台同胞，以下统称外资企业及外籍个人）依照《中华人民共和国房产税暂行条例》（国发〔1986〕90号）缴纳房产税。为做好外资企业及外籍个人房产税征收工作，现将有关事项通知如下：

一、自2009年1月1日起，对外资企业及外籍个人的房产征收房产税，在征税范围、计税依据、税率、税收优惠、征收管理等方面按照《中华人民共和国房产税暂行条例》（国发〔1986〕90号）及有关规定执行。各地要及时了解外资企业及外籍个人房产税的征收情况，对遇到的问题及时反映，确保相关政策落实到位。

二、以人民币以外的货币为记账本位币的外资企业及外籍个人在缴纳房产税时，均应将其根据记账本位币计算的税款按照缴款上月最后一日的人民币汇率中间价折合成人民币。

三、房产税由房产所在地的地方税务机关征收，其征收管理按《中华人民共和国税收征收管理法》及相关规定执行。

财政部、国家税务总局关于房产税、城镇土地使用税有关问题的通知

（2009年11月22日　财税〔2009〕128号）

各省、自治区、直辖市、计划单列市财政厅（局）、地方税务局，西藏、宁夏、青海省（自治区）国家税务局，新疆生产建设兵团财务局：

为完善房产税、城镇土地使用税政策，堵塞税收征管漏洞，现将房产税、城镇土地使用税有关问题明确如下：

一、关于无租使用其他单位房产的房产税问题

无租使用其他单位房产的应税单位和个人，依照房产余值代缴纳房产税。

二、关于出典房产的房产税问题

产权出典的房产，由承典人依照房产余值缴纳房产税。

三、关于融资租赁房产的房产税问题

融资租赁的房产，由承租人自融资租赁合同约定开始日的次月起依照房产余值缴纳房产税。合同未约定开始日的，由承租人自合同签订的次月起依照房产余值缴纳房产税。

四、关于地下建筑用地的城镇土地使用税问题

对在城镇土地使用税征税范围内单独建造的地下建筑用地，按规定征收城镇土地使用税。其中，已取得地下土地使用权证的，按土地使用权证确认的土地面积计算应征税款；未取得地下土地使用权证或地下土地使用权证上未标明土地面积的，按地下建筑垂直投影面积计算应征税款。

对上述地下建筑用地暂按应征税款的50%征收城镇土地使用税。

五、本通知自2009年12月1日起执行。《财政部 国家税务总局关于房产税若干具体问题的解释和暂行规定》［（86）财税地字第008号］第七条、《国家税务总局关于安徽省若干房产税业务问题的批复》（国税函发〔1993〕368号）第二条同时废止。

资源税、环境保护税、烟叶税

法　　律

中华人民共和国资源税法

（2019 年 8 月 26 日第十三届全国人民代表大会常务委员会第十二次会议通过　2019 年 8 月 26 日中华人民共和国主席令第 33 号公布　自 2020 年 9 月 1 日起施行）

第一条　在中华人民共和国领域和中华人民共和国管辖的其他海域开发应税资源的单位和个人，为资源税的纳税人，应当依照本法规定缴纳资源税。

应税资源的具体范围，由本法所附《资源税税目税率表》（以下称《税目税率表》）确定。

第二条　资源税的税目、税率，依照《税目税率表》执行。

《税目税率表》中规定实行幅度税率的，其具体适用税率由省、自治区、直辖市人民政府统筹考虑该应税资源的品位、开采条件以及对生态环境的影响等情况，在《税目税率表》规定的税率幅度内提出，报同级人民代表大会常务委员会决定，并报全国人民代表大会常务委员会和国务院备案。《税目税率表》中规定征税对象为原矿或者选矿的，应当分别确定具体适用税率。

第三条　资源税按照《税目税率表》实行从价计征或者从量计征。

《税目税率表》中规定可以选择实行从价计征或者从量计征的，具体计征方式由省、自治区、直辖市人民政府提出，报同级人民代表大会常务委员会决定，并报全国人民代表大会常务委员会和国务院备案。

实行从价计征的，应纳税额按照应税资源产品（以下称应税产品）的销售额乘以具体适用税率计算。实行从量计征的，应纳税额按照应税产品的销售数量乘以具体适用税率计算。

应税产品为矿产品的，包括原矿和选矿产品。

第四条　纳税人开采或者生产不同税目应税产品的，应当分别核算不同税目应税产品的销售额或者销售数量；未分别核算或者不能准确提供不同税目应税产品的销售额或者销售数量的，从高适用税率。

第五条　纳税人开采或者生产应税产品自用的，应当依照本法规定缴纳资源税；但是，自用于连续生产应税产品的，不缴纳资源税。

第六条　有下列情形之一的，免征资源税：

（一）开采原油以及在油田范围内运输原油过程中用于加热的原油、天然气；

（二）煤炭开采企业因安全生产需要抽采的煤成（层）气。

有下列情形之一的，减征资源税：

（一）从低丰度油气田开采的原油、天然气，减征百分之二十资源税；

（二）高含硫天然气、三次采油和从深水油气田开采的原油、天然气，减征百分之三十资源税；

（三）稠油、高凝油减征百分之四十资源税；

（四）从衰竭期矿山开采的矿产品，减征百分之三十资源税。

根据国民经济和社会发展需要，国务院对有利于促进资源节约集约利用、保护环境等情形可以规定免征或者减征资源税，报全国人民代表大会常务委员会备案。

第七条 有下列情形之一的，省、自治区、直辖市可以决定免征或者减征资源税：

（一）纳税人开采或者生产应税产品过程中，因意外事故或者自然灾害等原因遭受重大损失；

（二）纳税人开采共伴生矿、低品位矿、尾矿。

前款规定的免征或者减征资源税的具体办法，由省、自治区、直辖市人民政府提出，报同级人民代表大会常务委员会决定，并报全国人民代表大会常务委员会和国务院备案。

第八条 纳税人的免税、减税项目，应当单独核算销售额或者销售数量；未单独核算或者不能准确提供销售额或者销售数量的，不予免税或者减税。

第九条 资源税由税务机关依照本法和《中华人民共和国税收征收管理法》的规定征收管理。

税务机关与自然资源等相关部门应当建立工作配合机制，加强资源税征收管理。

第十条 纳税人销售应税产品，纳税义务发生时间为收讫销售款或者取得索取销售款凭据的当日；自用应税产品的，纳税义务发生时间为移送应税产品的当日。

第十一条 纳税人应当向应税产品开采地或者生产地的税务机关申报缴纳资源税。

第十二条 资源税按月或者按季申报缴纳；不能按固定期限计算缴纳的，可以按次申报缴纳。

纳税人按月或者按季申报缴纳的，应当自月度或者季度终了之日起十五日内，向税务机关办理纳税申报并缴纳税款；按次申报缴纳的，应当自纳税义务发生之日起十五日内，向税务机关办理纳税申报并缴纳税款。

第十三条 纳税人、税务机关及其工作人员违反本法规定的，依照《中华人民共和国税收征收管理法》和有关法律法规的规定追究法律责任。

第十四条 国务院根据国民经济和社会发展需要，依照本法的原则，对取用地表水或者地下水的单位和个人试点征收水资源税。征收水资源税的，停止征收水资源费。

水资源税根据当地水资源状况、取用水类型和经济发展等情况实行差别税率。

水资源税试点实施办法由国务院规定，报全国人民代表大会常务委员会备案。

国务院自本法施行之日起五年内，就征收水资源税试点情况向全国人民代表大会常务委员会报告，并及时提出修改法律的建议。

第十五条 中外合作开采陆上、海上石油资源的企业依法缴纳资源税。

2011 年 11 月 1 日前已依法订立中外合作开采陆上、海上石油资源合同的，在该合同有效期内，继续依照国家有关规定缴纳矿区使用费，不缴纳资源税；合同期满后，依法缴纳资源税。

第十六条 本法下列用语的含义是：

（一）低丰度油气田，包括陆上低丰度油田、陆上低丰度气田、海上低丰度油田、海上低丰度气田。陆上低丰度油田是指每平方公里原油可开采储量丰度低于二十五万立方米的油田；陆上低丰度气田是指每平方公里天然气可开采储量丰度低于二亿五千万立方米的气田；海上低丰度油田是指每平方公里原油可开采储量丰度低于六十万立方米的油田；海上低丰度气田是指每平方公里天然气可开采储量丰度低于六亿立方米的气田。

（二）高含硫天然气，是指硫化氢含量在每立方米三十克以上的天然气。

（三）三次采油，是指二次采油后继续以聚合物驱、复合驱、泡沫驱、气水交替驱、二氧化碳驱、微生物驱等方式进行采油。

（四）深水油气田，是指水深超过三百米的油气田。

（五）稠油，是指地层原油粘度大于或等于每秒五十毫帕或原油密度大于或等于每立方厘米零点九二克的原油。

（六）高凝油，是指凝固点高于四十摄氏度的原油。

（七）衰竭期矿山，是指设计开采年限超过十五年，且剩余可开采储量下降到原设计可开采储量的百分之二十以下或者剩余开采年限不超过五年的矿山。衰竭期矿山以开采企业下属的单个矿山为单位确定。

第十七条 本法自2020年9月1日起施行。1993年12月25日国务院发布的《中华人民共和国资源税暂行条例》同时废止。

附：

资源税税目税率表

税目			征税对象	税率
能源矿产	原油		原矿	6%
	天然气、页岩气、天然气水合物		原矿	6%
	煤		原矿或者选矿	2%—10%
	煤成（层）气		原矿	1%—2%
	铀、钍		原矿	4%
	油页岩、油砂、天然沥青、石煤		原矿或者选矿	1%—4%
	地热		原矿	1%—20%或者每立方米1—30元
金属矿产	黑色金属	铁、锰、铬、钒、钛	原矿或者选矿	1%—9%
	有色金属	铜、铅、锌、锡、镍、锑、镁、钴、铋、汞	原矿或者选矿	2%—10%
		铝土矿	原矿或者选矿	2%—9%
		钨	选矿	6.5%
		钼	选矿	8%
		金、银	原矿或者选矿	2%—6%
		铂、钯、钌、锇、铱、铑	原矿或者选矿	5%—10%
		轻稀土	选矿	7%—12%
		中重稀土	选矿	20%
		铍、锂、锆、锶、铷、铯、铌、钽、锗、镓、铟、铊、铪、铼、镉、硒、碲	原矿或者选矿	2%—10%

续表

税目			征税对象	税率
非金属矿产	矿物类	高岭土	原矿或者选矿	1%—6%
		石灰岩	原矿或者选矿	1%—6%或者每吨（或者每立方米）1—10元
		磷	原矿或者选矿	3%—8%
		石墨	原矿或者选矿	3%—12%
		萤石、硫铁矿、自然硫	原矿或者选矿	1%—8%
		天然石英砂、脉石英、粉石英、水晶、工业用金刚石、冰洲石、蓝晶石、硅线石（矽线石）、长石、滑石、刚玉、菱镁矿、颜料矿物、天然碱、芒硝、钠硝石、明矾石、砷、硼、碘、溴、膨润土、硅藻土、陶瓷土、耐火粘土、铁矾土、凹凸棒石粘土、海泡石粘土、伊利石粘土、累托石粘土	原矿或者选矿	1%—12%
		叶蜡石、硅灰石、透辉石、珍珠岩、云母、沸石、重晶石、毒重石、方解石、蛭石、透闪石、工业用电气石、白垩、石棉、蓝石棉、红柱石、石榴子石、石膏	原矿或者选矿	2%—12%
		其他粘土（铸型用粘土、砖瓦用粘土、陶粒用粘土、水泥配料用粘土、水泥配料用红土、水泥配料用黄土、水泥配料用泥岩、保温材料用粘土）	原矿或者选矿	1%—5%或者每吨（或者每立方米）0.1—5元
	岩石类	大理岩、花岗岩、白云岩、石英岩、砂岩、辉绿岩、安山岩、闪长岩、板岩、玄武岩、片麻岩、角闪岩、页岩、浮石、凝灰岩、黑曜岩、霞石正长岩、蛇纹岩、麦饭石、泥灰岩、含钾岩石、含钾砂页岩、天然油石、橄榄岩、松脂岩、粗面岩、辉长岩、辉石岩、正长岩、火山灰、火山渣、泥炭	原矿或者选矿	1%—10%
		砂石	原矿或者选矿	1%—5%或者每吨（或者每立方米）0.1—5元
	宝玉石类	宝石、玉石、宝石级金刚石、玛瑙、黄玉、碧玺	原矿或者选矿	4%—20%
水气矿产	二氧化碳气、硫化氢气、氦气、氡气		原矿	2%—5%
	矿泉水		原矿	1%—20%或者每立方米1—30元
盐	钠盐、钾盐、镁盐、锂盐		选矿	3%—15%
	天然卤水		原矿	3%—15%或者每吨（或者每立方米）1—10元
	海盐			2%—5%

中华人民共和国
环境保护税法

（2016 年 12 月 25 日第十二届全国人民代表大会常务委员会第二十五次会议通过　根据 2018 年 10 月 26 日第十三届全国人民代表大会常务委员会第六次会议《关于修改〈中华人民共和国野生动物保护法〉等十五部法律的决定》修正）

第一章　总　　则

第一条　为了保护和改善环境，减少污染物排放，推进生态文明建设，制定本法。

第二条　在中华人民共和国领域和中华人民共和国管辖的其他海域，直接向环境排放应税污染物的企业事业单位和其他生产经营者为环境保护税的纳税人，应当依照本法规定缴纳环境保护税。

第三条　本法所称应税污染物，是指本法所附《环境保护税税目税额表》、《应税污染物和当量值表》规定的大气污染物、水污染物、固体废物和噪声。

第四条　有下列情形之一的，不属于直接向环境排放污染物，不缴纳相应污染物的环境保护税：

（一）企业事业单位和其他生产经营者向依法设立的污水集中处理、生活垃圾集中处理场所排放应税污染物的；

（二）企业事业单位和其他生产经营者在符合国家和地方环境保护标准的设施、场所贮存或者处置固体废物的。

第五条　依法设立的城乡污水集中处理、生活垃圾集中处理场所超过国家和地方规定的排放标准向环境排放应税污染物的，应当缴纳环境保护税。

企业事业单位和其他生产经营者贮存或者处置固体废物不符合国家和地方环境保护标准的，应当缴纳环境保护税。

第六条　环境保护税的税目、税额，依照本法所附《环境保护税税目税额表》执行。

应税大气污染物和水污染物的具体适用税额的确定和调整，由省、自治区、直辖市人民政府统筹考虑本地区环境承载能力、污染物排放现状和经济社会生态发展目标要求，在本法所附《环境保护税税目税额表》规定的税额幅度内提出，报同级人民代表大会常务委员会决定，并报全国人民代表大会常务委员会和国务院备案。

第二章　计税依据和应纳税额

第七条　应税污染物的计税依据，按照下列方法确定：

（一）应税大气污染物按照污染物排放量折合的污染当量数确定；

（二）应税水污染物按照污染物排放量折合的污染当量数确定；

（三）应税固体废物按照固体废物的排放量确定；

（四）应税噪声按照超过国家规定标准的分贝数确定。

第八条　应税大气污染物、水污染物的污染当量数，以该污染物的排放量除以该污染物的污染当量值计算。每种应税大气污染物、水污染物的具体污染当量值，依照本法所附《应税污染物和当量值表》执行。

第九条　每一排放口或者没有排放口的应税大气污染物，按照污染当量数从大到小排序，对前三项污染物征收环境保护税。

每一排放口的应税水污染物，按照本法所附《应税污染物和当量值表》，区分第一类水污染物和其他类水污染物，按照污染当量数从大到小排序，对第一类水污染物按照前五项征收环境保护税，对其他类水污染物按照前三项征收环境保护税。

省、自治区、直辖市人民政府根据本地区污染物减排的特殊需要，可以增加同一排放口征收环境保护税的应税污染物项目数，报同级人民代表大会常务委员会决定，并报全国人民代表大会常务委员会和国务院备案。

第十条 应税大气污染物、水污染物、固体废物的排放量和噪声的分贝数，按照下列方法和顺序计算：

（一）纳税人安装使用符合国家规定和监测规范的污染物自动监测设备的，按照污染物自动监测数据计算；

（二）纳税人未安装使用污染物自动监测设备的，按照监测机构出具的符合国家有关规定和监测规范的监测数据计算；

（三）因排放污染物种类多等原因不具备监测条件的，按照国务院生态环境主管部门规定的排污系数、物料衡算方法计算；

（四）不能按照本条第一项至第三项规定的方法计算的，按照省、自治区、直辖市人民政府生态环境主管部门规定的抽样测算的方法核定计算。

第十一条 环境保护税应纳税额按照下列方法计算：

（一）应税大气污染物的应纳税额为污染当量数乘以具体适用税额；

（二）应税水污染物的应纳税额为污染当量数乘以具体适用税额；

（三）应税固体废物的应纳税额为固体废物排放量乘以具体适用税额；

（四）应税噪声的应纳税额为超过国家规定标准的分贝数对应的具体适用税额。

第三章 税收减免

第十二条 下列情形，暂予免征环境保护税：

（一）农业生产（不包括规模化养殖）排放应税污染物的；

（二）机动车、铁路机车、非道路移动机械、船舶和航空器等流动污染源排放应税污染物的；

（三）依法设立的城乡污水集中处理、生活垃圾集中处理场所排放相应应税污染物，不超过国家和地方规定的排放标准的；

（四）纳税人综合利用的固体废物，符合国家和地方环境保护标准的；

（五）国务院批准免税的其他情形。

前款第五项免税规定，由国务院报全国人民代表大会常务委员会备案。

第十三条 纳税人排放应税大气污染物或者水污染物的浓度值低于国家和地方规定的污染物排放标准百分之三十的，减按百分之七十五征收环境保护税。纳税人排放应税大气污染物或者水污染物的浓度值低于国家和地方规定的污染物排放标准百分之五十的，减按百分之五十征收环境保护税。

第四章 征收管理

第十四条 环境保护税由税务机关依照《中华人民共和国税收征收管理法》和本法的有关规定征收管理。

生态环境主管部门依照本法和有关环境保护法律法规的规定负责对污染物的监测管理。

县级以上地方人民政府应当建立税务机关、生态环境主管部门和其他相关单位分工协作工作机制，加强环境保护税征收管理，保障税款及时足额入库。

第十五条 生态环境主管部门和税务机关应当建立涉税信息共享平台和工作配合机制。

生态环境主管部门应当将排污单位的排污许可、污染物排放数据、环境违法和受行政处罚情况等环境保护相关信息，定期交送税务机关。

税务机关应当将纳税人的纳税申报、税款入库、减免税额、欠缴税款以及风险疑点等环境保护税涉税信息，定期交送生态环境主管部门。

第十六条 纳税义务发生时间为纳税人排放应税污染物的当日。

第十七条 纳税人应当向应税污染物排放地的税务机关申报缴纳环境保护税。

第十八条 环境保护税按月计算，按季申报缴纳。不能按固定期限计算缴纳的，可以按次申报缴纳。

纳税人申报缴纳时，应当向税务机关报送所排放应税污染物的种类、数量，大气污染物、水污染物的浓度值，以及税务机关根据实际需要要求纳税人报送的其他纳税资料。

第十九条 纳税人按季申报缴纳的，应当自季度终了之日起十五日内，向税务机关办理纳税申报并缴纳税款。纳税人按次申报缴纳的，应当自纳税义务发生之日起十五日内，向税务机关办理纳税申报并缴纳税款。

纳税人应当依法如实办理纳税申报，对申报的真实性和完整性承担责任。

第二十条 税务机关应当将纳税人的纳税申报数据资料与生态环境主管部门交送的相关数据资料进行比对。

税务机关发现纳税人的纳税申报数据资料异常或者纳税人未按照规定期限办理纳税申报的，可以提请生态环境主管部门进行复核，生态环境主管部门应当自收到税务机关的数据资料之日起十五日内向税务机关出具复核意见。税务机关应当按照生态环境主管部门复核的数据资料调整纳税人的应纳税额。

第二十一条 依照本法第十条第四项的规定核定计算污染物排放量的，由税务机关会同生态环境主管部门核定污染物排放种类、数量和应纳税额。

第二十二条 纳税人从事海洋工程向中华人民共和国管辖海域排放应税大气污染物、水污染物或者固体废物，申报缴纳环境保护税的具体办法，由国务院税务主管部门会同国务院生态环境主管部门规定。

第二十三条 纳税人和税务机关、生态环境主管部门及其工作人员违反本法规定的，依照《中华人民共和国税收征收管理法》、《中华人民共和国环境保护法》和有关法律法规的规定追究法律责任。

第二十四条 各级人民政府应当鼓励纳税人加大环境保护建设投入，对纳税人用于污染物自动监测设备的投资予以资金和政策支持。

第五章 附 则

第二十五条 本法下列用语的含义：

（一）污染当量，是指根据污染物或者污染排放活动对环境的有害程度以及处理的技术经济性，衡量不同污染物对环境污染的综合性指标或者计量单位。同一介质相同污染当量的不同污染物，其污染程度基本相当。

（二）排污系数，是指在正常技术经济和管理条件下，生产单位产品所应排放的污染物量的统计平均值。

（三）物料衡算，是指根据物质质量守恒原理对生产过程中使用的原料、生产的产品和产生的废物等进行测算的一种方法。

第二十六条 直接向环境排放应税污染物的企业事业单位和其他生产经营者，除依照本法规定缴纳环境保护税外，应当对所造成的损害依法承担责任。

第二十七条 自本法施行之日起，依照本法规定征收环境保护税，不再征收排污费。

第二十八条 本法自2018年1月1日起施行。

附表一：

环境保护税税目税额表

税目		计税单位	税额	备注
大气污染物		每污染当量	1.2元至12元	
水污染物		每污染当量	1.4元至14元	
固体废物	煤矸石	每吨	5元	
	尾矿	每吨	15元	
	危险废物	每吨	1000元	
	冶炼渣、粉煤灰、炉渣、其他固体废物（含半固态、液态废物）	每吨	25元	
噪声	工业噪声	超标1—3分贝	每月350元	1. 一个单位边界上有多处噪声超标，根据最高一处超标声级计算应纳税额；当沿边界长度超过100米有两处以上噪声超标，按照两个单位计算应纳税额。 2. 一个单位有不同地点作业场所的，应当分别计算应纳税额，合并计征。 3. 昼、夜均超标的环境噪声，昼、夜分别计算应纳税额，累计计征。 4. 声源一个月内超标不足15天的，减半计算应纳税额。 5. 夜间频繁突发和夜间偶然突发厂界超标噪声，按等效声级和峰值噪声两种指标中超标分贝值高的一项计算应纳税额。
		超标4—6分贝	每月700元	
		超标7—9分贝	每月1400元	
		超标10—12分贝	每月2800元	
		超标13—15分贝	每月5600元	
		超标16分贝以上	每月11200元	

附表二：

应税污染物和当量值表

一、第一类水污染物污染当量值

污染物	污染当量值（千克）
1. 总汞	0.0005
2. 总镉	0.005
3. 总铬	0.04
4. 六价铬	0.02
5. 总砷	0.02
6. 总铅	0.025
7. 总镍	0.025
8. 苯并（a）芘	0.0000003
9. 总铍	0.01
10. 总银	0.02

二、第二类水污染物污染当量值

污染物	污染当量值（千克）	备注
11. 悬浮物（SS）	4	
12. 生化需氧量（BOD_5）	0.5	同一排放口中的化学需氧量、生化需氧量和总有机碳，只征收一项。
13. 化学需氧量（CODcr）	1	
14. 总有机碳（TOC）	0.49	
15. 石油类	0.1	
16. 动植物油	0.16	
17. 挥发酚	0.08	
18. 总氰化物	0.05	
19. 硫化物	0.125	
20. 氨氮	0.8	
21. 氟化物	0.5	
22. 甲醛	0.125	
23. 苯胺类	0.2	
24. 硝基苯类	0.2	
25. 阴离子表面活性剂（LAS）	0.2	
26. 总铜	0.1	
27. 总锌	0.2	
28. 总锰	0.2	
29. 彩色显影剂（CD－2）	0.2	
30. 总磷	0.25	
31. 单质磷（以P计）	0.05	
32. 有机磷农药（以P计）	0.05	
33. 乐果	0.05	
34. 甲基对硫磷	0.05	
35. 马拉硫磷	0.05	
36. 对硫磷	0.05	
37. 五氯酚及五氯酚钠（以五氯酚计）	0.25	
38. 三氯甲烷	0.04	
39. 可吸附有机卤化物（AOX）（以Cl计）	0.25	
40. 四氯化碳	0.04	
41. 三氯乙烯	0.04	
42. 四氯乙烯	0.04	
43. 苯	0.02	
44. 甲苯	0.02	
45. 乙苯	0.02	
46. 邻－二甲苯	0.02	
47. 对－二甲苯	0.02	
48. 间－二甲苯	0.02	

续表

污染物	污染当量值（千克）	备注
49. 氯苯	0.02	
50. 邻二氯苯	0.02	
51. 对二氯苯	0.02	
52. 对硝基氯苯	0.02	
53. 2，4－二硝基氯苯	0.02	
54. 苯酚	0.02	
55. 间－甲酚	0.02	
56. 2，4－二氯酚	0.02	
57. 2，4，6－三氯酚	0.02	
58. 邻苯二甲酸二丁酯	0.02	
59. 邻苯二甲酸二辛酯	0.02	
60. 丙烯腈	0.125	
61. 总硒	0.02	

三、pH值、色度、大肠菌群数、余氯量水污染物污染当量值

污染物		污染当量值	备注
1. pH值	1. 0－1，13－14	0.06吨污水	pH值5－6指大于等于5，小于6；pH值9－10指大于9，小于等于10，其余类推。
	2. 1－2，12－13	0.125吨污水	
	3. 2－3，11－12	0.25吨污水	
	4. 3－4，10－11	0.5吨污水	
	5. 4－5，9－10	1吨污水	
	6. 5－6	5吨污水	
2. 色度		5吨水·倍	
3. 大肠菌群数（超标）		3.3吨污水	大肠菌群数和余氯量只征收一项。
4. 余氯量（用氯消毒的医院废水）		3.3吨污水	

四、禽畜养殖业、小型企业和第三产业水污染物污染当量值

（本表仅适用于计算无法进行实际监测或者物料衡算的禽畜养殖业、小型企业和第三产业等小型排污者的水污染物污染当量数）

类型		污染当量值	备注
禽畜养殖场	1. 牛	0.1头	仅对存栏规模大于50头牛、500头猪、5000羽鸡鸭等的禽畜养殖场征收。
	2. 猪	1头	
	3. 鸡、鸭等家禽	30羽	
4. 小型企业		1.8吨污水	
5. 饮食娱乐服务业		0.5吨污水	
6. 医院	消毒	0.14床	医院病床数大于20张的按照本表计算污染当量数。
		2.8吨污水	
	不消毒	0.07床	
		1.4吨污水	

五、大气污染物污染当量值

污染物	污染当量值（千克）
1. 二氧化硫	0.95
2. 氮氧化物	0.95
3. 一氧化碳	16.7
4. 氯气	0.34
5. 氯化氢	10.75
6. 氟化物	0.87
7. 氰化氢	0.005
8. 硫酸雾	0.6
9. 铬酸雾	0.0007
10. 汞及其化合物	0.0001
11. 一般性粉尘	4
12. 石棉尘	0.53
13. 玻璃棉尘	2.13
14. 碳黑尘	0.59
15. 铅及其化合物	0.02
16. 镉及其化合物	0.03
17. 铍及其化合物	0.0004
18. 镍及其化合物	0.13
19. 锡及其化合物	0.27
20. 烟尘	2.18
21. 苯	0.05
22. 甲苯	0.18
23. 二甲苯	0.27
24. 苯并（a）芘	0.000002
25. 甲醛	0.09
26. 乙醛	0.45
27. 丙烯醛	0.06
28. 甲醇	0.67
29. 酚类	0.35
30. 沥青烟	0.19
31. 苯胺类	0.21
32. 氯苯类	0.72
33. 硝基苯	0.17
34. 丙烯腈	0.22
35. 氯乙烯	0.55
36. 光气	0.04
37. 硫化氢	0.29
38. 氨	9.09

续表

污染物	污染当量值（千克）
39. 三甲胺	0.32
40. 甲硫醇	0.04
41. 甲硫醚	0.28
42. 二甲二硫	0.28
43. 苯乙烯	25
44. 二硫化碳	20

中华人民共和国烟叶税法

（2017年12月27日第十二届全国人民代表大会常务委员会第三十一次会议通过　2017年12月27日中华人民共和国主席令第84号公布　自2018年7月1日起施行）

第一条　在中华人民共和国境内，依照《中华人民共和国烟草专卖法》的规定收购烟叶的单位为烟叶税的纳税人。纳税人应当依照本法规定缴纳烟叶税。

第二条　本法所称烟叶，是指烤烟叶、晾晒烟叶。

第三条　烟叶税的计税依据为纳税人收购烟叶实际支付的价款总额。

第四条　烟叶税的税率为百分之二十。

第五条　烟叶税的应纳税额按照纳税人收购烟叶实际支付的价款总额乘以税率计算。

第六条　烟叶税由税务机关依照本法和《中华人民共和国税收征收管理法》的有关规定征收管理。

第七条　纳税人应当向烟叶收购地的主管税务机关申报缴纳烟叶税。

第八条　烟叶税的纳税义务发生时间为纳税人收购烟叶的当日。

第九条　烟叶税按月计征，纳税人应当于纳税义务发生月终了之日起十五日内申报并缴纳税款。

第十条　本法自2018年7月1日起施行。2006年4月28日国务院公布的《中华人民共和国烟叶税暂行条例》同时废止。

部门规章及文件

财政部、国家税务总局关于资源税有关问题执行口径的公告

（2020年6月28日　财政部、税务总局公告2020年第34号）

为贯彻落实《中华人民共和国资源税法》，现将资源税有关问题执行口径公告如下：

一、资源税应税产品（以下简称应税产品）的销售额，按照纳税人销售应税产品向购买方收取的全部价款确定，不包括增值税税款。

计入销售额中的相关运杂费用，凡取得增值税发票或者其他合法有效凭据的，准予从销售额中扣除。相关运杂费用是指应税产品从坑口或者洗选（加工）地到车站、码头或者购买方指定地点的运输费用、建设基金以及随运销产生的装卸、仓储、港杂费用。

二、纳税人自用应税产品应当缴纳资源税的情形，包括纳税人以应税产品用于

非货币性资产交换、捐赠、偿债、赞助、集资、投资、广告、样品、职工福利、利润分配或者连续生产非应税产品等。

三、纳税人申报的应税产品销售额明显偏低且无正当理由的，或者有自用应税产品行为而无销售额的，主管税务机关可以按下列方法和顺序确定其应税产品销售额：

（一）按纳税人最近时期同类产品的平均销售价格确定。

（二）按其他纳税人最近时期同类产品的平均销售价格确定。

（三）按后续加工非应税产品销售价格，减去后续加工环节的成本利润后确定。

（四）按应税产品组成计税价格确定。

组成计税价格 = 成本 ×（1 + 成本利润率）÷（1 – 资源税税率）

上述公式中的成本利润率由省、自治区、直辖市税务机关确定。

（五）按其他合理方法确定。

四、应税产品的销售数量，包括纳税人开采或者生产应税产品的实际销售数量和自用于应当缴纳资源税情形的应税产品数量。

五、纳税人外购应税产品与自采应税产品混合销售或者混合加工为应税产品销售的，在计算应税产品销售额或者销售数量时，准予扣减外购应税产品的购进金额或者购进数量；当期不足扣减的，可结转下期扣减。纳税人应当准确核算外购应税产品的购进金额或者购进数量，未准确核算的，一并计算缴纳资源税。

纳税人核算并扣减当期外购应税产品购进金额、购进数量，应当依据外购应税产品的增值税发票、海关进口增值税专用缴款书或者其他合法有效凭据。

六、纳税人开采或者生产同一税目下适用不同税率应税产品的，应当分别核算不同税率应税产品的销售额或者销售数量；未分别核算或者不能准确提供不同税率应税产品的销售额或者销售数量的，从高适用税率。

七、纳税人以自采原矿（经过采矿过程采出后未进行选矿或者加工的矿石）直接销售，或者自用于应当缴纳资源税情形的，按照原矿计征资源税。

纳税人以自采原矿洗选加工为选矿产品（通过破碎、切割、洗选、筛分、磨矿、分级、提纯、脱水、干燥等过程形成的产品，包括富集的精矿和研磨成粉、粒级成型、切割成型的原矿加工品）销售，或者将选矿产品自用于应当缴纳资源税情形的，按照选矿产品计征资源税，在原矿移送环节不缴纳资源税。对于无法区分原生岩石矿种的粒级成型砂石颗粒，按照砂石税目征收资源税。

八、纳税人开采或者生产同一应税产品，其中既有享受减免税政策的，又有不享受减免税政策的，按照免税、减税项目的产量占比等方法分别核算确定免税、减税项目的销售额或者销售数量。

九、纳税人开采或者生产同一应税产品同时符合两项或者两项以上减征资源税优惠政策的，除另有规定外，只能选择其中一项执行。

十、纳税人应当在矿产品的开采地或者海盐的生产地缴纳资源税。

十一、海上开采的原油和天然气资源税由海洋石油税务管理机构征收管理。

十二、本公告自2020年9月1日起施行。《财政部、国家税务总局关于实施煤炭资源税改革的通知》（财税〔2014〕72号）、《财政部、国家税务总局关于调整原油天然气资源税有关政策的通知》（财税〔2014〕73号）、《财政部、国家税务总局关于实施稀土钨钼资源税从价计征改革的通知》（财税〔2015〕52号）、《财政部、国家税务总局关于全面推进资源税改革的通知》（财税〔2016〕53号）、《财政部、国家税务总局关于资源税改革具体政策问题的通知》（财税〔2016〕54号）同时废止。

资源税征收管理规程

（2018年3月30日　国家税务总局公告2018年第13号　自2018年7月1日起施行）

第一章　总　　则

第一条　为规范资源税征收管理，根据《中华人民共和国税收征收管理法》及其实施细则、《中华人民共和国资源税暂行条例》及其实施细则和《财政部 国家税务总局关于全面推进资源税改革的通知》（财税〔2016〕53号）规定，制定本规程。

第二条　纳税人开采或者生产资源税应税产品，应当依法向开采地或者生产地主管税务机关申报缴纳资源税。

第三条　资源税应纳税额按照应税产品的计税销售额或者销售数量乘以适用税率计算。

计税销售额是指纳税人销售应税产品向购买方收取的全部价款和价外费用，不包括增值税销项税额。

计税销售数量是指从量计征的应税产品销售数量。

原矿和精矿的销售额或者销售量应当分别核算，未分别核算的，从高确定计税销售额或者销售数量。

纳税人开采或者生产不同税目应税产品的，应当分别核算不同税目应税产品的销售额或者销售数量；未分别核算或者不能准确提供不同税目应税产品的销售额或者销售数量的，从高适用税率。

第二章　税源管理

第四条　计税销售额或者销售数量，包括应税产品实际销售和视同销售两部分。视同销售包括以下情形：

（一）纳税人以自采原矿直接加工为非应税产品的，视同原矿销售；

（二）纳税人以自采原矿洗选（加工）后的精矿连续生产非应税产品的，视同精矿销售；

（三）以应税产品投资、分配、抵债、赠与、以物易物等，视同应税产品销售。

第五条　纳税人有视同销售应税产品行为而无销售价格的，或者申报的应税产品销售价格明显偏低且无正当理由的，税务机关应按下列顺序确定其应税产品计税价格：

（一）按纳税人最近时期同类产品的平均销售价格确定。

（二）按其他纳税人最近时期同类产品的平均销售价格确定。

（三）按应税产品组成计税价格确定。

组成计税价格＝成本×（1＋成本利润率）÷（1－资源税税率）

（四）按后续加工非应税产品销售价格，减去后续加工环节的成本利润后确定。

（五）按其他合理方法确定。

第六条　纳税人与其关联企业之间的业务往来，应当按照独立企业之间的业务往来收取或者支付价款、费用。不按照独立企业之间的业务往来收取或者支付价款、费用，而减少其计税销售额的，税务机关可以按照《中华人民共和国税收征收管理法》及其实施细则的有关规定进行合理调整。

第七条　对同时符合以下条件的运杂费用，纳税人在计算应税产品计税销售额时，可予以扣减：

（一）包含在应税产品销售收入中；

（二）属于纳税人销售应税产品环节发生的运杂费用，具体是指运送应税产品从坑口或者洗选（加工）地到车站、码头或者购买方指定地点的运杂费用；

（三）取得相关运杂费用发票或者其

他合法有效凭据；

（四）将运杂费用与计税销售额分别进行核算。

纳税人扣减的运杂费用明显偏高导致应税产品价格偏低且无正当理由的，主管税务机关可以合理调整计税价格。

第八条 为公平原矿与精矿之间的税负，对同一种应税产品，征税对象为精矿的，纳税人销售原矿时，应将原矿销售额换算为精矿销售额缴纳资源税；征税对象为原矿的，纳税人销售自采原矿加工的精矿，应将精矿销售额折算为原矿销售额缴纳资源税。

第九条 纳税人以自采未税产品和外购已税产品混合销售或者混合加工为应税产品销售的，在计算应税产品计税销售额时，准予扣减已单独核算的已税产品购进金额；未单独核算的，一并计算缴纳资源税。已税产品购进金额当期不足扣减的可结转下期扣减。

外购原矿或者精矿形态的已税产品与本产品征税对象不同的，在计算应税产品计税销售额时，应对混合销售额或者外购已税产品的购进金额进行换算或者折算。

第十条 纳税人核算并扣减当期外购已税产品购进金额，应依据外购已税产品的增值税发票、海关进口增值税专用缴款书或者其他合法有效凭据。

第十一条 纳税人用于扣减运杂费用及外购已税产品购进金额的凭据，应按照《中华人民共和国税收征收管理法实施细则》第二十九条规定妥善保存。

第十二条 资源税在应税产品销售或者自用环节计算缴纳。纳税人以自采原矿加工精矿产品的，在原矿移送使用时不缴纳资源税，在精矿销售或者自用时缴纳资源税。

纳税人以自采原矿直接加工为非应税产品或者以自采原矿加工的精矿连续生产非应税产品的，在原矿或者精矿移送环节计算缴纳资源税。

以应税产品投资、分配、抵债、赠与、以物易物等，在应税产品所有权转移时计算缴纳资源税。

第三章　纳税申报及减免税管理

第十三条 各地税务机关要认真做好纳税辅导工作，指导纳税人规范填报《资源税纳税申报表》，优化纳税服务。

第十四条 各地税务机关要严格落实《资源税纳税申报表》（不含水资源税）的申报要求，不得要求纳税人额外增加报送资料。改进资源税优惠备案方式，2018 年 10 月底前将资源税优惠资料由报送税务机关改为纳税人自行判别填报《资源税纳税申报表》附表（三），并将相关资料留存备查。

第十五条 各地税务机关应按照国务院深化“放管服”改革的总体要求和《中华人民共和国资源税暂行条例》规定，明确纳税人按月、按季、按日或者按次申报缴纳资源税，进一步优化纳税服务。

第十六条 各地税务机关要指导纳税人做好资源税减免税申报工作，落实减免税政策。

第十七条 资源税减免实行分类管理。

（一）符合《中华人民共和国资源税暂行条例》第七条第二项规定的减征或免征资源税情形的企业，可向主管税务机关提出，由省、自治区、直辖市人民政府决定，税务机关根据省、自治区、直辖市人民政府的决定，减征或免征资源税。

（二）油气田企业按规定的减征比例填报，以纳税申报表及附表作为资源税减免备案资料。

（三）其他应税产品开采或者生产企业，均通过备案形式向主管税务机关申报资源税减免。主管税务机关应建立完善后续管理制度，加强对资源税减免企业的跟踪管理。

第十八条 购买未税矿产品的单位，应当主动向主管税务机关办理扣缴税款登记，依法代扣代缴资源税。

资源税代扣代缴的适用范围应限定在除原油、天然气、煤炭以外的，税源小、零散、不定期开采等难以在采矿地申报缴纳资源税的矿产品。对已纳入开采地正常税务管理或者在销售矿产品时开具增值税发票的纳税人，不采用代扣代缴的征管方式。

第四章 部门协作与风险管理

第十九条 主管税务机关要加强资源税申报数据质量管理，定期评估纳税人申报数据质量，重点审核从量计征税目计税单位是否正确，从价计征税目申报单价是否合理，数据有无缺项等。

第二十条 主管税务机关可以通过矿产品增值税发票比对、外部信息采集和部门协作等方式，探索创新以票控税、信息管税、综合治税的新内容、新途径，强化资源税源泉控管。

第二十一条 主管税务机关可通过查询纳税人增值税发票存根联、记账联和发票领购簿等记载的信息与纳税人资源税申报信息进行关联比对，以识别纳税人在申报增值税的同时是否相应申报了资源税，或者其申报的计征资源税销售量、销售价格是否存在少报等风险问题，辅导纳税人不断提高纳税申报质量，防范或化解涉税风险。

第二十二条 各级税务机关要主动与矿业管理部门、行业协会等有关部门沟通协作，实现信息共享，加强资源税事前事中事后管理。

第二十三条 各省、自治区、直辖市税务机关应当依托信息化管理技术，参照全国性或主要矿产品价格指数即时信息，以及当地相关主管部门矿产品即时价格信息，建立本地矿产资源价格监控体系。

第五章 附 则

第二十四条 各省、自治区、直辖市和计划单列市税务局可以结合本地实际，根据本规程制定具体办法。

第二十五条 水资源税按照试点省份制定的办法征收管理。

第二十六条 本规程自2018年7月1日起施行。《国家税务总局关于发布〈煤炭资源税征收管理办法（试行）〉的公告》（国家税务总局公告2015年第51号）、《国家税务总局关于认定收购未税矿产品的个体户为资源税扣缴义务人的批复》（国税函〔2000〕733号）同时废止。

资源税若干问题的规定

（1994年1月18日 国税发〔1994〕015号 2011年11月28日国家税务总局公告2011年第63号修订）

一、一些特殊情况销售额的确定

纳税人开采应税产品由其关联单位对外销售的，按其关联单位的销售额征收资源税。

纳税人既有对外销售应税产品，又有将应税产品自用于除连续生产应税产品以外的其他方面的，则自用的这部分应税产品，按纳税人对外销售应税产品的平均价格计算销售额征收资源税。

纳税人将其开采的应税产品直接出口的，按其离岸价格（不含增值税）计算销售额征收资源税。

二、自产自用产品的课税数量

资源税纳税人自产自用应税产品，因无法准确提供移送使用量而采取折算比换算课税数量办法的，具体规定如下：

煤炭，对于连续加工前无法正确计算原煤移送使用量的，可按加工产品的综合回收率，将加工产品实际销量和自用量折算成的原煤数量作为课税数量。

金属和非金属矿产品原矿，因无法准确掌握纳税人移送使用原矿数量的，可将其精矿按选矿比折算成的原矿数量作为课税数量。

三、自产自用产品的征税范围

资源税条例及其实施细则中所说的应当征收资源税的视同销售的自产自用产品，包括用于非生产项目和生产非应税产品两部分。

四、资源税扣缴义务人适用的税额（率）标准规定如下：

（一）独立矿山、联合企业收购未税资源税应税产品的单位，按照本单位应税产品税额（率）标准，依据收购的数量（金额）代扣代缴资源税。

（二）其他收购单位收购的未税资源税应税产品，按主管税务机关核定的应税产品税额（率）标准，依据收购的数量（金额）代扣代缴资源税。

收购数量（金额）的确定比照课税数量（销售额）的规定执行。

扣缴义务人代扣代缴资源税的纳税义务发生时间为支付首笔货款或首次开具支付货款凭据的当天。

除以上修改外，资源税的代扣代缴仍按总局1998年下发的《中华人民共和国资源税代扣代缴管理办法》执行。

五、新旧税制衔接的具体征税规定

（一）按实物量计算缴纳资源税的油气田在2011年11月1日以后开采的原油、天然气，依照新的资源税条例规定及税率缴纳资源税；此前开采的油气依法缴纳矿区使用费。

（二）按销售额计算缴纳资源税的油气田2011年11月1日以前开采的原油、天然气，在2011年11月1日以后销售和自用于非连续生产应税油气的，依照新的资源税条例规定及税率缴纳资源税；其在2011年11月1日以前签订的销售油气的合同，在2011年11月1日以后收讫销售款或者收到索取销售款凭据的，依照新的资源税条例规定及税率缴纳资源税。

六、黑色金属矿原矿、有色金属矿原矿

（一）黑色金属矿原矿、有色金属矿原矿，是指纳税人开采后自用、销售的，用于直接入炉冶炼或作为主产品先入选精矿、制造人工矿，再最终入炉冶炼的金属矿石原矿。

（二）金属矿产品自用原矿，是指入选精矿、直接入炉冶炼或制造烧结矿、球团矿等所用原矿。

（三）铁矿石直接入炉用的原矿，是指粉矿、高炉原矿、高炉块矿、平炉块矿等。

（四）独立矿山指只有采矿或只有采矿和选矿，独立核算、自负盈亏的单位，其生产的原矿和精矿主要用于对外销售。

（五）联合企业指采矿、选矿、冶炼（或加工）连续生产的企业或采矿、冶炼（或加工）连续生产的企业，其采矿单位，一般是该企业的二级或二级以下核算单位。

七、原油、天然气

（一）原油中的稠油、高凝油与稀油划分不清或不易划分的，一律按原油的数量课税。

（二）凝析油视同原油，征收资源税。

（三）开采海洋石油、天然气资源的企业，是指在中华人民共和国内海、领海、大陆架及其他属于中华人民共和国行使管辖权的海域内依法从事开采海洋石油、天然气资源的企业。

八、盐

（一）北方海盐，是指辽宁、河北、天津、山东四省、市所产的海盐。

南方海盐，是指浙江、福建、广东、海南、广西五省、自治区所产的海盐。江苏省所产海盐比照南方海盐征税。

液体盐俗称卤水，是指氯化钠含量达到一定浓度的溶液，是用于生产碱和其他产品的原料。

（二）纳税人以自产的液体盐加工固体盐，按固体盐税额征税，以加工的固体盐数量为课税数量。纳税人以外购的液体盐加工固体盐，其加工固体盐所耗用液体盐的已纳税额准予抵扣。

九、铝土矿和耐火粘土

铝土矿一般是指包括三水铝石、一水硬铝石、一水软铝石、高岭石、蛋白石等多种矿物的混合体。是用于提炼铝氧的一种矿石，通常呈致密块状、豆状、鲕状等集合体，质地比较坚硬，其铝硅比为3－12，含铝量（指三氧化二铝，下同）一般在40－75%。铝土矿主要用于冶炼金属铝、制造高铝水泥、耐火材料、磨料等。本税目的征收范围包括高铝粘土在内的所有铝土矿。

耐火粘土是指耐火度大于1580℃的粘土，矿物成分以高岭土或水白云母—高岭土类为主。耐火粘土呈土状，其铝硅比小于2.6，含铝量一般大于30%。依其理化性能、矿石特征和用途，在工业上一般分为软质粘土、半软质粘土、硬质粘土和高铝粘土等四种。耐火粘土主要用于冶金、机械、轻工、建材等部门。高铝粘土不同于一般的耐火粘土，其有用成份的含量、矿石特征等均与铝土矿相同。高铝粘土既可用于生产耐火材料，又可用于提炼金属铝。本税目的征收范围是除高铝粘土以外的耐火粘土。

十、石英砂

石英砂主要用于玻璃、耐火材料、陶瓷、铸造、石油、化工、环保、研磨等行业。是一种具有矽氧或二氧化矽的化合物，其主要成份是二氧化硅，呈各种颜色，为透明与半透明的晶体，形态各异。本税目的征收范围包括石英砂、石英岩、石英砂岩、脉石英或石英石等。

十一、矿泉水等水气矿产

矿泉水是含有符合国家标准的矿物质元素的一种水气矿产，可供饮用或医用等。此外，水气矿产还包括地下水、二氧化碳气、硫化氢气、氦气、氡气等。矿泉水等水气矿产属于“其他非金属矿原矿——未列举名称的其他非金属矿原矿”。

十二、本规定自2011年11月1日起执行。《国家税务总局关于印发〈资源税若干问题的规定〉的通知》（国税发〔1994〕015号）和《国家税务总局关于印发〈资源税几个应税产品范围问题的解答〉的通知》（国税函〔1997〕628号），自2011年11月1日起废止。

中华人民共和国资源税代扣代缴管理办法

（1998年4月15日国税发〔1998〕49号公布　根据2018年6月15日《国家税务总局关于修改部分税务部门规章的决定》修正）

第一条　为了进一步加强对资源税的征收管理，根据《中华人民共和国税收征收管理法》（以下简称《税收征管法》）和《中华人民共和国资源税暂行条例》（以下简称《资源税条例》）等有关规定，制定本办法。

第二条　收购资源税未税矿产品的独立矿山、联合企业以及其他单位为资源税代扣代缴义务人（以下简称扣缴义务人）。

扣缴义务人应当主动向主管税务机关申请办理代扣代缴义务人的有关手续。主管税务机关经审核批准后，发给扣缴义务人代扣代缴税款凭证及报告表。

第三条　扣缴义务人必须依照本办法的规定履行代扣代缴资源税义务。扣缴义务人在履行其法定义务时，有关单位和个人应予支持、协助，不得干预、阻挠。

第四条 扣缴义务人履行代扣代缴的适用范围是：收购的除原油、天然气、煤炭以外的资源税未税矿产品。

第五条 本办法第四条所称“未税矿产品”是指资源税纳税人在销售其矿产品时不能向扣缴义务人提供“资源税管理证明”的矿产品。

第六条 “资源税管理证明”是证明销售的矿产品已缴纳资源税或已向当地税务机关办理纳税申报的有效凭证。“资源税管理证明”分为甲、乙两种证明（式样附后），由当地主管税务机关开具。

资源税管理甲种证明适用生产规模较大、财务制度比较健全、有比较固定的购销关系、能够依法申报缴纳资源税的纳税人，是一次开具在一定期限内多次使用有效的证明。

资源税管理乙种证明适用个体、小型采矿销售企业等零散资源税纳税人，是根据销售数量多次开具一次使用有效的证明。

“资源税管理证明”由国家税务总局统一制定，各省、自治区、直辖市税务局印制。

“资源税管理证明”可以跨省、区、市使用。为防止伪造，“资源税管理证明”须与纳税人的税务登记证副本一同使用。

第七条 凡开采销售本办法规定范围内的应税矿产品的单位和个人，在销售其矿产品时，应当向当地主管税务机关申请开具“资源税管理证明”，作为销售矿产品已申报纳税免予扣缴税款的依据。购货方（扣缴义务人）在收购矿产品时，应主动向销售方（纳税人）索要“资源税管理证明”，扣缴义务人据此不代扣资源税。凡销售方不能提供“资源税管理甲种证明”的或超出“资源税管理乙种证明”注明的销售数量部分，一律视同未税矿产品，由扣缴义务人依法代扣代缴资源税，并向纳税人开具代扣代缴税款凭证。

扣缴义务人应按主管税务机关的要求妥善整理和保管收取的“资源税管理证明”，以备税务机关核查。纳税人领取的“资源税管理证明”，不得转借他人使用，遗失不补。

第八条 扣缴义务人代扣代缴资源税适用的单位税额按如下规定执行：

（一）独立矿山、联合企业收购与本单位矿种相同的未税矿产品，按照本单位相同矿种应税产品的单位税额，依据收购数量代扣代缴资源税。

（二）独立矿山、联合企业收购与本单位矿种不同的未税矿产品，以及其他收购单位收购的未税矿产品，按照收购地相应矿种规定的单位税额，依据收购数量代扣代缴资源税。

（三）收购地没有相同品种矿产品的，按收购地主管税务机关核定的单位税额，依据收购数量代扣代缴资源税。

第九条 扣缴义务人代扣代缴资源税的计算公式为：

代扣代缴的资源税额 = 收购未税矿产品数量 × 适用单位税额。

第十条 扣缴义务人代扣代缴资源税义务发生时间为扣缴义务人支付货款的当天。

第十一条 扣缴义务人代扣代缴资源税的地点为应税未税矿产品的收购地。

第十二条 扣缴义务人代扣资源税税款的解缴期限为 1 日、3 日、5 日、10 日、15 日或者 1 个月。具体解缴期限由主管税务机关根据实际情况核定。

扣缴义务人应在主管税务机关规定的时间内解缴其代扣的资源税款，并报送代扣代缴等有关报表。

第十三条 主管税务机关按照规定提取并向扣缴义务人支付手续费。

第十四条 扣缴义务人代扣代缴资源税时，要建立代扣代缴税款账簿，序时登记资源税代扣、代缴税款报告表。

第十五条 扣缴义务人依法履行代扣税款

义务时，纳税人不得拒绝。纳税人拒绝的，扣缴义务人应当及时报告主管税务机关处理。否则，纳税人应缴纳的税款由扣缴义务人负担。

第十六条 扣缴义务人必须依法接受税务机关检查，如实反映情况，提供有关资料，不得拒绝或隐瞒。

第十七条 扣缴义务人发生下列行为之一者，按《税收征管法》及其实施细则处理：

（一）应代扣而未代扣或少代扣资源税款；

（二）不缴或少缴已扣税款；

（三）未按规定期限解缴税款；

（四）未按规定设置、保管有关资源税代扣代缴账簿、凭证、报表及有关资料；

（五）转借、涂改、损毁、造假、不按照规定使用“资源税管理证明”的行为；

（六）其他违反税收规定的行为。

第十八条 本办法未尽事宜，依照有关税收法律、法规执行。

第十九条 各省、自治区、直辖市税务局可根据本办法和当地实际情况制定具体实施办法。

第二十条 本办法由国家税务总局负责解释。

第二十一条 本办法自1998年7月1日起执行。

国家税务总局、国家能源局关于落实煤炭资源税优惠政策若干事项的公告

（2015年4月14日 国家税务总局、国家能源局公告2015年第21号 根据2018年6月15日《国家税务总局关于修改部分税收规范性文件的公告》修改）

为落实《财政部 国家税务总局关于实施煤炭资源税改革的通知》（财税〔2014〕72号）规定的煤炭资源税优惠政策，现将有关事项公告如下：

一、衰竭期煤矿开采的煤炭和充填开采置换出来的煤炭资源税减税项目，实行纳税所在地主管税务机关备案管理制度。

二、衰竭期煤矿是指剩余可采储量下降到原设计可采储量的20%（含）以下，或者剩余服务年限不超过5年的煤矿，以煤炭企业下属的单个煤矿为单位确定。无法查找原设计可采储量的，衰竭期以剩余服务年限为准。剩余服务年限由剩余可采储量、最近一次核准或核定的生产能力、储量备用系数计算确定。

三、纳税人在初次申报衰竭期煤矿减税项目时，应将煤炭行业管理部门出具的符合减税条件的煤矿名单及有关资料向主管税务机关备案。煤炭行业管理部门在正式受理纳税人的申报材料后，对符合优惠政策的纳税人，20个工作日内出具符合减税条件的煤矿名单及有关资料。有关资料包括剩余可采储量、剩余可采储量占原设计可采储量的比例、剩余服务年限以及进入衰竭期的起始时间等内容。

在煤炭资源可采储量增加，但仍符合减税条件时，纳税人应及时将有关情况向煤炭行业管理部门申报，并向主管税务机关备案。在煤炭资源可采储量增加而不符合减税条件时，纳税人应停止享受减税政策。

四、充填开采是随着回采工作面的推进，向采空区或离层带等空间充填矸石、粉煤灰、建筑废料以及专用充填材料的煤炭开采技术，主要包括矸石等固体材料充填、膏体材料充填、高水材料充填、注浆充填以及采用充填方式实施的保水开采等。

采用充填方式实施的保水开采是指为保护地表水体、开采煤层上覆岩层水体和下伏岩层水体，采用充填方式减少水体损害的煤炭开采方法，主要包括采空区充填、上覆岩层离层带注浆充填、下伏岩层注浆

充填加固等。

五、纳税人初次申报充填开采资源税减税项目时，应将煤炭行业管理部门出具的符合减税条件的煤矿名单及有关资料向主管税务机关备案。煤炭行业管理部门在正式受理纳税人的申报材料后，对符合优惠政策的纳税人，20个工作日内出具符合减税条件的煤矿名单及有关资料。有关资料以煤炭企业下属的单个煤矿为单位出具，内容包括充填开采设计的充填工艺、煤炭产量、实施周期和预期效果等。

六、纳税人应按充填开采置换出原煤的销售额申报减税额，并提供相关原煤产量和销量。纳税人在充填开采工作面已经安装计量装置的，按实际计量的称重数量作为充填开采置换出来的煤炭数量。没有安装计量装置的，按当期注入充填物体积和充采比进行计算。煤炭行业管理部门可结合当地实际情况发布不同充填开采工艺的充采比参考值。

七、纳税人应当单独核算不同减税项目的销售额，未单独核算的不予减税。

八、煤炭行业管理部门在出具符合减税条件的煤矿名单及有关资料时，如有必要，应委托评估机构进行评估，所需时间不计算在出具符合减税条件的煤矿名单及有关资料的规定时限以内。

九、本公告自2014年12月1日起执行。

十、本公告未尽事宜，由省、自治区、直辖市税务局会同同级煤炭行业管理部门确定。

特此公告。

契税、印花税

法　　律

中华人民共和国契税法

（2020年8月11日第十三届全国人民代表大会常务委员会第二十一次会议通过　2020年8月11日中华人民共和国主席令第52号公布　自2021年9月1日起施行）

第一条　在中华人民共和国境内转移土地、房屋权属，承受的单位和个人为契税的纳税人，应当依照本法规定缴纳契税。

第二条　本法所称转移土地、房屋权属，是指下列行为：

（一）土地使用权出让；

（二）土地使用权转让，包括出售、赠与、互换；

（三）房屋买卖、赠与、互换。

前款第二项土地使用权转让，不包括土地承包经营权和土地经营权的转移。

以作价投资（入股）、偿还债务、划转、奖励等方式转移土地、房屋权属的，应当依照本法规定征收契税。

第三条　契税税率为百分之三至百分之五。

契税的具体适用税率，由省、自治区、直辖市人民政府在前款规定的税率幅度内提出，报同级人民代表大会常务委员会决定，并报全国人民代表大会常务委员会和国务院备案。

省、自治区、直辖市可以依照前款规定的程序对不同主体、不同地区、不同类型的住房的权属转移确定差别税率。

第四条　契税的计税依据：

（一）土地使用权出让、出售，房屋买卖，为土地、房屋权属转移合同确定的成交价格，包括应交付的货币以及实物、其他经济利益对应的价款；

（二）土地使用权互换、房屋互换，为所互换的土地使用权、房屋价格的差额；

（三）土地使用权赠与、房屋赠与以及其他没有价格的转移土地、房屋权属行为，为税务机关参照土地使用权出售、房屋买卖的市场价格依法核定的价格。

纳税人申报的成交价格、互换价格差额明显偏低且无正当理由的，由税务机关依照《中华人民共和国税收征收管理法》的规定核定。

第五条　契税的应纳税额按照计税依据乘以具体适用税率计算。

第六条　有下列情形之一的，免征契税：

（一）国家机关、事业单位、社会团体、军事单位承受土地、房屋权属用于办公、教学、医疗、科研、军事设施；

（二）非营利性的学校、医疗机构、社会福利机构承受土地、房屋权属用于办公、教学、医疗、科研、养老、救助；

（三）承受荒山、荒地、荒滩土地使用权用于农、林、牧、渔业生产；

（四）婚姻关系存续期间夫妻之间变更土地、房屋权属；

（五）法定继承人通过继承承受土地、房屋权属；

（六）依照法律规定应当予以免税的外国驻华使馆、领事馆和国际组织驻华代表机构承受土地、房屋权属。

根据国民经济和社会发展的需要，国务院对居民住房需求保障、企业改制重组、灾后重建等情形可以规定免征或者减征契税，报全国人民代表大会常务委员会备案。

第七条　省、自治区、直辖市可以决定对下列情形免征或者减征契税：

（一）因土地、房屋被县级以上人民政府征收、征用，重新承受土地、房屋权属；

（二）因不可抗力灭失住房，重新承受住房权属。

前款规定的免征或者减征契税的具体办法，由省、自治区、直辖市人民政府提出，报同级人民代表大会常务委员会决定，并报全国人民代表大会常务委员会和国务院备案。

第八条　纳税人改变有关土地、房屋的用途，或者有其他不再属于本法第六条规定的免征、减征契税情形的，应当缴纳已经免征、减征的税款。

第九条　契税的纳税义务发生时间，为纳税人签订土地、房屋权属转移合同的当日，或者纳税人取得其他具有土地、房屋权属转移合同性质凭证的当日。

第十条　纳税人应当在依法办理土地、房屋权属登记手续前申报缴纳契税。

第十一条　纳税人办理纳税事宜后，税务机关应当开具契税完税凭证。纳税人办理土地、房屋权属登记，不动产登记机构应当查验契税完税、减免税凭证或者有关信息。未按照规定缴纳契税的，不动产登记机构不予办理土地、房屋权属登记。

第十二条　在依法办理土地、房屋权属登记前，权属转移合同、权属转移合同性质凭证不生效、无效、被撤销或者被解除的，纳税人可以向税务机关申请退还已缴纳的税款，税务机关应当依法办理。

第十三条　税务机关应当与相关部门建立契税涉税信息共享和工作配合机制。自然资源、住房城乡建设、民政、公安等相关部门应当及时向税务机关提供与转移土地、房屋权属有关的信息，协助税务机关加强契税征收管理。

税务机关及其工作人员对税收征收管理过程中知悉的纳税人的个人信息，应当依法予以保密，不得泄露或者非法向他人提供。

第十四条　契税由土地、房屋所在地的税务机关依照本法和《中华人民共和国税收征收管理法》的规定征收管理。

第十五条　纳税人、税务机关及其工作人员违反本法规定的，依照《中华人民共和国税收征收管理法》和有关法律法规的规定追究法律责任。

第十六条　本法自2021年9月1日起施行。1997年7月7日国务院发布的《中华人民共和国契税暂行条例》同时废止。

行政法规及文件

中华人民共和国契税暂行条例[①]

（1997年7月7日中华人民共和国国务院令第224号公布　根据2019年3月2日《国务院关于修改部分行政法规的决定》修订）

第一条　在中华人民共和国境内转移土地、房屋权属，承受的单位和个人为契税的纳

① 本条例将于2021年9月1日废止。

税人，应当依照本条例的规定缴纳契税。

第二条 本条例所称转移土地、房屋权属是指下列行为：

（一）国有土地使用权出让；

（二）土地使用权转让，包括出售、赠与和交换；

（三）房屋买卖；

（四）房屋赠与；

（五）房屋交换。

前款第二项土地使用权转让，不包括农村集体土地承包经营权的转移。

第三条 契税税率为3～5%。

契税的适用税率，由省、自治区、直辖市人民政府在前款规定的幅度内按照本地区的实际情况确定，并报财政部和国家税务总局备案。

第四条 契税的计税依据：

（一）国有土地使用权出让、土地使用权出售、房屋买卖，为成交价格；

（二）土地使用权赠与、房屋赠与，由征收机关参照土地使用权出售、房屋买卖的市场价格核定；

（三）土地使用权交换、房屋交换，为所交换的土地使用权、房屋的价格的差额。

前款成交价格明显低于市场价格并且无正当理由的，或者所交换土地使用权、房屋的价格的差额明显不合理并且无正当理由的，由征收机关参照市场价格核定。

第五条 契税应纳税额，依照本条例第三条规定的税率和第四条规定的计税依据计算征收。应纳税额计算公式：

应纳税额＝计税依据×税率

应纳税额以人民币计算。转移土地、房屋权属以外汇结算的，按照纳税义务发生之日中国人民银行公布的人民币市场汇率中间价折合成人民币计算。

第六条 有下列情形之一的，减征或者免征契税：

（一）国家机关、事业单位、社会团体、军事单位承受土地、房屋用于办公、教学、医疗、科研和军事设施的，免征；

（二）城镇职工按规定第一次购买公有住房的，免征；

（三）因不可抗力灭失住房而重新购买住房的，酌情准予减征或者免征；

（四）财政部规定的其他减征、免征契税的项目。

第七条 经批准减征、免征契税的纳税人改变有关土地、房屋的用途，不再属于本条例第六条规定的减征、免征契税范围的，应当补缴已经减征、免征的税款。

第八条 契税的纳税义务发生时间，为纳税人签订土地、房屋权属转移合同的当天，或者纳税人取得其他具有土地、房屋权属转移合同性质凭证的当天。

第九条 纳税人应当自纳税义务发生之日起10日内，向土地、房屋所在地的契税征收机关办理纳税申报，并在契税征收机关核定的期限内缴纳税款。

第十条 纳税人办理纳税事宜后，契税征收机关应当向纳税人开具契税完税凭证。

第十一条 纳税人应当持契税完税凭证和其他规定的文件材料，依法向土地管理部门、房产管理部门办理有关土地、房屋的权属变更登记手续。

纳税人未出具契税完税凭证的，土地管理部门、房产管理部门不予办理有关土地、房屋的权属变更登记手续。

第十二条 契税征收机关为土地、房屋所在地的税务机关。

土地管理部门、房产管理部门应当向契税征收机关提供有关资料，并协助契税征收机关依法征收契税。

第十三条 契税的征收管理，依照本条例和有关法律、行政法规的规定执行。

第十四条 财政部根据本条例制定细则。

第十五条 本条例自1997年10月1日起施行。1950年4月3日中央人民政府政务院发布的《契税暂行条例》同时废止。

中华人民共和国印花税暂行条例

（1988年8月6日中华人民共和国国务院令第11号公布　根据2011年1月8日《国务院关于废止和修改部分行政法规的决定》修订）

第一条　在中华人民共和国境内书立、领受本条例所列举凭证的单位和个人，都是印花税的纳税义务人（以下简称纳税人），应当按照本条例规定缴纳印花税。

第二条　下列凭证为应纳税凭证：

（一）购销、加工承揽、建设工程承包、财产租赁、货物运输、仓储保管、借款、财产保险、技术合同或者具有合同性质的凭证；

（二）产权转移书据；

（三）营业账簿；

（四）权利、许可证照；

（五）经财政部确定征税的其他凭证。

第三条　纳税人根据应纳税凭证的性质，分别按比例税率或者按件定额计算应纳税额。具体税率、税额的确定，依照本条例所附《印花税税目税率表》执行。

应纳税额不足1角的，免纳印花税。

应纳税额在1角以上的，其税额尾数不满5分的不计，满5分的按1角计算缴纳。

第四条　下列凭证免纳印花税：

（一）已缴纳印花税的凭证的副本或者抄本；

（二）财产所有人将财产赠给政府、社会福利单位、学校所立的书据；

（三）经财政部批准免税的其他凭证。

第五条　印花税实行由纳税人根据规定自行计算应纳税额，购买并一次贴足印花税票（以下简称贴花）的缴纳办法。

为简化贴花手续，应纳税额较大或者贴花次数频繁的，纳税人可向税务机关提出申请，采取以缴款书代替贴花或者按期汇总缴纳的办法。

第六条　印花税票应当粘贴在应纳税凭证上，并由纳税人在每枚税票的骑缝处盖戳注销或者画销。

已贴用的印花税票不得重用。

第七条　应纳税凭证应当于书立或者领受时贴花。

第八条　同一凭证，由两方或者两方以上当事人签订并各执一份的，应当由各方就所执的一份各自全额贴花。

第九条　已贴花的凭证，修改后所载金额增加的，其增加部分应当补贴印花税票。

第十条　印花税由税务机关负责征收管理。

第十一条　印花税票由国家税务局监制。票面金额以人民币为单位。

第十二条　发放或者办理应纳税凭证的单位，负有监督纳税人依法纳税的义务。

第十三条　纳税人有下列行为之一的，由税务机关根据情节轻重，予以处罚：

（一）在应纳税凭证上未贴或者少贴印花税票的，税务机关除责令其补贴印花税票外，可处以应补贴印花税票金额20倍以下的罚款；

（二）违反本条例第六条第一款规定的，税务机关可处以未注销或者画销印花税票金额10倍以下的罚款；

（三）违反本条例第六条第二款规定的，税务机关可处以重用印花税票金额30倍以下的罚款。

伪造印花税票的，由税务机关提请司法机关依法追究刑事责任。

第十四条　印花税的征收管理，除本条例规定者外，依照《中华人民共和国税收征收管理法》的有关规定执行。

第十五条　本条例由财政部负责解释；施行细则由财政部制定。

第十六条　本条例自1988年10月1日起施行。

附件：

印花税税目税率表

	税　目	范　围	税　率	纳税义务人	说　明
1	购销合同	包括供应、预购、采购、购销结合及协作、调剂、补偿、易货等合同	按购销金额万分之三贴花	立合同人	
2	加工承揽合同	包括加工、定作、修缮、修理、印刷、广告、测绘、测试等合同	按加工或承揽收入万分之五贴花	立合同人	
3	建设工程勘察设计合同	包括勘察、设计合同	按收取费用万分之五贴花	立合同人	
4	建筑安装工程承包合同	包括建筑、安装工程承包合同	按承包金额万分之三贴花	立合同人	
5	财产租赁合同	包括租赁房屋、船舶、飞机、机动车辆、机械、器具、设备等	按租赁金额千分之一贴花。税额不足一元的按一元贴花	立合同人	
6	货物运输合同	包括民用航空、铁路运输、海上运输、内河运输、公路运输和联运合同	按运输费用万分之五贴花	立合同人	单据作为合同使用的，按合同贴花
7	仓储保管合同	包括仓储、保管合同	按仓储保管费用千分之一贴花	立合同人	仓单或栈单作为合同使用的，按合同贴花
8	借款合同	银行及其他金融组织和借款人（不包括银行同业拆借）所签订的借款合同	按借款金额万分之零点五贴花	立合同人	单据作为合同使用的，按合同贴花
9	财产保险合同	包括财产、责任、保证、信用等保险合同	按投保金额万分之零点三贴花	立合同人	单据作为合同使用的，按合同贴花
10	技术合同	包括技术开发、转让、咨询、服务等合同	按所载金额万分之三贴花	立合同人	
11	产权转移书据	包括财产所有权和版权、商标专用权、专利权、专有技术使用权等转移书据	按所载金额万分之五贴花	立据人	
12	营业账簿	生产经营用账册	记载资金的账簿，按固定资产原值与自有流动资金总额万分之五贴花。其他账簿按件贴花五元	立账簿人	
13	权利、许可证照	包括政府部门发给的房屋产权证、工商营业执照、商标注册证、专利证、土地使用证	按件贴花五元	领受人	

部门规章及文件

（一）契税

国家税务总局关于契税纳税申报有关问题的公告

（2015年9月25日 国家税务总局公告2015年第67号）

根据房地产权属转移契税征管中遇到的实际情况，现将下列情形契税纳税申报有关问题公告如下：

一、根据人民法院、仲裁委员会的生效法律文书发生土地、房屋权属转移，纳税人不能取得销售不动产发票的，可持人民法院执行裁定书原件及相关材料办理契税纳税申报，税务机关应予受理。

二、购买新建商品房的纳税人在办理契税纳税申报时，由于销售新建商品房的房地产开发企业已办理注销税务登记或者被税务机关列为非正常户等原因，致使纳税人不能取得销售不动产发票的，税务机关在核实有关情况后应予受理。

三、本公告自公布之日起施行。

特此公告。

财政部 税务总局关于继续支持企业事业单位改制重组有关契税政策的通知

（2018年3月2日 财税〔2018〕17号）

各省、自治区、直辖市、计划单列市财政厅（局）、地方税务局，西藏、宁夏、青海省（自治区）国家税务局，新疆生产建设兵团财政局：

为贯彻落实《国务院关于进一步优化企业兼并重组市场环境的意见》（国发〔2014〕14号），继续支持企业、事业单位改制重组，现就企业、事业单位改制重组涉及的契税政策通知如下：

一、企业改制

企业按照《中华人民共和国公司法》有关规定整体改制，包括非公司制企业改制为有限责任公司或股份有限公司，有限责任公司变更为股份有限公司，股份有限公司变更为有限责任公司，原企业投资主体存续并在改制（变更）后的公司中所持股权（股份）比例超过75%，且改制（变更）后公司承继原企业权利、义务的，对改制（变更）后公司承受原企业土地、房屋权属，免征契税。

二、事业单位改制

事业单位按照国家有关规定改制为企业，原投资主体存续并在改制后企业中出资（股权、股份）比例超过50%的，对改制后企业承受原事业单位土地、房屋权属，免征契税。

三、公司合并

两个或两个以上的公司，依照法律规定、合同约定，合并为一个公司，且原投资主体存续的，对合并后公司承受原合并各方土地、房屋权属，免征契税。

四、公司分立

公司依照法律规定、合同约定分立为两个或两个以上与原公司投资主体相同的公司，对分立后公司承受原公司土地、房屋权属，免征契税。

五、企业破产

企业依照有关法律法规规定实施破产，债权人（包括破产企业职工）承受破产企业抵偿债务的土地、房屋权属，免征契税；对非债权人承受破产企业土地、房屋权属，凡按照《中华人民共和国劳动法》等国家有关法律法规政策妥善安置原企业全部职工规定，与原企业全部职工签订服务年限不少于三年的劳动用工合同的，对其承受所购企业土地、房屋权属，免征契税；与原企业超过30%的职工签订服务年限不少于三年的劳动用工合同的，减半征收契税。

六、资产划转

对承受县级以上人民政府或国有资产管理部门按规定进行行政性调整、划转国有土地、房屋权属的单位，免征契税。

同一投资主体内部所属企业之间土地、房屋权属的划转，包括母公司与其全资子公司之间，同一公司所属全资子公司之间，同一自然人与其设立的个人独资企业、一人有限公司之间土地、房屋权属的划转，免征契税。

母公司以土地、房屋权属向其全资子公司增资，视同划转，免征契税。

七、债权转股权

经国务院批准实施债权转股权的企业，对债权转股权后新设立的公司承受原企业的土地、房屋权属，免征契税。

八、划拨用地出让或作价出资

以出让方式或国家作价出资（入股）方式承受原改制重组企业、事业单位划拨用地的，不属上述规定的免税范围，对承受方应按规定征收契税。

九、公司股权（股份）转让

在股权（股份）转让中，单位、个人承受公司股权（股份），公司土地、房屋权属不发生转移，不征收契税。

十、有关用语含义

本通知所称企业、公司，是指依照我国有关法律法规设立并在中国境内注册的企业、公司。

本通知所称投资主体存续，是指原企业、事业单位的出资人必须存在于改制重组后的企业，出资人的出资比例可以发生变动；投资主体相同，是指公司分立前后出资人不发生变动，出资人的出资比例可以发生变动。

本通知自2018年1月1日起至2020年12月31日执行。本通知发布前，企业、事业单位改制重组过程中涉及的契税尚未处理的，符合本通知规定的可按本通知执行。

国家税务总局关于简化契税办理流程取消（无）婚姻登记记录证明的公告

（2015年10月9日　国家税务总局公告2015年第71号）

为落实国务院关于简化优化公共服务流程，方便群众办事和为基层减负等要求，国家税务总局决定，税务机关在受理契税申报缴税过程中，不再要求纳税人提供（无）婚姻登记记录证明。现将有关事项公告如下：

一、纳税人在申请办理家庭唯一普通住房契税优惠时，无须提供原民政部门开具的（无）婚姻登记记录证明。

二、税务机关在受理纳税人家庭唯一普通住房契税优惠申请时，应当做好纳税人家庭成员状况认定工作。如果纳税人为成年人，可以结合户口簿、结婚（离婚）证等信息判断其婚姻状况。无法做出判断的，可以要求其提供承诺书，就其申报的婚姻状况的真实性做出承诺。如果纳税人为未成年人，可结合户口簿等材料认定家庭成员状况。

三、各级税务机关应当迅速将这一便民措施落实到位，切实做好对一线工作人员的业务培训，确保措施落实不折不扣；同时，应当加强督导检查，及时发现落实过程中出现的问题，发现一起、纠正一起。

四、本公告自公布之日起施行。

特此公告。

财政部、国家税务总局关于夫妻之间房屋土地权属变更有关契税政策的通知

（2013 年 12 月 31 日　财税〔2014〕4 号）

各省、自治区、直辖市、计划单列市财政厅（局）、地方税务局，西藏、宁夏、青海省（自治区）国家税务局，新疆生产建设兵团财务局：

经研究，现将夫妻之间房屋、土地权属变更有关契税政策通知如下：

在婚姻关系存续期间，房屋、土地权属原归夫妻一方所有，变更为夫妻双方共有或另一方所有的，或者房屋、土地权属原归夫妻双方共有，变更为其中一方所有的，或者房屋、土地权属原归夫妻双方共有，双方约定、变更共有份额的，免征契税。

本通知自发布之日起施行。《财政部国家税务总局关于房屋土地权属由夫妻一方所有变更为夫妻双方共有契税政策的通知》（财税〔2011〕82 号）同时废止。

（二）印花税

中华人民共和国印花税暂行条例施行细则

（1988 年 9 月 29 日　财税字〔1988〕255 号）

第一条　本施行细则依据《中华人民共和国印花税暂行条例》（以下简称条例）第十五条的规定制定。

第二条　条例第一条所说的在中华人民共和国境内书立、领受本条例所列举凭证，是指在中国境内具有法律效力，受中国法律保护的凭证。

上述凭证无论在中国境内或者境外书立，均应依照条例规定贴花。

条例第一条所说的单位和个人，是指国内各类企业、事业、机关、团体、部队以及中外合资企业、合作企业、外资企业、外国公司企业和其他经济组织及其在华机构等单位和个人。

凡是缴纳工商统一税的中外合资企业、合作企业、外资企业、外国公司企业和其他经济组织，其缴纳的印花税，可以从所缴纳的工商统一税中如数抵扣。

第三条　条例第二条所说的建设工程承包合同，是指建设工程勘察设计合同和建筑安装工程承包合同。

建设工程承包合同包括总包合同、分包合同和转包合同。

第四条　条例第二条所说的合同，是指根据《中华人民共和国经济合同法》、《中华人民共和国涉外经济合同法》和其他有关合同法规订立的合同。

具有合同性质的凭证，是指具有合同效力的协议、契约、合约、单据、确认书及其他各种名称的凭证。

第五条　条例第二条所说的产权转移书据，是指单位和个人产权的买卖、继承、赠与、交换、分割等所立的书据。

第六条　条例第二条所说的营业账簿，是指单位或者个人记载生产经营活动的财务会计核算账簿。

第七条　税目税率表中的记载资金的账簿，是指载有固定资产原值和自有流动资金的总分类账簿，或者专门设置的记载固定资产原值和自有流动资金的账簿。

其他账簿，是指除上述账簿以外的账簿，包括日记账簿和各明细分类账簿。

第八条　记载资金的账簿按固定资产原值和自有流动资金总额贴花后，以后年度资金总额比已贴花资金总额增加的，增加部分应按规定贴花。

第九条 税目税率表中自有流动资金的确定，按有关财务会计制度的规定执行。

第十条 印花税只对税目税率表中列举的凭证和经财政部确定征税的其他凭证征税。

第十一条 条例第四条所说的已缴纳印花税的凭证的副本或者抄本免纳印花税，是指凭证的正式签署本已按规定缴纳了印花税，其副本或者抄本对外不发生权利义务关系，仅备存查的免贴印花。

以副本或者抄本视同正本使用的，应另贴印花。

第十二条 条例第四条所说的社会福利单位，是指抚养孤老伤残的社会福利单位。

第十三条 根据条例第四条第（3）款规定，对下列凭证免纳印花税：

1. 国家指定的收购部门与村民委员会、农民个人书立的农副产品收购合同；

2. 无息、贴息贷款合同；

3. 外国政府或者国际金融组织向我国政府及国家金融机构提供优惠贷款所书立的合同。

第十四条 条例第七条所说的书立或者领受时贴花，是指在合同的签订时、书据的立据时、账簿的启用时和证照的领受时贴花。

如果合同在国外签订的，应在国内使用时贴花。

第十五条 条例第八条所说的当事人，是指对凭证有直接权利义务关系的单位和个人，不包括保人、证人、鉴定人。

税目税率表中的立合同人，是指合同的当事人。

当事人的代理人有代理纳税的义务。

第十六条 产权转移书据由立据人贴花，如未贴或者少贴印花，书据的持有人应负责补贴印花。所立书据以合同方式签订的，应由持有书据的各方分别按全额贴花。

第十七条 同一凭证，因载有两个或者两个以上经济事项而适用不同税目税率，如分别记载金额的，应分别计算应纳税额，相加后按合计税额贴花；如未分别记载金额的，按税率高的计税贴花。

第十八条 按金额比例贴花的应税凭证，未标明金额的，应按照凭证所载数量及国家牌价计算金额；没有国家牌价的，按市场价格计算金额，然后按规定税率计算应纳税额。

第十九条 应纳税凭证所载金额为外国货币的，纳税人应按照凭证书立当日的中华人民共和国国家外汇管理局公布的外汇牌价折合人民币，计算应纳税额。

第二十条 应纳税凭证粘贴印花税票后应即注销。纳税人有印章的，加盖印章注销；纳税人没有印章的，可用钢笔（圆珠笔）画几条横线注销。注销标记应与骑缝处相交。骑缝处是指粘贴的印花税票与凭证及印花税票之间的交接处。

第二十一条 一份凭证应纳税额超过五百元的，应向当地税务机关申请填写缴款书或者完税证，将其中一联粘贴在凭证上或者由税务机关在凭证上加注完税标记代替贴花。

第二十二条 同一种类应纳税凭证，需频繁贴花的，应当向地税务机关申请按期汇总缴纳印花税。

税务机关对核准汇总缴纳印花税的单位，应发给汇缴许可证。汇总缴纳的限期限额由当地税务机关确定，但最长期限不得超过一个月。

第二十三条 凡汇总缴纳印花税的凭证，应加注税务机关指定的汇缴戳记、编号并装订成册后，将已贴印花或者缴款书的一联粘附册后，盖章注销，保存备查。

第二十四条 凡多贴印花税票者，不得申请退税或者抵用。

第二十五条 纳税人对纳税凭证应妥善保存。凭证的保存期限，凡国家已有明确规定的，按规定办；其余凭证均应在履行完毕后保存一年。

第二十六条 纳税人对凭证不能确定是否

应当纳税的，应及时携带凭证，到当地税务机关鉴别。

纳税人同税务机关对凭证的性质发生争议的，应检附该凭证报请上一级税务机关核定。

第二十七条 条例第十二条所说的发放或者办理应纳税凭证的单位，是指发放权利、许可证照的单位和办理凭证的鉴证、公证及其他有关事项的单位。

第二十八条 条例第十二条所说的负有监督纳税人依法纳税的义务，是指发放或者办理应纳税凭证的单位应对以下纳税事项监督：

1. 应纳税凭证是否已粘贴印花；
2. 粘贴的印花是否足额；
3. 粘贴的印花是否按规定注销。

对未完成以上纳税手续的，应督促纳税人当场贴花。

第二十九条 印花税票的票面金额以人民币为单位，分为壹角、贰角、伍角、壹元、贰元、伍元、拾元、伍拾元、壹佰元九种。

第三十条 印花税票为有价证券，各地税务机关应按照国家税务局制定的管理办法严格管理，具体管理办法另定。

第三十一条 印花税票可以委托单位或者个人代售，并由税务机关付给代售金额5%的手续费。支付来源从实征印花税款中提取。

第三十二条 凡代售印花税票者，应先向当地税务机关提出代售申请，必要时须提供保证人。税务机关调查核准后，应与代售户签订代售合同，发给代售许可证。

第三十三条 代售户所售印花税票取得的税款，须专户存储，并按照规定的期限，向当地税务机关结报，或者填开专用缴款书直接向银行缴纳。不得逾期不缴或者挪作他用。

第三十四条 代售户领存的印花税票及所售印花税票的税款，如有损失，应负责赔偿。

第三十五条 代售户所领印花税票，除合同另有规定者外，不得转托他人代售或者转至其他地区销售。

第三十六条 对代售户代售印花税票的工作，税务机关应经常进行指导、检查和监督。代售户须详细提供领售印花税票的情况，不得拒绝。

第三十七条 印花税的检查，由税务机关执行。税务人员进行检查时，应当出示税务检查证。纳税人不得以任何借口加以拒绝。

第三十八条 税务人员查获违反条例规定的凭证，应按有关规定处理。如需将凭证带回的，应出具收据，交被检查人收执。

第三十九条 纳税人违反本细则第二十二条规定，超过税务机关核定的纳税期限，未缴或者少缴印花税款的，税务机关除令其限期补缴税款外，并从滞纳之日起，按日加收5‰的滞纳金。

第四十条 纳税人违反本细则第二十三条规定的，酌情处以5000元以下罚款；情节严重的，撤销其汇缴许可证。

第四十一条 纳税人违反本细则第二十五条规定的，酌情处以5000元以下罚款。

第四十二条 代售户违反本细则第三十三条、第三十五条、第三十六条规定的，视其情节轻重，给予警告处分或者取消其代售资格。

第四十三条 纳税人不按规定贴花，逃避纳税的，任何单位和个人都有权检举揭发，经税务机关查实处理后，可按规定奖励检举揭发人，并为其保密。

第四十四条 本细则由国家税务局负责解释。

第四十五条 本细则与条例同时施行。

国家税务总局关于印花税若干具体问题的规定①

（1988 年 12 月 12 日 国税地字〔1988〕25 号）

根据《中华人民共和国印花税暂行条例》及其施行细则的规定，结合各地反映的实际情况，现对印花税的若干具体问题规定如下：

1. 对由受托方提供原材料的加工、定作合同，如何贴花？

由受托方提供原材料的加工、定作合同，凡在合同中分别记载加工费金额与原材料金额的，应分别按“加工承揽合同”、“购销合同”计税，两项税额相加数，即为合同应贴印花；合同中不划分加工费金额与原材料金额的，应按全部金额，依照“加工承揽合同”计税贴花。

2. 对商店、门市部的零星加工修理业务开具的修理单，是否贴花？

对商店、门市部的零星加工修理业务开具的修理单，不贴印花。

3. 房地产管理部门与个人订立的租房合同，应否贴印花？

对房地产管理部门与个人订立的租房合同，凡用于生活居住的，暂免贴印花；用于生产经营的，应按规定贴花。

4. 有些技术合同、租赁合同等，在签订时不能计算金额的，如何贴花？

有些合同在签订时无法确定计税金额，如技术转让合同中的转让收入，是按销售收入的一定比例收取或是按实现利润分成的；财产租赁合同，只是规定了月（天）租金标准而却无租赁期限的。对这类合同，可在签订时先按定额 5 元贴花，以后结算时再按实际金额计税，补贴印花。

5. 对货物运输单、仓储保管单、财产保险单、银行借据等单据，是否贴花？

对货物运输、仓储保管、财产保险、银行借款等，办理一项业务既书立合同，又开立单据的，只就合同贴花；凡不书立合同，只开立单据，以单据作为合同使用的，应按照规定贴花。

6. 运输部门承运快件行李、包裹开具的托运单据，是否贴花？

对铁路、公路、航运、水路承运快件行李、包裹开具的托运单据，暂免贴印花。

7. 不兑现或不按期兑现的合同，是否贴花？

依照印花税暂行条例规定，合同签订时即应贴花，履行完税手续。因此，不论合同是否兑现或能否按期兑现，都一律按照规定贴花。

8. 1988 年 10 月 1 日开征印花税，以前签订的合同，10 月 1 日以后修改合同增加金额的，是否补贴印花？

凡修改合同增加金额的，应就增加部分补贴印花。对印花税开征前签订的合同，开征后修改合同增加金额的，亦应按增加金额补贴印花。

9. 某些合同履行后，实际结算金额与合同所载金额不一致的，应否补贴印花？

依照印花税暂行条例规定，纳税人应在合同签订时按合同所载金额计税贴花。因此，对已履行并贴花的合同，发现实际结算金额与合同所载金额不一致的，一般不再补贴印花。

10. 企业租赁承包经营合同，是否贴花？

① 本规定第二十条已被《全文失效废止、部分条款失效废止的税收规范性文件目录》（国家税务总局公告 2011 年第 2 号）宣布废止；第十三条已被《国家税务总局关于公布失效废止的税务部门规章和税收规范性文件目录的决定》（国家税务总局令第 42 号）废止。

企业与主管部门等签订的租赁承包经营合同，不属于财产租赁合同，不应贴花。

11. 企业、个人出租门店、柜台等签订的合同，是否贴花？

企业、个人出租门店、柜台等签订的合同，属于财产租赁合同，应按照规定贴花。

12. 什么是副本视同正本使用？

纳税人的已缴纳印花税凭证的正本遗失或毁损，而以副本替代的，即为副本视同正本使用，应另贴印花。

13. 如何确定纳税人的自有流动资金？

对纳税人的自有流动资金，应据其所适用的财务会计制度确定。适用国营企业财务会计制度的纳税人，其自有流动资金包括国家拨入的、企业税后利润补充的、其他单位投入以及集资入账形成的流动资金。

适用其他财务会计制度的纳税人，其自有流动资金由各省、自治区、直辖市税务局按照上述原则具体确定。

14. 设置在其他部门、车间的明细分类账，如何贴花？

对采用一级核算形式的，只就财会部门设置的账簿贴花；采用分级核算形式的，除财会部门的账簿应贴花外，财会部门设置在其他部门和车间的明细分类账，亦应按规定贴花。

车间、门市部、仓库设置的不属于会计核算范围或虽属会计核算范围，但不记载金额的登记簿、统计簿、台账等，不贴印花。

15. 对会计核算采用以表代账的，应如何贴花？

对日常用单页表式记载资金活动情况，以表代账的，在未形成账簿（册）前，暂不贴花，待装订成册时，按册贴花。

16. 对记载资金的账簿，启用新账未增加资金的，是否按定额贴花？

凡是记载资金的账簿，启用新账时，资金未增加的，不再按件定额贴花。

17. 对有经营收入的事业单位使用的账簿，应如何贴花？

对有经营收入的事业单位，凡属由国家财政部门拨付事业经费，实行差额预算管理的单位，其记载经营业务的账簿，按其他账簿定额贴花，不记载经营业务的账簿不贴花；凡属经费来源实行自收自支的单位，其营业账簿，应对记载资金的账簿和其他账簿分别按规定贴花。

18. 跨地区经营的分支机构，其营业账簿应如何贴花？

跨地区经营的分支机构使用的营业账簿，应由各分支机构在其所在地缴纳印花税。对上级单位核拨资金的分支机构，其记载资金的账簿按核拨的账面资金数额计税贴花，其他账簿按定额贴花；对上级单位不核拨资金的分支机构，只就其他账簿按定额贴花。为避免对同一资金重复计税贴花，上级单位记载资金的账簿，应按扣除拨给下属机构资金数额后的其余部分计税贴花。

19. 对企业兼并的并入资金是否补贴印花？

经企业主管部门批准的国营、集体企业兼并，对并入单位的资产，凡已按资金总额贴花的，接收单位对并入的资金不再补贴印花。

20. 对微利、亏损企业，可否减免税？

对微利、亏损企业不能减免印花税。但是，对微利、亏损企业记载资金的账簿，第一次贴花数额较大，难以承担的，经当地税务机关批准，可允许在三年内分次贴足印花。**（本条已被国税函〔2007〕629 号文件废止）**

21. 对营业账簿，应在什么位置上贴花？

在营业账簿上贴印花税票，须在账簿首页右上角粘贴，不准粘贴在账夹上。

国家税务总局关于印花税若干具体问题的解释和规定的通知[①]

（1991年9月18日　国税发〔1991〕155号）

印花税暂行条例实施以来，我局相继做了一些具体规定。近据各地反映，经研究并多方面征求意见，现将有关政策问题解释和规定如下：

一、对工业、商业、物资、外贸等部门使用的调拨单是否贴花？

目前，对工业、商业、物资、外贸等部门经销和调拨商品物资使用的调拨单（或其他名称的单、卡、书、表等），填开使用的情况比较复杂，既有作为部门内执行计划使用的，也有代替合同使用的。对此，应区分性质和用途确定是否贴花。凡属于明确双方供需关系，据以供货和结算，具有合同性质的凭证，应按规定贴花。各省、自治区、直辖市税务局可根据上述原则，结合实际，对各种调拨单作出具体鉴别和认定。

二、对印花税施行细则中所指的“收购部门”和“农副产品”的范围如何划定？

我国农副产品种类繁多，地区间差异较大，随着经济发展，国家指定的收购部门也有所变化。对此，可由省、自治区、直辖市税务局根据当地实际情况具体划定本地区“收购部门”和“农副产品”的范围。

三、对以货换货业务签订的合同应如何计税贴花？

商品购销活动中，采用以货换货业务签订的合同，是反映既购又销双重经济行为的合同。对此，应按合同所载的购、销合计金额计税贴花。合同为列明的金额的，应按合同所载购、销数量依照国家牌价或市场价格计算应纳税额。

四、仓储保管业务的应税凭证如何确定？

仓储保管业务的应税凭证为仓储保管合同或作为合同使用的仓单、栈单（或称入库单等）。对有些凭证使用不规范，不便计税的，可就其结算单据作为计税贴花的凭证。

五、我国的“其他金融组织”是指那些单位？

我国的其他金融组织、是指除人民银行、各专业银行以外，由中国人民银行批准设立，领取经营金融业务许可证书的单位。

六、对财政部门的拨款改贷款业务中所签订的合同是否贴花？

财政等部门的拨款改贷款签订的借款合同，凡直接与使用单位签订的，暂不贴花；凡委托金融单位贷款，金融单位与使用单位签订的借款合同应按规定办理贴花。

七、对办理借款展期业务使用的借款展期合同是否贴花？

对办理借款展期业务使用的借款展期合同或其他凭证，按信贷制度规定，仅载明延期还款事项，可暂不贴花。

八、为何“银行同业拆借”？在印花税上怎样确定同业拆借合同与非同业拆借的界限？

印花税《税目税率表》中所说的“银行同业拆借”，是指按国家信贷制度规定，银行、非银行金融机构之间相互融通短期资金的行为。同业拆借合同不属于列举征

① 根据《国家税务总局关于公布全文失效废止、部分条款失效废止的税收规范性文件目录的公告》（2011年第2号），该通知第十一条已被财税〔2006〕162号文件废止。

税的凭证，不贴印花。

确定同业拆借合同的依据，应以中国人民银行银发（1990）62 号《关于印发〈同业拆借管理试行办法〉的通知》为准。凡按规定的同业拆借期限和利率签订的同业拆借合同，不贴印花；凡不符合规定的，应按借款合同贴花。

九、对分立、合并和联营企业的资金账簿如何计税贴花？

企业发生分立、合并和联营等变更后、凡依照有关规定办理法人登记的新企业所设立的资金账簿，应于启用时按规定计税贴花；凡毋需重新进行法人登记的企业原有的资金账簿，已贴印花继续有效。

对企业兼并后并入的资金贴花问题，仍按有关规定执行。

十、“产权转移书据”税目中“财产所有权”转移书据的征税范围如何划定？

“财产所有权”转移书据的征税范围是：经政府管理机关登记注册的动产、不动产的所有全转移所立的书据，以及企业股权转让所立的书据。

十一、土地使用权出让、转让书据（合同）是否贴花？

土地使用权出让、转让书据（合同），不属于印花税列举征税的凭证，不贴印花。**（本条已废止）**

十二、出版合同是否贴花？

出版合同不属于印花税列举征税的凭证，不贴印花。

十三、银行经理或代理国库业务设置的账簿是否贴花？

中国人民银行各级机构经理国库业务及委托各专业银行各级机构代理国库业务设置的账簿，不是核算银行本身经营业务的账簿，不贴印花。

十四、代理单位与委托单位签订的代理合同，是否属于应税凭证？

在代理业务中，代理单位与委托单位之间签订的委托代理合同，凡仅明确代理事项、权限和责任的，不属于应税凭证，不贴印花。

十五、怎样理解印花税施行细则中“合同在国外签订的，应在国内使用时贴花”的规定？

“合同在国外签订的，应在国内使用时贴花”，是指《印花税暂行条例》列举征税的合同在国外签订时，不便按规定办理贴花，因此，应在带人入境内时办理贴花完税手续。

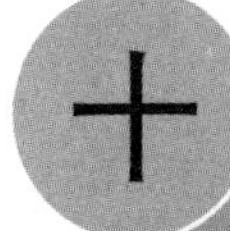

十 城市维护建设税、教育费附加

法　　律

中华人民共和国城市维护建设税法

（2020 年 8 月 11 日第十三届全国人民代表大会常务委员会第二十一次会议通过　2020 年 8 月 11 日中华人民共和国主席令第 51 号公布　自 2021 年 9 月 1 日起施行）

第一条　在中华人民共和国境内缴纳增值税、消费税的单位和个人，为城市维护建设税的纳税人，应当依照本法规定缴纳城市维护建设税。

第二条　城市维护建设税以纳税人依法实际缴纳的增值税、消费税税额为计税依据。

城市维护建设税的计税依据应当按照规定扣除期末留抵退税退还的增值税税额。

城市维护建设税计税依据的具体确定办法，由国务院依据本法和有关税收法律、行政法规规定，报全国人民代表大会常务委员会备案。

第三条　对进口货物或者境外单位和个人向境内销售劳务、服务、无形资产缴纳的增值税、消费税税额，不征收城市维护建设税。

第四条　城市维护建设税税率如下：

（一）纳税人所在地在市区的，税率为百分之七；

（二）纳税人所在地在县城、镇的，税率为百分之五；

（三）纳税人所在地不在市区、县城或者镇的，税率为百分之一。

前款所称纳税人所在地，是指纳税人住所地或者与纳税人生产经营活动相关的其他地点，具体地点由省、自治区、直辖市确定。

第五条　城市维护建设税的应纳税额按照计税依据乘以具体适用税率计算。

第六条　根据国民经济和社会发展的需要，国务院对重大公共基础设施建设、特殊产业和群体以及重大突发事件应对等情形可以规定减征或者免征城市维护建设税，报全国人民代表大会常务委员会备案。

第七条　城市维护建设税的纳税义务发生时间与增值税、消费税的纳税义务发生时间一致，分别与增值税、消费税同时缴纳。

第八条　城市维护建设税的扣缴义务人为负有增值税、消费税扣缴义务的单位和个人，在扣缴增值税、消费税的同时扣缴城市维护建设税。

第九条　城市维护建设税由税务机关依照本法和《中华人民共和国税收征收管理法》的规定征收管理。

第十条　纳税人、税务机关及其工作人员违反本法规定的，依照《中华人民共和国税收征收管理法》和有关法律法规的规定追究法律责任。

第十一条 本法自2021年9月1日起施行。1985年2月8日国务院发布的《中华人民共和国城市维护建设税暂行条例》同时废止。

行政法规及文件

中华人民共和国城市维护建设税暂行条例①

（1985年2月8日国务院发布　根据2011年1月8日《国务院关于废止和修改部分行政法规的决定》修订）

第一条 为了加强城市的维护建设，扩大和稳定城市维护建设资金的来源，特制定本条例。

第二条 凡缴纳消费税、增值税、营业税的单位和个人，都是城市维护建设税的纳税义务人（以下简称纳税人），都应当依照本条例的规定缴纳城市维护建设税。

第三条 城市维护建设税，以纳税人实际缴纳的消费税、增值税、营业税税额为计税依据，分别与消费税、增值税、营业税同时缴纳。

第四条 城市维护建设税税率如下：

纳税人所在地在市区的，税率为7%；

纳税人所在地在县城、镇的，税率为5%；

纳税人所在地不在市区、县城或镇的，税率为1%。

第五条 城市维护建设税的征收、管理、纳税环节、奖罚等事项，比照消费税、增值税、营业税的有关规定办理。

第六条 城市维护建设税应当保证用于城市的公用事业和公共设施的维护建设，具体安排由地方人民政府确定。

第七条 按照本条例第四条第三项规定缴纳的税款，应当专用于乡镇的维护和建设。

第八条 开征城市维护建设税后，任何地区和部门，都不得再向纳税人摊派资金或物资。遇到摊派情况，纳税人有权拒绝执行。

第九条 省、自治区、直辖市人民政府可以根据本条例，制定实施细则，并送财政部备案。

第十条 本条例自1985年度起施行。

征收教育费附加的暂行规定

（1986年4月28日国务院发布　根据1990年6月7日《国务院关于修改〈征收教育费附加的暂行规定〉的决定》第一次修订　根据2005年8月20日《国务院关于修改〈征收教育费附加的暂行规定〉的决定》第二次修订　根据2011年1月8日《国务院关于废止和修改部分行政法规的决定》第三次修订）

第一条 为贯彻落实《中共中央关于教育体制改革的决定》，加快发展地方教育事业，扩大地方教育经费的资金来源，特制定本规定。

第二条 凡缴纳消费税、增值税、营业税的单位和个人，除按照《国务院关于筹措农村学校办学经费的通知》（国发〔1984〕174号文）的规定，缴纳农村教育事业费附加的单位外，都应当依照本规定缴纳教育费附加。

第三条 教育费附加，以各单位和个人实际缴纳的增值税、营业税、消费税的税额为计征依据，教育费附加率为3%，分别与增值税、营业税、消费税同时缴纳。

① 本条例将于2021年9月1日废止。

除国务院另有规定者外，任何地区、部门不得擅自提高或者降低教育费附加率。

第四条 依照现行有关规定，除铁道系统、中国人民银行总行、各专业银行总行、保险总公司的教育附加随同营业税上缴中央财政外，其余单位和个人的教育费附加，均就地上缴地方财政。

第五条 教育费附加由税务机关负责征收。

教育费附加纳入预算管理，作为教育专项资金，根据“先收后支、列收列支、收支平衡”的原则使用和管理。地方各级人民政府应当依照国家有关规定，使预算内教育事业费逐步增长，不得因教育费附加纳入预算专项资金管理而抵顶教育事业费拨款。

第六条 教育费附加的征收管理，按照消费税、增值税、营业税的有关规定办理。

第七条 企业缴纳的教育费附加，一律在销售收入（或营业收入）中支付。

第八条 地方征收的教育费附加，按专项资金管理，由教育部门统筹安排，提出分配方案，商同级财政部门同意后，用于改善中小学教学设施和办学条件，不得用于职工福利和发放奖金。

铁道系统、中国人民银行总行、各专业银行总行、保险总公司随同营业税上缴的教育费附加，由国家教育委员会按年度提出分配方案，商财政部同意后，用于基础教育的薄弱环节。

地方征收的教育费附加，主要留归当地安排使用。省、自治区、直辖市可根据各地征收教育费附加的实际情况，适当提取一部分数额，用于地区之间的调剂、平衡。

第九条 地方各级教育部门每年应定期向当地人民政府、上级主管部门和财政部门，报告教育费附加的收支情况。

第十条 凡办有职工子弟学校的单位，应当先按本规定缴纳教育费附加；教育部门可根据它们办学的情况酌情返还给办学单位，作为对所办学校经费的补贴。办学单位不得借口缴纳教育费附加而撤并学校，或者缩小办学规模。

第十一条 征收教育费附加以后，地方各级教育部门和学校，不准以任何名目向学生家长和单位集资，或者变相集资，不准以任何借口不让学生入学。

对违反前款规定者，其上级教育部门要予以制止，直接责任人员要给予行政处分。单位和个人有权拒缴。

第十二条 本规定由财政部负责解释。各省、自治区、直辖市人民政府可结合当地实际情况制定实施办法。

第十三条 本规定从 1986 年 7 月 1 日起施行。

国务院关于统一内外资企业和个人城市维护建设税和教育费附加制度的通知

（2010 年 10 月 18 日　国发〔2010〕35 号）

各省、自治区、直辖市人民政府，国务院各部委、各直属机构：

为了进一步统一税制、公平税负，创造平等竞争的外部环境，根据第八届全国人民代表大会常务委员会第五次会议通过的《全国人民代表大会常务委员会关于外商投资企业和外国企业适用增值税、消费税、营业税等税收暂行条例的决定》，国务院决定统一内外资企业和个人城市维护建设税和教育费附加制度，现将有关问题通知如下：

自 2010 年 12 月 1 日起，外商投资企业、外国企业及外籍个人适用国务院 1985 年发布的《中华人民共和国城市维护建设税暂行条例》和 1986 年发布的《征收教育费附加的暂行规定》。1985 年及 1986 年以来国务院及国务院财税主管部门发布的有关城市维护建设税和教育费附加的法规、规章、政策同时适用于外商投资企业、外国企业及外籍个人。

凡与本通知相抵触的各项规定同时废止。

国务院办公厅对《中华人民共和国城市维护建设税暂行条例》第五条的解释的复函

（2004年2月27日　国办函〔2004〕23号）

国家税务总局：

你局《关于明确增值税、消费税、营业税扣缴义务人为城市维护建设税扣缴义务人的请示》（国税发〔2004〕14号）收悉。经国务院批准，现函复如下：

《中华人民共和国城市维护建设税暂行条例》第五条中的“征收、管理”，包括城市维护建设税的代扣代缴、代收代缴，一律比照增值税、消费税、营业税的有关规定办理。

部门规章及文件

国家税务总局关于撤县建市城市维护建设税具体适用税率的批复

（2016年6月24日　税总函〔2016〕280号）

贵州省地方税务局：

你局《关于中国贵州茅台酒厂（集团）有限责任公司及所属企业城市维护建设税适用税率问题的请示》（黔地税呈〔2016〕27号）收悉，经研究，批复如下：

《中华人民共和国城市维护建设税暂行条例》对市区、县城和镇等分别规定了不同的城市维护建设税税率。撤县建市后，纳税人所在地在市区的，城市维护建设税适用税率为7%；纳税人所在地在市区以外其他镇的，城市维护建设税适用税率仍为5%。

国家税务总局关于撤县建市城市维护建设税适用税率问题的批复

（2015年9月23日　税总函〔2015〕511号）

贵州省地方税务局：

你局《关于撤县建市城市维护建设税适用税率问题的请示》（黔地税呈〔2015〕45号）收悉，经研究，批复如下：

《中华人民共和国城市维护建设税暂行条例》对市区、县城、镇分别规定了7%、5%、1%的城市维护建设税税率。撤县建市后，城市维护建设税适用税率应为7%。

财政部、国家税务总局关于生产企业出口货物实行免抵退税办法后有关城市维护建设税、教育费附加政策的通知

（2005年2月25日　财税〔2005〕25号）

各省、自治区、直辖市、计划单列市财政厅（局）、地方税务局，新疆生产建设兵团财务局：

经国务院批准，现就生产企业出口货物全面实行免抵退税办法后，城市维护建设税、教育费附加的政策明确如下：

一、经国家税务局正式审核批准的当期免抵的增值税税额应纳入城市维护建设税和教育费附加的计征范围，分别按规定的税（费）率征收城市维护建设税和教育费附加。

二、2005 年 1 月 1 日前，已按免抵的增值税税额征收的城市维护建设税和教育费附加不再退还，未征的不再补征。

三、本通知自 2005 年 1 月 1 日起执行。

请遵照执行。

财政部、国家税务总局关于对外资企业征收城市维护建设税和教育费附加有关问题的通知

（2010 年 11 月 4 日　财税〔2010〕103 号）

各省、自治区、直辖市、计划单列市财政厅（局）、国家税务局、地方税务局，新疆生产建设兵团财务局：

根据《国务院关于统一内外资企业和个人城市维护建设税和教育费附加制度的通知》（国发〔2010〕35 号）决定，自 2010 年 12 月 1 日起，对外商投资企业、外国企业及外籍个人（以下简称外资企业）征收城市维护建设税和教育费附加。现将有关问题通知如下：

对外资企业 2010 年 12 月 1 日（含）之后发生纳税义务的增值税、消费税、营业税（以下简称“三税”）征收城市维护建设税和教育费附加；对外资企业 2010 年 12 月 1 日之前发生纳税义务的“三税”，不征收城市维护建设税和教育费附加。

各级财政、税务机关要增强服务意识，加强政策宣传，做好征管工作。对政策执行中遇到的问题，要认真研究，妥善解决，重大问题及时上报财政部、国家税务总局。

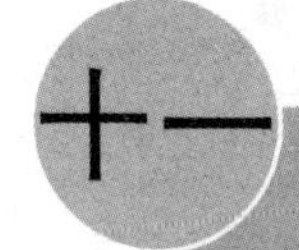

十一 车船税、车辆购置税、船舶吨税

法律

中华人民共和国车船税法

（2011 年 2 月 25 日第十一届全国人民代表大会常务委员会第十九次会议通过 根据 2019 年 4 月 23 日第十三届全国人民代表大会常务委员会第十次会议《关于修改〈中华人民共和国建筑法〉等八部法律的决定》修正）

第一条 在中华人民共和国境内属于本法所附《车船税税目税额表》规定的车辆、船舶（以下简称车船）的所有人或者管理人，为车船税的纳税人，应当依照本法缴纳车船税。

第二条 车船的适用税额依照本法所附《车船税税目税额表》执行。

车辆的具体适用税额由省、自治区、直辖市人民政府依照本法所附《车船税税目税额表》规定的税额幅度和国务院的规定确定。

船舶的具体适用税额由国务院在本法所附《车船税税目税额表》规定的税额幅度内确定。

第三条 下列车船免征车船税：

（一）捕捞、养殖渔船；

（二）军队、武装警察部队专用的车船；

（三）警用车船；

（四）悬挂应急救援专用号牌的国家综合性消防救援车辆和国家综合性消防救援专用船舶；

（五）依照法律规定应当予以免税的外国驻华使领馆、国际组织驻华代表机构及其有关人员的车船。

第四条 对节约能源、使用新能源的车船可以减征或者免征车船税；对受严重自然灾害影响纳税困难以及有其他特殊原因确需减税、免税的，可以减征或者免征车船税。具体办法由国务院规定，并报全国人民代表大会常务委员会备案。

第五条 省、自治区、直辖市人民政府根据当地实际情况，可以对公共交通车船，农村居民拥有并主要在农村地区使用的摩托车、三轮汽车和低速载货汽车定期减征或者免征车船税。

第六条 从事机动车第三者责任强制保险业务的保险机构为机动车车船税的扣缴义务人，应当在收取保险费时依法代收车船税，并出具代收税款凭证。

第七条 车船税的纳税地点为车船的登记地或者车船税扣缴义务人所在地。依法不需要办理登记的车船，车船税的纳税地点为车船的所有人或者管理人所在地。

第八条 车船税纳税义务发生时间为取得车船所有权或者管理权的当月。

第九条 车船税按年申报缴纳。具体申报纳税期限由省、自治区、直辖市人民政府规定。

第十条 公安、交通运输、农业、渔业等车船登记管理部门、船舶检验机构和车船税扣缴义务人的行业主管部门应当在提供车船有关信息等方面，协助税务机关加强车船税的征收管理。

车辆所有人或者管理人在申请办理车辆相关登记、定期检验手续时，应当向公安机关交通管理部门提交依法纳税或者免税证明。公安机关交通管理部门核查后办理相关手续。

第十一条 车船税的征收管理，依照本法和《中华人民共和国税收征收管理法》的规定执行。

第十二条 国务院根据本法制定实施条例。

第十三条 本法自2012年1月1日起施行。2006年12月29日国务院公布的《中华人民共和国车船税暂行条例》同时废止。

附：

车船税税目税额表

<table>
<tr><th colspan="2">税 目</th><th>计税单位</th><th>年基准税额</th><th>备 注</th></tr>
<tr><td rowspan="7">乘用车〔按发动机汽缸容量（排气量）分档〕</td><td>1.0升（含）以下的</td><td rowspan="7">每 辆</td><td>60元至360元</td><td rowspan="7">核定载客人数9人（含）以下</td></tr>
<tr><td>1.0升以上至1.6升（含）的</td><td>300元至540元</td></tr>
<tr><td>1.6升以上至2.0升（含）的</td><td>360元至660元</td></tr>
<tr><td>2.0升以上至2.5升（含）的</td><td>660元至1200元</td></tr>
<tr><td>2.5升以上至3.0升（含）的</td><td>1200元至2400元</td></tr>
<tr><td>3.0升以上至4.0升（含）的</td><td>2400元至3600元</td></tr>
<tr><td>4.0升以上的</td><td>3600元至5400元</td></tr>
<tr><td rowspan="2">商用车</td><td>客 车</td><td>每 辆</td><td>480元至1440元</td><td>核定载客人数9人以上，包括电车</td></tr>
<tr><td>货 车</td><td>整备质量每 吨</td><td>16元至120元</td><td>包括半挂牵引车、三轮汽车和低速载货汽车等</td></tr>
<tr><td>挂车</td><td></td><td>整备质量每 吨</td><td>按照货车税额的50%计算</td><td></td></tr>
<tr><td rowspan="2">其他车辆</td><td>专用作业车</td><td rowspan="2">整备质量每 吨</td><td>16元至120元</td><td rowspan="2">不包括拖拉机</td></tr>
<tr><td>轮式专用机械车</td><td>16元至120元</td></tr>
<tr><td>摩托车</td><td></td><td>每 辆</td><td>36元至180元</td><td></td></tr>
<tr><td rowspan="2">船舶</td><td>机动船舶</td><td>净吨位每 吨</td><td>3元至6元</td><td>拖船、非机动驳船分别按照机动船舶税额的50%计算</td></tr>
<tr><td>游 艇</td><td>艇身长度每 米</td><td>600元至2000元</td><td></td></tr>
</table>

中华人民共和国
车辆购置税法

（2018年12月29日第十三届全国人民代表大会常务委员会第七次会议通过 2018年12月29日中华人民共和国主席令第19号公布 自2019年7月1日起施行）

第一条 在中华人民共和国境内购置汽车、有轨电车、汽车挂车、排气量超过一百五十毫升的摩托车（以下统称应税车辆）的单位和个人，为车辆购置税的纳税人，应当依照本法规定缴纳车辆购置税。

第二条 本法所称购置，是指以购买、进口、自产、受赠、获奖或者其他方式取得并自用应税车辆的行为。

第三条 车辆购置税实行一次性征收。购置已征车辆购置税的车辆，不再征收车辆购置税。

第四条 车辆购置税的税率为百分之十。

第五条 车辆购置税的应纳税额按照应税车辆的计税价格乘以税率计算。

第六条 应税车辆的计税价格，按照下列规定确定：

（一）纳税人购买自用应税车辆的计税价格，为纳税人实际支付给销售者的全部价款，不包括增值税税款；

（二）纳税人进口自用应税车辆的计税价格，为关税完税价格加上关税和消费税；

（三）纳税人自产自用应税车辆的计税价格，按照纳税人生产的同类应税车辆的销售价格确定，不包括增值税税款；

（四）纳税人以受赠、获奖或者其他方式取得自用应税车辆的计税价格，按照购置应税车辆时相关凭证载明的价格确定，不包括增值税税款。

第七条 纳税人申报的应税车辆计税价格明显偏低，又无正当理由的，由税务机关依照《中华人民共和国税收征收管理法》的规定核定其应纳税额。

第八条 纳税人以外汇结算应税车辆价款的，按照申报纳税之日的人民币汇率中间价折合成人民币计算缴纳税款。

第九条 下列车辆免征车辆购置税：

（一）依照法律规定应当予以免税的外国驻华使馆、领事馆和国际组织驻华机构及其有关人员自用的车辆；

（二）中国人民解放军和中国人民武装警察部队列入装备订货计划的车辆；

（三）悬挂应急救援专用号牌的国家综合性消防救援车辆；

（四）设有固定装置的非运输专用作业车辆；

（五）城市公交企业购置的公共汽电车辆。

根据国民经济和社会发展的需要，国务院可以规定减征或者其他免征车辆购置税的情形，报全国人民代表大会常务委员会备案。

第十条 车辆购置税由税务机关负责征收。

第十一条 纳税人购置应税车辆，应当向车辆登记地的主管税务机关申报缴纳车辆购置税；购置不需要办理车辆登记的应税车辆的，应当向纳税人所在地的主管税务机关申报缴纳车辆购置税。

第十二条 车辆购置税的纳税义务发生时间为纳税人购置应税车辆的当日。纳税人应当自纳税义务发生之日起六十日内申报缴纳车辆购置税。

第十三条 纳税人应当在向公安机关交通管理部门办理车辆注册登记前，缴纳车辆购置税。

公安机关交通管理部门办理车辆注册登记，应当根据税务机关提供的应税车辆完税或者免税电子信息对纳税人申请登记的车辆信息进行核对，核对无误后依法办理车辆注册登记。

第十四条 免税、减税车辆因转让、改变用途等原因不再属于免税、减税范围的，纳税人应当在办理车辆转移登记或者变更登记前缴纳车辆购置税。计税价格以免税、减税车辆初次办理纳税申报时确定的计税价格为基准，每满一年扣减百分之十。

第十五条 纳税人将已征车辆购置税的车辆退回车辆生产企业或者销售企业的，可以向主管税务机关申请退还车辆购置税。退税额以已缴税款为基准，自缴纳税款之日至申请退税之日，每满一年扣减百分之十。

第十六条 税务机关和公安、商务、海关、工业和信息化等部门应当建立应税车辆信息共享和工作配合机制，及时交换应税车辆和纳税信息资料。

第十七条 车辆购置税的征收管理，依照本法和《中华人民共和国税收征收管理法》的规定执行。

第十八条 纳税人、税务机关及其工作人员违反本法规定的，依照《中华人民共和国税收征收管理法》和有关法律法规的规定追究法律责任。

第十九条 本法自2019年7月1日起施行。2000年10月22日国务院公布的《中华人民共和国车辆购置税暂行条例》同时废止。

中华人民共和国船舶吨税法

（2017年12月27日第十二届全国人民代表大会常务委员会第三十一次会议通过 根据2018年10月26日第十三届全国人民代表大会常务委员会第六次会议《关于修改〈中华人民共和国野生动物保护法〉等十五部法律的决定》修正）

第一条 自中华人民共和国境外港口进入境内港口的船舶（以下称应税船舶），应当依照本法缴纳船舶吨税（以下简称吨税）。

第二条 吨税的税目、税率依照本法所附的《吨税税目税率表》执行。

第三条 吨税设置优惠税率和普通税率。

中华人民共和国籍的应税船舶，船籍国（地区）与中华人民共和国签订含有相互给予船舶税费最惠国待遇条款的条约或者协定的应税船舶，适用优惠税率。

其他应税船舶，适用普通税率。

第四条 吨税按照船舶净吨位和吨税执照期限征收。

应税船舶负责人在每次申报纳税时，可以按照《吨税税目税率表》选择申领一种期限的吨税执照。

第五条 吨税的应纳税额按照船舶净吨位乘以适用税率计算。

第六条 吨税由海关负责征收。海关征收吨税应当制发缴款凭证。

应税船舶负责人缴纳吨税或者提供担保后，海关按照其申领的执照期限填发吨税执照。

第七条 应税船舶在进入港口办理入境手续时，应当向海关申报纳税领取吨税执照，或者交验吨税执照（或者申请核验吨税执照电子信息）。应税船舶在离开港口办理出境手续时，应当交验吨税执照（或者申请核验吨税执照电子信息）。

应税船舶负责人申领吨税执照时，应当向海关提供下列文件：

（一）船舶国籍证书或者海事部门签发的船舶国籍证书收存证明；

（二）船舶吨位证明。

应税船舶因不可抗力在未设立海关地点停泊的，船舶负责人应当立即向附近海关报告，并在不可抗力原因消除后，依照本法规定向海关申报纳税。

第八条 吨税纳税义务发生时间为应税船舶进入港口的当日。

应税船舶在吨税执照期满后尚未离开

港口的，应当申领新的吨税执照，自上一次执照期满的次日起续缴吨税。

第九条 下列船舶免征吨税：

（一）应纳税额在人民币五十元以下的船舶；

（二）自境外以购买、受赠、继承等方式取得船舶所有权的初次进口到港的空载船舶；

（三）吨税执照期满后二十四小时内不上下客货的船舶；

（四）非机动船舶（不包括非机动驳船）；

（五）捕捞、养殖渔船；

（六）避难、防疫隔离、修理、改造、终止运营或者拆解，并不上下客货的船舶；

（七）军队、武装警察部队专用或者征用的船舶；

（八）警用船舶；

（九）依照法律规定应当予以免税的外国驻华使领馆、国际组织驻华代表机构及其有关人员的船舶；

（十）国务院规定的其他船舶。

前款第十项免税规定，由国务院报全国人民代表大会常务委员会备案。

第十条 在吨税执照期限内，应税船舶发生下列情形之一的，海关按照实际发生的天数批注延长吨税执照期限：

（一）避难、防疫隔离、修理、改造，并不上下客货；

（二）军队、武装警察部队征用。

第十一条 符合本法第九条第一款第五项至第九项、第十条规定的船舶，应当提供海事部门、渔业船舶管理部门等部门、机构出具的具有法律效力的证明文件或者使用关系证明文件，申明免税或者延长吨税执照期限的依据和理由。

第十二条 应税船舶负责人应当自海关填发吨税缴款凭证之日起十五日内缴清税款。未按期缴清税款的，自滞纳税款之日起至缴清税款之日止，按日加收滞纳税款万分之五的税款滞纳金。

第十三条 应税船舶到达港口前，经海关核准先行申报并办结出入境手续的，应税船舶负责人应当向海关提供与其依法履行吨税缴纳义务相适应的担保；应税船舶到达港口后，依照本法规定向海关申报纳税。

下列财产、权利可以用于担保：

（一）人民币、可自由兑换货币；

（二）汇票、本票、支票、债券、存单；

（三）银行、非银行金融机构的保函；

（四）海关依法认可的其他财产、权利。

第十四条 应税船舶在吨税执照期限内，因修理、改造导致净吨位变化的，吨税执照继续有效。应税船舶办理出入境手续时，应当提供船舶经过修理、改造的证明文件。

第十五条 应税船舶在吨税执照期限内，因税目税率调整或者船籍改变而导致适用税率变化的，吨税执照继续有效。

因船籍改变而导致适用税率变化的，应税船舶在办理出入境手续时，应当提供船籍改变的证明文件。

第十六条 吨税执照在期满前毁损或者遗失的，应当向原发照海关书面申请核发吨税执照副本，不再补税。

第十七条 海关发现少征或者漏征税款的，应当自应税船舶应当缴纳税款之日起一年内，补征税款。但因应税船舶违反规定造成少征或者漏征税款的，海关可以自应当缴纳税款之日起三年内追征税款，并自应当缴纳税款之日起按日加征少征或者漏征税款万分之五的税款滞纳金。

海关发现多征税款的，应当在二十四小时内通知应税船舶办理退还手续，并加算银行同期活期存款利息。

应税船舶发现多缴税款的，可以自缴纳税款之日起三年内以书面形式要求海关退还多缴的税款并加算银行同期活期存款利息；海关应当自受理退税申请之日起三十日内查实并通知应税船舶办理退还手续。

应税船舶应当自收到本条第二款、第三款规定的通知之日起三个月内办理有关退还手续。

第十八条 应税船舶有下列行为之一的，由海关责令限期改正，处二千元以上三万元以下的罚款；不缴或者少缴应纳税款的，处不缴或者少缴税款百分之五十以上五倍以下的罚款，但罚款不得低于二千元：

（一）未按照规定申报纳税、领取吨税执照；

（二）未按照规定交验吨税执照（或者申请核验吨税执照电子信息）以及提供其他证明文件。

第十九条 吨税税款、税款滞纳金、罚款以人民币计算。

第二十条 吨税的征收，本法未作规定的，依照有关税收征收管理的法律、行政法规的规定执行。

第二十一条 本法及所附《吨税税目税率表》下列用语的含义：

净吨位，是指由船籍国（地区）政府签发或者授权签发的船舶吨位证明书上标明的净吨位。

非机动船舶，是指自身没有动力装置，依靠外力驱动的船舶。

非机动驳船，是指在船舶登记机关登记为驳船的非机动船舶。

捕捞、养殖渔船，是指在中华人民共和国渔业船舶管理部门登记为捕捞船或者养殖船的船舶。

拖船，是指专门用于拖（推）动运输船舶的专业作业船舶。

吨税执照期限，是指按照公历年、日计算的期间。

第二十二条 本法自2018年7月1日起施行。2011年12月5日国务院公布的《中华人民共和国船舶吨税暂行条例》同时废止。

附：

吨税税目税率表

<table>
<tr><th rowspan="3">税　目
（按船舶净吨位划分）</th><th colspan="6">税　率（元/净吨）</th><th rowspan="3">备　注</th></tr>
<tr><th colspan="3">普通税率
（按执照期限划分）</th><th colspan="3">优惠税率
（按执照期限划分）</th></tr>
<tr><th>1年</th><th>90日</th><th>30日</th><th>1年</th><th>90日</th><th>30日</th></tr>
<tr><td>不超过2000净吨</td><td>12.6</td><td>4.2</td><td>2.1</td><td>9.0</td><td>3.0</td><td>1.5</td><td rowspan="4">1. 拖船按照发动机功率每千瓦折合净吨位0.67吨。
2. 无法提供净吨位证明文件的游艇，按照发动机功率每千瓦折合净吨位0.05吨。
3. 拖船和非机动驳船分别按相同净吨位船舶税率的50%计征税款。</td></tr>
<tr><td>超过2000净吨，但不超过10000净吨</td><td>24.0</td><td>8.0</td><td>4.0</td><td>17.4</td><td>5.8</td><td>2.9</td></tr>
<tr><td>超过10000净吨，但不超过50000净吨</td><td>27.6</td><td>9.2</td><td>4.6</td><td>19.8</td><td>6.6</td><td>3.3</td></tr>
<tr><td>超过50000净吨</td><td>31.8</td><td>10.6</td><td>5.3</td><td>22.8</td><td>7.6</td><td>3.8</td></tr>
</table>

行政法规及文件

中华人民共和国
车船税法实施条例

（2011 年 12 月 5 日中华人民共和国国务院令第 611 号公布　根据 2019 年 3 月 2 日《国务院关于修改部分行政法规的决定》修订）

第一条　根据《中华人民共和国车船税法》（以下简称车船税法）的规定，制定本条例。

第二条　车船税法第一条所称车辆、船舶，是指：

（一）依法应当在车船登记管理部门登记的机动车辆和船舶；

（二）依法不需要在车船登记管理部门登记的在单位内部场所行驶或者作业的机动车辆和船舶。

第三条　省、自治区、直辖市人民政府根据车船税法所附《车船税税目税额表》确定车辆具体适用税额，应当遵循以下原则：

（一）乘用车依排气量从小到大递增税额；

（二）客车按照核定载客人数 20 人以下和 20 人（含）以上两档划分，递增税额。

省、自治区、直辖市人民政府确定的车辆具体适用税额，应当报国务院备案。

第四条　机动船舶具体适用税额为：

（一）净吨位不超过 200 吨的，每吨 3 元；

（二）净吨位超过 200 吨但不超过 2000 吨的，每吨 4 元；

（三）净吨位超过 2000 吨但不超过 10000 吨的，每吨 5 元；

（四）净吨位超过 10000 吨的，每吨 6 元。

拖船按照发动机功率每 1 千瓦折合净吨位 0.67 吨计算征收车船税。

第五条　游艇具体适用税额为：

（一）艇身长度不超过 10 米的，每米 600 元；

（二）艇身长度超过 10 米但不超过 18 米的，每米 900 元；

（三）艇身长度超过 18 米但不超过 30 米的，每米 1300 元；

（四）艇身长度超过 30 米的，每米 2000 元；

（五）辅助动力帆艇，每米 600 元。

第六条　车船税法和本条例所涉及的排气量、整备质量、核定载客人数、净吨位、千瓦、艇身长度，以车船登记管理部门核发的车船登记证书或者行驶证所载数据为准。

依法不需要办理登记的车船和依法应当登记而未办理登记或者不能提供车船登记证书、行驶证的车船，以车船出厂合格证明或者进口凭证标注的技术参数、数据为准；不能提供车船出厂合格证明或者进口凭证的，由主管税务机关参照国家相关标准核定，没有国家相关标准的参照同类车船核定。

第七条　车船税法第三条第一项所称的捕捞、养殖渔船，是指在渔业船舶登记管理部门登记为捕捞船或者养殖船的船舶。

第八条　车船税法第三条第二项所称的军队、武装警察部队专用的车船，是指按照规定在军队、武装警察部队车船登记管理部门登记，并领取军队、武警牌照的车船。

第九条　车船税法第三条第三项所称的警用车船，是指公安机关、国家安全机关、监狱、劳动教养管理机关和人民法院、人民检察院领取警用牌照的车辆和执行警务的专用船舶。

第十条　节约能源、使用新能源的车船可以免征或者减半征收车船税。免征或者减半征收车船税的车船的范围，由国务院财政、税务主管部门商国务院有关部门制订，报国务院批准。

对受地震、洪涝等严重自然灾害影响纳税困难以及其他特殊原因确需减免税的车船，可以在一定期限内减征或者免征车船税。具体减免期限和数额由省、自治区、直辖市人民政府确定，报国务院备案。

第十一条 车船税由税务机关负责征收。

第十二条 机动车车船税扣缴义务人在代收车船税时，应当在机动车交通事故责任强制保险的保险单以及保费发票上注明已收税款的信息，作为代收税款凭证。

第十三条 已完税或者依法减免税的车辆，纳税人应当向扣缴义务人提供登记地的主管税务机关出具的完税凭证或者减免税证明。

第十四条 纳税人没有按照规定期限缴纳车船税的，扣缴义务人在代收代缴税款时，可以一并代收代缴欠缴税款的滞纳金。

第十五条 扣缴义务人已代收代缴车船税的，纳税人不再向车辆登记地的主管税务机关申报缴纳车船税。

没有扣缴义务人的，纳税人应当向主管税务机关自行申报缴纳车船税。

第十六条 纳税人缴纳车船税时，应当提供反映排气量、整备质量、核定载客人数、净吨位、千瓦、艇身长度等与纳税相关信息的相应凭证以及税务机关根据实际需要要求提供的其他资料。

纳税人以前年度已经提供前款所列资料信息的，可以不再提供。

第十七条 车辆车船税的纳税人按照纳税地点所在的省、自治区、直辖市人民政府确定的具体适用税额缴纳车船税。

第十八条 扣缴义务人应当及时解缴代收代缴的税款和滞纳金，并向主管税务机关申报。扣缴义务人向税务机关解缴税款和滞纳金时，应当同时报送明细的税款和滞纳金扣缴报告。扣缴义务人解缴税款和滞纳金的具体期限，由省、自治区、直辖市税务机关依照法律、行政法规的规定确定。

第十九条 购置的新车船，购置当年的应纳税额自纳税义务发生的当月起按月计算。应纳税额为年应纳税额除以12再乘以应纳税月份数。

在一个纳税年度内，已完税的车船被盗抢、报废、灭失的，纳税人可以凭有关管理机关出具的证明和完税凭证，向纳税所在地的主管税务机关申请退还自被盗抢、报废、灭失月份起至该纳税年度终了期间的税款。

已办理退税的被盗抢车船失而复得的，纳税人应当从公安机关出具相关证明的当月起计算缴纳车船税。

第二十条 已缴纳车船税的车船在同一纳税年度内办理转让过户的，不另纳税，也不退税。

第二十一条 车船税法第八条所称取得车船所有权或者管理权的当月，应当以购买车船的发票或者其他证明文件所载日期的当月为准。

第二十二条 税务机关可以在车船登记管理部门、车船检验机构的办公场所集中办理车船税征收事宜。

公安机关交通管理部门在办理车辆相关登记和定期检验手续时，经核查，对没有提供依法纳税或者免税证明的，不予办理相关手续。

第二十三条 车船税按年申报，分月计算，一次性缴纳。纳税年度为公历1月1日至12月31日。

第二十四条 临时入境的外国车船和香港特别行政区、澳门特别行政区、台湾地区的车船，不征收车船税。

第二十五条 按照规定缴纳船舶吨税的机动船舶，自车船税法实施之日起5年内免征车船税。

依法不需要在车船登记管理部门登记的机场、港口、铁路站场内部行驶或者作业的车船，自车船税法实施之日起5年内免征车船税。

第二十六条 车船税法所附《车船税税目

税额表》中车辆、船舶的含义如下：

乘用车，是指在设计和技术特性上主要用于载运乘客及随身行李，核定载客人数包括驾驶员在内不超过9人的汽车。

商用车，是指除乘用车外，在设计和技术特性上用于载运乘客、货物的汽车，划分为客车和货车。

半挂牵引车，是指装备有特殊装置用于牵引半挂车的商用车。

三轮汽车，是指最高设计车速不超过每小时50公里，具有三个车轮的货车。

低速载货汽车，是指以柴油机为动力，最高设计车速不超过每小时70公里，具有四个车轮的货车。

挂车，是指就其设计和技术特性需由汽车或者拖拉机牵引，才能正常使用的一种无动力的道路车辆。

专用作业车，是指在其设计和技术特性上用于特殊工作的车辆。

轮式专用机械车，是指有特殊结构和专门功能，装有橡胶车轮可以自行行驶，最高设计车速大于每小时20公里的轮式工程机械车。

摩托车，是指无论采用何种驱动方式，最高设计车速大于每小时50公里，或者使用内燃机，其排量大于50毫升的两轮或者三轮车辆。

船舶，是指各类机动、非机动船舶以及其他水上移动装置，但是船舶上装备的救生艇筏和长度小于5米的艇筏除外。其中，机动船舶是指用机器推进的船舶；拖船是指专门用于拖（推）动运输船舶的专业作业船舶；非机动驳船，是指在船舶登记管理部门登记为驳船的非机动船舶；游艇是指具备内置机械推进动力装置，长度在90米以下，主要用于游览观光、休闲娱乐、水上体育运动等活动，并应当具有船舶检验证书和适航证书的船舶。

第二十七条 本条例自2012年1月1日起施行。

部门规章及文件

国家税务总局、交通运输部关于城市公交企业购置公共汽电车辆免征车辆购置税有关事项的公告

（2019年6月6日 国家税务总局、交通运输部公告2019年第22号）

根据《中华人民共和国车辆购置税法》《财政部 税务总局关于车辆购置税有关具体政策的公告》（财政部 税务总局公告2019年第71号）的相关规定，现就城市公交企业购置的公共汽电车辆免征车辆购置税有关事项公告如下：

一、国家税务总局各省、自治区、直辖市和计划单列市税务局（以下简称“省税务局”）与本地区交通运输主管部门应当相互配合，共同做好城市公交企业购置公共汽电车辆免征车辆购置税工作。

二、《城市公共交通管理部门与城市公交企业名录》（以下简称《名录》，见附件1）是税务机关确定申报企业是否为城市公交企业的依据，各省、自治区、直辖市交通运输厅（委）（以下简称省交通厅）负责组织编制本地区《名录》。

三、各县级以上（含县级）人民政府交通运输主管部门认定城市公交企业并逐级报送《名录》信息。省交通厅定期汇总、公示本地区城市公交企业新增、退出、变更等信息，并及时将调整后的《名录》函送省税务局。《名录》的函送时间和方式由省税务局和省交通厅共同商定。

省税务局应当及时将《名录》下发至所属各级税务机关。

四、城市公交企业所在地县级以上

（含县级）交通运输主管部门按照财政部、税务总局2019年第71号公告的有关规定，依据公共汽电车辆购置计划和采购合同等资料，为城市公交企业购置的符合《公共汽车类型划分及等级评定》标准的公共汽车、无轨电车和有轨电车出具《公共汽电车辆认定表》（见附件2）。

五、税务机关依据《公共汽电车辆认定表》以及办理车辆购置税纳税申报需要提供的其他资料，为已经列入《名录》的城市公交企业购置的公共汽电车辆，办理车辆购置税免税手续。

六、城市公交企业为新购置的公共汽电车辆办理免税手续后，因车辆转让、改变用途等导致免税条件消失的，纳税人应当到税务机关重新办理申报纳税手续。未按规定办理的，依据相关规定处理。

七、本公告自2019年7月1日起施行。为做好本公告实施工作，省交通厅应当按照本公告《名录》格式重新汇总编制《名录》，并于2019年7月1日之前函送省税务局。

《国家税务总局 交通运输部关于城市公交企业购置公共汽电车辆免征车辆购置税有关问题的通知》（税总发〔2016〕157号），自2019年7月1日起停止执行。

特此公告。

附件：1. 城市公共交通管理部门与城市公交企业名录

2. 公共汽电车辆认定表

附件1

城市公共交通管理部门与城市公交企业名录

报送单位（签章）： 填报时间：

序号	企业名称	纳税人识别号／统一社会信用代码	县（区）级交通主管部门名称	市级交通主管部门名称	备注（1. 新增；2. 退出；3. 变更）
1					
2					
……					

填表人： 联系方式：

填表说明：1. 企业名称填写城市公交企业全称。

2. 备注按照相关事项填写对应编码。

附件2

公共汽电车辆认定表

交通主管部门（公章）： 登记编号：

城市公交企业名称（公章）：			纳税人识别号：			采购合同编号	
序号	厂牌型号	发动机号	车辆识别代码	购车价格（元）	购置日期	用途	备注
1							
2							
……							

经办（填表）人： 联系电话： 填表日期：

本表一式三份，城市公交企业、交通运输主管部门、税务机关征收管理部门分别留存备查。

填表说明：

1. 登记编号编码规则：行政区划代码（6位）+年度（4位）+顺序号（3位）。行政区划代码按照《中华人民共和国行政区划代码》（GB/T2260－2007）和《县以下行政区划代码编码规则》（GB/T10114－2003）填写。示例：黑龙江省佳木斯市桦南县2019年首张《公共汽电车辆认定表》登记编号为2308222019001。

2. 无轨电车、有轨电车不填发动机号。

3. 购车价格按照机动车销售发票的“价税合计”栏填写；购置日期按照机动车销售发票的“开票日期”栏填写。

4. 用途填写公交路线始发站和终点站。

国家税务总局关于车辆购置税征收管理有关事项的公告

（2019年6月21日　国家税务总局公告2019年第26号　自2019年7月1日起施行）

为落实《中华人民共和国车辆购置税法》（以下简称《车辆购置税法》），规范车辆购置税征收管理，现就有关事项公告如下：

一、车辆购置税实行一车一申报制度。

二、《车辆购置税法》第六条第四项所称的购置应税车辆时相关凭证，是指原车辆所有人购置或者以其他方式取得应税车辆时载明价格的凭证。无法提供相关凭证的，参照同类应税车辆市场平均交易价格确定其计税价格。

原车辆所有人为车辆生产或者销售企业，未开具机动车销售统一发票的，按照车辆生产或者销售同类应税车辆的销售价格确定应税车辆的计税价格。无同类应税车辆销售价格的，按照组成计税价格确定应税车辆的计税价格。

三、购置应税车辆的纳税人，应当到下列地点申报纳税：

（一）需要办理车辆登记的，向车辆登记地的主管税务机关申报纳税。

（二）不需要办理车辆登记的，单位纳税人向其机构所在地的主管税务机关申报纳税，个人纳税人向其户籍所在地或者经常居住地的主管税务机关申报纳税。

四、《车辆购置税法》第十二条所称纳税义务发生时间，按照下列情形确定：

（一）购买自用应税车辆的为购买之日，即车辆相关价格凭证的开具日期。

（二）进口自用应税车辆的为进口之日，即《海关进口增值税专用缴款书》或者其他有效凭证的开具日期。

（三）自产、受赠、获奖或者以其他方式取得并自用应税车辆的为取得之日，即合同、法律文书或者其他有效凭证的生效或者开具日期。

五、纳税人办理纳税申报时应当如实填报《车辆购置税纳税申报表》（见附件1），同时提供车辆合格证明和车辆相关价格凭证。

六、纳税人在办理车辆购置税免税、减税时，除按本公告第五条规定提供资料外，还应当根据不同的免税、减税情形，分别提供相关资料的原件、复印件。

（一）外国驻华使馆、领事馆和国际组织驻华机构及其有关人员自用车辆，提供机构证明和外交部门出具的身份证明。

（二）城市公交企业购置的公共汽电车辆，提供所在地县级以上（含县级）交通运输主管部门出具的公共汽电车辆认定表。

（三）悬挂应急救援专用号牌的国家综合性消防救援车辆，提供中华人民共和国应急管理部批准的相关文件。

（四）回国服务的在外留学人员购买的自用国产小汽车，提供海关核发的《中华人民共和国海关回国人员购买国产汽车准购单》。

（五）长期来华定居专家进口自用小汽车，提供国家外国专家局或者其授权单位核发的专家证或者A类和B类《外国人工作许可证》。

七、免税、减税车辆因转让、改变用途等原因不再属于免税、减税范围的，纳税人在办理纳税申报时，应当如实填报《车辆购置税纳税申报表》。发生二手车交易行为的，提供二手车销售统一发票；属于其他情形的，按照相关规定提供申报材料。

八、已经缴纳车辆购置税的，纳税人向原征收机关申请退税时，应当如实填报《车辆购置税退税申请表》（见附件2），提供纳税人身份证明，并区别不同情形提供相关资料。

（一）车辆退回生产企业或者销售企业的，提供生产企业或者销售企业开具的退车证明和退车发票。

（二）其他依据法律法规规定应当退税的，根据具体情形提供相关资料。

九、纳税人应当如实申报应税车辆的计税价格，税务机关应当按照纳税人申报的计税价格征收税款。纳税人编造虚假计税依据的，税务机关应当依照《税收征管法》及其实施细则的相关规定处理。

十、本公告要求纳税人提供的资料，税务机关能够通过政府信息共享等手段获取相关资料信息的，纳税人不再提交。

十一、税务机关应当在税款足额入库或者办理免税手续后，将应税车辆完税或者免税电子信息，及时传送给公安机关交通管理部门。

税款足额入库包括以下情形：纳税人到银行缴纳车辆购置税税款（转账或者现金），由银行将税款缴入国库的，国库已传回《税收缴款书（银行经收专用）》联次；纳税人通过横向联网电子缴税系统等电子方式缴纳税款的，税款划缴已成功；纳税人在办税服务厅以现金方式缴纳税款的，主管税务机关已收取税款。

十二、纳税人名称、车辆厂牌型号、发动机号、车辆识别代号（车架号）、证件号码等应税车辆完税或者免税电子信息与原申报资料不一致的，纳税人可以到税务机关办理完税或者免税电子信息更正，但是不包括以下情形：

（一）车辆识别代号（车架号）和发动机号同时与原申报资料不一致。

（二）完税或者免税信息更正影响到车辆购置税税款。

（三）纳税人名称和证件号码同时与原申报资料不一致。

税务机关核实后，办理更正手续，重新生成应税车辆完税或者免税电子信息，并且及时传送给公安机关交通管理部门。

十三、《车辆购置税法》第九条所称“设有固定装置的非运输专用作业车辆”，是指列入国家税务总局下发的《设有固定装置的非运输专用作业车辆免税图册》（以下简称免税图册）的车辆。

纳税人在办理设有固定装置的非运输专用作业车辆免税申报时，除按照本公告第五条规定提供资料外，还应当提供车辆内、外观彩色5寸照片，主管税务机关依据免税图册办理免税手续。

十四、本公告所称车辆合格证明，是指整车出厂合格证或者《车辆电子信息单》（见附件3）。

本公告所称车辆相关价格凭证是指：境内购置车辆为机动车销售统一发票或者其他有效凭证；进口自用车辆为《海关进口关税专用缴款书》或者海关进出口货物

征免税证明，属于应征消费税车辆的还包括《海关进口消费税专用缴款书》。

本公告所称纳税人身份证明是指：单位纳税人为《统一社会信用代码证书》，或者营业执照或者其他有效机构证明；个人纳税人为居民身份证，或者居民户口簿或者入境的身份证件。

十五、《车辆购置税纳税申报表》《车辆购置税退税申请表》，样式由国家税务总局统一规定，国家税务总局各省、自治区、直辖市和计划单列市税务局自行印制，纳税人也可以在税务机关网站下载、提交。

十六、纳税人2019年6月30日（含）前购置属于《中华人民共和国车辆购置税暂行条例》规定的应税车辆，在2019年7月1日前未申报纳税的，应当按照规定的申报纳税期限申报纳税。

十七、本公告自2019年7月1日起施行。《车辆购置税全文废止和部分条款废止的文件目录》（见附件4）同日生效。

特此公告。

附件：1. 车辆购置税纳税申报表（略）

2. 车辆购置税退税申请表（略）

3. 车辆电子信息单（略）

4. 车辆购置税全文废止和部分条款废止的文件目录（略）

船舶车船税委托代征管理办法

（2013年1月5日　国家税务总局、交通运输部公告2013年第1号　自2013年2月1日起施行）

第一条　为加强船舶车船税征收管理，做好船舶车船税委托代征工作，方便纳税人履行纳税义务，根据《中华人民共和国税收征收管理法》及其实施细则、《中华人民共和国车船税法》及其实施条例、《国家税务总局、交通运输部关于进一步做好船舶车船税征收管理工作的通知》（国税发〔2012〕8号）、《财政部、国家税务总局、中国人民银行关于进一步加强代扣代收代征税款手续费管理的通知》（财行〔2005〕365号）等有关规定，制定本办法。

第二条　本办法所称船舶车船税委托代征，是指税务机关根据有利于税收管理和方便纳税的原则，委托交通运输部门海事管理机构代为征收船舶车船税税款的行为。

第三条　本办法适用于船舶车船税的委托征收、解缴和监督。

第四条　在交通运输部直属海事管理机构（以下简称海事管理机构）登记的应税船舶，其车船税由船籍港所在地的税务机关委托当地海事管理机构代征。

第五条　税务机关与海事管理机构应签订委托代征协议书，明确代征税种、代征范围、完税凭证领用要求、代征税款的解缴要求、代征手续费比例和支付方式、纳税人拒绝纳税时的处理措施等事项，并向海事管理机构发放委托代征证书。

第六条　海事管理机构受税务机关委托，在办理船舶登记手续或受理年度船舶登记信息报告时代征船舶车船税。

第七条　海事管理机构应根据车船税法律、行政法规和相关政策规定代征车船税，不得违反规定多征或少征。

第八条　海事管理机构代征船舶车船税的计算方法：

（一）船舶按一个年度计算车船税。计算公式为：

年应纳税额＝计税单位×年基准税额

其中：机动船舶、非机动驳船、拖船的计税单位为净吨位每吨；游艇的计税单位为艇身长度每米；年基准税额按照车船税法及其实施条例的相关规定执行。

（二）购置的新船舶，购置当年的应纳税额自纳税义务发生时间起至该年度终了按月计算。计算公式为：

应纳税额 = 年应纳税额 × 应纳税月份数/12

应纳税月份数 = 12 - 纳税义务发生时间（取月份） +1

其中，纳税义务发生时间为纳税人取得船舶所有权或管理权的当月，以购买船舶的发票或者其他证明文件所载日期的当月为准。

第九条 海事管理机构在计算船舶应纳税额时，船舶的相关技术信息以船舶登记证书所载相应数据为准。

第十条 税务机关出具减免税证明和完税凭证的船舶，海事管理机构对免税和完税船舶不代征车船税，对减税船舶根据减免税证明规定的实际年应纳税额代征车船税。海事管理机构应记录上述凭证的凭证号和出具该凭证的单位名称，并将上述凭证的复印件存档备查。

第十一条 对于以前年度未依照车船税法及其实施条例的规定缴纳船舶车船税的，海事管理机构应代征欠缴税款，并按规定代加收滞纳金。

第十二条 海事管理机构在代征税款时，应向纳税人开具税务机关提供的完税凭证。完税凭证的管理应当遵守税务机关的相关规定。

第十三条 海事管理机构依法履行委托代征税款职责时，纳税人不得拒绝。纳税人拒绝的，海事管理机构应当及时报告税务机关。

第十四条 海事管理机构应将代征的车船税单独核算、管理。

第十五条 海事管理机构应根据委托代征协议约定的方式、期限及时将代征税款解缴入库，并向税务机关提供代征船舶名称、代征金额及税款所属期等情况，不得占压、挪用、截留船舶车船税。

第十六条 已经缴纳船舶车船税的船舶在同一纳税年度内办理转让过户的，在原登记地不予退税，在新登记地凭完税凭证不再纳税，新登记地海事管理机构应记录上述船舶的完税凭证号和出具该凭证的税务机关或海事管理机构名称，并将完税凭证的复印件存档备查。

第十七条 完税船舶被盗抢、报废、灭失而申请车船税退税的，由税务机关按照有关规定办理。

第十八条 税务机关查询统计船舶登记的有关信息，海事管理机构应予以配合。

第十九条 税务机关应按委托代征协议的规定及时、足额向海事管理机构支付代征税款手续费。海事管理机构取得的手续费收入纳入预算管理，专项用于委托代征船舶车船税的管理支出，也可以适当奖励相关工作人员。

第二十条 各级税务机关应主动与海事管理机构协调配合，协助海事管理部门做好船舶车船税委托代征工作。税务机关要及时向海事管理机构通报车船税政策变化情况，传递直接征收车船税和批准减免车船税的船舶信息。

第二十一条 税务机关和海事管理机构应对对方提供的涉税信息予以保密，除办理涉税事项外，不得用于其他目的。

第二十二条 地方海事管理机构开展船舶车船税代征工作的，适用本办法。

第二十三条 本办法由国家税务总局、交通运输部负责解释。

第二十四条 本办法自2013年2月1日起施行。

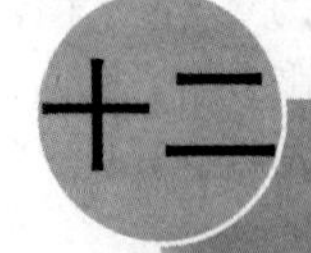

关 税

法 律

全国人民代表大会常务委员会关于批准《中华人民共和国加入世界贸易组织关税减让表修正案》的决定

（2016年9月3日第十二届全国人民代表大会常务委员会第二十二次会议通过）

第十二届全国人民代表大会常务委员会第二十二次会议决定：批准《中华人民共和国加入世界贸易组织关税减让表修正案》。

同时，授权国务院可根据《马拉喀什建立世界贸易组织协定》采取措施，并根据世界贸易组织审议结果对《中华人民共和国加入世界贸易组织关税减让表修正案》所附关税减让表进行技术性调整。

行政法规及文件

中华人民共和国进出口关税条例

（2003年11月23日中华人民共和国国务院令第392号公布　根据2011年1月8日《国务院关于废止和修改部分行政法规的决定》第一次修订　根据2013年12月7日《国务院关于修改部分行政法规的决定》第二次修订　根据2016年2月6日《国务院关于修改部分行政法规的决定》第三次修订　根据2017年3月1日《国务院关于修改和废止部分行政法规的决定》第四次修订）

第一章　总　　则

第一条　为了贯彻对外开放政策，促进对外经济贸易和国民经济的发展，根据《中华人民共和国海关法》（以下简称《海关法》）的有关规定，制定本条例。

第二条　中华人民共和国准许进出口的货物、进境物品，除法律、行政法规另有规定外，海关依照本条例规定征收进出口关税。

第三条　国务院制定《中华人民共和国进出口税则》（以下简称《税则》）、《中华人民共和国进境物品进口税税率表》（以下简称《进境物品进口税税率表》），规定关税的税目、税则号列和税率，作为本条例的组成部分。

第四条 国务院设立关税税则委员会，负责《税则》和《进境物品进口税税率表》的税目、税则号列和税率的调整和解释，报国务院批准后执行；决定实行暂定税率的货物、税率和期限；决定关税配额税率；决定征收反倾销税、反补贴税、保障措施关税、报复性关税以及决定实施其他关税措施；决定特殊情况下税率的适用，以及履行国务院规定的其他职责。

第五条 进口货物的收货人、出口货物的发货人、进境物品的所有人，是关税的纳税义务人。

第六条 海关及其工作人员应当依照法定职权和法定程序履行关税征管职责，维护国家利益，保护纳税人合法权益，依法接受监督。

第七条 纳税义务人有权要求海关对其商业秘密予以保密，海关应当依法为纳税义务人保密。

第八条 海关对检举或者协助查获违反本条例行为的单位和个人，应当按照规定给予奖励，并负责保密。

第二章 进出口货物关税税率的设置和适用

第九条 进口关税设置最惠国税率、协定税率、特惠税率、普通税率、关税配额税率等税率。对进口货物在一定期限内可以实行暂定税率。

出口关税设置出口税率。对出口货物在一定期限内可以实行暂定税率。

第十条 原产于共同适用最惠国待遇条款的世界贸易组织成员的进口货物，原产于与中华人民共和国签订含有相互给予最惠国待遇条款的双边贸易协定的国家或者地区的进口货物，以及原产于中华人民共和国境内的进口货物，适用最惠国税率。

原产于与中华人民共和国签订含有关税优惠条款的区域性贸易协定的国家或者地区的进口货物，适用协定税率。

原产于与中华人民共和国签订含有特殊关税优惠条款的贸易协定的国家或者地区的进口货物，适用特惠税率。

原产于本条第一款、第二款和第三款所列以外国家或者地区的进口货物，以及原产地不明的进口货物，适用普通税率。

第十一条 适用最惠国税率的进口货物有暂定税率的，应当适用暂定税率；适用协定税率、特惠税率的进口货物有暂定税率的，应当从低适用税率；适用普通税率的进口货物，不适用暂定税率。

适用出口税率的出口货物有暂定税率的，应当适用暂定税率。

第十二条 按照国家规定实行关税配额管理的进口货物，关税配额内的，适用关税配额税率；关税配额外的，其税率的适用按照本条例第十条、第十一条的规定执行。

第十三条 按照有关法律、行政法规的规定对进口货物采取反倾销、反补贴、保障措施的，其税率的适用按照《中华人民共和国反倾销条例》、《中华人民共和国反补贴条例》和《中华人民共和国保障措施条例》的有关规定执行。

第十四条 任何国家或者地区违反与中华人民共和国签订或者共同参加的贸易协定及相关协定，对中华人民共和国在贸易方面采取禁止、限制、加征关税或者其他影响正常贸易的措施的，对原产于该国家或者地区的进口货物可以征收报复性关税，适用报复性关税税率。

征收报复性关税的货物、适用国别、税率、期限和征收办法，由国务院关税税则委员会决定并公布。

第十五条 进出口货物，应当适用海关接受该货物申报进口或者出口之日实施的税率。

进口货物到达前，经海关核准先行申报的，应当适用装载该货物的运输工具申报进境之日实施的税率。

转关运输货物税率的适用日期，由海关总署另行规定。

第十六条 有下列情形之一，需缴纳税款的，应当适用海关接受申报办理纳税手续之日实施的税率：

（一）保税货物经批准不复运出境的；

（二）减免税货物经批准转让或者移作他用的；

（三）暂时进境货物经批准不复运出境，以及暂时出境货物经批准不复运进境的；

（四）租赁进口货物，分期缴纳税款的。

第十七条 补征和退还进出口货物关税，应当按照本条例第十五条或者第十六条的规定确定适用的税率。

因纳税义务人违反规定需要追征税款的，应当适用该行为发生之日实施的税率；行为发生之日不能确定的，适用海关发现该行为之日实施的税率。

第三章 进出口货物完税价格的确定

第十八条 进口货物的完税价格由海关以符合本条第三款所列条件的成交价格以及该货物运抵中华人民共和国境内输入地点起卸前的运输及其相关费用、保险费为基础审查确定。

进口货物的成交价格，是指卖方向中华人民共和国境内销售该货物时买方为进口该货物向卖方实付、应付的，并按照本条例第十九条、第二十条规定调整后的价款总额，包括直接支付的价款和间接支付的价款。

进口货物的成交价格应当符合下列条件：

（一）对买方处置或者使用该货物不予限制，但法律、行政法规规定实施的限制、对货物转售地域的限制和对货物价格无实质性影响的限制除外；

（二）该货物的成交价格没有因搭售或者其他因素的影响而无法确定；

（三）卖方不得从买方直接或者间接获得因该货物进口后转售、处置或者使用而产生的任何收益，或者虽有收益但能够按照本条例第十九条、第二十条的规定进行调整；

（四）买卖双方没有特殊关系，或者虽有特殊关系但未对成交价格产生影响。

第十九条 进口货物的下列费用应当计入完税价格：

（一）由买方负担的购货佣金以外的佣金和经纪费；

（二）由买方负担的在审查确定完税价格时与该货物视为一体的容器的费用；

（三）由买方负担的包装材料费用和包装劳务费用；

（四）与该货物的生产和向中华人民共和国境内销售有关的，由买方以免费或者以低于成本的方式提供并可以按适当比例分摊的料件、工具、模具、消耗材料及类似货物的价款，以及在境外开发、设计等相关服务的费用；

（五）作为该货物向中华人民共和国境内销售的条件，买方必须支付的、与该货物有关的特许权使用费；

（六）卖方直接或者间接从买方获得的该货物进口后转售、处置或者使用的收益。

第二十条 进口时在货物的价款中列明的下列税收、费用，不计入该货物的完税价格：

（一）厂房、机械、设备等货物进口后进行建设、安装、装配、维修和技术服务的费用；

（二）进口货物运抵境内输入地点起卸后的运输及其相关费用、保险费；

（三）进口关税及国内税收。

第二十一条 进口货物的成交价格不符合

本条例第十八条第三款规定条件的，或者成交价格不能确定的，海关经了解有关情况，并与纳税义务人进行价格磋商后，依次以下列价格估定该货物的完税价格：

（一）与该货物同时或者大约同时向中华人民共和国境内销售的相同货物的成交价格；

（二）与该货物同时或者大约同时向中华人民共和国境内销售的类似货物的成交价格；

（三）与该货物进口的同时或者大约同时，将该进口货物、相同或者类似进口货物在第一级销售环节销售给无特殊关系买方最大销售总量的单位价格，但应当扣除本条例第二十二条规定的项目；

（四）按照下列各项总和计算的价格：生产该货物所使用的料件成本和加工费用，向中华人民共和国境内销售同等级或者同种类货物通常的利润和一般费用，该货物运抵境内输入地点起卸前的运输及其相关费用、保险费；

（五）以合理方法估定的价格。

纳税义务人向海关提供有关资料后，可以提出申请，颠倒前款第（三）项和第（四）项的适用次序。

第二十二条 按照本条例第二十一条第一款第（三）项规定估定完税价格，应当扣除的项目是指：

（一）同等级或者同种类货物在中华人民共和国境内第一级销售环节销售时通常的利润和一般费用以及通常支付的佣金；

（二）进口货物运抵境内输入地点起卸后的运输及其相关费用、保险费；

（三）进口关税及国内税收。

第二十三条 以租赁方式进口的货物，以海关审查确定的该货物的租金作为完税价格。

纳税义务人要求一次性缴纳税款的，纳税义务人可以选择按照本条例第二十一条的规定估定完税价格，或者按照海关审查确定的租金总额作为完税价格。

第二十四条 运往境外加工的货物，出境时已向海关报明并在海关规定的期限内复运进境的，应当以境外加工费和料件费以及复运进境的运输及其相关费用和保险费审查确定完税价格。

第二十五条 运往境外修理的机械器具、运输工具或者其他货物，出境时已向海关报明并在海关规定的期限内复运进境的，应当以境外修理费和料件费审查确定完税价格。

第二十六条 出口货物的完税价格由海关以该货物的成交价格以及该货物运至中华人民共和国境内输出地点装载前的运输及其相关费用、保险费为基础审查确定。

出口货物的成交价格，是指该货物出口时卖方为出口该货物应当向买方直接收取和间接收取的价款总额。

出口关税不计入完税价格。

第二十七条 出口货物的成交价格不能确定的，海关经了解有关情况，并与纳税义务人进行价格磋商后，依次以下列价格估定该货物的完税价格：

（一）与该货物同时或者大约同时向同一国家或者地区出口的相同货物的成交价格；

（二）与该货物同时或者大约同时向同一国家或者地区出口的类似货物的成交价格；

（三）按照下列各项总和计算的价格：境内生产相同或者类似货物的料件成本、加工费用，通常的利润和一般费用，境内发生的运输及其相关费用、保险费；

（四）以合理方法估定的价格。

第二十八条 按照本条例规定计入或者不计入完税价格的成本、费用、税收，应当以客观、可量化的数据为依据。

第四章 进出口货物关税的征收

第二十九条 进口货物的纳税义务人应当自运输工具申报进境之日起 14 日内，出口货物的纳税义务人除海关特准的外，应当在货物运抵海关监管区后、装货的24小时以前，向货物的进出境地海关申报。进出口货物转关运输的，按照海关总署的规定执行。

进口货物到达前，纳税义务人经海关核准可以先行申报。具体办法由海关总署另行规定。

第三十条 纳税义务人应当依法如实向海关申报，并按照海关的规定提供有关确定完税价格、进行商品归类、确定原产地以及采取反倾销、反补贴或者保障措施等所需的资料；必要时，海关可以要求纳税义务人补充申报。

第三十一条 纳税义务人应当按照《税则》规定的目录条文和归类总规则、类注、章注、子目注释以及其他归类注释，对其申报的进出口货物进行商品归类，并归入相应的税则号列；海关应当依法审核确定该货物的商品归类。

第三十二条 海关可以要求纳税义务人提供确定商品归类所需的有关资料；必要时，海关可以组织化验、检验，并将海关认定的化验、检验结果作为商品归类的依据。

第三十三条 海关为审查申报价格的真实性和准确性，可以查阅、复制与进出口货物有关的合同、发票、账册、结付汇凭证、单据、业务函电、录音录像制品和其他反映买卖双方关系及交易活动的资料。

海关对纳税义务人申报的价格有怀疑并且所涉关税数额较大的，经直属海关关长或者其授权的隶属海关关长批准，凭海关总署统一格式的协助查询账户通知书及有关工作人员的工作证件，可以查询纳税义务人在银行或者其他金融机构开立的单位账户的资金往来情况，并向银行业监督管理机构通报有关情况。

第三十四条 海关对纳税义务人申报的价格有怀疑的，应当将怀疑的理由书面告知纳税义务人，要求其在规定的期限内书面作出说明、提供有关资料。

纳税义务人在规定的期限内未作说明、未提供有关资料的，或者海关仍有理由怀疑申报价格的真实性和准确性的，海关可以不接受纳税义务人申报的价格，并按照本条例第三章的规定估定完税价格。

第三十五条 海关审查确定进出口货物的完税价格后，纳税义务人可以以书面形式要求海关就如何确定其进出口货物的完税价格作出书面说明，海关应当向纳税义务人作出书面说明。

第三十六条 进出口货物关税，以从价计征、从量计征或者国家规定的其他方式征收。

从价计征的计算公式为：应纳税额＝完税价格×关税税率

从量计征的计算公式为：应纳税额＝货物数量×单位税额

第三十七条 纳税义务人应当自海关填发税款缴款书之日起15日内向指定银行缴纳税款。纳税义务人未按期缴纳税款的，从滞纳税款之日起，按日加收滞纳税款万分之五的滞纳金。

海关可以对纳税义务人欠缴税款的情况予以公告。

海关征收关税、滞纳金等，应当制发缴款凭证，缴款凭证格式由海关总署规定。

第三十八条 海关征收关税、滞纳金等，应当按人民币计征。

进出口货物的成交价格以及有关费用以外币计价的，以中国人民银行公布的基准汇率折合为人民币计算完税价格；以基准汇率币种以外的外币计价的，按照国家有关规定套算为人民币计算完税价格。适用汇率的日期由海关总署规定。

第三十九条 纳税义务人因不可抗力或者在国家税收政策调整的情形下，不能按期缴纳税款的，经依法提供税款担保后，可以延期缴纳税款，但是最长不得超过6个月。

第四十条 进出口货物的纳税义务人在规

定的纳税期限内有明显的转移、藏匿其应税货物以及其他财产迹象的，海关可以责令纳税义务人提供担保；纳税义务人不能提供担保的，海关可以按照《海关法》第六十一条的规定采取税收保全措施。

纳税义务人、担保人自缴纳税款期限届满之日起超过 3 个月仍未缴纳税款的，海关可以按照《海关法》第六十条的规定采取强制措施。

第四十一条 加工贸易的进口料件按照国家规定保税进口的，其制成品或者进口料件未在规定的期限内出口的，海关按照规定征收进口关税。

加工贸易的进口料件进境时按照国家规定征收进口关税的，其制成品或者进口料件在规定的期限内出口的，海关按照有关规定退还进境时已征收的关税税款。

第四十二条 暂时进境或者暂时出境的下列货物，在进境或者出境时纳税义务人向海关缴纳相当于应纳税款的保证金或者提供其他担保的，可以暂不缴纳关税，并应当自进境或者出境之日起 6 个月内复运出境或者复运进境；需要延长复运出境或者复运进境期限的，纳税义务人应当根据海关总署的规定向海关办理延期手续：

（一）在展览会、交易会、会议及类似活动中展示或者使用的货物；

（二）文化、体育交流活动中使用的表演、比赛用品；

（三）进行新闻报道或者摄制电影、电视节目使用的仪器、设备及用品；

（四）开展科研、教学、医疗活动使用的仪器、设备及用品；

（五）在本款第（一）项至第（四）项所列活动中使用的交通工具及特种车辆；

（六）货样；

（七）供安装、调试、检测设备时使用的仪器、工具；

（八）盛装货物的容器；

（九）其他用于非商业目的的货物。

第一款所列暂时进境货物在规定的期限内未复运出境的，或者暂时出境货物在规定的期限内未复运进境的，海关应当依法征收关税。

第一款所列可以暂时免征关税范围以外的其他暂时进境货物，应当按照该货物的完税价格和其在境内滞留时间与折旧时间的比例计算征收进口关税。具体办法由海关总署规定。

第四十三条 因品质或者规格原因，出口货物自出口之日起 1 年内原状复运进境的，不征收进口关税。

因品质或者规格原因，进口货物自进口之日起 1 年内原状复运出境的，不征收出口关税。

第四十四条 因残损、短少、品质不良或者规格不符原因，由进出口货物的发货人、承运人或者保险公司免费补偿或者更换的相同货物，进出口时不征收关税。被免费更换的原进口货物不退运出境或者原出口货物不退运进境的，海关应当对原进出口货物重新按照规定征收关税。

第四十五条 下列进出口货物，免征关税：

（一）关税税额在人民币 50 元以下的一票货物；

（二）无商业价值的广告品和货样；

（三）外国政府、国际组织无偿赠送的物资；

（四）在海关放行前损失的货物；

（五）进出境运输工具装载的途中必需的燃料、物料和饮食用品。

在海关放行前遭受损坏的货物，可以根据海关认定的受损程度减征关税。

法律规定的其他免征或者减征关税的货物，海关根据规定予以免征或者减征。

第四十六条 特定地区、特定企业或者有特定用途的进出口货物减征或者免征关税，以及临时减征或者免征关税，按照国务院的有关规定执行。

第四十七条 进口货物减征或者免征进口

环节海关代征税，按照有关法律、行政法规的规定执行。

第四十八条 纳税义务人进出口减免税货物的，除另有规定外，应当在进出口该货物之前，按照规定持有关文件向海关办理减免税审批手续。经海关审查符合规定的，予以减征或者免征关税。

第四十九条 需由海关监管使用的减免税进口货物，在监管年限内转让或者移作他用需要补税的，海关应当根据该货物进口时间折旧估价，补征进口关税。

特定减免税进口货物的监管年限由海关总署规定。

第五十条 有下列情形之一的，纳税义务人自缴纳税款之日起1年内，可以申请退还关税，并应当以书面形式向海关说明理由，提供原缴款凭证及相关资料：

（一）已征进口关税的货物，因品质或者规格原因，原状退货复运出境的；

（二）已征出口关税的货物，因品质或者规格原因，原状退货复运进境，并已重新缴纳因出口而退还的国内环节有关税收的；

（三）已征出口关税的货物，因故未装运出口，申报退关的。

海关应当自受理退税申请之日起30日内查实并通知纳税义务人办理退还手续。纳税义务人应当自收到通知之日起3个月内办理有关退税手续。

按照其他有关法律、行政法规规定应当退还关税的，海关应当按照有关法律、行政法规的规定退税。

第五十一条 进出口货物放行后，海关发现少征或者漏征税款的，应当自缴纳税款或者货物放行之日起1年内，向纳税义务人补征税款。但因纳税义务人违反规定造成少征或者漏征税款的，海关可以自缴纳税款或者货物放行之日起3年内追征税款，并从缴纳税款或者货物放行之日起按日加收少征或者漏征税款万分之五的滞纳金。

海关发现海关监管货物因纳税义务人违反规定造成少征或者漏征税款的，应当自纳税义务人应缴纳税款之日起3年内追征税款，并从应缴纳税款之日起按日加收少征或者漏征税款万分之五的滞纳金。

第五十二条 海关发现多征税款的，应当立即通知纳税义务人办理退还手续。

纳税义务人发现多缴税款的，自缴纳税款之日起1年内，可以以书面形式要求海关退还多缴的税款并加算银行同期活期存款利息；海关应当自受理退税申请之日起30日内查实并通知纳税义务人办理退还手续。

纳税义务人应当自收到通知之日起3个月内办理有关退税手续。

第五十三条 按照本条例第五十条、第五十二条的规定退还税款、利息涉及从国库中退库的，按照法律、行政法规有关国库管理的规定执行。

第五十四条 报关企业接受纳税义务人的委托，以纳税义务人的名义办理报关纳税手续，因报关企业违反规定而造成海关少征、漏征税款的，报关企业对少征或者漏征的税款、滞纳金与纳税义务人承担纳税的连带责任。

报关企业接受纳税义务人的委托，以报关企业的名义办理报关纳税手续的，报关企业与纳税义务人承担纳税的连带责任。

除不可抗力外，在保管海关监管货物期间，海关监管货物损毁或者灭失的，对海关监管货物负有保管义务的人应当承担相应的纳税责任。

第五十五条 欠税的纳税义务人，有合并、分立情形的，在合并、分立前，应当向海关报告，依法缴清税款。纳税义务人合并时未缴清税款的，由合并后的法人或者其他组织继续履行未履行的纳税义务；纳税义务人分立时未缴清税款的，分立后的法人或者其他组织对未履行的纳税义务承担连带责任。

纳税义务人在减免税货物、保税货物

监管期间，有合并、分立或者其他资产重组情形的，应当向海关报告。按照规定需要缴税的，应当依法缴清税款；按照规定可以继续享受减免税、保税待遇的，应当到海关办理变更纳税义务人的手续。

纳税义务人欠税或者在减免税货物、保税货物监管期间，有撤销、解散、破产或者其他依法终止经营情形的，应当在清算前向海关报告。海关应当依法对纳税义务人的应缴税款予以清缴。

第五章 进境物品进口税的征收

第五十六条 进境物品的关税以及进口环节海关代征税合并为进口税，由海关依法征收。

第五十七条 海关总署规定数额以内的个人自用进境物品，免征进口税。

超过海关总署规定数额但仍在合理数量以内的个人自用进境物品，由进境物品的纳税义务人在进境物品放行前按照规定缴纳进口税。

超过合理、自用数量的进境物品应当按照进口货物依法办理相关手续。

国务院关税税则委员会规定按货物征税的进境物品，按照本条例第二章至第四章的规定征收关税。

第五十八条 进境物品的纳税义务人是指，携带物品进境的入境人员、进境邮递物品的收件人以及以其他方式进口物品的收件人。

第五十九条 进境物品的纳税义务人可以自行办理纳税手续，也可以委托他人办理纳税手续。接受委托的人应当遵守本章对纳税义务人的各项规定。

第六十条 进口税从价计征。

进口税的计算公式为：进口税税额 = 完税价格 × 进口税税率

第六十一条 海关应当按照《进境物品进口税税率表》及海关总署制定的《中华人民共和国进境物品归类表》、《中华人民共和国进境物品完税价格表》对进境物品进行归类、确定完税价格和确定适用税率。

第六十二条 进境物品，适用海关填发税款缴款书之日实施的税率和完税价格。

第六十三条 进口税的减征、免征、补征、追征、退还以及对暂准进境物品征收进口税参照本条例对货物征收进口关税的有关规定执行。

第六章 附　　则

第六十四条 纳税义务人、担保人对海关确定纳税义务人、确定完税价格、商品归类、确定原产地、适用税率或者汇率、减征或者免征税款、补税、退税、征收滞纳金、确定计征方式以及确定纳税地点有异议的，应当缴纳税款，并可以依法向上一级海关申请复议。对复议决定不服的，可以依法向人民法院提起诉讼。

第六十五条 进口环节海关代征税的征收管理，适用关税征收管理的规定。

第六十六条 有违反本条例规定行为的，按照《海关法》、《中华人民共和国海关行政处罚实施条例》和其他有关法律、行政法规的规定处罚。

第六十七条 本条例自2004年1月1日起施行。1992年3月18日国务院修订发布的《中华人民共和国进出口关税条例》同时废止。

中华人民共和国反倾销条例

（2001年11月26日中华人民共和国国务院令第328号公布　根据2004年3月31日《国务院关于修改〈中华人民共和国反倾销条例〉的决定》修订）

第一章 总　　则

第一条 为了维护对外贸易秩序和公平竞争，根据《中华人民共和国对外贸易法》

的有关规定，制定本条例。

第二条 进口产品以倾销方式进入中华人民共和国市场，并对已经建立的国内产业造成实质损害或者产生实质损害威胁，或者对建立国内产业造成实质阻碍的，依照本条例的规定进行调查，采取反倾销措施。

第二章 倾销与损害

第三条 倾销，是指在正常贸易过程中进口产品以低于其正常价值的出口价格进入中华人民共和国市场。

对倾销的调查和确定，由商务部负责。

第四条 进口产品的正常价值，应当区别不同情况，按照下列方法确定：

（一）进口产品的同类产品，在出口国（地区）国内市场的正常贸易过程中有可比价格的，以该可比价格为正常价值；

（二）进口产品的同类产品，在出口国（地区）国内市场的正常贸易过程中没有销售的，或者该同类产品的价格、数量不能据以进行公平比较的，以该同类产品出口到一个适当第三国（地区）的可比价格或者以该同类产品在原产国（地区）的生产成本加合理费用、利润，为正常价值。

进口产品不直接来自原产国（地区）的，按照前款第（一）项规定确定正常价值；但是，在产品仅通过出口国（地区）转运、产品在出口国（地区）无生产或者在出口国（地区）中不存在可比价格等情形下，可以以该同类产品在原产国（地区）的价格为正常价值。

第五条 进口产品的出口价格，应当区别不同情况，按照下列方法确定：

（一）进口产品有实际支付或者应当支付的价格的，以该价格为出口价格；

（二）进口产品没有出口价格或者其价格不可靠的，以根据该进口产品首次转售给独立购买人的价格推定的价格为出口价格；但是，该进口产品未转售给独立购买人或者未按进口时的状态转售的，可以以商务部根据合理基础推定的价格为出口价格。

第六条 进口产品的出口价格低于其正常价值的幅度，为倾销幅度。

对进口产品的出口价格和正常价值，应当考虑影响价格的各种可比性因素，按照公平、合理的方式进行比较。

倾销幅度的确定，应当将加权平均正常价值与全部可比出口交易的加权平均价格进行比较，或者将正常价值与出口价格在逐笔交易的基础上进行比较。

出口价格在不同的购买人、地区、时期之间存在很大差异，按照前款规定的方法难以比较的，可以将加权平均正常价值与单一出口交易的价格进行比较。

第七条 损害，是指倾销对已经建立的国内产业造成实质损害或者产生实质损害威胁，或者对建立国内产业造成实质阻碍。

对损害的调查和确定，由商务部负责；其中，涉及农产品的反倾销国内产业损害调查，由商务部会同农业部进行。

第八条 在确定倾销对国内产业造成的损害时，应当审查下列事项：

（一）倾销进口产品的数量，包括倾销进口产品的绝对数量或者相对于国内同类产品生产或者消费的数量是否大量增加，或者倾销进口产品大量增加的可能性；

（二）倾销进口产品的价格，包括倾销进口产品的价格削减或者对国内同类产品的价格产生大幅度抑制、压低等影响；

（三）倾销进口产品对国内产业的相关经济因素和指标的影响；

（四）倾销进口产品的出口国（地区）、原产国（地区）的生产能力、出口能力，被调查产品的库存情况；

（五）造成国内产业损害的其他因素。

对实质损害威胁的确定，应当依据事实，不得仅依据指控、推测或者极小的可能性。

在确定倾销对国内产业造成的损害时，

应当依据肯定性证据，不得将造成损害的非倾销因素归因于倾销。

第九条 倾销进口产品来自两个以上国家（地区），并且同时满足下列条件的，可以就倾销进口产品对国内产业造成的影响进行累积评估：

（一）来自每一国家（地区）的倾销进口产品的倾销幅度不小于2%，并且其进口量不属于可忽略不计的；

（二）根据倾销进口产品之间以及倾销进口产品与国内同类产品之间的竞争条件，进行累积评估是适当的。

可忽略不计，是指来自一个国家（地区）的倾销进口产品的数量占同类产品总进口量的比例低于3%；但是，低于3%的若干国家（地区）的总进口量超过同类产品总进口量7%的除外。

第十条 评估倾销进口产品的影响，应当针对国内同类产品的生产进行单独确定；不能针对国内同类产品的生产进行单独确定的，应当审查包括国内同类产品在内的最窄产品组或者范围的生产。

第十一条 国内产业，是指中华人民共和国国内同类产品的全部生产者，或者其总产量占国内同类产品全部总产量的主要部分的生产者；但是，国内生产者与出口经营者或者进口经营者有关联的，或者其本身为倾销进口产品的进口经营者的，可以排除在国内产业之外。

在特殊情形下，国内一个区域市场中的生产者，在该市场中销售其全部或者几乎全部的同类产品，并且该市场中同类产品的需求主要不是由国内其他地方的生产者供给的，可以视为一个单独产业。

第十二条 同类产品，是指与倾销进口产品相同的产品；没有相同产品的，以与倾销进口产品的特性最相似的产品为同类产品。

第三章 反倾销调查

第十三条 国内产业或者代表国内产业的自然人、法人或者有关组织（以下统称申请人），可以依照本条例的规定向商务部提出反倾销调查的书面申请。

第十四条 申请书应当包括下列内容：

（一）申请人的名称、地址及有关情况；

（二）对申请调查的进口产品的完整说明，包括产品名称、所涉及的出口国（地区）或者原产国（地区）、已知的出口经营者或者生产者、产品在出口国（地区）或者原产国（地区）国内市场消费时的价格信息、出口价格信息等；

（三）对国内同类产品生产的数量和价值的说明；

（四）申请调查进口产品的数量和价格对国内产业的影响；

（五）申请人认为需要说明的其他内容。

第十五条 申请书应当附具下列证据：

（一）申请调查的进口产品存在倾销；

（二）对国内产业的损害；

（三）倾销与损害之间存在因果关系。

第十六条 商务部应当自收到申请人提交的申请书及有关证据之日起60天内，对申请是否由国内产业或者代表国内产业提出、申请书内容及所附具的证据等进行审查，并决定立案调查或者不立案调查。

在决定立案调查前，应当通知有关出口国（地区）政府。

第十七条 在表示支持申请或者反对申请的国内产业中，支持者的产量占支持者和反对者的总产量的50%以上的，应当认定申请是由国内产业或者代表国内产业提出，可以启动反倾销调查；但是，表示支持申请的国内生产者的产量不足国内同类产品总产量的25%的，不得启动反倾销调查。

第十八条 在特殊情形下，商务部没有收到反倾销调查的书面申请，但有充分证据认为存在倾销和损害以及二者之间有因果关系的，可以决定立案调查。

第十九条 立案调查的决定，由商务部予以公告，并通知申请人、已知的出口经营者和进口经营者、出口国（地区）政府以及其他有利害关系的组织、个人（以下统称利害关系方）。

立案调查的决定一经公告，商务部应当将申请书文本提供给已知的出口经营者和出口国（地区）政府。

第二十条 商务部可以采用问卷、抽样、听证会、现场核查等方式向利害关系方了解情况，进行调查。

商务部应当为有关利害关系方提供陈述意见和论据的机会。

商务部认为必要时，可以派出工作人员赴有关国家（地区）进行调查；但是，有关国家（地区）提出异议的除外。

第二十一条 商务部进行调查时，利害关系方应当如实反映情况，提供有关资料。利害关系方不如实反映情况、提供有关资料的，或者没有在合理时间内提供必要信息的，或者以其他方式严重妨碍调查的，商务部可以根据已经获得的事实和可获得的最佳信息作出裁定。

第二十二条 利害关系方认为其提供的资料泄露后将产生严重不利影响的，可以向商务部申请对该资料按保密资料处理。

商务部认为保密申请有正当理由的，应当对利害关系方提供的资料按保密资料处理，同时要求利害关系方提供一份非保密的该资料概要。

按保密资料处理的资料，未经提供资料的利害关系方同意，不得泄露。

第二十三条 商务部应当允许申请人和利害关系方查阅本案有关资料；但是，属于按保密资料处理的除外。

第二十四条 商务部根据调查结果，就倾销、损害和二者之间的因果关系是否成立作出初裁决定，并予以公告。

第二十五条 初裁决定确定倾销、损害以及二者之间的因果关系成立的，商务部应当对倾销及倾销幅度、损害及损害程度继续进行调查，并根据调查结果作出终裁决定，予以公告。

在作出终裁决定前，应当由商务部将终裁决定所依据的基本事实通知所有已知的利害关系方。

第二十六条 反倾销调查，应当自立案调查决定公告之日起12个月内结束；特殊情况下可以延长，但延长期不得超过6个月。

第二十七条 有下列情形之一的，反倾销调查应当终止，并由商务部予以公告：

（一）申请人撤销申请的；

（二）没有足够证据证明存在倾销、损害或者二者之间有因果关系的；

（三）倾销幅度低于2%的；

（四）倾销进口产品实际或者潜在的进口量或者损害属于可忽略不计的；

（五）商务部认为不适宜继续进行反倾销调查的。

来自一个或者部分国家（地区）的被调查产品有前款第（二）、（三）、（四）项所列情形之一的，针对所涉产品的反倾销调查应当终止。

第四章 反倾销措施

第一节 临时反倾销措施

第二十八条 初裁决定确定倾销成立，并由此对国内产业造成损害的，可以采取下列临时反倾销措施：

（一）征收临时反倾销税；

（二）要求提供保证金、保函或者其他形式的担保。

临时反倾销税税额或者提供的保证金、保函或者其他形式担保的金额，应当不超过初裁决定确定的倾销幅度。

第二十九条 征收临时反倾销税，由商务部提出建议，国务院关税税则委员会根据商务部的建议作出决定，由商务部予以公告。要求提供保证金、保函或者其他形式的担保，由商务部作出决定并予以公告。海关自公告规定实施之日起执行。

第三十条 临时反倾销措施实施的期限，自临时反倾销措施决定公告规定实施之日起，不超过4个月；在特殊情形下，可以延长至9个月。

自反倾销立案调查决定公告之日起60天内，不得采取临时反倾销措施。

第二节 价格承诺

第三十一条 倾销进口产品的出口经营者在反倾销调查期间，可以向商务部作出改变价格或者停止以倾销价格出口的价格承诺。

商务部可以向出口经营者提出价格承诺的建议。

商务部不得强迫出口经营者作出价格承诺。

第三十二条 出口经营者不作出价格承诺或者不接受价格承诺的建议的，不妨碍对反倾销案件的调查和确定。出口经营者继续倾销进口产品的，商务部有权确定损害威胁更有可能出现。

第三十三条 商务部认为出口经营者作出的价格承诺能够接受并符合公共利益的，可以决定中止或者终止反倾销调查，不采取临时反倾销措施或者征收反倾销税。中止或者终止反倾销调查的决定由商务部予以公告。

商务部不接受价格承诺的，应当向有关出口经营者说明理由。

商务部对倾销以及由倾销造成的损害作出肯定的初裁决定前，不得寻求或者接受价格承诺。

第三十四条 依照本条例第三十三条第一款规定中止或者终止反倾销调查后，应出口经营者请求，商务部应当对倾销和损害继续进行调查；或者商务部认为有必要的，可以对倾销和损害继续进行调查。

根据前款调查结果，作出倾销或者损害的否定裁定的，价格承诺自动失效；作出倾销和损害的肯定裁定的，价格承诺继续有效。

第三十五条 商务部可以要求出口经营者定期提供履行其价格承诺的有关情况、资料，并予以核实。

第三十六条 出口经营者违反其价格承诺的，商务部依照本条例的规定，可以立即决定恢复反倾销调查；根据可获得的最佳信息，可以决定采取临时反倾销措施，并可以对实施临时反倾销措施前90天内进口的产品追溯征收反倾销税，但违反价格承诺前进口的产品除外。

第三节 反倾销税

第三十七条 终裁决定确定倾销成立，并由此对国内产业造成损害的，可以征收反倾销税。征收反倾销税应当符合公共利益。

第三十八条 征收反倾销税，由商务部提出建议，国务院关税税则委员会根据商务部的建议作出决定，由商务部予以公告。海关自公告规定实施之日起执行。

第三十九条 反倾销税适用于终裁决定公告之日后进口的产品，但属于本条例第三十六条、第四十三条、第四十四条规定的情形除外。

第四十条 反倾销税的纳税人为倾销进口产品的进口经营者。

第四十一条 反倾销税应当根据不同出口经营者的倾销幅度，分别确定。对未包括在审查范围内的出口经营者的倾销进口产品，需要征收反倾销税的，应当按照合理的方式确定对其适用的反倾销税。

第四十二条 反倾销税税额不超过终裁决定确定的倾销幅度。

第四十三条 终裁决定确定存在实质损害，并在此前已经采取临时反倾销措施的，反倾销税可以对已经实施临时反倾销措施的期间追溯征收。

终裁决定确定存在实质损害威胁，在

先前不采取临时反倾销措施将会导致后来作出实质损害裁定的情况下已经采取临时反倾销措施的，反倾销税可以对已经实施临时反倾销措施的期间追溯征收。

终裁决定确定的反倾销税，高于已付或者应付的临时反倾销税或者为担保目的而估计的金额的，差额部分不予收取；低于已付或者应付的临时反倾销税或者为担保目的而估计的金额的，差额部分应当根据具体情况予以退还或者重新计算税额。

第四十四条 下列两种情形并存的，可以对实施临时反倾销措施之日前90天内进口的产品追溯征收反倾销税，但立案调查前进口的产品除外：

（一）倾销进口产品有对国内产业造成损害的倾销历史，或者该产品的进口经营者知道或者应当知道出口经营者实施倾销并且倾销对国内产业将造成损害的；

（二）倾销进口产品在短期内大量进口，并且可能会严重破坏即将实施的反倾销税的补救效果的。

商务部发起调查后，有充分证据证明前款所列两种情形并存的，可以对有关进口产品采取进口登记等必要措施，以便追溯征收反倾销税。

第四十五条 终裁决定确定不征收反倾销税的，或者终裁决定未确定追溯征收反倾销税的，已征收的临时反倾销税、已收取的保证金应当予以退还，保函或者其他形式的担保应当予以解除。

第四十六条 倾销进口产品的进口经营者有证据证明已经缴纳的反倾销税税额超过倾销幅度的，可以向商务部提出退税申请；商务部经审查、核实并提出建议，国务院关税税则委员会根据商务部的建议可以作出退税决定，由海关执行。

第四十七条 进口产品被征收反倾销税后，在调查期内未向中华人民共和国出口该产品的新出口经营者，能证明其与被征收反倾销税的出口经营者无关联的，可以向商务部申请单独确定其倾销幅度。商务部应当迅速进行审查并作出终裁决定。在审查期间，可以采取本条例第二十八条第一款第（二）项规定的措施，但不得对该产品征收反倾销税。

第五章 反倾销税和价格承诺的期限与复审

第四十八条 反倾销税的征收期限和价格承诺的履行期限不超过5年；但是，经复审确定终止征收反倾销税有可能导致倾销和损害的继续或者再度发生的，反倾销税的征收期限可以适当延长。

第四十九条 反倾销税生效后，商务部可以在有正当理由的情况下，决定对继续征收反倾销税的必要性进行复审；也可以在经过一段合理时间，应利害关系方的请求并对利害关系方提供的相应证据进行审查后，决定对继续征收反倾销税的必要性进行复审。

价格承诺生效后，商务部可以在有正当理由的情况下，决定对继续履行价格承诺的必要性进行复审；也可以在经过一段合理时间，应利害关系方的请求并对利害关系方提供的相应证据进行审查后，决定对继续履行价格承诺的必要性进行复审。

第五十条 根据复审结果，由商务部依照本条例的规定提出保留、修改或者取消反倾销税的建议，国务院关税税则委员会根据商务部的建议作出决定，由商务部予以公告；或者由商务部依照本条例的规定，作出保留、修改或者取消价格承诺的决定并予以公告。

第五十一条 复审程序参照本条例关于反倾销调查的有关规定执行。

复审期限自决定复审开始之日起，不超过12个月。

第五十二条 在复审期间，复审程序不妨碍反倾销措施的实施。

第六章 附 则

第五十三条 对依照本条例第二十五条作出的终裁决定不服的，对依照本条例第四章作出的是否征收反倾销税的决定以及追溯征收、退税、对新出口经营者征税的决定不服的，或者对依照本条例第五章作出的复审决定不服的，可以依法申请行政复议，也可以依法向人民法院提起诉讼。

第五十四条 依照本条例作出的公告，应当载明重要的情况、事实、理由、依据、结果和结论等内容。

第五十五条 商务部可以采取适当措施，防止规避反倾销措施的行为。

第五十六条 任何国家（地区）对中华人民共和国的出口产品采取歧视性反倾销措施的，中华人民共和国可以根据实际情况对该国家（地区）采取相应的措施。

第五十七条 商务部负责与反倾销有关的对外磋商、通知和争端解决事宜。

第五十八条 商务部可以根据本条例制定有关具体实施办法。

第五十九条 本条例自2002年1月1日起施行。1997年3月25日国务院发布的《中华人民共和国反倾销和反补贴条例》中关于反倾销的规定同时废止。

中华人民共和国反补贴条例

（2001年11月26日中华人民共和国国务院令第329号公布　根据2004年3月31日《国务院关于修改〈中华人民共和国反补贴条例〉的决定》修订）

第一章 总 则

第一条 为了维护对外贸易秩序和公平竞争，根据《中华人民共和国对外贸易法》的有关规定，制定本条例。

第二条 进口产品存在补贴，并对已经建立的国内产业造成实质损害或者产生实质损害威胁，或者对建立国内产业造成实质阻碍的，依照本条例的规定进行调查，采取反补贴措施。

第二章 补贴与损害

第三条 补贴，是指出口国（地区）政府或者其任何公共机构提供的并为接受者带来利益的财政资助以及任何形式的收入或者价格支持。

出口国（地区）政府或者其任何公共机构，以下统称出口国（地区）政府。

本条第一款所称财政资助，包括：

（一）出口国（地区）政府以拨款、贷款、资本注入等形式直接提供资金，或者以贷款担保等形式潜在地直接转让资金或者债务；

（二）出口国（地区）政府放弃或者不收缴应收收入；

（三）出口国（地区）政府提供除一般基础设施以外的货物、服务，或者由出口国（地区）政府购买货物；

（四）出口国（地区）政府通过向筹资机构付款，或者委托、指令私营机构履行上述职能。

第四条 依照本条例进行调查、采取反补贴措施的补贴，必须具有专向性。

具有下列情形之一的补贴，具有专向性：

（一）由出口国（地区）政府明确确定的某些企业、产业获得的补贴；

（二）由出口国（地区）法律、法规明确规定的某些企业、产业获得的补贴；

（三）指定特定区域内的企业、产业获得的补贴；

（四）以出口实绩为条件获得的补贴，包括本条例所附出口补贴清单列举的各项补贴；

（五）以使用本国（地区）产品替代进口产品为条件获得的补贴。

在确定补贴专向性时，还应当考虑受补贴企业的数量和企业受补贴的数额、比例、时间以及给与补贴的方式等因素。

第五条 对补贴的调查和确定，由商务部负责。

第六条 进口产品的补贴金额，应当区别不同情况，按照下列方式计算：

（一）以无偿拨款形式提供补贴的，补贴金额以企业实际接受的金额计算；

（二）以贷款形式提供补贴的，补贴金额以接受贷款的企业在正常商业贷款条件下应支付的利息与该项贷款的利息差额计算；

（三）以贷款担保形式提供补贴的，补贴金额以在没有担保情况下企业应支付的利息与有担保情况下企业实际支付的利息之差计算；

（四）以注入资本形式提供补贴的，补贴金额以企业实际接受的资本金额计算；

（五）以提供货物或者服务形式提供补贴的，补贴金额以该项货物或者服务的正常市场价格与企业实际支付的价格之差计算；

（六）以购买货物形式提供补贴的，补贴金额以政府实际支付价格与该项货物正常市场价格之差计算；

（七）以放弃或者不收缴应收收入形式提供补贴的，补贴金额以依法应缴金额与企业实际缴纳金额之差计算。

对前款所列形式以外的其他补贴，按照公平、合理的方式确定补贴金额。

第七条 损害，是指补贴对已经建立的国内产业造成实质损害或者产生实质损害威胁，或者对建立国内产业造成实质阻碍。

对损害的调查和确定，由商务部负责；其中，涉及农产品的反补贴国内产业损害调查，由商务部会同农业部进行。

第八条 在确定补贴对国内产业造成的损害时，应当审查下列事项：

（一）补贴可能对贸易造成的影响；

（二）补贴进口产品的数量，包括补贴进口产品的绝对数量或者相对于国内同类产品生产或者消费的数量是否大量增加，或者补贴进口产品大量增加的可能性；

（三）补贴进口产品的价格，包括补贴进口产品的价格削减或者对国内同类产品的价格产生大幅度抑制、压低等影响；

（四）补贴进口产品对国内产业的相关经济因素和指标的影响；

（五）补贴进口产品出口国（地区）、原产国（地区）的生产能力、出口能力，被调查产品的库存情况；

（六）造成国内产业损害的其他因素。

对实质损害威胁的确定，应当依据事实，不得仅依据指控、推测或者极小的可能性。

在确定补贴对国内产业造成的损害时，应当依据肯定性证据，不得将造成损害的非补贴因素归因于补贴。

第九条 补贴进口产品来自两个以上国家（地区），并且同时满足下列条件的，可以就补贴进口产品对国内产业造成的影响进行累积评估：

（一）来自每一国家（地区）的补贴进口产品的补贴金额不属于微量补贴，并且其进口量不属于可忽略不计的；

（二）根据补贴进口产品之间的竞争条件以及补贴进口产品与国内同类产品之间的竞争条件，进行累积评估是适当的。

微量补贴，是指补贴金额不足产品价值1%的补贴；但是，来自发展中国家（地区）的补贴进口产品的微量补贴，是指补贴金额不足产品价值2%的补贴。

第十条 评估补贴进口产品的影响，应当对国内同类产品的生产进行单独确定。不能对国内同类产品的生产进行单独确定的，应当审查包括国内同类产品在内的最窄产品组或者范围的生产。

第十一条 国内产业，是指中华人民共和国国内同类产品的全部生产者，或者其总产量占国内同类产品全部总产量的主要部分的生产者；但是，国内生产者与出口经营者或者进口经营者有关联的，或者其本身为补贴产品或者同类产品的进口经营者的，应当除外。

在特殊情形下，国内一个区域市场中的生产者，在该市场中销售其全部或者几乎全部的同类产品，并且该市场中同类产品的需求主要不是由国内其他地方的生产者供给的，可以视为一个单独产业。

第十二条 同类产品，是指与补贴进口产品相同的产品；没有相同产品的，以与补贴进口产品的特性最相似的产品为同类产品。

第三章 反补贴调查

第十三条 国内产业或者代表国内产业的自然人、法人或者有关组织（以下统称申请人），可以依照本条例的规定向商务部提出反补贴调查的书面申请。

第十四条 申请书应当包括下列内容：

（一）申请人的名称、地址及有关情况；

（二）对申请调查的进口产品的完整说明，包括产品名称、所涉及的出口国（地区）或者原产国（地区）、已知的出口经营者或者生产者等；

（三）对国内同类产品生产的数量和价值的说明；

（四）申请调查进口产品的数量和价格对国内产业的影响；

（五）申请人认为需要说明的其他内容。

第十五条 申请书应当附具下列证据：

（一）申请调查的进口产品存在补贴；

（二）对国内产业的损害；

（三）补贴与损害之间存在因果关系。

第十六条 商务部应当自收到申请人提交的申请书及有关证据之日起60天内，对申请是否由国内产业或者代表国内产业提出、申请书内容及所附具的证据等进行审查，并决定立案调查或者不立案调查。在特殊情形下，可以适当延长审查期限。

在决定立案调查前，应当就有关补贴事项向产品可能被调查的国家（地区）政府发出进行磋商的邀请。

第十七条 在表示支持申请或者反对申请的国内产业中，支持者的产量占支持者和反对者的总产量的50%以上的，应当认定申请是由国内产业或者代表国内产业提出，可以启动反补贴调查；但是，表示支持申请的国内生产者的产量不足国内同类产品总产量的25%的，不得启动反补贴调查。

第十八条 在特殊情形下，商务部没有收到反补贴调查的书面申请，但有充分证据认为存在补贴和损害以及二者之间有因果关系的，可以决定立案调查。

第十九条 立案调查的决定，由商务部予以公告，并通知申请人、已知的出口经营者、进口经营者以及其他有利害关系的组织、个人（以下统称利害关系方）和出口国（地区）政府。

立案调查的决定一经公告，商务部应当将申请书文本提供给已知的出口经营者和出口国（地区）政府。

第二十条 商务部可以采用问卷、抽样、听证会、现场核查等方式向利害关系方了解情况，进行调查。

商务部应当为有关利害关系方、利害关系国（地区）政府提供陈述意见和论据的机会。

商务部认为必要时，可以派出工作人员赴有关国家（地区）进行调查；但是，有关国家（地区）提出异议的除外。

第二十一条 商务部进行调查时，利害关系方、利害关系国（地区）政府应当如实反映情况，提供有关资料。利害关系方、利害关系国（地区）政府不如实反映情况、提供有关资料的，或者没有在合理时间内提供必要信息的，或者以其他方式严重妨碍调查的，商务部可以根据可获得的事实作出裁定。

第二十二条 利害关系方、利害关系国（地区）政府认为其提供的资料泄露后将产生严重不利影响的，可以向商务部申请对该资料按保密资料处理。

商务部认为保密申请有正当理由的，应当对利害关系方、利害关系国（地区）政府提供的资料按保密资料处理，同时要求利害关系方、利害关系国（地区）政府提供一份非保密的该资料概要。

按保密资料处理的资料，未经提供资料的利害关系方、利害关系国（地区）政府同意，不得泄露。

第二十三条 商务部应当允许申请人、利害关系方和利害关系国（地区）政府查阅本案有关资料；但是，属于按保密资料处理的除外。

第二十四条 在反补贴调查期间，应当给予产品被调查的国家（地区）政府继续进行磋商的合理机会。磋商不妨碍商务部根据本条例的规定进行调查，并采取反补贴措施。

第二十五条 商务部根据调查结果，就补贴、损害和二者之间的因果关系是否成立作出初裁决定，并予以公告。

第二十六条 初裁决定确定补贴、损害以及二者之间的因果关系成立的，商务部应当对补贴及补贴金额、损害及损害程度继续进行调查，并根据调查结果作出终裁决定，予以公告。

在作出终裁决定前，应当由商务部将终裁决定所依据的基本事实通知所有已知的利害关系方、利害关系国（地区）政府。

第二十七条 反补贴调查，应当自立案调查决定公告之日起12个月内结束；特殊情况下可以延长，但延长期不得超过6个月。

第二十八条 有下列情形之一的，反补贴调查应当终止，并由商务部予以公告：

（一）申请人撤销申请的；

（二）没有足够证据证明存在补贴、损害或者二者之间有因果关系的；

（三）补贴金额为微量补贴的；

（四）补贴进口产品实际或者潜在的进口量或者损害属于可忽略不计的；

（五）通过与有关国家（地区）政府磋商达成协议，不需要继续进行反补贴调查的；

（六）商务部认为不适宜继续进行反补贴调查的。

来自一个或者部分国家（地区）的被调查产品有前款第（二）、（三）、（四）、（五）项所列情形之一的，针对所涉产品的反补贴调查应当终止。

第四章 反补贴措施

第一节 临时措施

第二十九条 初裁决定确定补贴成立，并由此对国内产业造成损害的，可以采取临时反补贴措施。

临时反补贴措施采取以保证金或者保函作为担保的征收临时反补贴税的形式。

第三十条 采取临时反补贴措施，由商务部提出建议，国务院关税税则委员会根据商务部的建议作出决定，由商务部予以公告。海关自公告规定实施之日起执行。

第三十一条 临时反补贴措施实施的期限，自临时反补贴措施决定公告规定实施之日起，不超过4个月。

自反补贴立案调查决定公告之日起60天内，不得采取临时反补贴措施。

第二节 承诺

第三十二条 在反补贴调查期间，出口国（地区）政府提出取消、限制补贴或者其他有关措施的承诺，或者出口经营者提出修改价格的承诺的，商务部应当予以充分考虑。

商务部可以向出口经营者或者出口国（地区）政府提出有关价格承诺的建议。

商务部不得强迫出口经营者作出承诺。

第三十三条 出口经营者、出口国（地区）政府不作出承诺或者不接受有关价格承诺的建议的，不妨碍对反补贴案件的调查和确定。出口经营者继续补贴进口产品的，商务部有权确定损害威胁更有可能出现。

第三十四条 商务部认为承诺能够接受并符合公共利益的，可以决定中止或者终止反补贴调查，不采取临时反补贴措施或者征收反补贴税。中止或者终止反补贴调查的决定由商务部予以公告。

商务部不接受承诺的，应当向有关出口经营者说明理由。

商务部对补贴以及由补贴造成的损害作出肯定的初裁决定前，不得寻求或者接受承诺。在出口经营者作出承诺的情况下，未经其本国（地区）政府同意的，商务部不得寻求或者接受承诺。

第三十五条 依照本条例第三十四条第一款规定中止或者终止调查后，应出口国（地区）政府请求，商务部应当对补贴和损害继续进行调查；或者商务部认为有必要的，可以对补贴和损害继续进行调查。

根据调查结果，作出补贴或者损害的否定裁定的，承诺自动失效；作出补贴和损害的肯定裁定的，承诺继续有效。

第三十六条 商务部可以要求承诺已被接受的出口经营者或者出口国（地区）政府定期提供履行其承诺的有关情况、资料，并予以核实。

第三十七条 对违反承诺的，商务部依照本条例的规定，可以立即决定恢复反补贴调查；根据可获得的最佳信息，可以决定采取临时反补贴措施，并可以对实施临时反补贴措施前90天内进口的产品追溯征收反补贴税，但违反承诺前进口的产品除外。

第三节 反补贴税

第三十八条 在为完成磋商的努力没有取得效果的情况下，终裁决定确定补贴成立，并由此对国内产业造成损害的，可以征收反补贴税。征收反补贴税应当符合公共利益。

第三十九条 征收反补贴税，由商务部提出建议，国务院关税税则委员会根据商务部的建议作出决定，由商务部予以公告。海关自公告规定实施之日起执行。

第四十条 反补贴税适用于终裁决定公告之日后进口的产品，但属于本条例第三十七条、第四十四条、第四十五条规定的情形除外。

第四十一条 反补贴税的纳税人为补贴进口产品的进口经营者。

第四十二条 反补贴税应当根据不同出口经营者的补贴金额，分别确定。对实际上未被调查的出口经营者的补贴进口产品，需要征收反补贴税的，应当迅速审查，按照合理的方式确定对其适用的反补贴税。

第四十三条 反补贴税税额不得超过终裁决定确定的补贴金额。

第四十四条 终裁决定确定存在实质损害，并在此前已经采取临时反补贴措施的，反补贴税可以对已经实施临时反补贴措施的期间追溯征收。

终裁决定确定存在实质损害威胁，在先前不采取临时反补贴措施将会导致后来作出实质损害裁定的情况下已经采取临时反补贴措施的，反补贴税可以对已经实施临时反补贴措施的期间追溯征收。

终裁决定确定的反补贴税，高于保证金或者保函所担保的金额的，差额部分不予收取；低于保证金或者保函所担保的金额的，差额部分应当予以退还。

第四十五条 下列三种情形并存的，必要时可以对实施临时反补贴措施之日前90天内进口的产品追溯征收反补贴税：

（一）补贴进口产品在较短的时间内大量增加；

（二）此种增加对国内产业造成难以补救的损害；

（三）此种产品得益于补贴。

第四十六条 终裁决定确定不征收反补贴税的，或者终裁决定未确定追溯征收反补贴税的，对实施临时反补贴措施期间已收取的保证金应当予以退还，保函应当予以解除。

第五章 反补贴税和承诺的期限与复审

第四十七条 反补贴税的征收期限和承诺的履行期限不超过5年；但是，经复审确定终止征收反补贴税有可能导致补贴和损害的继续或者再度发生的，反补贴税的征收期限可以适当延长。

第四十八条 反补贴税生效后，商务部可以在有正当理由的情况下，决定对继续征收反补贴税的必要性进行复审；也可以在经过一段合理时间，应利害关系方的请求并对利害关系方提供的相应证据进行审查后，决定对继续征收反补贴税的必要性进行复审。

承诺生效后，商务部可以在有正当理由的情况下，决定对继续履行承诺的必要性进行复审；也可以在经过一段合理时间，应利害关系方的请求并对利害关系方提供的相应证据进行审查后，决定对继续履行承诺的必要性进行复审。

第四十九条 根据复审结果，由商务部依照本条例的规定提出保留、修改或者取消反补贴税的建议，国务院关税税则委员会根据商务部的建议作出决定，由商务部予以公告；或者由商务部依照本条例的规定，作出保留、修改或者取消承诺的决定并予以公告。

第五十条 复审程序参照本条例关于反补贴调查的有关规定执行。

复审期限自决定复审开始之日起，不超过12个月。

第五十一条 在复审期间，复审程序不妨碍反补贴措施的实施。

第六章 附 则

第五十二条 对依照本条例第二十六条作出的终裁决定不服的，对依照本条例第四章作出的是否征收反补贴税的决定以及追溯征收的决定不服的，或者对依照本条例第五章作出的复审决定不服的，可以依法申请行政复议，也可以依法向人民法院提起诉讼。

第五十三条 依照本条例作出的公告，应当载明重要的情况、事实、理由、依据、结果和结论等内容。

第五十四条 商务部可以采取适当措施，防止规避反补贴措施的行为。

第五十五条 任何国家（地区）对中华人民共和国的出口产品采取歧视性反补贴措施的，中华人民共和国可以根据实际情况对该国家（地区）采取相应的措施。

第五十六条 商务部负责与反补贴有关的对外磋商、通知和争端解决事宜。

第五十七条 商务部可以根据本条例制定有关具体实施办法。

第五十八条 本条例自2002年1月1日起施行。1997年3月25日国务院发布的《中华人民共和国反倾销和反补贴条例》中关于反补贴的规定同时废止。

中华人民共和国海关行政处罚实施条例

（2004年9月1日国务院第62次常务会议通过　2004年9月19日中华人民共和国国务院令第420号公布　自2004年11月1日起施行）

第一章 总 则

第一条 为了规范海关行政处罚，保障海关依法行使职权，保护公民、法人或者其他组织的合法权益，根据《中华人民共和国海关法》（以下简称海关法）及其他有关法律的规定，制定本实施条例。

第二条 依法不追究刑事责任的走私行为和违反海关监管规定的行为，以及法律、行政法规规定由海关实施行政处罚的行为的处理，适用本实施条例。

第三条 海关行政处罚由发现违法行为的海关管辖，也可以由违法行为发生地海关管辖。

2个以上海关都有管辖权的案件，由最先发现违法行为的海关管辖。

管辖不明确的案件，由有关海关协商确定管辖，协商不成的，报请共同的上级海关指定管辖。

重大、复杂的案件，可以由海关总署指定管辖。

第四条 海关发现的依法应当由其他行政机关处理的违法行为，应当移送有关行政机关处理；违法行为涉嫌犯罪的，应当移送海关侦查走私犯罪公安机构、地方公安机关依法办理。

第五条 依照本实施条例处以警告、罚款等行政处罚，但不没收进出境货物、物品、运输工具的，不免除有关当事人依法缴纳税款、提交进出口许可证件、办理有关海关手续的义务。

第六条 抗拒、阻碍海关侦查走私犯罪公安机构依法执行职务的，由设在直属海关、隶属海关的海关侦查走私犯罪公安机构依照治安管理处罚的有关规定给予处罚。

抗拒、阻碍其他海关工作人员依法执行职务的，应当报告地方公安机关依法处理。

第二章 走私行为及其处罚

第七条 违反海关法及其他有关法律、行政法规，逃避海关监管，偷逃应纳税款、逃避国家有关进出境的禁止性或者限制性管理，有下列情形之一的，是走私行为：

（一）未经国务院或者国务院授权的机关批准，从未设立海关的地点运输、携带国家禁止或者限制进出境的货物、物品或者依法应当缴纳税款的货物、物品进出境的；

（二）经过设立海关的地点，以藏匿、伪装、瞒报、伪报或者其他方式逃避海关监管，运输、携带、邮寄国家禁止或者限制进出境的货物、物品或者依法应当缴纳税款的货物、物品进出境的；

（三）使用伪造、变造的手册、单证、印章、账册、电子数据或者以其他方式逃避海关监管，擅自将海关监管货物、物品、进境的境外运输工具，在境内销售的；

（四）使用伪造、变造的手册、单证、印章、账册、电子数据或者以伪报加工贸易制成品单位耗料量等方式，致使海关监管货物、物品脱离监管的；

（五）以藏匿、伪装、瞒报、伪报或者其他方式逃避海关监管，擅自将保税区、出口加工区等海关特殊监管区域内的海关监管货物、物品，运出区外的；

（六）有逃避海关监管，构成走私的其他行为的。

第八条 有下列行为之一的，按走私行为论处：

（一）明知是走私进口的货物、物品，直接向走私人非法收购的；

（二）在内海、领海、界河、界湖，船舶及所载人员运输、收购、贩卖国家禁止或者限制进出境的货物、物品，或者运输、收购、贩卖依法应当缴纳税款的货物，没有合法证明的。

第九条 有本实施条例第七条、第八条所列行为之一的，依照下列规定处罚：

（一）走私国家禁止进出口的货物的，没收走私货物及违法所得，可以并处100万元以下罚款；走私国家禁止进出境的物品的，没收走私物品及违法所得，可以并处10万元以下罚款；

（二）应当提交许可证件而未提交但未偷逃税款，走私国家限制进出境的货物、物品的，没收走私货物、物品及违法所得，可以并处走私货物、物品等值以下罚款；

（三）偷逃应纳税款但未逃避许可证件管理，走私依法应当缴纳税款的货物、物品的，没收走私货物、物品及违法所得，可以并处偷逃应纳税款3倍以下罚款。

专门用于走私的运输工具或者用于掩护走私的货物、物品，2年内3次以上用于走私的运输工具或者用于掩护走私的货物、物品，应当予以没收。藏匿走私货物、物品的特制设备、夹层、暗格，应当予以没收或者责令拆毁。使用特制设备、夹层、暗格实施走私的，应当从重处罚。

第十条 与走私人通谋为走私人提供贷款、资金、账号、发票、证明、海关单证的，与走私人通谋为走私人提供走私货物、物品的提取、发运、运输、保管、邮寄或者其他方便的，以走私的共同当事人论处，没收违法所得，并依照本实施条例第九条的规定予以处罚。

第十一条 报关企业、报关人员和海关准予从事海关监管货物的运输、储存、加工、装配、寄售、展示等业务的企业，构成走私犯罪或者1年内有2次以上走私行为的，海关可以撤销其注册登记、取消其报关从业资格。

第三章 违反海关监管规定的行为及其处罚

第十二条 违反海关法及其他有关法律、行政法规和规章但不构成走私行为的，是违反海关监管规定的行为。

第十三条 违反国家进出口管理规定，进出口国家禁止进出口的货物的，责令退运，处100万元以下罚款。

第十四条 违反国家进出口管理规定，进出口国家限制进出口的货物，进出口货物的收发货人向海关申报时不能提交许可证件的，进出口货物不予放行，处货物价值30%以下罚款。

违反国家进出口管理规定，进出口属于自动进出口许可管理的货物，进出口货物的收发货人向海关申报时不能提交自动许可证明的，进出口货物不予放行。

第十五条 进出口货物的品名、税则号列、数量、规格、价格、贸易方式、原产地、启运地、运抵地、最终目的地或者其他应当申报的项目未申报或者申报不实的，分别依照下列规定予以处罚，有违法所得的，没收违法所得：

（一）影响海关统计准确性的，予以警告或者处1000元以上1万元以下罚款；

（二）影响海关监管秩序的，予以警告或者处1000元以上3万元以下罚款；

（三）影响国家许可证件管理的，处货物价值5%以上30%以下罚款；

（四）影响国家税款征收的，处漏缴税款30%以上2倍以下罚款；

（五）影响国家外汇、出口退税管理的，处申报价格10%以上50%以下罚款。

第十六条 进出口货物收发货人未按照规定向报关企业提供所委托报关事项的真实情况，致使发生本实施条例第十五条规定情形的，对委托人依照本实施条例第十五条的规定予以处罚。

第十七条 报关企业、报关人员对委托人所提供情况的真实性未进行合理审查，或者因工作疏忽致使发生本实施条例第十五条规定情形的，可以对报关企业处货物价值10%以下罚款，暂停其6个月以内从事报关业务或者执业；情节严重的，撤销其报关注册登记、取消其报关从业资格。

第十八条 有下列行为之一的，处货物价值5%以上30%以下罚款，有违法所得的，没收违法所得：

（一）未经海关许可，擅自将海关监管货物开拆、提取、交付、发运、调换、改装、抵押、质押、留置、转让、更换标记、移作他用或者进行其他处置的；

（二）未经海关许可，在海关监管区以外存放海关监管货物的；

（三）经营海关监管货物的运输、储存、加工、装配、寄售、展示等业务，有关货物灭失、数量短少或者记录不真实，不能提供正当理由的；

（四）经营保税货物的运输、储存、加工、装配、寄售、展示等业务，不依照规定办理收存、交付、结转、核销等手续，或者中止、延长、变更、转让有关合同不依照规定向海关办理手续的；

（五）未如实向海关申报加工贸易制成品单位耗料量的；

（六）未按照规定期限将过境、转运、通运货物运输出境，擅自留在境内的；

（七）未按照规定期限将暂时进出口货物复运出境或者复运进境，擅自留在境内或者境外的；

（八）有违反海关监管规定的其他行为，致使海关不能或者中断对进出口货物实施监管的。

前款规定所涉货物属于国家限制进出口需要提交许可证件，当事人在规定期限内不能提交许可证件的，另处货物价值30%以下罚款；漏缴税款的，可以另处漏缴税款1倍以下罚款。

第十九条 有下列行为之一的，予以警告，可以处物品价值20%以下罚款，有违法所得的，没收违法所得：

（一）未经海关许可，擅自将海关尚未放行的进出境物品开拆、交付、投递、转移或者进行其他处置的；

（二）个人运输、携带、邮寄超过合理数量的自用物品进出境未向海关申报的；

（三）个人运输、携带、邮寄超过规定数量但仍属自用的国家限制进出境物品进出境，未向海关申报但没有以藏匿、伪装等方式逃避海关监管的；

（四）个人运输、携带、邮寄物品进出境，申报不实的；

（五）经海关登记准予暂时免税进境或者暂时免税出境的物品，未按照规定复带出境或者复带进境的；

（六）未经海关批准，过境人员将其所带物品留在境内的。

第二十条 运输、携带、邮寄国家禁止进出境的物品进出境，未向海关申报但没有以藏匿、伪装等方式逃避海关监管的，予以没收，或者责令退回，或者在海关监管下予以销毁或者进行技术处理。

第二十一条 有下列行为之一的，予以警告，可以处10万元以下罚款，有违法所得的，没收违法所得：

（一）运输工具不经设立海关的地点进出境的；

（二）在海关监管区停留的进出境运输工具，未经海关同意擅自驶离的；

（三）进出境运输工具从一个设立海关的地点驶往另一个设立海关的地点，尚未办结海关手续又未经海关批准，中途改驶境外或者境内未设立海关的地点的；

（四）进出境运输工具到达或者驶离设立海关的地点，未按照规定向海关申报、交验有关单证或者交验的单证不真实的。

第二十二条 有下列行为之一的，予以警告，可以处5万元以下罚款，有违法所得的，没收违法所得：

（一）未经海关同意，进出境运输工具擅自装卸进出境货物、物品或者上下进出境旅客的；

（二）未经海关同意，进出境运输工具擅自兼营境内客货运输或者用于进出境运输以外的其他用途的；

（三）未按照规定办理海关手续，进出境运输工具擅自改营境内运输的；

（四）未按照规定期限向海关传输舱单等电子数据、传输的电子数据不准确或者未按照规定期限保存相关电子数据，影响海关监管的；

（五）进境运输工具在进境以后向海关申报以前，出境运输工具在办结海关手续以后出境以前，不按照交通主管部门或者海关指定的路线行进的；

（六）载运海关监管货物的船舶、汽车不按照海关指定的路线行进的；

（七）进出境船舶和航空器，由于不可抗力被迫在未设立海关的地点停泊、降落或者在境内抛掷、起卸货物、物品，无正当理由不向附近海关报告的；

（八）无特殊原因，未将进出境船舶、火车、航空器到达的时间、停留的地点或者更换的时间、地点事先通知海关的；

（九）不按照规定接受海关对进出境运输工具、货物、物品进行检查、查验的。

第二十三条 有下列行为之一的，予以警告，可以处3万元以下罚款：

（一）擅自开启或者损毁海关封志的；

（二）遗失海关制发的监管单证、手册等凭证，妨碍海关监管的；

（三）有违反海关监管规定的其他行为，致使海关不能或者中断对进出境运输工具、物品实施监管的。

第二十四条 伪造、变造、买卖海关单证的，处5万元以上50万元以下罚款，有违法所得的，没收违法所得；构成犯罪的，依法追究刑事责任。

第二十五条 进出口侵犯中华人民共和国法律、行政法规保护的知识产权的货物的，没收侵权货物，并处货物价值30%以下罚款；构成犯罪的，依法追究刑事责任。

需要向海关申报知识产权状况，进出口货物收发货人及其代理人未按照规定向海关如实申报有关知识产权状况，或者未提交合法使用有关知识产权的证明文件的，可以处5万元以下罚款。

第二十六条 报关企业、报关人员和海关准予从事海关监管货物的运输、储存、加工、装配、寄售、展示等业务的企业，有下列情形之一的，责令改正，给予警告，可以暂停其6个月以内从事有关业务或者执业：

（一）拖欠税款或者不履行纳税义务的；

（二）报关企业出让其名义供他人办理进出口货物报关纳税事宜的；

（三）损坏或者丢失海关监管货物，不能提供正当理由的；

（四）有需要暂停其从事有关业务或者执业的其他违法行为的。

第二十七条 报关企业、报关人员和海关准予从事海关监管货物的运输、储存、加工、装配、寄售、展示等业务的企业，有下列情形之一的，海关可以撤销其注册登记、取消其报关从业资格：

（一）1年内3人次以上被海关暂停执业的；

（二）被海关暂停从事有关业务或者执业，恢复从事有关业务或者执业后1年内再次发生本实施条例第二十六条规定情形的；

（三）有需要撤销其注册登记或者取消其报关从业资格的其他违法行为的。

第二十八条 报关企业、报关人员非法代理他人报关或者超出海关准予的从业范围进行报关活动的，责令改正，处5万元以下罚款，暂停其6个月以内从事报关业务或者执业；情节严重的，撤销其报关注册登记、取消其报关从业资格。

第二十九条 进出口货物收发货人、报关企业、报关人员向海关工作人员行贿的，撤销其报关注册登记、取消其报关从业资格，并处10万元以下罚款；构成犯罪的，依法追究刑事责任，并不得重新注册登记为报关企业和取得报关从业资格。

第三十条 未经海关注册登记和未取得报关从业资格从事报关业务的，予以取缔，没收违法所得，可以并处10万元以下罚款。

第三十一条 提供虚假资料骗取海关注册登记、报关从业资格的，撤销其注册登记、取消其报关从业资格，并处30万元以下罚款。

第三十二条 法人或者其他组织有违反海关法的行为，除处罚该法人或者组织外，对其主管人员和直接责任人员予以警告，可以处5万元以下罚款，有违法所得的，没收违法所得。

第四章 对违反海关法行为的调查

第三十三条 海关发现公民、法人或者其他组织有依法应当由海关给予行政处罚的行为的，应当立案调查。

第三十四条 海关立案后，应当全面、客观、公正、及时地进行调查、收集证据。

海关调查、收集证据，应当按照法律、行政法规及其他有关规定的要求办理。

海关调查、收集证据时，海关工作人员不得少于2人，并应当向被调查人出示证件。

调查、收集的证据涉及国家秘密、商业秘密或者个人隐私的，海关应当保守秘密。

第三十五条 海关依法检查走私嫌疑人的身体，应当在隐蔽的场所或者非检查人员的视线之外，由2名以上与被检查人同性别的海关工作人员执行。

走私嫌疑人应当接受检查，不得阻挠。

第三十六条 海关依法检查运输工具和场所，查验货物、物品，应当制作检查、查验记录。

第三十七条 海关依法扣留走私犯罪嫌疑人，应当制发扣留走私犯罪嫌疑人决定书。对走私犯罪嫌疑人，扣留时间不超过24小时，在特殊情况下可以延长至48小时。

海关应当在法定扣留期限内对被扣留人进行审查。排除犯罪嫌疑或者法定扣留期限届满的，应当立即解除扣留，并制发解除扣留决定书。

第三十八条 下列货物、物品、运输工具及有关账册、单据等资料，海关可以依法扣留：

（一）有走私嫌疑的货物、物品、运输工具；

（二）违反海关法或者其他有关法律、行政法规的货物、物品、运输工具；

（三）与违反海关法或者其他有关法律、行政法规的货物、物品、运输工具有牵连的账册、单据等资料；

（四）法律、行政法规规定可以扣留的其他货物、物品、运输工具及有关账册、单据等资料。

第三十九条 有违法嫌疑的货物、物品、运输工具无法或者不便扣留的，当事人或者运输工具负责人应当向海关提供等值的担保，未提供等值担保的，海关可以扣留当事人等值的其他财产。

第四十条 海关扣留货物、物品、运输工具以及账册、单据等资料的期限不得超过1年。因案件调查需要，经直属海关关长或者其授权的隶属海关关长批准，可以延长，延长期限不得超过1年。但复议、诉讼期间不计算在内。

第四十一条 有下列情形之一的，海关应当及时解除扣留：

（一）排除违法嫌疑的；

（二）扣留期限、延长期限届满的；

（三）已经履行海关行政处罚决定的；

（四）法律、行政法规规定应当解除扣留的其他情形。

第四十二条 海关依法扣留货物、物品、运输工具、其他财产以及账册、单据等资料，应当制发海关扣留凭单，由海关工作人员、当事人或者其代理人、保管人、见证人签字或者盖章，并可以加施海关封志。加施海关封志的，当事人或者其代理人、保管人应当妥善保管。

海关解除对货物、物品、运输工具、其他财产以及账册、单据等资料的扣留，或者发还等值的担保，应当制发海关解除扣留通知书、海关解除担保通知书，并由海关工作人员、当事人或者其代理人、保管人、见证人签字或者盖章。

第四十三条 海关查问违法嫌疑人或者询问证人，应当个别进行，并告知其权利和作伪证应当承担的法律责任。违法嫌疑人、证人必须如实陈述、提供证据。

海关查问违法嫌疑人或者询问证人应当制作笔录，并当场交其辨认，没有异议的，立即签字确认；有异议的，予以更正后签字确认。

严禁刑讯逼供或者以威胁、引诱、欺骗等非法手段收集证据。

海关查问违法嫌疑人，可以到违法嫌疑人的所在单位或者住处进行，也可以要求其到海关或者海关指定的地点进行。

第四十四条 海关收集的物证、书证应当是原物、原件。收集原物、原件确有困难的，可以拍摄、复制，并可以指定或者委托有关单位或者个人对原物、原件予以妥善保管。

海关收集物证、书证，应当开列清单，注明收集的日期，由有关单位或者个人确认后签字或者盖章。

海关收集电子数据或者录音、录像等视听资料，应当收集原始载体。收集原始载体确有困难的，可以收集复制件，注明制作方法、制作时间、制作人等，并由有关单位或者个人确认后签字或者盖章。

第四十五条 根据案件调查需要，海关可以对有关货物、物品进行取样化验、鉴定。

海关提取样品时，当事人或者其代理人应当到场；当事人或者其代理人未到场的，海关应当邀请见证人到场。提取的样品，海关应当予以加封，并由海关工作人员及当事人或者其代理人、见证人确认后签字或者盖章。

化验、鉴定应当交由海关化验鉴定机构或者委托国家认可的其他机构进行。

化验人、鉴定人进行化验、鉴定后，应当出具化验报告、鉴定结论，并签字或者盖章。

第四十六条 根据海关法有关规定，海关可以查询案件涉嫌单位和涉嫌人员在金融机构、邮政企业的存款、汇款。

海关查询案件涉嫌单位和涉嫌人员在金融机构、邮政企业的存款、汇款，应当出示海关协助查询通知书。

第四十七条 海关依法扣留的货物、物品、运输工具，在人民法院判决或者海关行政处罚决定作出之前，不得处理。但是，危险品或者鲜活、易腐、易烂、易失效、易变质等不宜长期保存的货物、物品以及所有人申请先行变卖的货物、物品、运输工具，经直属海关关长或者其授权的隶属海关关长批准，可以先行依法变卖，变卖所得价款由海关保存，并通知其所有人。

第四十八条 当事人有权根据海关法的规定要求海关工作人员回避。

第五章　海关行政处罚的决定和执行

第四十九条 海关作出暂停从事有关业务、暂停报关执业、撤销海关注册登记、取消报关从业资格、对公民处1万元以上罚款、对法人或者其他组织处10万元以上罚款、没收有关货物、物品、走私运输工具等行政处罚决定之前，应当告知当事人有要求举行听证的权利；当事人要求听证的，海关应当组织听证。

海关行政处罚听证办法由海关总署制定。

第五十条 案件调查终结，海关关长应当对调查结果进行审查，根据不同情况，依法作出决定。

对情节复杂或者重大违法行为给予较重的行政处罚，应当由海关案件审理委员会集体讨论决定。

第五十一条 同一当事人实施了走私和违反海关监管规定的行为且二者之间有因果

关系的，依照本实施条例对走私行为的规定从重处罚，对其违反海关监管规定的行为不再另行处罚。

同一当事人就同一批货物、物品分别实施了2个以上违反海关监管规定的行为且二者之间有因果关系的，依照本实施条例分别规定的处罚幅度，择其重者处罚。

第五十二条 对2个以上当事人共同实施的违法行为，应当区别情节及责任，分别给予处罚。

第五十三条 有下列情形之一的，应当从重处罚：

（一）因走私被判处刑罚或者被海关行政处罚后在2年内又实施走私行为的；

（二）因违反海关监管规定被海关行政处罚后在1年内又实施同一违反海关监管规定的行为的；

（三）有其他依法应当从重处罚的情形的。

第五十四条 海关对当事人违反海关法的行为依法给予行政处罚的，应当制作行政处罚决定书。

对同一当事人实施的2个以上违反海关法的行为，可以制发1份行政处罚决定书。

对2个以上当事人分别实施的违反海关法的行为，应当分别制发行政处罚决定书。

对2个以上当事人共同实施的违反海关法的行为，应当制发1份行政处罚决定书，区别情况对各当事人分别予以处罚，但需另案处理的除外。

第五十五条 行政处罚决定书应当依照有关法律规定送达当事人。

依法予以公告送达的，海关应当将行政处罚决定书的正本张贴在海关公告栏内，并在报纸上刊登公告。

第五十六条 海关作出没收货物、物品、走私运输工具的行政处罚决定，有关货物、物品、走私运输工具无法或者不便没收的，海关应当追缴上述货物、物品、走私运输工具的等值价款。

第五十七条 法人或者其他组织实施违反海关法的行为后，有合并、分立或者其他资产重组情形的，海关应当以原法人、组织作为当事人。

对原法人、组织处以罚款、没收违法所得或者依法追缴货物、物品、走私运输工具的等值价款的，应当以承受其权利义务的法人、组织作为被执行人。

第五十八条 罚款、违法所得和依法追缴的货物、物品、走私运输工具的等值价款，应当在海关行政处罚决定规定的期限内缴清。

当事人按期履行行政处罚决定、办结海关手续的，海关应当及时解除其担保。

第五十九条 受海关处罚的当事人或者其法定代表人、主要负责人应当在出境前缴清罚款、违法所得和依法追缴的货物、物品、走私运输工具的等值价款。在出境前未缴清上述款项的，应当向海关提供相当于上述款项的担保。未提供担保，当事人是自然人的，海关可以通知出境管理机关阻止其出境；当事人是法人或者其他组织的，海关可以通知出境管理机关阻止其法定代表人或者主要负责人出境。

第六十条 当事人逾期不履行行政处罚决定的，海关可以采取下列措施：

（一）到期不缴纳罚款的，每日按罚款数额的3%加处罚款；

（二）根据海关法规定，将扣留的货物、物品、运输工具变价抵缴，或者以当事人提供的担保抵缴；

（三）申请人民法院强制执行。

第六十一条 当事人确有经济困难，申请延期或者分期缴纳罚款的，经海关批准，可以暂缓或者分期缴纳罚款。

当事人申请延期或者分期缴纳罚款的，应当以书面形式提出，海关收到申请后，应当在10个工作日内作出决定，并通知申请人。海关同意当事人暂缓或者分期缴纳的，应当及时通知收缴罚款的机构。

第六十二条 有下列情形之一的，有关货物、物品、违法所得、运输工具、特制设备由海关予以收缴：

（一）依照《中华人民共和国行政处罚法》第二十五条、第二十六条规定不予行政处罚的当事人携带、邮寄国家禁止进出境的货物、物品进出境的；

（二）散发性邮寄国家禁止、限制进出境的物品进出境或者携带数量零星的国家禁止进出境的物品进出境，依法可以不予行政处罚的；

（三）依法应当没收的货物、物品、违法所得、走私运输工具、特制设备，在海关作出行政处罚决定前，作为当事人的自然人死亡或者作为当事人的法人、其他组织终止，且无权利义务承受人的；

（四）走私违法事实基本清楚，但当事人无法查清，自海关公告之日起满3个月的；

（五）有违反法律、行政法规，应当予以收缴的其他情形的。

海关收缴前款规定的货物、物品、违法所得、运输工具、特制设备，应当制发清单，由被收缴人或者其代理人、见证人签字或者盖章。被收缴人无法查清且无见证人的，应当予以公告。

第六十三条 人民法院判决没收的走私货物、物品、违法所得、走私运输工具、特制设备，或者海关决定没收、收缴的货物、物品、违法所得、走私运输工具、特制设备，由海关依法统一处理，所得价款和海关收缴的罚款，全部上缴中央国库。

第六章 附 则

第六十四条 本实施条例下列用语的含义是：

“设立海关的地点”，指海关在港口、车站、机场、国界孔道、国际邮件互换局（交换站）等海关监管区设立的卡口，海关在保税区、出口加工区等海关特殊监管区域设立的卡口，以及海关在海上设立的中途监管站。

“许可证件”，指依照国家有关规定，当事人应当事先申领，并由国家有关主管部门颁发的准予进口或者出口的证明、文件。

“合法证明”，指船舶及所载人员依照国家有关规定或者依照国际运输惯例所必须持有的证明其运输、携带、收购、贩卖所载货物、物品真实、合法、有效的商业单证、运输单证及其他有关证明、文件。

“物品”，指个人以运输、携带等方式进出境的行李物品、邮寄进出境的物品，包括货币、金银等。超出自用、合理数量的，视为货物。

“自用”，指旅客或者收件人本人自用、馈赠亲友而非为出售或者出租。

“合理数量”，指海关根据旅客或者收件人的情况、旅行目的和居留时间所确定的正常数量。

“货物价值”，指进出口货物的完税价格、关税、进口环节海关代征税之和。

“物品价值”，指进出境物品的完税价格、进口税之和。

“应纳税款”，指进出口货物、物品应当缴纳的进出口关税、进口环节海关代征税之和。

“专门用于走私的运输工具”，指专为走私而制造、改造、购买的运输工具。

“以上”、“以下”、“以内”、“届满”，均包括本数在内。

第六十五条 海关对外国人、无国籍人、外国企业或者其他组织给予行政处罚的，适用本实施条例。

第六十六条 国家禁止或者限制进出口的货物目录，由国务院对外贸易主管部门依照《中华人民共和国对外贸易法》的规定办理；国家禁止或者限制进出境的物品目录，由海关总署公布。

第六十七条 依照海关规章给予行政处罚的，应当遵守本实施条例规定的程序。

第六十八条 本实施条例自2004年11月1日起施行。1993年2月17日国务院批准修订、1993年4月1日海关总署发布的《中华人民共和国海关法行政处罚实施细则》同时废止。

图书在版编目（CIP）数据

最新税收法律政策全书／中国法制出版社编．—6版．—北京：中国法制出版社，2021．1
（最新法律政策全书系列；15）
ISBN 978－7－5216－1435－0

Ⅰ．①最…　Ⅱ．①中…　Ⅲ．①税法－汇编－中国
Ⅳ．①D922．220．9

中国版本图书馆 CIP 数据核字（2020）第 216685 号

责任编辑　谢雯　赵律玮　　　　封面设计　周黎明

最新税收法律政策全书（第六版）

ZUI XIN SHUISHOU FALÜ ZHENGCE QUANSHU（DI-LIU BAN）

编者/中国法制出版社
经销/新华书店
印刷/三河市国英印务有限公司
开本/880 毫米×1230 毫米　32 开　　　　印张/ 17．5　字数/ 699 千
版次/2021 年 1 月第 6 版　　　　2021 年 1 月第 1 次印刷

中国法制出版社出版
书号 ISBN 978－7－5216－1435－0　　　　定价：56．00 元

北京西单横二条 2 号
邮政编码 100031　　　　传真：010－66031119
网址：http：//www.zgfzs.com　　　　**编辑部电话：010－66010493**
市场营销部电话：010－66033393　　　　**邮购部电话：010－66033288**

（如有印装质量问题，请与本社印务部联系调换。电话：010－66032926）